मराठी में दलित साहित्य की ज़मीन रचने और उसे एक ऊँचाई देने वाले क़लमकार रहे अण्णा भाऊ साठे। उनका जीवन-संघर्ष जितना बहुआयामी था, उतना ही लेखन भी। उन्होंने स्त्री- अस्मिता, सम्पूर्ण दलित समाज और साहित्य के लिए जो मशाल जलायी, उसने एक पूरे युग को प्रभावित किया। दलितों के पास शुरुआती दौर में इतना बड़ा ताक़तवर लेखक होने का ही परिणाम था कि वे सनातन प्राचीन व्यवस्था के ख़िलाफ़ धैर्य के साथ लड़ पाये। विद्रोह किया और अपने हक़ की लड़ाई में जीत हासिल की। मेहनतकश मज़दूरों के जीने की आँच और पसीने को पूरी संवेदनशीलता के साथ प्रस्तुत करने वाले लेखक अण्णा भाऊ साठे ही हैं। इसलिए वे मराठी या भारतीय साहित्य के ही नहीं, बल्कि पूरे विश्व के महान लेखकों में से एक हैं।

ऐसे विराट व्यक्तित्व और कृतित्व के नायक अण्णा भाऊ साठे की जीवनी लिखी है विश्वास पाटील ने। विश्वास पाटील मराठी के एक प्रसिद्ध लेखक हैं। उन्होंने जिस श्रद्धा और आत्मीयता से अण्णा भाऊ के बारे में लिखा है, वह अपनी भाषाशैली, संवेदना, कलात्मकता और चिन्तन में अनुपम तो है ही, एक लेखक को लिखते समय कितना परिश्रम करना चाहिए और ज़िम्मेदारी के साथ लिखना चाहिए, यह आदर्श उदाहरण भी उन्होंने प्रस्तुत किया है।

लेखक इस पुस्तक को लिखने के लिए अण्णा भाऊ से सम्बन्धित कई स्थानों पर गये, लोगों से मुलाक़ात की, साक्षात्कार लिया, तत्कालीन अख़बारों में प्रकाशित ख़बरों का सन्दर्भ इकट्टा किया, उनके रिश्तेदारों से मिले और उनके समकालीन जीवन से जुड़ी अनेक बातों, घटनाओं को सूक्ष्मता से जाँच-पड़ताल कर इस लेखन को अंजाम दिया। इसीलिए इस जीवनी में अनुसन्धानपरक दृष्टि और इतिहास के पुख़्ता साक्ष्य हैं जो इस बात के प्रमाण हैं कि एक लेखक द्वारा किसी की जीवनी को लिखते समय किस तरह के दृष्टिकोण, मनःस्थिति और श्रम को साधना पड़ता है।

कहने की आवश्यकता नहीं कि अण्णा भाऊ साठे के बारे में लिखने के लिए एक प्रखर अध्ययनशील और प्रतिभासम्पन्न लेखक की आवश्यकता थी, जिसका साहित्य का इतिहास उसकी बाट जोह रहा था और वह मिला विश्वास पाटील के रूप में। उनके द्वारा लिखित यह पुस्तक *अण्णा भाऊ साठे : दलित और स्त्री-जगत् के श्रेष्ठ क़लमवीर* दलित-समाज को सौंपी गयी एक अमूल्य कृति है। निस्सन्देह, अणाभाऊ की इस जीवनी के ज़रिये अम्बेडकरी आन्दोलन और साहित्य के लिए मुक्ति और स्वप्न की पुकार युग-युग तक बनी रहेगी।

दलित और स्त्री-जगत् के श्रेष्ठ क़लमवीर

अण्णा भाऊ साठे

मूल मराठी

विश्वास पाटील

हिन्दी अनुवाद

सुरेश माहेश्वरी

वाणी प्रकाशन

प्रकाशन के उत्कृष्टतम 61 वर्ष

vaniprakashan.com

पेपरबैक पहला संस्करण : 2024

वाणी प्रकाशन

4695, 21-ए, दरियागंज, नयी दिल्ली-110 002

फ़ोन : +91 11 23273167, 23275710

शाखाएँ

अशोक राजपथ, पटना-800 004, बिहार

कॉफ़ी हाउस कैम्पस, महात्मा गांधी मार्ग, प्रयागराज-211 001, उत्तर प्रदेश

महात्मा गांधी अन्तरराष्ट्रीय हिन्दी विश्वविद्यालय, वर्धा-442 001, महाराष्ट्र

36/ए, शेक्सपियर सरणी, रानी बिरला गर्ल्स कॉलेज के पास, कोलकाता-700 017, प. बंगाल

sales@vaniprakashan.in
vaniprakashan@gmail.com

Anna Bhau Sathe : Dalit aur Stri Jagat ke Shreshth qalamveer
by Vishwas Patil
Translated From Marathi by Suresh Maheshwari

ISBN : 978-93-5775-692-1
Biography

मूल्य : ₹ 595

सिटी प्रेस, दिल्ली-110 095 में मुद्रित

वाणी प्रकाशन का लोगो मक़बूल फ़िदा हुसेन की कूची से

प्रस्तावना

विश्वास पाटील राष्ट्रीय स्तर पर मराठी के महान साहित्यकार हैं। उनकी कई पुस्तकों का भारतीय और विदेशी भाषाओं में अनुवाद हुआ है। इसलिए इन्हें हम भाषा और संस्कृति की सीमाओं को लांघ कर सीधे पाठकों के हृदय का लेखक कह सकते हैं। विश्वास पाटील के लेखन की महत्त्वपूर्ण विशेषता है कि उन्होंने अनवरत अध्ययन और गहन चिंतन करते हुए अपना लेखन किया है। उनका लेखन सूक्ष्म अध्ययनशीलता और अनुभव के गहरे तल तक पहुँचनेवाला है। राष्ट्र के तेजोमय, ओजस्वी व्यक्तित्व और ज्वलंत इतिहास का प्रणयन उन्होंने अपनी लेखनी द्वारा किया है। चाहे मराठों का इतिहास हो या भारतीय स्वतंत्रता का इतिहास हो, उनकी रुचि और आत्मीयता का विषय बन गया है। छत्रपति शिवाजी महाराज हों या नेताजी सुभाषचंद्र बोस हों उनके प्रति गर्व का भाव निर्माण होकर स्थायी अनमोल चिंतना के द्वारा पाठकों के हृदय में स्थापित करानेवाला अमूल्य चिंतन विश्वास पाटील के लेखन से प्रकट हुआ है। उनके उपन्यास 'झाडाझडती' का चरित्र दलित शिक्षक हो या 'अण्णाभाऊ की दर्दभरी दास्तान' का मुख्य चरित्र अण्णाभाऊ हो, इनमें हमें विश्वास पाटील की सामाजिक प्रतिबद्धता और आम आदमी के जीवन पर जी-जान से प्यार करनेवाली प्रतिभा के दर्शन होते हैं।

विश्वास पाटील जीवन और साहित्य में गहरी पैठ रखनेवाले प्रतिभा संपन्न लेखक हैं। उनके साहित्य का बहुत बड़ा पाठकवर्ग है। उनकी पुस्तकें 'बेस्ट सेलर' हैं। अनेकानेक भाषा-भाषी अनगिनत पाठकों का अपूर्व प्रेम जिन्हें मिला है, ऐसे वे मराठी के महान लेखक हैं। एक मराठी लेखक के नाते मुझे उन पर बड़ा गर्व है। अण्णाभाऊ साठे नामक दलित लेखक के बहुआयामी जीवन-संघर्ष और जीवन अहसासों को प्रस्तुत करनेवाला लेखन परिश्रमपूर्वक विश्वास पाटील ने किया है। समय के प्रवाह में धरती में गड़े हुए एक बड़े शिलालेख रूपी साहित्यिक स्मारक

का निर्माण उन्होंने अपनी पुस्तक 'अण्णाभाऊ की दर्दभरी दास्तान' द्वारा किया है। अण्णाभाऊ साठे का लेखन सर्वहारा वर्ग के संघर्ष को उद्घाटित करनेवाला है। दुनिया में सर्वाधिक प्रतिमाएँ यदि किसी की होंगी तो वे अण्णाभाऊ साठे की हैं। अण्णाभाऊ साठे महान लेखक हैं। हिंदी के उपन्यास सम्राट प्रेमचंद के समकक्ष अथवा उनसे भी बढ़ कर सरस लेखक अण्णाभाऊ साठे हैं। अण्णाभाऊ पर कई लोगों ने असंख्य ग्रंथों का प्रणयन किया है, उन पर विश्वविद्यालय अनुसंधान भी हुआ है, मराठी में कई सिनेमाओं का निर्माण हुआ है, लेकिन विश्वास पाटील की 'अण्णाभाऊ की दर्दभरी दास्तान' पुस्तक तो मराठी साहित्य का स्मारक ही है, ऐसा मुझे लगता है।

उन्होंने अण्णाभाऊ साठे के बारे में जिस श्रद्धा और आत्मीयता से लिखा है वह अपने आप में अनुपम है। लेखक को लिखते समय कितना परिश्रम करना चाहिए और जिम्मेदारी के साथ लिखना चाहिए और प्रादर्श उदाहरण प्रस्तुत पुस्तक 'अण्णाभाऊ की दर्दभरी दास्तान' है।

धरती शेष नाग के मस्तक पर न टिकी होकर वह दलितों की हथेली पर टिकी है—अण्णाभाऊ के इस एक विचार (वाक्य) से ही मैं थर्रा गया। इसने मेरी सोच की दुनिया बदल डाली। मेरे सोच की दिशा बदल गयी। सर्वहारा और सर्वसामान्य मनुष्य का जीवन संघर्ष अंकित करनेवाला महान लेखक अण्णाभाऊ साठे के बारे में, जिस करुणा और कलात्मकता के अद्भुत योग से विश्वास पाटील ने लेखन किया है, मेरे मत से अद्भुत ही है। लेखक की प्रभावक, प्रवाहमयी उत्कृष्ट भाषा और समय तथा समाज को संपूर्णता से प्रकट करती है। दलित और उनके संघर्ष को लेकर निरंतर आत्मीयता और आशावाद से प्रेरित होकर लिखनेवाले विश्वास पाटील शायद एकमात्र लेखक हैं। इस कारण मैं हमेशा ही उनके प्रति आदरभाव से सराबोर हो जाता हूँ। विश्वास पाटील मेरे मित्र हैं, कहते हुए मेरा हृदय भर जाता है। पाठक को मुग्ध करनेवाली भाषा और काल को अपने आगोश में लेनेवाला चिंतन विश्वास पाटील की विशेषता है।

अण्णाभाऊ की 'श्मशान को सोना' कहानी ने मुझे बेचैन कर दिया। दलितों के जीवन की बड़ी भयावह और हृदय विदीर्ण कर देनेवाली पीड़ा इससे पूर्व मैंने कभी पढ़ी ही नहीं थी। प्रस्तुत कहानी ने मुझे आमूलचूल बदल दिया। मैं तो प्रेम-कविताएँ लिखनेवाला कवि था परंतु अण्णाभाऊ के लेखन ने मेरे दलित अहसासों को चिंगारी प्रदान की। मैं आंबेडकरी अहसास से प्रेरित होकर लिखने लगा।

जग बदल घालुनि घाव, सांगून गेले भीमराव।

(अर्थात् हथौड़े का प्रहार कर इस दुनिया को बदल डाल, ऐसा भीमराव कह गए) महज एक पंक्ति से हमारे सड़े-गले मन के द्वार पूरी तरह खुल गए। हजारों वर्षों के रौरव अंधकार में हम रौंदे गए थे। अण्णाभाऊ की लेखनी ने हमें प्रकाश पर्व की मशाल प्रदान की और हम दलित साहित्य लिखने लगे। दलित साहित्य के शुरुआती दौर में इतना बड़ा विशाल ताकतवर लेखक हमारे पास था, इसलिए हम सनातन प्राचीन व्यवस्था के खिलाफ धैर्य के साथ लड़ पाए। विद्रोह किया और जीवन की लड़ाई में जीत हासिल की। इसलिए पूरे दलित समाज और दलित आंदोलन की ओर से हार्दिक ऋण व्यक्त करने के लिए मैंने विश्वास पाटील को 'अण्णाभाऊ की दर्दनाक दास्तान' के लिए प्रस्तावना लिखने का वादा किया। उन्होंने मुझे प्रस्तावना लिखने का अवसर प्रदान कर एक तरह से मेरे लेखन का सम्मान ही किया है।

अण्णाभाऊ साठे का 'फकिरा' उपन्यास और 'माझी मैना गावावर राहिली', यह लावणी घर-घर पहुँच गई है। 'फकिरा' उपन्यास ने युवाओं को प्रेरित किया है। मेहनतकश मजदूरों के जीने की आँच और पसीने को पूरी संवेदनशीलता के साथ प्रस्तुत करनेवाले लेखक अण्णाभाऊ ही हैं। अण्णाभाऊ साठे केवल मराठी लेखक नहीं हैं, हाँ मराठी में लेखन करने के कारण उनका लेखन केवल एक भाषा तक ही सीमित रहा है। विश्वास पाटील ने भारतीय तथा विदेश के महान लेखकों की रचनाओं के संदर्भ से अण्णाभाऊ के लेखन की तुलना की है। अण्णाभाऊ के जीवनयापन के और लेखन के विविध आयाम उन्होंने प्रस्तुत किए हैं। पर्तों को खोल कर दिखाया है। इसके लिए वे अण्णाभाऊ से संबद्ध कई स्थानों पर गए, लोगों से मुलाकात की, साक्षात्कार लिया, तत्कालीन अखबारों में प्रकाशित खबरों का संदर्भ लिया। इतना ही नहीं अण्णाभाऊ के रिश्तेदारों से भी भेंट की। उनके समकालीन जीवन से जुड़ी सारी बातों को, घटनाओं को सूक्ष्मता से जानकर, जाँच-पड़ताल कर पूर्ण गंभीरता और जिम्मेदारी के साथ किया गया यह लेखन है। इस लेखन में अनुसंधानपरक दृष्टि और इतिहास के पुख्ता साक्ष्य हैं, प्रमाण हैं। किसी लेखक को पढ़ते समय या उसे जानते समय किस तरह की दृष्टि और मानसिकता को निर्माण करना पड़ता है, इसका आदर्श प्रस्तुत पुस्तक ने उपस्थित किया है। अण्णाभाऊ साठे के बारे में लिखने के लिए प्रखर अध्ययनशीलता और प्रतिभासंपन्न लेखक की आवश्यकता थी। मैं तो कहता हूँ, साहित्य का इतिहास उनकी बाट जोह रहा था। विश्वास पाटील द्वारा लिखित 'अण्णाभाऊ की दर्दभरी दास्तान' ने प्रतीक्षा की

घड़ी खत्म कर दी है। भारतीय रचनाकार को किस उत्तरदायित्व से लेखन करना चाहिए इसका उदाहरण विश्वास पाटील का लेखन है। उनके द्वारा दलित समाज को दिया गया प्रस्तुत ग्रंथ एक अद्भुत देन है, ऐसा मेरा मानना है। प्रस्तुत पुस्तक के द्वारा अण्णाभाऊ के लेखन की, उनके जीवन-यापन की और संघर्ष की अनमोल भेंट विश्वास पाटील ने अपने पाठकों को दी है। आंबेडकरी आंदोलन और साहित्य को बढ़ावा देने के लिए उनके द्वारा दी गई यह पुकार है। दलितों के प्रति उनका सामाजिक अहसास प्रखर तथा निरंतर बढ़ता रहे, यही कामना।

डॉ. शरण कुमार लिंबाले

अनुक्रम

कंगाली में आटा गीला

बात है अण्णा के जन्म से दो दिन पहले की। भेडस गाँव के सरकारी खज़ाने को विद्रोही फकिरा मांग ने डाका डालकर लूट लिया था। अंग्रेजों की उपनिवेशवादी व्यवस्था से दो हाथ कर आग से खेलनेवाला था यह फकिरा। फकिरा रिश्ते में अण्णाभाऊ का मामा था। अंग्रेजों के खज़ाने की लूटपाट कर बीहड़ जंगलों को पार करता हुआ फकिरा रातोरात वाटेगाँव* आया था।

उस समय बाबरखान नामक अतिशय क्रूर-कठोर के रूप में ख्यात अंग्रेजों का अधिकारी था। वह किसी भी समय पीछे-पीछे पहुँचने की भारी संभावना होने पर भी हड़बड़ी में अपनी बहन जनाबाई की कुटिया के ठीक सामने भाई फकिरा घोड़े की लगाम खींच कर रुका। अपनी लूट में से दो अंजुलियाँ भर सोने के सुरती सिक्के (रुपये) अपनी अक्का के आँचल में उड़ेल दिए। वहीं से आवाज लगाई, 'जच्चा-बच्चा का ध्यान रखना' और घोड़े को एड़ देकर चला गया।

ख्यातिलब्ध अपने पुरखों की याद इन शब्दों में अण्णाभाऊ लिखते हैं, "सुरती सिक्कों की जिसने दो अंजुलियाँ मुझ पर उड़ेली हों, उसे मैं भला कैसे भूल सकता हूँ? ज्ञानेश (संत ज्ञानेश्वर), तुकया (संत तुकाराम) की और तीन करोड़ मराठी जनता की भाषा में से उसका भंडार लूट कर फकिरा पर मैं उड़ेल कर उन दो अंजुली के ऋण से मुक्त होने का प्रयास कर रहा हूँ।"[1]

विद्रोह की यह परंपरा अण्णा ने अपने शाहिरी पँवाड़ों और सरस एवं सशक्त कहानी-उपन्यासों द्वारा जानबूझकर आगे बढ़ाई। शायद उन्हें फकिरा को कहना था, "हे बालक! जीवन-संघर्ष की आग में तुम आजीवन जलते ही रहो। कारण दहकती आग की संगति के बिना सोने की भी कसौटी नहीं होती।"

***वाटेगाँव**–अण्णा का जन्म गाव। सातारा-सांगली जिले की सीमा पर अवस्थित।

मेरा जन्म एक अछूत जाति में अर्थात् उस समय के अंग्रेजी कानून पर उँगली रख कर कहना हो तो अपराधिक-गुनहगार जाति में हुआ। मेरी स्कूली शिक्षा महज एक दिन की, उम्र के दसवें साल से गड़रिया काम, गिट्टी तोड़ना, कोयले की ढुलाई, घरेलू काम, बच्चों को स्कूल पहुँचाना, कुत्ते घुमाना, फेरीवालों का बोझा (गट्ठर) लेकर घूमना आदि ऐसे कई काम करने के बाद आखिरकार कपड़ा मील में काम सीखते हुए एक सज्जन रिश्तेदार से मैंने पढ़ने लायक मराठी सीखी। इस तरह की कैफियत अण्णा ने एक स्थान पर लिख रखी है।[2]

वाटेगाँव के निकट बहनेवाले कटोरा नाले पर अण्णाभाऊ की पहली दोस्ती रानपखेरुओं से हुई। दिनकर साठे के कथनानुसार उनका स्वभाव वन-जंगलवत् खुला (मस्तमौला) था। वे पेड़ की चोटी पर स्थित फल तोड़ लाने में माहिर थे। किसी गिलहरी की तरह सर्र-से पेड़ पर चढ़ जाते थे। तब कटोरा नाले के पासवाला जामुन का पेड़ और फैलाव इन दोस्तों का एक तरह से अड्डा ही था। अस्तगामी सूरज की ओर देखकर वे बोल पड़ते, "मैं जरूर कोई बड़ा आदमी बनूँगा।"[3] अपने कंधों पर लंबी लकड़ी रखकर वे जंगलों में घूमते रहते थे।

अपनी 'मोड' (वळण)[4] नामक कथा में अण्णा लिखते हैं कि, उस जमाने में यदि मातंगबाड़े में कोई लड़का कहे, "आबा, मैं शाला में जाऊँ? तो उसका बाप जूतामार चेहरे से, आँखें तरेरकर बोल पड़ता, अरे, शाला में तो बामन जाते हैं। तू तो बाघ के बछड़े जैसा शिकार करना सीख।"[5]

1930-31 के काल में अण्णा के पिताजी भाऊ साठे अपने वंचित (प्रताड़ित), गरीब परिवार के साथ बाटेगाँव से मुंबई तक का पैदल सफर करते हैं। वह परेशानी-त्रास से भरी टाँगतोड़ यात्रा तो एक दिव्य ही थी। उस गरीब परिवार के पास सातारा जिले के कराड़ से मुंबई तक की रेलयात्रा करने के लिए प्रति व्यक्ति बारह आने (बहत्तर पैसे) तक नहीं थे। तब का वह गड्ढों से भरा गड्ढोंवाला रास्ता आज पुणे-बेंगलुरू नाम धारण कर नागिन जैसा सरपट दौड़ रहा है। लेकिन तब का बैलगाड़ी का रास्ता और पगडंडियाँ कृष्णा जैसी नदियों के किनारों से ही नहीं तो गर्मियों में नदी की रेत में से आगे बढ़ता था। यदि किसी के पास ताकतवर खिल्लारी जाति की बैलजोड़ी हो तो भी पुणे से कोल्हापुर पहुँचने में कम से कम आठ दिन तो लग ही जाते थे; ऐसा तत्कालीन ऐतिहासिक दस्तावेजों में दर्ज है।

उस समय वाटेगाँव के मातंगबाड़े में बांस की खपच्ची और पत्तों से बने घरों के बजाय अपने लिए गारा-मिट्टी की दीवरों का घर बनाने का गुनाह केवल दो लोगों ने किया था। पहले थे अण्णाभाऊ के पिताजी भाऊराव। उन्होंने मुंबई के अंग्रेज और

पारसी लोगों के बंगलों की बागवानी में प्रभुता प्राप्त की थी। इसमें से (बागवानी से) आए पैसों को बचाकर गाँव के मातंगबाड़े में पक्का मकान बना लिया। दूसरे थे साधू मांग। वे गाँव के परंपरागत 'हेडी' (पशुओं का व्यापार करनेवाले, विशेषकर गाय-भैंसों का) व्यवसाय करते थे। इसमें अच्छी कमाई होने से उन्होंने भी वाटेगाँव के मांगबाड़े में मिट्टी की दीवारों का पक्का घर बनाया था।

उस समय गाँव-सीमा बाहर के मातंग ही क्या अन्य अछूत लोगों के घर बांस-लकड़ी-पत्तों से बने मड़ैयात् होते थे। दीवारों में खपली गेंहूँ (गेंहूँ की एक जाति) के पुआल या पुंड्या गन्ने के चिप्पड़ (गन्ने से रस निकाला जाने पर बचा हुआ हिस्सा) दीवारें घात बने हुए होते थे। आसपड़ोस के पचास गाँवों में भी ऐसे पक्के मकान किसी अछूत ने बनाए नहीं थे। गाँवबाहर के (हाशिए के बाहर के) गरीब को अपने ही लोगों में जीवन-यापन करना चाहिए, ऐसा अलिखित सामाजिक नियम ही था। परिणामत: भाऊराव द्वारा बनाया पक्का घर देखकर उनके जातिभाई नाराज़ हो गए थे। इसके अलावा गाँव के लोग भी तुच्छतापूर्ण उपेक्षा का व्यवहार ऐसा कहते हुए करने लगे थे, "उसने पक्का घर बना लिया, इसलिए वह बड़ा घमंडी हो गया है, बहुत पैसा है उसके पास।"

उस समय वाटेगाँव की पाठशाला गाँव के पवित्र विठ्ठल मंदिर में लगती थी। गाँव में ब्राह्मणों के घर अधिक थे। हिंदू धर्म के रिवाज़ के अनुसार जातिधर्म का कड़ाई से पालन होता था। विठ्ठल मंदिर में लगनेवाली पाठशाला के शिक्षकों को भी पावित्र्य बनाए रखने के लिए कम-से-कम दो बार नहाना पड़ता था। ऐसे में उस पाठशाला के बरामदे में महार-मांग जैसे अछूतों को बैठने का सवाल ही नहीं था। इसलिए गाँव की सीमा के पास स्थित भाटवड़े शाला में अण्णा पढ़ने गए थे। तब ढवळीकर गुरुजी ने उन्हें अपने हाथ का मजबूत डंडा फेंक मारा, तो अण्णा ने चिढ़कर मास्टर को पत्थर फेंककर मारा। परिणामत: दूसरे ही दिन अण्णा की शाला छूट गई। इसलिए वे मात्र डेढ़ दिन शाला के छात्र रहे। शाला छोड़ते हुए बालक अण्णा ने गुस्से से तमतमाकर पीछे मुड़कर ढवळीकर गुरुजी को सुनाया, "याद रखें! मास्टरजी, मैं ऐसा पढ़ूँगा-लिखूँगा...जिसे तुम्हारे बच्चे पढ़ेंगे, तुम्हारा खानदान पढ़ेगा, सारी दुनिया पढ़ेगी...।"[6]

तब वाटेगाँव कुरुदवाड़ रियासत का महत्त्वपूर्ण व्यापारी केंद्र और तीर्थक्षेत्र था। बरामदे में बैठनेवाले अछूतों के बच्चे भीषण-गर्मी-सर्दी में किन हालातों से गुजरते हैं, उनकी तकलीफें, उनकी दीन स्थिति की बात कुरुंदवाड़ के पटवर्धन सरकार के कानों में पहुँची। इसलिए उन्होंने वाटेगाँव में अछूत बालकों के लिए 1927 के

आसपास एक अलग शाला शुरू की। पत्थर-मिट्टी से बनी पक्की इमारत का नाम ही 'महारशाला' हो गया। उस समय अछूतों के लिए पाठशाला भवन निर्माण करना आसान था, पर उन बच्चों को पढ़ानेवाला शिक्षक कहाँ से हाजिर होगा? इसका उत्तर नकारार्थी होने के कारण शिक्षकों के अभाव में पाँच-छह सालों तक यह शाला बंद ही रही।

अपने लिए पक्की दीवारों का घर बनाने के कारण भाऊराव गाँव के कई लोगों की नज़रों से उतर गए थे। इसके अलावा उनका स्वभाव हठी-स्वाभिमानी था। एक भली सुबह भाऊराव साठे नींद से जागे। पत्नी और चार बच्चों के साथ मुर्गे की पहली बांग होते ही सुबह चार बजे घर छोड़ा। उनके साथ अण्णा की उम्र का सीताराम साठे नामक चचेरा भाई भी चल पड़ा। मुंबई जाने के ख्याल से ही परिवार में किसी को भी नींद नहीं आयी। कराड़ के पीछे ढेबेवाड़ी फाटा तक तंगड़तोड़ करते हुए जब पहुँचे तो दिन निकल आया था। अण्णा और उनकी बड़ी बहन भागाबाई दोनों ही पैदल चलते थे। नंगे पैर चलनेवाले अण्णा की उम्र जैसे-तैसे ग्यारह साल की होगी। जिस पर अण्णा के कंधों पर छोटा शंकर भी था। साथ छोटी बहन जाईबाई भी थी।

क्या सफर, क्या दो जून का खाना, उनके पास फूटी कौड़ी भी नहीं थी। फलत: हररोज पौ फटते ही पहले भाऊ साठे और साथ अण्णा की माँ वालुबाई आधी नींद में ही हड़बड़ाकर उठ खड़े होते और पुणे की ओर दौड़ने लगते। इसके पीछे उद्‌देश्य यह था कि सुबह की ठण्डक में अधिक से अधिक पैरों तले की जमीन पार की जा सके। रास्ते में कोई संपन्न गाँव ढूँढ़ कर रास्ते के पासवाले किसी खेत में दिहाड़ी मजदूरी कर थोड़ा पैसा कमाना भी संभव हो जाता था।

सुबह की भीगी ठण्ड में पीछे सोए हुए चारों बच्चे जग जाते। गिरते-रोते पीछे-पीछे दौड़े आते। जिस तरह मृगछौना अपने माँ-बाप को ढूँढ़ लेता है, वैसे ही ये चारों किसी खेत में मजदूरी करते माँ-बाप को ढूँढ़ लेते। इस दरमियान ये दंपती मजदूरी के पैसों से अथवा किसी सज्जन की मिन्नतें कर इकट्ठा किया हुआ भोजन बच्चों के लिए तैयार रखते थे। भूख से व्याकुल, कोमल बच्चों के मुँह में हर रोज इसी तरह खाना पहुँचता था।

विश्व साहित्य इतिहास में ऐसी भयावह दशा में कोई लेखक अपने परिवार के साथ शहर की ओर तंगड़तोड़ करते शायद ही गया हो। मैंने तो ऐसा किसी लेखक के बारे में परिवार यात्रा को पढ़ा नहीं है।

रास्ते में स्थित खम्बाट की घाटी पार करने के बाद नीचे खंडाला-पारगाँव में बरगद के नीचे ये काफिला थकान से चकनाचूर होकर खुले में सोया हुआ था, तब

गाँव के कटखने कुत्तों ने अचानक उन पर हमला कर दिया। अण्णाभाऊ, सीताराम और भाऊ ने बड़ी ही जिद्द से प्रतिकार किया। इन बातों को याद कर शंकरभाऊ का गला भर आया। आगे वे बताते हैं कि रास्ते में नीरा नदी के किनारे दो दिन का पड़ाव डाला था। नदी से मछलियाँ पकड़कर, खेत से हरी मिर्च लाकर पतेली में शोरबा पकाया। कारण पंद्रह-बीस दिनों के बाद प्रथमत: कुछ ठीक-ठाक गरमागरम खाने को मिला था। खुशीभरी इस रात को दिवाली मानकर नदी किनारे के घासफूँस में बड़ी खुशी से वह रात बिताई।[7]

रास्ते में खेड़-शिवापुर की किसी अमराई के पेड़ पर छोटे अण्णा ने पत्थर मारकर एक आम गिराया। तब रखवालदार ने उस बच्चे को कोतवाली ले जाकर बाँधूँगा, कहते हुए हो-हल्ला मचाया। आखिरकार माँ-बाप ने रखवालदार की आरजू-मिन्नतें कीं और जैसे-तैसे उसके चंगुल से छुड़ाया। काफी लंबा सफर तय करना था। रास्ते की फाकाकशी से लड़ते-बचते, पूरे एक माह बाद यह परिवार पुणे की एक धर्मशाला में पहुँचा।

इसी धर्मशाला में उनकी एक ठेकेदार से मुलाकात हुई। उसने खंडाला पहाड़ियों में कोयला ढोने की मजदूरी का काम दिलाने का विश्वास जताया। इस ढाढस-विश्वास के कारण थके-हारे परिवार को स्वर्गीय आनंद की अनुभूति हुई। संभवतया ठेकेदार को मजदूरों की अत्यधिक आवश्यकता लग रही थी। इस धर्मशाला में कई मजदूर परिवारों ने शरण ली थी। कैदियों की तरह उसने यहाँ गिनती की।[8]

जब अण्णा अपने परिवार के साथ पुणे स्टेशन पहुँचे तब वे पहली बार इतनी बड़ी-विशाल भव्य इमारत देख रहे थे। मुंबई की ओर जानेवाली सवारी गाड़ी जब प्लेटफॉर्म पर उन्होंने देखी, गाड़ी खुलने की घण्टी बजने लगी, तब अण्णा का भोला मन पिता से पूछ बैठा, "यहाँ मंदिर कहाँ है? घण्टी बज रही है।" तात्पर्य यह कि घण्टी बज रही है तो मंदिर जरूर होगा, ऐसा उसके भोले गँवई मन को लगा।

सर्द रात में खड़खड़ाहट सवारी गाड़ी दौड़ पड़ी। पौ फटने से पहले भाऊ अपने बच्चों को 'खंडाल स्टेशन आ गया' कहकर हिला-हिलाकर जगाते हैं। गाड़ी के रुकते ही लोग ऐसे बाहर निकल पड़े मानो भेड़ों का झुंड छूटा हो। कँपकँपा देनेवाली खंडाला की जालिम ठण्ड। स्टेशन पर किसी घुमक्कड़ के पाल की तरह यह परिवार प्लेटफॉर्म पर उतरा।

पहले दिन कोयला ढोने का काम करने के लिए अण्णा पिता के साथ गए। काम बड़ा तकलीफदेह और परिश्रम का था। कोयले की बुकनी (पाउडर) से लथपथ काले रंग में रँगे बाप-बेटे ने शाम को सार्वजनिक नल के नीचे नहा कर

अपने आपको साफ किया। अचानक भाऊ का गला भर आया। तुका और अण्णा की ओर देखते हुए प्रेम से व्याकुल होकर बोले, "कोयले के इस जानलेवा काम से तो मेरे बच्चे मर जाएँगे।" ढलती उम्र के पिता को अकेले काम पर भेजने का मन अण्णा का कतई नहीं था। "मुझे दो दिन तकलीफ होगी और काम करने से कोई मरता नहीं" कहते हुए अण्णा पिता के साथ अगले दिन से पुन: काम पर जुट जाते हैं।

दिन बीत रहे थे लेकिन ठेकेदार से ली हुई पेशगी का भुगतान नहीं हो पा रहा था। पेशगी जितना काम कभी नहीं मिलता था। मेहनत से कमाया हुआ धन उस ठेकेदार के भँवर में गायब हो जाता था। उस शोषित-दलित परिवार के माथे पर कर्ज का पैसा पहाड़ की तरह चढ़ता ही रहा। मालिक तथा अमीरी द्वारा किए जानेवाले शोषण की फटकार मुंबई के रास्ते पर चलनेवाले अण्णा को खंडाला के कोयले ने दी।

सौभाग्य से एक दूसरा ठेकेदार वहाँ मिला। उसने आश्वस्त किया की कल्याण के निकट की पहाड़ी पर बढ़िया काम दूँगा। खंडाला के शोषक ठेकेदार की चंगुल से छुटकारा नहीं मिल पा रहा था। परंतु इस नए ठेकेदार ने जेल से जैसे चोरों को भगाया जाता है कैसे इस परिवार को भगाकर कल्याण के पास एक रात लाकर छोड़ दिया।

कल्याण के निकट की पहाड़ी पर बहुत बड़ा लेबर कैम्प खुला हुआ था। एक बार मजदूर परिवार इस जुल्म ढहानेवाले चक्रव्यूह में फँस गए तो बाहर निकलने के सारे रास्ते उनके लिए बंद हो जाते थे। इर्दगिर्द नुकीले तार की बाड़ का घेरा, हाथों में लट्ठ लिए, गुर्रानेवाले पठानों का कड़ा पहरा; जो इनके साथ युद्ध कैदी-सा बर्ताव करते थे। अमानवीयता की सारी हदें पार कर दी गई थीं। खंडाला से भी अधिक बुरी दशा अण्णा के परिवार की हो गई। पर्याप्त वेतन का अभाव, ऊपर से समूचे परिवार के भविष्य को ही सींकचों में बंद कर दिया गया था। यह अघोषित केंद्र खंडाला से यहाँ तक लेकर आनेवाला ठेकेदार अलग ही था। सबको दूसरे के पिंजड़े में धकेल कर अपनी दलाली लेकर वह तो चंपत हो गया।

नया मालिक बड़ा ही जालिम निकला। यहाँ पर भी चूल्हा सुलगाने के लिए निजी साख पर लिए गए पैसे चुकाए नहीं जा रहे थे। खर्चा अधिक-वेतन कम। दिन भर कोयले का पहाड़ तोड़ते, ढोते हुए उनकी दशा बेहाल हो जाती थी। अण्णाभाऊ श्रमिक-मजदूर दुनिया से लेखन की ओर मुड़नेवाले सच्चे कलमवीर उर्फ कलम के सिपाही थे। काम करते-करते हाथों में पड़े छाले रीतने लगते, उधड़ी हुई चमड़ी माँ वालुबाई की नज़र से छिपी नहीं। एक दिन वाळुबाई रोते-रोते पति से बोली, ऐसा

भयावह-राक्षसी काम करता रहा तो अपना तुका जिएगा नहीं! बच्चा मर जाएगा। सफर के रास्ते की दुर्गति से उसका मन छटपटाता उसका कलेजा टूट जाता। पति के सामने गिड़गिड़ाती, "यही है तुम्हारी मुंबई? इस मुंबई ने अपना कुछ भी अच्छा नहीं किया।"

हिन्दुस्तान के अधिकांश हिस्से में केवल गरीबी और दरिद्रता ही उपजती है। इसलिए उत्तर अथवा दक्षिण दिशाओं की पहाड़ियों में या गरीब गाँव में मरने से तो अच्छा है, मुंबई में रोजगार ढूँढ़ा जाए, ऐसे विचारवाले परिवार ही वहाँ अधिक थे। उन्हें यहाँ तक लानेवाले कई गिरोह, मजदूर ठेकेदार, लूट की, शोषण की एक पाशविक यंत्रणा। यहाँ जुल्म ढहानेवाले कैम्प, दीवारों के भीतर ब्रिटिश कानून या न्याय प्रविष्ट नहीं हो पा रहा था। कैम्प के रखवाले चारों ओर से घेराबंदी बनाये रखते, ऐसे में कड़ी शारीरिक मेहनत का काम करते हुए हम यहीं मर जायेंगे, यह डर उन्हें सताने लगा। एक रात, साथ आया हुआ सीताराम कँटीली बाड़ के नीचे से पेट के बल खिसकता हुआ बाहर निकलकर मुंबई की ओर भाग गया। इस घटना से भाऊराव और वालुबाई भयभीत हो गए। उन्हें अपने साथ बच्चों का भविष्य भी धुँधला नज़र आने लगा।

हमारा अपना श्रम चुरानेवाले ठेकेदार के हम तो बाप हैं। इस प्रण को लेकर भाऊ साठे काम में जुट गए। उन्होंने रखवाली करनेवाले पठान से दोस्ती बढ़ाई। पठान दोस्त के साथ बैठ गांजा भी खाया। परिवार की दुखभरी रामकहानी सुनाकर बाहर से सख्त पठान के अंदर के इन्सान को जगाया। पठान का दिल भी पसीजा। भाऊ साठे को इस नरक से निकालने का उसने वादा किया और बोला, "देख बुड्ढे, हम भी तो बाल बच्चेवाले हैं।"

रविवार पगार का दिन होता था। इस दिन शराब पीकर, गांजा खाकर कैंप अलसाई नींद में सुस्त पड़ा था। पठान ने अपना वादा निभाया, और अनदेखा किया। भाऊ साठे रात बारह बजे चुपचाप उठे, कलेजा थाम कर अपने कच्चे-बच्चे परिवार के साथ चोरों की तरह जैसे-तैसे कर कल्याण स्टेशन पहुँचे।

वह रात खत्म होने से पहले भोर के अँधियारे में रेल मुंबई के भायखला स्टेशन पर रुकी। बच्चों को हिला कर भाऊ ने जगाया। अपना टूटा-फूटा, फुटकल सामान लेकर स्टेशन से बाहर आए और वे खोली (कमरा) ढूँढ़ने चल पड़े। 1930 में मुंबई में खोली मिलना आज जितना मुश्किल नहीं था। अनेक स्थानों पर खोलियाँ (कमरे) निर्वासित-सी खाली पड़ी रहती थीं। इस बात को ध्यान में रखकर लावणी सम्राट पठ्ठे बापूराव लिखते हैं, वे अपनी सखी पवळा को कहते हैं, "तुला राहायला देतो

खोली बिन वारसी" (अर्थात् मैं तुम्हें ऐसी खोली दूँगा, जिसका कोई वारिस नहीं होगा, तुम ही खोली की मालकिन होगी।)

भायखला के कामगार बस्ती में चाँदबीबी नामक एक मुस्लिम महिला की टिन-पतरे की चाल थी। उस चाल की साफ-सुथरी खोली देखकर अण्णा और उसके भाई-बहन सिटपिटा गए। जंगल के हिरनों की गाँव में आने पर जो दशा होती है ठीक वैसी ही हमारी हुई, ऐसा शंकरभाऊ ने लिखा है। चाल मालकिन चाँदबीबी ममतामयी थी। उसे बाल-बच्चे नहीं थे। कई चालों की वह मालकिन थी। मुंबई नगर परिषद में सफाईकाम करनेवाले पुणे-सतारा की ओर से आए ग्रामीण मातंग समाज के कई लोग वहाँ रहते थे। यहीं पर कोल्हापुर की ओर का कानड़ी लहजे में बोलनेवाला मार्तंड खंडूबा भगत अण्णा परिवार से मिलने आया था।

मार्तंड भगत घर-घर घूमकर कपड़े बेचता था। 'छोटे बच्चों का कपड़ेवाला' के रूप में वह ख्यात था। कपड़ों का गठ्ठर साथ में लेकर घूमनेवाले एक मेहनती लड़के की उसे तलाश थी। इसलिए छोटे तुकाराम और अण्णा को यह काम मिल गया। अण्णा कपड़ों की गठरी माता के मुकुट की पिटारी की तरह सिर पर रखता और ठुमकते-ठुमकते शान के साथ मार्तंड के पीछे-पीछे चाल के परिसर में दिनभर घूमते रहता।

इसी दरमियान अण्णाभाऊ 'अ, ब, क' जैसी कामचलाऊ वर्णमाला पहचानने लग गए थे। सिर की गठरी सँभालते अण्णा अपने इर्द-गिर्द के दुकानों के बोर्ड पढ़ते हुए चलते रहते। इससे उनके चलने की गति कम हो जाती, वे पिछड़ जाते। यह देख मार्तंड भगत को लगा, लड़के का इस काम में ध्यान नहीं है। इस गुनाह की सजा के रूप में तुकाराम और अण्णाभाऊ को काम से हटा दिया गया।[९]

संयोग से अण्णा मुंबई में शुरुआत में जिस विभाग में रहने आए थे, वह विभाग भायखला, नागपाड़ा और डिलाइल रोड, लालबाग का था। मस्तमौला मराठी संस्कृति से गहरा रिश्ता रखनेवाली मजदूर बस्तियाँ यहाँ थीं। इन मजदूरों की चालों में लेझिम मंडल, भजन मंडल और कोंकणियों के 'बालेनाच' चलते थे। मराठी के सुप्रसिद्ध विनोदी लेखक पु.ल.देशपांडे ने एक नाटक लिखा, 'बटाट्याची चाल', वैसे इस नाम की सचमुच की चाल मुंबई के फोरास रोड की वेश्या बस्ती के पास थी, जहाँ तमाशा कलाकारों के परिवार रहते थे। यहीं पर कुछ सालों पहले शाहीर पठ्ठे बापूराव का परिवार भी रहता था। इसी क्षेत्र में बांगड़ीवाला नामक सेठ के तेरह तमाशा थिएटर थे।

शुरुआत में अण्णा बिल्कुल निरक्षर थे। लेकिन "कपड़ा मिल का काम सीखते

हुए मैंने एक सज्जन रिश्तेदार के यहाँ पढ़ने लायक मराठी सीखी।[10] ऐसा अण्णा ने लिख रखा है। उस रिश्तेदार का नाम है— उनके चचेरे भाई ज्ञानदेव साठे।"

वरली स्थित बावन नंबर की चाल में रहनेवाला ज्ञानू साठे जो अण्णा का चचेराभाई था, का मिलने आना, उनके जीवन की बहुत बड़ी घटना थी। जीवन के विविध रंग-ढंग पचाया हुआ ज्ञानू मस्तमौला और दुनियादारी जाननेवाला व्यक्तित्व था। उसकी खोली की सारी दीवारें देवी-देवताओं की तसवीरों से लदबद भरी हुई थीं। जिससे यह खोली एक तरह का मंदिर ही लगता था। सप्ताह के छह दिन वह शुद्ध शाकाहारी होता था लेकिन रविवार को गोश्त का शोरबा सुड़कना उसे बहुत प्रिय था।

ज्ञानदेव के घर देवी-देवताओं की भीड़ के साथ-साथ एक कोने में पुस्तकों की गड्डी लगी हुई थी। अण्णा इस ओर आकर्षित हुए। वहाँ प्रतिदिन शाम को तीन घण्टे धार्मिक ग्रंथ-पठन का क्रम शुरू रहता था। यहीं पर 'पांडवप्रताप', 'हरिविजय' और 'रामायण' की धार्मिक कहानियाँ अण्णाभाऊ ने सुनी। वे मन लगाकर श्रवणभक्ति करते थे।

अपने भावी जीवन में गठित कथाविस्तार की ओर बढ़िया व्यक्ति-रेखाओं से सुसज्जित कई उपन्यास और सशक्त कहानियाँ अण्णा ने लिखीं। अण्णा की शब्दसाधना और साहित्यिक रुचि वरली के इसी बावन नंबर की खोली ने जगाई। वरली की चॉल में कई महीने श्रवणरस का आनंद देनेवाले वे धार्मिक ग्रंथ सच में सुगम बालबोध और रसमयी भाषा की मोटे अक्षरों में छपी ग्रंथसार की बहियाँ थी।

कुछ दिनों तक अण्णा को वहीं पर एक यूरोपियन महिला के घर काम मिला। उनका काम था ऊँची नस्ल के कुत्तों को सँभालना।

एक दिन मुंबई की बीच बस्ती में स्थित मुंबई सेंट्रल के पूल से अण्णा के पिताजी भाऊराव आ रहे थे। इसी समय एक कोमल मुस्लिम बालिका उनके पास पहुँची, जिसका नाम हसीना था। एक अच्छे कुलीन मोहल्ले की लड़की को कुछ गुण्डे नागपुर से मुंबई भगा लाए थे। उसे वेश्याबस्ती में बेचकर पैसे लेकर भाग गए थे। दो-चार दिन के भीतर ही वह साहसी बालिका बड़ी चतुराई से वहाँ से निकल आयी। गगन तले का यह पखेरू मुंबई के रास्ते पर आसरा पाने के लिए भटक रहा था। भाऊ साठे मलिन वेशभूषा वाले दयालु व्यक्ति को उस लड़की ने सही पहचाना। हसीना उनके गले ही पड़ गई और बोली, "बाबा! हमको अपने बाल बच्चों में लेकर चलो।"

गरीब के हृदय में ही दातृत्व होता है। इस उक्ति को सार्थक करते हुए उस

गरीब, मासूम लड़की को भाऊ ने अपनी बेटी माना और टटपुंजिया संसार में एक और खानेवाला बढ़ गया।

कई दुखी, पीड़ित महिलाओं के विशिष्ट व्यक्ति चरित्र-चित्रण अण्णाभाऊ ने अपने लेखन में प्रस्तुत किए हैं। यदि उनके कर्तृत्व का लेखा-जोखा लिया जाए तो अखिल भारतीय स्तर पर भी जिन बड़ी-बड़ी लेखिकाओं को करना संभव नहीं हो पाया ऐसे में कई हजार गुना चरित्रों की बहुत बड़ी संपदा अण्णाभाऊ नामक रहम दिल इन्सान ने जुटाई। अण्णा की अनेक भावी नायिकाएँ उनकी खिलती उम्र में ही उन्हें मिलती रहीं (कारण अण्णा की कथा-नायिकाएँ कल्पित न होकर प्रत्यक्ष जीवन जीनेवाली स्त्रियाँ थीं)। मानो अपने सिर पर दुख का घड़ा सँभालने इस तपस्वी साहित्यिक की कुटिया का पता पूछते आई हों।

अण्णाभाऊ का रंग पक्का छुटा हुआ, काला था। उनके परिवार का एक हिस्सा बनीं, उम्र में सब बच्चों से बड़ी हसीना को जब अण्णा नहीं दिखाई देते तो बड़े लाड़ से पूछती, "मेरा काला भैया किधर गया?" चाल मालकिन व चाँदबीबी की नज़र हसीना पर पड़ी, तो उसने अण्णा से आग्रहभरा अनुनय किया, "यह छोरी हमारी ही जाति की है। मैं इसको खुद की औलाद समझकर परवरिश करूँगी।" नि:संतान चाँदबीबी की विनती से पसीज कर भाऊ ने हसीना को चाँदबीबी के यहाँ भेज दिया।

अण्णा का वास्तविक जीवन और उनका साहित्यिक योगदान समझने में लोगों का शुरू से ही गड़बड़ीपूर्ण रवैया रहा है।

अण्णाभाऊ के 'इप्टा' नाट्य आंदोलन के एक सहकारी और भारत के राष्ट्रीय स्तर पर प्रख्यात अभिनेता श्री ए.के.हंगल ने अपनी पुस्तक 'मैं एक हरफनमौला'[11] नामक आत्मकथा में अण्णा से संबद्ध, प्रत्यक्ष घटित दाहक घटना को प्रस्तुत किया है। मैं भी इसे प्रस्तुत करना चाहूँगा। "अण्णाभाऊ साठे एक मेहनतकश गरीब समाज से संबंध थे। उनका जन्म एक दलित परिवार में हुआ था। मुंबई के कपड़ा मिल में वे नौकरी पर लगे। इससे पूर्व उन्होंने अपने जीवन में बहुत बुरे दिन बिताए थे। अपमान का दाहक दर्द भी झेला था। मिल-मजदूर होते हुए वे श्रमिक संघर्ष आंदोलन की ओर खिंचे गए। इस आंदोलन का नेतृत्व कम्युनिस्ट पार्टी के हाथों में था। अण्णाभाऊ के आगमन से कामगार आंदोलन में चैतन्य की आँधी आ गई। इसी समय वे लेखन-पठन में भी रुचि लेने लगे थे। उन्होंने पारंपरिक तमाशा और पँवाड़ा के ढंग से रोचक शैली में नाट्य-लेखन भी किया है।

"एक दिन वे हड़बड़ी में मेरे पास आए तब उनका चेहरा गिरा हुआ और रुआँसा दिखाई दे रहा था। वे अपने साथ स्वयं द्वारा लिखित नाटक की एक कच्ची

बही लाए थे। मुझसे मिलने के पहले मराठी के एक बड़े लेखक से भेंट कर आए थे। उक्त लेखक महाशय ने उनके लिखित नाटक की ऐसी की तैसी कर डाली थी। अण्णा ने अपने नाट्य-लेखन का जो कच्चा लेखन किया था उसे क्लर्की जैसा मामूली स्तर का लेखन कह कर उन्होंने अण्णा को शर्मिंदा किया था। ऊपर से ऐसा कहा, आप नाट्य-लेखन की झंझट में क्यों पड़ते हो? तुम तो केवल उन अनपढ़ गिरती-मजदूरों के लिए तमाशे और पँवाड़े ही लिखते बैठों! यही तुम्हारी सच्ची लायकी है। ऐसे तिरस्कारयुक्त शब्दों में अण्णा की निंदा की थी। इस कारण अण्णाभाऊ काफी आहत हुए दिखाई दे रहे थे।

"मैंने उनके कलम की आँच महसूस की, उनके नाटक के लिए सभी तरह की मदद करने की ठानी और हमने अण्णा का नाटक हिंदी में प्रस्तुत किया। वह नाटक है–'ईमानदार', जिसका दिग्दर्शन आर.एन. सिंह ने किया था।

"इस घटना के बाद अण्णाभाऊ मेरे पक्के हरदम के दोस्त बन गए।"

1958 ईस्वी में इप्टा का आठवाँ अधिवेशन दिल्ली में हुआ। उस समय भारत के उपराष्ट्रपति डॉ.राधाकृष्णन थे। उनके सम्मुख अण्णा द्वारा लिखित 'ईमानदार' का मंचन हुआ। ईमानदार की मुख्य भूमिका स्वयं ए.के. हंगल ने निभाई थी।

अण्णा के जीवन में घटित इस प्रसंग पर गंभीरता से विचार किया जाना चाहिए। दुर्भाग्य यह है कि श्री ए.के. हंगल ने अण्णाभाऊ के लेखन की धज्जियाँ उड़ानेवाले उस महान मराठी नाटककार का नाम नहीं लिखा। अण्णा की केवल तमाशा और पँवाड़ा लिखने भर की लायकी है, ऐसी बेकार की सलाह देनेवाले उन महाशय को सच्चे मराठी लोकसाहित्य की बिल्कुल समझ नहीं थी। उमाबाबू का 'बटाऊ मोहना' अथवा पठ्ठे बापूराव का 'मिगराणी' जैसे बेजोड़ लोकसंचित का उन्हें ज्ञान ही नहीं था। साथ-ही-साथ मनुष्य के हृदय को छूनेवाले और यथार्थ से आगे जानेवाले अण्णाभाऊ के लेखन की विश्वव्यापी जाति और बुनावट भी उन संभ्रान्त परिवार के बेचारों को कभी समझ में नहीं आयी।

समाज के मेहनतकश वर्ग का काफी बड़ा पाठक वर्ग अण्णा के साहित्य को मिला लेकिन वे जिंदा थे तब भी और उनकी मृत्यु के बाद भी पिछले पचास सालों में मराठी आलोचना ने उन्हें हिकारतभरी उपेक्षा के कँटीली बाड़ के बाहर ही रखा। सच्चाई तो यह है कि मराठी का यह श्रेष्ठ लेखक पिछली सदी के छठे-सातवें दशक में जर्मन, पोलिश, रूसी आदि विदेशी भाषाओं में अनूदित हुआ था। उनका 'माकडीचा माळ' नामक उपन्यास भारतीय साहित्य में घुमंतू वर्ग का ज्वलंत, कँटीला, चुभती दुनिया को प्रस्तुत करनेवाला पहला उपन्यास है। वह हृदयवेधी है

और साहित्यिक दृष्टि से आभिजात्य है। मुंबई की झुग्गी-झोंपड़ियों और पत्राचाळ से लेकर नागफनी के बनों तक के स्त्री-जीवन का कँटीला, दुख-दर्दभरा, अभागी जीवन जिस आत्मीयता से अण्णा ने शब्दों में चित्रित किया है, उसका भारतीय साहित्य में कोई सानी नहीं है।

संदर्भ

1. 'अण्णाभाऊ की कैफियत', युगांतर, 26 अप्रैल 1959, साथ ही 'ये सुर बाँसुरी के', दिनकर साठे।
2. 'मैं कहानी क्यों लिखता हूँ'–अण्णाभाऊ साठे, युगांतर, 8 सितंबर 1957
3. 'ये सुर बाँसुरी के', दिनकर साठे, पृ. 3
4. 'मोड' (वळण)–अण्णाभाऊ साठे, नवती, कथासंकलन, 1959
5. अण्णा के 92 वर्ष की उम्र के उनके सहयोगी स्वतंत्रता सेनानी बाबासाहेब पाटील तथा गाँव के अन्य लोगों से साक्षात्कार–वाटेगाँव, अक्तूबर 2020
6. अरुण दिनकर साठे, देवगड़-नेवासा, जि.–अहमदनगर, 31 जनवरी 2021
7. शंकरभाऊ साठे से साक्षात्कार, पुणे, जुलाई 1987
8. 'मेरा भाई अण्णाभाऊ', शंकरभाऊ साठे।
9. अण्णाभाऊ से साक्षात्कार, मनोहर मासिक, सितंबर 1960, पृ.18
10. 'मैं कहानी क्यों लिखता हूँ?', अण्णाभाऊ साठे, युगांतर, 8 सितंबर 1957
11. 'ए.के. हंगल : मैं एक हरफनमौला', पृ.79-81

‘फकिरा’ भूख के खिलाफ बगावत की दास्तान

1918 का अकाल महाराष्ट्र के लिए भयावह जानलेवा सिद्ध हुआ। इस अकाल से अपने दलित बंधुओं को बचाने के लिए फकिरा ने सीधे उपनिवेशवादी अंग्रेजों के खिलाफ ललकार लगाई। डाके डाले और अंग्रेजों के खिलाफ छिड़ा हुआ उनका यह संघर्ष काफी ताकतवर था। संघर्ष का इतिहास झगमग चमकीला इतिहास है जो आगे चलकर अण्णा के जीवन जीने का स्रोत बन गया। संघर्ष की इसी आग में उन्हें साम्यवाद की ज्वालाएँ दृष्टिगोचर हुईं। अण्णाभाऊ का लीक से हट कर जीवन और उनके आभिजात्य लेखन को समझने के लिए हमें भूख मिटाने के लिए फकिरा द्वारा किए गए विद्रोह की बात को जान लेना बहुत जरूरी है।

विश्व इतिहास में जब रोमन साम्राज्य उत्कर्ष के शिखर पर था, तब गुलामी की जंजीरें तोड़ने के लिए पहला खुल्लमखुल्ला विद्रोह करनेवाला गुलाम था– स्पार्टाकस। वह ईसा पूर्व 71 में लिबिया के वीरान रेगिस्तान में पत्थर तोड़नेवाला मामूली मजदूर था। अमानवीय यातनाओं के खिलाफ उसने मानव इतिहास में प्रथमत: उपनिवेशवादियों के विरुद्ध विद्रोह की गर्जना की। परिणामस्वरूप स्पार्टाकस को ईसा मसीह की तरह सरेआम खंभे से बांध कर उसके शरीर में कीलें गाड़ कर उसकी जीवनलीला समाप्त कर दी गई।

इसी विषय पर 1951 में हावर्ड फास्ट नामक अमेरिकन लेखक का 'स्पार्टाकस' नामक उपन्यास प्रकाशित हुआ।

जिस समय अमेरिका में कम्युनिस्ट शब्द का प्रयोग गाली की तरह निषिद्ध और अपवित्र माना जाता था, उसी समय हावर्ड फास्ट सरेआम कम्युनिस्ट पार्टी और साम्यवाद का प्रबल समर्थन अमेरिका में कर रहे थे। औचित्यभंग की सजा के रूप में उन्हें अमेरिकन संसद ने तीन महीनों की जेल सुनाई। व्यवस्था के खिलाफ संघर्ष करनेवालों के भाग्य में जीवन के संघर्ष के अलावा और कुछ नहीं होता, यह

प्रस्तुत करने के लिए प्रतीक के रूप में उन्होंने 'स्पार्टाकस' की कहानी को चुना था। 363 पृष्ठों का यह उपन्यास तत्कालीन शासकों के भय से कोई प्रकाशक प्रकाशित करने को तैयार नहीं था। फलत: फास्ट ने अपने पैसों से, दोस्तों की खुशामद कर इसे प्रकाशित करने का साहसी कार्य किया। प्रस्तुत उपन्यास जनमानस को बहुत भाया। आगे कुछ ही सालों में स्टेन्ले क्युबिक नामक श्रेष्ठ दिग्दर्शक ने इस कहानी को हॉलीवुड के पर्दे पर प्रदर्शित किया।

1959 में अण्णाभाऊ ने 'फकिरा' शीर्षक से मराठी में उपन्यास लिखा। यह उपन्यास महज मनोरंजन के लिए नहीं लिखा गया था। घटिया दर्जे की मनोरंजनपरक ख्याति पाने के लिए भी यह नहीं लिखा गया। पेट को कुतरनेवाली भूख की अग्निज्वाला बुझाने के लिए, हाशिए के बाहर रहनेवाले दलितों द्वारा किए गए विद्रोह की यह धधकती कहानी है। छठे दशक में अखिल भारतीय स्तर पर लिखे गए किसी भी भारतीय भाषा के साहित्य में दलितों के सर्वव्यापी संघर्ष की कथा प्रस्तुत करनेवाली यह एक मात्र रचना है। विशुद्ध वाङ्मयीन रूप दलित संघर्ष की प्रस्तुति करनेवाली यह पहली रचना है। 'फकिरा' के पूर्व अखिल भारतीय स्तर पर आम आदमी के विद्रोह की प्रस्तुति भारतीय साहित्य में मिलती है। 19वीं शती में बंगाल के नील बागानों में काम करनेवाले मेहनतकश मजदूरों ने जुल्म ढहानेवाले जमींदारों के खिलाफ बगावत की थी। इस घटना को आधार बनाकर दीनबंधू मित्र नामक बंगाली लेखक ने 'नीलदर्पण' नामक नाटक लिखा। इस नाटक ने नया इतिहास रचा है।

महाराष्ट्र की उपत्यकाओं में रहनेवाले आदिवासी किसानों के 19वीं सदी में किए हुए विद्रोह के कई उदाहरण मिलते हैं। 1857 में अंग्रेज सरकार के खिलाफ अहमदनगर जिले के अकोले तहसील की जंगलपट्टी में राघोजी भांगरे नामक विद्रोही उठ खड़ा हुआ था। अंग्रेजों के खिलाफ पहला संगठित विद्रोह करनेवाला यह पहला आदिवासी क्रांतिकारी है। नांदुर शिंगोटे गाँव का भागोजी नाईक दूसरा क्रांतिकारी इसी क्षेत्र का है। उसने तो अपनी खुद की पलटन निर्माण कर अंग्रेजों से खुला मुकाबला किया। इसमें वह मारा गया। आगे चलकर उमाजी नाईक का विद्रोह भी लोकप्रिय हुआ।

तत्कालीन आदिवासी और मेहनतकश किसानों के राष्ट्रीय विद्रोह का उल्लेख आर.सी. मजुमदार एवं ए.आर. देसाई जैसे इतिहासकारों ने अपने इतिहास ग्रंथों में किया है। बीसवीं सदी के दूसरे दशक में वाटेगाँव के मातंग समाज के फकिरा नामक बलवान नेता ने उपनिवेशवादी अंग्रेजी सत्ता को सीधे चुनौती दी। अकाल और संक्रामक बीमारियों से पीड़ित दलितों के भूखे पेट के ज्वालाग्रही आक्रोश से विद्रोह

का विस्फोट हुआ। यह भूख के खिलाफ रोटी हासिल करने का अभूतपूर्व संघर्ष था, जिसे अण्णाभाऊ साठे ने अपनी लेखनी की ताकत से संयमित और यथार्थ शैली में चित्रित किया है। उनकी यह साहित्यिक सफलता आज भी आश्चर्यचकित करती है।

तत्कालीन साहित्य में नायक-नायिका का चित्रण कुछ इस तरह होता था- नायक, नायिका को जो बस स्टॉप पर खड़ी होती थी–को धीरे से मौलश्री के फूलों का गजरा देते समय सिटपिटा जाता था। ऐसे में पेट की आग के लिए ब्रिटिश साम्राज्य को चुनौती देनेवाले दलित जननायक की यथार्थ कहानी प्रस्तुत करना साहित्य क्षेत्र की बहुत बड़ी घटना है। 1959 में प्रकाशित 'फकिरा' उपन्यास का एक भी पृष्ठ उथले, सस्ते मनोरंजन की उँगली नहीं पकड़ता। नायक अजीबोगरीब, उसके सहयोगी रामबॉस तथा थूहर के वनजंगलवाले, असभ्य सहकारी, थूहर* की कँटीली डाँड जैसा प्रतिबिंब, ठेठ भाषा, परिवेशगामी कथासूत्र, ठीक वैसा ही विस्तार, उसकी श्रेणी, उसका स्तर सब कुछ विशिष्ट, अनोखा और अलग है। उपन्यास विधा की कसौटी पर यदि इसे परखा जाए तो यहाँ पर भी यह सृजन मँजी हुई, सधी हुई कलम की निर्मिति साबित होती है।

मनुष्य को जानवर मानकर उसके साथ हिंसक वृत्ति से बर्ताव किया जाता है। उसे शोषण के कॉन्स्ट्रेशन कैंप में बंद किया जाता है। तब मृत्युभय त्यागकर अन्याय के खिलाफ फकिरा जैसा नायक जवाब देने के लिए खड़ा हो जाता है। वास्तव का यह कथानक अण्णाभाऊ के घर में ही घटित होने के कारण वह धमनियों के खून से शब्दबद्ध हुआ है। "उसके मन में गाँठ है, ऐंठन है, विद्रोह की धधकती वृत्ति का स्वागत करने की प्रवृत्ति है।" ऐसा कहते हुए 1959 में ही मराठी के ज्ञानपीठ पुरस्कार विजेता वि.स. खांडेकर ने उपन्यास के पात्र राधा और विष्णुपंत कुलकर्णी के चरित्रों की भूरि-भूरि प्रशंसा की है।

गाँव के अभिमान एवं वीरता की पृष्ठभूमि से संपृक्त एक तात्कालिक घटना से उपन्यास की शुरुआत होती है। फकिरा का गाँव **वाटेगाँव** है। **वाटेगाँव** के पड़ोस में शिगाव है। इसमें जोगिनी का मेला लगता है। पासपड़ोस के पाँच-पच्चीस गाँवों के लोग इस मेले में शामिल होते हैं। इससे पहले यह मेला काळगाँव नामक गाँव में लगता था। वहाँ के मेले में जुलूस के साथ निकलनेवाली सम्मानसूचक खोपरा– सूखा नारियल शिगाव का बाजीबा खोत बड़ी बहादुरी से उठा लाया था जबकि इस सूखे नारियल के इर्दगिर्द नंगी तलवारों की पहरेदारी थी। यदि वह रास्ते में,

---

***थूहर**–निवडुंग (मराठी)

अर्थात् काळगाँव की सीमा में तलवारबाजों के हाथ लग जाता तो तत्कालीन प्रथा के अनुसार उसका सर कलम कर गाँव की सीमा के पेड़ पर टाँग दिया जाता, लेकिन वह नारियल, उसके कारण लगनेवाला मेला, कुश्ती का अखाड़ा, नयनरम्य जुलूस यह सारा वैभव बाजीबा के कारण शिगाव को मिला था। फलत: शिगाव की इज्जत सारे इलाके में कई गुना बढ़ गई थी।

अपने वाटेगाँव के स्वाभिमान हेतु छटपटानेवाले मांगबाड़े का गरीब गणबा मांग का यही तो दुख है। शिगाँव जैसा विशेष मेला अपने गाँव में क्यों नहीं लगता? किसी मुर्दे की लाश उठाने की तरह जैसे-तैसे चार लोग जमा होते हैं, वैसे ही कुछ लोग मेले-उत्सव में इकट्ठा होते हैं। वैसे तो वाटेगाँव में मांग उर्फ मातंग समाज की बस्ती सीमित है। वाटेगाँव के आसपास थूहर का बन है। ये सारे परिवार ग्रीष्मकाल में किसी के खेत में मजदूरी कर जैसे-तैसे अपना पेट भर पाते हैं। परंतु बरसात का मौसम तो उनके लिए बैरी जैसा था। बाहर बारिश के पानी की धाराएँ और भीतर कुटिया में आँखों से आँसुओं की धाराएँ, तिस पर पेट की भूख की ज्वालाएँ और भड़क उठतीं। भूख के दर्द से बच्चे-कच्चे रोने लगते और खाली पेट बड़े-बूढ़े अपने स्थान पर बैठे एड़ियाँ रगड़ते-तड़पते रहते। युवा लोग चिथड़ों से अपना पेट बाँधकर पानी पी-पी कर जैसे-तैसे दिन धकेलते।

प्रत्येक ऋतु में उस मांग बाड़े के इर्दगिर्द थूहरों में सूरज-चाँद-तारे उगते-अस्त होते, हवाएँ बहतीं, मौसम में बदलाव होता–का यह लेखाजोखा अण्णाभाऊ की लेखनी की तरह उपन्यास के कथाप्रवाह के विकास में अपना स्थान अनायास ले लेती है। फलत: कथानक जीवंत और दृश्य हो जाता है।

शिगाव के जोगिन मेले में नारियल का खोपरा उड़ा ले जाने के लिए राणूजी का जी मचल रहा है। घर की चर्चा सुन कर फकिरा नामक बालक अपने आप बेहिचक बोल देता है, "आबा, वह नारियल लाते समय तुम्हारा सिर फूटे तो भी पीछे मत हटना, वह नारियल तुम्हें छीन कर लाना ही है।" यह बात मुश्किल तो है पर होना तो जरूरी है। गाँव में जोगिनियाँ आने से गाँव का नाम ही नहीं होगा, तो समूचे गाँव का दुख, गरीबी, दारिद्र्य हमेशा के लिए भाग खड़े होंगे, ऐसी श्रद्धा गाँववालों की थी। इस जानलेवा साहस में घायल भी हुए तो शरीर पर घावों के निशान स्वर्णमुद्रा-से अंकित होंगे। यही मेरी बख्शीश है, ऐसा राणू का मन कहता है।

सचमुच में नंगी तलवारों के घेरे में स्थित नारियल को राणबा हिम्मत से हाथ लगाता है तब उसके शरीर पर होनेवाले तलवारों के घाव बड़ी हिम्मत से धकेल देता है। पड़ोस के झरने के पास बँधे अपने गबऱ्या नामक घोड़े पर छलाँग लगा कर

सवार हो जाता है और अपने पेट के साथ नारियल को चिपका कर बीच के रास्ते से अपने गाँव की ओर पवनवेग से घोड़ा दौड़ाता है। घोड़े की गति ताशा पर पड़नेवाली डांड-सी गतिशील है और अपने गाँव का गौरव कोई चुरा कर भाग रहा है, यह देख बाजीबा का बेटा बापू खोत अपने साथियों के साथ राणबा को जिंदा पकड़ने के लिए प्रतिशोध भाव से बेकाबू होकर पीछा करते हैं।

इससे पूर्व ही राणबा मांग की बहादुरी की खबर वाटेगाँव में पहुँच जाती है। बालक फकिरा इमली के पेड़ पर चढ़कर अपने जुझारू पिता के दर्शन के लिए आतुर होता है। अण्णाभाऊ ने उपन्यास का पहला अध्याय ऐसी रोमांचक शैली और वीरभाव से ओतप्रोत लिखा है कि पढ़ते समय पाठक के रोंगटे खड़े हो जाते हैं। बापू खोत बेईमानी की सहायता से उसका पीछा करता है, कारण घोड़ा शिगाव की सीमा से बाहर जाने पर उसका पीछा करना गैरकानूनी था। लेकिन अपमानित बापू खोत अपना घोड़ा वाटेगाँव की सीमा में बहुत अंदर तक ले जाता है। उसके द्वारा फेंका गया भाला राणबा की पीठ छेद कर पार हो जाता है। घोड़े के शरीर में भी भाले की की जालिम नोक धँस जाती है। राणबा और घोड़ा मरकर लुढ़क जाते हैं। दुष्ट बापू खोत राणबा का सिर कलम कर अपने साथ ले जाता है। इस अनैतिक अन्याय के खिलाफ समूचा वाटेगाँव आगबबूला हो जाता है। दोनों गाँवों में लड़ाई छिड़ने की नौबत आ जाती है। पूछताछ के बाद सच्चाई सामने आती है और थूहर बस्ती का राणबा गाँव के अभिमान का स्थायी प्रतीक बन जाता है।

शौर्य घटित हो गया, गौरव का गुलाल धरती पर फैल गया लेकिन गरीबी के पाश से राणबा का परिवार मुक्त होनेवाला नहीं था। उसकी माँ राहीबाई रोजमर्रा की तरह खेतों में दिहाड़ी मजदूरी करती है। यह देख गाँव के पाटील शंकरराव के ह्रदय से चीत्कार उठती है। राही और उसकी बहू की प्रशंसा में वह कहता है, "राधा के सिंदूर ने पहाड़ जितने उपकार गाँव पर किए हैं।" इतना कह कर रुकता नहीं, अपनी बैलगाड़ी मांगबस्ती के पासवाले इमली के पेड़ के नीचे खड़ी करता है जिसमें अनाज की बोरियाँ भरी हुई थीं। ये सारा अनाज वह राणबा की माँ राही और पत्नी राधा को सौंप देता है। खुले दिल से बोलता भी है, "राणबा की मर्दानगी की बराबरी नहीं हो सकती, अनाज की तरह सिर खेतों में नहीं उपजते।"

प्रस्तुत उपन्यास के लेखन के बहाने लेखक ने तत्कालीन गाँव और जंगल-वनों के आसपास का क्षेत्र आदि को दस्तावेज की तरह सूचीबद्ध किया है। तत्कालीन मांगबाड़े का असली चित्र हमारी आँखों के सामने साकार हो जाता है। नए साल के साथ थूहर का नया वन, उस पर लगे हुए रसभरे लाल डोंडे और थूहर के निकले हुए

भाले की तरह के काँटे, उस बस्ती में पटसन के सूत-से किया जानेवाला मोटा रस्सा गूँथने का काम, कुई-कुई की आवाज़ करनेवाले पहिये, इसके अलावा थूहर बन में नेवले की तरह छिपनेवाले, भागनेवाले छोटे बच्चों का चित्र भी बड़ा मनोहारी है।

अण्णाभाऊ द्वारा चित्रित चरित्र उस गाँव की अपनी मिट्टी के हैं। फकिरा की रिश्तेदारी में स्थित एक हट्टा-कट्टा, साँवला, सीधा-सरल अपना फलसफा सहजता से कह देता है। "चोरी केवल पेट के लिए और पेट को जितनी आवश्यक है उतनी ही करनी चाहिए। खेत की बालियाँ-भुट्टे तोड़-मरोड़कर पेट भरता है। मूँडियाँ काटने से नहीं। मूँडियाँ काटने का काम तो खोत–जैसे पैसेवालों का होता है। मैं तो कहता हूँ, मानुस जगना चाहिए, उसे खेती करनी चाहिए और हम गरीबों को उसमें से बचाखुचा लाकर जीना चाहिए।" हथियार के धार की तरह कलेजा बींधनेवाला, जीवनानुभव से स्रवित यह दर्शन लेखक की प्रतिभा की अकूत रसवंती ही है।

ऐसा यह महान लेखक आम आदमी की बस्ती में गरीबी का जीवन यापन करते हुए अक्षरधन को बनाए हुए था। परिवार तो बड़ी आर्थिक विपन्नता में दिन काट रहा था। उस समय घाटकोपर के पश्चिम में चिराग नगर बस रहा था। इस बस्ती में पुराने टीन-पत्तर से बनी अण्णा की किराये की झोंपड़ी थी। अड़ोस-पड़ोस में पत्थर खदान में काम करनेवाले लोग, मिट्टीकाम करनेवाले मजदूर बसते थे। रात तो आसानी से पत्थर की छत के नीचे कट जाती थी लेकिन दिन में ये गंज लगे पत्थर जलने लगते थे। इसलिए अण्णाभाऊ झोंपड़े के सामने बैठ जाते थे। कुर्सी के रूप में एक पीपा था, जिस पर तह की हुई गूदड़ी वे रखते थे।

अण्णा के लेखन का मैं बड़ा चहेता था। प्रस्तुत उपन्यास लिखने के पूर्व लगभग दो दशक वे कम्युनिस्ट पार्टी के लाल झंडे में काम कर रहे थे। खुले आम अपनी कविताओं में लेनिन और साम्यवाद का समर्थन कर रहे थे। उनके आजू-बाजू हमेशा लाल बिरादरी के लोगों का जमावड़ा रहता था। अण्णा स्वयं एक राजनीतिक दल के प्रचारक होने के बावजूद उनके 'फकिरा' उपन्यास में कहीं भी राजनीतिक प्रचार नहीं मिलता। पेट की भूख के लिए उपनिवेशवादियों के खिलाफ विद्रोह की कहानी को उन्होंने साहित्यिक रूप प्रदान किया है। इसमें मानव की और उनके त्याग की उत्कट गठीली कहानी प्रस्तुत हुई है। ऐसा होने पर भी कहीं भी, किसी भी परिच्छेद में प्रचार की भाषा का प्रयोग उन्होंने नहीं किया है।

इस रचना के प्रकाशित होने के चार वर्ष बाद सुनील दत्त ने 'डकैत' नामक फ़िल्म बनायी। परदे पर प्रस्तुति के समय जयदेव का मोहक संगीत, लता दीदी का स्वर्गीय स्वर के संग नायिका वहीदा रहमान के पैरों में पतली घुंघरपट्टी बाँधी गयी।

"रात भी है कुछ भीगी, भीगी, चाँद भी है कुछ मद्धम-मद्धम" गाते हुए मुझे जीने दो में व्यावहारिक समझौता के इत्र की बूँदे भी फुहारी गईं। लेकिन अण्णा का अपने शब्दों पर परम भरोसा होने के कारण उन्होंने मनोरंजन का बिल्कुल अनुनय नहीं किया।

'फकिरा' उपन्यास में वाटेगाँव के कुलीन विष्णुपंत कुलकर्णी का चरित्र-चित्रण पूरे उपन्यास में प्रस्तुत हुआ है। यह चरित्र-चित्रण अनुपम है। कहानीकार होवाळ गपशप के दौरान राजा परांजपे के 'पुढच पाऊल' (अगला कदम) सिनेमा के एक बूढ़े दृढ़-प्रतिज्ञ चरित्र का गौरव से उल्लेख करते थे। "उस सिनेमा में ग.दि. माडगूळकर ने हमारी बस्ती के पासवाले कुलीन महार का जो चरित्र-चित्रण किया है वैसा काम महार जाति के व्यक्ति को भी संभव नहीं।" इस पर मैंने होवाळ से कहा, "अण्णा द्वारा चित्रित विष्णुपंत कुलकर्णी की जो गहरी-गठीली व्यक्ति रेखा प्रस्तुत की है वैसा किसी ब्राह्मण लेखक को वर्णित करना संभव नहीं।" मैं जब पाँचवीं कक्षा का छात्र था तब उस छोटी उम्र में ही 'फकिरा' उपन्यास मैंने पढ़ डाला। तब से लेकर मेरे मानस में फकिरा के साथ ही विष्णुपंत कुलकर्णी का चरित्र अमिट रूप से पैठ गया और मैं उसे कभी भुला नहीं पाया।

विष्णुपंत कुलकर्णी का व्यक्तित्व इन शब्दों में प्रस्तुत है–"शिंदेशाही जूते, पैरों तक लटकती धोती, तीखा नाक, घनी भँवें, लंबी-काली मरोड़ी हुई मूँछें, तेज:पुंज खूबसूरत चेहरा।" राणबा के शौर्य से पहले विष्णुपंत कभी भी गाँव के बाहर स्थित मांगबांड़े में नहीं आए थे। राणबा के पराक्रम से विष्णुपंत के मन में मांग-बस्ती के प्रति लगाव उत्पन्न हुआ और आत्मीय रिश्ता स्थापित हुआ। खेत में अनाज काटने के कारण ब्रिटिश परस्त बापू खोत को अनायास अवसर मिल जाता है। वह सातारा जाता है। साहब के पास ऐसी चाबी घुमाता है जिससे बहादुर साँवला मांग बेलगाँव की जेल में हमेशा के लिए बंद हो जाता है।

साँवला मांग जेल में आठ-नौ साल से कैद है। गाँव से दूर हो गया है। भावविवश होकर फकिरा को कहता है, "मुझे परमुलुख में मरने मत देना। मेरी अस्थियाँ मेरी पांढरी मिट्टी में, मेरी बस्ती में ही गिरायी जाएँ। मेरी लाश को सबके हाथ लगे।" यह सुन फकिरा साँवला की मुक्ति के लिए विष्णुपंत के पास सिफारिश करते हुए आग्रह करता है। सातारा जाकर विष्णुपंत मांगबाड़े की फरियाद दृढ़तापूर्वक दर्ज करते हैं। "ये लोग जुझारू हैं, चोर-उचक्के नहीं।"

गहन चरित्र-चित्रण के साथ ही नाटकीयता उपन्यासकार का एक महत्त्वपूर्ण अस्त्र होता है। अण्णा की कलम किसी भी तरह का नाटकीय प्रसंग दृश्यमान करते

समय चमक उठती है। लेकिन ऐसे प्रसंग कभी घिनौने, भद्दे या भड़कीले नहीं बनें हैं। बल्कि उस जंगल के मिट्टी की, भूगोल की, इतिहास की उन्हें अच्छी-खासी समझ है, इसलिए घटना यथार्थ जीवन का अभिन्न अंग बन कर ज्यों-की-त्यों हमारी आँखों के सामने साक्षात् हो जाती है। वे प्रसंग अनुरूप घटना को अधिक गति देते हैं या गति धीमी कर देते हैं।

फकिरा मांग डाके क्यों डालता है? विद्रोही क्यों बनता है? लूट-पाट करना और धन-संपत्ति को उड़ा ले जाना—ऐसा उसका उद्देश्य कदापि नहीं है। गाँव-सीमा के बाहर मांगबाड़े में जन्मा हुआ पारंपरिक रस्सा बुनने का काम करनेवाला, बचे हुए समय में खेतों में मजदूरी कर पेट भरनेवाला गरीब वर्ग का वह प्रतिनिधि है। परंतु गाँव और उनकी बस्ती पर प्राकृतिक और मानव-निर्मित आपदाओं का ऐसा पहाड़ टूट पड़ता है कि लोग बावले हो जाते हैं।

गाँव के गाँव तापसरी की दावाग्नि में तहस-नहस हो रहे हैं। सभी नक्षत्र सूखे ही बीत गए। आसपास अकाल का बवाल मच गया। प्रदेश वीरान हो गया। भुखमरी से कंकाल हुए लोगों को दूसरे के लिए गड्ढा खोदना भी कठिन हो गया। फलत: एक गड्ढे में जितनी लाशें बैठेंगी उतनी दफनाई जाने लगीं।

घर-घर का यह दुख फकिरा से देखा नहीं गया। वह विष्णुपंत के पास गया और कैफियत रखी कि, "ऐसे ही दिन रहे तो मांग-महार का वंश ही नहीं बचेगा! आबा! रोटी-रोटी चीखते-पुकारते-तरसते, तड़प-तड़प कर मरनेवाले बच्चों की अकाल मृत्यु की चीख मुझसे सुनी नहीं जाती," ऐसा भी वह कहता है।

भुखमरी के दुख सहते हुए विष्णुपंत कुलकर्णी भी पसीज गए। सरकारी प्रतिनिधि के रूप में सातारा जाकर अंग्रेज अधिकारियों के सामने अपनी फरियाद रखी। इससे पूर्व भी वे गाँव-अकाल के शिकंजे में फँसने की बात सरकार को कई बार कह चुके थे। "अब तो केवल मरे हुए लोगों के नाम दर्ज करने मात्र के लिए ही मैं बचा हुआ हूँ।" ऐसा निराशा भरे स्वर में उन्होंने कहा। इस स्थिति को देखकर फकिरा उनसे सीधे सवाल करता है, "फिर हमारा मालिक कौन है?" तब पंत जनेऊ को कसकर गांठ लगाते हुए कहते हैं, "तुम कुत्ते की मौत मत मरो, घूरे के दिन भी पलटते हैं, फिर तुम तो इन्सान हो, चाहे जो हो पर तुम्हें जीना ही होगा।" इसके बाद फकिरा विद्रोह की छटपटाहट मस्तिष्क में लिए हुए अंधेरे को कीचड़ की तरह रौंदते हुए बदहवास दशा में मांगबाड़े की ओर चल पड़ा।

खाली हाथों और रुद्ध कंठ से लौट आए फकिरा को देखकर साँवला टोकता है, "पंत के केवल रूखे वचनों से जीवन नहीं जिया जा सकता।" इस पर फकिरा जवाब

देता है, "हम और कुलकर्णी दोनों हमसफर हैं। फर्क केवल इतना ही है, हम पहले पहुँचेंगे और पंत बाद में हमारे पास आयेंगे।" अंततोगत्वा फकिरा घर के बड़े-बूढ़ों को दृढ़तापूर्वक कहता है, "मैं मरकर इन मरनेवालों को बचाऊँगा, मुझे रोको मत, हम लौट कर आयेंगे तब तक इन लाशवत् लोगों को पानी पिलाकर जिंदा बचाये रखना, कल सुबह यहाँ अनाज का ढेर लगा दूँगा, घबराओ मत।"

'फकिरा' उपन्यास की अकाल की ज्वालाओंवत् तेज भाषा और शब्दों से फूटनेवाली ललकार भावनाओं के उबाल को जानते समय 'पर्ल बक' नामक लेखिका की अनायास याद आयी। उनके द्वारा लिखित 'द गुड अर्थ' उपन्यास चीन के अकाल की पृष्ठभूमि पर आधारित है। मूल अमेरिकन वंश की परंतु चीन में ईसाई मिशनरी पिता के पास पली-बढ़ी है पर्ल बक। 1931 में वँगलाँग और उसकी काली-कलूटी और ओलन नामक चीनी किसान दंपति के परिवार पर लिखी गई कहानी 'द गुड अर्थ' है। इसमें भी अकाल पीड़ित किसान वर्ग का विराट चित्र प्रस्तुत किया गया है।

चीन के उस देहात में भूख कुत्तों-सी रोती है। वँग अपनी झोंपड़ी में बचा हुआ अनाज छिपा कर रखता है, ऐसा कोई कहता है, तब उस बस्ती के भूख से पीड़ित फटेहाल स्त्री-पुरुष वँग के घर पर धावा बोल देते हैं। जब वे देखते हैं, यहाँ तो केवल अनाज-विहीन कोठियाँ है, तो वे सभी वहीं गिर पड़ते हैं। मानो उनकी कमर टूट गयी हो। वँग की पशुशाला में खेत में हल चलानेवाला वँग का लाड़ला भैंसा बँधा था। वँग ने उसे अपने बच्चे की तरह पाला-पोसा था। लेकिन भूख के आगे सारे मार्ग अवरुद्ध हो चुके थे। फकिरा उपन्यास के भोथरे ब्रिटिश शासन की तरह भाग्य भी परीक्षा लेता है। इसी तरह वँग अपना तीखा छुरा लेकर पशुशाला जाता है। बालक की ममता-भरी नज़रों से भैंसा मालिक की ओर देखता है। भूख से वँग के पेट की आँतें कलपती हैं। उसका कलेजा विदीर्ण हो जाता है। रोते-रोते वह छुरी भैंसे के गर्दन पर खचाखच चलाता है।

उस वँग की तरह अपने गाँव की दलित बस्ती निर्वंश न होने के लिए फकिरा मांग विद्रोह का झंडा फहराता है। चौदह गाँवों की ज़मीन हड़प कर मालदार बने एक मठाधिपति की हुकूमत पर डाका डालता है। थूहर बन स्थित नीम तले फकिरा अनाज का ढेर लगा देता है। डाका की तहकीकात करने सातारा से अंग्रेजों के दल आते हैं। वे फकिरा के साथ-साथ समूचे महार-माँगों को हिरासत में लेते हैं। तब विष्णुपंत कुलकर्णी फकिरा और मांगबस्ती के लिए बड़े जोश से पैरवी करते हैं। कहते हैं, "साहब, ये लाशें नहीं है, जिंदा इंसान है। यदि अकाल और संक्रामक

बीमारियों का आपने नियंत्रण नहीं किया तो लोग जानवरों की मौत मरेंगे अथवा लुटेरों का जीवन जीयेंगे।"

अंग्रेज सरकार पूरे मांगबाड़े को ही कांजीहाउस बना डालती है। प्रत्येक को नए रावसाहेब **पाटील** के यहाँ जाकर सुबह-दुपहर-शाम प्रतिरोज हाजिरी लगाने की सख्ती की जाती है। बैल की नाक में नकेल डालने के समान लोगों को कानून से बाँध दिया जाता है। षड्यंत्र-चालबाज़ी की चाबियाँ दलाल लोग सरकार से घुमवाते हैं। परंतु "दुबले मत बनो, ये दिन भी बीत जायेंगे" कह कर पंत गरीबों को आशा बँधाते हैं। रोजमर्रा गुलाम जैसी हाजिरी बजाकर जीने से तो लड़ कर मरने का दृढ़ निश्चय फकिरा मन-ही-मन करता है।

"मरी हुई भेड़ आग से क्या डरेगी, मेरी ताकत तोप के सामने भी नहीं डगमगाएगी।" ऐसा कहते हुए फकिरा अपने साथियों के साथ विद्रोह का झंडा फहराता है। भूख की आग मिटाने के लिए और गोरे साहब के खज़ाने पर निर्भयता से डफली बजाते हुए डाका डालते हैं। वडारसुतकी नामक लोहे की छड़ से खज़ाने की लोहापेटी तोड़ते हैं। फकिरा का यह काम अंग्रेज सरकार के मुँह पर जड़ा हुआ तमाचा ही था। विद्रोह को खत्म करने के लिए नेर्ला की जमीन पर अंग्रेजों की सेना उतरती है।

विद्रोह को कुचलने के लिए मांग महार बस्ती में द्वारबंदी कानून लगाया जाता है। जिनके घरों ये दरवाजे नहीं थे वे घर थूहर के डंडे और बबूल के काँटों से बंद किए जाते हैं। ढोर-डंगर, सारे युवा और फकिरा की गर्भवती पत्नी, बड़े-बूढ़े सबको गिरफ्तार किया जाता है।

साहब की सेना-छावनी पर शिवाजी महाराज जैसा गुरिल्ला हमला करने का फकिरा का सपना था। पूजाघर में रखी पुरखों की तलवार जो स्वयं शिवाजी महाराज ने प्रदान की थी, उसका स्मरण कैसे हो जाता है। छावनी पर हमला करने के लिए फकिरा पूरी तरह से दीवाना हो चुका था। लेकिन उसका दूसरा विद्रोही साथी सत्तू भोसले अंग्रेजों के चंगुल में फँस जाने से समय पर अपेक्षित सहायता प्राप्त नहीं हो पाती। आखिरकार फकिरा बालबच्चे, स्त्रियाँ, बड़े-बूढ़ों आदि को अर्थात् परिवार को बचाने हेतु डफली और रणसिंह बजाते हुए जॉन साहब के टेंट के आगे आकर घोड़े से निडरतापूर्वक उतरता है।

"ऐन मौके पर मेरी मदद में कमी आ गई। इस कारण मैंने तुम्हें तलवार दी। क्या करूँ? तुम पर हमला करना मेरे नसीब में नहीं था और उसे देखना तुम्हारे नसीब में नहीं था।" ऐसा अफसोस गोरे साहब के पास फकिरा व्यक्त करता है।

फकिरा के विद्रोह की सत्यकथा अब तो **वाटेगाँव** परिसर की हमेशा के लिए स्फूर्तिगाथा बन गई है। प्रस्तुत कथा की जब अधिक जानकारी हासिल की तब ज्ञात हुआ कि भूखों मरनेवाली अपनी बस्ती को बचाने के लिए फकिरा ने पहला डाका म्हासुली के मठ पर डाला था। यह लिंगायत पंथ के लोगों का अमीर मठ सातारा जिले के कराड तहसील में आता है।

डाका डालने के उद्देश्य से जब फकिरा ने उस मठ पर धावा बोला, तब वहाँ के मठाधिपति लिंगायत महंत ने प्रार्थना की, कि "चाहे जितना धन ले लो बाबा! लेकिन अवांछित लूटपाट या तोड़फोड़ मत करना।" इस पर फकिरा ने हृदय से अनुनय करते हुए कहा, "आप अपना सोना-चांदी स्वयं के पास ही रखो। मुझे तो केवल अनाज की बोरियाँ चाहिए। कारण उधर हमारे मांगबाड़े और महारबाड़े के बालबच्चे भूख के तड़पकर एड़ियाँ घिसते हुए राह देख रहे हैं।"

कासेगाँव के पी.डब्ल्यू.डी. का रेस्ट हाउस का परिसर लश्करमाल के नाम से पहचाना जाता था। कारण अंग्रेज लश्कर का पड़ाव यहाँ होता था। गोरे सिपाहियों की वहाँ पर स्थित छावनियाँ जला कर थाना कब्जे में लेने का साहसी प्रयास फकिरा ने किया था। यह बात आसपास के स्वतंत्रता सेनानी-बुजुर्ग बताते हैं। यह भी सच है कि फकिरा को इसमें सफलता नहीं मिली। उसके कई साथियों की गिरफ्तारी होने के कारण अंत में फकिरा को भी मजबूरी से अंग्रेजों के सामने हाजिर होना पड़ा।

फकिरा को आजीवन कारावास की सजा हुई। उसे काला पानी भेजा गया या उसे सलाखों के पीछे अंग्रेजों ने खत्म किया यह किसी को ज्ञात नहीं है।

उस समय गाँव के इर्दगिर्द की भूमि बंजर थी। पर अब तो सिंचाई विभाग के नहर के कारण चारों ओर गन्ने लहरा रहे हैं। जिस स्थान पर राणूबा मांग का सिर काटा गया था वह स्थान 'सांजिरबा' का अर्थात् सुख-समृद्धि की भूमि के रूप में जाना जाता है। फसल को अच्छी सांजी आने का अर्थ है, खूब फसल होना। राणूबा के शहादत की जगह न किसी ने स्तंभ बांधा, न कोई वहाँ दीपक जलाता है। जहाँ उसका खून बहा, उस स्थान के बिखरे पत्थर आज भी यथावत् हैं। नई बुवाई, गन्ना कटाई या फ़सल कटने के मौसम में गाँव के लोग बड़ी श्रद्धा से नैवेद्य का भोग वहाँ रखते हैं। नए अनाज की बालियाँ 'सांजिरबा' को चढ़ाते हैं।

कहने मात्र के लिए निचले मांगबाड़े में फकिरा का पुराने पत्थरों का एक मकबरा है। हर साल सावन मास की अमावस को गाँव के बलुतेदार जोगिनियों का

जुलूस आयोजित करते हैं। आज भी वाटेगाँव के मांग-रामोशी की नई पीढ़ियाँ उसी श्रद्धा से जोगिनियों को खुली तलवार की सुरक्षा प्रदान करती हैं।

विष्णुपंत कुलकर्णी की अगली पीढ़ी के लोग, कांग्रेस और महात्मा गांधी के झंडों तले आंदोलन में सम्मिलित हुए थे। 1948 में महात्मा गांधीजी की हत्या के उपरांत ग्रामीण क्षेत्र में जातीय हिंसाचार के भूत ने कोहराम मचा दिया था। उस दिन विष्णुपंत के चौपल्ली बाड़े के पुरुष लोग किसी कामवश बाहर गए हुए थे, तभी अचानक दुपहर में अन्य गाँव के आए सैकड़ों लोगों के हिंस्र समूह ने हमला बोल दिया। बाड़े के चारों ओर आग लगा दी गई। तब देशभक्त बरड़े गुरुजी, गाँव के पुलिस पाटील और कई वाटेगाँवकर लोग उस हिंस्र समूह के सामने खड़े हुए और कलेजा फाड़ कर चिल्लाने लगे, "मत जलाइए यह बाड़ा, यह बाड़ा हमारा अपना है।" पर रोकनेवालों से कई गुना अधिक हिंसा पर उतारू यह समूह था। उन्होंने तो पूरे गाँव को आग से जला डालने की धमकी दी। तो रोकनेवाले पीछे हट गए। विष्णुपंत के बाड़े की सागौन, शहतीर अगले दो दिनों तक धू-धूकर जलती रही। पंत के परिवार की महिला सदस्यों ने वह काली रात वाटेश्वर के मंदिर में, केवल शरीर के कपड़ों के साथ बिताई।

पूरे गाँव-परिवार उर्फ गाव-गाड़े को चलानेवाले, अछूतों को सुरक्षा देकर अंग्रेजों से पंगा लेनेवाले विष्णुपंत! दुर्भाग्य से उनकी अगली पीढ़ियों को महात्मा गांधी हत्या के कारण को वाटेगाँव और कुलदैवत* को छोड़ कर कोल्हापुर स्थानांतरित होना पड़ा।

फकिरा के इस कथानक और डाका-लूटपाट की घटना एक रसायन बन सस्ती लोकप्रियता की ओर जाने का अण्णा के पग-पग पर खतरा मँडराता था, लेकिन बढ़िया चरित्र, कथासूत्र की कसावट, ठेठ स्थानीय भाषा आदि कला-उपादानों के साथ-साथ, भुखमरी, अकाल का अस्मानी-सुलतानी संकट की उपेक्षा करनेवाली उपनिवेशवादी अंग्रेज सरकार-ऐसे परिपार्श्व पर अत्यंत संयत शैली में उन्होंने 'फकिरा' उपन्यास लिखा है। इसमें अनवांछित, फालतू चरित्रों या गौण कथाओं का आडंबर भी नहीं है। 'स्पार्टाकस' उपन्यास की तरह इस उपन्यास में नायिका के रूप में कोई सुंदर स्त्री भी नहीं है। डाकुओं की कहानी प्रस्तुत करते समय हमेशा नारी-अत्याचार के चित्रण में स्त्री-देह वर्णन आदि का चित्रण होता है। पर ऐसा मसाला भी यहाँ दृष्टिगोचर नहीं होता। उपन्यास के शब्द केवल रोटी और भूख-पसीने-मेहनत की गंध को लिए हुए हैं।

---

* **कुलदैवत**–कुलदेवता।

अपने आप में एक अजूबा शैली में लिखा गया यह उपन्यास विषय के साथ-साथ लेखक की उच्च कोटि की साधारणीकरणजन्य समरसता अतिशय महत्त्वपूर्ण है। इस संदर्भ में अण्णा की दूसरी पत्नी की लड़की शकुंतला ने एक स्थान पर लिखा है–

"अक्का उर्फ माँ ने सहज ही भीतर झाँक कर देखा और हड़बड़ी में मुझसे कहा, शकु! देख यह क्या हुआ?..." अण्णा की स्थिति भयावह लग रही थी। अण्णा के हाथों से पेन छूट कर टेबल पर गिर पड़ा था। सिर और हाथ बही पर लटक रहा था। तो दूसरा हाथ केरोसिन की चिमनी पर पड़ा था।

यह प्रसंग ही बड़ा भयावह था। यदि वह चिमनी टेबल पर लुढ़क जाती तो?...। यह सोच कर शरीर पर रोंगटे खड़े हो जाते हैं।

सच में अण्णा तो सुधबुध खो चुके थे। सच में क्या हुआ जानने का कोई मार्ग नहीं था। अक्का ने अण्णा का पसीना पोंछा। मैंने हवा के लिए पंखा सोला, अक्का ने मुझसे कॉफी बनाने के लिए कहा। मैं कॉफी बनाने के लिए स्टोव के पास दौड़ी। अक्का ने अण्णा की पलकों पर थोड़ा पानी लगाया। पंखे से हवा की, तब कहीं जाकर उन्हें हलका-सा होश आया। मैं कॉफी लाई, घूँट भर कॉफी अण्णा ने ली।

अण्णा को जोरों का बुखार चढ़ आया। शाम तक बुखार बढ़ते ही गया। अक्का ने अण्णा से पूछा, क्या डॉक्टर बुलाऊँ? उन्होंने इशारे से ही इनकार किया। जब अण्णा को चटाई पर सुला कर केरोसिन की चिमनी दूर करने में टेबल के पास गई, तो मैंने देखा, बही में लिखे पन्ने तरबतर हो चुके थे। स्याही फैल गई थी। इसी पन्ने पर अण्णा ने अपना सिर टिकाया था। चेहरे का सारा पसीना पन्ने पर उतर आया था। पसीने की बूँदों के कारण अक्षर मॅग्नीफाइंग ग्लास की तरह बड़े-बड़े लग रहे थे। कमलपत्तों पर बारिश की बूँदें धूप में जैसे चमकती हैं, वैसे ही उस अँधियारी कोठी में चिमनी के प्रकाश में पसीने की बूँदें चमक उठी थीं।[1]

ऐसी बेहोशी और लेखन-समाधि ही साहित्य सृजन का साधारणीकरण है। लेखनोपरांत अण्णा लगभग दो माह तक बिस्तर पर ही थे। इस तरह की बात शकुंतलाबाई ने मुझे बताई।

'फकिरा' का सृजन किसी अटूट, अखंड पाषाण से निर्मित शिल्पकृति की तरह है। मांगबस्ती के इर्दगिर्द थूहर बन में खेलनेवाले बच्चे उन्हें नेवले की तरह हुड़दंग करते नज़र आते हैं। लाल नाक-मुँहवाला, शरीर पर घने बालवाला, चितकबरे रुपहले रंगोंवाला, नन्हा-सा खरगोश-से अधिक चंचल छोटा-सा जीव आँखों के

सामने आ जाता है। जीवन के अपार चाव को लिए हुए गरीबी में भी सचेतनता से जीनेवाले छोटे-छोटे बच्चे आँखों के सामने आ जाते हैं। विश्वविद्यालय में भाषा-अध्ययन करनेवालों को भी ऐसे बिंब और प्रतीक कभी हाथों नहीं लगेंगे। घुटी हुई साँस और भूख की ज्वाला के रक्तमंथन से ऐसा शब्द-लालित्य मोतीरूप में सागर किनारे पर आता है।

ऐसे शब्दसृजन की सजा के रूप में अमेरिकन कांग्रेस ने हावर्ड फास्ट को कारागृह के अंधियारे में धकेल दिया। इस दुख से जर्जर फास्ट ने स्पार्टाकस की कहानी को दुनिया के सामने नए ढंग से प्रस्तुत किया। उसे दस सालों के भीतर ही क्लर्क डग्लस नामक अभिनेता ने हॉलीवुड के परदे से दुनिया के कोने-कोने तक फैलाया। तब तो इस सिनेमा की हवा काफी गरम थी। लोकप्रियता इतनी कि राज-शिष्टाचार के सभी संकेतों को भंग कर अमेरिका के अध्यक्ष जॉन केनेडी ने एक पब्लिक सिनेमा हॉल में स्पार्टाकस का पहला शो दर्शकों की भीड़ में बैठ कर देखा। आज भी यह बात 'थ्री हंड्रेड' जैसे नव-नवीन सिनेमा द्वारा प्रस्तुत की जाती है। चीन के भूखे-कंगाल किसानों की कहानी प्रस्तुत करनेवाले पर्ल बक को इस उपन्यास पर साहित्य का नोबल पुरस्कार प्राप्त हुआ था।

इस पृष्ठभूमि पर अण्णा के 'फकिरा' उपन्यास की पड़ताल करने पर अनायास प्रश्न उठता है कि मराठी की आभिजात्य (क्लासिक) कृति 'फकिरा' को किसने दाद दी है? कवयित्री शिरीष पै 'फकिरा' की विशिष्टता को इन शब्दों में लिखती हैं–

"फकिरा के निर्णायक, ज्वलंत कई ऐसे प्रसंग कथानक के प्रवाह में तपते फौलाद के रस की तरह पहुँचते हैं। करुणा और वीरता कथानक के प्राणतत्व हैं। अण्णाभाऊ की खरी मराठी और सच्चे शुद्ध भावों से ओतप्रोत भाषा उपन्यास की पठनीयता को सौ गुना बढ़ा देती है। अण्णाभाऊ ने जिस भूमि पर जन्म लिया, जिस कुल में पले-बढ़े, जिस भाषा में बोलने लगे, उस भाषा की, उस कुल की और उस भूमि पर कथानक घटित होने से उनके भीतर के कलाकार का समूचा आत्मिक बल इस उपन्यास में दाँव पर लग गया है। उसकी वैभव संपन्न अभिव्यक्ति की पाठक को प्रतीति होती है।"[2]

अन्याय के खिलाफ के कड़े संघर्ष के मुद्दे को लेकर 'फकिरा' और 'चोटीमुंडा और उसका तरकश' इन दो रचनाओं का तुलनात्मक अध्ययन करना समीचित होगा। 'चोटीमुंडा' महाश्वेता देवी कृत उपन्यास है और 1980 में बांग्ला भाषा में प्रकाशित हुआ है। 19वीं सदी का बिरसा मुंडा आदिवासियों के विद्रोही नेता के रूप

में ख्यात है। उसका सत्व और तत्व मुंडा ने अपनाया। इसी परंपरा का निर्वहन चोटी मुंडा ने किया।

जब धानी मुंडा जुल्म ढहानेवाली उपनिवेशवादी ब्रिटिश व्यवस्था द्वारा मार दिया जाता है तब उसका तीर-कमान चोटी उठाता है। जैसे इधर भी फकिरा अपने पिता राणू मांग की परंपरा आगे चलाता है। 'चोटी मुंडा' उपन्यास में पारंपरिक तीरंदाजी प्रतियोगिता का मनोहारी और उल्लसित करनेवाला चित्रण किया गया है वैसे ही 'फकिरा' में जोगिनियों के मेले में हथियार उठाए जाने का वर्णन है। चोटी वर्ग से कहता है, "मेरे तरकश में एक ही तीर है, वह आदिवासियों के शोषण के विरुद्ध घनघोर लड़ाई का।"

'चोटी मुंडा' के आदिवासी बेगारी का जीवन-यापन कर रहे हैं। तो 'फकिरा' की दुनिया रामबाँस और थूहर बन झुरमुटों के पीछे भूख से तड़प रही है। शिशु माँ को चिपककर भूख से बिलबिला रहे हैं। महाश्वेता देवी 'चोटी मुंडा' उपन्यास की अंतिम पंक्तियों में आदिवासियों के हजारों बाणों का बन खड़ा करती हैं। यहाँ चोटी मुंडा को इंतजार है, प्रशासन की ओर से मिलनेवाले प्रतिसाद का।

गायत्री चक्रवर्ती का 'चोटी मुंडा' उपन्यास का अंग्रेजी में किया हुआ सुंदर अनुवाद उपलब्ध है। इस बंगाली उपन्यास में बेगारों का, आधे भूखे पेट का कुपोषण का विलाप है। तो इधर मराठी के 'फकिरा' उपन्यास में मांगबाड़े-महारबाड़े का वंश अटूट रहे इसलिए लोगों को जिलाने के लिए हाथों में हथियार लेता है।

अण्णाभाऊ ने 'फकिरा' में भूख की छटपटाहट को एक अद्भुत संघर्ष गाथा के रूप में मराठी में प्रस्तुत किया है, जो बांग्ला की महाश्वेता देवी के इक्कीस साल पहले ही साहित्य जगत् में आ चुका था। उपन्यास में अण्णा के भाषा की मस्ती और ठाठबाट का तो कहना ही क्या! महाश्वेता देवी के 'चोटी मुंडा' उपन्यास की तुलना में 'फकिरा' उपन्यास को पुन: एक बार आँखें खोल कर अवश्य पढ़ें। इसके बिना अण्णा की शब्द साधना और उनकी प्रतिभा की ऊँचाई-गहराई की थाह समझ में नहीं आ सकेगी।

विगत पचास सालों में मराठी उपन्यास के इतिहास और रसग्रहण पर तकरीबन चार-पाँच श्रेष्ठ ग्रंथों का आगमन हो चुका है लेकिन इन सभी ग्रंथों में मराठी उपन्यास का इतिहास विवेचित करते समय अण्णा द्वारा लिखित 'फकिरा' अथवा 'माकडीचा माळ' जैसी बेजोड़ रचनाओं का उल्लेख तक नहीं किया गया है। इतना ही नहीं तो अण्णाभाऊ साठे के नाम को न लिखने की कसम समीक्षकों ने परिश्रम पूर्वक निभाई है।

जीवन का निचोड़ और करुणा का सूत्र सही ढंग से पकड़नेवाला अण्णाभाऊ साठे नामक लेखक समय के बहुत आगे जा चुका था।

संदर्भ

1. श्रीमती शकुंतला सपताल का लेख–'जीवन संघर्ष अण्णा और जयवंताबाई का' (सुबोध मोरे), पृ. 4-5
2. शिरीष पै–नवयुग, 15 नवंबर 1959 "अण्णाभाऊ के दो चित्ताकर्षक उपन्यास 'फकिरा' और 'वैजयंता' "

यह है मुंबई यंत्र, तंत्र और पसीने के मंत्र की

इस मुंबई में भीड़ है बेरोजगारों की, भीड़ में आ गया एक और, लाश पर गिरी मिट्टी की तरह दशा हो गई हमारी।

मार्च 1931 में मुंबई, असम और बंगाल में धार्मिक दंगों का उन्माद भड़क उठा था। यह मुंबई का हिंदू-मुस्लिमों का इधर का सबसे बड़ा दंगा था। उस समय सांप्रदायिक दंगों से मुंबई बोबिल* मछली की तरह जल रही थी। इस दंगे के भयवश कई लोग मुंबई छोड़कर चले गए। दफ्तर सूने हो गए। कपड़ा मील बाबू, मजदूर, टोकरी ढोनेवाले सब मुंबई छोड़कर अपने-अपने प्रदेश की ओर भाग गए।

भायखला के चाँदबीबी चाल में भाऊराव मांग का परिवार जैसे-तैसे बसने की स्थिति में आ ही रहा था। एक दिन शाम के समय दो सौ मुसलमान गुंडों ने स्टेशन के पासवाले हनुमानजी के मंदिर को निशाना बनाया। कुछ ही घंटों में मंदिर चकनाचूर हो गया और हनुमानजी की मूर्ति हथौड़े से तोड़ डाली। दूसरे ही दिन भायखला में प्रतिशोध की भावना से 'जय भवानी' और 'हर-हर महादेव' की घोषणा देते हुए हिंदू गुंडों ने मस्जिद पर धावा बोल दिया। वह मस्जिद भी धराशायी हो गई। मुंबई की सड़कों पर सोडा वाटर की मोटे काँचवाली बोतलें और लोगों के सिर एक साथ फूट रहे थे। एक रात चाँदबीबी घबराते हुए आयी और अण्णाभाऊ के परिवार को जगा कर सूचना दी, "मेरी चाल पर काफिर लोगों का (हिंदुओं का) हमला होनेवाला है, इसलिए उस आग में जलाए जाने से तो अच्छा है कि आप अपना बोरिया-बिस्तर उठाकर भाग जायें।" यह बात अण्णाभाऊ के परिवार को ठीक लगी।

हड़बड़ी में अण्णा के परिवार ने जैसे-तैसे अपना सामान समेटा। उन्हें विदा करने के लिए भायखला स्टेशन तक चाँदबीबी और हसीना आए थे। जिस निराश्रित, निराधार, बनवासी हसीना को अण्णा के परिवार ने ममता की छाँव दी थी आज वे ही

---

* **बोंबिल**–एक प्रकार की समुद्री मछली

जातीय दंगों के अँधियारे में बेघर हो रहे हैं, यह सोच जड़ों से उखड़े पेड़ की भाँति हसीना दुख और आँसुओं से भर उठी थी। शंकरभाऊ द्वारा तीस साल पहले कहे गए वे शब्द मैं आज भी भूला नहीं हूँ।

भायखला से निकला हुआ अण्णाभाऊ का परिवार चेंबूर के पास विजय थिएटर के पड़ोस में रहने गया। उस जमाने में मील मजदूरों के हक हेतु कम्युनिस्ट पार्टी तथा मील-मालिकों में हमेशा संघर्ष छिड़ता रहता था। कई बार हड़ताल नामक हथियार उठाया जाता। ऐसे में "एक छोटा लड़का काम ढूँढ़ रहा था। वह काले रंग का था। सिर पर ऊलन की सतरंगी टोपी थी। फटा शर्ट पहने था। नीले रंग की आधी चड्डी पहने, नंगे पैर था। कुछ बीड़ियाँ, कुछ पान, कत्था, सुपारी टोकरी में रख कर सिर पर लिए हुए था। यह विलक्षण-अजूबा पात्र दूसरा और कोई नहीं मैं स्वयं ही था।"[1]

अण्णा ने इन शब्दों में अपना वर्णन किया है।

हड़ताल की पृष्ठभूमि पर ऐन वक्त नई मजदूर-भर्ती की जाती। मील शुरू रखना और नई भर्ती के हथियार से हड़ताल तोड़ने की चालाकी मील मालिक करते। मील के मास्टर, लेबर ढूँढ़ने रास्ते पर दौड़ते फिरते। ऐसा ही एक बार मोरबाग मील का ट्रक नए मजदूरों को ढूँढ़ते आया। अण्णा को पकड़कर सीधे ट्रक में डाला और मोरबाग मील ले गया। मील को मजदूरों की बहुत जरूरत थी। उस समय चेंबूर नाका तक रोज मोटर गाड़ी लेने आती थी। जब हिंसाचार बंद हुआ, दंगे शांत हुए तब मोटर का आना बंद हो गया। अण्णाभाऊ रोज चेंबूर से दादर की मोरबाग मील तक पैदल आते-जाते। सह्याद्रि के वन-जंगलों में हिरनवत् दौड़नेवाले अण्णा के लिए यह चलना मुश्किल नहीं था। लेकिन अण्णाभाऊ की रोजमर्रा होनेवाली भागदौड खींचतान घरवालों से देखी नहीं गई। इसलिए अण्णा के पिताजी भाऊराव साठे दादर की ओर खोली ढूँढ़ने लगे। उन्हें टाटा पावर हाउस कंपनी के पास आगरी चाल में खोली मिली।

मोरबाग मील में वेटर लड़के की तरह प्रारंभ में छोटे-छोटे काम ही उनके हिस्से में आए। पहले, तारवाला, फिर बाजूवाला और डबल बाजूवाला के रूप में वे मील में काम करने लगे।

मास्टर विठ्ठल, नवीनचंद्र जैसे अभिनेताओं की अदाकारीवाले मूक सिनेमा का यह जमाना था। अण्णा ने 'फुलपाखरू' उपन्यास की प्रस्तावना में लिखा है, "मोरबाग मील में काम करते हुए मुझे अंग्रेजी सिनेमा देखने का गहरा शौक था। मैंने हॉलीवुड के कई सिनेमा वडाला, दादर के थिएटरों में भाई शंकर के साथ

देखे। हम सिनेमा के दीवाने हो गए थे। सिनेमा के कथानक पर हमारी चर्चा चलती रहती।"[2]

सिनेमा समझ में आए या न आए चार-चार, पाँच-पाँच बार हम देखते। फिर आगे चलकर अभिनय द्वारा ही भाषा कथानक सारे तत्व खून में उतर जाने की तरह समझ में आ जाते। मेरी दृष्टि से तो यह कलाकार के मन के लिए एक तरह का रियाज ही था। अण्णा जैसे अनपढ़ मनुष्य द्वारा आगे कई कहानी-उपन्यास लिखे गए। कथाविस्तार कौशल और चरित्र-चित्रण की विविधता के कई रंग शब्दों द्वारा प्रस्तुत किए गए। उसके पीछे यह सारी तपस्या थी।

उस जमाने में हॉलीवुड के सिनेमा में तलवारबाजी की भिड़ंत शिखर पर थी। इसे देख अण्णा के मन में पारंपरिक दांडपट्टा* को नया आयाम देने की कल्पना सूझी। दांडपट्टा महाराष्ट्र का मर्दानी खेल है। अण्णा के साथ शंकरभाऊ भी इस काम में बड़े जोश-खरोश से लगे।

मोरबाग मील अर्थात् आज दादर पूर्व के शारदा सिनेमा टॉकीज के पीछे का और चित्रा सिनेमा टॉकीज के सामने की सड़क पर का चार-पाँच एकड़ का भूभाग। यहाँ पहले टाटा की स्प्रिंग मील नामक कपड़ा मील थी। पड़ोस में मोरबागवाड़ी होने से स्प्रिंगमील को लोग मोरबाग मिल कहते थे। अण्णा और शंकर को मूल सिनेमा देखने का घना शौक था। इसलिए दोनों भाई किंग सर्कल से अरोरा के आगे फोरास रोड की ओर 'मोती' और 'अलेक्जेड्रा' सिनेमा टॉकीज तक काफी भागदौड़ करते। उस जमाने में हिंदी की तुलना में विदेशों से आयात अंग्रेजी सिनेमा ही अधिक चलते थे। टिकट सामान्यतया दो या तीन आने होता था।

सिनेमा की शुरुआत में श्रेयनामावली की पट्टियाँ दिखाई जाती थीं। दर्शक जोर शोर से बड़ी आवाज में तकनीशियन और कलाकारों के नाम पढ़ते थे। अण्णा और शंकर दोनों भाई पढ़े न होने के कारण सिटपिटा जाते। परदे पर के कुछ अक्षर मन में याद कर बाहर आते। उन्हीं अक्षरों को दुकानों के साइनबोर्ड पर खोजते। अक्षर न पढ़ पाने का अण्णा को अपार दुख होता। मुंबई के जीवन का बड़ा व्यापक विस्तार देखकर अण्णाभाऊ विचारमग्न हो जाते। बढ़ती उम्र और अनुभवों की परिपक्वता के चलते अनपढ़ होने का भाव अण्णा के हृदय में टीस उत्पन्न करता। अण्णा झुँझलाकर अपने भाई शंकर से कहते, ऐसा ही ध्यान लगा कर पढ़ते रहेंगे, तो देखते हैं,

---

***दांडपट्टा**–एक मर्दाना खेल, लाठी से करतब दिखाना, गतका।

कैसे पढ़ने में नहीं आता! हम पीछा नहीं छोड़ेंगे, हमें कुछ तो खटपट* करनी ही पड़ेगी रे! अण्णा व्याकुल हो जाते, हड़बड़ा जाते, पुनः दृढ़ता को हल की तरह पकड़कर बोलते, "हमारे माथे में भैंसे का दिमाग तो नहीं रखा है न? मानव का ही है न? रास्ता तो मिलना ही चाहिए।"[3]

इससे पूर्व अण्णा का अपनी माँ वालुबाई से शिक्षा के मुद्दे पर जोर से झगड़ा हुआ था। माँ की भोली उम्मीद, 'यदि थोड़ा-बहुत सीख लेगा तो तेरा बाप जो गोरे साहब के यहाँ माली का काम करता है, वहीं कहीं अच्छी नौकरी पर चिपका देगा।'[4] लेकिन मुंबई के गतिशील जीवनरूपी हिरन को पकड़ना हो तो उसके पैर कसकर पकड़ने होंगे और बिना शिक्षा के यह संभव नहीं था। चाहे जो कुछ भी हो पर पढ़ाई जरूरी है ऐसा अण्णा को गहराई से लगने लगा।

उम्र बीत चुकी थी पर पढ़ने की दृढ़ता कुछ कम नहीं हुई। फिर वे दोनों भाई सड़क पर पड़े अखबार के टुकड़े उठाकर पढ़ने का प्रयास करने लगे। इस दरमियान सिनेमा के हीरो-हिरोइन के मजेदार किस्से 'प्रेक्षक' नामक मराठी पत्रिका में और 'मौज-मजा' नामक साप्ताहिक पत्रिका में प्रकाशित होते थे। आगे ये दोनों हिंदी में भी प्रकाशित होने लगीं। इसी तरह सड़कों के इर्दगिर्द लगे दुकानों के साइनबोर्ड, रद्दी के पुर्जे-चिट और सिनेमा संबद्ध पत्रिकाएँ उनकी आँखों के सामने बार-बार आती थीं। मानो शब्दों की उँगली पकड़कर दोनों भाइयों ने वर्णमाला सीखी। हलके-हलके पढ़ना भी सीख गए। सिनेमा-शौक के कारण वर्णमाला पर उन्होंने अधिकार पा लिया। साथ ही तलवारबाजी और दांडपट्टा खेल में भी नई चेतना मिली। मिल के साँचे पर काम करते-करते अण्णा को कविता लिखने की प्रेरणा मिली। वे गीत और पँवाड़े लिखने लगे।

इसी समय कम्युनिस्ट पार्टी के सम्मेलन-जुलूस मुंबई में शुरू हुए। अण्णा इसकी ओर अनायास खिंचते चले गए। अण्णा के पास सुरीले कंठ की पूँजी थी। शिवाजी महाराज और बाजी प्रभु के पँवाड़े गाने से वे मशहूर हो गए। अण्णाभाऊ ने इसी काल में पानीपत की लड़ाई पर भी पँवाड़ा की तर्ज पर काव्य रचना की। इसी रचना को पढ़ कर देशपांडे नामक एक व्यक्ति ने खुश होकर उसे एक रुपया इनाम में दिया। उस जमाने में सामान्य लोगों के लिए एक रुपया बैलगाड़ी के पहिये के समान लगता था। तब कराड से मुंबई लगभग तीन सौ किलोमीटर की रेलयात्रा का

***खटपट**–कोशिश।

किराया केवल पचहत्तर पैसे था। इसलिए अण्णा को लगा काव्य लेखन का धंधा ही अच्छा है।[5]

एक बार वर्णमाला अवगत होने पर अण्णाभाऊ को पढ़ने की गहरी प्यास लगी, इसलिए वे स्थान, समय और काल का बिना विचार किए शब्दों के पीछे पागल जैसे दौड़ने लगे। फुटपाथ पर पुरानी पुस्तकें बेचनेवाले लोगों से मिलने लगे। वहीं दो आने देकर, फुटपाथ पर किनारे बैठकर दिन-दिन भर पुस्तकें पढ़ते रहते। शुरुआत में 'हातिमताई', 'गुलबकावली', 'हरिविजय', 'रामायण', 'महाभारत' आदि पठनयात्रा जारी हुई। एक दिन उनके हाथों 'शिवचरित्र' की पुस्तक लगी। उसे पढ़ते-पढ़ते उनकी कल्पना का अश्व सरपट दौड़ने लगा। यहीं से ऐतिहासिक पँवाड़ों का झरना प्रकट हुआ।[6]

14 मार्च 1931 का दिन केवल मुंबइवासियों के लिए ही नहीं तो समूचे हिंदुस्तान की रसिक जनता के लिए उत्सुकता और अपूर्वता से आपूरित था। क्योंकि उस दिन गिरगाँव के मैजेस्टिक नामक सिनेमा थिएटर में 'आलम आरा' नामक पहला बोलनेवाला सिनेमा प्रदर्शित होनेवाला था। सिनेमा का गूँगा परदा बोलनेवाला था। तब तक अण्णा और शंकर कई मूक सिनेमा देख चुके थे। मराठी से ज्यादा अंग्रेजी देखे थे। अब परदा बोलेगा–के एहसास से ही दोनों भाइयों को हर्ष की गुदगुदी होने लगी। अण्णा ने शंकर को कहा, "भैया, जो होगा, वो होगा परंतु जोश के साथ बोलनेवाले थिएटर में जाकर पहले ही शो में देखना है। फिर चाहे जो हो।"

इस सिनेमा में काम करनेवाले वजीद अहमदखान, मुख्य हिरोइन जुबेदा आदि कलाकार इस समारोह में उपस्थित होनेवाले थे। उनके अलावा साठे बंधुओं का प्यारा, क़से हुए शरीरवाला मास्टर विठ्ठल भी आनेवाला था। इन भाइयों को उसे बालते हुए देखना था। टिकटें ब्लैक में बिकने लगीं। जिसे खरीदना इनके लिए संभव नहीं था। फिर भी इन्होंने हिम्मत से कुछ भी हो, सिनेमा तो देखना ही है, ऐसा निश्चय किया था।

अण्णा ने बारीकी से जानकारी हासिल की कि शिंदेवाड़ी में रहनेवाले पालव नामक एक युवा पहलवान की टोली है। आसपड़ोस के थिएटरों में ब्लैक टिकट बेचनेवाले लड़के उसी की टोली के थे। पालव एक मीलबाबू का ही लड़का है, यह जानकारी भी मिली। केवल इसी सूत्र से अण्णा उसकी खोली पर जा पहुँचे। इन दोनों सातारा के भाइयों का अपार उत्साह देखकर पहलवान भी खुश हुआ। आखिरकार इन दोनों को टिकट मिले।

थिएटर में मंगलवाद्य बज रहे थे। सिनेमा कलाकार (नट-नटी) और सूट-बूट पहने लोगों की काफी भीड़ थी। इस भीड़ में सिर पर कोल्हापुरी साफा और पीली पंजी, घुटने तक के लंबे कुर्ते में सातारा के ये दोनों बहादुर अलग ही दिखाई दे रहे थे। बोलनेवाला सिनेमा देखकर अण्णा और शंकर दोनों भाई बहुत खुश हुए। आगे चल कर कुछ सालों बाद ब्लैक टिकटे बेचनेवाला पहलवान पालव 'मास्टर भगवान' नामक बड़ा अभिनेता बन गया।[7]

इसी समय अण्णा के मानस में संगीत वाद्यों के प्रति रुचि जाग्रत हुई, उन्हें चसका ही लग गया। वे वनों में सुरीली बाँसुरी उत्कृष्ट रीति से बजाते थे, पर अब उनका सधा हुआ हाथ हार्मोनियम और बुलबुल तरंग पर भी अच्छे से चलने लगा।

1934 के दरमियान कम्युनिस्ट पार्टी के आंदोलन, सम्मेलन की ओर अण्णाभाऊ आकर्षित हुए। वे स्वयं प्रचारक के रूप में पार्टी कार्यालय जाकर छोटे-बड़े काम करने लगे थे।

1934 के दरमियान ही उन्होंने कई जब्त (कुर्क की हुई) की हुई पुस्तकें पढ़ीं। "रूसी क्रांति का इतिहास, कॉमरेड लेनिन का चरित्र इन पुस्तकों का मेरे मानस पर गहरा प्रभाव पड़ा।"[8] ऐसा स्वयं अण्णा ने ही लिखा है। इसके सिवा मुझे एक बार पढ़ना आने लगा तो मैंने विगत दस-पंद्रह सालों में इतना पढ़ा कि ज्ञानेश्वरी से लेकर मराठी का लगभग पूरा साहित्य पढ़ डाला। ऐसा स्वयं अण्णाभाऊ ने मनोहर पत्रिका को दिए गए साक्षात्कार में बताया है। स.ह.मोडक ने कुछ रूसी पुस्तकें मराठी में प्रकाशित की थीं। अण्णा के हाथों मैक्सिम गोर्की नामक रूसी लेखक का 'मदर' उपन्यास लगा। इससे अण्णा काफी प्रभावित हुए। इसमें वर्णित यूरोपियन मजदूरों की बस्तियाँ, उनकी तकलीफें और अपने यहाँ के मुंबई के कपड़ा-मील मजदूरों की स्थिति में कोई अंतर नहीं है–का एहसास उन्हें हुआ।

1934 को मुंबई में कपड़ा-मिल मजदूरों की सर्वपक्षीय हड़ताल हुई। हड़ताल के लिए 23 अप्रैल की तिथि निश्चित की गई। कारण यह दिन मजदूर नेता शहीद परशुराम जाधव का स्मृति का दिन था।

अण्णा की बुद्धि एक स्थान पर टिकती नहीं थी। वह व्यापक थी। अण्णा ने परशुराम की सारी जानकारी इकट्ठा की। अण्णा मुंबई में ना.म.जोशी, कॉमरेड डांगे जैसे लोकप्रिय, कद्दावर मजदूर नेताओं की सभाओं में हाजिर रहते थे।

शिवड़ी में मजदूरों और पुलिसों में भिड़न्त हुई। इस घटना के साक्षी अण्णा थे। मजदूरों पर होनेवाले पुलिस अत्याचारों को देखकर उनका सातारी खून खौल उठा। गोरे सिपाहियों की लाठियों और बंदूकों से बचते हुए उन्हें जितना परेशान किया जाना संभव था; उतना अण्णा ने अपने सातारी तरीके से किया।

उम्र सोलह-सत्रह के बीच की। उनके शरीर में युवा जोश और देशप्रेम उबल रहा था। इस पर तुक्का यह भी कि अनूदित साहित्य के पठन से उनका सिर गर्म हो रहा था। अपने श्रमिक मजदूर भाइयों के लिए कुछ तो करना चाहिए इस विचार से प्रेरित होकर उनकी धमनियों में रक्त उफन रहा था।

इसी काल में डॉ. बाबासाहेब आम्बेडकर का मजदूर आंदोलन में सक्रिय सहभाग बढ़ा। एक मजदूर नेता के रूप में उनका नेतृत्व उभरा। 7 सितंबर 1938 को अम्बेडकर की स्वतंत्र पार्टी ने मील-मजदूरों को हड़ताल के लिए ललकारा। इस दिन मुंबई के लगभग एक लाख मजदूरों ने हड़ताल में सहभागिता दर्ज की। अपने मित्रों से चर्चा के समय अण्णा के कानों काफी बातें आयीं। कुछ पूँजिपतियों के दबाव के आगे प्रांतीय कांग्रेस नेता आ गए थे। हड़ताल के हथियार को फौजदारी गुनाह (क्रिमिनल क्राइम) तय करने का विधेयक कांग्रेस द्वारा असेंबली में रखा जाना था। इसका डॉ. बाबासाहेब अम्बेडकर ने कड़ा विरोध किया था। मजदूरों का राज लाने से पहले यहाँ की जातीय व्यवस्था को ठीक करना होगा ऐसे विचार बाबासाहेब के थे। अण्णा ने ये विचार 'जनता' नामक पत्र में पढ़े थे।

1938 में मुंबई की 73 कपड़ा मीलों में हड़ताल घोषित हो गई। यह हड़ताल कितने महीनों तक शुरू रहेगी इसका कोई अंदाजा नहीं था। रोजगार चौपट हो गया, डूब गया। अत: अण्णा ने मुंबई छोड़ने का निर्णय लिया। उन्हें यह निर्णय लेना पड़ा, ऐसा कहना अधिक समीचीन होगा।

संदर्भ

1. अण्णाभाऊ साठे–'युगांतर', 12 अक्तूबर 1949–"जिन्हें पूंजीपतियों ने पैरोतलें रौंदा उन्हें डांगे जी ने बनाया।"
2. अण्णाभाऊ साठे–'फुलपाखरू', 1967
3. सुगावा–दीपावली विशेषांक 1977–"शंकरभाऊ साठे और मैं"–पुणे में लिया गया साक्षात्कार, जुलाई 1987
4. शंकरभाऊ साठे–'मेरा भाई अण्णाभाऊ'–पृ. 100
5. मनोहर–मासिक पत्रिका–सितंबर 1960, पृ. 19–डॉ. मीनाक्षी माने द्वारा लिया गया अण्णाभाऊ से साक्षात्कार
6. वही–पृ.18
7. डॉ. आर.बी. मोरे–वाम आंदोलन (लेफ्टिस्ट)–दूसरा आर.बी. मोरे समाज सेवक डॉ.प्रमिला जरग के पिता 1985 और शंकर भाऊ का साक्षात्कार, 1987
8. अण्णाभाऊ–'मेरी रूस यात्रा', पृ. 2

हिरनों के गाँव तोता लौट आया

अण्णा वापस वाटेगाँव लौट आए। अब उनके जवानी के कदम एक स्थान पर रुकने को राज़ी नहीं थे। खासकर वारणा नदी किनारे के गाँव और बत्तीस शिराळा के आसपास के गाँव, वहाँ के मेले, उत्सव, कुश्तियाँ, तमाशा आदि की ओर उनके मन में जन्मजात आकर्षण था। इसके अलावा हरी फसलों से लहलहा रहे खेत-जंगल-वन के वे दीवाने थे। पशु-पंछियों के झुंड जहाँ अधिक थे, वहाँ चांदोली और उदगिरी के वनों से उन्होंने घुमक्कड़ी शुरू की। कल-कल बहनेवाली वारणा नदी, उसके दोनों किनारे बसे हुए गाँव, वन और यहाँ की मिट्टी से अण्णा का कलेजा जीवन भर चिपका रहा।

वाटेगाँव के परिवेश ने अण्णाभाऊ जैसे लेखक-कलाकार को एक ओर जहर पिलाया तो दूसरी ओर अमृत–दोनों उनमें लबालब भर दिए। एक तरफ उन्हें कुचला तो दूसरी ओर बनाया भी। बचपन में रामबाँस के कँटीले वन का, गाँव बाहर के अछूत मातंग का छोरा के रूप में उनके साथ घृणित व्यवहार किया गया। जाति-व्यवस्था के अंतिम छोर का होने से हीनता और तुच्छता के गर्म चटके उन्हें सहने पड़े। तात्पर्य यह कि उन्हें जाति-व्यवस्थाजन्य तुच्छता ने झुलसा डाला था। उनके गाँव के पश्चिम की ओर फैला हुआ विशाल, कमर जितनी घास से भरा हुआ 'माकड़ी माळ', 'माळ-पठार' से बहनेवाला कुटरा झरना, कलकल बहनेवाले छोटे-छोटे नाले, उस पार की तामखड़ी, उसके पीछे का पुराने झाड़ियों से भरा सातदर्श, वैसे प्रत्यक्ष में कुछ मील लंबे फैले सह्याद्रि की कतारों में ये सात दर्रे हैं। इस ओर ही शिवकालीन पन्हाला गढ़ से सातारा के अजिंक्यतारा के जंगलों से गुजरनेवाला घोड़ों की खुरवाला (टाप) का राजमार्ग है। इसी प्रदेश ने अण्णाभाऊ को वीरता, संस्कृति तथा इतिहास और प्रकृति की समझ के पाठ पढ़ाये हैं। गाँवमिट्टी की इस शिक्षा से प्राप्त अकूत धन को उन्होंने साहित्य में सोना बनाया।

1938 मई अंत में लगभग सात-आठ सालों के बाद अण्णाभाऊ वाटेगाँव लौट आए थे। वे मुंबई के कपड़ा मील हड़ताल की आँच से झुलसे हुए थे। 1925 के अंग्रेजी कानून ने उनकी जाति-मांग को एक गुनहगार जाति ठहराया था। अण्णा के चाचा, चचेरे भाई, मांगबाड़े के सभी वयस्क-समझदार लोग प्रतिदिन तीनों बार पाटीलबाड़े पर जाकर हाजिरी लगाते थे। हाजिरी लगाने की कानूनन सख्ती थी। यह एक तरह से अंग्रेजों द्वारा मातंग समाज के लोगों पर कड़ी नज़र रखने जैसा ही था। हर दो-तीन दिनों के बाद हाजिरी पत्र की रपट गाँव के पुलिस पाटील को पुलिस के पास जाकर देनी पड़ती थी।

अण्णा के भावभीने, संवेदनशील मन को इससे बड़ा क्लेश होता था। क्या सच में हमारे पूर्वज, दादा-परदादा चोर रहे हैं? यह रोजमर्रा की अमानवीय हाजिरी की गुलामी? 1918 के भीषण अकाल में मांगबाड़े और महारबाड़े के लोग भूख से व्याकुल होकर मर रहे थे। निष्प्राण हो रहे थे। ये यादें अण्णा के मन को दागती थीं।

उस समय मांगबाड़े के इर्दगिर्द रामबाँस और थूहर की कँटीली झाड़ियों की घनी बाड़ थी। शीतलता के लिए इमली के बड़े-बड़े पेड़ बीचोबीच थे। मूलत: वाटेगाँव में तीन मांगबाड़े थे। फकिरा की झोंपड़ी निचले मांगबाड़े में थी। अण्णा का परिवार मध्य के मांगबाड़े में रहता था।

उस काल में वाटेगाँव कुरुंदवाड़ के पटवर्धन की रियासत में था। अण्णा जब सपरिवार अपनी उम्र के ग्यारहवें वर्ष में मुंबई के लिए निकले थे तब जोगिनियों को भगाकर लाने के लिए और फकिरा के समर्थन में सामने आनेवाले इकलौते पाटील शंकरराव थे। शंकरराव पाटील के वंश में एक बाबासाहेब पाटील[1] थे। वे उस समय की शैक्षिक यादें मुझसे कह रहे थे। इसके अलावा पूर्व प्राचार्य एम.आर.पाटील, सेवानिवृत्त पुलिस अधिकारी रघुनाथ नांगरे-पाटील ने अपने बचपन में अण्णा को करीब से देखा था। ये सभी लोग अन्य वरिष्ठ नागरिकों के साथ अण्णाभाऊ से संबद्ध स्मृतियाँ मुझसे साझा कर रहे थे।

अण्णा के सबसे बड़े भाई का नाम शंकर था। शंकर और माँ वालुबाई से संबंधित एक हृदयस्पर्शी घटना मुझे शंकरभाऊ ने बतायी। उनका यह संस्मरण एक दीपावली अंक में प्रकाशित भी हुआ है।[2] बचपन में अण्णा गाँव में बड़े शरारती थी। हमेशा जंगलों-पहाड़ों में घूमते रहते। कटोरा नाले में मछलिया पकड़ना, पेड के सिरे पर लगे जामुन तोड़ना आदि कार्य करते रहते। वे कई बार गाँव के उस पार के पहाड़ के क्षेत्र में अंत्री, सिरसी से लेकर गिरजबाड़े तक भटकते रहते।

इतने पर भी अण्णा की माँ वालुबाई उन पर गुस्सा नहीं करती थी। कारण अण्णा के बड़े भाई शंकर का अपने माता-पिता से एक दिन झगड़ा हुआ। तब वालुबाई ने कहा, गाँव के अन्य लोगों से झगड़ा-बखेड़ा मत कर और गुस्से में बोलीभाषा में कहा, "रोज-रोज झगड़ा करने से तो अच्छा है तू जल्दी मर जा।" माँ के गुस्से का गहरा असर शंकर के बालमानस पर हुआ। उसे कई दिनों तक गहरा बुखार आया। इसी बीमारी में वह चल बसा। अपने पहले बेटे शंकर का नाम अण्णा के बाद हुए लड़के का रखा। इसलिए अण्णा अर्थात् तुकाराम पर माँ कभी गुस्सा नहीं कर पायी।

लगभग सात कि.मी. तक लंबाई-चौड़ाई तक फैला विस्तृत वाटेगाँव। आज कऱ्हाड से कोल्हापुर की ओर जाते समय कासेगाव और नेर्ला के पश्चिम दिशा में छह किलोमीटर पर यह गाँव आता है। हाइवे से पश्चिम की ओर मुड़ने पर चारों ओर गन्ने के खेत नजर आते हैं। चारों ओर हरियाली का आच्छादन। लेकिन अण्णा के बचपन में यह भूभाग, बंजर और खुला मैदानी प्रदेश ही था। हाँ, कहीं पर कुएँ के पानी से कुछ-कुछ खेतों की हरियाली दिखाई देती थी।

पहले फकिरा के कारण और आजकल बापू, बिरू, वाटेगाँवकर के कारण इस गाँव में अर्थात् वाटेगाँव में तलवारें, बंदूकें, भाले-बरछियों की ही फसल होती होगी ऐसी कई लोगों की गलतफहमी थी। पुराणकाल में 'कण्हेर खेड' नाम से उल्लिखित यह पवित्र गाँव है। इतना ही नहीं तो उत्तर भारत से पहले काशी, प्रयाग की ओर से आनेवाला तीर्थयात्रियों का रास्ता इसी गाँव से दक्षिण में रामेश्वर की ओर जाता था। पड़ोस के पुणे-बेंगलुरू हाइवे से गुजरनेवाले बेचारे लोगों को ज्ञात ही नहीं है कि यह गाँव किसी समय कितना बड़ा प्राचीन तीर्थस्थान रहा है। गाँव से गुजरनेवाली भोगावती उर्फ गंगा किनारे न जाने कितने प्राचीन मंदिर, मठ, गोपुर आज भी अवस्थित हैं तथा नदी किनारे पुरानी वृक्ष-लताएँ भी बनी हुई हैं।

1930 से 1945 के दिनों में वाटेगाँव 'हिरनों का गाँव' के रूप में प्रख्यात था। गाँव के पश्चिम दिशा की ओर माकड़ी का लंबा-चौड़ा पठारी प्रदेश था। यहाँ दिन में भी हिरनों के झुंड चौकड़ी भरते नज़र आते थे। मोरों के झुंड के झुंड थे। इस काल में कर्नाटक के हुबळी, बेळगाँव और महाराष्ट्र के कोल्हापुर से बड़े-बड़े शिकारी मृगया करने आते थे। हिरनों के शिकार के लिए यह क्षेत्र प्रसिद्ध था। गाँव की दक्षिण दिशा में, कऱ्हाड की ओर तब बड़ा घना जंगल था।

'ये सुर बाँसुरी के' नामक पुस्तक में दिनकर साठे द्वारा वर्णित गाँव का कटोरा नाला आज भी उसी तरह छल-छल बहता है। गाँव के पश्चिम की ओर माकड़ी

माल के पार कुछ जलधाराएँ रिसती थीं। इन्हीं से यह नाला खुळंवाड़ी से नीचे भाटवाड़ी की ओर आता है, वहाँ से वाटेगाँव की माँगबस्ती के पास से आगे बढ़ता है। इसी नाले से पीतल की पुरानी थालियों में अण्णाभाऊ ने बचपन में मछलियाँ पकड़ी थीं। गाँव के लिए अमृतधारा बनी भोगावती नामक नदी ऊपर की ओर बारह-तेरह किलोमीटर पर जन्म लेती है। यह स्थान गिरजवाड़े का गोमुख कहलाता है। कोल्हापुर के जोतिबा का मूल स्थान यही है, ऐसा करवीर माहात्म्य में लिखा गया है। आज भी गिरजवड़ा से सुगंधी दमनक (दवणा) की सीके के बिना उधर जोतिबा की पालकी नहीं निकलती।

वाटेगाँव का ऐतिहासिक, सांस्कृतिक तथा पौराणिक पल्लू पैठणी की तरह जरीवर्क का नक्काशीकामवत् है। यह चांगदेव* की भूमि! स्वामी वटेश्वर यहीं से काशी गए थे। इसलिए वटेश्वर नाम पर गाँव-वाटेगाँव बना। गाँव के पिछवाड़े 'माकड़ी के माळ' (पठारी प्रदेश) को पौराणिक काल में दंडकारण्य कहा जाता था। यहाँ आत्मलिंग प्रकट हुआ है। उसके बायीं ओर विष्णु का पुराना मंदिर है। बलोपासना के लिए ख्यात स्वामी रामदास ने ग्यारह मारुती मंदिरों की स्थापना की। यहीं से करमाला घाटी से होकर बत्तीसशिराळा गए थे। रास्ते में स्थित वाटेगाँव में भी उन्होंने मारुती मंदिर की स्थापना कर ताकतवर शरीर और बलोपासना की प्रेरणा दी थी।

अण्णाभाऊ ने अपने लेखन की पहली बहार में एक से बढ़कर एक संपन्न कहानी-संकलन प्रस्तुत किए। इनमें से पहले संकलन का नाम 'खुळवाड़ी' है। इस नाम की बस्ती गाँव से दो किलोमीटर की दूरी पर है। आज यहाँ बंगले बन गए हैं। इस परिसर को बारीकी से खँगाला जाए तो ज्ञात होता है कि अण्णा की मँजी हुई लेखनी के पीछे यही रसदार जमीं है। उनके द्वारा लिखी गई कई शौर्य कहानियाँ और शिकार कहानियों के बीज भी इसी भूमि में बिखरे दिखाई देंगे।

1918 का भयावह अकाल भी इस मिट्टी ने झेला है। पेट की आग बुझाने के लिए इसी गाँव के फकिरा मांग ने अंग्रेजों के खिलाफ बगावत की थी। जब अंग्रेजों का छापा पड़ा तब उस राक्षसी अंग्रेज शक्ति को विष्णुपंत नामक कुलीन, शालीन और दृढ़मन के ब्राह्मण ने रोका था। "मांग-महार के घर में ताजी रोटी की महक आ रही है, इसका मतलब उन्होंने चोरी की है ऐसा अर्थ अंग्रेज सरकार निकालनेवाली

---

* **चांगदेव**–सन्त ज्ञानेश्वर के मामाजी।

हो तो मुझे भी इसी कारण से सरकार जेल में डाले क्योंकि मेरे घर से भी तुम्हें ऐसी ही महक आएगी।" इन शब्दों में विष्णुपंत ने गोरे साहब को फटकारा था।

अच्छे के लिए अच्छा, गैरों की खैर नहीं इस न्याय से अण्णा ने अपना लेखन किया है। हिंदू धर्म की मनुवादी विकृति के फटकारे उन्होंने कई बार सहे हैं।

सावन के महीने में वाटेगाँव के घर-घर में नियमित रूप से 'शिवलीलामृत', 'नवनाथ कथासागर', 'पांडव प्रताप' ग्रंथों का पठन होता था, तब अछूत बच्चों को सुनने के लिए घरों में प्रवेश निषिद्ध था। ऐसे में अण्णा किसी बाड़े की चौकी पर अथवा बाहर के खंभे के पास बैठकर भक्तिभाव से उसे सुनते थे। उन्हें भगवान के प्रति लगाव नहीं था, उन्हें तो पुस्तक में शब्दबद्ध हुई प्रवाही शैली, सीधी-सादी परंतु रमणीय मराठी शब्दों के प्रति रुचि थी।

वाटेगाँव में पारंपरिक उत्सव और त्योहारों की भरमार थी। त्रिपुरारी पूनम के अवसर पर युद्धभूमिवत् समूचे पठार को गूंजानेवाली बैलों की दौड़ प्रतियोगिता, पहलवानों की कुश्तियों से भरपूर अखाडे, पेड़ तले असली पारंपरिक तमाशा के दर्शन भी उन्हें यहीं होते थे। इसके अलावा गाँव के ब्राह्मण, मराठा, शैव लिंगायत, धनगर, रामोशी और मुस्लिमों की बस्तीवाले मुलाणखाने में लगभग सभी जातियों के लोग रहते थे। प्रत्येक का अपना अलग व्यवसाय, प्रत्येक की अपनी विशिष्ट जीवनप्रणाली, रीति-रिवाज आदि का निरीक्षण बड़ी बारीकी से अण्णा की आँखें करती रहतीं।

वाटेगाँव और कासेगाव के बीच सीमा से सटकर शेणे नामक छोटा-सा गाँव है। इसी गाँव में 1939 को क्रांतिसिंह नाना पाटील की बड़ी विशाल सभा हुई थी। इस सभा में बर्डे गुरुजी, पांडु मास्टर, श्रीपति, सावंत और बाबुराव चरणकर उपस्थित थे। यह सभा क्रांतिवीर नाना की अंग्रेजों के खिलाफ किए जानेवाले बहुत बड़े संघर्ष की शुरुआत थी। इस सभा में स्वागत गीत गाने के लिए सुरीले गले का गायक अण्णाभाऊ और उनके साथियों को बुलाया गया था। अण्णा ने शुरुआत में रण डफली इस तरह जोर से बजाई कि सारी सभा चकित हो गई। ऐसा लगा कि शिवाजी की सेना का घुड़दल ही अवतरित हुआ हो। अण्णा ने अपने ओजस्वी शब्दों को जोर से उछाला कि सुन कर क्रांतिसिंह नाना की आँखों में आनंदाश्रु झलक आए।

उस समय अण्णा का मन वाटेगाँव से अधिक तळसंगे नामक गाँव में रमता था। कारण एक तो वह उनका ननिहाल था, दूसरी ओर बापू साठे और दादू साठे ये दोनों मौसेरे भाई जो तमाशा कलाकार थे–वहीं रहते थे। वे उस समय 'सिंहगढ़

का तानाजी' नामक तमाशा वर्ग के मंचन का अभ्यास कर रहे थे। अण्णा को इसमें एक बूढ़े की भूमिका मिली। उनका अभिनय कौशल और सुरीली आवाज के कारण उन्हें सरदार की भूमिका दी गई। तमाशा के प्रारंभ में होनेवाला नांदीपाठ और अंत में होनेवाली भैरवी का गान उनके जिम्मे आया। ऐसे बहुश्रुत कलागुण संपन्न, हरहुनरी भाई को छोड़ने के लिए ये मौसेरे भाई राजी नहीं थे। तळसंग के बापू साठे का तमाशा दो-तीन बैलगाड़ियों में अपना सामान रखकर आसपास के गाँवों में कार्यक्रम करने लगा। इस तमाशा में बापू ने शायद कहीं से या कर्नाटक के बेलगाँव से एक नटरंगी छोरी भगा कर लाई है, ऐसा हायतोबा मचा हुआ था। कारण वह जवान छोरी, रेशमी किनारवाली साड़ी पहनकर दर्शकों के सामने आती तब ऐसा लगता आकाश के बादलों से चाँद ही धरती पर उतर आया हो। गठीले, आकर्षक कदकाठी की साँवली-सलोनी मैना। जब वह हँसती थी, अनार फूट पड़ते थे, उसके अंग-अंग में ठूँस कर भरी हुई मादकता से युवा छोरे पागल हो जाते थे। मुट्ठियाँ भर-भर कर पैसे उछालते। तमाशा समाप्त होने पर गाँव के मवाली लड़के जमा हो कर मैना के पीछे पड़ते। लेकिन वह मैना किसी के भी जाल में नहीं फँसी थी। कैसे फँसेगी। खुद बापू साठे ही इस स्त्री-भूमिका को बड़े ही बेमालूम (हू-ब-हू) रीति से पेश करते थे।[3]

मौसेरे भाई की यह तमाशा-छावनी अर्थात् यह तो घर का ही हुआ। अण्णाभाऊ के सुरीले गायनवाले गले को और उनके अभिनय को यहीं अवसर प्राप्त हुआ। अण्णा यहाँ खूब रम गए। ऐसे में वाटेगाँव से संदेश आया कि अण्णा के पिता भाऊराव गंभीर बीमार हैं। लेकिन पैसे देनेवाले इस तमाशा को छोड़कर मौसेरे भाई अण्णा को जाने नहीं दे रहे थे। ऐसे में कुछ और दिन बीत गए। एक दिन वालुबाई और छोटा भाई शंकर आ धमके। उन्हें समझाने के सुर में बापू ने कहा, "मौसी, रंगभरे चलनेवाले खेल को तुम बाधा मत पहुँचाओ।" वालुबाई यह सुनकर भड़क उठी, "छोरे, तेरा इधर तमाशा चल रहा है, पर उधर तुका के बाप का जीवन व्याकुल हो रहा है। कम-से-कम मरते वक्त तो अण्णा को उसके पिता से मिलने दो।" अण्णा, शंकर और वालुबाई वारणा के किनारे स्थित एक गाँव से अपने गाँव की ओर तेजी से निकले और शाम होते-होते वाटेगाँव पहुँचे, तब बिस्तर पर पड़े भाऊराव को अण्णा की याद ही सता रही थी। रात के भोजन के समय बाप-बेटे में कुछ हलकी-सी बातचीत हुई। उसी रात भाऊराव चल बसे।

जीवन की गाड़ी अभी ठीक से लाइन पर आई ही नहीं कि अण्णाभाऊ के सामने एक नई समस्या मुँह बाए खड़ी हो गयी। पश्चिम महाराष्ट्र में विशेषकर वारणा

किनारे के आसपास ऐसा रिवाज था कि माता-पिता से किसी एक की मृत्यु होने पर सयाने लड़के-लड़की का विवाह उसी वर्ष के भीतर कर दिया जाए। ऐसा न होने पर तीन साल तक विवाह नहीं हो सकता। उस जमाने में लड़के की उम्र चौदह-पंद्रह वर्ष होने पर उसका विवाह कर दिया जाता था और अण्णाभाऊ हो चुके थे। इसलिए सभी ने उनकी शादी करने का निर्णय ले लिया।

वह साल था 1940 का। वाटेगाँव के मांगबाड़े में ही शादी करना तय हुआ। पाटण तहसील के काळगाव-धामणी के यशवंत दादू भिंगारदिवे और श्रीमती गजाबाई भिंगारदिवे की बेटी कोंडाबाई उर्फ कोंडुबाई से अण्णा का विवाह तय किया गया। यशवंत भिंगारदिवे को जगन्नाथ नामक एक लड़का और चार लड़कियाँ थीं। इसमें से दगडुबाई पणुंब्रे गाँव में विठाबाई इस्लामपुर में, इंदुबाई और अनुबाई को कोळेबाडी में ब्याहा गया था।

उस जमाने में लड़की का विवाह करना लड़की के पिता के लिए सरोते में फँसी सुपारीवत् था। अण्णा के कुछ मित्रों ने ऐसी सलाह दी कि लड़की का पिता अच्छे जाल में फँसा है, दहेज छोड़ना मत। लेकिन अण्णा का प्रेम स्त्री-वर्ग के प्रति केवल साहित्य में चित्रित करने मात्र तक सीमित नहीं था। वे उसे अपने जीवन में भी जीते थे। इसलिए अण्णा ने साफ शब्दों में कह दिया, "पाँच बेटियों के बाप की क्या दशा होती है, इससे मैं भली-भाँति परिचित हूँ। पहले ही वह बोझ से झुका हुआ है। उनसे मुझे एक गुँजभर भी दहेज नहीं चाहिए।"

पाँच कोस में मशहूर ताशा बजानेवाला दल, अण्णा के विवाह के लिए सैयदभाई हाजिर थे। सभी बलुतेदार चाहते थे अपना दोस्त भाऊ साठे के लड़के का विवाह गाँव में ही हो। विवाह की सारी तैयारी पूर्ण हुई। कुलरीति के अनुसार अण्णा को भगवान-ब्राह्मणों की साक्षी में विवाह करना था। अण्णा के मित्रों ने पहले से ही दो-तीन ब्राह्मणों को शादी करने के लिए बुला लिया था। लेकिन अक्षता-मंगलाष्टक, वरमाला का समय हो गया लेकिन विवाह-मंडप की ओर गाँव-सीमा पार का, बत्तीसशिराळा के इर्दगिर्द का, वाळवा तहसील का एक भी ब्राह्मण आने को तैयार नहीं हुआ। कुल मिलाकर एक अछूत के विवाह का साक्षी होकर किसी को भी धर्मभ्रष्ट नहीं होना था। इसलिए जानबूझकर सारे ब्राह्मण पुरोहित नौ-दो-ग्यारह हो गए थे। विवाह रस्में रुक गयीं। मुहूर्त निकला जा रहा था। अचानक परिसा उपाध्ये अपने कंधे पर धोती का छोर डाले भागते-दौड़ते पहुँचे। आस-पड़ोस के पच्चीस गाँवों में वे लिंगायत समाज का पौरोहित्य करते थे। फलत: उन्होंने ही अण्णा के विवाह की रीति-रिवाजों के अनुसार रस्में अदा कीं। इस तरह विवाह संपन्न हुआ। डफली-लेझिम के खेल ने रंग बरसाया।[4]

दोनों ओर से विवाह हेतु लगभग सौ आदमी उपस्थित थे। दहेज और फालतू खर्चे को टाल दिया गया था। यह विवाह बिना खर्च के संपन्न हुआ। वर-वधू ने एक-दूसरे के गले में केवल गेंदे के फूलों की मालाएँ डालीं।

वालुबाई ने अपने पति के पश्चात अण्णा का विवाह बड़े ठाठ से किया। रीति-रिवाज के अनुसार कुलदेवता को 'वावरजत्रा' करानी होती है। इसमें वर अपने कंधे के उत्तरीय को वधू की महँगी साड़ी के पल्ले से गाँठ लगाकर कुलदेवता के मंदिर को पाँच प्रदक्षिणा कर देवदर्शना करना होता है।

सह्याद्रि और वारणा की उपत्यका (तलहटी) के भगवान भी यहाँ की मिट्टी जैसे शूर-वीर और कठोर थे। तपस्या करने के लिए कहीं दूर अलग जाकर बैठ जाए वैसे ही ये सारे देवस्थान पर्वत-पहाड़ों की खाइयों में मुश्किल जगह पर बसे हुए हैं। कासार्डा का धोपेश्वर, उदयगिरि की काळम्मा, गिरजवडा का जोतिबा, ढेबेवाड़ी का नाईकबा, पाठारवाड़ी का भैरवनाथ सभी सह्याद्रि के शिखरों पर अपना डेरा जमाए हुए हैं। कऱ्हाड के निकट वसंतगढ़ से कोयना नदी दिखाई देती है। उसके पिछवाड़े किसी किले के तट जैसी ऊँची पहाड़ी है जहाँ भैरवनाथ का स्थान है।

पाठारवाड़ी का भैरवनाथ मानो देवताओं की सभा का प्रमुख, जैसे कोल्हापुर के शाहू महाराज ही हों ऐसा सम्मान भैरवनाथ का था। भैरवनाथ के दर्शन का और पालकी का पारंपरिक सम्मान अछूतों का ही रहा है। भगवान के मेले में नचाई जानेवाली पहली 'छड़ी' का मान भी वाटेगाँव के मातंग समाज का ही था। इतना ही नहीं तो उत्तर कर्नाटक और वारणा कछार के बारह लेनदार बहुजनों की जातियाँ, विशेषकर मांग, डवरी, कोल्हाटी, बुरूड, बेलदार आदि घुमंतू जातियों का सखा भी यही पठारवाड़ी का भैरवनाथ है। उसका वार्षिक मेला गुढ़ीपाड़वा* के दूसरे दिन लगता है। तीसरे दिन लंबी, मस्तूल-सी (डोलकाठी) मान की छड़ी (सम्मान की लाठी) निकलती है। पर्वत की चोटी पर यह मंदिर है। अलसुबह, भोर-भोर भगवान पर गुलाल उड़ेला जाता है। जब उस लाल बरसाती पर उगते सूरज की कोमल किरणें पड़ती हैं तब आँखों के सामने रतनारा-सिंदूरी, केसरी छटाएँ लिए हुए यह नाचनेवाला मेला बड़ा ही सुंदर दिखाई देता है।

उस काल में आज के जैसे सड़कों की जालें नहीं बिछी थीं। वाटेगाँव से निकलनेवाली सड़क तामखड़ी की पहाड़ी से सीधे सातदर्रे के जंगल में जा पहुँचती थी। इसके बाद कालवाड़, बालवाड़, शिरली, नांदगाँव, औंढ, पाचुंबरे से होते हुए आगे बढ़ती थी। एक दिन और एक रात बीतने पर रास्ते की तीन पहाड़ियाँ और

---

* **गुढ़ीपाड़वा**–भारतीय नव वर्ष। चैत्र शुक्ल प्रतिपदा।

तीन खाइयाँ पार हो जातीं। पैदल चल-चलकर पैरों में छाले आ जाते, पैर चुनचुना जाते। तब कहीं चौथी पहाड़ी की चोटी पर बसे भैरवनाथ का मंदिर दृष्टिगोचर होता।

मांग-महार जैसे अछूतों को सबसे पहले दर्शन देनेवाला और पाटील, कुलकर्णी जैसे सवर्ण अधिकारियों को शिष्ट समाज को मंदिर के बाहर कतार में खड़ा करनेवाला भैरवनाथ अण्णा को बड़ा प्रिय लगता था। माँ वालुबाई ने नवदंपति की 'वावरजत्रा' निकाल कर उन्हें भगवान के चरणों पर लिटाया और उनके मन में सच्चा जोश जाग्रत हुआ।

अण्णा को तमाशा की गायकी एवं अभिनय में रुचि होने के साथ-साथ मैदानी और मर्दाना खेलों का बड़ा आकर्षण था। पाठारवाड़ी के मेले के बहाने लेझिम और दांडपट्टा* (गतका) के खेल खेले जाते। प्रतियोगिताएँ होतीं। इस खेल में अण्णा के गाँव के साथियों के साथ अण्णा की बेइज्जती की गई। कारण प्रतियोगिता में गाँववालों ने हलके से अन्य गाँव के खिलाड़ी अपने दल में शामिल कर बड़े ठाठ से खेल खेला और वाटेगाँव के लड़कों का घनघोर पराभव हुआ। यह घटना है तो 1940 की लेकिन मेले की यह बेइज्जती और अपमान अण्णा के मर्म को लगा।

पराजित होकर अण्णा अपने गाँव लौट आए। अगले छह माह तक उन्होंने दांडपट्टा खेल का कड़ा अभ्यास किया। उन्होंने अन्य कुछ नहीं किया। अपनी भूख-प्यास भी भुला दी और खेल में कौशल हासिल किया। रणडफली रणहलगी* हमारे वारणा के कछार में हम आज भी इसे मांग-डफली कहते हैं। यह तमाशा की हलगी से आकार में थोड़ी बड़ी होती है। खेलनेवालों में स्फूर्ति, चैतन्य उफनता है। इस तरह अगले साल के मेले में अण्णाभाऊ ने अपने अपमान का प्रतिशोध लिया। धारदार गतका घुमाते हुए उन्होंने मेले में युद्ध-भूमि-सा वातावरण बना दिया।

सौभाग्य से अण्णा द्वारा अपनी गाँव-मिट्टी में रोपा हुआ यह मैदानी खेल वाटेगाँव के लड़कों ने आज भी उसी उत्साह और अभिमान के साथ जारी रखा है। मुंबई के घाटकोपर और चेंबूर क्षेत्र में वाटेगाँववालों का खास गतके का खेल मैंने दक्षिण के युगप्रवर्तक संगीतकार इलाई राजा के लिए मई 2010 में आयोजित किया था। मुंबई के लालबाग के 'शिरोडकर हाईस्कूल' के मंच पर साक्षात युद्ध जैसा यह खेल देखकर इलाई राजा प्रभावित होने के साथ-साथ रोमांचित भी हुए।

---

* **दांडपट्टा**–एक मदीना खेल।
* **रणहलगी**–चर्मवाद्य।

इस दरमियान उन्होंने तमिल भाषा की साप्ताहिक पत्रिका 'आनंद विकटन' में विशेष लेख लिखकर इस खेल का काफी गुणगान भी किया था।

संदर्भ

1. बाबासाहेब पाटील और अन्य ज्येष्ठ नागरिकों से चर्चा, वाटेगाँव, अक्तूबर–2020
2. शंकरभाऊ साठे से साक्षात्कार–पुणे-1987 और शंकरभाऊ साठे–वारणा से वोल्गा, 'सुगावा' दीपावली अंक 1977
3. शाहिर आत्माराम पाटील से साक्षात्कार, मुंबई–2011
4. बाबाभाऊ और अन्य वाटेगाँवकर से साक्षात्कार, अक्तूबर–2020

साहित्यकार का धर्म

विश्व के प्राय: महान रचनाकारों–विशेषकर उपन्यासकारों में एक समान गुणधर्म अथवा समान सूत्र दृष्टिगोचर होता है। जीवन की मंजिल और व्यापकता को बाँहों में भरने के लिए ही मानो उन्होंने यायावरी-घुमक्कड़ी का धर्म स्वीकारा हो। चाहे फिर यह घुमक्कड़ी जानबूझकर की जाए या अनजाने भी हो सकती है।

अण्णाभाऊ इसके अपवाद नहीं हैं। उन्होंने यायावरी धर्म का पालन कड़ाई से किया है। वारणा किनारे के कई साप्ताहिक हाट-बाजारों में घूमनेवाला एक मवेशी (गाय-भैंसों) का व्यापार करनेवाला व्यापारी पेड़ तले के तमाशा में लंबे बाल रखकर घूमनेवाला लोक कलाकार, मुंबई में थोड़े समय के लिए डोअर कीपरी करनेवाला, साम्यवाद का सच्चा समर्थक, लोकशाही से लेकर सीधे रूस की धरती पर जानेवाला एक भारतीय लेखक इतनी लंबी मंजिलें पार करनेवाले अण्णा ही हैं।

विविध भाषाओं के अनूदित श्रेष्ठ ग्रंथों का पठन एक तरह से बौद्धिक रियाज ही होता है। अनपढ़ता से सुपर साक्षर बने अण्णाभाऊ ने तगड़े पठन का नित्यक्रम सोच-समझकर निभाया है। नवलेखकों को मूल मंत्र देते हुए लिखते हैं, "मैं बहुत पढ़ता हूँ। कारण पठन लेखक के लिए पोषक होता है। यदि अच्छा पठन न हो तो श्रेष्ठ साहित्य निर्माण संभव नहीं।"[1]

1962 में शिवाजी कॉलेज, सातारा के व्याख्यान में 'मैं और मेरा साहित्य' विषय पर बोलते हुए उन्होंने कहा, "मैं जाति से मांग हूँ। इसलिए मेरे पास भरपूर जीवनानुभव का संग्रह है। इस सामग्री के आधार पर संघर्ष के जबरदस्त निचोड़ से मैं अपने अनुभव की मजबूत रस्सी बनाता हूँ। मैंने जो देखा, जो अनुभव किया, वही यथावत् साहित्य में प्रस्तुत करता हूँ। मेरी रचना के नायक यथार्थ जगत् के होते हैं। सत्य का आधार मेरी रचनाओं के घटना-प्रसंगों में होता है। मैंने आज तक स्वर्ग-

नरक, भूतकाल का, पुराण का या काल्पनिक कुछ नहीं लिखा है। मेरा लेखन यथार्थ वर्तमान और दैनंदिन जीवन से संबद्ध होता है। यह अनुभव मेरे-तुम्हारे एक-से होते हैं। मेरे साहित्य का संघर्ष मजबूत रस्सी की तरह होता है। इसलिए कभी टूटता नहीं। यदि टूटने लगा तो मैं उसे सख्त् गाँठ लगाता हूँ ताकि वह पुनः न टूटे।"[2]

मराठी साहित्यकारों के ठेकेदार विद्वानों ने अण्णाभाऊ को हमेशा नकारा और उपेक्षित रखा। परंतु तबसे आज तक मराठी के सामान्य, अल्पशिक्षित पाठकों ने उन्हें अपने सिर-आँखों पर रखा है। प्रबल कथानक और चरित्र-चित्रण की शक्ति ने इस लेखक को सिरमौर बनाया है। अपने लेखन को समृद्ध करने के लिए वे निरंतर यायावरी करते रहे। उनकी सूक्ष्म निरीक्षणशक्ति और घुमंतू स्वभाव उन्हें उपयोगी सिद्ध हुआ है।

अण्णाभाऊ एक उपन्यासकार के रूप में उदित होने से पूर्व विशेषकर बत्तीस-शिराळा तहसील, पन्हाळा की तलहटी, उसके भी पार शाहूवाड़ी तहसील के नदी किनारे का क्षेत्र, पिछवाड़े का विशालगढ़ कीले का जंगल, मध्य की वारणा नदी से लेकर प्रचितगढ़ का घना जंगल और नदी के दोनों किनारों का परिसर उन्होंने अपने पैरो तले रौंदा है। उनके द्वारा लिखित और उपलब्ध लगभग एक सौ सत्तर कहानियाँ और तीस-बत्तीस उपन्यासों को बारीकी से पढ़ कर हम इस परिवेश की पगडंडियों से, छोटे रास्तों से, जंगल की पगडंडियों से, घाटियों और साप्ताहिक बाजारों की ओर जानेवाले संकरे रास्तों से घने जंगल में शिकारियों की अति संकरी पगडंडियों से परिचित हो जाते हैं। इसी परिसर में मेरा नेर्ले नामक जन्मस्थान तथा बिळाशी नामक ननिहाल है। कारण मैंने भी इस क्षेत्र में थोड़ी-बहुत यायावरी की है। इस कारण मुझे अण्णाभाऊ की जंगल से गुजरनेवाली पगडंडियों के सूत्र समझ में आते हैं।

उस काल में गाँव-बाहर के, हाशिए के बाहर के अछूत लोग अनाज के लिए तरसते थे। इस कारण वारणा नदी की उपत्यकाओं में युवा वर्ग शिकार हेतु जंगलों में भटकते रहता। हिरन, खरगोश, जंगली सूअर जैसा जंगली मेवा और नदी की मीठे पानी की मछलियाँ तो खवैयों के लिए दिवाली की तरह होती थीं। बड़ी मेहनत से ही ऐसा स्वादिष्ट भोजन कभी-कभार नसीब में होता था। अण्णाभाऊ अपनी कहानियों में कई बार 'खरटवणी'* शब्द प्रयोग इसी कारण करते थे।

पहाड़ी-झाड़ियों के मध्य पले-बढ़े शब्दों के इस जादूगर ने अपनी कथाओं में जिन गाँवों का जो वर्णन किया है, वे सारे गाँव आज भी प्रकृति के शरीर-कंधों पर

---

* **खरटवणी**–बर्तन के तल घर में बची, चिपकी चीज।

वैसे ही बढ़ रहे हैं, जैसे–येलापुर, खुजगाव, मालेवाड़ी आदि। फर्क केवल इतना ही है, अब वहाँ रास्तों का जाल बिछ गया है।

आज के हिसाब से वाटेगाँव, पेठ नाका, शिराळा, कोकरूड के रास्ते से खुजगाव की दूरी चालीस किलोमीटर के आसपास होगी। परंतु खुजगाव से शिरसी अथवा वाकुर्डे गाँव से बीच के जंगली पहाड़ियों की रातों से यदि वाटेगाँव पहुँचना हो तो यह पगडंडी का रास्ता तकरीबन बीस किलोमीटर का होगा। ऊपर की वारणा उपत्यकाओं में शिकारी या बैल बेचने अथवा चांदोली के ऊपरी भाग के पेटलोण गाँव में नीरा और ताड़ी (कच्ची शराब) के आकर्षण से कई युवा लोग इसी पगडंडी से आते-जाते थे।

निरंतर घुमक्कड़ी और यायावरी हमेशा ही कलाकार के मन को संपन्न बनाती है। इस अर्थ से शरदबाबू (श्री शरदचंद्र चट्टोपाध्याय) सही मायने में 'आवारा मसीहा' थे। मराठी के चारुता सागर भी कई सालों तक पैदल समूचे देश में घूमे। इससे उनकी 'मुडदेफरास' जैसी कथाओं ने जन्म लिया। आचार्य काका कालेलकर ने भी अपनी घुमक्कड़ी से पुराने हिंदुस्थान की तसवीर यात्रा-वर्णन द्वारा पाठकों के सामने रखी। अण्णा ने वारणा-कृष्णा नदियों की उपत्यका और पश्चिम के कोयना नदी की ओर वासोटा से प्राचीतगढ़ तक के सह्याद्रि के वनों को कई बार पैरों तले रौंदा है।

1938-39 में मुंबई के कपड़ा मील-हड़ताल के उपरांत अण्णा वाटेगाँव की ओर आए थे। उन दो-तीन सालों में उन्होंने अपने पैरों में चकरी बांध कर तांदुळवाड़ी (आज के पुणे-बेंगलुरू हाईवे पर वारणा नदी के निकट जहाँ सांगली जिले की सीमा समाप्त होती है, वह गाँव) से ऊपर सह्याद्रि के जंगलों में अवस्थित पेटलोंड तक का हिस्सा (अब यह गाँव वारणा के बांध में डूब गया है) संपूर्ण वारणा की उपत्यकाओं में घुमक्कड़ी की थी।[3] इस समय अण्णा बीस के आसपास थे। इसलिए कहा जा सकता है, उन्होंने अपनी भरी जवानी में ही खूब घुमक्कड़ी इन–दो सालों में कर ली थी।

इसी बीच अण्णा ने वन-जंगल, पशु-पक्षी ही नहीं तो समूचा जंगल ही कण-कण कर इकट्ठा किया। दशहरा-दीपावली के बाद वारणा की घाटी में ढलान की लाल मिट्टी में मूँगफली की फसल दोनों ओर खूब होती है। धरती के पेट में फलियाँ पकने पर उसकी खुशबू से वातावरण महक उठता है। इससे जंगली सूअर अपने नथुने फूलाते हुए मूँगफली के गीले स्वाद के लिए समूचा खेत ही अपने खुरों से खोद डालते हैं। खेत ध्वस्त हो जाता है और किसानों का काफी नुकसान होता है।

इसलिए किसान भाले की नोक से जंगली सूअरों का शिकार करते हैं। ऐसा करना काफी खतरनाक होता है। कारण यह जंगली पशु सीधे बंदूक की गोली की तरह अपने ऊपर आता है और अपने नाक के पासवाले दाँत से शक्तिशाली पहलवान की भी ठेठ जाँघ फोड़ देता है। इस कारण वक्राकार गति से सूअरों पर हमला करने की विशेष पद्धति शिकारी अपनाते हैं। अण्णाभाऊ ऐसे शिकार में माहिर थे। कई जंगली सूअरों को उन्होंने मार गिराया था।

अण्णा की कदकाठी अरहर के सूखे डंठल जैसी सींकवत् अर्थात् दुबली-पतली थी। इसलिए वन में वे किसी भी पेड़ पर छोटे लड़के जैसे झट-से चढ़ जाते थे। बरगद, पीपल के पुराने पेड़ों के शहद भरे छत्ते तोड़ लेते थे। वे कुशल तैराक थे। भरी नदी में छलांग लगा देते थे। नदी में मछलियाँ पकड़ने का उन्हें शौक था। इस कारण 'रानगा' जैसी कहानी 'माकडीचा माळ' जैसे उपन्यास में नदी पार करने के बढ़िया वर्णन प्रस्तुत हुए हैं। वे अमावस की काली-घनी रात में जंगल में घूमते थे और शीतल चांदनी रात के भोर में ओसबिंदुओं के साथ गीली घास के वनों में भटकने का भी उन्हें शौक था।

अण्णाभाऊ खुद जिंदा नाग भी पकड़ते थे। वे उनसे खेलते भी थे।[4] कई बार तो उन्होंने बड़ी हिम्मत से नाग का सिर अपनी मुट्ठी में पकड़ लिया था। फिर वह सर्पराज कलाई में कंगन-सा लिपट जाता था। ऐसे रोमांचित अनुभवों के कारण उनके द्वारा 'अमृत' जैसी नई कथा प्रस्तुत हुई है।

जीवा नामक युवक को जांघ जितना मोटा नाग, पागल कुत्ते जैसे जोर से काट लेता है। जीवा के सिर के बाल गर्दन तक लंबे थे। शरीर से वह दुबला-पतला युवक था। लेकिन वह, साँप आसानी से पकड़ लेता था, जैसे खोया हुआ गहना खोजा जाए वैसे वह जमीन या बाँबी में साँप को खोजता था। उसके ऐसे अनोखे साहस की कल्पना साँपों को भी ज्ञात थी। इसलिए वे जीवा को देखते ही जान बचाते भागते। उसे सर्पदंश के रामबाण उपाय ज्ञात थे। लेकिन उसने कभी किसी को यह नहीं बताया था।

सर्पदंश के कारण पसीने से तरबतर होने पर, मौत के दरवाजे पर पहुँचने पर ही जीवा लेखक को कँटीली वनस्पति के पत्तों का राज बतलाता है। पत्तियाँ मिलते ही भूखे आदमी जैसा चबाचबा कर, चूस कर खा लेता है। मनुष्य और प्रकृति का यह कड़ा संघर्ष अण्णा ने 'अमृत' कथा में बेचैन करनेवाले शब्दों में लिखा है। इसी तरह 'बिलासी' नामक सँपेरे के लड़के की संगति करनेवाली युवती की कहानी शरदबाबू ने लिखी है। उनके द्वारा लिखित 'श्रीकांत' उपन्यास की नायिका अनदा तो शहाजी

नामक एक मुसलमान सँपेरे से शादी कर लेती है। अण्णा के 'रानगा' कहानी में भी ऐसे सर्प-संदर्भ हैं। मानव के भीतर पशु को और पशु के भीतर के मानव को खोजने का प्रयास प्रकृति ने ही अण्णाभाऊ को प्रदान किया था।

'खिंडीतला गाँव' (घाटी में गाँव) अण्णाभाऊ की आत्मकथनपरक शैली की कहानी है। लेखक अपने घोड़े से पन्हाळगढ़ के नीचे आता है। वारणा का दर्रा पार कर कई पगडंडियों से अपने वाटेगाँव की ओर निकलता है। रास्ते में 'घाटी में गाँव' लगता है। ऐसा कहते हैं कि घाटी के मनुष्य को चोर या बरसात नहीं मिलते लेकिन लेखक को इस यात्रा में दोनों से मुकाबला करना पड़ता है। यह गाँव आज का है, जो बत्तीसशिराळा के बीच के पहाड़ से वाटेगाँव की ओर जानेवाले रास्ते पर स्थित करमाळा है।

ऐन दर्रे के बीच जैसे ऊँट की गर्दन पर कौवा बैठे वैसे लेखक अपने घोड़े के साथ यहाँ प्रविष्ट होता है। भारी बारिश के कारण वह गाँव बाहर के मंदिर के पास रुक जाता है। फिर घोड़े मंदिर के बाहर बाँध कर घोड़े की जीन तकिया के रूप में लेकर वह सो जाता है। वहाँ उसे केरूनाना मिलते हैं। केरूनाना दुख में आकंठ डूबे व्यक्ति हैं। दो दिन के अन्तर से उनके माँ-बाप गुजरे। छोटी बहन इस दुख से पागल होती है। उसे स्वस्थ करने के लिए केरू झाड़-फूँक, ओझा और गाँव-गाँव के डॉक्टर से उपचार कराता है। इनके बिल चुकाने के लिए अपनी बचीखुची खेती बेच कर निर्धन हो जाता है। फिर भी बहन ठीक नहीं होती। एक दिन पागलपन के दौरे में बहन जंगल में घुसती है तो बाघ उसे निगल जाता है। केरू अपनी बहन के लिए जमीन खो देता है और जवानी भी। केरू को नौकरी नहीं, खेती नहीं ऐसे निर्धन का विवाह एक गूँगी लड़की से गाँववाले करा देते हैं। केरू को लड़का होता है। एक दिन सुबह-सुबह उसकी गूँगी पत्नी भी उसे छोड़ मायके चली जाती है और वापिस नहीं आती। किसी मनुष्य के पीछे दुर्भाग्य का फेरा पड़े तो उसकी पूरी दुर्दशा ऐसी ही होती है। एक ही समय सिर पर आकाश टूट पड़े, दसों-दिशाओं से बौछार हो, तो सामान्य क्षमतावाला मनुष्य भला कैसे मुकाबला करे? ऐसी दुर्दशा में केरू को अपने बेटे की माँ भी बनना पड़ता है।

इधर थक चुके केरू को उसका आठ साल का बेटा विठु सँभाल रहा है। इस मंदिर में आया वह छोटा-सा, पानी से लथपथ भीगा हुआ लड़का सिर पर टाट कमर में बँधा केवल लंगोट, शरीर पर ढीला-ढाला कुर्ता, बगल में झोली और गले में बँधा हुआ छीके-सा मिट्टी का लोटा। मांग कर लाई गई रोटी की थप्पी। "मुकी के स्वर्गवासी होने के बाद यह नाखून-जैसा छोरा मुझे जिंदा रखे हुए है। मैं कुछ बीमार हूँ,

अन्यथा इतनी रात गए मैं इस बच्चे को क्यों भला बाहर जाने देता?" केरूनाना कहते हैं।

इसी का नाम जीवन है। सुख-दुख के फूल और काँटों को रौंदते हुए मनुष्य चलता रहता है। इस तरह से मिलनेवाले लोग और घटित प्रसंग लेखक के मानस को अनोखी दुनिया में ले जाते हैं।

इन्हीं से संपन्न होनेवाला अण्णा का कथासागर मानवी भाव-भावनाओं से परिपूर्ण ऐसे गहरे गड्ढे की तरह लंबा और गहरा होने के पीछे मूल में स्थित कारण भी उतने ही महत्त्वपूर्ण हैं। अण्णा ने अपने आसपास परंपरा, जात-पांत का घेरा कभी बँधने नहीं दिया।

अण्णाभाऊ जैसे प्रतिभाशाली व्यक्ति ने अनुभूत अनुभवों को प्रतिभा की ईंटें प्रदान कीं तब कहीं जाकर इतनी विशाल-व्यापक शब्द-पंढरी निर्माण हुई और चिरंतन बनीं।

अण्णाभाऊ ने अपने अनुभवों के आधार पर 'चोरों की संगत' नामक कहानी लिखी। यह एक स्वानुभूत प्रसंग था। एक शाम अण्णा वारणा घाटी के ऊपर के जंगलों में जाते हैं। खुजगाव के निकट नदी पार करके मालेवाड़ी पहुँचते हैं। वहाँ भाऊ नामक जंगल-पहाड़ियों में रहनेवाला एक खूँखार और साहसी पाहुना रहता है। उसकी ताकत, उसकी धाक और उसके साहस को देखकर लोगों को लगता है यह पत्थर दिल है।

उसके घर में बारह-तेरह साल की विवाह योग्य आक्कुबाई नामक लड़की रहती थी। उसके विवाह की बात जब चल रही थी, तब भीतर की खोली में दरवाजे के पीछे से कंगन की किनकिन सुनाई देती है। वहीं से वह अपने होनेवाले पति के रूप में अण्णा की ओर देखती है। अण्णाभाऊ अपनी कहानी के बीच-बीच में आक्कुबाई का हलका-सा उल्लेख करते जाते हैं।

घर पर मेहमान आने के बावजूद भी थाली में चौलाई और भिंडी की स्वादहीन भाजी देख अण्णा उचट जाते हैं। उन्हें मटन के शोरबा की याद हो आती है। फिर उस रात गड़रिये की भेड़ों को चुराने की योजना बनाई जाती है। जिस तरह सेनापति द्वारा सेना को बुलाया जाता है वैसे ही भाऊ अपने रिश्तेदार साथियों को तत्काल बुला लेते हैं। मौत को चिंदी की तरह माननेवाले ये पंद्रह-सोलह लोग कुल्हाड़ी और लाठी लेकर भेड़ों की चोरी-छिपे शिकार के लिए घने अंधेरे में चल पड़ते हैं।

अनिच्छा से लेखक को भी इस साहसभरी मुहिम में शामिल होना पड़ता है। दो मील दूरी पर स्थित माण नामक गाँव में भेड़ों का झुंड रुका हुआ था। झुंड के

इर्दगिर्द बाड़ के रूप में पतली रस्सी की जाली बनाई थी। गड़रियों के बिलंदर (घाघ, चालाक) कुत्ते सोने का नाटक करते हुए निश्चेष्ट पड़े हुए थे। इस पहरे में से भेड़ों को चुराना और यदि गड़रिये जग जायें तो उनसे सीधे लड़ाई करना, यह तो लगभग तय ही था।

अँधेरे की इस चोरी के खटाटोप में भाऊ का साथीदार गलती से भेड़ की जगह कुत्ते को ही बोरे में भर लेता है। उसी समय चीख-चिल्लाहट भरा दंगा शुरू हो जाता है। दोनों गुट लाठी-कुल्हाड़ी से एक-दूसरे से भिड़ जाते हैं। कुछ लोग घायल हो जाते है। एक कुल्हाड़ी तो बलशाली भाऊ की पीठ में धँस जाती है। उसे बाहर खिंचते वक्त कुल्हाड़ी का डंडा टूट जाता है। रक्त-मास में कुल्हाड़ी का फरसा (फाल) धँस जाता है। ऐसी दशा में भी वे दो मील तक दौड़ कर अपने घर पहुँचते हैं। फिर भी उनके मुँह से इस दममियान चूँ भी नहीं निकलता। घर आने पर कुल्हाड़ी का फाल हिचकोले के साथ निकालते समय महज एक बार मुँह से चीत्कार निकली।

यह चोरी की बात जल्दी से दूरवर्ती जंगल में ले जाकर, पकाकर पेट के सुपूर्द करना था। जो घर में रुके वे भाऊ कैसे भला। इस घायल दशा में मटन-मांस खाने की इच्छा से पुन: घर के बाहर आते हैं। जंगल में पहुँचाने के लिए उनके साथी उन्हें चारपाई पर सुला कर पालकीवत् जंगल में ले जाते हैं। साथ में वह लड़की अर्थात् आक्कुबाई भी है। आक्कुबाई की माँ ने भाऊ पर विशेष जिम्मेदारी सौंपी थी और कहा, "आक्कु! उस पहाड़ी में एक बाघ घूम रहा है। इसलिए पाहुने को सँभलकर ले जाना।" रास्ते में अण्णा को जब प्यास लगती है तब अँधेरे में झरना खोज पानी पिलाने की जिम्मेदारी भी सभी लोग आक्कु को ही सौंपते है।

उस घनियारे अँधियारे में साड़ी का पल्लू खोंस कर आहट लेते हुए करौंदे की कँटीली बाड़ से बचते हुए आक्कु अकेले ही अण्णा को लेकर आगे बढ़ती है। प्रकाश के लिए उसके हाथ में माकड़ी के सूखे पत्तों की मशाल (पलीता) है। जो अँधेरे में जलकर तेज रोशनी देता है। इन सभी जंगल की बातों से आक्कु वाकिफ थी। सामने से बहते झरने की कलकल आवाज़ सुनाई देती है। पाहुना पानी पीने के लिए नीचे झुकता है तब वह फुसफुसाहट में इशारा देती है, "ध्यान से देखो, बाघ सामने ही पानी पी रहा है।"

ये सोलह-सत्रह युवा लोग चुराई हुई बकरी को पकाकर खत्म कर देते हैं। पीठ का घाव बर्दाश्त करते हुए जमीन पर उलटा सोया भाऊ, जिसने प्लेट भर मांस के लिए जद्दोजहद की थी। वह जंगल, वह अँधियारा, सह्याद्रि के शरीर पर खेलनेवाले साहसी लोग। अण्णाभाऊ ने बड़े ही संयमित, क्षिप्र शैली में घटना बताई है।

बहते झरने पर बाघ के सामने पाहुने को पानी पिलानेवाली तेरह-चौदह साल की आक्कुबाई पाठक के मानस में पैठ जाती है। भुलाए नहीं भूलती। मैंने बचपन में बाघ के जबड़े से अपने भेड़ को छीन कर लानेवाली बहादुर गड़रिए कन्याओं की बातें वारणा-नदी के किनारे सुनी भी और देखी भी हैं।

इस कहानी में नायिका आक्कुबाई के चरित्रांकन हेतु महज दस-पंद्रह पंक्तियाँ आयी होंगी परंतु जंगल में किसी विशाल, अधूरे, टूटे-फूटे शिल्प के सिर पर से बहनेवाली जलधारा के समान यह बहादुर आक्कुबाई मानस पटल पर अमिट रूप से अंकित हो जाती है।

वैश्विक साहित्य की किसी भी उच्चतम पंक्ति में सम्मानजनक स्थान पा सकनेवाली अण्णा की एक और आत्मचरित्रपरक कहानी 'संकट' है। इसका भी जन्म खुजगाव से वाटेगाँव की जंगल राह में ही हुआ है।

विविध भूमिकाओं के द्वारा अण्णा जंगली झाड़ियों, पहाड़ियों पर निवास करनेवाले मेहनतकश मजदूरों के निकट जा पहुँचे हैं। उनकी इस चरवाही घुमक्कड़ी ने अनेक बार जंगल औंधा पैरोंतले लिया है। परिणामत: बिंबात्मक, चित्रात्मक, अचूक* वर्णन उनके हाथों आए हैं।

घुम्मकड़ी के कारण ही उन्हें सह्याद्रि की अद्भुत प्रकृति के नजारे दिखाई दिए। हरेभरे जंगल के कई बिंब और प्रतीकों से उनका शब्दभंडार और जीवनानुभव समृद्ध हुआ है।

"जन्मजात डरपोक! कायर खरगोश दुबक कर बैठे थे। सामने का एक तिनका भी उन्हें बड़ी आफत-सा लगता था। जैसे ही वह तिनका हिलेगा वैसे ही सिर हिलाते हुए दुम दबाकर भागने की तैयारी में वे थे। यदि कोई पत्ता नीचे झरता तो ये दौड़ पड़ते। किसी पत्थर पर गोह धूप में पीठ सेंक रही पड़ी थी, तो कहीं असली नाग गुरिल्ले कपट जाल से पक्षियों पर हमला कर रहा था। गिलहरियाँ पेड़ के तने पर मल्लखांब खेल रही थीं। सागौन पेड़ों की भीड़ में मोरों ने अपना मयूरनृत्य शुरू कर दिया था। गुलेल से पत्थर फेंकने के समान घास से तीतर, बटेर फुर्र...से उड़ रहे थे। बंदरों के समूह पेड़ों की ऊँची शाखाओं पर आराम फरमा रहे थे। पेट से बच्चा और पीठ पर कलेजा थामे बंदरियाँ डालियों पर झूल रही थी।"

'संकट' कहानी में अण्णाभाऊ वारणा के ऊपरी जंगली क्षेत्र में जाते हैं। वहाँ एक मृत रिश्तेदार का बरही का कार्यक्रम होता है। वहाँ से लौटते समय जंगल में

---

* **अचूक**–यथावत

उन्हें बीड़ी पीने की तलफ होती है और वे अपने साथियों से अलग हो जाते हैं। साथे आगे निकल जाते है और रास्ता भटके अण्णा पीछे रह जाते हैं।

तभी असमय आनेवाली पूरबी वर्षा की आहट उन्हें होती है और अचानक आकाश में गड़गड़ाहट की गर्जना के साथ काले-काले मेघ फूटे-मटके से पानी गिरने के समान झमाझम बरसने लगते हैं। उन्हें लगता है, बादलों की दरार से आकाश चू रहा है। प्रकृति ही उन्हें सिखाती है कि बरसात और चोर किसी को भी सुनसान घाटी में न मिले।

"घना अँधियारा, मूसलाधार बारिश, जोरों की तूफानी हवा, सुनसान घाटी में मैं फँस गया था। आगे और पीछे का रास्ता भी सूझ नहीं रहा था। बीड़ी की तलब ने मुसीबत खड़ी कर दी। अब तो मरना तय है ऐसा उन्हें लगने लगा। प्रतिपल नए-नए विचार-मस्तिष्क में डर की जलती मशालें बनकर नाच रहे थे। जैसे बांबी में पानी भर जाने से साँप बाहर आकर काट लेगा, बिच्छू डंक मारेगा, अन्यथा बाघ आएगा, कोई-न-कोई जरूर आएगा और मुझे खा जाएगा। फिर मेरा कैसे होगा?"

अचानक बिजली कौंधी, कडकडडाङ....कड, इसी आवाज का अनुकरण करते हुए एक भैंसा उनकी ओर भागा आया। हठीला भैंसा जैसा प्राणी कभी किसी की सुनता नहीं। परिणामत: उस पर किसी भी रिंगमास्टर की हुकूमत नहीं चलती। इसलिए तो किसी सर्कस में काम करते हुए भैंसा नहीं दिखाई देता। ऐसे ही एक ईर्ष्यालु भैंसे से उस घने जंगल में अण्णाभाऊ का मुकाबला होता है।

भैंसा मूलत: मृत्युदूत यमराज का वाहन है लेकिन उस समय अण्णाभाऊ को वह प्राणदाता महसूस हुआ। वे बेझिझक दौड़कर भैंसे की पीठ पर सवार हो गए। बिजली की भयावह कड़कड़ाहट, जगमगाहट और वेगवान तूफानी हवाओं में उनका सफर शुरू हो जाता है।

एक बड़ा सूखा नाला पार करते समय अचानक दूर से बहते पानी की आवाज़ सुनाई देती है। कुछ ही क्षणें में पागलवत् पानी का सैलाब उमड़ आता है और लेखक की विचार क्षमता कुंठित हो जाती है। उन्हें भैंसे पर से नीचे उतरने की भी सुध नहीं रहती। पानी के बहाव की गति खूब तेज होती है। इस प्रवाह में भैंसा पानी के भँवर की तरह घूमने लगता है और बहने लगता है।

अचानक एक जंघा जितना मोटा, काला नाग पानी में बहते हुए आता है और अण्णा की जंघा से सट कर भैंसे के मुँह की ओर लपकता है। इस अँधियारी रात में लेखक को भैंसे के दो की जगह तीन सींग नज़र आते हैं। कारण दो सींगों के मध्य खाली जगह में नाग ने अपना फन खड़ा किया है और अपने शरीर से भैंसे के सींगों

को कड़ाई से लपेट लिया था। भैंसे के कान के पास नाग की हिलती हुई पूँछ लेखक को दिखाई देती है। अचानक नागराज चिढ़ कर लेखक अण्णा की ओर झपटता है। तब तो पलभर के लिए उनके प्राण ही कंठ तक आ जाते हैं। डर के मारे गला सूख जाता है। क्योंकि नाग के काटने के डर से भैंसे को छोड़ना होगा और सीधे नाले के बहते पानी के जबड़े में अर्थात् मृत्यु के मुँह में जाना होगा।

किसी कलाकार को ऐसे अद्भुत अनुभव की अमीरी घर बैठे मिलना असंभव है। ऐसे समृद्ध अनुभव तो कल्पना से भी परे होते हैं। शरदचंद्र चट्टोपाध्याय ने 'श्रीकान्त' में नायक श्रीकांत और साथी इंद्रनाथ की नदी किनारेवाली अद्भुत सैर को शब्दों में चित्रित किया है। तब के हैजा महामारी के वे दिन! गाँव के गाँव खाली और सूने हो चुके थे। मुर्दों को जलाने के लिए अपर्याप्त लकड़ियाँ, तिस पर लकड़ी खरीदने, खर्च करने जितना पैसा भी पास नहीं। ऐसे में प्रतीकात्मक रूप से मुर्दे को मुखाग्नि देकर उसे पानी से भरी बहती नदी में फेंक दिया जाता था।

श्रीकांत और इंद्रनाथ को उस अँधियारी रात में नदी किनारे एक पाँच-सात साल के गौरवर्णीय स्वस्थ बच्चे का शव दिखलाई देता है। शायद अभी-अभी उसे लोमड़ियों ने दाँतों से खींच कर पानी के बाहर लाया होगा। महामारी की भयावह यातनाओं को सहने के बाद यहाँ पड़ी हुई उस कोमल बालक की देह मानो गंगामैया अपने आँचल में लेकर उसे सुला रही हो। श्रीकांत प्रश्न करता है, "यह बालक किस जाति का होगा"? इस पर इंद्रनाथ जवाब देता है, "मुर्दे की भी क्या जाति होती है? बेचारे को तो लोमड़ी-कुत्ते नोच-नोच कर खा जायेंगे। अरे, देखो तो! अभी भी उसके मुँह से दवाई की गंध आ रही है।"

ऐसे श्रेष्ठ दर्जे के निरीक्षण लेखक को तभी मिलते हैं जब निरंतर घुमक्कड़ी से उसके पैरों में छाले आ जाते हैं। जब अण्णा को नाग का फन भैंसे के तीसरे सींग का अहसास दिलाता हो या साँप के गीले गिजगिजे लपेट का स्पर्श भैंसे के कानों को होता हो तब वह सींग झाड़ देता है और बौखला जाता है।

कुल मिलाकर देखा जाए तो लेखक के हिस्से में भयावह सफर आया है। अपनी जान बचाने के लिए साँप भैंसे के सींगों से लिपट गया है, यह लपेट छोड़ने को वह तैयार नहीं। भैंसे को इससे तकलीफ होती है। सींग ऊपर-नीचे कर वह झटके देता है। आखिरकार भैंसा बबूल के तने पर सींग मार-मार कर साँप को कुचल डालता है।

'संकट' कहानी में अण्णाभाऊ ने इस लोकविलक्षण यात्रा का चित्रण किया है। जो लेखक की स्वानुभूति का पाथेय ही है। इससे पूर्व मराठी में र.वा.दिघे ने 'सराई',

'पाणकळा' आदि उपन्यासों में विस्तार से प्रकृति का चित्रांकन किया है। माडगूळकर का 'बनगरवाड़ी', गो.नि. दांडेकर के उपन्यासों में भी प्रकृति का व्यापक चित्रण मिलता है। आगे चलकर मारुती चितमपल्ली ने प्रकृति के विविध रूपों को विस्तार से प्रस्तुत किया है। लेकिन अण्णा ने तो भैंसे के सींगों से लिपटे काले नाग का जो चित्रण किया है वह संस्मरण विधा का हिस्सा ही है। विशेषकर इसका फोटोजनिक अंकन 'माकडीचा माळ' उपन्यास में अधिक स्पष्टता से दिखाई देता है।

सह्याद्रि की खाइयों-घाटियों का हो या मुंबई का, यह कलाकार हमेशा मनुष्य की भीड़ में रहता है। मुंबई के चिरागनगर की झोंपड़-पट्टी में रहते हुए भी वहाँ के शोर ने उन्हें कभी विचलित नहीं किया। लोगों की भीड़, आवाजाही से उनके कलासक्त मन का दम कभी नहीं घुटा। इसके विपरीत गंदी बस्ती की कठिन स्थिति में भी स्वाभिमान से खड़े होकर लड़नेवाले जुझारू लोग उन्हें अपने लगते थे।

'संकट' जैसी कहानी की गहराई, उसका विचक्षण, अद्भुत जीवनानुभव की अनुभूति कई लोगों के पल्ले ही नहीं पड़ी। 1950-60 तक मराठी कहानी का एक तयशुदा ढर्रा था। गाँव, पक्की गाँठ और उस गाँठ को खोलना (समस्या का समाधान) यह सहज-सरल रास्ता अण्णा ने अपने लेखन में कभी नहीं अपनाया। रूसी भाषा की सर्वश्रेष्ठ अनूदित रचनाओं का पठन और कई उर्दू कहानीकारों के प्रत्यक्ष सान्निध्य के कारण उनकी 'पहली दिवाली' इस कथा से ही अण्णाभाऊ ने नई कहानी की शैली, नई शैली का ताना-बाना अपनाया था।

कोई सशक्त चरित्र या घटना गाँठ, पक्की गाँठ जैसे मलिन धूल सने रास्ते को नई कहानी अपनाती नहीं। वह किसी भी बंधन में आबद्ध होना नहीं चाहती। जीवन का कोई एक दिन, कोई एक शाम, फिसलता पल, चंचल मन अथवा अनुभूति का छोटा-सा अंश नई कहानी का कथ्य हो सकता है। इस कारण गहरे जंगल में रास्ता भटक जाने पर घटित होनेवाला सफर ही 'संकट' (मुसीबत) कहानी का कथ्य बन गया है। इसे पढ़ते समय मुझे हिंदी के वरिष्ठ लेखक भीष्म साहनी की 'अमृतसर आ गया है' कहानी की याद आयी। खून, मांस, हिंसा, धार्मिक तनाव की पृष्ठभूमि पर विभाजन का दर्द प्रस्तुत कहानी का कथ्य है। खून जमानेवाला भय, कलेजा फाड़नेवाला अंधकार। अंधियारी रात में यात्रियों से खचाखच भरी रेलगाड़ी आँखों के सामने साक्षात आ जाती है। कहानी के अंत में एक स्टेशन पर रेल पकड़नेवाले अभागी मुस्लिम यात्री, तत्क्षण उस पर होनेवाला जानलेवा हमला, धूप्प अँधेरा और खून के फौव्वारे से सना उसका चेहरा, वे शुभ्र दाँत और उसके पीछे करुण चीख लगाती, दौड़ती उस कंगाल की बेगम भी...याद आ जाती है।

अण्णाभाऊ की कई कहानियों में दृष्टिगोचर होनवाली प्रकृति को लेकर मुझे थॉमस हार्डी की कहानी-उपन्यास से झाँकता वेसेक्स प्रदेश का स्मरण होता है। वहाँ की कोमल मुलायम घास से भरे मैदान और चेतना से प्रफुल्लित मन की स्मृति हो आती है। जोसेफ कोनरेड द्वारा लिखित 'हार्ट ऑफ डार्कनेस' में चित्रित अफ्रिका की कांगो नदी का विस्तीर्ण, विशाल पाट आँखों के सामने आ जाता है। इस उपन्यास के प्रत्येक परिच्छेद से झलकनेवाली प्रकृति मनमोहक है। इसी तरह अण्णाभाऊ की 'संकट' कहानी में दृष्टिगोचर होनेवाला और महसूस करानेवाला जंगलगंध भी उतना ही मनोहारी है।

संदर्भ

1. युगांतर–8 सितंबर 1957
2. शिवाजी कॉलेज स्मारिका और अण्णाभाऊ के सहित्य में मातंग समाज–डॉ. शरद गायकवाड़; परिवर्तन का जागर–संपा–डॉ. गिरीश मोरे–ग्रंथ का पुनर्मुद्रण–पृ. 311
3. शंकरभाऊ साठे से साक्षात्कार, जुलाई 1987
4. मोहन शिवा साठे से साक्षात्कार, दिसंबर 2020

हरे चरागाह से लाल तारा की ओर...

अण्णाभाऊ की कहानियों-उपन्यासों में शौर्य एवं वीर रस की धारा बहना सहज-स्वाभाविक ही था। उस समय के वाळवा तहसील और वारणा की उपात्यिकाओं के मानस को इस दृष्टि से समझ लेना आवश्यक है। तब के समय जंगल-वनों में नहर का पानी पहुँचा नहीं था। इसलिए कुएँ के जल से सिंचाई होनेवाली छोटी-सी तरी की भूमि थी। शेष में तो जंगली घास लहरा रही थी। सच में तो यह प्रदेश खौलते खून का ही था। क्योंकि सावन महीने में खेत के किनारे लगे घास के पुआल के हिस्से को लेने-देने से भी भारी झगड़ा होता था। यहाँ तक कि कई बार तो मामला कत्ल होने तक पहुँच जाता था।

उस समय वाटेगाँव में रहना एक तरह से साहसी कार्य था। क्योंकि एक ओर देश की आजादी के लिए जंग लड़नेवाले क्रांतिकारी पुरजोर हो रहे थे, तो दूसरी ओर वारणा दर्रे के गुंडे-डकैत भी इस विस्फोटक स्थिति का लाभ उठाकर अमीर हो रहे थे। 1938-39 के मध्य वाटेगाँव के आसपास कई डाके पड़ चुके थे। सखाराम बारबटे नामक कुख्यात डकैत ने तो वाटेगाँव के शंकरराव पाटील के पुश्तैनी बाड़े पर ही डाका डाला था। चोर-डकैतों के दहशतजन्य भय से वाटेगाँव बाज़ार के कई व्यापारियों ने कऱ्हाड की ओर स्थलांतर कर लिया था। ऐसी स्थिति में अण्णा को वाटेगाँव में रखना माँ वालुबाई को खतरनाक लग रहा था।

1942 में सांगली-सातारा जिलों में बगावत ने जोर पकड़ा। अंग्रेजों के खिलाफ माहौल गर्म हुआ। सातारा जिले की अनेक तहसीलों में क्रांतिसिंह नाना पाटील के नेतृत्व में वैकल्पिक सरकार की स्थापना हुई। गाँव-गुंडों की खबर लेनेवाले 'तूफान दल' के स्वयंसेवक साथी सब ओर घूमने लगे। गाँव के जुल्मी सीहूकारों ने गरीब किसानों की जमीनें हथिया ली थीं। झूठे दस्तावेज, नकलें बना कर उन्हें लूटा गया था। ऐसे नकली दस्तावेजों की होली जलाई गई। यह वैकल्पिक सरकार

हमारे स्वतंत्रता आंदोलन का चमकीला-सुनहला गौरवमय पन्ना है। क्रांतिसिंह नाना पाटील और वैकल्पिक सरकार विषय पर मैंने अपनी छात्रदशा में लिखा 'क्रांतिसूर्य' उपन्यास आज भी पाठक उसे बड़े चाव से पढ़ते हैं।

1942 के स्वतंत्रता आंदोलन में क्रांतिसिंह नाना पाटील ने समाज सुधार के आंदोलन को भी अच्छी-खासी गति प्रदान की थी। गरीब दुखियारों के 'गांधी विवाह' किए जा रहे थे। वाटेगाँव में कुरूंदवाडकर द्वारा बांधी गई (पूर्व उल्लिखित) 'महार शाला' देशभक्त बर्डे गुरुजी ने तोड़कर जमीनदोस्त कर डाली। अछूतों के लिए अलग स्कूल क्यों हो? सभी छात्र एक ही शाला में, एक ही छत के नीचे पढ़ाई करें ऐसी नयी मानसिकता तैयार की गई और सबके लिए शिक्षा के द्वार खुल गए।

तासगाव, विटा, किर्लोस्करवाड़ी, कुंडल, खानापूर, वडुज, बिळाशी, शिराळा, कवठे, सातारा अर्थात् तब के बृहद् सातारा जिले में वैकल्पिक सरकार का प्रचंड दबाव था। तत्कालीन सातारा जिला (कोल्हापुर रियासत की सीमा स्थित तांदुळवाड़ी निकट की वारणा नदी से लेकर शिरवळ की नीरा नदी तक (उत्तर-दक्षिण) पूरब के सांगोला से लेकर पश्चिम की सह्याद्रि की कतारों तक) सुलग उठा था।

उन अभिमंत्रित क्रांतिकारी दिनों की यादें अण्णाभाऊ ने अपने 'जीवंत काडतूस' (जिंदा कारतूस) नामक आत्मकथनपरक कहानी में बहुत ही सुंदर शब्दों में प्रस्तुत की है। नसरू नामक एक मुसलमान दोस्त किस तरह क्रांतिकारी बनता है और अंगरेजरूपी साँप कुचलने के लिए क्रांतिभरे तूफान में कैसे कूद पड़ता है यह जानने के लिए मूल रचना पढ़नी चाहिए। 'वारणेच्या खोऱ्यात' (वारणा की घाटी में) नामक उपन्यास में मंगला नामक नायिका बाघिन की तरह रण मैदान में बंदूक हाथों में लेकर कूद पड़ती है।

वाटेगाँव कानूनन कुरूंदवाड रियासत में था। तब के सारे रियासत के राजा पक्के ब्रिटिशपरस्त थे। ऐसे में अण्णाभाऊ घोड़े को उत्तम रीति से दौडाते थे। महज डेढ़ दिन में चालीस-पचास किलोमीटर सहज ही पार कर लेते थे। वारणा नदी के उद्गम का घने-जंगल का द्वीप क्रांतिकारी नाना पाटील के लिए बाघ की गुफा ही थी। शिराळा के ऊपर पावला दर्रे से चांदोली के जंगल पार प्रचीतगढ़ तक बागियों का ही राज था। उन दिनों पणुंब्रे नामक गाँव के पास गोलीबारी में क्रांतिवीर बाबूजी पाटणकर घायल हुए थे। तब मेरे पिताजी महिपतिराव ने घायल दशा में उन्हें पीठ पर लादकर सात-आठ मील के जंगल पार स्थित सुरक्षित स्थान पहुँचाया था। तब हमारे दादा का लंबा कुर्ता खून से लथपथ हो गया था, ऐसा उन्होंने मुझे कई बार कहा है।

वाटेगाँव परिसर में अंग्रेजों ने बड़े पैमाने पर हमला करना और दमनचक्र का हथियार उठाया था। देशभक्त बर्डे गुरुजी को पकड़वा देने के लिए पाँच हजार रुपये का इनाम भी घोषित किया गया था। गाँव के पिछवाड़े तामखड़ी के टीले पार सात खाइयोंवाले पहाड़ शुरू होते हैं। आज भी निर्जनवत् लगनेवाला परिसर तब तो काफी एकाकी-सूना, जंगल-झाड़ियों से घना भरा हुआ था। नामानुसार वहाँ सह्याद्रि के सात सूँड़ आगे आए हुए दिखाई देते हैं। इन सात हिस्सों में वैकल्पिक सरकार के 'तूफान दल' की नई-नई टुकड़ियों को हथियारों का प्रशिक्षण दिया जाता था। वहाँ छुपे तरीके से रात-दिन क्रांतिकारियों की आवाजाही शुरू थी। उनमें देशभक्त जी.डी. लाड, नागनाथ अण्णा आदि उल्लेखनीय हैं। कई बार अण्णा इन देशभक्तों की मदद के लिए रात-बेरात घुड़दौड़ करते हुए इस ओर आते थे। साधू साठे का घोड़ा लेकर क्रांतिकारियों को रोटियाँ पहुँचाना, बहिर्जी नाईक की तरह गुप्त संदेश पहुँचाना आदि खतरे से भरे उनके काम चुपचाप जारी थे।

अंग्रेजों का बड़ा भारी आतंक था। ऐसी स्थिति में अण्णा को गोरे साहब का गुस्सा मोल लेना महँगा पड़नेवाला था। इस कारण 1942 की विस्फोटक स्थिति में अण्णा को यहाँ न रहने देने का निश्चय माँ वालुबाई ने किया और माँ ने अण्णा को जबरदस्ती मुंबई जाने के लिए विवश किया।

गाँव की ओर आने से पहले, 1938 की हड़ताल के समय अण्णा के जागरूक सजग मन और आंदोलक खून मुंबई लौट आने पर भी उन्हें चुप बैठने नहीं दे रहा था। रोजमर्रा के अखबार और जो हाथ आता वह साहित्य पढ़ने बैठ जाते थे। ऐसे इस अखंड पठन के कारण उनकी समझ में इतिहास चक्र की गति आ रही थी।

मुंबई लौटने पर उन्होंने उपजीविकार्थ नायगाव के कोहिनूर मिल में नौकरी करना स्वीकार किया। तब दूसरा विश्वयुद्ध समाप्ति की ओर अग्रसर था। हिटलर की घोर हार तेजी से बढ़ रही थी। तो सोवियत रूस विजय की ओर बढ़ रहा था। अण्णा बड़े चाव से खुश होकर रोज अखबार पढ़ते।

1942 के चैत्र मास में अण्णा वाटेगाँव से मुंबई आए। लेकिन इससे पूर्व वे जब मुंबई छोड़कर अपने गाँव गए थे तब उन्हें पढ़ने की बुरी लत लग गई। जैसा समय मिलेगा वैसा पढ़ना उनके लिए अनिवार्य हो गया था। तब वाटेगाँव में पुस्तकें नहीं होती थीं। इसलिए परिचितों द्वारा आसपास के कन्हाड़, इस्लामपुर, शिराळा से पुस्तकें मँगवाकर वे रात-दिन पढ़ते रहते थे।

मुंबई लौट आने पर पुन: तत्काल वे कम्युनिस्ट विचारधारावाले अपने पुराने साथियों से जा मिले। 1 मई 1942 जो विश्व कामगार दिन है के औचित्य को साधकर

मुंबई में जननाट्य परिषद 'इप्टा' (Indian People's Theatre Association) की स्थापना हुई। मई 1943 में इसे अखिल भारतीय स्तर का रूप प्रदान किया गया।

मुंबई इप्टा के संस्थापक सदस्यों में उल्लेखनीय नाम हैं, लेखक ख्वाजा अहमद अब्बास, महान वैज्ञानिक डॉ. होमी भाभा, अण्णाभाऊ साठे, अली सरदार जाफरी, सरमळकर और अनिल डिसिल्वा। नामों की यह जानकारी इप्टा के कई मूल दस्तावेजों द्वारा प्रकट होती है।[1] जल्द ही भारी ढोलवादक इस संस्था का मानचिह्न बना। आगे चलकर यह संस्था सांस्कृतिक जगत् को जगानेवाली भारत की सर्वश्रेष्ठ संस्था बनी। डॉ. होमी भाभा और अण्णाभाऊ साठे पहली पीढ़ी के संस्थापक सदस्य थे। इनके साथ उर्दू कवि कैफ़ी आजमी, मजरूह सुलतानपुरी, लेखक और अभिनेता बलराज साहनी, कहानीकार इस्मत चुग़ताई, कविवर शैलेंद्र, सलिल चौधरी आदि लोग भी इप्टा में सम्मिलित हुए।

इस वास्तविकता से यह सिद्ध होता है कि विगत छह-सात सालों में रास्ते में पड़े अखबारों के पुर्जे और दुकानों पर लगे साइन बोर्ड पढ़कर शिक्षित बननेवाले अण्णाभाऊ ने स्वयं प्रेरणा से बहुत ऊँची छलांग लगाई थी। निरंतर पठन, कुशाग्र बुद्धि और विलक्षण आकलन क्षमता के कारण वे इस ऊँचाई पर पहुँच गए थे। यह ऊँचाई इतनी बड़ी थी कि के.ए. अब्बास और वैज्ञानिक डॉ. होमी भाभा की पंक्ति में वे सम्मानपूर्वक आ गए। सांस्कृतिक उत्थान हेतु ठोस कार्य करने की इच्छा रखनेवाले एक क्रांतिकारी आंदोलन के (इप्टा) संस्थापक सदस्य बन गए। सबसे बड़ी अचरजभरी बात तो यह कि उस समय अण्णाभाऊ केवल बाईस-तेईस वर्ष के थे। तदनन्तर 'इप्टा' के अध्ययन मंडल के शिविर इलाहाबाद, कानपुर, कोलकाता में संपन्न हुए। इनका सम्मानजनक अध्यक्ष पद कई बार अण्णाभाऊ ने ही संभाला था। यह जानकारी भी मूल असली दस्तावेजों से ज्ञात होती है।

तत्कालीन उपलब्ध सभी सबूतों से ज्ञात होता है कि कॉमरेड श्रीपाद अमृत डांगे कम्युनिस्ट पार्टी के सर्वोच्च नेता थे, जो अण्णा के लिए आखिर तक आराध्य रहे। अण्णाभाऊ डांगे के प्रथम दर्शन से बहुत प्रभावित हुए। यह बात अण्णा के शब्दों में ही आप पढ़े–

"तब कॉमरेड डांगे बंध मुक्त हुए, वह साल 1943 का था। एक सभागृह में सभा जारी थी। मैं एक कोने में जमकर बैठा हुआ था। सभा के अध्यक्ष कॉमरेड डांगे थे। मैं उन्हें पहली बार ही देख रहा था। डांगे बोल रहे थे। उनका निश्चयी आश्वासक स्वर खनक रहा था, जिसकी गूँज मेरे कानों में इस्पात का इस्पात से टकराने की खनकवत् थी। मानो उदात्त विचारों का महासागर खौल उठा हो। निश्चय का सुमेरु

पल-पल ऊँचा उठ रहा हो। उनकी जिव्हा पर वज्रवत खड़खड़ाहट की-सी गूँज उठ रही थी। जनता के लिए जूझना, संघर्ष करना उनके स्थायीभाव में प्रकट रूप धारण कर लिया था। यह देख-सुन मैं भौचक्का रह गया।"[2]

उन दिनों अण्णा कपड़ा मिल में त्रासन के साँचे में धागे लगाने, जोड़ने का काम कर रहे थे। धागों के तार लगाते समय भी वे कविता की ताल में ही लीन होते थे। मन ही मन ताल, लय और फूत्कार छोड़नेवाली नागिन की तरह विद्रोही शब्द फन उठाते थे। ये शब्द उन्हें बेचैन करते। काम करते समय उनके कानों पर रूसी फौज की विजयवार्ताएँ पड़तीं। फलत: स्टालिनग्राड के मस्तिष्क में पहले से ही जली ज्वाला और अधिक भभक उठतीं। मशीन पर कितने नंबर का सूत लगा है यह लिखने के लिए मजदूरों के पास कागज़ के छोटे-छोटे पुर्जे होते थे। अण्णा के मस्तिष्क में उछाल देनेवाली प्रेरणा की लहरें उन्हें चुप बैठने नहीं देती थीं। परिणामत: कपड़ा मिल में काम करते समय ही नंबर के पुर्जे की पिछली ओर अपने भाव शब्द-बद्ध कर लेते थे।

शस्त्रास्त्रे दारूगोळा भरून। बर्लिनच्या हुकुमावरून
पॅरीस सर करून। शिरले युरोपात नाझी भडकून
कैक देश पायाखाली तुडवून। संगिनी रक्तामधी बुडवून...
सर्व देशात झाला आकांत। सडुनि किडे पडले कैक प्रेतात।
मग खूश झाला हिटलर। पाहून हे सारं। करी विचार...
हिटलरी हुकुम सुटला हेस साहेबाला। तुम्ही जावे ग्रेट ब्रिटनला।
आम्ही करितो रशियावर हल्ला। हेर हेस डुलवी मानेला
फ्युरSS...र कबुल आहे मजला। हिटलरी आज्ञा घेऊन हेस चालला जी जी जी।
सन एकोणीसशे एक्केचाळ। मोठे जंजाळ। युद्धाचा काळ।
नाझी सैन्याने हल्ला केला। मध्यरात्रीच्या सुमाराला। झाला आक्रमणाचा करार।[3]

अर्थात् बर्लिन के आदेश से पेरिस को कब्जे में करने के लिए हथियार बारूद जमा कर नाजी यूरोप के देशों में घुस आए। उन्होंने कई देशों को अपने पैरों तले रौंदा। संगीनें खून में डूबो कर सभी देशों में अकांत (आक्रोश) का सुर उभरा। अनेक शव सड़ गए, उनमें कीडे पड़ गए। यह देख हिटलर बड़ा खुश हुआ। उसके मन में विचार आया...हेस साहब को आदेश दिया, "तुम ग्रेट ब्रिटन जाओ, हम स्वयं रूस

पर हमला करेंगे।" यह सुन जासूस हेस ने गर्दन हिलाई। फ्यूर्रSS...मंजूर है मुझे, हिटलर का आदेश पालन करने के लिए हेस चल पड़ा। सन् 1941 का बहुत बड़ा झमेला, नाजी सेना ने हमला किया, आधी रात के समय और वह हमले का अनुबंध।

अण्णाभाऊ द्वारा 1943 में लिखा छह-सात पृष्ठों का दीर्घ पँवाड़ा है यह। इसमें उन्होंने जर्मन एवं रूस के संघर्ष को किसी इतिहासकार की तरह वर्णित किया है। हिटलर का नज़दीकी सहकारी रुडाल्फ हेस है। दूसरे विश्वयुद्ध में वह बड़े साहस के साथ अकेले ही हवाई जहाज से स्कॉटलैंड यार्ड के किनारे पर उतरा। अंग्रेजों ने तत्काल उसे युद्धकैदी के रूप में हिरासत में लिया। क्या सच में हेस हिटलर का दोस्त था? या दुहरा जासूस?, देशभक्त था या दगाबाज़, यह पहेली इतिहास के लिए भी अबूझ है। हाँ, इस विषय पर हॉलीवुड में कई सिनेमा बन चुके लेकिन अण्णाभाऊ साठे ने अपनी अचूक अध्ययनशीलता से पँवाड़ा में केवल दो परिच्छेदों में ही यह कहानी और व्यक्तित्व हमारी आँखों के सामने साकार कर दिया है।

प्रस्तुत पँवाड़े में वर्णित युद्धवर्णन के लिए तत्कालीन वैश्विक राजनीति का गहरा ज्ञान, पँवाड़ा के लिए आवश्यक शाहिरी, गेयता, भारी एवं समर्पक शब्दयोजना की जरूरत होती है। इस पँवाड़े से पता चलता है कि अण्णा हमेशा का गला सुखानेवाला, चिल्लानेवाला मामूली शाहिर नहीं है अपितु सार्थक शब्द, इतिहास एवं संघर्ष का अहसास रखनेवाला नए युग का मँजा हुआ व्याख्याता है।

मराठी भाषा को एकलव्यवत् आत्मसात करने के उपरांत वे मात्र साक्षर ही नहीं बनें रहे अपितु अपने निरंतर पठन-मनन और चिंतन के बल पर कुछ ही सालों में साहित्यिक तथा राजनीतिक दृष्टि से बडे सुसंस्कृत और प्रगल्भ हो गए। यह झलक उनके इस पहले पँवाड़े से ही हमें मिलती है।

उनके द्वारा लिखित लोकनाट्य के एक पात्र 'घोटाळे' का संवाद देखिए–

"अजी! सुख के लिए, शांति के लिए, बलशाली होने के लिए हिंदुस्तान कॉमन वेल्थ में ही रहेगा। वहाँ इंग्लैंड की रानी से लेकर कुमारी पामेला माऊंट बैटन तक और राजा से लेकर बेविन तक किसे भी 'जय हिंद' बोलते नहीं आएगा।[4] तत्कालीन राजनीति की ऐसी गहरी समझ को देखते हुए ऐसा निरीक्षण किसी अनपढ़ या नौसिखिया तमासगीर का है, ऐसा कौन भला मानेगा?"

अण्णा सतत लिखते रहे, इसलिए कम्युनिस्ट पार्टी की ओर से लेबर कैंप में उनके किराएदार संघ के कब्जे का एक कमरा उपलब्ध कराया गया। 1930 के दशक में मुंबई में कई आंबेडकरी जलसा मंडलों की स्थापना हुई थी। इसमें अडागळे, साळवे, केरूजी बेगडे, भीमराव दादा कर्डक, जगताप, भालेराव आदि

के जलसे थे। अनपढ़ और अनाड़ी भाइयों तक आंबेडकरी आंदोलन और विचार सफलतापूर्वक पहुँचाने का काम इन जलसों ने उत्तम रीति से किया है। पहले के सत्यशोधकी जलसे (महात्मा जोतिबा फुले) इन आंबेडकरी जलसा के प्रेरणास्रोत थे।

मुंबई के माटुंगा का लेबर कैंप नव-विचारों से ओतप्रोत, प्रभावित लेखक, कलाकार एवं वामपंथी आंदोलन के कार्यकर्ताओं का घर ही बन गया था। वहाँ किराए पर दी गई म्युनिसिपलटी की कई पुरानी चालें थीं। मुंबई के नागरी जीवन के विभिन्न विभागों में काम करनेवाले–जैसे कपड़ा मिल, बंदरगाह, निर्माण कार्य और म्युनिसिपालटी के मजदूर बड़े पैमाने पर रहते थे। जाति की दृष्टि से वहाँ पर महार तथा अन्य पिछड़ी जाति के लोग अधिकांशत: थे। लेबर कैंप की विशेषता यह है कि महार समाज के अनेक युवा कम्युनिस्ट पार्टी के सदस्य और कार्यकर्ता थे।[5] वहीं पर कम्युनिस्ट पार्टी की ओर से एक स्टडी सर्कल भी चलाया जाता था। इसके माध्यम से साम्यवादी विचारधारा के अध्ययनशील कार्यकर्ता निर्माण हो रहे थे।

यहीं पर कॉमरेड हरी जाधव का 'दादर कलापथक' था। इनसे सलिल चौधरी, कान्हू घोष, बलराज साहनी, अमर शेख, अण्णाभाऊ साठे और गव्हाणकर का खासा रिश्ता था। शुरू से ही अण्णा ने अपनी शब्दशक्ति के कारण सबका ध्यान अपनी ओर आकर्षित किया था। मानवता की चाह और दीन-दुखियारों के प्रति करुणा उनकी भाषा का वैशिष्ट्य था। उनकी प्रतिभा ने अनुभव के भट्ठे से और मानवता के प्रति श्रद्धा से सही मायने में आकार ग्रह किया था।

माटुंगा के रेल चाल की पासवाली झोंपड़-पट्टी में अण्णाभाऊ, भाई शंकर और दो बहनों के साथ रहते थे। इसी काल में अण्णा ने पहला 'मातृभूमि के चरणों पर' नामक गण लिखा। (लोकनाट्य के प्रारंभ में गाया जानेवाला विशिष्ट गीत गण है।) गण लेखन के लिए कॉमरेड पगारे अण्णा के पीछे पड़े हुए थे। बापू साठे द्वारा सुनाए गए पारंपरिक तमाशा के एक वग के आधार पर 'अकल की बात' अण्णा ने लिखी। (लोकनाट्य की कथावस्तु को वग कहते हैं।)

काली चट्टान-सा अण्णा का वर्ण था लेकिन नाक चाकू-सी धारदार थी। आँखें तीक्ष्ण और तेज होने से निरंतर कुछ खोजती रहतीं। उनकी कद-काठी बिल्कुल सामान्य लड़के जैसी थी। दुबले-पतले शरीर पर ढीला-ढाला सफेजझक पायजामा और झब्बा (नेहरू शर्ट) बहुत ही आकर्षक लगता।

उस समय सुप्रसिद्ध हिंदी कवि शैलेंद्र भी माटुंगा के रेल मेकॅनिकल विभाग में एक नौसीखिया लड़के के रूप में दाखिल हुए थे। वहाँ की खड़खड़ाहट और मशीनों की आवाज़ों का शोर भीतर के कवि को दबा नहीं पाया। शैलेंद्र के अलावा

बलराज साहनी, भीष्म साहनी, ए.के.हंगल आदि से अण्णाभाऊ के संबंध इप्टा के कारण और भी करीबी के हो गए।

कम्युनिस्ट पार्टी को फंड (निधि) हेतु दो लाख रुपये इकट्ठा करना था। तब अण्णाभाऊ पार्टी के वरिष्ठ सदस्यों से कहा, मेरे पास पैसे नहीं हैं, परंतु पँवाड़ा है। मुंबई के परेल की दळवी बिल्डिंग की छत (गच्ची) पर किसी रविवार को पार्टी दफ्तर में अण्णा ने स्टालिनग्राड का वह पँवाड़ा प्रस्तुत किया। सुर देने के लिए भाई शंकर साथ था।[6] अण्णा के वीररस की शाहिरी में समर्पक और ओजस्वी शब्दों का सही चुनाव, विद्रोह की आँच, चिंगारियाँ उड़ानेवाले अंगारे पार्टी-मेंबरों को प्रथमत: इनमें धधकते हुए शब्द महसूस हुए। रण में उतरे बहादुर योद्धा जैसे शाहिरी शान ने सबका मन जीत लिया।

अण्णा ने कई बार ऐसा लिखा है कि मैं कहानी-उपन्यास लिखते समय डरता था। मन में संकोच उत्पन्न होता था। जबकि उनके पँवाड़ा में प्रयुक्त, समृद्ध, तेजतीखे, आक्रामक फिर भी चित्रधर्मी और समाजाभिमुख शब्दों की ताकत कई उच्च शिक्षित कॉमरेड लोगों के ध्यान में आने में देर नहीं लगी। अर्थात् वे शब्दप्रभु थे। भाषा पर जबरदस्त अधिकार था। उदाहरण प्रस्तुत है–

सारी जनता करूनी बेजार। हा निझाम भरवी दरबार।
जमींदार आणि सावकार।
एकेकाला लाखो एकर। तैनात वेठबिगार। जे घेऊनी जुलमी कर
जनतेच्या रक्तावर। उन्मत्त चैन करणार।

अर्थात् समस्त जनता को त्रस्त कर निजाम ने जमींदार और साहूकारों का दरबार लगाया है। प्रत्येक के पास लाखों एकड़ जमीन है फिर भी बेगारों को तैनात किया जाता है। जुल्म ढहानेवाले कर जनता से जबरदस्ती वसूले जाते हैं। ये निजाम जनता का खून चूस कर मौज-मस्ती में उन्मत्त हुआ जा रहा है।

अण्णा के चित्रमयी शब्दों ने सामाजिक विषमता, जमींदारों, पट्टेदारों द्वारा शोषण का उत्तम प्रस्तुतीकरण किया है।

पोलिसांना हुकुम त्यांनी दिला। रझाकार त्यांच्या जोडीला।
लुटा लुट जाळपोळीचा डोंब उसळला।
घरातून ओढून कित्येकाला। दारात ठार मारिला।
तुरूंगात कैक डांबिला। जनतेला जेर करण्याला...

पाळण्यातुनी बाळ ओढुनी हवेत भिरकवती।
धडधडा येतो हैवान। होऊनी बेभान। चाले थैमान।
पिता, पुत्र, बंधु, घरधनी। खांबाशी घट्ट बांधुनि।
आप्तजनांच्या पुढे नारीवर करून बलात्कार।
मोगलाईचे नांव सार्थ ते करिती रझाकार।

अर्थात् उन्होंने पुलिस को हुक्म दिया। पुलिस रजाकारों के साथ मिलकर आगजनी मचायी। घरों में से खींच-खींच कर, घर के द्वार पर ही उनकी हत्या कर दी। कई लोगों को जेल में डाल दिया। ऐसे जनता को त्रस्त करनेवाले कई कारनामे हुए। यहाँ तक कि पालने में से बच्चे को उठा कर हवा में उछाल दिया। एक साथ हैवान बेभान होकर नंगा नाच करने लगे। पिता, पुत्र, भाई, पति को खंभे से बांधकर उनके ही सामने नारियों पर अत्याचार किए। रजाकार मुगलाई का नाम सार्थक कर रहा है।

उपर्युक्त 'तेलंगणा का पँवाड़ा' अथवा 'पंजाब-दिल्ली का दंगा' इन ओजस्वी दीर्घ रचनाओं के शब्दों में केवल आँच और आग ही नहीं थी बल्कि अण्णाभाऊ ने इनमें करुणा, दीन-दुखियारों के प्रति आत्मीयता ठूँस कर भरी हुई नज़र आती है, ऐसा एहसास कम्युनिस्ट कार्यकर्ता और नेताओं को हुआ। इसलिए पार्टी कार्यकर्ताओं ने अण्णाभाऊ को लिखते रहने के लिए हमेशा प्रेरित किया। 'तेलंगणा का संग्राम' के सालभर बाद अर्थात् 1949 में 'मशाल' पत्रिका में उनकी 'मेरी दीपावली' नामक पहली कहानी प्रकाशित हुई।

पार्टी की उदारता के कारण ही अण्णा को एक स्वतंत्र लेखक बनने में काफी ताकत मिली। फिर भी अण्णा ने कहीं भी, कभी भी अपने साहित्य के बीस वर्षों में कभी प्रचारक साहित्य नहीं लिखा और न ही किसी की चापलूसी की। उन्होंने खूब लिखा है, जो उच्चस्तर का है। क्लासिकी आभिजात्यता का झरना है। यदि अन्यों की तुलना में बारीकी से देखा जाए तो महाश्वेता देवी जैसी वरिष्ठ लेखिका भी कई बार साम्यवाद का खुला पक्ष लेना टाल नहीं पाई। लेकिन अण्णा के समूचे साहित्य में केवल वारणा की उपत्यका का नायक हिंदूराव ही साम्यवादी भाषा का प्रयोग करते दिखलाई देता है। यह भी कथावस्तु और चरित्र-चित्रण को प्रभावपूर्ण बनाने के उद्‌देश्य से हुआ है।

अण्णाभाऊ लेखक के रूप में जब उभर रहे थे तब उनके मित्रों में से किसी ने उन्हें ना.सी. फड़के द्वारा लिखित 'प्रतिभा साधन' नामक पुस्तक पढ़ने की सलाह दी। पढ़ने पर उन्हें यह ग्रंथ रास नहीं आया। जब 'गोर्की साहित्य खंड-1' उनके

हाथों लगा तब उन्होंने रूस के सामान्य मजदूर तथा किसानों का यातनामय जीवन, औद्योगिकीकरण के सिलबट्टे में न पीसे जाकर उसके खिलाफ लड़नेवाले लोगों की जानकारी मिली। इस पुस्तक को पढ़ने के बाद उन्हें अपना रास्ता दिखाई दिया। रूस के मजदूरों के भीड़ से पटी तंग-गंदी गलियों में उन्हें मुंबई के आसपास के मजदूर, मेहनतकशों की कराह और गरीबी दिखाई देने लगी। गाँव-देहात की अभागिन स्त्रियों की सिसकियाँ उन्हें सुनाई देने लगीं।

शब्द और संघर्ष की दुनिया ने उन्हें दिन-रात दीवाना बना दिया। इस समय उन्हें साथी के रूप में स्वरों का दीवाना मिला। जो परले दर्जे का ब्राह्मण और दूसरे राष्ट्रप्रेम में पूरा डूबा हुआ था। ऊँचा, कर्मठ, गौरवर्णीय मुसलमान युवक इन दोनों के नाम हैं–शाहिर गव्हाणकर और शाहिर अमर शेख। बिल्बदल के तीसरे पत्ते के रूप में अण्णाभाऊ साठे उनसे मिल गए। इन तीनों ने साम्यवादी विचारधारा से रणभूमि को सम्मोहित कर दिया। गव्हाणकर स्नातक थे।[8] उनका स्नातक होना उस जमाने की बहुत बड़ी बात थी। सुरों, स्वरों का उनका ज्ञान बहुत बढ़िया था। मुंबई के परेल, भायखला जैसे मजदूर बस्ती से गव्हाणकर एकरूप हो गए थे। वे भी खूब पढ़ते थे। उन्हें मराठी भाषा और साहित्य की अच्छी-खासी समझ थी। इन तीनों का एक सर्वोत्तम गुण था–इन तीनों को वीररस प्रधान शाहिरी का जोशीला ढंग प्राप्त था। इसी गुण के कारण जनता उन पर जान छिड़कती थी।

जैसा कि अण्णा ने स्वयं लिखा है गव्हाणकर ही उनके लेखन के पहले पाठक होते थे। छात्रावस्था में गव्हाणकर ने शाहिर नानीवडेकरजी को अपना गुरु माना था। नानीवडेकर भी वर्गसंघर्ष के हिमायती थे। उनके मन में किसान और मजदूरों के प्रति अपार करुणा थी। नानीवडेकर की 'किसरूळ का किसान' नामक रचना आम पाठक के कलेजे में पैठनेवाली थी। पंक्तियाँ प्रस्तुत हैं–

"कारभारी गेलं मुंबइला
महिना की ग झाला...
महिना झाला तरी कागुद न्हाई आला...
कुठं बसत असंल,
काय जेवत असंल
कसा न्हात असंल
साऱ्या अंगाची होती लाई, बाई ग बाई
शिरप्या डांगर मागतंय...S S
त्येला देऊ ग काही, बाई ग बाई...S S"

अर्थात् स्वामी मुंबई गए एक माह हो गया फिर भी उनका कोई संदेश, चिट्ठी नहीं आयी। वे कहाँ बैठते होंगे, क्या खाते होंगे, कैसे रहते होंगे, कुछ पता नहीं चल रहा। (मेरा) सारा अंग जल रहा है। दैया रे दैया, शिरपा (श्रीपति) खरबूजा मांग रहा है, उसे कुछ तो देना होगा, दैया रे दैया।

मिल मजदूरों की दर्दभरी व्यथा प्रस्तुत करनेवाली सुंदर रचना, उसकी चाल* मैंने संगीतकार राम कदम के मुख से दो-तीन बार सुनी है।

शाहिर मेहबूब हुसेन पटेल उर्फ अमर शेख सोलापुर जिले के बार्शी गाँव द्वारा देखा गया एक सपना था। उन दिनों बार्शी में दिनभर हल्दी और मिर्च के व्यापारियों के सौदों का शोर मचता रहता। बाजार में नाचनेवाली रुपयारूपी लक्ष्मी और अपने मोहक, आकर्षक दिलचस्प लावणी गीतों और थिरकनेवाले पदन्यासों से रात में जगनेवाली छैलछबीली नारियाँ ऐसे गाँव में अमर शेख नामक खुशबूदार मोगरा ने जन्म लिया।

अमर शेख डफ बजाते हुए समाजवादी पार्टी की राह से कम्युनिस्टों के झंडे तले आए। जब मैं पाँचवीं कक्षा में था, तब मैंने कोकरूड नामक गाँव में उनका कार्यक्रम देखा था। हिंदभूमि, छत्रपति शिवाजी, महाराष्ट्र इन शब्दों को उच्चरित करते हुए उनकी आँखें सजल हो जातीं। अण्णा लिखित और अमर शेख के कंठ से निकलते सुर "शौर्याची तव परंपरा, शिवबाच्या महाराष्ट्रा, वळूनी बघ जरा..." अर्थात् शौर्य की परंपरा संपन्न शिवाजी के महाराष्ट्र पीछे मुड़ कर देखो जरा। उनके होंठों से निकले ओजस्वी वीर रसभरे शब्द आज भी मेरे कानों में गूँज रहे हैं। उनका स्टेज पर शाहिरी प्रस्तुतीकरण के ठाट तो कुछ और ही थे। उनका कड़कनेवाला डफ, स्टेज पर शेर की तरह दिखाई देनेवाली उनकी हलचल देखकर लगता था कि कोई शिवाजी का सरदार ही आ गया है। स्टेज के पिछवाड़े अपना घोड़ा बाँध कर हाथ में डफ लिए रंगमंच पर उछल कर आया है, ऐसा ही तब हमें लगता था।

एक नेता या वक्ता तकरीबन दो घण्टे गला फाड़ कर दो-तीन सौ श्रोताओं का ध्यान अपनी ओर खींच नहीं सका लेकिन एक खानदानी शाहिर अपनी ललकारी से हजारों मृत मर्दों के शरीर में आंदोलन के प्राण फूँक सकता है। संघर्ष का यह हिसाब कॉमरेड श्रीपाद अमृत डांगे और बी.टी.रणदिवे ने लगा लिया था।

इतिहास की महान परंपरा ने शाहिर और कलाकार की रचनात्मक प्रतिभा का मूल्य हमेशा से ही पहचाना है। इसी कारण मातोश्री जिजाऊ ने शाहिर अज्ञातदास

*** चाल**-तर्ज

और तुलसीदास का यथोचित सम्मान और गौरव किया था। अज्ञातदास द्वारा रचित 'अफजलखान का वध' घटना पर आधारित पँवाड़ा शिवाजी के साथ जिजाऊ साहिबा ने सुना था। खुश होकर उन्होंने अज्ञातदास को एक सेर सोना और घोड़ा भेंट देकर उनकी भूरि-भूरि प्रशंसा की थी।

पुरानी मुंबई के खेतवाड़ी में स्थित 'राजभवन' में कम्युनिस्ट पार्टी का दफ्तर था। तब लड़के-से दिखाई देनेवाले कविवर नारायण सुर्वे शिक्षक बनने से पूर्व पार्टी के दप्तर गार्ड के रूप में काम कर रहे थे। पार्टी की ओर से प्रकाशित होनेवाले 'लोकयुद्ध' नामक पत्र में अण्णाभाऊ ने नियमित रूप से लिखने की शुरुआत की।

देश में कहीं भी प्राकृतिक (आसमानी) या राजा निर्मित (सुलतानी) कोई भी घटना घटित हो तो अण्णा की काव्यप्रतिभा पानी के हिलोरवत् उछल पड़ती थी। जब उनकी हथेलियाँ डफ पर पड़ती तब नए पँवाड़े जन्म लेते थे । 1943-44 के मध्य बंगाल में भीषण अकाल पड़ा, वहाँ लाखों लोगों की जानें गयीं। इस दुख का दर्दभरा सुर अण्णा की लेखनी से प्रस्फुटित होना सहज-स्वाभाविक ही था।

1945 की जनवरी में ठाणे जिले के टिटवाळा में कम्युनिस्ट पार्टी की 'किसान परिषद' संपन्न हुई। इसमें स्वामी सहजानंद भारती जैसे किसान नेता आकर्षण के केंद्र ही थे। परंतु इसी परिषद में 'लाल बावटा' दल लेकर अण्णा, अमर और गव्हाणकर इस बिल्वदल शाहिरों ने परिषद में नई चेतना भर दी। टिटवाळा परिषद के पूर्व माटुंगा लेबर कैंप, डिलाईल रोड आदि स्थानों पर 'लाल बावटा' दल के कुछ छोटे-बड़े कार्यक्रम हुए थे। लेकिन पहली बार इस पथक ने जोशीली, ओजस्वी, प्रभावपूर्ण प्रस्तुति दी। उन्होंने नारायण सुर्वे का 'डोंगरी शेत माझ गं, मी बेनू किती' (अर्थात् यह मेरा पहाड़ी खेत है, मैं कैसे) यह गीत काफी लोकप्रिय भी हुआ और टिटवाळा परिषद की रपट के मलपृष्ठ* पर छापा भी गया। इन तीनों शाहिरों के सुर तथा शब्दों ने ठाणे जिले के वारली, कुणबी, कातोडी किसानों पर जादू किया। इसी के साथ महज एक दिन में इन तीनों की कीर्ति समूचे महाराष्ट्र के पठार पर पहुँच गई।

1945 में शिवाजी पार्क मैदान पर अमर शेख, अण्णा और गव्हाणकर के कलादल का खास कार्यक्रम आयोजित हुआ। जिसे देखने के लिए हजारों लोगों के झुंड वहाँ इकट्ठा हुए थे। अण्णा द्वारा लिखित 'अकलेची गोष्ट' (अकल की बात) लोकनाट्य प्रस्तुत किया गया। 'चालाक बंड्या' गवळी की भूमिका अण्णाभाऊ

***मलपृष्ठ**-पत्रिका का पिछला पृष्ठ

ने निभाई थी। मनु कारखानीस ने स्वार्थी, अक्खड़ साहूकार साकार किया, तो गव्हाणकर जानबा किसान बने थे। यह लोकनाट्य खूब प्रसिद्ध हुआ। पारंपरिक हलगीवादन पर मातंग समाज की कमांड होती थी। इस मांग-हलगी में 'रणहलगी' नामक वाद्य लोगों में शौर्य का नशा भर देता था। शिवकाल में भी मातंग बंधु रणभेरी के साथ-साथ युद्ध में दमखम से ऐसी हलगी बजाते थे कि मुर्दे भी उठ खड़े होते।

उन दिनों की अमर, अण्णा, गव्हाणकर इस त्रिमूर्ति की यादें बताते हुए कवि विं.दा.करंदीकर लिखते हैं, "ये तीनों उस समय ऐसे तेज से दमकते थे कि यदि किसी ने उनको स्पर्श किया तो मानो जल ही जाएगा, ऐसा लगता था।[9] अण्णाभाऊ का समूचा जीवन साम्यवाद से सम्मोहित एक जलता चूल्हा था। उनका शाहिरी साहित्य सृजन मानो उस चूल्हे से निकली चिंगारियाँ थीं, जो कुछ जलनेवाली, कुछ दागनेवाली, कुछ चुभनेवाली, तो कुछ चुभते-चुभते हँसानेवाली भी थीं।

संदर्भ

1. 'इप्टा एक सांस्कृतिक आंदोलन'–प्रो. रमेशचंद्र पाटकर और 'इंडियन लिटरेचर' का 1945 का विशेषांक।
2. 'जिन्हें पूँजीपतियों ने डुबोया उन्हें डांगे ने बनाया'–अण्णाभाऊ, 'युगांतर' पुनर्मुद्रण, 12 अक्तूबर 1969, पृ. 22
3. 'स्टालिनग्राड का पँवाड़ा'–अण्णाभाऊ साठे, जून 1943 'साठे समग्र वाङ्मय'-खंड-1, संपा. रमेश बागवे, धर्मपाल कांबले, पृ. 48-49
4. 'देशभक्त घोटाले'-अण्णाभाऊ साठे, अभिनव प्रकाशन, मुंबई, पहला संस्करण-1947
5. 'मैदान के लोग'–अर्जुन डांगेळे, पृ. 36
6. 'मेरा भाई अण्णाभाऊ'–शंकर भाऊ साठे, पृ. 109
7. 'तेलंगणा का संग्राम'–अण्णाभाऊ साठे, जून 1948, 'साठे समग्र वाङ्मय'-खंड-1, संपा-रमेश बागवे, धर्मपाल कांबले, पृ. 10-11
8. साक्षात्कार–अर्जुन डांगेळे, शांताबाई दोडके, शकुंतला सपताल
9. अ.भा. साठे चिंतन–विं.दा. करंदीकर– 'युगांतर', अण्णाभाऊ, अमर शेख, स्मृति विशेषांक-1969

मनुष्य, लोमड़ी और श्मशान

शहर अथवा महानगरीय जीवन में जेल कोठरी, पुलिस-थाना या कोतवाली, पेशाबघर, शवागार और श्मशान ये उस शहर के मुख्य स्पर्शेंद्रिय होते हैं। अण्णा के उपन्यास और विशेषकर उनकी कहानियाँ शहर की गंदी बस्तियाँ और बेबसी की आठ सौ खिड़कियाँ और नौ सौ दरवाजे पाठकों को भ्रमण कराकर लाते हैं।

1936 में हिंदी के महान लेखक मुंशी प्रेमचंद गुजर गए। काल परदे के पीछे से पहले इसी साल उन्होंने अपने पाठकों को और भारतीय साहित्य को दो अनमोल रत्न प्रदान किए। पहला रत्न 'गोदान' नामक उपन्यास है तो दूसरा 'कफ़न' नामक कहानी।

इस सदी की सर्वश्रेष्ठ कथा या रचना के रूप में 'कफ़न' कहानी को सभी ने स्वीकार किया। बुधिया नामक औरत की प्रसूति हो रही है। प्रसूति की बहुत वेदना वह सहन कर रही है। घर में दवा-दारू के लिए पैसे नहीं हैं। घर के बाहर ससुर घीसू और पति माधव अलाव के पास बैठे आग में भुने आलू खा रहे हैं। बुधिया की हालत क्या है? यह देखने न पति उठता है न ससुर सुध लेता है। अकेली प्रसव वेदना पीड़ित बुधिया जब मर जाती है तब बाप-बेटे को लगता है–अच्छा हुआ ; छुटकारा मिला।

घीसू और माधव दोनों परले दर्जे के मुफ्तखोर और आलसी हैं। शराबी के रूप में कुख्यात हैं। गाँव में सभी से उधार पैसे लेने के कारण अब और पैसे माँगने के लिए उनके पास मुँह नहीं है। पर जब बुधिया मर जाती है तब उनका दिमाग जोर से चलने लगता है। मृतक के नाम पर कफ़न के लिए पैसे जमा किए जा सकते हैं और पैसा बहुत जल्द जमा भी होता है। झटपट मिले पैसे को ये बाप-बेटे शराब-सब्जी-पूड़ी में उड़ा देते हैं, मौज करते हैं। मनुष्य जीवन की विसंगतियों पर (जीते जी दुत्कार, मरने पर नए कफ़न का सम्मान) चोट करनेवाली श्रेष्ठ व्यंग्य कथा प्रेमचंदजी ने लिखी है।

मेरे मत से 'कफ़न' से भी बढ़िया अण्णाभाऊ की 'स्मशानातील सोनं' (श्मशान का सोना) कहानी भय, मृत्यु, भूख की फिसलनभरी सीढ़ियों से काले घनेरे कुएँ में और गहरे चार सीढ़ियाँ उतरती है।

'बरबाद्या कंजारी' (कंजारी की बरबादी) 1960 में प्रकाशित अण्णा का कहानी संग्रह। इसमें संकलित 'श्मशान का सोना' तीन वर्ष पूर्व लिखी गयी कहानी है।

मूलत: मौत, शवागार, श्मशान आदि बातें दूर से सुननेवालों को भयभीत करनेवाली होती हैं; और कुछ लोगों को रोमांटिक-सी लगेंगी लेकिन हर रोज शवागार और श्मशान में काम करनेवाले बेचारे कर्मचारियों को ही यहाँ की भयावहता ज्ञात होती है। पोस्टमार्टम के वक्त डॉक्टर का जो सहायक, साफ-सफाई करनेवाला कर्मचारी वर्ग होता है वह कच्ची शराब की कम-से-कम आधी बोतल गले के नीचे उतारे बिना वहाँ की गंदगी में, बदबू में खड़ा ही नहीं रह सकता, यह नंगा सच है।

मूल में अण्णा के भीमा नामक मजदूर को श्मशान का चस्का लगने का क्या कारण था? घाटकोपर की पत्थर-खदान में वह मजदूरी कर रहा था। अचानक खदान बंद हो गयी। भीमा बेरोजगार हो गया। उसके शरीर में भैंसे-सा बल था लेकिन रोजगार न होने के कारण उसके सपने चकनाचूर हो गए थे।

बेरोजगारी की हालत में भीमा एक दिन अपनी झोंपड़ी की ओर आ रहा था। उसे नाले के किनारे पड़ी राख में सोने की एक अँगूठी मिली। एक तोलाभर की वह अंगूठी थी। उसे याद आता है कि कोई आदमी मर जाए तो लाश के मुँह में हैसियत के अनुसार सोने का टुकड़ा रखने का रिवाज कई जातियों में है और वह खुश हो जाता है। जीने की नई राह अचानक उसे मिल जाती है।

श्मशान मानो अलीबाबा की गुफा ही है, ऐसी खुशी भीमा को होती है। उसकी प्यारी बिटिया नाबदा घबराकर बोलती है, "बाबा! मुर्दे की राख, उसमें सोना खोजना और गृहस्थी चलाना यह सब कितना विपरीत है बाबा?" वह बेटी को फटकारता है, "बोलनेवालों का क्या जाता है? मैं कुछ भी करूंगा। मेरा चूल्हा बुझ जाने पर उसे कौन भला जलाएगा?"

भीमा हर रोज मुर्दों की राख छान कर जीवनयापन करने लगा।

फिर तो वह हर रोज रात-बेरात, काले-घने अँधियारे में श्मशान ढूँढ़ते फिरता। कण भर सोने के लिए एक जिंदा आदमी कैसे भूत बन जाता है, उसकी आवश्यकताएँ मानव कपाल (खोपड़ी) फोड़ने लगती हैं। पिघला सोना हड्डियों में छिपा हुआ होगा ऐसा मान कुल्हाड़ी से हड्डियाँ तोड़ता है।

पेट के लिए सारी मुंबई खंगालकर, छान कर भी उसे काम नहीं मिला। लेकिन मुर्दे की राख छान कर सोना मिल जाता है। इस कल्पना मात्र से वह अपने आप पर ही हँसता है।

दुनिया में मानव की तरह पशुओं को भी पेट होता है। इसलिए उन्हें भूख होती है। मानव मुर्दे के मांस का चस्का लगी लोमड़ियाँ भी गीली लाशें ढूँढ़ती रहती हैं। लाश दाँतों में आए इसलिए एक ओर लोमड़ियों के झुंड तो दूसरी ओर सोने के लिए एक भूखा मानव, श्मशान के अँधेरे में दोनों की भयावह जंग छिड़ती है। "भीमा कुल्हाड़ी से प्रहार कर लोमड़ियों को गिरा रहा था, वे उसकी मार से बचते हुए झपटकर भीमा के मांस को ही दाँतों से नोच रही थीं। भीमा घायल होकर तड़पने लगा। गालियाँ देने लगा। गालियाँ, मारना, गुर्राना, चीखना से समूचा श्मशान दहल गया था।"

उस दिन भीमा लोमड़ियों के झुंड से मुकाबला करते हुए पसीने से तर-बतर हो गया। लोहे की पहार (सब्बर) के आघात कर जैसे-तैसे लोमड़ियों के झुंड को दूर हटाता है।

एक काफी मालदार मुर्दा भीमा के हाथों लगा। उस बोझिल, भारी, ऐंठे हुए मुर्दे के हाथ की उँगली में एक अंगूठी और कान में बाली मिलती है। ये दोनों चीजें देख उसे लगता है मुर्दे के मुँह में सोना अवश्य होगा और भीमा लोहे की पहार उठाता है। लोमड़ियों द्वारा नोच कर छीले गए हाथों से मुर्दे के जबड़े में पहार डालता है। चिपके हुए दाँतों को अलग कर जबड़ा खोलने का प्रयास करता है। इस समय उसके आसपास मुर्दे के मांस के लिए ललचाई चक्कर काटनेवाली लोमड़ियाँ शोर मचाती हैं। अँधेरे में लोमड़ियों के भयावह शोर से पड़ोस की बस्ती के कुत्ते और लोग नींद से जाग जाते हैं। लोमड़ियों ने शव की दुर्गत की होगी इस अनुमान से वे चिल्लाते हुए श्मशान की ओर दौड़ते हैं।

अंत में मुर्दे के जबड़े के भीतर डाली हुई पहार भीमा के हाथों से छूट जाती है और उसके हाथ का पंजा मुर्दे के दाँतों में फँस जाता है। एक ओर लोमड़ियों का शोर, दूसरी ओर भागते आए लोगों की चिल्लाहट, ऐसी अजीबोगरीब स्थिति में भीमा फँस जाता है। मुँह में फँसा भीमा का हाथ तो दूसरी ओर भूखा पेट इस दशा में अटका भीमा प्रेत के तालू पर लोहे का प्रहार करता है। फिर भी हाथ बाहर नहीं निकलता। इसका मतलब यह हुआ, यह मुर्दा सचमुच का महाभूत या पिशाच होगा। बार-बार लोहे से वार करते हुए, गाली देते हुए कहता है, "भड़ुए, छोड़ मुझे!" यह प्राणांतक आक्रोश और चिल्लाहट वातावरण में भय उत्पन्न करती है।

यह मानो मानव अस्तित्व की लड़ाई है। मानव और प्रकृति के मध्य का यह द्वंद्व। तेल की बड़ी-बड़ी खदानें, सोना, गैस, कोयला की खदाने, जंगल और प्राकृतिक संपदा का मानव द्वारा हुआ दोहन, अब बची है राख, सोने के लिए प्रकृति और मनुष्य के बीच छिड़ी भयावह लड़ाई, कथानक के इस छोटे से बीज से न जाने कितने ही अर्थ प्रस्फुटित होते हैं।

ऐसे मरे हुए मुर्दे और काटनेवाली लोमड़ियों से मुकाबला कर भीमा बेचारे के हाथों क्या आता है? मुर्दे के मुँह से हाथों का पंजा बाहर निकालते समय चिपके हुए दाँतों में वह फँस जाता है। उलटे कुठाली लगी लोहे की पहार हाथों से फिसल जाती है और सोने से भी मूल्यवान उँगलियाँ टूट कर गिर जाती हैं। हाथी-सा भीमा बालक की तरह रोने लगता है।

अगले ही दिन बंद खदान वापस शुरू हो जाती है। पर काम पर जाने के लिए भीमा के हाथों में उँगलियाँ ही नहीं बची थी। 'द ओल्ड मैन एंड दासी' नामक हेमिंग्वे की कहानी की तरह इतनी बड़ी मछली हाथों लगती है कि उसे पानी के बाहर निकाला नहीं जा सकता। जीवन का असली सोना फिसल जाता है। हाथों में बचती है केवल राख।

मानव जीवन की क्षणभंगुरता और निरर्थकता अण्णा की कथा द्योतित करती है। प्रेमचंद की 'कफ़न' कहानी की तरह यह भी मृत्यु-छाया में घटित होती है। लेकिन इस कहानी का बीज और उद्‌देश्य, आशय बहुत विशाल है। प्रेमचंद ने 'कफ़न' से खेलनेवाला मानव प्रस्तुत किया लेकिन यहाँ तो जिंदा रहने के लिए मुर्दे के मुँह में अपना हाथ घुसानेवाला मानव अलग ही है। क्योंकि भीमा, घीसू, माधव की तरह काम से जी चुरानेवाली नहीं हैं।

अण्णा की कहानी 'श्मशान का सोना' का नायक भीमा, अण्णा का दूर का रिश्तेदार था और काम मिलने की आशा से वारणा की उपत्यका से मुंबई आया था।[(1)]

'श्मशान का सोना' यह कहानी विश्व-कथा-साहित्य के हार के कौस्तुभ-मणि समान है, संपन्न अनुभव और गहरी संवेदना के बिना कहानी की रचना हो ही नहीं सकती। अण्णाभाऊ ऐसे अनुभवों के धनी व्यक्ति हैं।

छठे दशक में श्मशान में मुर्दा ले जाने के लिए आम आदमी को सहजता से एंबुलेंस नहीं मिल पाती थी। इस कारण अड़ोस-पड़ोस के गरीब मित्रों की समस्या हल करने के लिए अण्णा तत्परतापूर्वक खड़े हो जाते थे। स्वयं कंधा देकर मुर्दे को श्मशान ले जाते। इसलिए उन्हें वहाँ की राख से, अधजली लकड़ी के कुंदे से

परिचय था। इसी के साथ पड़ोस के नाले किनारे झाड़ियों में श्मशान की ओर नज़र लगाए जानवर, हड्डियों पर लगी टकटकी, श्मशान पर ही अपनी उपजीविका करनेवाले प्राणियों के अस्तित्व का उन्हें पूर्ण एहसास था। इतने निकट के परिचय ने ही अण्णा को कथा-बीज प्रदान किया और अण्णा को कथा-साहित्य में खनकता सोना मिल गया।

तेजी से परिवर्तित होनेवाली मुंबई के कई बदलाव स्वयं अण्णाभाऊ ने अनुभूत किए हैं। 1930 की आर्थिक मंदी में समूचा विश्व झुलस गया था। इन्हीं दिनों में उम्र के ग्यारहवें वर्ष में उनके कदम पहली बार मुंबई में लगे। तब मूक सिनेमा का प्रचलन था। मूक सिनेमा के बाद बोलनेवाले सिनेमा के सुनहरे सूर्योदय को उन्होंने देखा। मुंबई में कम्युनिस्ट पार्टी का बीजवपन और देखते-देखते उसका वटवृक्ष होते देखा। कभी न ढलनेवाले सूरज के ब्रिटिश साम्राज्य के सूर्य का अस्त देखा। भारतीय स्वतंत्रता के उगते सूर्य के दर्शन भी इन्हें हुए। मराठी भाषिकों का संघर्ष, हिंदी सिनेमा सृष्टि, 'इप्टा' आंदोलन, कुल मिलाकर आर्थिक परिस्थिति, कला की स्थिति, राजनीतिक दशा इन सबके परिवर्तन के वे साक्षी रहे हैं।

अण्णाभाऊ को अनगिनत महापुरुषों का सहवास भी मिला। उन्हें प्रत्यक्ष सहवास कॉमरेड श्रीपाद अमृत डांगे, अमर शेख, गव्हाणकर, उर्दू लेखक-दिग्दर्शक के.ए. अब्बास, अभिनेता ए.के. हंगल, बलराज साहनी, सुप्रसिद्ध पत्रकार आचार्य अत्रे, संगीतकार अनिल विश्वास, अभिनेत्री नर्गिस और स्वतंत्रता सेनानी क्रांतिसिंह नाना पाटील आदि का मिला। डॉ. बाबासाहेब अम्बेडकर से उनकी मुलाकात के संदर्भ कुछ हाथों लगते नहीं लेकिन डॉ. अम्बेडकर के कारण दलित, पददलित के जीवन को स्वर्णचमक देनेवाला सूर्य उन्होंने उगते देखा था। सूर्य की ऊष्मा और किरणें उन्होंने अपने ऊपर ली थीं। नागपुर की दीक्षा भूमि के धम्म-परिवर्तन की किरणें उस समय अण्णाभाऊ द्वारा लिखित अनेक कहानियों में गहराई से अंकित होने के कई लिखित साक्ष्य मिलते हैं। अण्णा ने अपना 'फकिरा' नामक उपन्यास डॉ. बाबासाहेब अम्बेडकर की जुझारू लेखनी को समर्पित किया है।

दुर्भाग्य से अण्णा ने आत्मपरक लेखन न के बराबर किया है। फिर भी उनके विशाल कथासागर में कुछ दो-चार आत्मकथात्मक कहानियाँ मिलती हैं। इनमें से एक है 'मी कधीच विसरणार नाही'[2] (मैं कदापि नहीं भूलूँगा) 'मशाल' नामक पत्रिका में 1949 के अंक में 'मेरी दीपावली' शीर्षक से प्रकाशित यह रचना है।

प्रस्तुत कहानी में अण्णाभाऊ ने अपने बचपन में विराट मुंबई महानगरी के दर्शन किस तरह किए इसका उल्लेख है। अमीरी से फूले हुए बेताल यूरोपीयन

परिवार के सान्निध्य में जो दर्शन उन्हें हुए उसका चित्रण अण्णा ने किया है। उन्होंने उस दिवाली के काफी सपने रात भर जाग कर देखे थे। गोरे साहब के यहाँ पोऱ्या (छोकरा) के रूप में काम करते हुए दीपावली पर कितना बड़ा इनाम मिलेगा, इस कल्पना से ही उनका बाल मन पगला गया था।

भायखला के उस ईसाई परिवार में उन्हें अंग्रेज मेम, उसके तीन बच्चे और कुत्तों को सँभालना पड़ता था। रात नौ बजे रबड़ की तरह फूले टायर जैसे पिलपिले मालिक के शरीर को रगड़ना पड़ता था। वे शरीर को आटा गूँधने जैसे मसलने थे। उन्हें काफी डर लगता था। क्योंकि बर्तन माँजते समय काँच के गिलास साबुन लगाए चिकने हाथों से मछली की तरह फिसल कर टूट जाते थे। यदि गिलास टूट गया तो इसके साथ ही उनका पगार भी रेजगारी की तरह खत्म हो जाता। पगार में से पैसे काटते समय मेमसाहब अपनी टूटी-फूटी हिंदी में खासी खबर लेती।

मालिक के कुत्तों को सँभालते समय तो बड़ी मशक्कत होती। साहब के उस कटखने लाड़ले कुत्ते को घर तक लाते समय उनकी जान तलवार की धार पर ही टँगी रहती। साहब की दिवाली पार्टी में धन का कीचड़ होते हुए उन्होंने देखा। अपनी ग्यारह-बारह साल की कोमल उम्र में एक ओर फालतू अमीरी, दूसरी ओर गहरी गरीबी के बीच की खाई को उन्होंने गहराई से अनुभव किया। इनाम की आस से जिस दीपावली की राह वे देख रहे थे, उस दीपावली ने उन्हें होली दिखा दी, अर्थात् दीपावली की खुशी के दिए नहीं जले, अलबत्ता अरमानों की होली जल गई।

"ए S S..., जंगली, इधर आव्"! ऐसी खराब, गंदी, मगरूरी की भाषा बालक अण्णा को सुननी पड़ती थी। इसी के साथ पार्टी के बाद शराब के नशे में धुत्त यूरोपीयन मेहमानों को सीढ़ियों से नीचे उतारने की जिम्मेदारी भी उन्हीं की थी। नशे में चूर वे मेहमान बालक अण्णा के कंधे पर हाथ रख कर उसके सहारे चलने लगे। तब उन्हें लगा, महावत की गर्दन पर मानो हाथी बैठा हो। मेहमान के साथ मैं भी लड़खड़ा रहा था। हम दोनों ने इस दशा में दो सीढ़ियाँ जैसे-तैसे पार कीं। परंतु तीसरी सीढ़ी पर जो गड़बड़ी होनी थी, हो गई। वह साब रबड़ की गेंद की तरह उछलता हुआ नीचे लुढ़कने लगा और उसके झटके से मेरा भी संतुलन बिगड़ गया और मैं खुली छूटी भैंस के गले के अड़गुड़े की तरह लुढ़कता गया। आखिर में एक के बाद एक दोनों फुटपाथ पर औंधे गिरे।[3]

नीचे गिरा हुआ गोरा साब जोरों से रोने लगा। उसे धकेलने का गंभीर आरोप काले बच्चे पर अर्थात् अण्णा पर लगाया। अण्णा को दोषी माना गया। इनाम तो दूर

की बात, नौकरी भी चली गई। बेरोजगार होकर बाहर आना पड़ा। इस तरह अण्णा नामक महान लेखक के बचपन की दीपावली का कोयला हो गया।

मुंबई की जीवन प्रणाली से तन-मन से समरस होनेवाला, यहाँ की भागदौड़ में कण-कण बढ़ा यह उम्दा लेखक महानगरीय साहित्य का प्रणेता न होता तो आश्चर्य की बात होती। अर्थात् मेरे मत से भारतीय महानगरीय साहित्य के प्रवर्तक अण्णा ही हैं।

संदर्भ

1. 'वाटेगाँव', बाबासाहेब पाटील और अन्यों से साक्षात्कार, नवंबर 2020 और 'अण्णाभाऊ के जीवन साहित्य में मातंग समाज', डॉ. शरद गायकवाड़, परिवर्तन का जागर, संपा. डॉ. गिरीश मोरे।
2. 'स्वप्नसुंदरी', अण्णाभाऊ साठे, कहानी संकलन, 1961
3. 'मैं कभी भुलूंगा नहीं'–कहानी, 'स्वप्न सुंदरी'–कहानी संकलन

पत्राचाल, चिरागनगर, घाटकोपर

1945 में श्रीमती जयवंताबाई दोड के परेल की डेविड मिल में काम करती थीं। उस जमाने में स्त्री-मजदूर भी बड़े पैमाने पर कार्यरत थे। मजदूरों के नन्हे बच्चों के लिए कॉटन मिल में शिशुगृह होते थे। कारण कि मिल में भी कई महिलाएँ मजदूर रूप में काम करती थीं। जयवंताबाई डेविड मिल के शिशुगृह में बच्चों की देखभाल करनेवाली सेविका का काम कर रही थी। इसी के साथ वह कम्युनिस्ट पार्टी की महिला संघ का कार्य भी संभाल रही थी।

जयवंताबाई की मौसी दादर के केशरबाग बिल्डिंग में रहती थी। डॉ. किसन अण्णाभाऊ को साथ लेकर उनके घर गए। यहीं पर अण्णा और जयवंताबाई की पहली मुलाकात हुई।[1] यह सन् 1943-44 का समय था। तब अण्णाभाऊ गरीबी में अपने परिवार के साथ माटुंगा के लेबर कैंप में रहते थे। उनकी यह खोली (कमरा) बहुत-ही छोटी और अपर्याप्त थी। मुंबई में उनकी आर्थिक दशा मुश्किलों से भरी हुई थी। वे पार्टी के दफ्तर में रात में सोते थे। मध्य मुंबई में अलेक्जेंड्रा सिनेमा टॉकीज के सामने 'राजभवन' नामक कम्युनिस्ट पार्टी का दफ्तर था। कवि शैलेन्द्र और अण्णाभाऊ दोनों उस समय बेरोजगार थे। सिद्धांतवादी (ध्येयवादी) युवा वहीं पड़े रहते थे। इसी इमारत की दूसरी मंजिल पर एक मेस थी। जहाँ अण्णा, शैलेन्द्र, कॉमरेड डांगे, रणदिवे, पी.सी.जोशी आदि एक साथ भोजन करते थे।[2] जयवंताबाई का पहला विवाह दोड़के नामक व्यक्ति के साथ हुआ था। जयवंताबाई अब तलाकशुदा थी। उन्हें शांता और शकुंतला नामक दो प्यारी बेटियाँ थी। जयवंताबाई अनपढ़ थी पर उनके विचार परिपक्व थे। वह हमेशा कुछ-न-कुछ करती रहती थी। जयवंताबाई का मूल गाँव पुणे जिले में स्थित भापकर की लोणी था।

उस समय जयवंताबाई कम्युनिस्ट महिला फेडरेशन की जांबाज कार्यकर्ता थी। तारा रेड्डी, कमल दोंदे, कॉमरेड अहिल्या रांगणेकर, प्रेमा पुरव आदि महिलाएँ

कम्युनिस्ट पार्टी की गुर्रानेवाली बाघिनें थीं। यह महिलाओं के कर्तृत्व का समय था। ऐसी उत्साही महिला नेताओं की संगति में जयवंताबाई दळवी बिल्डिंग से लेकर 'राजभवन' के लाल रंग के आँगन तक में कार्यरत थीं। एक बार उन्होंने कामगार मैदान पर अमर शेख, गव्हाणकर और अण्णाभाऊ इन लोकशाहिरों का जलवा देखा था। यहीं पर अण्णा उसके मन में पैठ गए।

तत्कालीन कम्युनिस्ट पार्टी के 'लोकयुद्ध' नामक पत्र के अण्णा संवाददाता थे। पार्टी की ओर से मिलनेवाला आधा वेतन भी काफी कम था। (प्रति माह पैंतीस रुपये मात्र) 1943 में पैंतीस रुपये की राशि भी ठीकठाक थी। अण्णा बिल्कुल ही दुबले-पतले थे। उनकी कदकाठी अति सामान्य-गईगुजरी थी। फिर भी वे रोबीले सूटबूट में रहते थे। आज 88 की उम्र में तब की यादें स्मरण करते हुए जयवंताबाई की बेटी शांताबाई हलकी मुस्कान चेहरे पर लाकर कहती है, "अण्णा और अक्का उर्फ जयवंताबाई दोनों की एक-तरह से लव-स्टोरी ही थी। शुरुआत में अण्णा माँ को आदरपूर्वक 'अक्का' संबोधन से पुकारते थे और तब माँ भी अण्णा को 'दादा' कह कर पुकारती थी।[3]

धीरे-धीरे अण्णा और जयवंताबाई की प्रेम-डोर दृढ़ होती गई। पार्टी कार्य में लगे रहनेवाले शाहिर अण्णा के पेट की चिंता से जयवंताबाई व्याकुल हुई। परिणाम स्वरूप दोपहर में शांता अथवा शकुंतला अण्णा के लिए टिफिन ले जाने लगी। शाहिर अमर शेख के लिए जयवंताबाई की मौसी के दरवाजे हमेशा खुले ही रहते थे। वे सीधे रसोई में चले जाते। जो उपलब्ध होता, सब्जी-रोटी भी अधिकारपूर्वक खा लेते। अण्णा को जयवंताबाई के हाथों बनी आलू की भाजी और सातारी ढंग के प्याजी पकौड़े बहुत भाते थे। प्रेम का यह संकेत सबसे पहले अमर शेख ही पहचान गए।

कुछ दिनों बाद दोनों के विवाह की योजना बनी। दोनों के रिश्तेदारों में इस खबर से नाराज़ी उत्पन्न हुई। सभी ने इस विवाह का पुरजोर विरोध किया। जबकि दोनों एक ही अर्थात् मातंग समाज के थे। सजातीय थे। लेकिन इन दोनों की पीठ पर जिम्मेदारियों का बड़ा भारी बोझ था। अण्णा की पहली पत्नी कोंडाबाई वाटेगाँव में ही रहती थी। तो दूसरी ओर जयवंताबाई के सिर पर दो लड़कियों के लालन-पालन की जिम्मेदारी थी। इन दोनों ने अपने सारे रिश्तेदारों के विरोध को सहते हुए एक होने का निर्णय ले लिया। दोनों ने ईमानदारी से घर-गृहस्थी की गाड़ी हांकने का निश्चय किया।

अण्णा और जयवंताबाई की गृहस्थी घाटकोपर के चिरागनगर के पत्राचाल में मार्च 1947 से शुरू हुई। यह खोली भी किराए की ही थी। "जग बदल, घालुनी घाव" (अर्थात् दुनिया बदलो, तू चोट कर) जैसे क्रांतिसूक्त लिखनेवाला महान रचनाकार चिरागनगर की दस बाय बारह फीट की जंग लगी टीन की छत के नीचे लगभग बीस साल रहा। शुरुआत में यहाँ बिजली भी नहीं थी और बरसात में पानी चूने के कारण भारी दिक्कत होती थी।

तब वहाँ लंबी-लंबी परंतु ठिगनी चालें थी। दीवारें टीनपत्रे की या घासफूँस-गोबर से बनी होती थी। शांताबाई के मानस में चिरागनगर की यादें ताजा हैं। बस्ती में अड़ोस-पड़ोस सातारा-सांगली की ओर के कई साठे परिवार रहते थे।

स्वतंत्रता की दहलीज पर खड़ा घाटकोपर आज जैसी तूफानी भीड़भरी बस्तीवाला नहीं था। पूर्व घाटकोपर पानी और शैवाल का हरा तालाब मात्र था। रेल स्टेशन के पश्चिम की ओर उतरने पर भी उधर की हरी पहाड़ियाँ और झाड़ियाँ दिखाई देती हैं। जगह-जगह दलदल थी। कीचड़ था। स्टेशन के उस पार खुले में, गाँव से आए रेहनदार और घुमंतुओं की मोम-कागज़ और जूट की बोरियों से बनीं अस्थायी झुग्गियाँ और खुले में भी उनकी गृहस्थी दिखाई देती थी। यहीं पर घनी दाढ़ीवाले बरबाद्या कंजारी टाइप अनेक बाप अण्णा से परिचित हो गए। उनकी निल्ली बिलवर (आईने जैसी) लहंगा पहनी कई लड़कियाँ मोर जैसी इधर-उधर फुदकती हुई अण्णा ने देखी थीं।

चिरागनगर के पड़ोस के पहाड़ों से काफी मिट्टी-पत्थर निकाले जाने के कारण कई छोटे-बड़े तालाब खदानों में तैयार हो गए थे। जो बरसात में बहने लगते। मिट्टी के लदे, गंदे हो चुके कई ट्रक सफाई के लिए उस पानी में डालकर धोए जाते। इस खदान के पानी में समूचा ट्रक समा जाता।

बरसात शुरू होने पर पत्राचाल का हाल बड़ा बुरा होता। पानी बह कर घरों में घुस जाता। कई बार घुटने जितना पानी हो जाता। हल्की बारिश में भी नटखट बच्चे-जैसा पानी घरों में दौड़ता फिरता। खजूर की चटाई गीली हो जाने पर बाहर सुखानी पड़ती थी।

घरों की इस दुर्दशा का वर्णन शाहिर आत्माराम पाटील ने विशिष्ट तर्ज में किया है।

"चिरागनगर अरे बापरे! कितनी बड़ी इमारत! बहुत बड़ी, भव्य! हवा के झोंकों से डोलता, बरसात में टपकता, इमारत की छवई के पत्ते धूप में सूखते, पैरों तले की जमीन गीली। बरसात का पानी घर में न आए इसलिए जयवंता भाभी ने एक पर

एक चार ईंटें रख कर पक्की, मजबूत दहलीज बनाई। दस बाइ दस फीट का प्रशस्त निवासस्थान और ऊँचाई की तो बात मत पूछो। खपच्चे की टाटी का बना किवाड़, चुपके से, हौले से खिसकाकर सिर झुका कर ही अंदर आया जा सकता था। घर में ही इकतारा, ढोलक, चूल्हा, सिलबट्टा, गोल लपेटे हुए बिस्तर, कोने में बोरी भर कोयला, दूसरे कोने में एक-पर एक रखे बर्तन, इस भरे घर में आने पर शांता-शकुंतला कहतीं, आओ-आओ, बैठो-न!" यहाँ बैठने का मतलब, पहले ही से बैठे हुए दस-पाँच साथियों के वृंदावन में घुस कर फिट होकर बैठना।"[4] "बरसात पानी से बचाव करते-करते हमारे पहले के चार-पाँच साल इसी मेहनत में ही बीत गए। हर साल बाहर से मुरूम-गिट्टी लाकर गहराई को पाटते रहते। पिछले चार सालों में कम-से-कम कमर जितना भराव तो हमने किया होगा।" ऐसी याद शांताबाई को आती है।

लेकिन ऐसी भयावह मुश्किल हालातवाली, जंग लगे टीन की पत्राचाल खुशकिस्मत ही कहलाएगी। कारण शुरू से अनेक महान कवि, लेखक, सिनेमावाले और वामपंथी आंदोलन के सभी उत्साही मंडलियों के लिए यह घर सही मायनों में चौपाल था। अपने गाँव की भाषा में कहा जाए तो नीम-पीपल की छाँव के नीचे बना गोलाकार चबूतरा बन गया था। फलत: यहाँ कई मुशायरे हुए, शाहिरी गीतों से दिन सजे, बतियाने का जमावड़ा भी यहाँ बना।

जयवंताबाई को लगता अण्णाभाऊ बहुत बड़े लेखक हों। जयवंताबाई एक अस्पताल में नर्स का काम करने लगी थी। मिलनेवाला पगार बहुत थोड़ा था। इस पगार से घर चलाना काफी मुश्किल था। जयवंताबाई जब चिरागनगर आयी तो उसने कुछ ही दिनों में सब्जी बेचने का काम शुरू किया। ताजी सब्जी मिले इसलिए वे सुबह उष:काल से पूर्व लोकल ट्रेन से भायखला के सब्जी मार्केट पहुँच जाती और बेचने के लिए साग सब्जी ले आती। पड़ोस के घर के पिछवाड़े में अर्थात् चिरागनगर से भटवाड़ी की ओर जानेवाले रास्ते पर सब्जी बेचने के लिए छोटा चबूतरा बाँधा हुआ था। जयवंताबाई अपनी नर्स की नौकरी संभाल कर यह व्यवसाय करती थी। उनकी गैरहाजिरी में उनकी माँ दुकान पर बैठती थी।[5]

इस छोटी-सी जगह पर कॉमरेड एस.ए.डांगे और उषाताई कई बार आए थे। इनके अलावा क्रांतिसिंह नाना पाटील, राजा ठाकुर, प्रभाकर पणशीकर, वसंत इंगळे, नीळू फुले आ चुके थे। साथ ही बाबुराव बागुल, गव्हाणकर, अमर शेख, वामन होवाळ ये सारे घर के व्यक्ति भी यहाँ आते थे। इसके अलावा बलराज साहनी की पहली पत्नी दमयंती, दूसरी पत्नी संतोष मधोक, शैलेन्द्र, प्रेम धवन, ए.के. हंगल

आदि लोग तो कई बार आए। एक दफा दिग्दर्शक विमल राय भी यहाँ पहुँच गए। उनके यहाँ शांता, शकुंतला के साथ अण्णा के समूचे मित्र-परिवार को बेरोकटोक प्रवेश था।

महत्त्वपूर्ण बात तो यह कि अण्णा के साहित्य सृजन की दृष्टि से अण्णा और जयवंताबाई का यह स्वर्णकाल था। 1949 से 1965 तक अण्णा ने रसभरे उपन्यास और मनमोहक कहानियाँ इसी टीन की गर्म छत के नीचे या दिन में दरवाजे के पास स्थित लताबेल की छाया में लिखीं।

अण्णा को लिखने के लिए जो समय आवश्यक था वह जैसे ही खाली समय होता उनकी प्रेरणा शक्ति, प्रतिभा जाग जाती। उनकी आदत वातानुकूलन वाली नहीं थी। उनकी लेखनी को मेहनतकश इन्सान के पसीने की महक थी। मेहनतकश लोगों के साँसों की कंपन से शब्द निर्माण होते थे। जब अण्णा बाहर से रेल अथवा बस से घर आते तब उनके मन में कोई-न-कोई कथा बीज अंकुरित होता रहता। उनकी भाषा में ही कहा जाए, पर सफर में ही कथा बीज के कोंपल फूट पड़ते थे और आते ही वे घंटों लिखते रहते।

कोई कथानक उनके दिमाग में घूमता तो वे रातभर बिस्तर पर तड़पते रहते। अचानक उठ बैठते तब जयवंताबाई पूछती, "अजी क्या हुआ?" अण्णा जवाब देते, "थोड़ा कुछ सूझ रहा है, हाथों हाथ लिख ही लेता हूँ" और अण्णा उठ बैठते केरोसिन की चिमनी के प्रकाश में लिखते रहते। उनके पीछे चुपचाप जयवंताबाई भी उठ जाती उन्हें चाय बना कर देती। अण्णा का पूरा परिवार ही चाय का काफी शौकीन था (चायबाज) और अण्णा एक बार लिखने बैठे कि सुबह होने तक अखंड लिखते रहते।

सफर से लौट कर आने पर भी अण्णाभाऊ बिना थके रात-रात भर लिखते रहते। 'वारणा की घाटी' की प्रस्तावना के अनुसार उनकी रचना के पहले पाठक शाहिर गव्हाणकर ही होते थे। वे स्नातक होने के साथ-साथ जागरूक पाठक भी थे। शुरुआत में बिजली न होने के कारण अण्णा के साथ केरोसिन की ढिबरी या मोटी बत्तीवाली चिमनी होती जो काफी धुआँ उगलती थी। उसकी जलती हुई बत्ती रात भर अण्णा के साथ होती थी। यदि बीच में कथानक में पेंच या गुत्थी आयी तो अण्णा रुक जाते, बाहर जाते, बीड़ी का कश लगा कर फ्रेश हो जाते।

शुरुआती दौर में अण्णा को कई बार संयुक्ताक्षर तकलीफ देते। जैसे ऐश्वर्या, इच्छा, प्रेम, ढाई शब्द (वर्ण) आने पर वे शकुंतला से चर्चा करते। इस बात को स्पष्ट करते हुए कहती है, "शिक्षा की बात यदि करें तो मेरी या हमारी शकुंतला की

पढ़ाई भी कितनी थी? शकुंतला चौथी तक और मैं पाँचवीं-छठी तक पढ़ी थी परंतु पठन के वह कारण थोड़ी अच्छी समझ थी। इसी कारण हम एक-दूसरे को सहारा देते थे।" अण्णाभाऊ बड़े स्नेहिल और प्रिय थे। वे लड़कियों को बहुत चाहते थे।

पठन के साथ ही जीवन के विविध रंग, अनुभव कर चुके, उन्हें जी चुके अण्णा को चिरागनगर में ये सब साक्षात दिखते थे। 'चिरागनगरच्या भूता' (चिरागनगर के भूत) कहानी के सारे भूत उन्हें रोज मिलते थे। मुँह में चाबुक-सी लगनेवाली गालियों को और कमर पर बाँधी लुंगी की गांठ के पास रामपुरी चाकू लेकर गुर्राते-घूमते वहाँ के लोग ऐसे में बाहर टेबल डाल कर बेल की छाँव के नीचे, कोई भला आदमी दिन-दिन भर लिखता ही रहता है, इसका उन्हें आश्चर्य होता। कई, नशे में धुत्त पियक्कड़-तळीराम (राम गणेश गडकरी के नाटक-एकच प्याला का पियक्कड़ प्रमुख पात्र) अण्णा के सामने से गुजरते वक्त नशे में भी उन्हें कड़क सलाम ठोंकते थे।

अंग्रेजों के जमाने में भयावह सजा भोग कर आया हुआ जंगी नामक गुंडा था। वह अण्णा के पास बैठ कर पान-सुपारी खाता रहता। अण्णा के घर से चार-पाँच चाल की दूरी पर जंगी ने काफी जगह हड़प ली थी। वहाँ बड़े रोब से वह रहता। जेल से बाहर आने पर गरीबों का मसीहा हो गया था। कंधे पर छर्रे की बंदूक थी। तोता, पंछी और कुत्ते पालता था। कमर पर लुंगी उसके ऊपर बेल्ट और उसमें रामपुरी चाकू लटकाकर घूमता रहता। अण्णा ने इसे उठा कर 'वैजयंता' उपन्यास में फिट कर दिया। इसके अलावा 'चिरागनगर के भूतों' में यह चंगेजखान के रूप में पाठकों के सामने आता है।[6] वैजयंता उपन्यास की नायिका भी मूलत: तमाशा की एक लड़की थी। काफी मशक्कत के बाद उसने सिनेमा में पैर जमाये परंतु उसकी दुर्दशा खत्म नहीं हुई। ऐसी अनेक लड़कियों-स्त्रियों ने अपनी दुखभरी आहें अण्णा के सामने व्यक्त की हैं।

अण्णा का शीलता के नीचे का टेबल खतरे से खाली नहीं था। वहाँ से आधी फर्लांग की दूरी पर घाटकोपर की पहाड़ियों पर खुदाई जोरों से चल रही थी। अहमदनगर और खानदेश से आए मजदूर काम कर रहे थे। रात में सुरंग की बत्ती जलाई जाती और फिर कई छोटे-बड़े पत्थर उछलकर आजादनगर और चिरागनगर की झोंपड़ियों पर आ गिरते। कई बार आदमी केवल जखमी ही नहीं होते तो मर भी जाते। पाँच सौ फीट बड़ी चट्टान ढह गयी। उसके पहले दिन अर्थात् 8 नवंबर 1958 को सुरंग से एक पत्थर भरभराकर बस्ती पर आया। अपने घर के दरवाजे पर

बैठा सीताराम नामक एक बेचारा मिल-मजदूर जगह पर ही मर गया। इस घटना को अण्णा ने एक जगह पर दर्ज कर रखा है।[7]

संदर्भ

1. 'अण्णाभाऊ और जयवंताबाई की यादें'–श्रीमती शकुंतला सपताल, पृ. 21, 'जीवन संघर्ष-लोकशाहीर कॉमरेड अण्णाभाऊ और जयवंताबाई का', संपा. सुबोध मोरे।
2. जयवंताबाई की कन्या शकुंतला सपताल से साक्षात्कार, 5 सितंबर 2020
3. शांताबाई दोड़के से साक्षात्कार, 22 नवंबर 2020
4. शाहिर आत्माराम पाटील, 'सुगावा', दीपावली अंक 1977, पृ.17
5. शांताबाई दोड़के से साँक्षात्कार, 22 नवंबर 2020 और संजय सपताल से चर्चा, 30 नवंबर 2020
6. संजय सपताल से साक्षात्कार, 29 नवंबर 2020
7. 'कोसळलेला कडा', अण्णाभाऊ साठे, युगांतर, नवंबर 1958

श्रमिक नायिका चंदन

1951 में प्रकाशित 'चित्रा', 1959 में प्रकाशित 'चंदन' साथ ही 'चिरागनगर के भूत' (चिरागनगर ची भुते) 1958 और 'बरबाद्या कंजारी' 1960 आरंभ के दो उपन्यासों और बाद के दो कहानी संकलनों ने महानगरीय साहित्य की पुख्ता नींव रखी।

अण्णाभाऊ के इस साहित्य में महानगरीय जीवन का सबकुछ समाया है। मुंबई की गंदगी, झुग्गी-झोंपड़-पट्टी, घरेलू भोजनालयों की ताई-माई-अक्का, उत्तर भारतीयों के दुग्ध-व्यवसाय से संबंद्ध बड़े-बड़े तबेले, उनका आपसी संघर्ष, गरीब बस्ती की शरीर बेचनेवाली वेश्याओं का जीवन, अमीरों के शादी-ब्याह में सज-धज कर घूमनेवाले ब्याह-दलाल, शादी के लिए संपूर्ण देश से मुंबई में लड़कियाँ भगा कर लानेवाले गिरोह, मुंबई में बढ़ती गुंडागर्दी और हिंसाचार, दलाल, किन्नर, जेबकतरे, दक्षिण मुंबई के फाइव स्टार बस्तियों में घूमनेवाली महँगी कॉल गर्ल्स, नौसेना के विद्रोह के बाद की मिल हड़ताल, उस समय गाँव-सीमा पर रहनेवाले अछूत, घुमंतू जातियों के लोग, बंजर भूमि के कारण अपना गरीबी से भरा जीवन छोड़कर मुंबई की ओर भूख की आग मिटाने के लिए दौड़ कर आया विशाल ग्रामीण समूह, मुंबई में सोने से भी महँगे बिकनेवाले भूखंड, अमीरों की लाचारी और गरीबों में दिल की अमीरी और निर्मलता यह समूचा जगत ही मुंबई ने अपने पेट में समा लिया है। महानगरीय जीवन के ताने-बाने पूरी ताकत के साथ अण्णा ने अपनी दर्जनों कहानियों में रेखांकित किए हैं।

मुंबई और अण्णाभाऊ के बीच अटूट रिश्ता विशद करते हुए कविवर नामदेव ढसाल लिखते हैं, "हिंदू धर्मशास्त्र में अछूत के रूप में जिनके माथे पर धब्बा लगाया है और कर्म विपाकवाद के शाप के शिकार होकर और जो कुछ अपने माता-पिता के साथ होना अटल था इसलिए विस्थापित हो उन्होंने (अण्णा ने) वाटेगाँव से मुंबई तक की पैदल यात्रा कर पेट की आग बुझाने वे यहाँ आए। इस मुंबई ने ही उन्हें

समाजनीति, राजनीति की प्रतिबद्धता की दीक्षा दी।"[1] इसी मुंबई के मजदूर वर्ग की स्वेदगंगा धारा में अण्णाभाऊ को मेहनती वर्ग की, पत्थर खदान में मुरूम-मिट्टी को अपने सिर पर ढोनेवाली 'चंदन' नामक सशक्त नायिका प्राप्त हुई। उसकी अपनी दुनिया और उसके निजी सुख-दुख की दुनिया, उसके जीवन संघर्ष की ऐंठन और पीठ पर झेले गए अन्यायरूपी कोड़े की निशानियाँ अण्णा की लेखनी की पकड़ में सब कुछ आ गया।

भारतीय साहित्य में मजदूरों का प्रतिनिधित्व करनेवाली यथार्थ की पृष्ठभूमि पर 'चंदन' पहली, सशक्त नायिका साबित होती है। ग.त्र्यं.माडखोलकर के 'चंदनवाड़ी' नामक उपन्यास का नायक 'अभिमन्यु' नागपुर के उंटखाना में रहनेवाला है। र.वा. दिघे के 'सराई' उपन्यास की नायिका 'लाड़ी' आदिवासी समाज के कातोड्या परिवार की लड़की है। उसकी पहाड़ी ढलान केंबळा-झोंपड़ियों की बस्ती जगत से परिचय कराती है। घुमंतू और विमुक्त वर्ग का प्रतिनिधित्व करनेवाली लाड़ी मराठी उपन्यास की पहली आदिवासी नायिका है। मेरे मत से वह उड़िया लेखक गोपीनाथ महंती की रचना 'परजा' की नायिका जैसी लगती है। आगे चलकर र.वा.दिघे ने 'कार्तिकी' उपन्यास की नायिका महार जाति की लड़की बताई है। परंतु यह जो मुरूम-पत्थर-मिट्टी की टोकरियाँ ढोनेवाली, मजदूर वर्ग की प्रतिनिधि अखिल भारतीय साहित्य में पहली नायिका के रूप में 'चंदन' ही आती है। अध्येताओं को अण्णाभाऊ की इस मानसकन्या के बारे में सोचना ही होगा। यह ऐसा उपन्यास है जिसके कथानक की धुरी मजदूर-चंदन के इर्दगिर्द घूमती है और मजदूरों की यातना को वाणी देती है।

दूसरे विश्वयुद्ध की टूटफूट के पश्चात सही मायने में भारत में मुंबई, दिल्ली और कलकत्ता जैसे शहर महानगर के रूप में विस्तार कर रहे थे। तब मुंबई शिव (सायन) और पश्चिम की ओर बांद्रा खाड़ी तक भी नहीं फैली थी। बाहर उपनगर तेजी से विकसित हो रहे थे। अचरज की बात तो यह कि बांद्रा नामक गाँव ठाणे जिले में था। 1951 में बांद्रा, मालाड आदि स्थानों पर छोटी-छोटी नगरपालिकाएँ थीं। आज के मुंबई उपनगर के तत्कालीन 64 छोटे गाँव और देहातों का क्षेत्र अंग्रेज काल में भी साष्टी प्रांत का क्षेत्र था।

तब मुंबई की इमारतें बनाने के लिए सायन के पार चूना रगड़ा जाता था। इसलिए उस गाँव का नाम चुनाभट्ठी पड़ा। यहाँ पर चावल की नालियों में चूने की कई भट्ठियाँ जलती थीं और 1965 तक गोरेगाँव तो महाराष्ट्र की सबसे बड़ी ग्रामपंचायत थी।

1950 के दरमियान घाटकोपर गाँव के पीछे की ओर स्थित पहाड़ी और उससे सट कर पवई और उस पार के चांदवली (अण्णा के उपन्यास का मुद्रित शोधन करते समय गलती से चांदोली हो गया। जबकि इस नाम का गाँव सांगली जिले में है।) गाँव के परिवेश में बड़ी-बड़ी खदानों से पत्थर-मिट्टी की खुदाई शुरू हुई। इस काम के लिए घाटकोपर, पवई, चांदवली के इलाके में पत्थर-खदान की खुदाई के लिए कई कंपनियाँ आगे आयीं। यहाँ काम करने के लिए विशेषकर दक्षिण की ओर से महाराष्ट्र-कर्नाटक और आंध्र से मजदूर और उनके गधे लाए गए थे। इस पत्थर-मिट्टी का काम करने के लिए वडारी, पाथरवट, परदेशी आदि मेहनतकश वर्ग मुंबई की ओर आकर्षित हुआ।

आगरा रोड से डेढ़ फर्लांग की दूरी पर एक पहाड़ खड़ा है। हवाई जहाज उससे न टकराएँ इसलिए पहाड़ी का सिरा ही ध्वस्त कर दिया गया और मस्तक विहीन पहाड़ी पर एक लाल बत्ती जला दी गयी। आने जानेवाले हवाई जहाजों को खतरे का इशारा देने की जिम्मेदारी उस फूटे मस्तक पर डाल दी गई। इस पहाड़ी ने आजादनगर नामक झोंपड़-पट्टी को अपने कमर पर ले लिया है जो पूरी तरह अंधेरे से घिरी है।[2]

पेट का गड्ढा भरने मात्र का सीमित सपना लेकर मुंबई की ओर दौड़ आनेवाले हजारों मजदूर वर्ग की 'चंदन' प्रतिनिधि है। 'चित्रा' की पृष्ठभूमि में नौसेना विद्रोह, कपड़ा मिल उद्योग और तब के मुंबई में स्थित हाय प्रोफाइल वेश्या व्यवसाय की भी है। "पण लक्षात कोण घेतो?" (अर्थात् अब कौन ध्यान में लेगा?) हरिभाऊ आपटे के उपन्यास की नायिका मुंबई कपड़ा मिलों की बड़ी-बड़ी चिमनियों के दूर से मुखदर्शन लेती है और चकित होती है। जबकि अण्णाभाऊ की 'चित्रा' मिल में प्रत्यक्ष रूप से त्रासन विभाग में काम करनेवाली मजदूर है। दूसरे 'चित्रा' में अण्णाभाऊ स्पष्टत: नाम के साथ कॉमरेड डांगे का चरित्र-चित्रण करते हैं और 'चंदन' में असंगठित मजदूर क्षेत्र से आए डॉक्टर भोसले नामक नौसिखिए और उत्साही डॉक्टर का चित्रण प्रस्तुत करते हैं।

आम पाठकों ने 'चित्रा' और 'चंदन' को सिर आँखों पर बिठाया है। इन दोनों उपन्यासों का स्तर और इनकी बुनावट वैश्विक साहित्य से किंचित मात्र भी कम नहीं है, ऐसा मैं पूरी जिम्मेदारी के साथ कहता हूँ।

नवंबर 1958 का दूसरा सप्ताह अण्णाभाऊ के लिए महत्त्वपूर्ण रहा। उस समय वे जहाँ रहते थे उस चिरागनगर की पत्राचाल से महज आधे फर्लांग पर पाँच सौ

फीट की विशाल चट्टान आ गिरने का भयावह प्रसंग घटित हुआ था। इस घटना का वर्णन अण्णा ने 'युगांतर' में प्रकाशित किया है।[3]

वह बड़ी चट्टान सांताक्रूज हवाई अड्डे से आने-जाने वाले हवाई जहाजों के लिए बाधक थी। इसलिए उसे तोड़ने के लिए रात-दिन सैकड़ों मजदूर खुदाई कर रहे थे। बड़ी-बड़ी सुरूंग में बारूद भर कर विस्फोट कराए जा रहे थे। ज्यादा बारूद का प्रयोग न करें, इसका खतरा पड़ोस की झोंपड़-पट्टी को है, ऐसी शिकायत स्वयं अण्णाभाऊ ने अपने साथियों के साथ एअरपोर्ट ॲथोरिटी के पास की थी। तब ॲथोरिटी के अधिकारियों ने उद्दंडता से कहा, 'तुम अपनी झोंपड़ियाँ उठाओ और दूसरे स्थान चले जाओ।'

9 नवंबर 1958 की शाम पाँच सौ फीट की वह चट्टान अचानक आ गिरी। भयंकर विस्फोट हुआ। चारों ओर धूल ही धूल। मजदूरों की चीखें सुनकर स्वयं अण्णाभाऊ अपने साथियों के साथ उस खदान की ओर दौड़े गए। इस हादसे में 67 मजदूर जमींदोज़ हो गए। उनकी गृहस्थी मटियामेट हो गई। मृतकों के रिश्तेदार पशुओं की तरह रो रहे थे। जो बारह मृत शरीर बाहर निकाले गए उनमें से छह शव खुले डंपर में रखकर अस्पताल ले जाए गए।

पचपन लोग लापता होने का ऐलान किया गया। कारण और अधिक खुदाई करना असंभव था और खर्चीला भी था। लापता लोगों के रिश्तेदार और इस हादसे में अपने पति को खो चुकी महिलाओं की चीखें और आक्रोश बड़े दर्दनाक और भयावह थे। ऐसे में अण्णाभाऊ विधवाओं को ढाढस बँधाने का काम कर रहे थे। इनमें से एक मिट्टी काम करनेवाली अभागन, अनपढ़, निराधार महिला के रूप में 'चंदन' नामक नायिका लेखक को मिली। मजदूर वर्ग से उपन्यास के अंतरिक्ष में आयी यह भारतीय साहित्य की पहली नायिका है। अण्णाभाऊ उसे पत्थर की खदान से साहित्य के शिल्प में ले आए।

उपन्यास में चित्रित पात्र यहाँ की मिट्टी की देन हैं। ठठरी-सा, दुबला-पतला, लंबी गर्दनवाला, झिंगऱ्या दीखने में गरीब, व्यवहार में पक्का धोखेबाज! नारायणनगर के दयाराम ट्रांसपोर्ट में वह मुकादम का काम करता था। झिंगऱ्या पुरुषसत्ताक व्यवस्था का सच्चा प्रतिनिधि है। अपनी पत्नी चिंगी का वर्णन मुँह पर ही करता है, "ये साली! बायकु भी नहीं और भैंस भी नहीं। बायकु होती तो बच्चे का खयाल रखती, यदि भैंस होती तो कम-से-कम दूध तो देती।" चिंगी भी झिंगऱ्या की तरह घाघ पत्नी थी। सब काम सँभाल कर दारू की भट्ठी लगाती।

उक्त पहाड़ी तले होनेवाली मिट्टी की ढुलाई, वहाँ परिश्रम करनेवाले सैकड़ों असंगठित मजदूर, सैकड़ों मोटरें और ट्रकों की रात-दिन होनेवाली आवाजाही, इससे सड़क की धज्जियाँ ही उड़ गई थीं। वहीं रास्ते के पास टीन की बड़ी झोंपड़ी पर 'दयाराम ट्रांसपोर्ट कंपनी' का बोर्ड लगा हुआ था।

तब मुंबई से बाहर निकलने के लिए एकमात्र सड़क जीवनवाहिनी की तरह थी, जो सायन से ठाणे की ओर जानेवाला आगरा रोड था। ठाणे के पास से एक सड़क भिवंडी होते हुए गुजरात की तरफ, तो दूसरी नासिक की ओर जाती थी। ठाणे जिलाधिकारी कार्यालय के सामने से ही मुंब्रा से तलोजा की बिरयानी खाते हुए जानेवाली दक्षिण की सड़क थी। इस संकरे रास्ते से समूचे दक्षिण भारत की ओर की आवाजाही होती थी। तब मुंबई में आज का पूर्व द्रुतगति मार्ग (ईस्ट एक्सप्रेस वे) अथवा अंधेरी की ओर का पश्चिम द्रुतगति मार्ग भी नहीं था।

इस बस्ती के मेहनती, गरीब, संघर्ष करनेवाले लोग, उनकी चित्र-विचित्र वेशभूषा, रहने का रंग-ढंग और छोटी-सी गृहस्थी के साथ कुचले हुए आधे-अधूरे सपनों की पत्तलवत् अण्णाभाऊ उन्हें जिंदा बनाये रखते हैं। उस बस्ती में चोटीवाला दादा के रूप में जाना जानेवाला गुंडा रंगा, शरीर पर बनियान, उस पर सेना का ओवरकोट, कमर पर लुंगी, सिर के बाल सफाचट, केवल चोटी रखी हुई, शरीर से भरापूरा, ताकतवर होने के साथ ही अड़ियल भी था। पहले वह फौज में काम करता था। अब दयाराम के यहाँ ड्राइवर का काम करता है। उसने चंपा को धंधेवाली गली से उठा कर सभ्य लोगों की पंक्ति में ला बिठाया था।

टाइगर रंगा के मोटर का क्लीनर था। वह बासी पकौड़े खाते हुए चंदन के सौंदर्य को लगातार देखने वाला टपोरी था। उसकी नाक बैठी हुई थी। लाल गोलमटोल आँखें, लकड़बग्घा की तरह सिर पर खड़े बाल, विरल मूँछें (अर्थात् किसी जंगली कुत्ते-सा, मजबूत जबड़ेवाला रोएँदार प्राणी, जो केवल बड़े जानवरों के हड्डी-मांस से पेट भरता हो।) अण्णा द्वारा चित्रित बस्ती का यह लकड़बग्घा मृत पशुओं का मांस नहीं खाता, उसे तो युवा बच्चियाँ-लड़कियों का मांस पसंद है।

अण्णाभाऊ की ये गरीब, कमजोर, अनपढ़ स्त्री-चरित्र अपने सीधे-सादे विचारों की फटी गुदड़ी की गरमाहट में जीनेवाली हैं। चंपा कहती है, "चंदन अक्का इस दुनिया में अकेली स्त्री अपनी इज्जत बचा कर नहीं जी सकती। अत्याचारी पुरुष की शक्ति के आगे स्त्री चाबुक की डोर-सी मुड़ जाती है। मैं भी अकेली थी, इसलिए मुझे जो मिला उसने मुझे वादी*–सा मोड़ा, तोड़ा, निचोड़ा।"

***वादी**–चमड़े का पट्टा।

सेठ दयाराम उस छोटी-सी बस्ती की पूँजीवादी व्यवस्था का प्रतिरूप था। जैसे-तैसे अपने शरीर को आगे धकियाते हुए चल रहा था। अण्णा को उसका शरीर मिट्टी के बड़े घड़े जैसा दिखाई देता है। उसके शरीर का लंबा ऊनी ओवरकोट, सिर पर तिरछी रखी फर की कश्मीरी टोपी, उसके बेडौल शरीर पर व्यंग्य करते हुए लेखक ने लिखा है, "उसके बौने शरीर के कारण उसका बड़ा सिर मानो बड़े मटके पर रखी मिट्टी के लोंदे की तरह दिखाई देता।" धन से उन्मत्त इस व्यक्ति की नज़र में खोट थी।

मुंबई में सही मायने में भाईगिरी का प्रारंभ दूसरे विश्वयुद्ध के बाद ही हुआ। दयाराम ट्रान्सपोर्ट में गोपाल नामक छह फीट ऊँचाई का एक मजबूत ताकतवर नौकर काम करता था। जिसे सब लोग गोपालदादा के रूप में पुकारते है। वह शराबखोर, ढीठ और नारायणनगर झोंपड़-पट्टी का दादा है। सारे लोग उसके नाम से काँपते-थर्राते हैं। उसे छेड़ने का मतलब मौत को बुलाना है। यह पात्र अण्णा ने 'चंदन' उपन्यास में प्रस्तुत किया है। यह एक खल पात्र है, जो महानगरीय साहित्य का प्रथम दादा है। इसी काल में परेल में एक कुश्ती के अखाड़े में उस्ताद रह चुके बोरकरदादा बड़े आदमी थे। बोरकरदादा से अण्णाभाऊ की अच्छी जान-पहचान थी। बोरकरदादा का शिष्य और उनके गुट का लड़का मोहन चिरागनगर में रहने आया। निडर मोहन हमेशा अपने साथ गुप्ती या तलवार रखता और तलवार की धार पर चलने जैसी खतरनाक जिंदगी व्यतीत करता। ऐसे मोहन को नीली आँखोंवाली मुस्लिम लड़की के नज़रों की कट्यार ने घायल कर दिया और उसे पाने की लालसा में अपनी जाति, धर्म छोड़ कर मुसलमान हो गया, अब खानदादा के नाम से जाना जाने लगा। गोपालदादा का चरित्र प्रस्तुत करते समय अण्णा की आँखों के सामने निश्चित ही बोरकरदादा और रोजमर्रा की बैठक वाला मोहन का मूर्त रूप सम्मिश्रित होकर प्रस्तुत हुआ है।[4]

पहली ही नज़र में गोपालदादा का चंदन से प्रेम हो जाता है। लेकिन बाएँ हाथ से काम करनेवाला, अपने प्रेम के राज को किसी के सामने प्रकट नहीं करता। महानगर के पुरुषों, भूखे कौवों की नजरों से बचकर रहना चाहिए, ऐसा कहते हुए चंपा, चंदन को व्यावहारिक इशारा भी देती है। "यदि किसी औरत का पैर फिसल जाए तो उसे कोई रोक नहीं सकता। उसकी स्थिति पहाड़ों से लुढ़कनेवाले पत्थर की तरह होती है। ढलान से लुढ़कते हुए सीधे तल पर जा गिरता है।"

ऊपरी तौर पर टाइगर चंदन को अपनी बहन मानता था। चंदन उसकी भीतरी-धूर्तता को जानती थी। गुंडे गोपालदादा को दिल नाम की चीज ही नहीं है, ऐसा लोग

कहते थे। वह तो खूनी, लापरवाह, पत्थरदिल था। जेल तो उसका अधिकृत का मायका ही था।

मजदूरों की इस दुनिया में पगार का दिन छोटे बच्चों से लेकर बेरहम गुंडों तक उत्सव का दिन होता था। कपड़ा मिल के गेट पर लेनदार, भिखारी, फल बेचनेवाले, मेवा-मिठाई की दुकान और पैसे वसूल करनेवाले पठानों की भारी भीड़ होती। इसके संदर्भ मैंने, 'लस्ट फॉर लालबाग' उपन्यास में दिए है। मिल की ही तरह छोटे कारखानों में काम करनेवाले असंगठित खदान मजदूरों के पगारवाले दिन मेले-सी भीड़ उमड़ पड़ती है। यहाँ से पगार पाकर बाहर खिसकनेवाला पति, जब तक अपनी जेब खाली नहीं होगी, तब तक लौट कर नहीं आएगा इस भय से झिंगऱ्या की पत्नी, पति के पगार पर छापा मारने के लिए सुबह से ही गेट पर आकर खड़ी हो जाती।

खदान काम पर समूचा महीना धूप-गर्मी में तवे की रोटी की तरह जलनेवाली चंदन, जब वह अपने पगार के लिए मालिक के सामने कतार में खड़ी होती है, तब किसी मेंढक को निगलने के लिए घात लगाये बैठे साँप की तरह सेठ दयाराम का व्यक्तित्व अंकन अण्णा ने जीवंत किया है। चंदन पूरा महीना खून-पसीना बहाती है। इसकी कीमत वह कैसे करता है–यह शब्द प्रभु और मानवता के झरने के उद्गाता लेखक को ही संभव है। पाठकों के लिए मूल उद्धरण प्रस्तुत है–

चंदन के सामने आते ही दयाराम मतवाला हुआ। कुर्सी पर पीठ टिका कर उसने धीरे से चंदन को निहारा। अपने पल्लू से पूरे शरीर को ढाँक कर खड़ी चंदन उसे और भी आकर्षक लगी। खुश होकर उसने कहा–

"चंदन, मैंने सुना, तुम अकेली ही रहती हो?"

"नहीं! मेरा लड़का है।" पाँव के नाखूनों को देखते हुए बोली–

"क्या लड़का?" दयाराम अचरज से पूछता है। "कितनी उम्र है उसकी?"

"आठ साल।"

"तो अब तुम्हारी उम्र कितनी है?"

इस सवाल से चंदन घबरा गई। वह बोली 'इक्कीस' और उसने चारों ओर आँखें उठा कर देखा। कोने में बैठा गण्या वडार का मुँह खुला का खुला रह गया। सेठ ने चंदन की उम्र का अपनी उँगलियों से हिसाब लगाया और कहा, "...तो तुम्हें चौदह साल में लड़का हुआ। वाह! बहुत खूब! आज तुम जवानी की ऊँची कमान पर हो। किसी दिन वह बेकाबू सागर-सा प्रलय करेगा, इसमें कोई शक नहीं।"

सुन कर चंदन हक्का-बक्का हो गई। फटाक् से निकल जाने का मन करने लगा। लेकिन पगार तो सेठ के हाथों में था, मजबूर थी। नीचे देखते हुए बोली, "मुझे जल्दी घर जाना है।"

"जाओगी री!" दयाराम सेठ अपने हाथों के नोट नचाते हुए हँस कर बोला।

"चंदन, तुम्हारा पति उस चट्टान दुर्घटना में दब कर मर गया और तुम ललाट पर सिंदूर लगाती हो, उसका क्या अर्थ है?"

"वे मरे नहीं हैं, लापता हैं।" काँपते स्वर में चंदन बोली।

"चंदन, यह सब झूठ है।" दयाराम ने आगे कहा। "चट्टान गिरी उसमें सारे मजदूर मारे गए। मुआवजा देना पड़ेगा, इस भय से ठेकेदार उन्हें लापता बताता है।"

"मुझे जाने दो।" उखड़े स्वर में चंदन बोली।

हँसते हुए दयाराम बोला, "इतनी भी जल्दी क्या? क्या मैं तुझे नोचूँगा? नहीं ऐसा मैं कुछ भी नहीं करूँगा। लेकिन हाँ, इस सुंदर बगीचे का रखवाला भी तो वैसा ही होना चाहिए। अन्यथा यह उजड़ जाएगा। क्या समझी!"

गर्दन हिलाते हुए उसने कहा, 'ना'।

तो फिर सुन, साफ ही बोलता हूँ। दयाराम कहता है, "ये जवानी, ये रूप फालतू में जलाओ मत और सस्ते में बेचो मत, इसकी कद्र करो और मेरी बात पर विचार करो, सोचो, तुम रानी बन कर रहोगी, रानी! चंदन.....!"

"मैं गरीब हूँ और गरीब ही रहूँगी।" चंदन ने झट से जवाब दिया।

"यह दौलत तुम्हारे पैरों के पास जगह माँग रही है।"

"मैं निराश्रित हूँ,"

"न हो, तुम्हारा तकदीर सिकंदर है।" ऐसा कहते हुए सेठ ने नोट पुन: गिने। चंदन के हाथ में देते हुए हौले से उसका हाथ दबाया।

'चंदन' उपन्यास में नारायणनगर से घाटकोपर की पहाड़ी की तलहटी तक फैली झुग्गी-झोंपड़ियों का भीषण और भयावह चित्रण मिलता है। झोंपड़े से सट कर खड़ी झोंपड़ी, इनके मध्य सुस्ताने के लिए रुके वडारों के गदहे। इसी कतार में खड़ी चंपा की झोंपड़ी जो पुराने सामान से बनायी गयी थी।

मुंबई का यह उपनगर, एक पहाड़ी के पैरों पर सिर रख कर खड़ा था और प्रख्यात आगरा रोड उसकी पीठ पर पैर रख कर मुंबई की ओर निकला था। इस उपनगर में पानी से भीगे कौवों के झुंड की तरह, घर थरथरा रहे थे। गतकालीन युगों के अस्तित्व की निशानियाँ थी वह। पहाड़ी से आनेवाली जंगली हवा उन्हें टहोका

लगा रही थी। भैंसों के तबेले की पेशाबी गंदगीभरी दुर्गंध घर-घर में घुस रही थी। एक छोर की दो चालें पाँव फिसले आदमी-सी तिरछी हो गयी थीं। वे एक-दूसरे पर गिरने की स्थिति में थीं। हर टूटे दरवाजे पर तख्ती लगाई गई थी, जिस पर नगरपालिका का हुक्म अंग्रेजी में किराएदारों को खतरे की सूचना दे रहा था। लिखा था, "यह चाल खतरनाक है, फिर भी हर खोली में दो परिवार रह रहे थे। इतना ही नहीं मुकुल मुलाणी भी अपने दस सदस्यों के परिवार समवेत खुशी से रह रहा था।[5]

जहाँ जगह मिलेगी वहाँ पर और जैसे संभव होगा वैसे झोंपड़ी तैयार की गयी। एक कतार में झोंपड़ों की फौज खड़ी हुई थी।

यहीं पर बरबाद्या कंजारी भी झोंपड़ी बना कर सुख से रह रहा था और उसकी जमात भी वहीं पर रह रही थी। इसका तात्पर्य वहाँ केवल कंजारी ही रहते थे, ऐसा नहीं बल्कि बहेलियाँ, डवरी, डोंबारी, भिखारी, वडारी, बेलदार, घिसाड़ी, सँपेरे आदि अनेक व्यावसायिक जातियाँ भी रहती थीं। कोलतार के कागज, पुराना टीन, सड़ी हुई लकड़ी की तख्तियाँ, सड़े हुए जूट के टाट से झोंपड़ियाँ बनाई गई थीं।...यहाँ सैकड़ों नहीं हजारों लोग रहते थे।[(6)]

मुझे बस्ती के शराबी ठेले का वर्णन पढ़ते समय दोस्तायवस्की के उपन्यास 'क्राइम एंड पनिशमेंट' की याद हो आई। नायक रोस्कोलनिकोव्ह की प्रेमिका सोनिया (सोन्या) का शराबी बाप मार्मलडोव्ह जब शराब के ठेके पर मिलता है तब उस समय के दमघोंटू, बदबूदार, घिनौने, अँधियारे वातावरण की बरबस याद हो आती है।

अण्णाभाऊ द्वारा प्रस्तुत 'चंदन' उपन्यास का डिसोजा नामक ईसाई परिवार का झोंपड़-पट्टी में चलनेवाला शराबखाना भी अव्वल दर्जे का लगता है। उस वीरान, कीचड़ में, अँधियारे में डूबा वह दुमंजिला मकान, पिछवाड़े के अंधियारे से कीचड़ रौंद कर आनेवाले और अगले दरवाजे से शराब पीकर निर्जीव-से झूमते हुए बाहर आनेवाले ग्राहकों का कमर में चाकू खोंस कर मयखाने का मालिक डिसोजा स्वागत करता है। धंधे में बरकत हो इसलिए पीछे की दीवार पर ईसामसीह का फोटो उसने लगाया है। शराबियों से भरा घर, दारू नाप कर देनेवाली प्रौढ़ स्त्री और ग्राहकों के सामने घूमनेवाली अठारह साल की कोमल लड़की मेरी। इन दारूबाजों की भीड़ में शराब के गिलास पहुँचानेवाली और पैसे लेनेवाली युवा लड़की, जो काम करते समय हिरनी की तरह उछलती-कूदती, शायद उसमें माँ-बाप को धंधा कैसे करना का खासा ज्ञान था। इस कारण बौखलाए ग्राहकों के सामने जान-बूझकर मेरी को वे नचाते हो।

शराब में धुत्त, टायगर मेरी की तरफ देख कर आवाज देता है, "ओ मेरी..." और बोतल की माँग करता है। उसे कड़क दारू चाहिए। जिससे एक ही बोतल में दो रॉकेट चाँद तक पहुँच जाए। इस मयखाने में टायगर पाँव टूटे केंकडे की तरह टेढ़ा-मेढ़ा चलता है। ठेले के आसपास घुमनेवाले पियक्कड़ नीचे गिरे मूँगफली के दाने उठाकर मुँह में डालते हुए तारीफ करते हुए कहते हैं, "बहुत करारे हैं ये दाने!" इस पर रंग्या झल्ला कर कहता है, "अरे यह तो बकरी की मिंगनी है।" कुल मिलाकर यहाँ का वातावरण दारू की खट्टी बदबू और तली हुई मछलियों की महक से तथा बीड़ी-सिगरेट के धुएँ से बना है। आसपास बीमार मुर्गियों की तरह झूमनेवाले ग्राहक, यह भयावह करुण वास्तव में शराब की गंध में दम घुटते बैठा ईसा और उसके फोटो के सामने जलनेवाली अगरबत्ती की खुशबू, ऐसा महानगरीय जीवन का चाकू की धारवत् तिक्त यथार्थ को अण्णा ने अपनी कल्पनाशक्ति और अपनी व्यथा के साथ प्रस्तुत किया है।

अपने पति को खोने के दुख से चंदन आक्रोश करती है। उसके प्रति कृतज्ञता से उसका जी भर आया है। मेरे सुख हेतु खुद को गाड़ लेने वाले के अंतिम दर्शन भी भगवान ने मुझे क्यों नहीं दिए? अपने गर्म आँसू पोंछते हुए पति का शव देखने को भी नहीं मिला, इसकी कसक उसे व्याकुल करती है।

पट्ठे बापूराव द्वारा वर्णित 'मुंबई' नामक "रावण की दूसरी लंका" में जगन और माँ-बाप की छाँव से वंचित चंदन और उसका पति काम ढूँढ़ने कभी मुंबई आए थे। उन्हें राजा नामक बालक था। उन्होंने अपनी गृहस्थी की शुरुआत खुले में, पेड़ के नीचे की। मुंबई में कदम-कदम पर और नाके-नाके पर (ओर-छोर पर) विकट हास्य करनेवाले रावणों से उनकी मुलाकात होती थी। काम की खोज हेतु दौड़-धूप करनेवाले बेरोजगार जगन के हालात अण्णाभाऊ के शब्दों, मटके पर मुट्ठीभर मिट्टी गिरने के समान उसकी हालत हो गई थी। (इतनी दौड़-धूप के बाद भी हालात ज्यों-के-त्यों ही) इस भाग-दौड़ के अंत में घाटकोपर की पहाड़ी ढलान पर खदान में दोनों मजदूरी करने लगे। जगन को रात में किया जानेवाला सुरंग की बारूद की बत्ती को सुलगानेवाले मजदूर का काम मिला। यह काम अत्यंत खतरनाक था लेकिन इसमें चार पैसे अधिक मिलते थे और आगे चलकर जगन के शरीर पर ही नहीं तो समूचे परिवार के भविष्य पर ही बदकिस्मत चट्टान आ गिरती है।

रोंगटे खड़ा कर देनेवाला यह प्रसंग उपन्यास के चार-पाँच पृष्ठों में प्रस्तुत हुआ है। महान लेखक मानो उस वंचित, असहाय चंदन के पिता की भूमिका में ही पाठकों

के सामने आ जाता है। अपनी बेटी के मिट्टी सने माथे को धीरे से अपनी गोद का तकिया देता है। उसके फटे हुए पल्लू से हवा करता है। उसकी अगली दुर्दशा का वर्णन भी तन्मयता से करता है। यहाँ कोई प्रदर्शन नहीं, प्रचार नहीं, जातीय या धार्मिक रसायनों के बेकार-गंदे पानी का अंश नहीं। फालतू शब्दजंजाल, आक्रोश या बावेला नहीं।

स्त्री अपने जीवनसाथी को बदकिस्मती से खो बैठती है। इसके बाद दूसरे ही दिन खदान के काम पर हाजिर हो जाती है, बिन पति के अपने जीवन का यह दिन अनुभव करती है तब ज्ञात होता है कि यह रोजमर्रा की दुनिया भूत की तरह उलटे पैरोंवाली है। जीवन की इस भयावहता का चित्रण अण्णाभाऊ अत्यंत संक्षेप में करते हैं। यहाँ पांडुमामा जैसा कोई अकेला ही पड़ोसी पिता के ममत्व से पूरी झोंपड़-पट्टी में चिंता करते खड़ा रहता है। अन्यथा उस विधवा के सिर पर भूखे कौवों और गिद्धों के पंख ही फड़फड़ाते रहते हैं।

एक तरह से उस समय की यह गुंडागर्दी भी आजकल के गैंगस्टर-सी घातक-विनाशक नहीं थी। कूकर में टाइमबम रख कर रेल को उड़ानेवाली बेरहम, चालबाज़ भी नहीं थी। तब गुंडों के पास एके 47 जैसे विनाशकारी हथियार भी नहीं थे। एक सामान्य तेज-धारदार रामपुरी चाकू का भी बड़ा धाक था। घात लगाकर या छुपा हमला तबके मवाली नहीं करते थे। तब के गुंडे भरी बस्ती में एक-दूसरे के सामने "आवा s s ...ज, आवा s s...ज!" चिल्लाते हुए विरोधी को खुली चुनौती देते थे।

उस भेड़िए और लकड़बग्घों की बस्ती में चंदन जैसी अकेली, मजदूर महिला अपने नन्हे-मुन्ने बच्चे को जैसे-तैसे सँभालती है, लालन-पालन करती है। चंदन के लिए ही सेठ दयाराम और गोपालदादा में, उनके साथियों के साथ भयावह मारपीट होती है। जिसमें गण्या का कत्ल हो जाता है।

इस बस्ती का जीवन अपने आपमें दुख का पहाड़ है। इस बस्ती से किसी-न-किसी कारण झगड़ा मोल लेने से मर जाना अच्छा है, इस एहसास से चंदन कई बार बहुत डर जाती है। उसके मन में कई बार आत्महत्या के विचार भी आते हैं। आत्महत्या की इस फिसलनभरी डगर पर ज्यों ही वह कदम रखती है तो नन्हे-मुन्ने का खयाल आ जाता है और भीतर की माँ पुन: लौट आती है। ऐसे में गोपालदादा अमानवीय रीति से एक आदमी का कत्ल कर देता है। उसके जेल जाने के बावजूद भी बस्ती में और दुश्मन बढ़ रहे हैं, का अहसास उसे है।

बस्ती के कई गुंडे तो परिस्थिति के कारण गुंडे बने हैं। पति के जाने के बाद निराधार हुई पारू को दयाराम की रखैल बनना पड़ता है।

दयाराम ने हाल ही में एक कारखाना अलंकार बस्ती के निकट है–को खरीदा है। कारखाने के पासवाली दलदल और खाड़ी की जगह डॉ. भोसले ने खरीद ली है। यह जानकारी उसे मिलती है।

इसी दरमियान कभी-कभार दवाखाने में आकर बैठनेवाले बेटे को लेने चंदन आती है। तभी दयाराम भी डॉक्टर के पास की जमीन खरीदकर या किसी अन्य राह से हथियाने के लिए वहाँ आता है। डॉक्टर भोसले के दवाखाने में ही पैसेवाले दादा दयाराम की और उपन्यास की नायिका चंदन की आमने-सामने मुलाकात होती है। सेठ दयाराम सज्जन डॉक्टर भोसले को अपने जाल में फाँसने की योजना बनाता है।

सिनेमा के पटकथा-लेखकों की आसान राह–बलात्कार–का झूठा आरोप कर दुश्मन को कमजोर करने की है। लेकिन विश्व के सर्वश्रेष्ठ उपन्यासकार, जनसामान्यों के रोजमर्रा की जीवनयापन प्रणाली में से सहज-सरल प्रसंगों की उद्‌भावना कर प्रतिशोध और द्वेष के अंगार सुलगाते हैं। शायद इसलिए ही अण्णाभाऊ यहाँ विद्रूप और भड़कीले उपकथानक की सहायता नहीं लेते। इसके विपरीत सामान्य-सहज प्रसंग से पहाड़वत् बड़ा आशय अपने घेरे में ले लेते हैं।

एक बार झिंगऱ्या और उसकी पत्नी चिंगी में मामूली बात पर झगड़ा होता है। झिंगऱ्या को अपनी पत्नी के हाथों बना स्वादभरा मटन-शोरबा खाने को न मिलने के कारण वह भयंकर चिढ़ जाता है। गुस्से में चिंगी की गोद में बैठे बच्चे को दो घूँसे रख देता है। बच्चा मर जाता है। तब चिंगी पति के खिलाफ शिकायत लेकर दयाराम के पास आती है। तब हिंस्र बुद्धि का दयाराम इस घटना को बदल कर एक बड़ी चाल खेलता है। वैसे भी बच्चे के मर जाने से झिंगऱ्या सलाखों के पीछे जाने ही वाला है। इससे पूरा परिवार मटियामेट होगा। अतः ये दोनों ऐसी शिकायत करें कि डॉक्टर भोसले ने बच्चे को गलत दवा दी और इस कारण वह मर गया है। और झिंगऱ्या-चिंगी अपनी गृहस्थी बचा लें। ऐसी कपटभरी सलाह वह देता है।

गलत उपचार का झूठा आरोप डॉक्टर पर लग जाने से दवाखाना कुछ दिनों के लिए बंद हो जाता है।

अण्णाभाऊ दयाराम जैसे जन्मजात गुंडे और असहाय पारू के बीच का शृंगार भी कुछ पंक्तियों में कलात्मक रीति से साक्षात् करते हैं। इसके लिए उन्हें भड़कीले-चटकीले वर्णनों की आवश्यकता नहीं लगती।

"सेठ दयाराम उठा और भीतर जाकर खटिया पर लेट गया। चारों ओर शांति थी। दरवाजा करकराया और पारू कमरे में आयी। कुछ नहीं बोली। उसने स्वयं ही दरवाजा बंद कर लिया।"

यही दृश्य 'चंदन' उपन्यास के महज तीन साल बाद प्रकाशित जयवंत दळवी द्वारा लिखित 'चक्र' उपन्यास में देखिए।

"अचानक उसके बार-बार ना कहने पर भी भागी को नग्नावस्था में धीरे से उठा कर लुका दरवाजे के पास आया और बोला, ए, भडुए! देख, कैसे दिखता है यह माल? लगा, लगा हाथ लगा....अट्टहास करते हुए पागल कुत्ते-सा लुका ने छलांग लगाई, उसे दबोच लिया।"

और जब 'चक्र' उपन्यास पर सिनेमा बना तो सिनेमा के दिग्दर्शक ने नायिका स्मिता पाटील को झोंपड़ी के सामने खुले में नहाते हुए दिखाया था। गणेश सोलंकी वह स्नान बड़े चाव से देखते हैं। इस दृश्य का सिनेमा में जानबूझकर फुटेज बढ़ा कर दर्शकों की भावनाएँ भी निर्माता ने उत्तेजित की थीं। इतना ही नहीं तो (नहाती स्मिता) सीन का पोस्टर बनाकर सिनेमा की बिक्री बढ़ाई थी। आगे चलकर झोंपड़-पट्टी विषय पर कई उपन्यास आए। इन उपन्यासों में लेखकों ने गर्म प्रसंग और गालियों की बौछार से उसे भड़कीला बनाया है। लेकिन अण्णाभाऊ ऐसी बस्ती के मानवीय दुख-दैन्य का दर्शन कराते-कराते वहाँ की विषमता की खाई की ओर अंगुली-निर्देश भी करते हैं। गंदी बस्तियों के अंतस के करुणा के झरने बहते हुए ही रखे हैं।

अण्णाभाऊ के सभी चरित्र बड़े सच्चे और यहाँ की मिट्टी के बने हुए हैं। आगे चलकर चिंगी और झिंगऱ्या के द्वारा घटित गुनाह उन्हें आराम से जीवन जीने नहीं देता। बेचैनी से विवश होकर वे दोनों कोर्ट में अपना जवाब पलट देते हैं। कारण एक बेकसूर डॉक्टर को हमने अपराध जगत के नर्क में (रौरव) धकेला है। कोर्ट में झिंगऱ्या कहता है, "मैंने मटन के शोरबे के कारण बच्चे को मार डाला था।"

एक दोपहर में दयाराम उस झोंपड़-पट्टी में जोर से घुसता है और चंदन को बाँहों में भर लेता है। जबरदस्ती चंदन का जूड़ा खींच लेता है और बेंत की कच्ची डंडी की तरह मोड़ देता है। उस असहाय मजदूरनी की रक्षा के लिए कोई कृष्ण साड़ियों की राशि लेकर दौड़ कर नहीं आता। झोंपड़ी के कोने में रखा एसिड का डिब्बा चंदन के हाथों लगता है और वह दयाराम पर एसिड उड़ेल देती है। बाईं कनपटी और मूँछें जल कर राख हो जाती हैं और वह विद्रूप दिखाई देने लगता है।

"एक सामान्य मजदूरन तमाम बस्ती की पौरुष शक्ति के सामने झुकती नहीं। उसके सारे दुश्मन एक हो जाते हैं और उसे हमेशा के लिए सलाखों के पीछे अटकाना चाहते हैं। लेकिन कुछ सज्जन भी चंदन के बचाव हेतु आगे आते हैं लेकिन उन्हें कानून के दाँवपेंच, वकीलों के हथकंडे समझ में नहीं आते और उनके पास वसीले की चाभियाँ भी घुमाने के लिए नहीं थीं।"

सेठ दयाराम के रूप में अण्णाभाऊ ने एक सिक्युरिटी में काम करनेवाला गार्ड–जो एक सामान्य गुंडा था–वह चौकीदार से बिल्डर बन जाता है–को दिखाया है। आज मुंबई में ऐसे कई चौकीदार नामवर बिल्डर बने हुए हैं, जो केवल मुझे ही नहीं तो कइयों को ज्ञात हैं। अण्णाभाऊ ने समय की गति को साठ साल पहले ही अपनी प्रतिभा से पहचान लिया था।

दयाराम की गुंडागर्दी के कारण पारू अपने पति को खो चुकी है। पारू के उपकार भूल कर दयाराम उसे ही अपनी कामवासना का शिकार करना चाहता है।

अपनी माँ, अपना सुहाग और अपने भविष्य पर ही कुल्हाड़ी चलानेवाले दुष्ट दयाराम का गर्भ पारू को अपने पेट में रखना नहीं था। इसलिए वह भयावह इलाज खुद करती है। मतलब अपने पेट पर एक लड़के को नचा कर खुले में झाड़ के नीचे गर्भपात करा लेती है। दयाराम को एसिड से जलाने के कारण चंदन को जेल जाना पड़ता है। पारू के जीवन में न जाने कितनी यातनाएँ महानगर ने दी हैं।

अण्णाभाऊ ने अपने विशिष्ट एवं अजीबोगरीब पात्रों के भाग्य में आए दैन्य, भोग को बड़ी दाहकता के साथ प्रस्तुत किया है लेकिन उनके चरित्र कठपुतली मात्र न रह कर जीवंत और विकसित हैं। उनकी मानसिकता में भी परिस्थिति अनुरूप परिवर्तन होता है। मुंशी प्रेमचंद के उपन्यास 'सेवासदन' की नायिका सुमन समस्याओं के जाल में जकड़ी जाती है लेकिन यहाँ मजबूर न होकर चंदन दृढ़ता के साथ दो हाथ करने के लिए खड़ी हो जाती है। चंदन की जिंदगी का ग्राफ अण्णा ने यथार्थ ढंग से पेश किया है। परिस्थिति ने ही चंदन को अनुभव का कड़वा जहर पीला कर और अधिक ताकतवर बना डाला।

जेल में जाने पर भी बस्ती के वे भूत चुपचाप बैठने के लिए राजी नहीं हैं। वहाँ भी जहाँ संभव है सूराख और ढेले गिरा कर कार्य करते हैं। झिंगऱ्या जेल में ही कच्ची शराब बनाने का प्रयास करता है। टायगर यहाँ भी झिंगऱ्या से हफ्ता वसूली से बाज नहीं आता। बस्ती के गुंडे लड़के जेल में भी मारपीट करते हैं। मनुष्य की लाशें गिरने पर भी यहाँ भद्दी हिंसा के दर्शन नहीं होते। क्योंकि इस बैर और मत्सर में गरीबी की करुणा का अस्तर है।

हड़बड़ी में चंदन की समीक्षा करते समय कुछ समीक्षकों ने उसे चौदह साल में लड़का हुआ-दिखाने पर लेखक पर आक्षेप लगाया है। लेकिन उस समय की सामाजिक स्थिति को जान लेना भी जरूरी है। नौ-दस साल की भरे-पूरे देह की लड़की अपने माँ-बाप को बोझ लगती थी। इसलिए शादियाँ जल्दी की जाती थीं।

प्रेमचंद के उपन्यास 'निर्मला' की नायिका निर्मला ने भी उम्र के चौदहवें साल में बच्चे को जन्म दिया है।

डॉ. भोसले और चंदन का रिश्ता इन्सानियत और भलमनसाहत का है। लेखक बिना वजह इस रिश्ते को अवास्तवता की डगर पर नहीं ले जाते। यह वायवी, काल्पनिक, स्वप्नवत भी नहीं है। अण्णाभाऊ के चरित्र की कँटीली धमनियों से संघर्ष के साथ-साथ सदाचार का रसायन भी बहता है। मुंबई में तेजी से परिवर्तित होनेवाले उपनगरों की वास्तविकता, शहर की गंदगी के साथ ही मनुष्य के हाड़-मांस से बह जानेवाली मानवता, अमीरी और गरीबी के बीच बढ़ती खाई और चंदन जैसी मिट्टी काम करनेवाली एक मजदूरन नायिका से बना यह उपन्यास इन सारे कारणों से क्लासिक और उच्च कोटि का बन जाता है।

संदर्भ

1. 'सब कुछ समष्टि हेतु : अण्णाभाऊ'–नामदेव ढसाळ, 'सामना', 31 अगस्त 2000
2. 'बेताल-चिरागनगर के भूत'–अण्णाभाऊ साठे, 1956
3. 'गिरी हुई चट्टान' (कोसळलेला कडा)–अण्णाभाऊ साठे 'युगांतर', नवंबर 1958
4. संजय सपताल से साक्षात्कार–30 नवंबर 2020 एवं मोहन शिवबा साठे से साक्षात्कार–15 दिसंबर 2020
5. 'मुकुल मुलाणी–बरबाद्या कंजारी'–अण्णाभाऊ साठे।
6. 'बरबाद्या कंजारी'–कहानी संकलन–अण्णाभाऊ साठे।

'चित्रा' मुंबई का नकाब उतरा चेहरा

पिछले अध्याय में हमने चंदन की विशिष्टताओं से परिचय कराया। लेकिन इससे पूर्व 1951 में प्रकाशित 'चित्रा' नामक उपन्यास भी अण्णाभाऊ के लेखन की क्षमता का परिचायक है।

'भँवर' (डोह) का पानी सूखते ही मछलियाँ छटपटाने लगती है। सतह छोड़ कर तैरती नज़र आती हैं, तब कौवे उन्हें चुन-चुन खा जाते हैं। इसी तरह देहातों में फाकाकशी से हैरान किसानों की लड़कियाँ जब किसी पर मोहित हो जाती हैं तब उनके शील के व्यापारी उन्हें फाँस कर मुंबई लाकर बेच डालते हैं। ऐसे काले कारनामों से वे अपने पेट की आग बुझाते है। मैंने ऐसे मानवरूपी कौवे भी देखे हैं और यह कथानक मैंने लिख डाला।[1] अण्णाभाऊ ने अपने उपन्यास 'चित्रा' की प्रस्तावना में मई 1951 में ही लिखा था, प्रस्तुत प्रस्तावना उपन्यास रचना की रामकथा है।

चित्रा और सोना ये मूल चरित्र अण्णाभाऊ को कोल्हापुर से कऱ्हाड की सड़क पर प्रत्यक्षत: मिले हैं।

किसान वर्ग की सखुबाई युवावस्था में ही विधवा हो जाती है। 'चित्रा' तब माँ के पेट में थी। ससुराल के गाँव में बिना दाना-पानी के तडप कर मरने से अच्छा है भाई के घर की दहलीज पर जाया जाए यह विचार उसे अधिक विश्वसनीय लगता है। इसलिए बड़ी उम्मीद से अपने मैके में ठौर-छाँव ढूँढ़ती है। उसका अनुज भाई कृष्णा अपनी दो पत्नियाँ और छह बच्चों की गृहस्थीवाला है। लेकिन खुशहाल भाभियों को अपनी विधवा ननद व्यर्थ का बोझ लगती है। इस कारण स्वाभिमानी सखुबाई अपने भाई के परिवार में न रह कर पड़ोस में पशु की तरह एक सपरे में रहती है।

सपरे का अर्थ है गन्ना और घास-फूँस के पुआल से पशुओं के लिए बनाया गया छत।

सोना और चित्रा इन दोनों खूबसूरत लड़कियों की उम्र विवाहयोग्य हो जाती है तब भावनिक और शारीरिक दृष्टि से लड़खड़ाई बहन, भाई कृष्णा के आगे हाथ पसारती है और तड़पकर कहती है, "मैं अपनी जवान खूबसूरत बेटियों को फटेहाल स्थिति में कैसे सँभालूँ? तू तो मेरा पीठ पीछे का छोटा भाई है। तुझे जैसा अच्छा लगे वैसा कर।"

अपनी बेटियों के लिए सुरक्षित गृहस्थी इतनी ही अपेक्षा विधवा बहन की होती है। लेकिन उसका सगा भाई कृष्णा निर्दयी होता है। वह जानबूझकर दूसरे गाँव चित्रा को ले जाकर एक हड्डीरोग से ग्रस्त बीमार से उसकी शादी करा देता है। पहले ही वह बीमारी से त्रस्त और ऊपर से खूबसूरत पत्नी। पंचों के सामने जाकर उलटे शोर मचाता है। "मुझ गरीब को जँचेगी ऐसी पत्नी हो, लेकिन इस कृष्णा ने मुझे फाँस कर खूबसूरत अंगाररूपी आफत मेरे गले बाँध दी। मैं इस शादी को नकारता हूँ। बस मेरी शादी हो गई इतना ही काफी है।"

तो दूसरी ओर सखू की बड़ी बेटी सोना को लेकर कृष्णा अकेले ही मुंबई जाता है और गाँव लौट कर कहता है, “उसका कल्याण हो गया, भला हो गया है। उसे अच्छी नौकरी लग गई है।"

सोना से ढेर सारा पैसा छीन कर कृष्णा मामा मालदार बन जाता है। मुफ्तखोरी से उसका परिवार ऐशोआराम में रहता है। सोना के ही पैसों से पड़ोसी गाँव के युवक से चित्रा का पुन: विवाह करा देता है। परंतु चित्रा के दो कदम आगे दुर्भाग्य दौड़ता है। चित्रा के पति के कानों में लंबा बुलबुलाता कनखजूरा घुस जाता है और चित्रा पुन: विधवा हो जाती है।

पखवाड़े के भीतर ही चित्रा के जीवन का छप्पर उड़ जाता है। अपनी बगल में निचोड़ी हुई साड़ी लेकर सूनी मांग से मामा के पीछे-पीछे मायके आ जाती है।

पचास-साठ साल पहले सूने ललाट की औरत समाज के लिए कीचड़ सनी गुड़िया ही थी। वैधव्य-पाप के चलते उस पर अधिकार जताने कोई भी लंपट मूँछे मरोड़ते हुए आगे आता। तिस पर चित्रा जैसी सुंदर विधवा के लिए 'बाप्या पवार' नामक गाँव का ही एक घिनौना आदमी कोशिशरत है। आप पूछेंगे ये बाप्या कौन है? उत्तर है, गुड़ बनाने की उबलती कड़ाही में गिर कर सभी ओर से जल कर विद्रूप हुआ व्यक्ति। बाप्या की भँवे और मूँछें आग ने निगल ली हैं। ऐसे जले हुए मुँहवाला बाप्या भी बड़े साहस के साथ चित्रा को पाने के लिए सपरे के इर्दगिर्द मँडराता रहता है। रात-बेरात चित्रा का नाम लेकर रीछ की तरह दरवाजे पर धक्के लगाता है।

अपनी युवा लड़की को कोई भी बरबाद कर डालेगा यह डर बूढ़ी, अपाहिज सखूबाई के मन में है। दूसरे, भाई के अलावा और कोई दूसरा करीबी भरोसेमंद भी नहीं। ऐसे में कृष्णा मामा का मन मुंबई की राह पकड़ने के लिए तैयार बैठा ही था।

मुंबई यात्रा के समय कऱ्हाड स्टेशन पर रात में मामूली प्रकाश में घटित कलेजा चीरनेवाली घटना का अण्णा ने ऐसा वर्णन किया है कि पाठकों का सिर भन्ना जाता है। सुनसान स्टेशन पर चलनेवाली रात की हवा कुछ खाने के लिए सूँघते कुत्ते, खून चूसनेवाला खटमल और कंस का वारिस कृष्णा मामा! जो एक मात्र भरोसे का था, वहाँ के घुप्प अँधेरे में अपनी युवा भानजी के शरीर पर हाथ फेरता है। उसकी चंचलता, कामुक तृष्णा हाथ फिराने की अजीब पद्धति देख भानजी हड़बड़ाकर उठी और बोली, "मामा ये क्या है रे?" मामा का पशुस्पर्श वह पहचान लेती है। मानव जीवन के अजीबोगरीब विपरीत, आयाम उभारने में अण्णा की सच्ची ताकत के दर्शन होते हैं।

लगभग 1945 से 1955 के मध्य मुंबई शहर की कई रेखाएँ घूमती हुई अण्णाभाऊ के 'चित्रा' उपन्यास में दृष्टिगोचर होती हैं। खास कर तब के कुलाबा के तरफ की संभ्रांत परंतु दागी मुंबई का दगाबाज चेहरा दिखा देते हैं। ट्रैक पर जोर से दौड़नेवाले, ट्राम्स, अपने खुरों से टपटप आवाज़ करते दौड़ते तांगे के घोड़े आदि बाहरी चित्रण तो हैं ही, ऊँची हवेलियों में विश्वयुद्ध के बाद की स्वार्थी और शोषक, ऐशोआरामी गुलछर्रे उड़ानेवाली व्यवस्था का भी वे चित्रण करते हैं।

मुंबई के काला घोडा के निकट एक अमीर मकान की ऊपरी मंजिल पर आश्रय पानेवाली सोना बहन से मिलते समय पहली नज़र में ही उसकी स्वार्थी, मतलबी दुनिया को पहचान लेती है। वहाँ के कुलीन लेकिन सूजे हुए आदमी के गूढ़ व्यवहार और चालाक इशारों को वह धीरे-धीरे समझ लेती है।

कऱ्हाड-कोल्हापुर रास्ते पर मिली युवा गरीबी से सूखी-मुरझाई दोनों बहनों ने अण्णाभाऊ का पीछा नहीं छोड़ा। इन दोनों के साथ चलनेवाला एक हट्टाकट्टा आदमी था, जो आगे चलकर अण्णा को मुंबई में मिला। वह उन दोनों को कुलाबा के एक अमीर आदमी के बंगले पर ले गया। अण्णा ने बंगले में रखी चीजें देखीं। रंगीन फोटो देखे और वहाँ की भीड़ में अमीरी से सूजे हुए पाँव की दुनिया भी देख ली। तब उन्हें सच्चाई का ज्ञान हुआ।

देहात का किसान पेट की भूख मिटाने के लिए मुंबई की ओर दौड़ता है। कपड़े के साँचे की जरूरत होने से मजदूर आपूर्ति कराने का काम पूँजीवादी दुनिया कर रही

थी। इसी के साथ-साथ यहाँ अमीरों के मौजमस्ती की दुनिया कच्चे माल के रूप में आ रही थी। इसमें युवा लड़कियाँ भी शामिल थीं। सोने के साथ-साथ शील की भी बिक्री हो सकती है यह मैं जान गया।[2]

अण्णाभाऊ ने उस समय की समुद्री यातायात की रेलपेल, पानी के जहाज, विदेशी पर्यटकों से भरे अशिष्ट, नग्न, नीति विहीन कुलाबा को अपनी नज़रों से कई बार देखा था। वहाँ की दुनिया तब भी और आज भी आम मराठी आदमी की समझ से परे थी और है। इसलिए जिस काल में और जिस काल पर अण्णा ने यह उपन्यास लिखा, उस चित्रा के पेट की आँच, पारंपरिक मराठी आलोचना को अयथार्थ लगना सहज स्वाभाविक ही था।

कुलाबा के उस अति-अमीर ऐयाशी की खास ऊपरी मंजिल! यहीं पर पहले कृष्णा मामा ने सोना की देह को कुत्ते की तरह नोचा था, यहीं जनरल नायर मिला, जो सोना के सामने बिल्ली जैसी पूँछ हिलता था। दूसरे विश्वयुद्ध के बाद का कुलाबा से भायखला तक का मुंबई का यह क्षेत्र। बड़े सेना अधिकारी, नेवी कमांडर, नामवर धनिक आदि जो ग्राहक रूप में सोना से मिलते थे। जनरल नायर तो उस पर पैसों की बारिश करता था। बहन की तरह क्या मुझे भी देहविक्रय करना तो नहीं पड़ेगा न? इस आफत के भय से चित्रा का दिल दहल जाता है। ऊपर से इतने सुंदर दिखाई देनेवाले इस शहर में मानव को कैसे बेचा जा सकता है? यह उसके लिए आश्चर्यभरा सवाल है।

दूसरी ओर सोना चाहती है, कि मेरी तरह बहन के जीवन में जालिम भोग न आए। भगवान-धर्म की साक्षी से उसका विवाह हो, उसे सचमुच का पति मिले। ऐसा सपना वह देखती है। लेकिन चित्रा का गदराया-मोहक-आकर्षक शरीर पाने के लिए लालिया खुला चाकू साथ लेकर रातें जगाता है। वहाँ आनेवाला युवक सोने का व्यापारी कांतिलाल तो पैसे से बहुत ही अमीर, शौकीन स्वभाव का और खुले दिल का युवक है। वह तो चित्रा के लिए दीवाना ही हो जाता है। इसी समय जनरल नायर की चालाक नज़र भी इस नई छोरी पर है ही। अण्णा के शब्दों में ऐसा कहा जा सकता है कि एक हड्डी के लिए दो कुत्ते एक-दूसरे पर गुर्राते हैं ठीक उसी तरह जनरल नायर और लालिया की स्थिति चित्रा के लिए हो गई थी।

कांतिलाल की मोटर में बैठ कर मुंबई में घूमते समय चित्रा को स्वर्गीय आनंद मिलता है। इस आनंद के तल में कुछ भयकारी मुसीबत के उद्गम के खतरे का एहसास उसे होता है। कांतिलाल चित्रा पर बहुत खुश है। ऐसे जीजाजी की तलाश

में सोना थी ही और लाखों में एक रिश्ता अपने पैरों खुद चल कर आया था। करोड़ों में खेलनेवाला, खुद का बंगला और मोटरें, देखने में सुंदर और अविवाहित युवा भी, इसके अलावा और क्या चाहिए?

एक शाम कांतिलाल चित्रा के पैरों पड़ता है। अपनी आँसुओं से भरी आँखें पोंछते हुए, बेबसी में कहता है, "मेरे पास सब कुछ है, पर पौरुष नहीं।"

"फिर तुम शादी क्यों करते हो?" गंभीरता से चित्रा पूछती है।

"तुम्हारे जैसी सुंदर स्त्री मेरे साथ हो, इसलिए।" कहते हुए रोने लगा।

"क्यों?"

"मेरी दुर्बलता (खामी) छुपाने के लिए। लोगों को मैं पुरुष नहीं हूँ, ऐसा न लगे इसलिए।"

"लेकिन, मैं तो मनुष्य हूँ न!" चित्रा ने कहा।

"हं, तो....तो....!"

"मुझे भी मन है, भावनाएँ हैं।"

"हाँ, है न्!"

"फिर मैं क्या करूँ?" चित्रा निडरता से बोली।

"मैं वे पूरी कर सकता हूँ न!" गिड़गिड़ाते हुए वह बोला।

"किस तरह?"

"तुम जिस आदमी को कहोगी, उस आदमी को मैं नौकरी पर रख लूँगा।" कांतिलाल का कलेजा धकधक करने लगा।

'चित्रा' उपन्यास के ऐसे प्रसंग, घटनाएँ और वातावरण भ्रामक, अयथार्थ और अतिशयोक्तिपूर्ण है–ऐसा मत रखनेवालों में अण्णाभाऊ के साहित्य पर प्रेम करनेवाले डॉक्टर बाबुराव गुरव जैसे हमारे मित्र भी हैं। लेकिन मुंबई का यही वह काला-घोड़ा से कुलाबा तक का संभ्रांत, विविध व्यसनों से बहका मुंबई का क्षेत्र है, जहाँ मदिरालय, फुटपाथ पर के गंजेड़ी और अमीर देशी-विदेशी वेश्याएँ होती हैं। इसी पृष्ठभूमि पर 2003 में 'शांताराम' नामक अंग्रेजी भाषा में उपन्यास प्रकाशित हुआ है। जिसे ऑस्ट्रेलियन लेखक ग्रेगरी डेविड रॉबर्ट्स ने भारत में रह कर लिखा है। यह उपन्यास तीस भाषाओं में अनूदित हुआ है। इसकी प्रशंसा भी काफी हुई है। चौदह सौ ग्यारह पृष्ठों का विशालकाय उपन्यास का मराठी में अनुवाद श्रीमती अपर्णा वेलणकर ने उत्तम रीति से किया है।

ग्रेगरी रॉबर्ट्स के उपन्यास में चित्रित दक्षिण मुंबई और कुलाबा के वृत्त में स्थित

भोगविलास, मानवी अंगों की तस्करी की दुनिया, भोगलालसा की अनेक रीतियाँ, ग्यारह-बारह साल के बच्चों के लैंगिक उपभोग के लिए चलनेवाली लाखों रुपये की बेटींग (सट्टा), बड़े लोग और बड़े रोग इनकी दुनिया ही न्यारी है। आज भी महाराष्ट्र में रहनेवाले या मुंबई में निवास करनेवाले लोगों की बुद्धि से परे का अजीब विश्व है। ऐसे में इस भयानक वास्तविकता पर अण्णाभाऊ जैसे द्रष्टा कलाकार ने सत्तर साल पहले ही लिखा, यह एक अभूतपूर्व बात है, इसका आकलन मराठी आलोचकों ने नहीं किया।

बड़े-बड़े बंदरगाहों वाला महानगर से तात्पर्य विश्व इतिहास की बिगड़ैल और पतित नागरी बस्तियों का समूह। मुंबई के कुलाबा क्षेत्र के कुछ छोटे-बड़े होटलों में अंग्रेजी शासन काल में ही बैंकॉक से भी पहले लाइव शो जारी थे। (लाइव शो का मतलब रेगुलर बैंड की धुन पर सीमित दर्शकों के सन्मुख पेश किया जानेवाला जीता-जागता संभोग का खेल)

"मुंबईत उंचावरी मलबार हिल इंद्रपुरी
कुबेराची बस्ती तिथे राज्य करती
परळात राहणारं, रात्रंदिन राबणारं
टांग्याची घोडी मेली रस्त्यावरती!"

अर्थात् मुंबई में ऊँचाई पर अवस्थित मलाबार हिल नामक इंद्रनगरी है। कुबेरनुमा धनाढ्यों की बस्ती का वहाँ राज है। (दूसरी ओर) परेल में रहनेवाले रात-दिन मेहनत करनेवालों का जगत् है। जिनके ताँगों के घोड़े गश खाकर रास्ते पर मर रहे हैं।

ये पंक्तियाँ स्वयं अण्णाभाऊ ने लिखी हैं। कुलाबा की सीढ़ियों पर गांजा अफीम खाकर लोटपोट होनेवाली अमीर वर्ग की ललनाएँ तो दूसरी ओर परेल के रास्ते पर अति श्रम से मृत होकर गिर जानेवाले घोड़ों तक की दुनिया उन्होंने अपनी बाँहों में ले ली है। कारण उनके पास प्रतिभा की विशिष्ट शक्ति है। वैसे तो कल्पना से भी परे जलती हुई, सड़ी-गली और फूली हुई वास्तविकता की महक और बदबू शब्दबद्ध करने की प्रचंड शक्ति अण्णाभाऊ साठे की लेखनी में थी।

कांतिलाल जैसे दिखावटी, बिना रीढ़वाले कागभगोड़ा-से नकली मर्दानगी के रहस्य को चित्रा तुरंत जान लेती है। नाखून और दाँत न होने के कारण उसने मुझे नोचा नहीं इतना ही! वर्ना खेत के पीछे चोरी और पति के पीछे बदचलनी करने के लिए कहनेवाला यह मनुष्य। संक्षेप में कहें तो मान-सम्मान-प्रतिष्ठा के लिए मैं उसकी और काम-वासना तृप्ति के लिए दूसरे की, यह अजीबोगरीब सूत्र उसके मन

को नहीं जँचा, इसलिए अलसुबह शरीर पर के जरी और रेशम के कपड़े, गहनों का बोझ फेंक कर अपने स्वाभिमानी दिल की बात मान कर इस दिखावटी दुनिया से वह दूर चली जाती है।

एक बार मुंबादेवी के मंदिर में उसे पारगाँव की तानुबाई मिली थी। उसके द्वारा बताया गया पता अधूरा ही याद था। इतना ही ध्यान रख कर एक सुबह उस नकली और बदमाश दुनिया को त्याग कर तांगे से चल पड़ती है। टूटे जहाज की तरह घसीटता तांगा लेकर वह माटुंगा के लेबर कैंप में आ पहुँचती है।

उपन्यास के नौवें अध्याय में अण्णाभाऊ मुंबई की एक कपड़ा मिल में चलनेवाली मशीनों की दुनिया दिखाते हैं। मशीन की गति से पसीने की धाराओं में भागदौड़ करनेवाले मिल-मजदूरों का वर्णन बड़े ही सार्थक शब्दों में उन्होंने किया है, जो इतना यथार्थ और अनुभूति देनेवाला है कि यह भविष्य का एक दस्तावेज बन सकता है।

पौने छह बज गए थे। मिल की विशाल भारी-भरकम मशीनें थरथराते हुए घुम रही हैं। चकरी की तरह घूम रही हैं। जैसे वे हाथापाई पर आ गई हों। तरह-तरह की मशीनें एक होकर घूम रही थीं। कपड़ा खाता में ढरके पर थप्पा लगा कर वे दौड़-धूप कर रहे थे। बदबूदार-गंदगी चारों और दिखाई दे रही थी। समूची जमीन, दीवारें तेल से चिपचिपी हो गई थीं। रोहिंग खाता में साँचे चिल्ला रहे थे। त्रासन खाता में आखिर का डाफ भरा जा रहा था। सारी मशीनें चुपचाप चक्कर काट रही थीं। मानो उस क्षण करनेवाले मनुष्य मशीनों के साथ एकरूप हो गए हों। पसीने की धाराओं से सबके चेहरे भीग कर गीले हो गए थे। उस पर कपास की परतें चिपक गई थीं। गति से, अति गति से सब कुछ घूम रहा था। मशीन, मनुष्य, हवा, भाँप, सब कुछ घूम रहे थे। सारा माहौल ही घूमता नज़र आ रहा था। मशीन की ताल पर सभी मजदूर हिल-डुल रहे थे। उनकी आँखें मशीन की छोटी-बड़ी हलचल पर कड़े पहरे-सी टिकी थीं। वे भी भागदौड़ कर रहे थे। शरीर को जलानेवाली गर्मी छाई हुई थी। जो मजदूरों की हड्डी से भिड़ कर खून का पानी कर रही थी। मानो सारे मशीन गर्मी के डर से थरथरा रहे हों और पिशाच की तरह जोर से घूम रहे हों। मजदूरों का जादुई हाथ उन पर अपनी हुकूमत चला रहा था। मजदूरों के अनंत हाथ उन राक्षसी मशीनों को मानवता का पाठ पढ़ा रहे थे। अगर वहाँ मजदूर नहीं होते तो ये मशीनें ध्वंस कर डालतीं, ऐसा भ्रम निर्माण हो रहा था। मजदूर उन मशीनों को अपनी इच्छानुसार मोड़ कर अपरंपार संपदा निर्माण कर रहे थे। उनके शरीर के कपड़े भीग गए थे। क्योंकि वे मजदूर भी इन मशीनों के साथ घूम रहे थे।

उस कपड़ा मिल की ऊपरी मंजिल पर बाइडिंग विभाग में पल्लू खोंस कर काम करनेवाली चित्रा से मुलाकात होती है। तानुबाई का जयवंत भी इसी मिल में काम पर है, जो चित्रा का गाँव की ओर का मित्र है। गुड्डा-गुड़िया के खेल में चित्रा के बचपन में यही जयवंत उसका पति बनता था। जयवंत की दूसरी पहचान है कि 1942 के राष्ट्रीय स्वतंत्रता आंदोलन में वह शामिल हुआ था। अंग्रेजों का शासन पलट कर हमारा अपना 'स्वराज्य' आना चाहिए इस विचार से प्रभावित वह एक युवा था।

इसी चाल में यूरप के मोर्चे से रिटायर होकर आया हुआ सुभानराव नामक जयवंत का चाचा रहता है। वह अंग्रेजपरस्त था। उसकी मूँछें हिटलरनुमा थीं। लेखक जांबाज फौजी के रूप में उसे हमारे सामने प्रस्तुत करता है। सुभानराव अपनी बेटी की उम्र की चित्रा से केवल कल्पना से ही विवाहवेदी पर सिरमौर लगा कर खुश हो जाता है।

यह समय खलासियों की हड़ताल का था। आज़ाद हिंद सेना के समर्थन हेतु खलासियों ने विद्रोह किया था। अंगार-सी दहकती मुंबई और इन्हें समर्थन देने के लिए सड़क पर उतरा मिल-मजदूर। उनकी उस हड़ताल को उस समय को अण्णाभाऊ इस प्रकार शब्दबद्ध करते हैं।

"एक मझोले कद का, छरहरा परंतु प्रभावशाली, बुद्धिमान व्यक्ति मैदान में आकर खड़ा हो जाता है। उसे देख सारे मजदूर उसकी तरफ अपनी अनंत नज़रें गड़ाये खड़े हो जाते हैं। उसके चेहरे पर असीम त्याग, जूझने का अपार साहस और जनता के दुश्मन के प्रति कड़ा द्वेष स्पष्टता से दिखाई दे रहा था।" ऐसी प्रासादिक शैली से अण्णाभाऊ कॉमरेड डांगे को पाठकों के सामने प्रस्तुत करते हैं।

नाविकों के विद्रोह को दमन हेतु मुंबई पर अंग्रेजों का सिलबट्टा चल जाता है। परेल के नाके पर एक कोमल बच्चे पर यूरोपियन साहब अपनी गाड़ी चला देता है और ज्वालामुखी के विस्फोट की तरह मुंबई का माहौल खराब हो जाता है। गोरी सेना अपनी बख्तरबंद गाड़ियाँ लेकर शहर में घुस आते हैं। आम जनता मारी जाती है। इसी के साथ-साथ लेखक एडमिरल गॉड फ्रेब की जानकारी देता है। जनता पर दमदम की गोलियों की वर्षा होती है। इसे दंगे में सुभानराव मारा जाता है। जयवंत भी घायल हो जाता है। आगे चलकर चित्रा जयवंत से शादी कर लेती है।

ये दंगे और भयावह अत्याचार के वर्णन बहुत दुखदायी और विश्वसनीय भी हैं। कारण दंगों के इन दिनों में गोलियों से घायल लोगों को अण्णाभाऊ ने स्वयं

अस्पताल में पहुँचाया था, कई जानें बचाई थी। शहीद देशबंधुओं के शवों को उन्होंने कंधा दिया था। इस काम में उनकी धर्मपत्नी जयवंताबाई भी शामिल हुई थी।[3] इतना ही नहीं उन गोलियों से मरे हुए लोगों के शव अपने केशरबाग इमारत के बाहर नीचे गिरते हुए उन्होंने स्वयं देखा है–यह बात जयवंताबाई की बेटी शांताबाई बताती है।[4]

उपन्यासकार के रूप में अण्णाभाऊ के पास प्रकृति प्रदत्त शैली थी। बहती नदीवत् कथा प्रवाह को ताकत के साथ आगे ले जाने में उनका कौशल सानी नहीं रखता। इसका परिचय, 'फकिरा', 'माकड़ी का माळ', 'आवड़ी', 'चंदन' में दृष्टिगोचर होता है। लेकिन 'चित्रा' उपन्यास को वे हड़बड़ी में समाप्त कर देते हैं। प्रवाह की गति को रोक देते हैं। इससे अधूरेपन की खामी का दुर्गुण इसमें लगता है। फिर भी मुंबई जैसी महानगरी के विश्व युद्धोत्तर कई आंतरिक रूप दर्शानेवाले ये उपन्यास कई मुद्दों को लेकर महत्त्वपूर्ण रचनाएँ सिद्ध होते हैं। पूर्वार्ध में चित्रित एक गरीब परिवार के भावजगत की पड़ताल अण्णा के जागरूक मन ने जो ली है, वह भी मर्मभेदी है।

आबादी की भीड़ से ग्रस्त शहरी जीवन का अंकन करनेवाला उपन्यास 'आघात' है। अण्णाभाऊ का यह उपन्यास 1968 में अर्थात् उनकी मृत्यु से एक साल पहले प्रकाशित हुआ है। अपने जीवन के अंतिम समय में भी उन्होंने आघात के बहाने मुंबई के उद्योग जगत् की गंदी छोटी बस्तियों की खोज की है। इस उपन्यास की पृष्ठभूमि डोकरी चाल है।

लेखक के शब्दों में डोकरी चाल मौत की एक गुफा ही है। उपन्यास का नायक शाम पेंटर एक भला परंतु शराबी मनुष्य है। मानसिक आघात होने से उसकी दशा परकटे पंछी-सी हो गई है। मुझ जैसा जीवन किसी अन्य के हिस्से न आए इस स्वच्छ भाव से वह जीवन-यापन करता है। लेकिन इसी चाल में एक ऐसा भी गुट कार्यरत है जो किसी का अच्छा हुआ देखना पसंद नहीं करता। वे हमेशा ईर्ष्या से जलते रहते हैं और इसी बात की उन्हें लत लगी है। मत्सर नामक बीमारी पर कोई दवा ही नहीं। इस पर तुक्का यह कि महिलाएँ भी इस बीमारी से ग्रस्त हैं।

दुष्ट, विकृत मानसिकतावाली तीन महिलाओं की तिकड़ी इसी चाल में रहती है। नस्मा, औरमा और ताकवाली का यह त्रिकूट है। अपनी घातक चालबाजियों के कारण वे कुख्यात हैं। चाल की मालकिन डोकरीबाई से उनकी अच्छी पटती है। दूसरों की बरबादी करने के उद्‌देश्य में लीन ये नारियाँ हैं। नाटककार शेक्सपियर ने 'मैकबेथ' नामक नाटक में तीन जादूगरनियों को या डायनों को समूचे कथासूत्र में पिरोया है। इसी तरह अण्णाभाऊ ने इस तिकड़ी

को समूचे उपन्यास में प्रस्तुत किया है। एक स्थान पर इन्होंने 'कातण' (मकड़ी) नामक समीचीन शब्द का प्रयोग किया है। वैसे यह शब्द कोश में भी नहीं मिलता। 'कातण' का अर्थ है, मकड़ी की जाति का बड़े मुंगड़े जैसा एक मादा कीड़ा। जो बिच्छू जैसा डंक मारती है।

इन तीनों की मानसिक छटपटाहट के पीछे अलग-अलग कारण हैं। लेखक इन तीनों के लिए बांझपन और अकर्मण्यता की प्रवृत्ति को भरे अपने साहित्य से गर्म सलाखों से जलाता है।

पहले भरी दुपहरी में ताकवाली शाम पेंटर के झोंपड़े में घुस जाती है। झोंपड़े में अकेली शाम की पत्नी 'अणु' को पकड़ती है और उस पर केरोसिन का डिब्बा उड़ेल कर आग लगा देती है। इस समय अणु गर्भवती थी। इसे जिंदा जलाने के पीछे तिकड़ी के मन थी कि अणु का पति अपनी पत्नी को ऐशोआराम और सुख से रखता था। दूसरे, जलाने की घटना हज्म हो गई और ताकवाली का कुछ भी नहीं बिगड़ा। फलतः खुल्लम-खुल्ला डींगें हाँकती झोंपड़-पट्टी में घूमती और कहती, मैं इन्सान को जिंदा जला कर मार सकती हूँ।

अपनी पत्नी की धोखे से हुई मौत की आग की लपटें लिए शाम पेंटर घूमता था। टूटे केंकड़े की तरह टेढ़ी-मेढ़ी घूमनेवाली चाल की मालकिन डोकरी, किराएदार अपना मालिकाना हक न जताएँ इस हेतु कुछ भी कागज आदि गवाह-सबूत नहीं रखती थी। अनामत की रसीद न देने की चालाकी भी उसके व्यक्तित्व का अंग है। इसी के साथ किराएदार जल जाए, मर जाए, उसकी लुगाई भाग जाए, चाहे जैसे भी हो उसकी बरबादी हो और खोली खाली कर दे और नया किराएदार रखे और अनामत मिले, ऐसा शुभ जीवन में घटित हो इसलिए वह काफी उतावली थी।

अण्णाभाऊ ऐसी गंदी-हल्की बस्तियों की तसवीरें पेश कर केवल डाक्युमेंटेशन तक ही नहीं रुके अपितु वहाँ जीनेवाले लोगों के भूत-भविष्य का और तन-मन की गहराई को तलाशते हुए वहाँ के गंदे-नाली के पानी में भी उतरने को नहीं हिचकिचाते। उपन्यास का नायक शाम पेंटर के पिता नौकरी के लिए बेलगाँव जाते हैं और वहीं नया रिश्ता बना लेते हैं। इस धोखाधड़ी से आगबबूला होकर माँ बदला लेने की ठान लेती है। प्रतिशोध की आग में पागल होकर अपने ही बच्चों को जेल भेज देती है। इस गहरे अनुभव से शाम का बचपन टूट कर बिखर जाता है। इतना ही नहीं तो ये तीनों महिलाएँ शाम की पत्नी को जला कर शाम की जिंदगी की राख कर देती है। तब से वह अपने आपको जिंदा मुर्दा समझ कर शराब के नशे में धुत्त होकर साफ-सुथरे नए चमकदार कपड़ों में आता-जाता रहता है।

इसी बस्ती में रोज़ी नामक ईसाई युवती रहने आती है। रोज़ी की माँ डोरा है। डोरा ने लाजारस नामक युवक से रोज़ी की शादी कर दी है। पति इतना भोला और दुबला है कि रोज़ी की रक्षा करने का साहस और शक्ति भी उसमें नहीं है। लाजारस के नशेबाज दोस्त उसे आत्महत्या के लिए प्रेरित करते हैं तो दूसरी ओर रोज़ी के भी पीछे पड़ते हैं। अपने पति की धोखे से हुई मौत को लेकर साहस के साथ पुलिस में रोज़ी शिकायत करती है। डोकरी की चाल में रोज़ी सहेली के यहाँ रहने आयी है।

रोज़ी और शाम पेंटर के बीच निर्दोष, निश्छल प्रेम है। इन दोनों के प्रेम की तरलता, गहराई, स्वतंत्रता के बाद की आदर्शवादी दिनों की देन ही कहा जा सकता है। यह तरल प्रेम अण्णाभाऊ के शब्दों में पढ़ते हुए उस समय के दिलीपकुमार और मधुबाला के 'तराना' सिनेमा अनिल विश्वास के संगीत से सजे कैफ इरफनी के बोल "मोसे रूठ गया साँवरिया, हाय किसकी लगी जुलमी नज़रिया" गीत की याद हो आती है।

दीर्घकथावत अण्णा का 'आघात' नामक लघु-उपन्यास मुंबई की भरी बस्ती के जीने-मरने के प्रश्नों को प्रस्तुत करता है। जो मनोविश्लेषण के धरातल पर भी हृदय और मस्तिष्क के आर-पार पहुँचता है।

1967 में प्रकाशित 'फुलपाखरू' (तितली) नामक लघु उपन्यास का जैक नामक अमेरिकन यात्री दिल्ली से मुंबई आता है। उसे जीवन की रंगीनियों के उपभोग की अनुभूति लेने के लिए यहाँ की एक अति खूबसूरत युवती की जरूरत होती है। इस हवस के कारण वह अपना काफी धन खो देता है। परिस्थिति के शिकंजे में जकड़ी रोहिणी नामक लड़की इसका शमन करती है।

'किराये की प्रियतमा' उपन्यास 1967 में अण्णाभाऊ ने लिखा है। इस रचना में प्रस्तुत कल्पना लोगों को अवास्तविक लगी। लेकिन आजकल तन-मन को आघात पहुँचानेवाले ही नहीं तो सुन्न कर देनेवाले दुष्ट कार्पोरेट वर्ल्ड में यह जगत भी साकार हो गया है। उनके भोग-विलास की आवश्यकताओं की पूर्ति के लिए ऐसी किराए की सहेलियाँ (प्रियाएँ) मुंबई जैसे महानगर में आसानी से उपलब्ध कराई जाती हैं। इसमें किसी बड़ी कंपनी के सी.ई.ओ. के साथ दुबई, लंदन, पैरिस आदि स्थानों पर बैग के साथ किराए की छैलछबी के रूप में जिंदा मांस की आपूर्ति की जाती है, ऐसी खूबसूरत हसीनाओं को 'कंपनी गर्ल्स' अथवा 'फ्लाइंग डैमसेल्स' जैसे मोहक नाम प्रदान किए जाते हैं। ऐसे भोग-भरे-विलासी जगत् की भनक अण्णा को पचास साल पहले ही लग गई थी।

इसी कारण अण्णा ने 'फुलपाखरू' में लिख रखा है, "जो मुंबई आज भारत का अग्रणी नगर के रूप में मान्यता प्राप्त है, ऐसी नगरी में जितना उजियारा है, उतना ही घना घुप्प अँधियारा भी है। मुंबई जितनी मंगल है उतनी ही नहीं बल्कि उससे अधिक कुछ कुकर्मियों ने अमंगल कर डाली है, यह बात लेफ्टिनेंट जैक को बिल्कुल ज्ञात नहीं थी।"[5]

'फुलपाखरू' की रोहिणी मूलत: देहाती लड़की है। दिलीप और ज्ञान दोनों अनाथ हैं जो आश्रम में पले-बढ़े हैं। वे युवा हैं। रोहिणी को सिनेमा कंपनी में अच्छी नौकरी का लालच दिखाकर उसे फाँस कर मुंबई ले आते हैं। यहाँ सिनेमा की मायानगरी में गंदी बस्तियों में और फाइव स्टार होटलों की जगमग में उसके हिस्से भोग-विलास की चमचमाती दुनिया का आना, उपन्यास के कथानक का केंद्रबिंदु है।

अण्णाभाऊ का यह लघु उपन्यास मुझे किसी अचरजभरे और अधूरे शिल्पवत् सुंदर रचना जैसा लगता है। यह भी सच है कि इसका उत्तरार्ध हड़बड़ी में समाप्त कर डाला गया है।

लेखक अपनी प्रस्तावना में 'फुलपाखरू' (तितली) इस उपन्यास की जन्मकथा बताते हैं। कुछ साल पहले अंग्रेजी सिनेमा देखने का शौक उन्हें लगा था। तब वे 'मोरबाग मिल' में मिलबाबू पद पर काम रहे थे। जैसे ही छुट्टी मिलती, वैसे ही वे सीधे अंग्रेजी सिनेमा देखने दौड़ जाते।

ऐसे ही एक शो के वक्त सिनेमा थिएटर के बाहर एक जेबकतरे युवाओं की टोली एक अमेरिकन आदमी को बेतहाशा पीट रही थी। उसका पॉकेट कोई हाथ-चालाकी से गायब कर देता है। यह व्यक्ति काफी शक्तिशाली-मजबूत था। एक साथ कइयों का विरोध-प्रतिकार अकेला ही कर रहा था। दूसरा शो देखने के इरादे से अण्णा पड़ोस के बगीचे में बैठ जाते हैं। तब थोड़ी ही देर से वहाँ यह पॉकेटमार टोली आ जाती है।

इस गैंग का जेबकतरा हीरो कहता है, "मैंने सही तरीके से उसकी जेब से पॉकेट निकाला लेकिन वह साली रोहिणी चुप नहीं बैठी, इशारा कर दिया।" वे लड़के चुराए गए पॉकेट से डॉलर की नई कोरी नोटें निकालते हैं। पाइप बनाकर मसलकर तमाखू भर बीड़ी बनाकर सुलगाते हैं। बीड़ी फुँककर राख हो जाती है। इन लड़कों की बेझिझक मस्ती देख महज दो-तीन घंटों में अण्णाभाऊ को 'फुलपाखरू' (तितली) का कथाबीज मिल जाता है।

प्रस्तुत लघु उपन्यास में जिन चरित्रों का रेखांकन हुआ है वे थोपे गए या मनगढ़ंत कदापि नहीं लगते। मुंबई के झोंपड़े में फाँस कर लाई रोहिणी के लिए

दिलीप और ज्ञान नामक नर अपनी रातें बेचैनी से जाग कर गुजारते हैं। दोनों एक-दूसरे पर कड़ी नज़र रखते हैं। दोनों की हालत एक हड्डी के लिए दो कुत्तों के गुर्राने जैसी हो गई है। इनकी रातें एक-दूसरे की पहरेदारी में बीतती हैं।

ज्ञान और दिलीप को अनाथाश्रम में ही गुंडा-गर्दी के पहले पाठ सीखने को मिले हैं। यहीं पर शमशीर मिलता है, जिसका चालाकी से पॉकेट मारना धंधा है। शुरुआत में एक बड़े मैदान में एक ओर सेंट्रल जेल और उससे सट कर छोटे बच्चों का रिमांड होम का वर्णन लेखक संक्षेप में करते हैं। दोनों के मध्य एक ऊँची दीवार, यही अनुशासन और यही खड़ी पहरेदारी...यहाँ केवल बच्चे थे, जो अपराधी के तौर पर बंद किए गए थे।

इसलिए यह बालसुधार गृह उर्फ रिमांड होम बच्चों का आचरण सुधारने की शाला न होकर आचरण बिगाड़ने का कारखाना ही बन गया। इस दुनिया में जेलर, पहरेदार, वार्डन जैसी खून चूसनेवाली जोंक रहती हैं। फलत: अच्छा नागरिक बनने के बजाय यहाँ मजबूर जेबकतरे बनते हैं।

इस छोटे से कथानक में चरित्रों का मानसिक विकास और परिवर्तित मनोव्यापारों को अण्णा ने बढ़िया ढंग से चित्रित किया है। मूलत: अकलमंद रोहिणी मुंबई के पानी की गहराई अल्प समय में ही जान जाती है। यहाँ तो सुंदर चाम के लिए राजा भी भिखारीवत् मजबूर होते हैं। कुत्ते जैसा सूँघते हैं। महानगरीय जीवन की सच्चाई रूपी फटे पल्लू को चतुराई से जान लेती है। पहले की अबोल, देहाती दिखनेवाली रोहिणी बदल जाती है। कामचलाऊ छठी कक्षा तक का अंग्रेजी का ज्ञान उसे मामा ने ही दिया था। अब अपनी होशियारी से उसने वाक्चातुर्य पर हुकूमत पा ली है। फलस्वरूप दिलीप और ज्ञान के सामने रोहिणी दो धारी शमशीरवत् जगमगा रही थी।

महज गरीबी के चलते रोहिणी को अपना शरीर जबरदस्ती बाजार में बेचना पड़ रहा था। अपनी आर्थिक विपन्नता में भी अपनी गरीब माँ के नाम गाँव की ओर मनीऑर्डर भेजती थी। माँ को संभालने का वह भरसक प्रयास कर रही थी।

उपन्यास की नायिका शरीर बेचनेवाली एक सामान्य वेश्या है। लेखक ने मानवता की कुप्पी के रंगों से उसका ऐसा चित्र बनाया कि जो अयथार्थ या भड़कीली फिसलनभरी सीढ़ियों से नीचे न उतरकर संयमित, चाहतभरी गरीब घर की बेटी के रूप में पाठकों के सामने साक्षात होती है।

किसी आभिजात्य-क्लासिक उपन्यास के लिए जितना कुछ रसायन चाहिए वह सब कुछ लेखक के हाथ में है। जो उपन्यास में प्रस्तुत भी हुआ है। उपन्यास का

पूर्वार्ध पूनम की रात में ऊपर उठनेवाले चाँदवत् है। लेकिन अचानक उत्तरार्ध में पूनम की रात होने पर भी चाँद की रोशनी फीकी हो जाती है। चाँद बुझा-बुझा-सा लगता है। अण्णाभाऊ की मृत्यु से दो साल पहले लिखा गया यह उपन्यास है। घर-बाहर की चिंता, पैसों की तंगी आदि कई कारणों की भुनभुन इस कलाकार को सताती होगी। फिर भी अजंता के वनों में आधे-अधूरे छोड़ दिए गए शिल्प भी बड़े ताकतवर होते हैं। इन अधूरे शिल्प में कोई गंभीर काव्य होता है। ठीक ऐसे ही अण्णाभाऊ की यह प्यारी फुलपाखरू मन के हिंडोले पर झूलती रहती है। मन से बाहर निकलने का नाम नहीं लेती।

संदर्भ

1. 'चित्रा' (1951)- प्रस्तावना
2. 'जयवंताबाई–अण्णाभाऊ के जीवन का एक महत्त्वपूर्ण चरित्र'–कैलास भाले 'शब्दशिवार', दीपावली अंक–2020
3. शांताबाई दोडके से साक्षात्कार–15 नवंबर 2020
4. 'फुलपाखरू'–अण्णाभाऊ साठे–1968

रंगों के मैदान–भैंसों के तबेले

हाल ही में मैं चिरागनगर जाकर आया। मेरे साथ अण्णा के शाहिरी कलापथक के गायक (झीलकरी) तथा उनके आजीवन सहकारी शिवा साठे के सुपुत्र मोहनराव भी थे। उस समय अण्णाभाऊ की झोंपड़ी से सटकर लगी झोंपड़ियों में उनके कलापथक के कई गायक और वादक अड़ोस-पड़ोस में रहते थे। इसमें अधिकतर वाटेगाँव तरफ के लोग ही थे। उनकी अब दूसरी या तीसरी पीढ़ी अपनी झोंपड़ीनुमा घरों में बसी हुई है। मेरे साथ नई पीढ़ी के रघुनाथ, दिलीप, अनिल आदि साठे लोग थे ही। इसके अलावा नई मुंबई से शाहिर रमेश बल्लाळ और शरद बल्लाळ भी यहाँ पहुँच गए थे।

आज से ग्यारह साल पहले मैं मुंबई उपनगर जिले का कलेक्टर जिलाधीश था। तब अण्णाभाऊ के स्मारक का काम पूर्ण करने की मैंने काफी कोशिश की थी। तत्कालीन मंत्री श्री लक्ष्मणराव ढोबळे, श्री नवाब मलिक, श्री चंद्रकांत हांडोरे के साथ हमने यहाँ आकर स्थान देखा था। लेकिन तब अण्णा की झोंपड़ी के मालिक अन्य हो चुके थे। अतः स्मारक नहीं बन पाया था। अब मैं पुनः यहाँ आया, इस दरमियान मैंने प्रेमचंद और शरद्चंद्र चट्टोपाध्याय को पढ़ लिया था। इसलिए मुझे नई दृष्टि प्राप्त हुई।

संयोग से पचास वर्ष पूर्व का यह चिरागनगर आज भी काफी मात्रा में ज्यों-का-त्यों है। चारों ओर ऊँची-ऊँची बिल्डिंगों का घेरा बन गया है। परंतु पचास साल पहले जिस पत्राचाल में अण्णाभाऊ रहते थे वह तो लगभग वैसे का वैसे है।

तत्कालीन एक पलिया (एक पाखी) झोंपड़ी के स्थान पर अब एक ईंट के दुमंजिल घर दिखाई देते हैं। पैरों तले के आँगन साफ-सुथरे तो हैं ही लेकिन मिट्टी-गोबर से लिपे हुए न होकर पक्के फर्श के हैं। किंतु झोंपड़े की लंबाई-चौड़ाई बढ़ाने के लिए कोई जगह ही नहीं है। अण्णा के समय के अँधियारे-गलियारे, गड्डमड्ड

भीड़ और दमघोंटू माहौल जस का तस है। मोहन सेठ के शराबखाने की ओर से अण्णा की खोली की तरफ जानेवाला शॉर्टकट भी संकरा, अंधियारा गलियारेनुमा पूर्ववत् ही है।

पत्राचाल के प्रवेश-द्वार के पासवाला छोटा-सा मैदान आज भी है। अण्णा की कहानियों में वर्णित किए गए अनुसार रात में होली के आगे चिल्लाकर बोम मारनेवाले थके-मांदे यहाँ के भूत शायद अभी-अभी जागे होंगे। 'भूतों की धुलेंडी' नामक कहानी में अण्णा वर्णित सुबह की कोमल सूर्य-किरणों का प्रसंग पुन: मेरी आँखों के सामने आ गया।

"कइयों ने धुलेंडी का खेल शुरू कर दिया। राख का पानी, नाली का कीचड़ से सना पानी बाल्टियाँ भर कर एक-दूसरे पर उँड़ेला जा रहा था। हर आदमी कीचड़ से विद्रूप हो रहा था। कई लोग सेठ के शराबखाने जाकर जी भर कर पी-पीकर ताजा हो रहे थे। कइयों का दिमाग काम नहीं कर रहा था। ये लोग सब कुछ भुला रहे थे। जी-जान से रंग खेल रहे थे। कीचड़ और रंगों से सने इन आदमियों को पहचानना मुश्किल हो गया था। रंग का खेल जारी था। दौड़धूप जारी थी।

आजादनगर में तो धुलेंडी की धमाल मची थी। लोगों ने धुलेंडी को गोबर-पानी कर दिया था। गोबर-कीचड़ को एक-दूसरे पर पीपे से उड़ेल रहे थे। एक-दूसरे पर चिल्ला रहे थे।

इनके पीछे-पीछे मुझे पेंटर और अंतोनी जैसे चरित्र भंग के नशे में धुत्त अपने सिर को बगल में दबाये धुलेंडी मनाते दिखाई दिए। मुंड्या तो रॉकेटवत् चिलम में गांजा भर कर लंबे-लंबे कश से उसे खत्म करने का प्रयास कर रहा था।

इसी चिरागनगर के पड़ोस में ऊपर पहाड़ी पर आजादनगर बसा था, जो आज भी पिछवाड़े, नारायणनगर की झोंपड़-पट्टी है, जो ईंट-सिमेंट से चिनाई गई और ऊपर से प्लास्टर लगा कर इन्सान की तरह खड़ी है। घाटकोपर पश्चिम का यह क्षेत्र मेहनतकश लोगों की विभिन्न जाति-धर्मवालों की दुनिया अण्णा ने अपनी कहानियों में साक्षात की है।

जब देश आजादी की दहलीज पर खड़ा था। तब पुराने गाँव-कारोबार 'गाँवगाडा'* चरमराकर टूट-बिखर रहे थे। इससे गाँव और बंजर-धरती पर रहनेवाले घुमंतू भी मुंबई की ओर कैसे दौड़ रहे थे, अपने बाल-बच्चों के साथ ही अपने

***गाँवगाड़ा**–गाँव व्यवस्था।

पालतू जानवर-कुत्ते-बंदर-साँप के साथ इन झोंपड़ियों में नई गृहस्थी बसा रहे थे–का मनोहारी चित्रण अण्णाभाऊ ने अपनी कई कहानियों में प्रस्तुत किया है।

महानगरीय जीवन-यापन करते समय आम आदमी को रात में विश्रांती हेतु या बैठने के लिए फुटपाथ था। कहीं पर भी अपनी स्वयं की जगह चाहिए होती है। रोटी और कपड़ों की आवश्यकताएँ दूसरे और तीसरे नंबर पर आती हैं लेकिन मकान की समस्या इनके लिए साँस से भी अधिक महत्त्वपूर्ण हो जाती है। इस कारण अण्णाभाऊ को लगभग पचहत्तर साल पहले ही मुंबई के सर्वसाधारण व्यक्ति के लिए जगह की जरूरत का सवाल पहाड़-सा बड़ा और महत्त्वपूर्ण लगा था।

इस समस्या पर आधारित 'मूक जुलूस' (1945) नामक तमाशा की पांडुलिपि उनके द्वारा लिखी गई, जो महज मनोरंजनकारी तमाशा न होकर सर्वसाधारण झुग्गीवासियों की आवास समस्या की ललकार बन गई है। यह मराठी साहित्य में पहली अभिव्यक्ति है। हमें इसे विस्मृत नहीं करना चाहिए। सौभाग्य से आज यह पाण्डुलिपि उपलब्ध है। इसके अलावा सामान्य मेहनतकशों को शहर में सतानेवाली समस्या–मकान को ही लेकर अण्णा की 'प्रायश्चित्त' नामक कहानी हृदयभेदी है जो 1955 में लिखी गई है।

'प्रायश्चित्त' कहानी में दो परिवार प्रस्तुत हुए हैं। उमा और बली दोनों खदान मजदूर हैं और रिश्ते में एक-दूसरे के बहनोई हैं। ये दोनों परिवार एक ही झोंपड़ी में, एक ही छत के नीचे अपनी मुश्किलभरी गृहस्थी सँभालते हुए जैसे-तैसे रह रहे हैं। बली की बहन सुभद्रा है जो उमा की पत्नी है और उमा की बहन लीला है जो बली की ब्याहता है। एक ही पुरोहित ने, एक ही मंडप में इन चारों पर मंत्र अक्षत डाल कर दोनों दंपतियों का विवाह कराया है। लोक में इस रिश्ते को आटा-साटा कहते हैं। इनका झोंपड़ा घाटकोपर के पत्थर खदान के निकट है।

बली और उमा दोनों बहनोई खदान में दिन भर काम करते हैं। रात में जब खदान मानव विहीन हो जाती तब सुरंग की बत्ती जलाने का खतरनाक काम भी ये दोनों दूसरी पारी में करते हैं। कारण इस काम में थोड़े-अधिक पैसे मिलते थे। लालच के कारण वे साहसी हो गए थे।

एक शाम इन दोनों को झिंगऱ्या दादा जबरदस्ती बहुत सारी दारू पिला देता है। कथानक गठीला बनाते हुए भविष्य के भीषण प्रसंग को पोषक प्रसंग निर्माण करने की क्षमता अण्णाभाऊ में जन्मजात ही थी, इसके दर्शन भी हमें होते हैं।

घुप्प अँधियारे में वह बस्ती भेड़ों के झुंड-सी दिखाई देती थी। किसी पागल ने चिंदियाँ ओढ़ी हों, वैसे वे मकान दिखाई दे रहे थे। उदासी का माहौल था। हवा

के झोंकों से पुराने टीन कर्र-कर्र की आवाजें कर रहे थे। ऐसा लग रहा था, मानो कोई गुस्से में दाँत किटकिटा रहा हो, घूसें भाग रही थीं। बिल्लियों की डरावनी आवाजें सुनाई दे रही थीं। वे एक-दूसरे पर चिल्ला-गुर्रा रही थीं। तालाब पर पानी पीने आए सियार हुँ...s...s....आ...ss...हु...ss...आ...ss...आवाजें लगाकर दौड़ रहे थे।

इसी कहानी में सुभद्रा और लीला नामक स्त्रियाँ झोंपड़े के एक ही छत के नीचे अपने-अपने बिस्तर पर गहरी नींद में सोयी हुई थीं। दिन भर खदान में ड्रिल मशीन से छेद कर और कुदाली से पत्थर तोड़, दोनों बहनोई परिश्रम से बेहाल थे। तिस पर शाम के पश्चात् सुरंग के लिए बत्ती लगाने का परिश्रम। कुल मिलाकर ये दोनों, दो पारियों में शरीरतोड़ काम कर रात में अपने झोंपड़े में लौटते हैं, तब कच्ची शराब के नशे में पूरे धुत्त थे। मन बेहोश था। उनकी हड्डियाँ ठनक रही थीं। आराम की चाह बढ़ गई थी और ऊपर से रात भी काफी बीत चुकी थी। सुबह जब हड़बड़ाकर वे जागते हैं तब उगते सूरज की किरणें उनकी गर्दन पर आरी चलाते हुए ही पड़ती हैं।

जो नहीं होना था वह घटित हो गया। परिश्रम और शराब की बेहोशी ने बिस्तरों की दिशा बदल दी। सुबह इन दोनों को एहसास हुआ कि हम तो अपनी-अपनी बहन के साथ ही सोए हैं। अब कैसे भला जिया जाए? उनके जीवन पर काल की कुल्हाड़ी टूट पड़ती है।

'प्रायश्चित्त' कहानी के अंत में बली अपने ही द्वारा जलाए गए सुरंग विस्फोट में अपनी जीवन यात्रा समाप्त कर देता है, तो उमा पड़ोस के भिलावा के पेड़ से फाँसी लगा लेता है। दूसरी ओर दोनों बहनें निकट के तालाब में अपनी जीवन लीला समाप्त कर लेती हैं।

"सुभद्रा और लीला के शव पानी पर तैर रहे थे। नीले कमल पुष्पों और पत्तों से तालाब भरा हुआ था। ये युवा शरीर शांत पड़े थे। उनके रसीले चेहरों पर फूलों ने प्रेम की छाँव की थी। उनकी मुस्कुराती आँखें आकाश की ओर एकटक लगी थीं। पहले की तरह ही वे निर्भय लग रही थीं। इन्हें देखते ही सैकड़ों आँखों से सागर उमड़ पड़ा। बच्चे-महिलाएँ रोने लगीं।"[1]

अण्णाभाऊ की अनुभूति को खून-पसीने की महक है। गरीबी और विवशता के दिनों में ही 'प्रायश्चित्त' जैसी कारुणिक दुर्घटना घटित हुई है। जब आजादनगर की झोंपड़ियों की कतार में यह भयावह प्रसंग घटित हुआ था, तब मैं बहुत ही छोटा था। तालाब में फूल कर आयी इन स्त्रियों की लाशों को मैंने अपनी आँखों से देखा है। ऐसी बात मुझे शिवा साठे के बेटे मोहन साठे बता रहे थे।

अध्येताओं ने 'प्रायश्चित्त' जैसी भेदक कहानी को 'शराब के दुष्परिणाम' में रख कर ऊपरी तौर पर देख कर चलता कर दिया। सच्चाई यह है कि यह घटना शराब के नशे में न होकर अंगतोड़ मेहनत के नशे में रात के अँधियारे में अनजाने में उनसे हुए अपराध की कहानी है। कारण इन दोनों की पत्नियाँ तो शराब नहीं पीती थीं। कुल मिलाकर यह समस्या महानगर की मकान की समस्या है। जो जीने-मरने की समस्यावत् है। अण्णा ने इस पीड़ा को अपने शब्दों द्वारा अभिव्यक्त किया है। जो चिरंतन समस्या पर आधारित है।

झोंपड़-पट्टी की दुनिया के अच्छे-बुरे चरित्र प्रस्तुत करनेवाला 'चिराग नगर के भूत' रेखाचित्र संग्रह अण्णाभाऊ ने 1958 में प्रकाशित किया था। मराठी विद्वानों ने मुंबई की गंदी बस्तियों का चित्रण करने का श्रेय 'माहिम की खाड़ी' तथा 'चक्र' उपन्यासों को दिया है, जबकि अण्णा ने झोंपड़-पट्टियों के मेहनतकशों की दुनिया दस वर्ष पहले ही बड़ी ताकत से प्रस्तुत की थी। इसकी जानकारी मराठी सारस्वतों को भी नहीं है।

प्रस्तुत संकलन का नाम 'चिरागनगर के भूत' होते हुए भी अण्णा की भूत की दुनिया काल्पनिक अथवा श्मशान की कदापि नहीं है। बढ़ते शहरीकरण के चलते खड़े हुए अनेक झोंपड़-पट्टी दादा नामक पिशाचों का अंकन इसमें है। दूसरे को सलाम कर तीसरे की कलाई पकड़नेवाली तथा बिंदास शराब के गुब्बारे बेचनेवाली रमी-जैसी चुड़ैल भी यहाँ मिल जाती है। यहाँ रात-रात भर और दिन-दिन भर चरस-गांजा के नशे में तैरते भूत तो अनेक हैं।

मुंबई की बेरोजगारी की समस्या भी उस काल में आज की तरह भीषण और चिंतनीय थी। अण्णाभाऊ ने 1959 के पूर्व ही इस समस्या को बड़ी शिद्दत से प्रस्तुत किया था। इस दृष्टि से 'राम की सीता' और 'गंगा और गोदा' दो कहानियाँ ध्यानाकर्षक हैं। 'राम की सीता' कहानी में राम नामक एक मजदूर चिथड़ी-चिथड़ी हुई बेरोजगारी की समस्या को पूरी ताकत से हमारे सामने रखता है। गाँव के साहूकार से लिया ऋण राम कभी चुका नहीं पायेगा, यह बात साहूकार की समझ में आती है। इसलिए धूर्त, अमीर साहूकार सीता को अकेले में जाकर कहता है, "तेरा राम मूल धन भी लौटा नहीं पा रहा है, सीता, तू तो मेरा ब्याज दे दे।" कहते समय उसकी गंदी नज़र सीता के शरीर को नोचती है।

मुंबई को जीत कर अपने अंकित कर लेने की अभिलाषा रखनेवाली कई आत्माएँ मुंबई की ओर दौड़ कर आती हैं। उनके साथ हमेशा धोखाधड़ी होती है। मुंबई उन्हें सहजता से कुचल डालती है। अत: राम को भी उपनगरों में स्थित

कारखानों के मृगजल के पीछे दौड़ लगानी पड़ती है। लेकिन एक माह के भीतर ही मुंबई की भागमभाग में राम सूख कर काँटा हो जाता है।

अनाज के लिए कीचड़ और सिमेंट के घोल में राम डूब जाता है। बोझ ढोते-ढोते धीरे-धीरे लंगड़ाने भी लगता है। आधुनिक, हताश सीता अपने राम को भुला देती है। अपना शरीर, अपनी निष्ठा, सब कुछ तीसरे घनशाम को अर्पित कर भोगविलासी हो जाती है। इधर जब राम की हड्डियाँ बाहर निकल आती हैं, शरीर के घाव रिसने लगते हैं, रात में बुखार बढ़ जाता है, खाँसी से छाती फूट पड़ती है तब वह अपनी थकी-हारी दशा में ममता की गर्माहट ढूँढ़ते हुए झोंपड़ी की ओर लौट आता है। वह अँधेरे में टटोलकर देखता है, तब उसके हाथों ठण्डी, जमी हुई धरती की मिट्टी मुट्ठी में आती है। इस मुट्ठी को भींच कर उसके प्राण देह को छोड़ देते हैं।

राम की तरह 'गंगा और गोदा' नामक माँ-बेटी की करुण कहानी अण्णाभाऊ ने इसी वर्ष लिखी है।

कहानी के प्रारंभ में ही हमें ज्ञात हो जाता है कि यह कथा लेखक की प्रतिभा या कल्पना का खेल न होकर अपने नजदीक के घाटकोपर बस्ती में घटित सच्ची घटना की गवाह हैं।

गंगा दीखने में बहुत सुंदर, खूबसूरत युवती थी। उसे अकेले काम पर भेजना बूढ़ी गोदा माँ के लिए जान की आफत थी। तिस पर दोनों को रहने के लिए किसी भी तरह का आश्रय स्थान नहीं था। बुढ़िया अड़ोस-पड़ोस के कई स्त्रियों के पास आश्रय माँगती है। वे स्त्रियाँ गंगा का रूप देख कर घबरा जाती हैं। ऐसी रूपवती लड़की घर में रखी तो अपने पति उसके पीछे दौड़ेंगे और हम स्वयं बेघर हो जायेंगी। इस डर से उन्हें कोई भी आश्रय नहीं देता। पेट की भूख मिटाने के लिए मजबूर होकर ये दोनों दर-दर भीख माँगती फिरती है। इन भिखारिन के फटे कपड़ों से झाँकती सुंदरता का मोल करनेवाले धूर्त भेड़िए समाज में होते हैं। इस माँ-बेटी को पेट भरने की चिंता तो मवाली-गुंडे युवकों को लड़की के शरीर की भूख।

दुनिया के सब रोगों की जड़, सब दुखों और सारी भीषणता की जननी बेरोजगारी ही है–इसकी प्रतीति लेखक हमें कराता है। इन गरीब माँ-बेटी के कपड़ों से बदबू आने लगी। एक रात शरीर पर पर्याप्त कपड़े न होने के कारण गंगा अपनी साड़ी के दो टुकड़े करती है। आधी साड़ी माँ को और आधी साड़ी स्वयं पहनकर जीर्ण हुए कपड़ों को धोने जाती है। ऐसी भौंडी-दशा में उस गरीब लड़की को कौन भला नल पर आने देगा? परेशान, चिंतित अवस्था की दशा में गंगा संतुलन खो कर गहरे गढ़े

में गिर जाती है। अपनी लड़की डूब गई की खबर पाकर माँ अधनंगी दशा में दौड़े आती है। गड्ढे के पास जोर-जोर से रोने लगती है। गंगा के शरीर में मद्धिम धड़कन चल रही थी। जैसे-तैसे उसे अस्पताल पहुँचाया जाता है। लोग बूढ़ी गोदा को पागल मान कर ठाणे के पागल के अस्पताल पहुँचा देते हैं।

महानगर मुंबई की आबादी तब अड़तीस से चालीस लाख के आसपास थी। हाल ही में गुलामी की जंजीरें टूट चुकी थीं। स्वतंत्रता प्राप्ति के बाद प्रगतिपथ पर रेंगते महानगरीय जीवन का सर्वसमावेशी चित्र अण्णा ने प्रस्तुत किया है।

महानगर की रोटी, कपड़ा और मकान की समस्याओं को स्वानुभूत रीति से उन्होंने प्रस्तुत किया है। उन्होंने अपने उपन्यासों में घनी आबादीवाले शहरी बस्ती में जीवन-यापन करनेवाली चंदन, चित्रा, रोज़ी और रोहिणी जैसी नायिकाएँ साकार की हैं। विशेष रूप से उन्होंने महानगरीय जीवन की पृष्ठभूमि पर चालीस से अधिक कहानियों में इस तुच्छ दशा के कीड़े-मकोड़े-सा जीवन जीने वाले कई अच्छे-बुरे लोगों का अंकन किया है। वे सारे काले या गोरे रंग के न होकर उनके चेहरे का रंग परिश्रम के आधिक्य से कालिमा युक्त और गरीबी के कीचड़ से सना हुआ है।

"सुबह लोग उठ कर अपने-अपने काम पर लग गए हैं। कोई दाँत घिसते हुए दरवाजे पर बैठा है। कोई नहा रहा था, तो कोई चाय-रोटी खाकर डकार देते हुए बाहर आ रहा था। चारों ओर गंदगी छाई हुई थी। कूड़े के ढेर पर मक्खियाँ भिनभिना रही थीं। वातावरण में बदबू फैल रही थी। चाल के मध्य स्थित पाखाने पर लंबी कतार लगी थी। लोक काफी देर हाथों में पानी के डिब्बे लिए अपनी बारी का इंतजार कर रहे थे। तीन हजार बस्तीवालों के लिए यहाँ केवल सत्रह पाखाने (टॉयलेट) होने से काफी खींचातानी हो रही थी। संडास से बाहर गंदगी उफन रही थी। कीड़े उछलकर पाखाने की छत तक रेंग रहे थे और कई लोगों ने तो अपनी नाक कपड़े से ढक ली थी।"

यहाँ के बिम्ब और प्रतीकों की जाति ऐसी अव्वल है कि पाठक पढ़ते समय अण्णा की प्रतिभा शक्ति की आभा से चकित हो जाता है। 'कालू' नामक कहानी में कालू का फातिमा से कैसे प्रेम हो जाता है–इसको इस पंक्ति में अण्णा ने प्रस्तुत किया है–"कीचड़ में पत्थर गिरने की तरह फातिमा का प्रेम कालू के सिर पर गिर पड़ा।" फातिमा का प्रेम चाय की केतली के उबाल की तरह उफन रहा था। "फातिमा बावड़ी का पानी बेच कर पैसा कमा रही थी तो कालू गुड़ के पानी में कभी जामुन, कभी मुसम्मी के छिलके डालकर, तो कभी खजूर सड़ा कर शराब की भट्ठी लगा कर पैसा कमा रहा था।"

घाटकोपर पश्चिम की झोंपड़-पट्टी का संघर्ष मूलत: बस्ती पर प्रभुता स्थापित करने के लिए था। जो कालू दादा और पहाड़ी ढलान की डगर पर बसे आजादनगर के अकबरलाल में छिड़ा था। अकबर की बीवी देसी ठर्रे का शराबखाना चलाती थी। यह अकबरलाल आगे कई सालों जीवित था। 1993 के मुंबई दंगों में उसने पाकिस्तान का जयकारा करने की बदतमीजी की थी। तो एस.आर.पी. पुलिस ने उसे खूब पीटा। इसके बाद तो वह हमेशा के लिए सार्वजनिक जीवन से उठ गया।

आज के चिरागनगर की बाड़ के पार ही यह बस्ती थी। तब वहाँ जंगली खजूर (शिंदी) के पेड़ और दलदल थी। इस गंदगी का पानी शराब बनाने के लिए इस्तेमाल होता था। शराबियों को लगता कि यहाँ की शराब में उस पानी के कारण स्वाद बढ़ गया है। यह क्षेत्र सावंत नामक रियासत के स्वामित्ववाला है। यह क्षेत्र खुला काँटों से भरा और जंगली खजूर के ठूँठ से व्याप्त भूखंड के रूप में आज भी दिखाई देता है।

महानगरीय-शहरी जीवन का यथावत् अंकन कर सच्ची दुनिया रेखांकित करने की ओर अण्णाभाऊ का रुझान था। "वो दोनों चालें एक-दूसरे के सामने झुकी हुई थीं। इनके मध्य अजगर की तरह नाली रेंग रही थी और उसकी बदबू चारों ओर फैल रही थी। छोटे मच्छरों के झुंड भिनभिनाते हुए मँडरा रहे थे। यहाँ लोगों के जूतों को पॉलिश कर जीनेवाला जग्गू है। एक ही समय भीख और पॉलिश वह नहीं कर पाता था और न करे तो पेट खाली रहता, ऐसी उसकी हालत है। (चिखलातील कमळ) यहाँ गरमागरम पाववाले, दूधवाले भैये, धुलेंडी में गुलाल, राख और कीचड़ में भीगनेवाले अंतोनी जैसे ईसाई हैं। होली के दिन बड़े बर्तन में बकरे का मांस खदबदा कर पक रहा है और भांग पीए हुए भैये भजनों के ताल पर कजरी की लय पकड़ रहे हैं। इसी लय पर पागलवत् पंजाबी भी नाच रहे थे। यहाँ दारू के बदले फ्रेंच पॉलिश से बनी जहरीली खोपड़ी भी काफी बेची जाती है।"[3]

महानगर की झंझा में जीवनयापन करनेवाले, संघर्षरत, लड़ाकू और सभी ओर से लुट चुके स्त्री-जीवन को अण्णाभाऊ ने प्रखरता से रेखांकित किया है। फातिमाबाई को अपने नालायक पति और बच्चे छोड़ कर कालू माली का आश्रय लेना पड़ा। पेट की भूख शांत करने के लिए उसे शराब का व्यवसाय अपनाना पड़ा। जिस तरह नागिन को पेड़ पर के पंछियों के घोंसलों में से अंडे खाने का स्वाद जीभ को लग जाता है ठीक वैसे ही फातिमा बाई शराब के व्यवसाय में निपुण हो जाती है। इस गैरकानूनी धंधे में अत्यंत अल्प समय में उसका हाथ सध जाता है। वह इतनी चालाक हो जाती है कि पुलिस द्वारा शराब के लिए रात भर छापा मार खोजने पर भी

उन्हें एक बोतल का ढक्कन भी नहीं मिलता। क्योंकि फातिमा ने रस्सी की सहायता से शराब के पीपे नारियल के पेड़ की चोटी पर छुपा दिए थे।

अण्णा के महानगरीय स्त्री-चरित्रों में हमें कभी चंदन मिलती है, तो कभी उसी की तरह पत्थर खदान में काम करनेवाली नाथा वडार की बेटी, जो इरकल साड़ी पहने हुई है और उसका नाम दुर्गा है–मिलती है।

दुर्गा और उसके बाप ने खदान के विस्फोट से हाथीनुमा आकारवाले पत्थर उछलते देखे हैं। गरीबी में भी ये लोग अपनी इज्जत-आबरू रूपी गहना जी-जान से संभालने के लिए झगड़ते हैं। उनका जीवन ही इज्जत और आबरू है। यही उनके अस्तित्व का केंद्र है। यदि कोई इस पर हमला करेगा तो वे भी उसी तरह का जवाब देते हैं। परशा दुर्गा के पीछे लगा है। उसका बाप गुस्से में धधकता परशा का बदला भी उतनी ही क्रूरता से लेता है। मानो उसके पास कलेजा ही न हो। घने अँधेरे में उस ओर से केवल लकड़ियाँ टूटने-सी हलकी आवाज आती है। दूसरे दिन लोगों को परशा की लाश दिखाई देती है। उसकी गर्दन छाती पर झूल रही है। उसके दोनों पाँव उसके कंधे पर चढ़े हुए है। उसकी हड्डियाँ गीले बाँस की खपच्ची की तरह मोड़ी गई हैं।

'गेंडा' कहानी का सखाराम सकट हमेशा नाक के पास चिरूट पकड़कर कश लगाता है। इसलिए वह गेंडे जैसा दिखाई देता है। गेंडे के नाक पर जैसा सींग होता है वैसा ही चिरूट उसके नाक पर है। सखाराम सकट दूसरे विश्वयुद्ध में जापान की जेल की हवा खाकर भाग आया है। इसी बस्ती की विमल नामक खूबसूरत लड़की पर उसकी नज़र हल की तरह (सकट के हृदय रूपी जमीन पर) चलती है। चाँद की चमक-सी उसकी हँसी है। उसका विवाह सखाराम गेंडे से होता है। इस विवाह में अहमदाबाद के बैंड पर हिजड़े नाचते हैं। (गेंडा)

तब चिरागनगर में पानी की तरह देसी शराब बिकती थी। उस 'करंट' में झूलनेवाले कई लोग नज़र आते हैं। बाबू चाकूवाला शरीर से दुबला-पतला छरहरा था लेकिन कंगाल भी था। चाकू से मारामारी करने के कारण पाँच बार जेल होकर आया है। वह जब जेल चला जाता तब उसकी पत्नी भाग जाती या कोई उसे भगा ले जाता।

इस बस्ती के लोग तो क्या पशु और पंछी भी एक-दूसरे पर जान छिड़कते हैं। लंबोतरा और गुस्सैल चेहरेवाला चंगीजखान बाएँ कंधे पर पंछी मारने की बंदूक रख कर घुमता है, तो उसके दाएँ कंधे पर बातूनी और चालाक तोता बैठा रहता है। चंगीज ने अपने तोते को कुछ वाक्य बोलना सिखाया है। शायद इन्हें रटवा

लिया हो। उसके बाएँ हाथ में अफीम का गोला चिपका रहता है, तो दायीं मुट्ठी में मिठ्ठू के लिए लाल मिर्च रखता है। एक दफा पुलिस का छापा पड़ता है। लेकिन काफी तलाशी लेने पर भी पुलिस के हाथ कुछ नहीं लगता। लेकिन पुलिस इंस्पेक्टर गोडबोले को देखकर चंगीज का तोता सीटी बजाते हुए बोलता है। "चंगी गांजा बेचता है, अफीम बेचता है, नाली में शराब का गुब्बारा छुपाता है।"

हम होली के गलियारे से वैसे ही चल कर आगे गए। वहाँ हमने देखा, एक पुरानी झोंपड़ी पर सीमेंट की एक नई मंजिल चढ़ाई गई है। ऊपर की मंजिल पर जाने के लिए बाहर लोहे की सीढ़ियाँ लगाई गई हैं। यहाँ पर अब चंगीजखान की तीसरी पीढ़ी रह रही है। ऐसी बात मेरे साथ आए वाटेगाँव वाले ने बताई।

उन दिनों का मुंबई-पुलिस विभाग भी मराठी आदमी जैसा ही भोला-भाला था। पुलिसवाले की कमर के बेल्ट पर नंबरवाला बिल्ला लगा हुआ होता था। इससे पुलिसवाले का नंबर ज्ञात होता था। पुलिस के नीले ड्रेस में इन्सानियत से भरा कलेजा भी होता था। तब बेरोजगारी और मंदी ये जुड़वाँ बहनें पुलिसथाने में भी बैठी हुई होतीं। कोई नया मामला हाथ आए इसलिए वह गरीब-सा चेहरा बनाते।

भूख से छटपटाता मुंबईकर, उसकी बेरोजगारी, औरतों का शोषण, देहबिक्री के बाजार में रस लेनेवाले मनचले दलाल, झोंपड़ी के दादा, ऐसे मेहनतकशों की मेहनत और पसीने से तथा अच्छे-बुरे लोगों के रहने से सज्जित मुंबई को अण्णाभाऊ ने तल्लीन होकर शब्द-बद्ध किया है। इन ऊँची इमारतों के पड़ोस में गंदी झुग्गी-बस्तियाँ हैं। नालियों से गंदा पानी बहता है। गरीबी तो टूटे नल जैसी निरंतर बह रही है। भैंसों के तबेले, सूअरों के कूड़े-मजदूरों की चाले, कपड़ा मिलें, श्मशान और उन श्मशानों में मृत मुर्दों पर टूटते हुए सियार और भेड़िए, इनके साथ बेरोजारीग्रस्त भीमू जैसे जीव हैं। गुलामी के अंतिम दशक के और आज़ादी की दहलीज पर पहले डेढ़-दो दशकों की मुंबई जैसी विराट महानगरी का फोटोजनिक अंकन अण्णाभाऊ ने किया है। चिरागनगर के गलियारों से घूमते समय पग-पग पर हमें अण्णाभाऊ की याद हो आती है। यहीं से अण्णा रूस गए थे। तब यहाँ के श्रमिकों को अत्यधिक खुशी हुई थी। होली मैदान के कोने में अण्णा के समय बाबुराव नामक नाई की दुकान थी। तो बिल्कुल आरंभ के कोने में दगड़ू शिर्के नामक मोची बैठता था। मोची की अगली पीढ़ियाँ आज भी इस जगह को सँभाले हुए हैं। यहाँ इधर-उधर बिखरी चप्पलें, अंगूठा टूटी चप्पलें, बीते समय की याद दिला रही थीं।

रास्ते के उस पार सामने घड़ी की कंपनी थी। उसके बाद सीढ़ियाँ थीं। भरी दुपहरी अण्णा धूप में जलते हुए बैठते। कारण उन्हें लगता मनीऑर्डर आएगा। वे

पोस्टमैन का इंतजार करते रहते। उन दिनों दीपावली अंक में एक कहानी छपने का पारिश्रमिक सामान्यतया तीन से पाँच रुपये तक मिल जाता था। अपने लेखन से परिवार का आर्थिक भार वे कुछ कम करना चाहते थे। उन दिनों भी मासिक पत्रिकाओं के मालिक लेखकों का मानदेय डुबा देते थे। कइयों ने अण्णा को भी धोखा दिया। अण्णा का स्वभाव झगड़ालू न होने से वे एक रास्ता अपनाते, तब पाँच पैसे में मिलनेवाले पोस्टकार्ड पर अपनी शिकायत और मानदेय की याद दिला देते।

अलसुबह मुंबई के मार्केट से जयवंताबाई ताजा सब्जियाँ लेकर आती। यहीं पड़ोस के चबूतरे पर सब्जियाँ बेचती और अपनी गृहस्थी में हाथ बँटाती। जिस दिन अच्छी कमाई होती उस दिन वह चिकने-मुलायम कागज़ की नोटबुक अण्णा के लिए खरीद लाती। अण्णा को छोटे बच्चे जैसी खुशी उस नोटबुक को देख कर होती। नए नोटबुक के कारण उन्हें नया उपन्यास लिखने की प्रेरणा मिलती।

चिरागनगर के उस पार पत्थर निकाले जाने के कारण खदानों में गड्ढे पड़ गए थे। इसमें साल के आठ महीने पानी भरा रहता। वहीं पड़ोस में एक नाला बहता था। आज जैसी शहरी सुविधाएँ तब नहीं थीं। नाले के किनारे अनेक श्मशान और मसान काला मुँह लिए पसरे थे। इन्हीं में से एक श्मशान में सोना खोजने के लिए अण्णा के रिश्तेदार भीमू ने मुर्दे के मुँह में अपना हाथ डाला था। ऐन वक्त मुर्दे के दाँत भिंच जाने के कारण भीमू को अपनी उँगलियाँ गँवानी पड़ी और हमेशा के लिए उसका हाथ बेकाम का हो गया। रोटी प्राप्त करने का साधन हमेशा के लिए खो जाने के कारण वह अण्णा से लिपट कर पशुवत् रोया था। उसके दर्द का करंट अण्णा ने अपनी उँगलियों में पकड़ा और 'श्मशान का सोना' नामक अजरामर कहानी ने जन्म लिया।

तब ऊपर से आज़ादनगर में मुसलमानों की अधिकता थी। अण्णाभाऊ की जाईबाई और भागाबाई नामक दोनों बहनें यहाँ रहती थीं। वडार, कानडी, भास्कर अण्णा और परमू जैसे कई मद्रासी लोग भी वहाँ रहते थे। वे सब हिलमिलकर रहते थे। सुबह एक-दूसरे के सिर से लोहे की छड़ें और सोडावाटर की बोतलें टकराती थी। दुपहर उतरती धूप के साथ लड़ाई खत्म हो जाती थी। फिर शाम की ठण्डी हवा में सुबह एक-दूसरे को पीटनेवाले एक-साथ बैठककर खुशी से पीने लगते और तली हुई सफेद मछली (बांगड़ा) का स्वाद बड़े चाव से लेते।

चिरागनगर होली मैदान के पास भट नामक व्यक्ति का 'लक्ष्मीविलास हिंदू हॉटेल' था। तब पत्राचाल में आज जैसी नाली की व्यवस्था नगरपालिका ने नहीं की थी। इसलिए गलियों से पानी खुले में बहता रहता। अण्णा की खोली में बैठने के

लिए भी जगह नहीं थी। इसलिए जयश्री गड़कर, नाना पळशीकर, पणशीकर, हंगल या शैलेन्द्र जैसे मेहमान आने पर अण्णा उन्हें इसी होटल में चाय के लिए ले जाते।

परंतु वरिष्ठ कहानीकार कमलेश्वर जब अण्णा के घर आते तो अण्णा के दरवाजे पर की लताओं की कुंज के नीचे हठपूर्वक बैठ जाते। हँसकर कहते, "अण्णाजी, मैं तो आपके घर की मीठी, घाटी चाय का दीवाना हूँ।" एक दफा तो अण्णा जैसे जमीनी लेखक का छोटा-सा झोंपड़ा देखने के लिए सुप्रसिद्ध हिंदी दिग्दर्शक बिमल रॉय, नर्तक सुबल सरकार को लेकर स्वयं चिरागनगर आए थे।

चिरागनगर की गलियारों से घूमते हुए हम सीताराम साठे की खोली पर पहुँचे। उनकी यह खोली अण्णा के घर के निकट ही है। उस पक्के झोंपड़े की दीवार पर पचास के उम्र की आसपास वाले एक गठीले व्यक्ति की तसवीर टँगी हुई थी। ये ही वे अण्णा के चचेरे भाई सीताराम साठे थे, जो अण्णा के परिवार के साथ वाटेगाँव से मुंबई 218 मील पैदल चल कर आए थे।

आसपास के लोगों से तन-मन से एकरूप होनेवाले असली लेखक अण्णाभाऊ थे। एक दिन अण्णा घड़ी कंपनी की सीढ़ियों पर बैठे थे। उन्हें खबर मिली, सीताराम को लड़का हुआ, सुनते ही खुश होकर अण्णा सामनेवाले हलवाई की दुकान पर दौड़कर गए। दुकान में पेड़े से भरी एक परात रखी थी। अण्णा ने पूरी परात उठा ली और अपने प्रिय भाई को लड़का होने की खुशी में सभी को पेड़े बाँटते रहे।

अब चिरागनगर में तबके चूहे-घूसें बड़ी मात्रा में खत्म हो गए होंगे, परंतु तब के वह अँधियारे से भरा अभावग्रस्त, वंचित जीवन तो अपनी जगह छोड़ने के लिए राजी ही नहीं है। लेकिन मुंबई में तब की आम जनता की वह जुझारू शान, जिद, स्थितियों से लड़कर भी जीने की उम्मीद और ऊर्जा में जरा भी कमी नहीं आयी है। एक जमाने में अण्णा ने इस नगर को दांडपट्टा (गतका) का खेल और शाहिरी पँवाड़ा सिखाया है। पासवाली झोंपड़ियों में उनके वंशज, सीताराम, विष्णु और भाऊ साठे आदि कलापथक में काम करते थे। वहाँ कोई गायक था, कोई वादक था। इनकी तीसरी पीढ़ी के खून में भी वही महक और लगन खचाखच भरी हुई है।

शायद इसी कारण मुझसे बातें करते समय वर्तमान साठे मंडली में जोश भर आया था। उस वक्त पर पास में ढोलक और हारमोनियम नहीं था। लेकिन इससे क्या फर्क पड़ता है? गाँव में एक पुरानी कहावत प्रचलित थी, "कैकाड़ी का छोरा रोता भी सुर में ही है।" फिर उन बहादुरों ने प्लेट-चम्मच से ही ताल मिला लिया और शाहिरी कविता का अश्व उछाल मारने लगा। अण्णा समवेत अपने दादा-परदादा-चाचाओं ने संयुक्त महाराष्ट्र के संघर्ष में चर्चित समय को याद करते अपने अश्व को एड़ दी।

"शाहिरांनों जतन केली तुम्ही आपुली शाहिरी,
होवो स्वागत आज तुमचे लोकनाट्य मंदिरी,
महाराष्ट्र देश तुमची मायभूमी गोजिरी,
भूतलीची रेशमासम ही मराठी साजिरी,
नाथ, तुकया, रामदासाची इथे अमरापुरी,
भव्य तो इतिहास तुमचा तेवतो जनअंतरी।"

(अर्थात् शाहिरो, आपने अपनी शाहिरी संभाल कर रखी। आज लोकनाट्य के इस मंदिर में आपका स्वागत है। महाराष्ट्र आपकी मातृभूमि है जो बड़ी सुंदर है। धरती पर रेशम की पैठणी-सी मराठी भाषा शोभायमान है। संत एकनाथ, तुकाराम, रामदास की यहाँ अमरापुरी है। ऐसे भव्य-विशाल इतिहास की लौ जनमानस में प्रज्वलित है।)

जहाँ अण्णाभाऊ रहते थे वह स्थान मैंने जी भर कर देखा और आँखों में समा लिया। दरवाजे की लता मंडपवाला खुला स्थान अब नहीं था। यहीं पर अण्णा ने 'फकिरा', 'माकडीचा माळ', 'बरबाद्या कंजारी', 'कृष्णाकिनारे की कहानियाँ', 'गजाआड' आदि एक से बढ़कर एक श्रेष्ठ रचनाएँ लिखी हैं। अण्णा के वास्तु की वह अभिजात दुनिया अब नहीं बची है।

चिरागनगर से बाहर आते समय एक ठिगनी-सी खोली में रहनेवाले हिंदी गायक 'चतुर भानुशाली' से भेंट हुई। वे शरीर से दुबले-पतले, पीलापन लिए गौरवर्ण के, उम्र लगभग नब्बे के आसपास, थके हुए होने पर भी जोश-उत्साह से भरा व्यक्तित्व, अण्णा की यादें स्मरण कर वे गद्गद हो गए। उन स्मृतियों से चतुरजी की आँखें भीग गईं और बोले, "कितने लोग आते थे यहाँ, क्या था अण्णाजी का वह माहौल! हमारे अण्णा चिरागनगर की शान थे भाई!"

पूर्व दिशा की मुंबई विशेषकर उससे लगे कई उपनगरों में उत्तर-भारतीय भैया लोगों के भैंसों के लिए बड़े-बड़े तबेले थे। आगे चलकर मुंबई में बाहर से दूध आने लगा, तब मुंबापुरी और अधिक अमीर और अधिक स्वच्छ होती गई। ऐसे में ये तबेले बड़ा संकट बन गए थे।

किसी जमाने में मुंबई में जिगर माना जानेवाला दूध व्यवसाय का रोमहर्षक चित्रांकन अण्णा ने अपनी 'रेड झुंज' (भैंसों का द्वंद्व) और 'भूतांची धुळवड' (भूतों की धुलेंडी) जैसी कहानियों में किया है, जो एक स्थायी डॉक्युमेंटेशन बन गया है।

"एक नाले के पासवाला सुकर्ण भैया का वह तबेला जंगली लकड़ियाँ और ताड़-माड़ के पत्तों से छवाया हुआ था। वहाँ के गोबर-मूत्र में दो सौ भैंसें सुखपूर्वक

रह रही थीं। उसके पिछवाड़े बाबालाल का भी वैसा ही एक और बड़ा तबेला था। इन दोनों तबेलों से निकलनेवाले गोबर-मूत्र की गंध से उपनगर का सिर सुन्न हो गया था। इन दोनों तबेलों में रात-दिन लगभग पचास भैये काम करते थे। रानी की तरह भैंसों की देखभाल की जाती थी। भैंसों को नहलाना, कूड़ा साफ करना, खिलाना आदि काम दिन भर जारी रहता था।

उन तबेलों से दो भैये दौलत की तरह गोबर इकट्ठा कर रहे थे। इन दोनों के बीच स्पर्धा बड़ी जालिम और जहरीली थी। दोनों के शरीर मजबूत थे। मोटी गर्दन, चौड़ा सीना, बड़ी पिलपिली तोंद, इन दोनों ने बड़े शौक से भैंसें भी सँभाली थीं। उस तबेले में रात में सुलगनेवाले कंडे के अलाव, चारों ओर रेंगता धुआँ, भिनभिनाते, आदमी को काटने दौड़ते मच्छर और पूरे अँधियारे में टिमटिमाते नगरपालिका के स्ट्रीट लाइट" ऐसा परिवेश अण्णा ने प्रत्यक्ष किया है।

मेरी मुलाकात के समय चिरागनगर में रहनेवाले अण्णा के रिश्तेदार और कार्यकर्ता मुझे पुरानी खाड़ी की ओर ले चले।

उस ओर अब चार-पाँच मंजिलों की बड़ी-बड़ी इमारतें खड़ी हुई है। पुराना खाड़ी का हिस्सा इन इमारतों ने निगल लिया है। इन इमारतों को लांघ कर मैं और थोड़ा आगे गया तो आज भी (दिसंबर 2020 के मध्य) मुझे पचास-पचास भैंसों के कई बड़े-बड़े तबेले वहाँ दिखाई दिए। यहाँ मुझे मूलत: उत्तर प्रदेश के आज़मगढ़ जिले का युवा तबेला मालिक साल्टी यादव मिला। नंग-धड़ंग बदन, लुंगी पहने उसका वह रूप और नटखट हँसी, जो तन से मुंबई में रहनेवाला और मन से 'छोरा गंगा किनारेवाला' लग रहा था। वहाँ मस्ताई-सुस्ताई भैंसों के पास ही चारपाई पर खुला बदन, थुलथुले शरीरवाले सोए हुए लोगों के कुछ फोटों मैंने खींचे/लौटते समय अण्णा की कहानी 'भूतों की धुलेंडी' का वर्णन आँखों के सामने आ गया।

दोनों तबेलों के सभी भैंय्ये सुधबुध खो चुके थे। शराब पी कर तर्र थे। दोनों ओर दो मांसल बकरे भट्ठी पर चढ़ाए गए थे। बॅ-बॅ...करनेवाले बकरे पतीली में रट-रट की आवाज़ के साथ पक रहे थे। साथ ही दो प्रकार की भांग तैयार हो रही थी। एक भंग दूध में तो दूसरी गुड़ में औटाई जा रही थी। शराब, भंग और बकरे के मांस की तेज महक की मिली-जुली गंध नाक में प्रविष्ट हो रही थी।

चिरागनगर से ऊपर का, ऊँची इमारतों से घिरा आज़ादनगर दिखलाई दे रहा था। अण्णाभाऊ को गिरफ्तार करने के लिए श्री मोरारजी भाई देसाई ने जब वारंट जारी किया था तब माँ मराठी का ध्वजा कंधों पर लहरानेवाली अण्णा की लावणियाँ और लोकनाट्यों पर पाबंदी लगा दी थी। तब अण्णाभाऊ भूमिगत होकर, वेश बदल

कर ऊपर की बस्ती में घूमते थे। नजदीकी हवाई अड्डे के कारण आज भी पूर्ववत् विमानों की घरघराहट दिन भर सुनाई देती है। पहले विमानों को सिग्नल के लिए पहाड़ी पर रात भर लाल लाइट जलता रहता था। आज संगणक की दुनिया में इसकी आवश्यकता भी नहीं रही।

काल ने यह दीपस्तंभ निगल लिया है लेकिन अण्णाभाऊ द्वारा चित्रित इन गरीब बस्तियों के श्रमिक, भोले-भाले, अच्छे-बुरे लोगों के जो शब्द-चित्र प्रस्तुत हुए हैं, वे तो सदा संस्मरणीय ही हैं।

संदर्भ

1. 'प्रायश्चित्त' कहानी–बरबाद्या कंजारी–कहानी संकलन
2. मोहन शिवा साठे से साक्षात्कार, 22 दिसंबर 2020
3. 'भूतों की धुलेंडी'–'चिरागनगर के भूत' अण्णाभाऊ साठे।

भारतीय महानगरीय साहित्य के प्रवर्तक

बस्तियाँ बढ़ती हैं, छोटे-बड़े व्यवसाय बढ़ते हैं, जेब में पैसा आने लगा कि ठूँठ पेड़ को कोंपलें फूट पड़ती हैं। अण्णा के 'गुल' नामक कहानी के शेरअली जैसा पचास का प्रौढ़, माथे पर सेहरा बांध शादी के लिए उतावला होता है। छह फीट ऊँचाई, बलवान, गुंडे जैसा दिखनेवाला वह, उसका चौड़ा मुँह, चेहरे पर दमकता गुस्सा, बड़ी-बड़ी आँखें, सिर पर खड़े बाल, गजभर चौड़ी छाती ऐसा शेरअली चिढ़ता तो समूची झोंपड़-पट्टी को सिर पर ले लेता।

छछुंदरवत् छोटे मुँहवाला नबुमियाँ शादी का दलाल वह पैसेवाले दूल्हों के लिए छैलाओं को बहलाकर-भगाकर लानेवाला बाजार का एक चालाक उस्ताद। गुलछर्रे उड़ानेवाले, काले पैसोंवाले प्रौढ़ दूल्हों को चाहे जैसी कोमल उम्र की लड़कियाँ चुन-चुन कर, ढूँढ़ कर ला देनेवाला एक दलाल।

हर साल नबुमियाँ और उसकी बेगम कभी उत्तर भारत तो कभी दक्षिण की ओर यात्रा करते। किसी पशु व्यापारी द्वारा गायों को इकट्ठा किए जाने की तरह ब्याह के लिए तैयार लड़कियों का झुंड इकट्ठा कर मुंबई ले आते। नबुमियाँ ने शेरअली के वास्ते गुल नामक प्यारी लड़की लायी है। बिल्कुल सपनों की राजकुमारीवत् खूबसूरत, बड़ी आँखोंवाली, सुघड़ और पतली कमरवाली गुल है।

गुल के माँ-बाप ने उसका ब्याह एक मजदूर युवक से कर दिया था। लेकिन उस बेचारे को रोजगार से मिलनेवाला पैसा इतना कम था कि वह अपना पेट भी नहीं भर सकता था। ऐसे में गुल के लिए जरूरी, मौजमस्ती, शौकिया, ठीकठाक कपड़ों की अपेक्षा कैसे भला पूरी कर पाता? गरीबी से जले हुए गुल के कोमल मन का लाभ उठाते हुए बाजार के दलालों ने उसकी आँखों के सामने मुंबई की शान-शौकतवाली, सुख-चैन की दुनिया खड़ी थी। गुल को फांसकर नबुमियाँ और उसकी बेगम ने मुंबई की झोंपड़-पट्टी में ला पटका था।

जब गुल पिता की उम्रवाले मोटे शरीरवाले को देखती है, तब साफ शब्दों में इनकार करती हुई करती है, "मुझे इस राक्षस से शादी नहीं करनी है।" यहाँ अण्णाभाऊ की कलम बेमेल उर्फ बूढ़ा-कुमारी विवाह की समस्या गरीबी से त्रस्त महिलाएँ और नबुमियाँ जैसा कमीना दलाल इन सबका बढ़िया और करुण चित्रण प्रस्तुत करते हैं।

उधर उसके गरीब पति को गुल के बिना जीना कठिन हो जाता है। आखिरकार गुल का पति रेल से बिना टिकट मुंबई पहुँचता है और ठीक विवाह के समय मुंबई की झोंपड़-पट्टी में आ धमकता है। गरीब का घोंसला संभालनेवाली बया पंछीवत् उसकी पत्नी पुन: प्राप्त हो इसलिए बेचैन हो जाता है। उसका यह भोला प्रेम देख गुल रोमांचित हो जाती है। "मैं नादान हूँ, भरा-पूरा घर छोड़ कर भाग आयी और बेइज्जत हुई।" का एहसास होते ही गुल अपने आपको खूंटी पर टांग लेती है (मर जाती है) इस भयावह नाटक को देख कर जंग लगे झोंपड़ी के टीन भी करकराते हैं।

स्त्रियाँ और बच्चों का अपहरण और उनके लैंगिक शोषण की समस्या तो कई सदियों से चली आ रही पुरानी है। हिंदुस्तान से विदेशों में धोखे से भगा कर ले जानेवाली अभागन नारियों की समस्या को मुंशी प्रेमचंदजी ने भी उठाया था। ऐसी ही उनकी एक शूद्रा नामक अभागन स्त्री की दुर्गति बतानेवाली, उसके विदेश में बेचे जाने की करुण कहानी प्रेमचंदजी ने सौ साल पहले ही प्रस्तुत की है।

मुंबई महानगर के झूठे सपनों की दहलीज पर गुल जब खून का कुल्ला करती है तो मन विचलित हो जाता है। अण्णाभाऊ ने अपनी संवेदनपरक, कारुणिक कलम से गुल की सचमुच की चीख को कलात्मकता के ऊँचे झूले पर ला रखा है।[1]

'गुल' जैसी ही एक मुस्लिम लड़की को शादी के दलाल हैदराबाद से बाज की चालाकीवत् भगा कर लाते हैं। उसका ब्याह एक बूढ़े से रचाते समय अण्णाभाऊ पुलिस के साथ पहुँचते हैं और शादी रुकवाते हैं। घाटकोपर इलाके में कई अभागन लड़कियों की सहायता हेतु हमारे अण्णा पिता की आत्मीयता लिए दौड़ कर जाते थे। ऐसा शकुंतलाबाई बताती है।[2]

किसी जमाने में मुंबई के मजदूर और मेहनतकशों के पेट की चिंता करनेवाले लगभग छह सौ से अधिक घरेलू भोजनालय थे। परेल और लालबाग की उन भोजनालयवाली मौसियों की दुनिया अण्णा की नज़र से ओझल नहीं हुई है। इनमें से अधिकतर अच्छी महिलाएँ थीं। तो कुछ खल स्वभाव की भी थीं। ऐसी ही एक तानुबाई नामक मौसी की कहानी उन्होंने 'येडा नाऱ्या' (पागल नाऱ्या) कहानी में प्रस्तुत की है। वहाँ खाना खानेवाले मजदूरों को तानुमौसी के शराबी पति को भी

झेलना पड़ता था। रोज रात वह बीमार मुर्गी जैसा किचमिच करता और शराब पीकर सबको परेशान करता।[3]

अण्णाभाऊ के 'मूक मिरवणूक' (मौन जुलूस) नामक लोकनाट्य का प्रकाशन जनवरी 1951 में हुआ था। परंतु यह लोकनाट्य 1946 के अंत तक मंच पर आ गया था। तब मुंबई की आबादी तैंतीस लाख के निकट थी। ऐसे में अण्णाभाऊ 'मौन जुलूस' की पाण्डुलिपि में मुंबई की मूल और विराट समस्याओं को बड़े ही जोश से प्रस्तुत करते हैं। इसलिए इसे मूलत: पढ़ना चाहिए।

1945-46 के मध्य वरली और चेंबूर में खुली सरकारी जमीनें (भूखंड) बची हुई थीं। इन पर तत्कालीन मजदूरों ने अवैध रीति से झोंपड़ियाँ बना ली थीं। सरकारी आदेश से वे सारी झोंपड़ियाँ जबरन तोड़ी गई। तत्कालीन सरकार की ओर से कई झोंपड़-पट्टियाँ जलाई गयीं। सैकड़ों गरीब झोंपड़-पट्टीवासियों को मुंबई के बाहर खदेड़ा गया। तब इसका भयावह यथार्थ अण्णाभाऊ अपने लोकनाट्य में रखते हैं।

"मकान के पास झोंपड़ी देखकर पूँजीपतियों का माथा ठनका।" झोंपड़ियों के कारण पूँजीशाही की इज्जत को और मुनाफे को सूराख होने लगे। अण्णा यहीं पर नहीं रुकते, वे झोंपड़ियों के दर्द के साथ-साथ फुटपाथ पर रात में सोने की जगह को लेकर मजदूरों में होनेवाले आपसी झगड़ों का भी यथार्थ अंकन करते हैं।

कुल मिलाकर अधिक पैसे प्राप्त करने के लालच में भागदौड़ करनेवाले पूँजीपति चाल गिरने के निर्णय पर आई तब चालवासियों को नोटिस देना और इस कारण तत्कालीन चालवासियों को इकट्ठा होकर यह कहना कि "हमारे नाम पर खोली नहीं और फुटपाथ भी हमारा नहीं, हम काहे के किराएदार?" इन शब्दों में रोष प्रकट करना आदि आम मुंबईवासियों की समस्याएँ अण्णा ने 72-75 सालों पहले ही अपने साहित्य में पुरजोर तरीके से प्रस्तुत की हैं।[4]

झोंपड़ीधारकों की समस्याओं का समाधान समाज द्वारा आज भी नहीं हो पाया है अपितु इस समस्या की भीषणता दिनोंदिन बढ़ती ही जा रही है। झोंपड़-पट्टी का कब्जा प्रमाणपत्र ओ.सी. प्राप्त करने के लिए आम आदमी को प्राधिकरण अधिकारी के यहाँ तीन-तीन महीने चक्कर काटने पड़ते हैं। प्रस्तुत लेखक को झोंपड़-पट्टी पुनर्वास प्राधिकरण के मुख्य कार्यकारी अधिकारी पद पर कार्य करने का अवसर मिला है। तब मैंने अधिकारियों के विशेष दल निर्माण कर दस माह के भीतर ही बत्तीस हजार आठ सौ बत्तीस दाखिला का प्रमाणपत्र प्रदान करने का रिकॉर्ड कर सही मायने में प्रशासन को गतिशिल किया था। अण्णाभाऊ की मिट्टी के एक नागरिक के रूप में मुझे इस कार्य का अभिमान है।

मुंबई की एक और समस्या है, वह है पगड़ी मकान किराए या मोल लेने के लिए दी जानेवाली अतिरिक्त धनरायी (काला पैसा) प्रस्तुत करते-करते मुंबई के लाखों लोगों की भीड़ की दाहक समस्या को भी 'मौन जुलूस' में वाणी मिली है। यह भीड़ नल पर की, टॉयलेट के कतार की, नाई के दुकान की और मुंबई के रेल की भी है। इस समस्या को हास्य-व्यंग्य शैली में अण्णा इस तरह प्रस्तुत करते हैं, "अरे! रेल के डिब्बे में पड़ोस का एक आदमी अपना पैर समझ कर मेरा पैर खुजलाने लगा। फिर मैंने उसे एक झापड़ रख दी और टंटा शुरू हुआ। इसी समय मुर्गी के दड़बे में दस के बजाये सौ मुर्गी को ठूँस दिया तो क्या होगा? एक भी मुर्गे के शरीर पर एक भी पंख नहीं बचेगा। ठीक ऐसी ही दशा मुंबई के आम लोगों की हुई है। उनकी बौद्धिक-शारीरिक क्षमता के पंख ही काल ने नोच डाले हैं। यह भविष्य नहीं यथार्थ है"–को अण्णा ने 75 साल पहले ही दिखा दिया है।

तब अण्णाभाऊ को (गिरणगाव–कपड़ा मिलों का गाँव-मराठी में कपड़ा मिल को गिरणी कहते हैं।) उनके द्वारा लिखित पँवाड़े में गिरगाव कैसे दिखाई देता है, देखिए,

"बेबंद पिळवणूक ती गेली कळसाला। चौदा-चौदा तास दिवसाला।।
राबत होता मजूर गिरणीला। आटवीत होता रक्ताला।।
सूर्याचे तोंड ही दिसत नव्हते त्याला।।
नव्हता मुळी न्याय, कायदा त्याच्या बाजुला।।
मग रजा, भत्ता, बोनस यावा कोठला? नव्हती पर्वा त्याची मालकाला।।
उन्मत आंग्ल सत्तेला। सावरून एकमेकाला।।
रगड़ीत होते दिनरात कामगाराला।।
एकोणसशे अठ्ठावीसला। रोखाया कामवाढीला।।
कामगार मैदानी आला। गिरण्यांची तोंड दाबूनी साचा बंद केला।।
त्रासनात आऱ्या जाहल्या। थैली फेकून बाजुवाला झाला बाजूला।।
कपड़याचा हात मोडला। तिरमिरी आली धोट्याला।।
रोव्हीण कँट, भुलेरात गोंधळ माजला।।
मढ्या समान पडल्या गिरण्या प्राणची गेला।।"

अर्थात् शोषण शिखर तक पहुँच गया। चौदह-चौदह घण्टे प्रति दिन मिल में मजदूर परिश्रम कर रहे थे। अपना खून औटा रहे थे। उसे सूरज की किरणें देखना भी नसीब में नहीं था। न्याय, कानून तो उसके पक्ष में थे ही नहीं, ऐसे में उसे छुट्टी,

भत्ता, बोनस कैसे भला मिलता? इन बातों की परवाह मालिक को बिल्कुल नहीं थी। उन्मत्त पूँजीपति और अंग्रेजी सत्ता दोनों मिल कर रात-दिन मजदूरों का शोषण कर रहे थे। 1928 में मजदूर काम बढ़ाने के खिलाफ मैदान में उतरे। मिलों का भोंपू बंद कर दिया, साँचे बंद कर दिए, त्रासन रुक गया, पड़ोसवाला थैली फेंक कर हट गया, कपड़े (बुनाई) का हाथ टूट गया। ढरकी मूर्च्छित हो गई। रोव्हीन कैंट भुलेरा में गड़बड़ी मच गई। मिलें मुर्दों के समान निष्प्राण हो गयीं।

तत्कालीन मुंबई की पगड़ी की समस्या, रहने के लिए मकान की समस्या थी। इसके अलावा ढहने की दशा में आयी चालें, श्मशान, भैंसों के तबेले, फाइव स्टार और गंदी बस्ती में चलनेवाला वेश्या व्यवसाय, पूँजीवाद आदि न जाने कितने ही आयामों को लेकर अण्णा ने 1945 से 1969 तक के काल में मुंबई महानगर का लेखा-जोखा लिया है।

मुंबई की गंदी बस्तियाँ तथा झुग्गी-झोंपड़ियों की समस्याओं को लेकर वामपंथी विचारधारा के नेता और कार्यकर्ता 1971 के बाद बोलने लगे। मुंबई में पहली बार झोंपड़पट्टियों की गिनती करना और फोटो पास देना यह काम 1976 के बाद शुरू हुआ जबकि इस महानगर की बवासिरवत् समस्या पर अण्णा नामक महान लेखक 1945 से ही बड़ी शिद्दत के साथ लिख रहा था, इसे हमें याद रखना चाहिए।

तत्कालीन अण्णाभाऊ के 'मेरी मुंबई' अथवा 'मुंबई किसकी' इस पाण्डुलिपि को भाषिक वाद, प्रांतीय अस्मिता और प्रचार का धब्बा एक दफा लगाया जा सकता है लेकिन 1946-47 के मध्य अण्णाभाऊ द्वारा लिखित 'मौन जुलूस' इस पाण्डुलिपि की मुख्य संवेदना मुंबई में मकान की और झुग्गी-झोंपड़ियों की समस्या तथा पूँजीवाद और गरीबों के मध्य की गहरी दरार है।

स्वतंत्रता प्राप्त उन डेढ़-दो दशकों के देश में दिल्ली, कोलकाता तथा अन्य भारतीय भाषा क्षेत्रों के साहित्य की खोजबीन करने से हमें यह दिखाई देता है—मराठी के बाद बांगला भाषा में उन दस सालों में कोलकाता महानगर पर थोड़ा-बहुत लिखा गया। जिसमें एकाद कोई लेखक ही महानगरीय जीवन के एकाद-दूसरे दराज में ही हाथ डालते दिखाई देता है। श्री संतोषकुमार घोष ने 1950 में 'देश' नामक बांगला पाक्षिक में 'किनू गोलार गल्ली' (किनू ग्वाले की गली) नामक उपन्यास प्रथमत: प्रकाशित किया था। इसमें तत्कालीन मानव के द्वारा खींची जानेवाली शिक्षा और ट्राम के तथा पुराने कोलकाता शहर में स्थित पुराने चाल का जीवन प्रस्तुत किया गया है। अर्थात् गली की सीमित समस्याओं को ऊपरी तौर पर प्रस्तुत किया गया है।

सुप्रसिद्ध उपन्यासकार बिमल मित्र के 'साहब, बीबी, गुलाम' नामक उपन्यास में कोलकाता और विशेषकर देहाती बंगाल के जमींदार परिवार के आर्थिक और नैतिक पतन की बात प्रस्तुत की गई है। यह उपन्यास 1953 में प्रकाशित हुआ है। उपन्यास की इसी कहानी पर गुरुदत्त ने एक सफल हिंदी सिनेमा का निर्माण किया। जिससे यह उपन्यास अधिक लोगों तक पहुँचा। लेकिन बंगाली साहित्य में शहरी जीवन अंकन की दृष्टि से इसी दशक के ज्योतिंद्रनाथ नंदी की रचना 'बारो घर एक उठन' महत्त्वपूर्ण है। एक चाल में ढहने को आए बारह मकान और पड़ोस के अहाते में घटित घटना पर आधारित यह उपन्यास है। उन बारह मकानों में एक छोटी दुकान भी है। एक मकान में नर्स और शेष में पूर्व बंगाल से आए परिवार रहते हैं। इस उपन्यास के कथानक में सच्चाई लाने की दृष्टि से वरिष्ठ पत्रकार श्री नंदी कुछ दिनों तक ऐसी ढहती चॉल में कुछ दिन रहे थे, यह विशेष।

उसी दशक में महानगरीय जीवन पर आधारित लेखन बेंगलुरू (कन्नड़ भाषा) अथवा दिल्ली (हिंदी भाषा) में भी अल्प अनुपात में ही दिखाई देता है। कन्नड़ में बेंगलुरू की गंदी बस्ती का वर्णन करनेवाली रचना 'अक्क' (दीदी या अक्का) उपन्यास है। सुप्रसिद्ध लेखक पी.लंकेश की यह रचना काफी समय बाद अर्थात् 1991 में प्रकाशित हुई है। इसके अलावा नागरी जीवन को प्रस्तुत करनेवाला व सुधेंद्र का 'हम्पी एक्स्प्रेस' उपन्यास भी काफी बाद का है। इसी दशक में अण्णा की तरह ही वाम विचारधारावाले लेखक श्री जयकांतन तमिल में कहानियाँ लिखने लगे थे। मद्रास में कम्युनिस्ट पार्टी के दफ्तर के पास स्थित कुछ झोंपड़ियाँ तब सरकार ने उठवा दी थीं। इस समस्या पर जयकांतन ने कुछ बढ़ियाँ कहानियाँ लिखी हैं।

महानगरीय मध्य वर्ग के जीवन के एकाकीपन पर आधारित हिंदी लेखक श्री मोहन राकेश ने 'अंधेरे बंद कमरे' (1961) उपन्यास लिखा है। इसके अलावा शहरी जीवन के कुछ धागे 'अठारह सूरज के पौधे' (रमेश बक्षी), 'शह और मात' (राजेंद्र यादव), 'उनका फैसला' (योगेश गुप्त), 'चितकोबरा' (मृदुला गर्ग), 'काला पहाड़' (सुदर्शन चोपड़ा) के अलावा अज्ञेय, उपेन्द्रनाथ अश्क, मोहन राकेश, रमेश उपाध्याय, जैनेंद्र, कमलेश्वर आदि हिंदी लेखकों ने दिल्ली के महानगरीय जीवन पर कुछ कहानियाँ लिखी हैं। लेकिन प्राय: ये सब बाद के समय की और एकाद-दूसरी ही ऐसी कहानियाँ हैं।

भारतीय अंग्रेजी साहित्य में 'कुली' (1936) प्रकाशित उपन्यास मुझे महत्त्वपूर्ण लगता है। इस उपन्यास में 'मुन्नू' नामक युवा लड़का उत्तरांचल के पहाड़ी क्षेत्र से

मुंबई आता है। इसके बहाने श्री मुल्कराज आनंद ने मुंबई के परेल, लालबाग में स्थित मजदूरों की चालें, कपड़ा मिलों की हड़तालें और मुन्नू को मुंबई में जीने के लिए किए गए परिश्रमों का, तकलीफों का सुंदर चित्रण किया है। यह मुन्नू के जीवन का वृत्तांत अधूरा-हलका होने पर भी महत्त्वपूर्ण है। क्योंकि श्री मुल्कराज आनंद जैसे अन्य भाषी लेखकों की पकड़ में महानगरीय परिवेश नहीं आया है। साथ ही 1930 से 1940 के दशक में मध्य मुंबई के विशेषकर नल बाजार, मुंबई सेंट्रल, फोरास रोड क्षेत्र की असलियत उर्दू कहानीकार सआदत हसन मंटो की कुछ कहानियों में बहुत अच्छी रीति से प्रस्तुत हुई है।

कुल मिलाकर देखा जाए तो, तुलनात्मक दृष्टि से अण्णाभाऊ के महानगरीय जीवन की बुवाई काफी गहरी और घनी थी। अपने लोकनाट्य 'मौन जुलूस' जैसी रचना शहरी जीवन के भयावह यथार्थ को छूनेवाली उनकी कई कहानियाँ तथा- चंदन, चित्रा, आघात जैसे उपन्यासों द्वारा उन्होंने गंदी बस्तियों के पुलिंदे में ही हाथ डाला है।

स्वतंत्रता के पश्चात् ऐसी गंदी बस्तियों में जीनेवाले, सताए गए मेहनतकशों की दुनिया की श्री बाबूराव बागुल ने अपनी कई कहानियों में खोजबीन की है। 1961 के बाद चक्र, माहीम की खाड़ी जैसी रचनाएँ झोंपड़-पट्टियों के जीवन को अंकित करती हैं। भा.ल. पाटील की 'बस्ती बढ़ रही है', श्री दा. पानवलकर, भीमसेन देठे, जयंत पवार आदि ने शहरी जीवन पर बढ़िया कहानियाँ लिखीं। नौवें दशक मे अरुण साधू के 'मुंबई दिनांक' और 'सिंहासन' जैसे उपन्यास आए। इनमें विशेषकर मंत्रालय और सत्ता की परिधि के संघर्ष को और चरित्रों को बड़ी ताकत के साथ पेश किया गया है। इन दोनों उपन्यासों को जब्बार पटेल ने 'सिंहासन' नामक सिनेमा द्वारा अधिक लोगों तक पहुँचाया।

महानगर के श्मशान से लेकर हवाई अड्डों तक की दुनिया अण्णाभाऊ ने स्वयं अनुभूत की थी। इनके वास्तविक चरित्र जीवन के सच्चे प्रसंगों से मानवता की पर्त पर तैरते हैं। वह बेचारी गुल जिसे गुंडों ने हैदराबाद-विजयवाड़ा के ओर के एक देहात से धोखे से भगा कर मुंबई लाए थे। उसके जैसी अनेक मुसीबतग्रस्त लड़कियों को अण्णा ने स्वयं छुड़वाया था। इस कार्य के लिए उन्होंने थानों के कई चक्कर भी काटे थे। नारियल के पेड़ की चोटी पर शराब के गुब्बारे छिपानेवाली फातिमा, उसकी झोंपड़ी तो हमारी खोली के निकट तीन झोंपड़ियों को छोड़कर थी और उसका वास्तविक नाम भी फातिमा ही था। शारीरिक दृष्टि से सुदृढ़,

भारी डेअरिंगवाली, मोटी-चौड़ी वह मुसलमान महिला, जिसे देखकर सभी डरते थे। लेकिन वह स्वभाव से काफी दयालु भी थी। यह बात मुझसे शकुंतला बाई ने कही थी।[5]

झोंपड़-पट्टी के भन्नाट* जीवनयापन का लेखा-जोखा अण्णाभाऊ 'काळू' नामक कहानी में बताते हैं। रात की शीतल हवा में बैठ कर कहानी लेखन का मूड अण्णा का बन जाता है। इतने में उस ओर से रबड़ जलने की बदबू आती है। सभी लोग परेशान हो जाते हैं। अकबरखान ने निकट ही शराब की भट्ठी लगाई है। ताजी शराब की सड़ांध को कम करने के लिए रबड़ जला कर दुर्गंध निर्माण की गई थी।[6] कई बार अण्णा लेखन के लिए बैठते तो शराब की बदबू से बचने के लिए जयवंताबाई उनके निकट खुशबूवाली अगरबत्ती जला देती और अण्णा को बैठना आसान हो जाता।

अण्णाभाऊ ने अपने मुंबई जीवन की कर्मकथा प्रस्तुत करनेवाली 'मेरी दीपावली' 1949 में लिखी। तदनंतर 'रेडं' (भैंसा), 'झुंज' (द्वंद्व), 'नज़र', 'गुल', 'काळू', 'चंगीजखान' आदि अनेक कहानियों की मालिका ही प्रस्तुत कर दी। महानगरीय साहित्य की पुख्ता नींव अण्णाभाऊ ने ही रखी है। इसलिए उन्हें अग्रपूजन का सम्मान केवल मराठी ही नहीं तो अखिल भारतीय स्तर पर भी अण्णाभाऊ को ही जाता है। साहित्य में महानगरीय बोध, परिवेशांकन और समस्याओं के प्रवर्तक अण्णाभाऊ ही हैं।

अण्णाभाऊ के अनुभवों की विशालता, गहराई, व्यापकता के साथ-साथ मूलभूत समस्याओं की समझ और शहरी बस्ती के स्त्री-पुरुष संबंधों की वास्तविकता हमें समझ लेनी चाहिए। किसी महानगर के जीवन की इतनी गहराई से की गई जाँच-पड़ताल उनके समकालीन किसी भाषा के भारतीय साहित्य में नहीं मिलती। इसलिए अण्णाभाऊ का स्थान निर्विवाद रूप से अग्रणी है।

"मैं और मेरा व्यक्तित्व मुंबई के जुझारू मजदूर वर्ग ने गठित किया है। मैं मिल का साँचा छोड़ साहित्य की ओर मुड़ा।"[(7)] ऐसी स्पष्टोक्ति अण्णा देते हैं। कभी स्कूल की दहलीज भी न लाँघनेवाला यह लेखक पूरी क्षमता और शक्ति के साथ लिखता ही रहा। वे जिस मुंबई में पले-बढ़े वहाँ उन्होंने (उनके ही शब्दों में) "जनता के विशाल आंदोलन में घुसकर उसका सर्वव्यापी संघर्ष नजदीकी से देखा।" इसे ही उन्होंने अपने लेखन में पुरजोर तरीके से प्रस्तुत किया है।

***भन्नाट**–Amazing

संदर्भ :-

1. 'गुल'-प्रथम प्रकाशन–'युगांतर' 12 जुलाई 1959, बाद में 'भानामती' नामक कथा संकलन में शामिल।
2. शकुंतला सपताल।
3. 'येडा नाऱ्या'–'नवती' कहानी संकलन, 1959
4. 'मौन जुलूस'–अण्णाभाऊ साठे-प्रथम संस्करण, 1951, पुनर्मुद्रण 'साठे समग्र वाङ्मय खंड-2', संपादक–रमेश बागवे तथा धर्मपाल कांबले, पृ. 206 तथा 213
5. शकुंतला सपताल से साक्षात्कार, 5 सितंबर 2020
6. 'गजाआड'– कहानी संकलन, 1959, पृ. 101 तथा 102
7. 'मी का लिहितो?' 'युगांतर'–नवंबर 1959

प्रेम की लगन और सितारों का गगन

प्रेम, आसक्ति, प्रेमातुरता, लावण्य, विरह, आह ये भी मानव जीवन की संपन्नता के स्रोत हैं। भारतीय मन को निरंतर प्रेम ने प्रफुल्लित किया है और मोहित भी किया है। पौराणिक कथाओं के जल प्रपातों में भी नल-दमयंती, सीता-स्वयंवर और कृष्ण-रुक्मिणी का अमर प्रेम सब कुछ हमारी संस्कृति और भक्ति का अभिन्न अंग बना है।

साहित्यकार बनने से पहले अण्णाभाऊ प्रतिष्ठित शाहिर के रूप में प्रख्यात थे। वीर रस के पँवाड़े गाने और रचने में उन्हें सिद्धि प्राप्त थी। तमाशा इस लोकनाट्य के आँगन में एक उत्कृष्ट गायक के रूप में वे सबका ध्यान अपनी ओर आकृष्ट कर लेते थे। खड़ी महारकि शैली, आकर्षक तान, कटाव छंद और सुरीले कण्ठ के गायक के रूप में वारणा और कृष्णा नदी की कछार में परिचित थे। मौसेरा भाई यशवंत और मनवेकर जैसे श्रेष्ठ लोकनाट्य के मालिक की तालीम में उन्होंने लोककला के पाठ सीखे थे। उस जमाने में तमाशा में सावळजकर का 'बटाऊ मोहना', 'चंद्रावळ' और पट्ठे बापूराव की 'मिठाराणी' जैसे उत्तम लोकनाट्य मंचित किए जाते थे। ये तीनों मूल में प्रथम श्रेणी के नाट्य और क्लासिक काव्य का संगम थे। इसी कारण मराठी जनमानस से पैठी हुई प्रेमकथाएँ अण्णाभाऊ के खून-पसीने में समा चुकी थीं। ये कथाएँ उनके प्राण ही हो गई थीं। मराठी के सुप्रसिद्ध लेखक पु.ल. देशपांडे तो पट्ठे बापूराव के 'मिठाराणी' को मराठी का पहला बैले मानते थे।

दस साल पहले प्रतिष्ठित हिंदी लेखक रवीन्द्र कालिया 'नया ज्ञानोदय' नामक पत्रिका के संपादक थे। 'नया ज्ञानोदय' का प्रकाशन भारतीय ज्ञानपीठ द्वारा होता था। भारतीय भाषाओं की सुप्रसिद्ध प्रेमकथाओं का संकलन कर 'नया ज्ञानोदय' का प्रेमकथा विशेषांक रवीन्द्र कालिया ने निकाला था। इन प्रेमकथाओं में शरदचंद्र

चट्टोपाध्याय के "देवदास" का स्थान पहला था। श्री चंद्रधर शर्मा 'गुलेरी' की "उसने कहा था", श्री पिलई की 'चेमीन', श्री फणीश्वरनाथ रेणq की 'मारे गए गुलफाम' उर्फ 'तीसरी कसम' (इसी कहानी के आधार पर शैलेन्द्र ने राज कपूर और वहीदा रहमान के अभिनय से संपन्न 'तीसरी कसम' नामक प्रख्यात सिनेमा बनाया था।), कमलेश्वर की 'नीली झील', 'राजा निरबंसिया' आदि श्रेष्ठ कहानियाँ शामिल थीं।

मराठी साहित्य में प्रेमकथाएँ न के बराबर हैं। कविता के क्षेत्र में 'रवि किरण मंडल' की महफिल में प्रेम, इश्क का स्थान सर्वोपरि था। मराठी नई कहानी के पाँच प्रवर्तकों ने अच्छी प्रेम कहानियाँ लिखी हैं।

मैं जब भारतीय श्रेष्ठ प्रेम कहानियों की पृष्ठभूमि के परिप्रेक्ष्य में सोचता हूँ तब मेरी आँखों के सामने अण्णाभाऊ साठे की 'डोळे' (आँखें), 'वेडं वारं' (पागल हवा), 'बरबाद्या कंजारी' (बरबादी कंजारी की), 'फरारी', 'नज़र', 'कोकिळा'(कोयल), 'लख्या बारापटा' आदि कई प्रेमकहानियाँ आती हैं।

गीता नामक वन-दीवानी की आँखों से अण्णाभाऊ द्वारा प्रस्तुत रसीली कहानी है। 1975 के पूर्व महाराष्ट्र के ग्रामीण और पहाड़ी क्षेत्र में सड़कें पर्याप्त नहीं थीं। 1972 के रोजगार गारंटी योजना से ग्रामीण सड़कों की समस्या का समाधान शुरू हुआ। इसके पूर्व जंगली पगडंडियाँ और मुश्किल रास्तों से पैदल आना-जाना पड़ता था। महिलाओं को तो अधिक परेशानी होती थी। ऐसी जंगली पगडडियों से गुजरनेवाले और नदी को उलांघते प्रसंगों से अण्णाभाऊ की कई कथाओं ने जन्म लिया है। इनमें से ही एक है 'आँखें' (डोळे) नामक कहानी।

शाम के समय पेड़-पहाड़ियों की धूप उतार को लगी हुई होती है, तब लेखक गीता के साथ पन्हालगढ़ की ओर से नीचे उतरकर वारणा किनारे के सागाव नामक गाँव की ओर निकलते हैं।

गीता खूबसूरत, चाहत से भरी और सौंदर्य का झरना थी। उसकी सुंदरता उसके चमकीले, बड़े नैनों में थी। रसीली देह की यह हँसोड़ युवती थी। यह सुंदरता ही उसका अपराध था। इसे लेकर पति शंकित रहता और उनमें अनबन रहती। क्योंकि वह अपने पति से सौ गुना अधिक आकर्षक और सुंदर थी। वह कहती है। "यह हँसी मुझे लगी गंदी आदत है। मेरी आँखें दुष्ट हैं। मेरी नज़र चंचल है। आग लगानेवाली है।" कुल मिलाकर उसकी खूबसूरती के तेज से ससुरालवाले सभी काले हो जाते हैं। ईर्ष्या से जल उठते।

पत्नी रूपमती होने के कारण पति उस पर शक करता है। उसे लगता है कि वह बदचलन है। इस शक के चलते तवे पर जलती रोटी-सा हर समय जलता रहता। गीता के देवर को उसकी आँखें बेहद पसंद हैं। मानो आँखों ने उसके कलेजे में कट्यार घुसेड़ दी हो। घर और बाहर भी उसकी आँखें देखने की लालसा से निरंतर उसका पीछा करती रहती है। फलत: पति का शक और अधिक दृढ़ हो जाता है।

पहाड़ी रास्ते से गीता अपने मैके जा रही है। पहले ही वह घर से देरी से निकली है। लबालब भरा घना-वन और कँटीली राह से गीता जल्दी-जल्दी पहाड़ी से नीचे उतरती है। सामने की छोटी पगडंडी के निकट के गाँव में स्थित दो पहलवान गुंडों की नज़र उस पर पड़ती है। इतनी देर में अँधेरा और घना हो जाता है। दूसरी पहाड़ी उतरते समय झाड़ियों की ओट में ये दो गुंडे गीता का पीछा करते हैं। उसे बचाने के लिए लेखक कँटीली राह से उसके साथ दौड़ता रहता है। आखिरकार भेड़िए के मुँह में जानेवाली हिरनी की तरह उसकी भी गति होनेवाली है। अचानक सौभाग्य से उन झाड़ियों में, अँधेरे में दो मोर दौड़ते हैं और पेड़ के सूखे पत्ते मोर के पैरों से बजने लगते हैं। यह सुनकर गुंडों को लगता है गीता इस ओर भागी है और वे गलत दिशा में दौड़ते हैं। इस तरह गीता जैसे-तैसे बच जाती है।

कुछ दिनों पश्चात् लेखक गीता के मैके की ओर से कहीं तो जाने के लिए निकलते हैं। गीता ने अपने मकान की निशानी बताई हैं। गाँव के ऊँचे-ऊँचे नारियल के पेड़ के तले जो मकान है वह मेरा है। लेकिन उससे पुन: भेंट से लेखक को गहरा सदमा पहुँचता है। दुष्ट दुनिया ने घात कर डाला। जिन आँखों ने उसे अपने ससुराल से दूर किया, दुख का स्रोत ठहरी इन अपनी सुंदर आँखों से ही गीता प्रतिशोध लेती है। जंगली वनस्पति का गाढ़ा दूध अपनी आँखों में डाल लेती है। आँखें फूट जाती हैं, वह अंधी हो जाती है।

सच में तो भाग्य ने गीता को असीम सौंदर्य का वरदान दिया था। उसके संगमरमरी रूप की शान बनी रहे इसलिए मोर के रूप में प्रकृति उसकी सहायता के लिए दौड़ी आयी थी लेकिन मनुष्य की जलती आँखों ने आघात किया। अपने लावण्य से सहज प्रभावित करनेवाली जंगल की यह लड़की (अप्सरा) ऐसी अभिजात सुंदरता कभी-कभी ही जन्म लेती है। उसका मोल आदमी ही नहीं परिवेश भी नहीं कर पाता। नहीं तो चि.त्र्यं. खानोलकर की रूपसुंदरी 'चानी' को उसके ही गाँव द्वारा बर्बाद करने का और क्या कारण था?

शिराळा तहसील के पाडळी नामक गाँव में अण्णाभाऊ की यह सुंदर (गीता नामक) मानस कन्या हाल ही के दस साल पहले तक जीवित थी। अपनी सुंदर

आँखों को फोड़कर अपने दीर्घायु जीवन को उसने अँधियारे मशक में ढाल लिया था। पहले गीता की आँखें और उसके बाद गीता को भी काल ने कुंठित कर दिया।

अण्णाभाऊ की दूसरी कहानी 'चिल्ली' है। उसी गाँव में एक प्यारी सुंदर और नटखट लड़की चिल्ली है। जिसके लिए राजा नामक युवक दीवानी हो जाता है। गलियारे में उसे मिलकर 'तेरे बिना मुझे नींद नहीं आती' अभिभूत होकर बोलता है, तब नटखट चिल्ली उसकी खिल्ली उड़ाते हुए बोलती है, "नींद नहीं आती तो, अफीम खाया करो और दो तोला अधिक खाओगे तो हमेशा के लिए सो जाओगे।" प्यार की रौ में ऐसा झूठ-मूठ का इनकार भी प्रेमियों को बड़ा प्यारा लगता है। चाहत बढ़ती है क्योंकि प्रियतमा की जबान चाहे जो बोले पर उसकी आँखें बेईमानी कर देती हैं। वे धूर्त की तरह प्राणप्रिय को अपनी ओर आकर्षित करने का प्रयास करती हैं।

किसी कारणवश चिल्ली चिढ़ी हुई है और तभी प्रेम के लिए भूख, प्यास भूलानेवाला राजा उसके पास आकर प्रेम की याचना करना चाहता है तब चिल्ली अपने हाथ में लिए कोडे से ऐसी जोरदार फटकार लगाती है कि कोड़े की वादी उसकी बाँह में धँस जाती है। खून रिसने लगता है। तब राजा वहाँ एक पलभर भी नहीं रुकता, पीछे मूड़ कर भी नहीं देखता और वहाँ से गायब हो जाता है। चाबुक की फटकार ने राजा का पूरा जीवन ही बदल डाला है।

राजा की बाँह को जख्म होता है लेकिन डंक चिल्ली के हृदय को होता है। उसे व्याकुल कर देता है।

सहज, आसान रीति से मिलनेवाले प्रेम का तिनके जितना भी मोल नहीं होता, उसे कौड़ी की भी कीमत नहीं मिलती, पर जैसे ही यह प्रेम चिउटी से खिसक जाता है तब उसका मूल्य बढ़ते ही जाता है और यह प्रेम गगनवत् बड़ा हो जाता है। राजा की केवल झलक आँखों को दिखाई दे इस बेचैनी से चिल्ली आकुल-व्याकुल हो जाती है।

एक दिन जंगल के सपरे में राजा अकेला ही होता है तब चिल्ली अचानक वहाँ आ धमकती है। राजा को बड़ा गुस्सा आता है। अब उसके कोड़े की चपेट में मेरी बाँह आएगी–का एहसास चिल्ली को होता है। लेकिन अब जो कुछ होगा उसे सहने के लिए वह तैयार है। वह कहती है, "यह दूरी अब मुझसे सही नहीं जाती। मैं यूँ ही मर जाऊँगी। मैंने तुम्हें कोड़े की फटकार भले ही लगाई हो पर मरी तो मैं हूँ। मुझे माफ कीजिए।"

उसके शुष्क और दग्ध होंठों से प्रस्फुटित शब्दों से राजा का सारा गुस्सा पिघल जाता है और उसकी बाँहों की गहराई में वह डूब जाता है।

अण्णाभाऊ की प्रेम कहानी 'गीले पनघट' को पढ़ते समय हमें बरबस शरदबाबू की याद हो आती है। समानता के अनेक स्थान श्रेष्ठ साहित्यकारों के लेखन में झाँकते नज़र आते हैं। जहाँ उनकी प्रतिभारूपी बया कई बार एक जैसे सुंदर घोंसले बनाती है। शरदबाबू के देवदासवत् अण्णाभाऊ ने भी 'लख्या बारापट्या', 'मंजुळा' जैसी कहानियों में उसी भीगे पनघट के दर्शन हमें होते हैं।

'मंजुळा' में वर्णित अण्णाभाऊ का वह पनघट भी बड़ा रसीला है। उस छोटे से डोह (भँवर) में गाँव के बच्चे मेंढक की तरह उछलकूद कर रहे थे। युवा मंजुला वहाँ पानी भरने के लिए आती है। शिलाजी गागर उठाने में उसकी मदद करता है। वह नाजुक-सी चेहरा बनाती है और पुन: आँखें गड़ा कर उसके मजबूत शरीर पर अपनी चंचल नज़र घुमाती है। अब आगे का वर्णन अण्णाभाऊ के शब्दों में पढ़िए...

मंजुला सिर पर गगरी रख कर शिलाजी के सामने चुपचाप खड़ी है। उसकी मनोहर आँखें उसकी आँखों में झाँक रही थीं। उसके हृदय की थाह ले रही थीं... हँसते समय उसकी गदराई काया हिचकोले खा रही थी। जैसे कोई फूलों से लदी जंगली लता हवा के झोंके से हिल रही हो ठीक वैसे ही वह हिल रही थी और कुछ बोल रही थी।

शिलाजी ज्यों-का-त्यों खड़ा था। उसकी चौड़ी छाती, होंठों पर दिखाई देनेवाली हल्की-सी मूँछ, उसकी चमचमाती कुल्हाड़ी को मंजुला देख रही थी। वह बोली–

"ऐसे क्या देख रहे हो?"

"तुम्हारी आँखें", वह बोला।

"कैसी लगती हैं?"

"भींडी के फूलों-सी" उसने जवाब दिया। माथे पर रखी गगरी से टपकनेवाला पानी एक हाथ से पोंछती हुई उसकी आँखों में देखते हुए बोली–

"क्या मेरी आँखें फूलों जैसी हैं?"

"सचमुच में!" उसने हुंकार भरी।

"फिर तोड़ लो न...!" वह पुन: हँसी।

"मैं किसी से नहीं डरता।" गंभीरता से शिलाजी ने उत्तर दिया, "हाँ, मैं तो तुम्हें और तुम्हारी इन दो आँखों से डरता हूँ।"

"मेरी इन आँखों में ऐसा क्या है?" मंजुला ने पूछा। शिलाजी बोला, "इन दो आँखों में आग है, गुस्सा है, मेरा जीना और मरना भी है।"

"फिर क्या हुक्म है?" शरमाते हुए बोली।

"मेरा हुक्म सुनोगी?" शिलाजी ने पूछा, वह अपने विशाल उरोजों पर स्थित पल्लू सँवारते हुए बोली, "आप जो कहेंगे, उस हुक्म का मैं पालन करूँगी।"

इतना बोलकर उसने कदम बढ़ाये। जैसे बाँबी से निकली सफेद नागिन डोलते-डोलते जाती हो, ठीक उसी तरह वह चलने लगी। उसकी गति में मादकता थी। कदमों में लय थी और पीठ फेरकर चलनेवाली उसकी आकृति की ओर वह मोहित होकर देखता रहा।

अण्णाभाऊ यह सारा प्रसंग हमारी आँखों के सामने साकार करते हैं। ऊपर प्रस्तुत पनघट के प्रसंग के संवादों की ताजगी पुन: एक बार अनुभूत कर देखें।

यहाँ पर मुझे एक अचरज को प्रस्तुत करना है। वह यह कि अण्णाभाऊ की किसी भी कहानी का अथवा उपन्यास के संवादों (कथोपकथन) का बारीकी से अध्ययन करना चाहिए। पचास-साठ सालों पहले उनके द्वारा लिखे गए संवाद आज भी निर्झर की कल-कलवत् ताजा हैं। वे चमकीले, सार्थक और समर्पक हैं। दूसरे, अण्णा के लेखन की विशेषता यह है कि आज भी उनके द्वारा प्रयुक्त मराठी भाषा बासी नहीं लगती।

दो धनी-मानी घरानों का आपसी प्रखर बैर–इस पृष्ठभूमि पर नई पीढ़ी के युवा लड़के-लड़कियों में प्रस्फुटित प्रणय-प्रेम कहानियों–की सफलता का उनका फार्मूला है। बिल्कुल शेक्सपियर के 'रोमियो-ज्युलियट' से लेकर आज तक कभी-भी असफल न होनेवाला फार्मूला कई लेखकों ने अपनाया है। अण्णाभाऊ की 'मंजुळा' कहानी में गाँव के 'चाळके' और 'पाटील' घराने में दुश्मनी की आग धू-धू जल रही है। इस परिप्रेक्ष्य में लेखक मंजुला और शिलाजी की प्रेम कहानी बड़ी उत्कटता से पेश करते हैं। इन दोनों घरानों का झगड़ा गाँव के पनघट पर सुलगता है और थोड़ी देर में गाँव की कोतवाली पर भड़क उठता है। लेकिन चाळके की बागी बेटी मंजुळा खुल्लम-खुल्ला गाँव के सामने ही अपने बाप के बैरी के बेटे का हाथ थाम लेती है और सब के सामने शान से उसके घर चली जाती है।

अण्णाभाऊ के अनेक उपन्यास प्रेम के इर्दगिर्द घूमते नज़र आते हैं। 'अलगूज' उपन्यास की नायिका गणू मोहिते नामक कुलीन किसान की लड़की है। उसका नाम रंगी है। रंगी के प्रेम में आकंठ डूबा बापू खारवते है। इन दोनों की यह प्रेम कहानी रोचक, नाटकीयतापूर्ण है। 1965 में प्रकाशित 'रानगंगा' नामक अण्णाभाऊ का उपन्यास साहित्यिक दृष्टि से प्रौढ़ और श्रेष्ठ रचना है। पवार और जाधव दो घरानों के संघर्ष से यह साकार होती है। उपन्यास में वर्णित प्रकृति-चित्रण काफी मोहक

और आकर्षक है। लेकिन कथानक का अंत बड़ी हड़बड़ी में, जल्दी में निपटाया गया लगता है। इसलिए हमें सुंदर मंदिर देखने का संतोष मिलता है। लेकिन कलश (शिखर) निर्माण का कार्य अधूरा रहने के कारण क्षोभ भी होता है। उनके 'अहंकार' नामक प्रेमप्रधान उपन्यास की शैली और शिल्प अनोखे ढंग की है।

'फरारी' कहानी की नायिका येसू अलग ही अंदाजवाली, अण्णाभाऊ की मानसकन्या है। कहानी का नायक शिवा रामोशी मालेवाड़ी गाँव का धीर-गंभीर रखवाला है। उसकी पत्नी का नाम येसू है। येसू गृहकार्यदक्ष और पति को जी-जान से चाहनेवाली है। येसू का पिता येमा है जो गुंडानुमा है। उसका रंग घना काला, मुँह से बाहर निकले सफेद दाँत, घनी भँवें और मूँछें। वह दिखने में कठोर है, लेकिन इससे भी अधिक उलटे कलेजे का, जंगली है। येमा भी तिकड़मज है। अपनी लड़की सुसराल में सुखपूर्वक रह रही है, इस बात की खुशी होने के बजाय वह कई बार मैके आने का संदेश देता है। फिर भी वह मैके नहीं आती, इसलिए चिढ़ जाता है। इसी बात पर ससुर और दामाद में जोरदार लड़ाई होती है। तब जंगली बाप ऐसी शपथ लेता है कि, "जब तक जान में जान है, तब तक मैं कदापि मेरी बेटी को दामाद के घर नहीं भेजूँगा।" कुल मिलाकर येसू का बाप विचित्र है।

ससुर बेवजह लड़ाई कर गया है। इस बैचेनी में शिवा उठ कर अपनी चप्पल दुरुस्त करने के लिए चमार के पास जाता है और मामूली कारण पर उससे लड़ाई कर लेता है। गुस्से में शिवा चमार के सिर पर लाठी से प्रहार करता है। चमार घायल हो जाता है। पुलिस में शिकायत की जाती है। तब शिवा जेल जाने के डर से सह्याद्रि के जंगल में आश्रय लेता है। यहाँ उसे डाकुओं की संगत मिलती है और अपने साहसी स्वभाव के कारण शिवा थोड़े ही समय में डाकू के रूप में जाना जाता है। सरकार शिवा को पकड़वाने के लिए बड़ा इनाम घोषित करती है। इस अवसर का लाभ शिवा का चिढ़ा हुआ ससुर लेता है और दामाद को पकड़वा देता है।

अपना पति जेल चला गया है फिर भी उसकी बूढ़ी सास पर और चिथड़ी हुई गृहस्थी पर येसू का जी-जान से प्रेम है। वह दिन-रात कड़ी मेहनत करती है। पहले से ही चिढ़ा हुआ उसका बाप इस बात का प्रतिशोध लेता है। ससुराल में सुख से रहनेवाली बेटी को जबरदस्ती मैके ले आता है। इस काम में मदद के लिए कुछ गाँव के लोग साथ लेता है लेकिन येसू अपनी गृहस्थी के प्रेमवश पुन: जंगल-वन से होती हुई ससुराल भाग आती है। उसका बाप पुन: उसे लौटा लाता है, जैसे जंगली बिल्ली,

चिड़िया को मुँह में दबोच लाती है। ऐसा कई बार होता है। आखिरकार गुंडा-क्रूर बाप प्रतिशोध लेने के लिए जबरदस्ती उसका विवाह एक दूसरे जंगली-राक्षस से करा देता है। इन सारी घटनाओं से येसू टूट-बिखर जाती है। ऐसे में ही दूसरे पति से वह गर्भवती हो जाती है।

उपन्यास हो या कहानी नाट्यात्मक प्रसंग निर्माण करने की लेखक की क्षमता अद्भुत है। जेल से छूटने पर शिवा प्रेम करनेवाली येसू को मिलने कब जाता है? यह वह समय है जब येसू को अपने दूसरे पति से बच्चा होता है। नामकरण विधि का यह प्रसंग है। इस समारोह में घोड़े पर सवार शिवा प्रकट होता है। येसू का दूसरा विवाह हुआ है या नहीं–की परवाह उसे नहीं है। यहाँ से बाहर निकलते समय शिवा उस बच्चे को अपना बच्चा समझ कर उतनी ही ममता के साथ ले जाता है। इतनी समझदारी की बात वह करता है।

कुल मिलाकर गुंडा और अविवेकी बाप, जीर्ण-शीर्ण गृहस्थी की खींचातानी के क्षण जेल में कैद पति की पृष्ठभूमि पर साहस से जीनेवाली येसू एक अनोखी व्यक्ति रेखा ही माननी पड़ेगी।

किसी कोयल को हासिल करने के लिए महज गरीबी ही बेचारे दत्तू के आड़े आती है। शादी के लिए आवश्यक पैसे भी उसके पास नहीं हैं। उसके अच्छे स्वभाव पर फिदा हुई वह लड़की कहती है, "बैलों को बेच दो।" दत्तू बैलों को बाजार ले जाने के लिए बाहर निकलता है। इसी दरमियान कोकिला को देखने के लिए लड़केवाले आते हैं और विवाह तय हो जाता है। देहात की बंद स्थिति से व्याकुल कोकिला के पास विवाह करने के अलावा और कोई विकल्प नहीं होता।

कोकिला लगन से दत्तू पागलवत् दीवाना हो जाता है। सिरफिरे की तरह वह दिशाहीन भटकते रहता है। पशु-पंछियों की आवाजें निकाल कर भिक्षा माँगता है। काँव...काँव...की आवाजें लगा कर कोकिला के लिए दर-दर भटकता है। शनै-शनै उस क्षेत्र के सभी कौए उसके दोस्त बन जाते हैं। इसके इर्दगिर्द झुंड के झुंड मँडराते रहते हैं। मानो वह काकजगत् का राजा ही बन गया हो। पगले दत्तू जैसा कथा नायक प्रस्तुत कर अण्णा ने एक अलग ही कहानी पेश की है।

इसी तरह की एक और कहानी 'नज़र' है। जो एक अलग क्षेत्र की पृष्ठभूमि पर आधारित, दर्दभरी, मधुर प्रेमकहानी है। एक-दो परिच्छेद में ही अण्णाभाऊ पाठक की उँगली पकड़ लेते हैं और उसे मुंबई के समुद्र किनारे ले जाते हैं।

वहाँ मछली की गंध फैली हुई है। तीखे नैन-नक्शवाली, बड़ा जूड़ा बनाये हुए पिला नामक लड़की जो मछुआरे की है–मिलती है। हँसती हुई, खिलखिलाती हुई,

उड़ते जुल्फोंवाली, मानो समूचे कोलीबाड़े में और मछली बाजार में चमचमाती मछली हो।

गीली मछलियों से लबालब भरी टोकरी उठाने और ढोने के लिए प्रत्येक मछुआरिन के साथ एक टोकरी उठाऊ हमाल होता है। पिला को उत्तम नामक बेरोजगार युवक हमाल के रूप में मिल जाता है।

पिला का जीवन अच्छी तरह से चल रहा था। रोज शाम पैसों से पल्लू भर कर आती थी। लेकिन कोलीबाड़े की उसकी चमकीली जवानी की मोहिनी कइयों को पड़ी।

सागर किनारे के भीड़ भरे गाँव में कोली-मछुआरों के पचास घर समुद्र की पीठ सटाए बैठे थे। थोड़ी दूरी पर अमीरों के राजशाही महल कुरेदकर बनाए गए से लगते थे।

...उस घनी बस्ती में छोटा बाजार लगा था। यही इस गाँव का प्रख्यात मछली बाजार था...सूरज की पीली किरणें अथाह सागर से रेंगते हुए मछुआरों के मकानों से टकरा रही थीं। हवेलियाँ जगमगा रही थी। सुखाने के लिए रखे गये जाल से पसीना चू रहे थे। चारों ओर मछली की गंध फैली थी। जगह-जगह छोटी-बड़ी मछलियाँ सूखने के लिए रखी हुई थीं। चारों ओर झिंगा (छोटे आकार की मछली) की धूल उड़ रही थी ।

पिला और उत्तम की नज़र से नज़र टकराती है। तब वे नज़रें किसी घायल पंछीवत् गोल चक्कर लगाती जमीन पर उतरती हैं। वह उत्तम नामक युवक शरीफ हमाल पिला के लिए सिर पर टोकरियाँ ढो रहा था। उन टोकरियों से गीली मछलियों का पानी उसके शरीर पर टपक रहा था और ऐसे में पिला और उत्तम की नमकीन प्रीत रंग भरती है।

उस तन-मन में अंकुरित प्रीति की जादू को कैसे वर्णित करें? उससे बिना पूछे उसके हृदय में पहचान ने घर बसा लिया और सहानुभूति ने गृहस्थी रचाई।

"क्या तूने खाना खा लिया?", "तेरे कपड़े फट गए।", "तू हँसती नहीं।" ऐसी जादुई मुग्ध भाषा शुरू हुई। मालकिन और नौकर का नाता परिवर्तित हुआ। दोनों के बीच का फासला धीरे-धीरे कम होते-होते मिट गया। फिर तो वे दोनों एक साथ समांतर रेखा में फुसफुसाहट वाले पखेरूवत् चलने लगे।

एक दिन वह बड़ी खुशी से उसके हाथ पर पेड़ा रखता है और कहता है,

"मैं मैट्रिक पास हुआ हूँ।" "अब तो तुझे नौकरी खोजनी चाहिए," ऐसा पिला समझाते हुए कहती है। लेकिन पिला से रोज की मुलाकात नहीं होगी, इसलिए वह

हमाली छोड़ने को राजी नहीं। पिला जैसी युवा-जवान लड़की का विवाह समय पर होना चाहिए, ऐसा सोच घरवाले विवाह की बातें करने लगते हैं। लेकिन पिला असमंजस में पड़ती है। यदि मैं शादी कर चली गई तो बेचारे उत्तम का क्या?

समूचा मछली बाज़ार पिला के इर्दगिर्द नज़रों का जाल बिछाए बैठा है। कोलीबाड़े में किसी को पिला का रूप, किसी को उफनती जवानी तो किसी को उसका नटखट रौब प्यारा लगता है। कई अमीर उस पर अपनी दौलत खर्च करने को तैयार थे। मेरे सिर पर ही अक्षता पड़ेगी, मैं अकेली ही सुखी होऊँगी। फिर मेरे उत्तम का क्या होगा? यह सोच पिला कुम्हला जाती है, टूट जाती है। उसे जोरों का बुखार चढ़ता है। वह बिस्तर पकड़ लेती है। उधर उत्तम उसके घर के आसपास पागल पखेरू-सा चक्कर काटता रहता है।

बुखार उतरने का नाम नहीं लेता। एक दिन उसके शरीर पर छोटी माता निकल आती है। वह बढ़ती ही जाती है। उसकी दाई आँख में फूल पड़ता है और देखते-देखते उसकी दृष्टि चली जाती है। उस कोमल लड़की के लिए ये दुनिया अँधियारा भँवर बन गई। उसके लिए यह व्यवहारी दुनिया क्रूर-कसाबी थपेड़ों की अनुभूति हो गई। दृष्टि विहीन लड़की बन गई बिना खुशबू का फूल। ऐसी अन्धी लड़की के साथ विवाह करने के लिए क्या किसी को पागल कुत्ते ने काटा है?

जब मनुष्य पर बड़ी मुसीबत आती है तब सारी दुनिया उससे मुँह मोड़ लेती है। कुछ दिनों बाद तो परिवारवालों के लिए भी वह बोझ बन जाता है। एक युवा लेकिन अन्धी लड़की कैसे और कब तक सँभाली जाए? यह विचार सगे भाई को भी परेशान करता है। तो भला पराए घर से आयी भाभी के लिए तो वह कब से ही सिर का भार बनी हुई है। बेचारी पिला देखती एक ओर है, पैर पड़ते दूसरी ओर है। अन्धेपन ने पिला की दशा दिशाहीन नाव की तरह भटका कर रख दी है।

अँधियारी दुनिया का व्यवहार कट्यारे पिला के शरीर को खून से लथपथ कर देती है। एक दिन उसकी आँखों के आँसू बाहर आने की राह ढूँढ़ लेते हैं। उसका थरथराता मन उत्तम से पूछता है, "क्या मुझसे शादी करोगे?" यह सुन उत्तम का मन आकाश को छूने लगता है। उसे तो अपनी पिला जैसी भी है चाहिए। यहाँ खामी को कोई स्थान नहीं है। क्योंकि केवड़े का भुट्टा मुरझा जाने से उसकी खुशबू कम नहीं होती, न ही खुशबू खराब होती है। आनंद से उछलते हुए उत्तम पूछता है, "पिला... क्या मैं सच में इतना खुशनसीब हूँ?"

खिले-खिले फूलों से जैसे अंजुली भर जाए, उनकी पंखुड़ियाँ मुड़ने न पायें, हँसती कलियाँ मुरझा न जायें इतने कोमल मन से अण्णा ने 'नज़र' नामक कहानी

की दीपशिखा जगमगायी है। ऐसी यह एकमात्र कहानी नहीं है अपितु एक से बढ़ कर एक विलक्षण ऐसी कहानियों का बगीचा अण्णा ने आबाद किया है।

'पिला' यह कोई काल्पनिक पात्र नहीं है। अण्णा को यह चरित्र प्रत्यक्ष मिला है। आजाद और चिरागनगर के मध्य एक भीड़भरा मछली बाजार था। तब ताई नामक कोलीन, जो लोहे की छड़-सी लंबी, ऊँची, सबल और शान से चलनेवाली रोज मछलियाँ बेचने चिरागनगर आती थी। "आओ...दादा...आओ।" ऐसी सुरीली, मधुर ललकारी चिरागनगर की दीवारें आज भी भूली नहीं है। अण्णा से कितनी भी उधारी आनी हो तो भी अपना बचा हुआ माल अण्णा नामक भाई के लिए यह ताई जानबूझ कर बचा कर रखती थी। पिला, ताई की बड़ी बहन की बेटी थी।

'लख्या बारापटा' कहानी की हौसा बड़ी खूबसूरत, गठीले बदन की, अच्छे नाक-नक्शवाली मदनिका थी। वह दीखने में जितनी सुंदर थी उतनी ही अंदर से व्यवहारी उलटे कलेजेवाली थी।

उसकी छाती का उभार और पतली कमर पूरे गाँव के आकर्षण का केंद्र था। बड़े ठाठ से चलते समय उसकी नीची नज़र धरती की ओर होती।

हौसा का पति जग्या जगदाळे था। दिखने में पिचका हुआ, दुबला-पतला और बूढ़ा, जो उससे मेल नहीं खाता था। जैसे ही वह बोलने के लिए मुँह खोलता लार टपकने लगती। उसके शरीर का रंग गहरा-काला, दाँतों को भी मार लगी थी। दो दाँत आगे निकले हुए थे। इसलिए वह कुरूप, विद्रूप दिखाई देता। ऊपर से चिपकी नाक और भर्रायी फटी आवाज के कारण जग्या जगदाळे अजीबोगरीब था। जब वह हँसता तो बच्चे डर जाते, उसे देखते ही कुत्ते भौंकने लगते। ऐसे बेमेल, फूहड़, बावले के गले में हौसा के समान माणिक बाँधा गया था। माँ-बाप के बेमेल विवाह करा देने से पूरा गाँव उनकी हँसी उड़ाता था।

इसी बीच एक खबर समूचे गाँव में फैल जाती है। हौसा जग्या को रात में अपने बिस्तर पर नहीं आने देती। इसके चलते रोज रात उनके यहाँ लड़ाई-झगड़े होते हैं। इस खबर से गाँव के मवालियों को खुशी हुई।

गाँव का सुप्रसिद्ध पहलवान लख्या और जग्या दोनों की रास्ते में मुलाकात होती है। जग्या को देख लख्या का सिर झन्ना जाता है। एक फूहड़, बावला पति और उसकी रति-सी, यौवनभरी पत्नी यह बेमेल बात उसे बेचैन कर देती है। उस दिन नदी पर नहाते समय उसके दिमाग में हौसा के बारे में ही विचार जारी थे। नहा कर जब वह किनारे आता है तब हौसा सामने ही मिल जाती है।

वह पानी से भरी गगरी उठाने लगता है तब चालाक मदनिका यह कह कर उसे दीवाना कर देती है, चिंता न करे, मैं ही आकर मिलूँगी।" ऐसा दिल खेचक वचन भी दे डालती है। वह उसे उल्लू बनाती है। तो लख्या उसी के विचारों की बाढ़ के भँवर में डूबता-सा लगता है।

अपने रूप का भंडार जग्या जैसे बावले, कुरूप, बेढब पति के हवाले करने को हौसा का मन तैयार नहीं है। उसे लख्या जैसा ही जीवनसाथी चाहिए। दूसरों का संग करना–वह सोच भी नहीं सकती। हौसा श्रद्धा से लख्या को कहती है, "मेरा शरीर बर्तन थोड़े ही है, वह किसी को भी दिया नहीं जा सकता। यह शरीर भगवान ने बनाया है। मुझे जूठी पत्तल कतई पसंद नहीं है और तुम भी शादी नहीं करोगे, मुझसे कभी दूर नहीं जाओगे।"

कुछ ही दिनों में लख्या और हौसा के संबंधों की चर्चा गाँव भर फैलती है।

हौसा की कामक्रीड़ा से दीवाना लख्या उसकी खुशी के लिए बिना सोचे कुछ भी करने के लिए तैयार रहता है। जब जग्या गुस्से से चिढ़ कर हौसा की नाक काटने के लिए आता है तब लख्या कुल्हाड़ी के एक ही प्रहार से उसे खत्म कर डालता है। हौसा और लख्या दोनों मिल कर जग्या की लाश को घास के ढेर में फेंक कर आग लगा देते हैं। कत्ल का राज खुलता है। लख्या को दस साल की और हौसा को सात साल की सजा होती है।

हौसा तीन साल पहले ही जेल से छूट जाती है। उसके लिए लख्या रात-दिन तरसता, तड़पता रहता है। लेकिन जेल में ही उसे एक अलग बात उसके कानों में आती है कि जेल से छूटी हौसा ने विश्वासघात किया है। एक युवक की कलाई पकड़ वह चंपत हो गई। उसके वियोग से पागल लख्या जेल की दीवार फाँद कर भागने की कोशिश करता है और पुलिस की गोलीबारी का शिकार हो जाता है।

किसी सुंदर नारी के रूप के बिलोरी आईने के पीछे साँप का जहर छिपा हो सकता है। स्वार्थ से भरी नारी अन्य पुरुष को फाँस कर कैसे सर्वनाश कर सकती है–का उदाहरण अण्णाभाऊ ने हौसा के रूप में प्रस्तुत किया है। इसी के साथ कई पुरुषों को एक ही साथ नचानेवाली 'मंकी' जैसा चरित्र भी उन्होंने पेश किया है।

अण्णा की प्रेम कहानियों में केतकी के बन में विचरनेवाले अच्छे और बुरे लोग अपनी-अपनी प्रवृत्ति को लेकर आते हैं।

सलाखों के पीछे अण्णा–कैदी नं. 113

'गजाआड' (सलाखों के पीछे) 1959 में प्रकाशित अण्णा की कहानियों का संकलन कुछ अलग हट कर लिखी गई विशिष्ट कहानियों का है। जेल की दीवारों के पीछे के जीवन को विचक्षण पद्धति से रेखांकित करनेवाली अलग शिल्प की मर्मबेधी कहानियाँ इसमें हैं। अंग्रेजों के शासन काल में अर्थात् 1946 में दो महीनों का जेलवास लेखक के भाग्य में आया था। जेल की सलाखों के पीछे जंग लगी, सड़ी हुई, झुलसानेवाली शैतानी मारपीट के सिलबट्टे में चकनाचूर होनेवाली अपूर्व दुनिया की दास्तां भरी ये कहानियाँ हैं।

प्रस्तुत संकलन की 'मला एकच बाँब आणून द्या' (मुझे एक बम ला दे) कहानी का शीर्षक बहुत भड़कीला, अनौचित्यपूर्ण और सुंदर कहानी पर अन्याय करनेवाला है। वैसे तो यह विदेशी जुल्म ढहानेवाली, कारागृह प्रबंधन की धज्जियाँ उड़ानेवाली बढ़िया कहानी है। अण्णा को महज उनचास साल की जिंदगी मिली थी लेकिन साहित्य के क्षेत्र में उन्होंने पूरी ताकत से शब्दों की शमशीर चलायी है। फलत: वे साहित्य क्षेत्र के अजरामर व्यक्तित्व हो गए हैं।

अण्णा ने अपनी आत्मकथा नहीं लिखी है। हाँ, उनके भाई शंकरभाऊ साठे ने 'मेरा भाई : अण्णाभाऊ' नामक संस्मरणात्मक रिपोर्ताज न लिखा हुआ होता तो अध्येताओं की मुश्किलें बढ़ जातीं। अण्णाभाऊ के विशाल कथासागर की केवल चार या पाँच ऐसी कहानियाँ हैं, जिनमें उनके जीवन के कुछ प्रसंग उल्लिखित हो जाते हैं। ये कहानियाँ और कुछ पुस्तकों की अति संक्षिप्त प्रस्तावना ही उनके असली चरित्र का उत्तम पुरुष में लिखित प्रमाण है।

1946 के विदर्भ में 'लाल बावटा' के कलापथक कम्युनिस्ट पार्टी का प्रचार-प्रसार काफी जोर-शोर से कर रहे थे। उनके प्रदर्शन को विदर्भ में विलक्षण प्रतिसाद प्राप्त हो रहा था। बैलगाड़ियाँ भर-भर गाँव-देहातवासी असीम भीड़ कर रहे थे।

'लाल बावटा' कला पथक की इतनी बड़ी सफलता देख तत्कालीन सत्ताधारी कांग्रेस पार्टी बौखला गयी थी।

चालीस दिनों का विदर्भ दौरा पूर्ण कर कलापथक के कलाकार मुंबई की तरफ निकल पड़े थे। कब एक बार अमरावती का प्रयोग कर मुंबई पहुँचते हैं, ऐसा सबको लग रहा था। ये सब लोग चांदूर रेलवे स्टेशन पर रेल की राह देखते खड़े थे। इसी समय इस क्षेत्र के अनेक कम्युनिस्ट कार्यकर्ता भी उन्हें विदाई देने के लिए स्टेशन पर इकट्‌ठा हुए थे।

रेल आने की सूचना देनेवाला सिग्नल हो चुका था। स्टेशन पर स्थित कुली टन्...टन् घण्टे की आवाज सुन कर सामान उठाने के लिए आगे आए लेकिन नीचे गिरा हुआ सिग्नल अचानक ऊपर उठ गया। लगभग तीन सौ पुलिसवालों ने समूची गाड़ी को घेर लिया। कई पुलिस वाले डिब्बे में घुस गए। पुलिस ने कलापथक के लोगों को घेर लिया। अचानक घिर जाने से सभी कलाकार बहुत ही डर गए। पुलिस कठोर स्वर में जोर से चिल्ला रही थी। "पकड़ोऽऽ...पकड़ोऽऽ...भागोऽऽ...!" इसमें से आठ उद्‌दंड पुलिसकर्मियों ने अण्णा को बीच में ही दबोच लिया। एक साथ कोई उनकी कमीज की जेब में तो कोई उनकी पैंट की जेब में हाथ डाल रहा था। इस जबरदस्त नोकझोंक में अण्णा की जेबें फट गयीं। कुछ पुलिसवाले डाँट-डपटकर, चिल्लाकर पूछने लगे, "बोलो, कहाँ हैं हथियार?" अण्णाभाऊ पुलिस के इस हमले से हड़बड़ा गए। पुलिस को तो अण्णाभाऊ के पास हथियार चाहिए थे। अण्णा ने अपने हाथ ऊपर किए। पुलिस के हाथों रिवाल्वर के बजाय फाउेंटिन पेन आया, यह देख पुलिस अधिक चिढ़ गई। बौखला गई।

वहीं पर खुले में उन सब कलाकारों की पाँच घण्टों तक सख्ती से तलाशी ली गई। तदनन्तर उन सबको गिरफ्तार कर लिया गया। लेकिन मामला क्या है और किसलिए यह हुआ? किसी की समझ में नहीं आ रहा था। अंतत: उन सभी को लेकर पुलिस गाड़ी जब मजिस्ट्रेट के यहाँ जा रही थी, तब रास्ते में उन्हें ज्ञात हुआ कि दो दिन पहले, चांदा के निकट दढ़ी नामक गाँव में बड़ा डाका डाला गया था और गाँव के साहूकार के एक लाख रुपये लूट लिये गये थे। उस मारवाड़ी की जंघा में गोली भी लगी थी। यह भयावह डाका डालनेवाला गिरोह लाल बावटा का कलापथक ही है ऐसा पुलिसवालों का पक्का विचार था। इसी अपराधवश उन सबको धर लिया गया था। जब यह गिरफ्तारी चल रही थी तब सवा छह फीट ऊँचाईवाले, मजबूत शरीरवाले कॉमरेड भूपेन्द्रनाथ पुलिस को चकमा देकर भाग गए। फलत: मामला और अधिक संगीन हो गया था।

उन उन्नीस लोगों को गिरफ्तार कर रात दो बजे बडनेरा पुलिस स्टेशन लाया गया। अपराधियों की पुलिस की गाड़ी पहुँचने से पहले ही बंदूकधारी सिपाहियों का दस्ता बंदूकों को लोड कर दोनों ओर खड़ा हो गया। सबसे पहले गव्हाणकर की घण्टा भर तलाशी ली गयी। जोर से डाँटने की आवाज़ आयी, "अण्णाभाऊ साठे बाहर आओ!" पुलिसवाले उन्हें पैरों में चप्पलें भी पहनने नहीं दे रहे थे। फटकारते हुआ बोला, "चलो जल्दी या यहीं से डण्डे बरसाऊँ!"

जैसे बाघ के शावक को रस्सी से बाँध कर बाहर लाया जाता है ठीक वैसे ही अण्णाभाऊ को पुलिस लायी। टेबल पर टांगें फैलाए बैठे अधिकारी ने पूछा, "मुझे बताओ, अंग्रेजी शासन कोई पलट सकता है, इस बात पर तुम्हारा भरोसा है?" देशभक्ति से ओतप्रोत खून अण्णा की धमनियों में बह रहा था। उसी धुन में उन्होंने जवाब दे दिया, "जरूर, निश्चित ही।" इस उत्तर से सभी अधिकारियों को यह विश्वास हो गया कि अंग्रेज राज पलटने का षड्यंत्र इन वामपंथी कलाकारों ने रचाया था। पुलिस वाले ने उद्दंडता के स्वर में कह दिया, "अपराध कबूल करो और सीधी रीति से लूट के पैसे जमा करो।"

उन उन्नीस आरोपियों को मजिस्ट्रेट के सामने पेश किया गया। पुलिस ने सभी उन्नीस लोगों को हथकड़ियाँ पहनायीं। हथकड़ियों से साँकल की एक माला पिरोई गई। प्रत्येक के पास एक पुलिसवाला तैनात था। इसी के साथ जब पुलिसवालों को ज्ञात हुआ कि अण्णाभाऊ सातारा के हैं, तो उन्हें पक्का विश्वास हो गया कि यही वे लोग हैं जो सरकार पलटने का इरादा लेकर आए हैं।

मजिस्ट्रेट ने उन्हें जेल कस्टडी दी। अमरावती के सेंट्रल जेल में, जहाँ किसी समय श्री राजगोपालाचारीजी को रखा गया था वही बैरक अण्णा और साथीदारों को मिली। वहाँ का लंठ, संवेदनाशून्य परिवेश देख अण्णा को विश्वास हो गया कि जेल का मतलब मनुष्य से पत्थर बनाने का कारखाना है। जहाँ कई पक्के अपराधी, गुंडे, डाकू और भयावह कातिल रहते हैं। यहाँ कई कच्चे कैदियों की भी फालतू भीड़ थी। इनमें से कई गरीब लोगों को अपराध न होने के बावजूद भी जेल की दुष्ट हवा खानी पड़ती है। 'सलाखों के पीछे' कहानी संकलन इस दृष्टि से महत्त्वपूर्ण है, संवेदनाविहीन, भोथरी दीवारों के पीछे अण्णाभाऊ के एक से बढ़ कर एक आपराधिक मोहरों से हमारा परिचय होता है। फाँसी की सजायाफ्ता शेरखान और उसका दोस्त बहादुरखान, प्रेमिका की नाक दाँतों से काट कर कुरूप बनानेवाला किसन, अपने ही निकटतम रिश्तेदारों द्वारा पागल ठहराया गया उत्तम, पत्नी से प्रतिशोध लेनेवाला दादू नाई आदि कइयों को अण्णा ने यहीं पर जाना-पहचाना।

यहाँ मुझे अण्णा के संदर्भ में एक महत्त्वपूर्ण बात का एहसास होता है। वह यह कि अन्य राजनीतिक कैदी की तरह अण्णा ने अपने कारावास का उपयोग प्रियतमा या अन्य किसी को मीठे-अच्छे, प्यार भरे पत्र लिखने के लिए नहीं किया। श्री ना.ग. गोरे अथवा श्री जयप्रकाश नारायणजी की तरह अण्णा ने अपनी जेल डायरी भी नहीं लिखी अपितु अण्णा ने जेल में मिले अलग-अलग अबूझ स्वभाव के, अनेक विचारों से ग्रस्त स्त्री-पुरुष कैदियों को अपनी कहानियों में लालित्य का कोट पहनाया पर उसी समय उनके हाड़-मांस में स्थित जहरीले रूप को उघाड़ कर रख दिया।

छह बार बलात्कार कर जेल पहुँचा कैदी 'तरस' कहानी का नायक तरशा उन्हें कैसा दिखाई देता है?

"उसका चेहरा लंबोतरा और सिर ऊपर से चपटा था। उसकी आँखें गोलमटोल और लाल थीं। उसकी नाक के नीचे पचास-साठ बालों की मूँछें थीं। उसकी गर्दन बायीं ओर झुकी हुई थी। इसलिए दायीं ओर से व्यक्ति से बात करने के लिए उसे पूरा मुड़ कर बैठना पड़ता था। उसके दोनों पैर घुटनों में मुड़े हुए थे। इस कारण वह अपने दो हाथ और दो घुटनों के बल लकड़बग्घा की तरह चलता था। चलते समय उसके ऊपर मुड़े दोनों पैर कूल्हे को लयबद्ध तरीके से स्पर्श करते थे। जब वह बोलता तो उसकी आवाज कुएँ में बोलने जैसी गूँजती थी। जब वह हँसता तो गधे के रेंकने-सा लगता। सबसे बुरी बात यह थी कि उसका भयंकर चेहरा हमेशा रुआँसा लगता।"

अमरावती के ब्रिटिशकालीन जेल की कई कलौंस छटाएँ और डरावने जीवन-यापन के ताने-बाने को अण्णा की जेल कहानियाँ प्रकट करती हैं। इस कैदखाने में दिन भर कौवों की डरावनी कर्कश काँव-काँव सुनाई देती। बैरक से हथकड़ियों की खनखनाहट और रात में चमककर उठानेवाली, "ऑल वेलss..." पहरेदार की कर्ण-कर्कश ललकारियाँ कानों पर पड़तीं।

इसी जेल में लोहे के चने चबानेवाले आष्टी-चिमूर के स्वतंत्रता-सेनानी सजा काट रहे थे। श्री मगनलाल बागड़ी तो यहाँ अस्सी सालों की भयावह सजा भुगत रहे थे। यह जेल यानी पशुवत अनेक उद्धत कैदी और अजीबोगरीब अंग्रेज-अधिकारियों का जमावड़ा था। कुल मिलाकर विकृति से बाधित, सड़े-गले लोगों का यह समूह था। जेल में कैदियों के स्वास्थ्य का ध्यान देनेवाला (देखभाल करनेवाला) डॉक्टर वास्तव में कसाई ही था। सच में तो वह किसी जमाने में एक कंपाउंडर मात्र था। एक डॉक्टर की संपत्ति और उसकी पत्नी को हड़पने के लिए उसने डॉक्टर का कत्ल

कर डाला था और इस कत्ल को पचा भी लिया था। ऐसा यह डॉक्टर कसाईघर में छुरा चलाने के बजाय गलती से जेल के दवाखाने में आ गया था। ऐसा सभी कैदियों को लगता था और वह भी सभी कैदियों को भेड़ें मान कर बर्ताव करता था। बीमार कैदी बीमारी से अधिक डॉक्टर से ज्यादा डरते थे। ऐसा अजूबा डॉक्टर कभी भी समय पर दवाखाने नहीं आता था। गंभीर और चिंताजनक रोगियों को इंतजार करते हुए जानबूझ कर वह बिठाता था। पहले पहल वह सर्दी-खाँसी वाले सामान्य बीमार कैदियों को देखता था और इसी में अधिक समय लगाता था। ऐसी उसकी अजीब रीत थी।

अण्णाभाऊ को यहीं पर 'गजाआडचा वेडा' (सलाखों के पीछे वाला पागल) मिलता है। पुलिस की मदद से उसके गुंडे चाचा ने झूठे कागजात तैयार कर लिए थे और उस बेचारे को पागल ठहराकर सलाखों के पीछे डाल दिया था। कारण उस चाचा की अपने भतीजे की सुंदर पत्नी ललिता पर बुरी नज़र थी।

'शेरखान' नामक कहानी में एक साहूकार के यहाँ बीस साल नौकरी करनेवाला बालुखान व्यक्ति एक दिन अपने मालिक पर ही पलट जाता है, डाका डालता है। डाके की कोशिश में दो कत्ल हो जाते हैं। डाका सफल हो जाता है लेकिन सभी अपराधी पुलिस की गिरफ्त में आ जाते हैं। उनकी स्थिति दो पाट के बीच अनाज पिसने जैसी हो जाती है। सभी लोग अपराध कबूल कर लेते हैं। इसमें से एक कैदी बहादुरखान अण्णा से मिलता है और अपना दुख प्रकट करते हुए कहता है, "बेटी–शबनम–की शादी के वास्ते मैं बेवजह फँस गया हूँ।" वैसे तो उसकी लड़की की शादी की सारी तैयारियाँ पूरी हो चुकी थीं। भाई आर्थिक मदद करनेवाला था लेकिन ज्यादा पैसों के लोभ से यह बहादुरखान डाके में फँस जाता है और बेटी के नाम की रट लगा कर जेल में छटपटाता है।

अण्णाभाऊ ने 'मास्टर' नामक एक लघु उपन्यास भी लिखा है। 'जख्म' नामक एक कहानी इसी संकलन में है। क्रांतिकारक के रूप में ख्यात मास्टर भी अण्णा को अमरावती की जेल में ही मिलते हैं। इन्हें चालीस साल सश्रम जेल की कठोर सजा सुनाई गई थी। पति के दीर्घ जेल की सजा से अपने अँधियारे भविष्य की चिंता से मास्टर की पत्नी मालन घबरा जाती है। "मेरा क्या भविष्य है?" ऐसा बार-बार सवाल करते हुए वह मास्टर को पुन:-पुन: मिलती है। इधर मास्टर अण्णा से कहते हैं, "मैं इसी जेल में मर जाऊँगा और मेरी अस्थियाँ इसी जेल में गल जाएंगी। चालीस सालों के बाद मेरा किसी को भी संज्ञान नहीं होगा।" मास्टर की आँखों के सामने उनका

भविष्य नाच रहा है। चालीस सालों के बाद एक ही श्मशान की ओर जानेवाली दो अर्थियों के मिलन की कल्पना से वे भारी चिंतित होते हैं।

ऐसी बड़ी सजा, जहाँ उम्मीद के लिए एक भी खिड़की न हो, अँधियारी कालगुफा ही वह है। अण्णा की रचनाओं में आई अन्य त्यागी, साहसी नायिकाओं की तरह मास्टर-पत्नी मालन नहीं है। इस कारण असहाय मास्टर अपनी पत्नी को दूसरी शादी करने की अनुमति दे देते हैं और व्यवहारी मालन भी झट से दूसरी शादी कर लेती है।

कुछ दिनों बाद दैवचक्र घूम जाता है। तत्कालीन अंग्रेज शासनकाल में ही मुंबई स्टेट के चुनाव होते हैं। मध्य प्रांत में श्री रविशंकर शुक्ल की स्वतंत्रता के लिए संघर्ष करनेवाली कांग्रेस पार्टी सत्ता में आती है। मास्टर के साथ सभी राजकैदियों की सजा माफ होकर उन्हें छोड़ दिया जाता है। स्वतंत्रता सेनानियों के अभूतपूर्व स्वागत के लिए गाँव के लोग दीवाने हो गए हैं। मास्टर का वह विजयी जुलूस मालन के दरवाजे से आगे जाता है। मास्टर के गले में लोगों द्वारा पहनाई गयी मालाएँ हैं, तो मालन की आँखों में बहनेवाली आँसुओं की माला है।

देशभक्त बर्डे गुरुजी के जीवन पर आधारित यह कथा है, ऐसा कइयों का मानना है। लेकिन यह कहानी येडे-निपाणी के देशभक्त, क्रांतिवीर श्री पांडु मास्टर के अधिक निकट जाती है, ऐसी भी कइयों की राय है।"[1]

इसी जेल की पृष्ठभूमि पर आधारित लेकिन अन्य कहानी संकलनों में समाहित 'दादानाई' उल्लेखनीय कहानी है। "जेल में वह ऐसा घूमता मानो जंगल में भैंसा चरते हुए घूम रहा हो।" दादा स्वभाव से काफी जिद्दी था और नटखट था। कैदियों के बाल काटने का वर्णन प्रस्तुत है–"जैसे गड़रिया अपनी भेड़ को अपने घुटने में पकड़ कर जिस ढंग से उस्तरा चलाता है, ऐसा ही दादा का उस्तरा चलता था।" शेष समय जेलर की शान से दादा जेल में घूमता था। उसकी जबान बेलगाम थी। कुछ दिनों बाद उसकी पत्नी भी एक छोटे अपराध के कारण जेल में आ जाती है, तब वह थोड़ा डर कर रहता है।

उस काल में अमरावती का क्षेत्र मध्य प्रांत में आता था। मुंबई प्रांत की हुकूमत यहाँ नहीं चलती थी। तकरीबन दो माह अण्णा को सख्त कारावास भुगतना पड़ा। अचानक आयी मुसीबत के कारण अण्णा को कई समस्याओं से मुकाबला करना पड़ा। तब आज जैसी यातायात की प्रगित सुविधाएँ उपलब्ध नहीं थीं। फोन पर बात करने के लिए दिन-दिन भर रुकना पड़ता था। ऐसे में अण्णा जयवंता बाई को पत्र लिखते थे।[2] अण्णाभाऊ को जेल से रिहा कराने के लिए नागपुर के वकील

जयवंत और कम्युनिस्ट नेता वर्धन ने बहुत प्रयास किए। यहाँ तक कि मध्य प्रांत के मुख्यमंत्री श्री रविशंकर शुक्ल से मिलने भोपाल भी गए थे।

जब वाटेगाँव में अण्णा की माँ वालुबाई को जानकारी मिली कि बेटे को किसी संगीत जुर्म में जेल हुई है तो वह बेचारी माता भारी दुख से टूट गयी। "मेरे तुका का क्या हुआ है? कैसे हुआ?"—की पूछताछ करने के लिए कऱ्हाड से मुंबई तक कई बार चक्कर काटे। जो भी दिखाई देता उसे वे अपना दुखड़ा सुनाती थी—ऐसा अण्णा ने ही अपनी एक कहानी में लिख रखा है।[3]

कोर्ट में विट्ठल नामक एक मासूम लड़के को पुलिस खड़ा करती है जो न्यायालय के सामने चिल्ला-चिल्ला कर पुकार रहा है, "मैं क्यों भला होऊँ माफी का गवाह? पुलिस मार-पीट कर जबरदस्ती मुझे माफी का गवाह बनाने की कोशिश कर रही है।"

यहीं भूख से पागल 'सुलतान' और 'भोमक्या' जैसे चरित्र अण्णाभाऊ को मिले हैं। सही मायने में जेल का मतलब भोथरा, कलेजा विहीन, मनुष्य को पत्थर बनाने का कारखाना है। यहाँ के कठोर और क्रूर चेहरे, कैदियों को नंगा कर ली जानेवाली तलाशी, कांजी नाम से पीने को दिया जानेवाला पनीला पेय, ऐसी अजब-गजब दुनिया को अण्णाभाऊ ने शब्द-बद्ध किया है। "जेल की विशाल दीवारें अँधियारे में डूब गयी थीं। घुमावदार गलियों में पहरेवाले सिपाही खड़े थे। उनके कंधों पर स्थित बंदूकों की नालियों में मौत आराम कर रही थी।"

सच्ची अनुभूत गाथा के 'सलाखों के पीछे' के ताकतवर शब्द अण्णाभाऊ ने गढ़े हैं, प्रस्तुत किए हैं। मराठी आलोचकों को तो इस बात का अहसास भी नहीं कि अपनी माँ-मराठी में ऐसा भी कहीं लिखा गया है।

संदर्भ

1. 'स्वतंत्रता सेनानी-बाबासाहेब पाटील' से साक्षात्कार, वाटेगाँव, 20 नवंबर 2020
2. 'जीवन संघर्ष—अण्णाभाऊ और जयवंताबाई का'—सुबोध मोरे
3. 'नवती' (कहानी संकलन)—अण्णाभाऊ साठे, पृ.91

अण्णाभाऊ की कहानियाँ

इस बात का कइयों को ज्ञान नहीं है कि अण्णाभाऊ द्वारा लिखित श्रेष्ठ कहानियों की संख्या एक सौ सत्तर के निकट है। पिछले एक साल से मैंने पुरानी लायब्रेरियाँ और कई पत्रिकाओं के अंकों को खंगाला, तब कहीं जाकर मुझे भी यह बात समझ में आयी। इनमें से रंजनपरक कहानियों की संख्या तीन-चार भी नहीं है। यह काफी महत्त्वपूर्ण बात है।

अण्णाभाऊ के उपन्यासों में कुछ उपन्यास ठीक से बने नहीं हैं। रंजक और बाजारू हो गए हैं लेकिन अण्णा की लेखनी से प्रस्फुटित एक भी कहानी असफल नहीं हुई है। वे आधुनिक और प्रथम श्रेणी के वैशिष्ट्य को लिए हुए हैं। उनकी कई कहानियाँ उर्दू कहानियों की तरह गहरी हैं।

दूसरा महत्त्वपूर्ण और प्यारा आघात यह है कि अण्णाभाऊ लिखित एक सौ सत्तर कहानियों में से लगभग पचपन कहानियाँ स्त्री-जीवन की पड़ताल करनेवाली अतिशय समृद्ध कहानियाँ हैं। महानगरीय गंदी बस्ती से लेकर देहात के खेत-खलिहान तक, वहाँ की पहाड़ियों-खाइयों तक अण्णा से मिली हुई महिलाओं का अनोखा विश्व, यही प्रकट हैं। दाहक जीवनानुभव के चूल्हे में पापड़-सी भूनी (सेंकी) जानेवाली अण्णा की कई जाति और धर्म की ये मानसकन्याएँ हैं। इनमें से कुछ तलवार की धार-सी तीखी, स्वाभिमानी और अनेक धर्म-रूढ़ियाँ, जात-पांत के कालबाह्य कल्पना के दुष्ट ऐरावत के पैरों तले रौंदी गई कलियाँ हैं। अण्णा का यह स्त्री-विश्व बहू-बेटियों का जीवन–सहना और भुगतना–और उससे जले हुए के दागों को आलोचकों द्वारा अब तक तो भी समझ लेना चाहिए।

आधुनिक मराठी कहानी के प्रसिद्ध पाँच पांडव हैं। इनमें व्यंकटेश माडगूळकर, पु.भा.भावे, दि.बा.मोकाशी, अरविंद गोखले और गंगाधर गाडगिळ आते हैं, जबकि इसी समय अण्णाभाऊ कहानियाँ लिख रहे थे। उनके द्वारा लिखित कहानी मराठी

की आधुनिक कहानी की (नवकथा) तरह और उर्दू की 'न्यू वेव' (नई धारा) जैसी नहीं है अपितु वह उर्दू कहानी के ढंग को लिए हुए, मनोविश्लेषणात्मक पद्धति से मानव जीवन के जीने को अनुभूत करने के संदर्भ के साथ बड़ी क्षमता से खड़ी है। अण्णाभाऊ की कहानी पूर्णत: आधुनिक, रिफाइंड और श्रेष्ठ श्रेणी की है।

अण्णाभाऊ की कहानियों में बहू-बेटियों की करुण दुनिया और धर्म, जाति, पुरुषी सत्ता के पाटों में पीसी जानेवाली अभागन महिलाएँ हैं। उनका खाई-पहाड़ियों से लेकर महानगरीय नालियों के निकट का जीवन-यापन, आज तक उपेक्षित ही रहा, यह बात बड़ी खेदजनक है। भारतीय साहित्य की किसी बड़ी लेखिका की परिधि से भी बड़ी बात अण्णाभाऊ लिखते हैं। अण्णाभाऊ की अनुभूति और प्रतीति बड़ी गहरी और बेधक है। इसी कारण अण्णाभाऊ की कहानी जगत का विस्तृत अध्ययन-विश्लेषण होना मुझे आवश्यक लगता है।

अण्णाभाऊ ने अपनी कहानियों में मानव-जीवन के विविध पहलुओं को गहराई से पकड़ा है। इसमें मुख्यतया महानगरीय जीवन की उठापटक को खोजनेवाली कहानियाँ, भूख और दलित संघर्ष की मशालें नचानेवाली कहानियाँ, कुछ प्रखर प्रेम-कहानियाँ, कुछ ग्रामीण कहानियाँ दृष्टिगोचर होती हैं। इसके अलावा स्वार्थ, विसंगति और विनोद की नक्काशीयुक्त कहानियाँ धनसंपदा और शरीरसुख की लालसा के इर्दगिर्द पतंग की तरह मँडराता मानवमन और महिलाओं की समस्या और दुख को वाणी प्रदान करनेवाली बावन से चौवन्न कहानियाँ–ऐसा यह एक सौ साठ से सत्तर कहानियों का कथासागर बहुत विशाल है।

वय:संधि की दहलीज पर खड़ी दुर्गा अपने पिता से सट कर सोती है। माँ के न होने से बाप की कोख में माँ और बाप की ममता खोजनेवाली वह बिटिया, उसके निश्छल मन में जहरीली हवा अभी प्रविष्ट नहीं हुई है। परंतु इतनी बड़ी लड़की को गले लगाते समय पिता व्यंकप्पा पसीना-पसीना हो जाता है। वह उसे टालने की कोशिश करता है। 'सलाखों के पीछे' कहानी संकलन की अधिकांश कहानियाँ मनोविश्लेषणात्मक है।

श्री म.माटे लिखित 'उपेक्षिताचे का अंतरंग', 'मानवीयता का गद्‌गद' (माणूसकीचा गहिवर) इस राह से जानेवाला करुणा का धागा अण्णा ने अपनी कहानियों में पकड़ा था। तो उनके शब्द संत तुकाराम और साने गुरुजी जैसे सीधे-सादे, सरल, प्रासादिक और बिम्बधर्मी भाषा को लेकर आते हैं। उनकी कहानियाँ प्रेमचंद प्रणीत हिंदी कहानी और तत्कालीन श्रेष्ठ उर्दू कहानी की तरह मानवीयता की ऊष्मा लिए हुए और मनोविश्लेषण की दृष्टि से भी मन की थाह खोजनेवाली हैं।

दुर्भाग्य से अण्णा के कहानी साहित्य में उमड़े सागर का मराठी आलोचकों ने कभी गंभीरतापूर्वक विचार किया है, ऐसा दिखाई नहीं देता। हाल ही के दलित वर्ग के प्राध्यापक मच्छिंद्र सकटे, प्रा. शरद गायकवाड़, डॉ. मंदा तायवाडे, डॉ. प्रकाश खरात आदि युवाओं ने अण्णा, बाबूराव बागुल की कहानियों पर काम करना शुरू किया है। इससे पूर्व यशवंत मनोहर, डॉ. एस.एस. भोसले और डॉक्टर बाबुराव गुरव ने अण्णा के साहित्य की अच्छी आलोचना प्रस्तुत की है। लेकिन ये तीनों भी मराठी आलोचना के मुख्य धारा के विश्वविद्यालयीन आलोचक अथवा 'मौज', 'पाप्युलर' स्कूल के तो बिल्कुल नहीं थे। फलत: अण्णाभाऊ का लेखन आलोचकों की दृष्टि के परे ही रहा।

'बरबाद्या कंजारी', 'श्मशान का सोना', 'पिंजरा' (सापळा), 'मुसीबत' (संकट), 'आबी', 'नज़र', 'रानगा', 'दर्रे का गाँव' (खिंडीतला गाव), 'चोर की संगत', 'हिरा', 'चंदा', 'आधुनिक अश्वत्थामा' जैसी एक से बढ़कर एक ऐसी सरस कहानियों को पढ़ते समय प्रगतिशील विचारों के तथा मानवीय भावनाओं के तानों-बानों की वैश्विक ताकत का पता चलता है।

भूख, गरीबी, शोषण के तानों-बानों से उनकी कहानी जन्म लेती है। साथ ही संघर्ष भरी समकालीन राजनीतिक समय भी उनकी कई कहानियों में अभिव्यक्त होता दिखाई देता है। इसमें अंग्रेजों का जुल्म ढहानेवाला शासन, सातारा के प्रति सरकार के अलावा संयुक्त महाराष्ट्र निर्माण के समय रजाकारों द्वारा मराठवाडा क्षेत्र की जनता पर किए गए अत्याचारों की भी अभिव्यक्ति यहाँ हुई है। 'गलीम' नामक कहानी इस संदर्भ की पुष्टि करती है। 'आधुनिक अश्वत्थामा' कहानी भाषा आधारित प्रदेश रचना की समस्या को लेकर मराठी और गुजराती समाज के संघर्ष को उभारती है। 18 जनवरी 1956 को मुंबई में हुए दंगों पर भी प्रकाश डाला गया है। तब चौक-चौक कर होनेवाले लड़ाई-झगड़े, बंदूक की गोलियों की बौछार, पुलिस की दमननीति पर आधारित एक कहानी में वे मध्यवर्गीय चाल में पाठकों को ले जाते हैं। वहाँ फँसा हुआ बाबूभाई नामक गुजराती बूढ़ा और उसकी कांता और अवंता नामक युवा लड़कियाँ–उनकी डरी-सहमी दुनिया को चित्रात्मक पद्धति से वे प्रस्तुत करते हैं। परिणामत: यह कहानी दंगे की कैंची में फँसे वृद्ध गुजराती परिवार की न रह कर समूची मानवजाति का दर्द बन जाती है। उस समय अण्णा स्वयं एक पार्टी के कार्यकर्ता और मराठी के अभिमानी होने पर भी अपनी कहानियों में कहीं भी विज्ञापनी प्रचारकता का एक भी छींटा उन्होंने अपनी रचनाओं में उड़ने नहीं दिया।

उर्दू का प्रगतिशील लेखक संघ और 'अंगारे' आंदोलन की नई कहानी का जमाना पिछली शती के चौथे दशक में शुरू हुआ। उर्दू की नई कहानी ने पुराने रीति-रिवाज और सड़ी-गली कल्पनाओं की खिल्ली उड़ायी। प्रगतिशील विचारधारा को अपनाकर धार्मिक रूढ़ियों और परंपराओं पर आघात कर प्रखर रूप से नकारा है। इसी संघर्ष की राह पर चलनेवाली अण्णा की कहानियाँ हैं।

अण्णा की कहानियाँ सह्याद्रि के वन-जंगल के निवासी, मनुष्य और पशु की खोजबीन करती हैं। साथ ही परिवर्तित प्रकृति के विराट बिंब भी कई बार वे उपस्थित करते हैं। उपन्यास और कहानी में यह प्रकृति उसके अटूट अंग बन कर हमारे सामने आती है। इसके अलावा कहानी की गति एवं स्थिति के अनुरूप स्थानीय रंग भरने का काम भी वे करते हैं। गाँव-देहात के विशाल-व्यापक, गँवार पुरुष चरित्र प्रस्तुत होने के साथ-साथ औद्योगिकीकरण का सामना करनेवाली शहरी बस्तियों और गंदगी की समस्याओं का भी अंकन ये कहानियाँ करती हैं।

महज एक दिन पाठशाला में जानेवाले इस आदमी ने कहानी लेखन का इतना बड़ा फलक कैसे साधा होगा? श्रेष्ठ लेखक के अभिमान से उन्होंने लगभग बीस साल कैसे तपस्या की होगी? ऐसे प्रश्न हमारे मन में अवश्य आते हैं। परंतु मराठी साहित्य में हुए इस अथक परिश्रम को यहाँ के तथाकथित विद्वानों ने शुरुआत से ही उपेक्षाभरा बर्ताव अपनाया। गाँव-सीमा बाहर (हाशिये बाहर) के तमाशगीर (तमाशा कलाकार) और डफ (चंग) बजानेवाले शाहिर भी ऐसी ही दृष्टि से देखे गए थे। इसलिए अण्णा कई बार बेचैन हो जाते थे। इसके विपरीत हिंदी और उर्दू के प्रगतिशील विचारधारा के लेखकों ने उनके साथ आत्मीयता और अपनेपन का बर्ताव किया था।

उर्दू का प्रगतिशील साहित्य संघ भारतीय कम्युनिस्ट पार्टी का सही मायने में साहित्यिक हाथ ही था। इन रचनाकारों ने तॉलस्तॉय और गोर्की को अपना आराध्य माना। आगे चलकर अण्णाभाऊ ने तो मॅक्सिम गोर्की को ही अपना साहित्यिक गुरु और आदर्श के रूप में स्वीकारा था। उनके लेखन की मेज पर गोर्की का पुतला सम्मान के साथ रखा हुआ होता था।

1936 से 1946-47 तक पहली बार उर्दू में श्रेष्ठ कहानियाँ लिखी गयी थीं। इनमें से महत्त्वपूर्ण कई कहानीकार मुंबई और आसपास ही रहते थे। इनमें अधिकांश प्रगतिशील लेखक संघ और इप्टा से संबद्ध थे। इसी काल में अण्णाभाऊ कम्युनिस्ट पार्टी की विचारधारा से प्रभावित हुए थे। तब गाँव की ओर जो तीन साल बिताये

उन्हें छोड़ कर वे रात-दिन कम्युनिस्ट पार्टी के प्रचार-प्रसार में लीन थे। इसी के साथ वे अकेले होने के कारण रात में पार्टी दफ्तर में ही सोते थे। यहाँ उन्हें बलराज साहनी, भीष्म साहनी, हंगल, के.ए. अब्बास का करीबी सहवास मिला। इसी के साथ हिंदी पत्र-पत्रिकाओं में प्रकाशित होनेवाले सआदत हसन मंटो, इस्मत चुग़ताई, डॉ. राजेंद्रसिंह बेदी, कृष्ण चंदर, अहमद कासिम आदि आधुनिक कहानीकारों की रचनाएँ वे नियमित रूप से पढ़ते थे। उर्दू-हिंदी लेखक और पत्रकारों के मध्य होनेवाली चर्चाओं और संवादों के वे गवाह रहे हैं।

कहानीकार के रूप में पहला कदम रखते समय माटुंगा लेबर कैम्प क्षेत्र में रहनेवाले कहानीकार बाबुराव बागुल, सुप्रसिद्ध हिंदी कवि शैलेन्द्र और प्रेम धवन नियमित बैठक के साथी थे। राज कपूर की 'बरसात' सिनेमा की सफलता के बाद शैलेन्द्र सीधे राष्ट्रीय स्तर पर पहुँच गए फिर भी वे यदा-कदा चिरागनगर आते ही थे। दरवाजे के लता मंडप के नीचे दिन भर अण्णा और शैलेन्द्र के मध्य साहित्यिक बातचीत होती थी–ऐसा अण्णा की लड़कियाँ शांताबाई और शकुंतलाबाई कहती हैं।[2]

प्रगतिशील लेखक संघ से अण्णा काफी प्रभावित हुए। इसका कारण भी विशेष ही था। देश की जाति-धर्म की दीवारें गिर जायें और अंग्रेजों की उपनिवेशवादी और साम्राज्यवादी व्यवस्था चकनाचूर हो, इस भूमिका के पक्ष में यह लेखक वर्ग प्रभावित था। इनकी ओर से किया जानेवाला साम्राज्यवाद का निषेध और उसी समय भारतीय स्वतंत्रता के प्रति बेहद आकर्षण, आतुरता से भी वे अण्णा काफी प्रभावित हुए थे। इसी कारण यशपाल और प्रेमचंद के हिंदी-उपन्यासों की ओर भी आकर्षित हुए।

1942-43 के बाद कम्युनिस्ट पार्टी के 'लोकसाहित्य', 'लोकयुद्ध' आदि पत्रिकाओं में अण्णा निरंतर लिखने लगे थे। उनके ये वार्तापत्र काफी लोकप्रिय थे। इनके द्वारा वे पूँजीपतियों द्वारा किए जानेवाले मजदूरों पर के अत्याचार, भ्रष्टाचार, शहरी जनता की दैनंदिन समस्याएँ, कम्युनिस्ट पार्टी के मोर्चे, हड़ताल, परिषद की खबरें वे प्रकाशित करने लगे थे। झोंपड़-पट्टी के किराएदार और उनके बाल-बच्चों का चूहे-घूस आदि द्वारा नोचा गया मांस जैसे विषयों पर भी उन्होंने लिखा है।

1959 में अण्णा ने 'युगांतर' पत्र में दोस्तोयवस्की के 'क्राइम एंड पनिशमेंट' उपन्यास के मराठी अनुवाद पर एक साहित्यिक टिप्पणी भी लिखी है। इस उपन्यास का अनुवाद श्री स.अ.शुक्ल ने किया है। इसके अलावा श्री भानु शिरधनकर के 'कारावार का कालूराम' शिकार कहानी संकलन, श्री नामदेव व्हटकर के 'तमाशा'

नामक पुस्तकों का और के.ए. अब्बास दिग्दर्शित 'चार दिल चार राहें' सिनेमा का परीक्षण 'युगांतर' में किया है। इससे अण्णाभाऊ की व्यापक रसिकता प्रकट होती है।

अण्णाभाऊ की साहित्यिक प्रौढ़ता के पीछे उनका भारतीय भाषाओं और अनूदित साहित्य का पढ़ना है। इसी के साथ-साथ अण्णा प्रकृति की गोद में सच्चे अर्थों में पले-बढ़े। विशेषकर हमारे पश्चिम महाराष्ट्र और उत्तरी कर्नाटक सीमा स्थित तहसीलों में किसी जमाने में उत्तम सुनने की बड़ी परंपरा थी। प्रत्येक दो-तीन गाँव की कोतवाली अथवा मंदिर के प्रांगण में शाहिरों के फड़ होते थे। इनमें से डफ, इकतारे की ताल पर लंबे आख्यान शाहिरी पँवाड़ों द्वारा पेश किए जाते थे।

ऐसे गाँव-गाँव में सुनाई देनेवाले रामायण, महाभारत, छत्रपति शिवाजी महाराज, उमाजी नाईक, गुझिया के हिस्से को लेकर सास-बहू में होनेवाला और श्मशान तक पहुँचनेवाला हास्यपरक घरेलू झगड़े से लेकर, अंग्रेज शासनकाल में जत तहसील की ओर के सिंदूर गाँव में रहनेवाले बागी लक्ष्मण और अभी हाल ही के तांबट के विष्णू बाळ तक के कई प्रसंग प्रस्तुत होते थे।

ऐसे ही सुने-सुनाये पद्य में 'काशीबाई की लावणी' एक जोगन ने लोकवाद्य दिमड़ी की ताल पर लगभग एक घण्टा मुझे सुनाई थी। सवा सौ साल पहले कर्नाटक के कडलीमट्टी स्टेशन पर घटित यह कहानी है। कहानी कुछ इस तरह है, शाम के समय एक मैके की ओर जानेवाली महिला जो गोद में बच्चा लिए हुए है, रेल पकड़ने दौड़ती आती है लेकिन रेल चली जाती है, इसलिए वह माँ उस सूने स्टेशन पर ठहर जाती है। अंग्रेजों का नौकर, वहाँ का स्टेशन मास्टर उस पर जबरदस्ती करने की कोशिश करता है, तब उस डरी हुई, सहमी हुई, अकेली स्त्री के सामने प्रश्न उपस्थित होता है–अपना शील बचाया जाए या बच्चे को? वह रात भर अपनी शील की रक्षा के लिए स्टेशन मास्टर से जान-लेवा संघर्ष करती है। इस संघर्ष में बच्चा रौंद कर मारा जाता है। ऐसी सुनी-सुनायी कथा पर कर्नाटक में अनेक सिनेमा बने हैं। जब मैं सांगली-मिरज का प्रांताधिकारी था, तब एक छुट्टी के दिन जानबूझ कर कडलीमट्टी स्टेशन हो आया।

जानबूझ कर यह घटना विस्तृत रूप से कहने का कारण है, ऐसे कथा आख्यान कभी तमाशा के पारंपरिक वर्ग के द्वारा, तो कभी गगन में चढ़ते चाँद की गवाही से बहरनेवाले ग्वाला के गीतों द्वारा, तो कभी दिमड़ी की संगत से गाए जानेवाले शाहिरों के मुख से तो कभी रात्रि-जागरण करनेवाले पोतराज के गीतों से चले रहे हैं। इसमें

दीर्घ आख्यान, नाटक और उपन्यास जैसे कई पात्र और संघर्ष की घटनाएँ भी होती थीं। दिन में कड़क लक्ष्मी* बन कर ढोलक की ताल पर नाचनेवाला पोतराज, रात में मशाल के उजियारे में हाथों में बड़ी हलगी* लेकर और पैरों में घुँघरू पायल बांधकर नाचते-गाते और बीच-बीच में पात्रों के संवाद साकार करते हुए रामायण, महाभारत के प्रसंगों में जान भर देता है। फसल आने के दिनों में वह बहार ला देता है। ये पोतराज अधिकतर मांग-मातंग समाज के ही होते थे। ऐसे कथा-आख्यानों का गठन आधुनिक उपन्यास के कथा-प्रवाह के वेग जैसे होते थे। इसी कारण भारतीय उपन्यास केवल युरप से यहाँ आकर पनपा और रूढ़ हुआ ऐसा कहना ठीक नहीं है। कारण इसकी जड़ें यहाँ की मिट्टी से लदबद हैं। इस बात का एहसास हमें अण्णाभाऊ के 'माकड़ी का माळ' और फणीश्वरनाथ रेणु के 'मैला आँचल' की कृतियों द्वारा होता है।

यहाँ के देसी और सुने हुए तथा पारंपरिक कवित्तों और कथा-आख्यानों ने अण्णाभाऊ साठे नामक सशक्त व्यक्ति को कहानीकार बनाया है। अण्णाभाऊ लोकसाहित्य पचानेवाले रेशम कीड़ा ही थे। पुष्टि हेतु 'वैजयंता' उपन्यास में उद्धृत की हुई यह पारंपरिक लावणी इस प्रकार है–

पिवळया चाफ्याची कळी तू कवळी ग।
जाती झुकत नागीण धवळी।
एवढी होऊ दे नावाची आरोळी।
जगा लोकात वाजू दे टाळी।
काय तारीफ सांगू तुझ्या बुचड्याची।
मानेचा गोल, छातीचा डोल, बारीक कंबर मुठीच्या मापाची।
शुभ्र स्कंध, गव्हाळी मांडी, टाचा गोल जणू वाटी खोबऱ्याची।
नाकडोळे जसे वदले, बारीक भुवया कोर चंद्राची।
तू स्त्रीरूपाची तत्काळ दृष्ट होईल तुला आमची।
तू हाती आल्यावर बकऱ्याची कंदुरी करीन कवठ्याच्या सात सैदाची।
जात पुरुषाची द्वाड। मेलर सोदा लबाड।

***कडक लक्ष्मी**–देवी के उग्र स्वरूप का स्वांग भर कर हाथ में कड़कड़ानेवाला कोड़ा लिए लोगों से पैसे माँग कर गुजारा करता है। ऐसा मांगनेवाला व्यक्ति।

*** हलगी**–एक चर्मवाद्य, डफनुमा। खंडोबा के जागरण के समय या देवी के जागरण के समय बजाया जाता है।

नित्य होते मी गंगेला सोवळी। बोलणाराची धरून किरडी आवडी।
सून गवळ्याची मी चंद्रावळी। मला पाहून कैक तळमळी[3]

अर्थात् पीले चंपा की तू कोमल कली है। मानो सफेद नागिन झुके हुए जा रही है। तू इतना नाम तो होने दे, जगत्-दुनिया में बजने दे ताली। क्या तारीफ करूँ मैं तुम्हारे जूड़े की, गर्दन गोलाई की, सीने के डोल की, मुट्ठी भर नाप के कमर की, शुभ्र कंधे, गेहुँई गोद, एड़ी तो ऐसी गोल, मानो खोपरे की कटोरी हो। नाक-आँखों का क्या वर्णन करें? चाँद के कोर जैसी भँवें। ऐसा तुम्हारा अनोखा स्त्री-रूप है। उसे हमारी ही नज़र लग जाएगी। ऐसी सुंदरी यदि हमारे हाथ लगे तो मैं बकरे के मांस की मनौती मनाऊंगा। पुरुषों की जाति की बड़ी बदमाश है लबार से सौदा किया। मैं गंगा समान पावन हूँ। जो मेरे बारे में ऐसा-वैसा बोलेगा। उसकी मैं जान ले लूंगी। मैं ग्वाले की बहू चंद्रावली हूँ। मुझे देख कई तड़पते हैं।

उपर्युक्त कवित्त से अण्णाभाऊ के लोकसाहित्य के क्षेत्र में गहराई से की हुई उनकी यात्रा की झलक मिलती है।

देसीवाद केवल उनके मुँह में नहीं था, धमनियों में प्रवाहित था।

संदर्भ

1. 'युगांतर'–अण्णाभाऊ–अमर शेख स्मृति विशेषांक–1967
2. शांताबाई दोड़के और शकुंतला सपताल से बातचीत–5 दिसंबर 2020
3. 'वैजयंता'–लोकसाहित्यिक अण्णाभाऊ साठे-खंड–1, संपा. उत्तम बंडू तुपे, संपत जाधव, दिपक चांदणे और अस्मिता चांदणे, पृ. 911-912

बयालीस बेटियों का कुलीन पिता

स्त्री-विश्व की माता है। उसके बिना समूचा जीवन अधूरा और असंभव है। यदि पिता का स्थान आकाश जैसा है तो माँ का स्थान धरतीवत् है लेकिन मराठी कहानियाँ केवल पुरुष समस्याओं के इर्दगिर्द ही अधिक घूमते हुए दिखाई देती हैं। विभावरी शिरूरकर, अरविंद गोखले, तो कुछ अनुपात में चारुता सागर और अन्य महत्त्वपूर्ण स्त्री-लेखिकाओं को छोड़ कर इस महिला जगत् की ओर मराठी लेखक ध्यान देते हुए दिखाई नहीं देते। महिलाओं की मूल समस्याएँ और संवेदनशील प्रश्नों की ओर मराठी लेखकों की नज़रअंदाज करने की प्रवृत्ति अधिक रही है। अथवा हम ऐसा भी कह सकते हैं कि महिलाओं की जटिल समस्याओं पर लिखने में उनकी प्रतिभा बौनी साबित हुई है।

मैं जब छात्र था तब अण्णाभाऊ द्वारा लिखित कई रचनाएँ मैंने पढ़ ली थीं। फिर भी मुझे ऐसा लगा कि उनके कई उपन्यास और कहानियाँ मेरे द्वारा पढ़ना शेष रह गयी हैं। वर्तमान में मैंने नए सिरे से अण्णाभाऊ का संपूर्ण साहित्य पढ़ने से पूर्व शरद और प्रेमचंद साहित्य को पढ़ लिया। जो मेरे लिए यह अच्छा ही साबित हुआ। कारण अण्णाभाऊ साठे नामक साहित्य की बयालीस लड़कियों के खानदानी पिता से मेरा साक्षात्कार ही नहीं हुआ होता। साथ ही साथ स्त्री जगत् से संबद्ध, करुणा और ममता से ओतप्रोत उनके विशाल हृदय से कदाचित मेरा परिचय भी नहीं हुआ होता।

अण्णाभाऊ को भी केवल उनचास सालों के जीवन में शरद बाबू की तरह ही अलग-अलग पड़ावों पर स्त्रियाँ मिलती गयीं। उनकी एक सौ सत्तर कहानियों में से लगभग बावन या चौवन कहानियाँ स्त्री जगत से संबंधित हैं। इनमें से बयालीस कहानियों में स्त्रियों के स्वाभिमानी व्यक्ति-चरित्र दृष्टिगोचर होते हैं। स्त्रियों के भावजगत को बड़ी ही जागरूकता से पेश करनेवाले, विपुल मात्रा में लिखनेवाले भारत के इने-गिने कुछ साहित्यकारों में से वे शायद एकमात्र ही हैं।

1951 से 1965-66 के दरमियान अण्णाभाऊ ने अत्यंत समृद्ध कहानियाँ लिखी। इसी समय अर्थात् 1961 में उनके द्वारा लिखित 'ठासलेल्या बंदुका' (लोडेड संगीनें) नामक कहानी संकलन प्रकाशित हुआ। इस संकलन की 'हीरा' नामक कहानी शीर्षक की तरह ही एक मूल्यवान रत्न है। प्रस्तुत कहानी सेना के एक सैनिक पत्नी की दर्दभरी दास्ताँ है। मेरे मत से इस तरह की कहानी अन्य भाषाओं में शायद ही हो।

'हीरा' कहानी में प्रस्तुत परिवेश द्वितीय विश्वयुद्ध के समय का है। 1939-1945 के मध्य इस विश्वयुद्ध में ईरान, इराक और पूर्व एशिया के मलाया, सिंगापुर, म्याँमार देशों में अंग्रेज सेना के ध्वज तले अनेक भारतीय सैनिकों ने युद्ध किया। इनमें से कइयों को वीरगति प्राप्त हुई। इस युद्ध में सातारा जिले के हजारों लोग सैनिक रूप में शामिल हुए थे।

ऐसा ही एक लक्ष्मुमन नामक मराठी किसान था। उसका लड़का विश्वास कहीं दूर युद्ध में लड़ रहा है। उसकी हीरा नामक पत्नी जो महज सत्रह-अठारह साल की है अपने गाँव और उसकी यादों में जैसे-तैसे जीवनयापन कर रही है। ब्रिटिश सेना में विविध देशों में लड़नेवाले सैनिकों को सरकार की ओर से उनके घर पर प्रति माह मनीऑर्डर पहुँचाया जाता था। मनीऑर्डर पहुँचाने के लिए कम से कम तीन पंजाबी सशस्त्र सैनिकों की एक टुकड़ी होती थी। संगीन की चमक में मनीऑर्डर घर के दरवाजे पर आने से पूरे गाँव में उस सैनिक की बहुत प्रशंसा होती थी। लोक प्रशंसा से कहते थे, 'आरं ह्यो मरणाच्या दाढंत मान घालून लढतोय नव्हं?' (अरे वह मृत्यु की खाई में गर्दन डाल कर लड़ रहा है न?) इस तरह कुछ लोग प्रशंसा करते, तो कुछ ऐसा भी कहते, "सोन्यासारखी बायको टाकून दगड़ावानी मन करूनशान ऱ्हायला नव्हं?" (सोने जैसी पत्नी को छोड़ पत्थर-दिल बन कर वह बेचारा जी रहा है।) इस तारीफ से हीरा को लगता मुझ पर अमृत वर्षा हो रही है।

हीरा और विश्वास दोनों के पिता बड़े घने मित्र थे। अपनी मैत्री का स्नेहबंधन अगली पीढ़ी में भी बरकरार रहे इसलिए इन्होंने अपने लड़के-लड़कियों का विवाह कर दिया था। शुरुआत में विश्वास ने शहर जाकर अच्छी शिक्षा ग्रहण करने का निर्णय लिया। लेकिन उसे मैट्रिक में सफलता नहीं मिली। फलतः संवेदनशील मनवाला यह युवक बिना किसी से कुछ कहे पुणे चला आया। वहाँ उसकी ब्रिटिश सेना में तत्काल नियुक्ति हुई। अपने सिंदूर का धनी युद्ध में लड़ रहा है इस बात का हीरा को बड़ा ही अभिमान था। यह बात हीरा अपने आप को कई बार कहती थी।

साल-दर-साल बीत रहे थे, हर माह बिना रुके संगीनों की पहरेदारी में द्वार तक मनीऑर्डर आ रहा था लेकिन लड़ाई रुकने का नाम नहीं ले रही थी। कई महीनों बाद अचानक विश्वास घर आया। विश्वास घर आ गया है, जानकारी मिलते ही उसकी पाँच बहनें, उनके बच्चे और पति सब घर आकर जम गए। ये सभी लोग हमेशा विश्वास के इर्दगिर्द गोलाकार बैठ कर दिन-रात बतियाते रहते थे। इनमें से गाँववाले विश्वास के कुछ मित्र भी आ जाते। घर-परिवार में लड़ाई के शौर्य की कहानियाँ बढ़ा-चढ़ा कर कही-सुनी जा रही थीं। लेकिन हीरा को अपने पति से बोलने और मिलने का अवसर भी नहीं मिला और आखिर तक नहीं मिला। कारण उस काल में लोग ऐसे एकांत को कतई महत्त्व नहीं देते थे। स्त्रियों को तो शरमाते-लजाते दूर से देख उसी याद में दिन गुजारने पड़ते थे। कुल मिलाकर हीरा का पति जैसा आया वैसा ही चला गया। इधर पुन: रॉकेट की, धुआँ छोड़नेवाली चिमनी की तरह हीरा जलती ही रही।

आगे-आगे तो महीने और साल भी बीत गए। हीरा अपने पति के विरह में आकुल-व्याकुल हो गयी। जब खेत की फ़सल में हीरा खड़ी होती तब उसकी आँखों के सामने रेगिस्तानी देश में तोपों की बौछारों में दौड़ता पति खड़ा हो जाता। न जाने कब युद्ध खत्म होगा और कब सुखी संसार के दिन शुरू होंगे, इस विचार से वह मन-ही-मन पागल हो रही थी।

पति के विरह से टूटने पर भी यह मराठी बेटी हीरा पति के युद्ध पर चले जाने के बाद अपने पति के संयुक्त परिवार की जिम्मेदारी बड़े साहस के साथ निभा रही थी। उसके दो देवर थे। इनमें से एक गूंगा था, तो दूसरा पहलवान। सास-ससुर बूढ़े थे। इन सब लोगों की चिंता हीरा बेटी की तरह ही करती थी।

इसी दरमियान गाँव का विनायक पवार नामक सैनिक युद्ध स्थली से घर लौट आया, ऐसा उसे ज्ञात हुआ। विश्वास और विनायक दोनों एक ही स्कूल में पढ़े थे और एक ही दिन घर से युद्ध के लिए चले गए थे। ऊपर से ये दोनों बचपन के साथी थे। हीरा अपने पति की खोज-खबर लेने के लिए बड़ी जिज्ञासा से विनायक पवार के यहाँ जाती है। विनायक उसे बताता है कि वहाँ विश्वास स्वस्थ और सानंद है। यह सुन हीरा हँस पड़ती है। उसकी आँखों में खुशी के आँसू आ जाते हैं। वैसे तो सुंदर स्त्रियाँ हँसती हुई हों या रोती हुई, अधिक सुंदर दिखाई देती हैं। विनायक उसके सौंदर्य और ललाट पर उड़नेवाली लट की ओर भौचक-सा देखते ही रह जाता है।

उन दिनों गाँवों में लिखना-पढ़ना जाननेवाले लगभग न के बराबर थे। इसलिए यदि किसी को पत्र लिखना होता था तब वह गाँव के किसी शिक्षक के पास पत्र

लिखवाने के लिए दौड़ता था। हीरा को 'भाभी, भाभी!' ऐसी मीठी पुकार लगानेवाला पति का खास दोस्त होने से विनायक पर उसे काफी भरोसा था। इस कारण वह उससे पत्र लिखवाने की बात सोचती है।

एक दिन दोपहर जब हीरा अपने पति को पत्र लिखवाने विनायक के घर आती है, तब विनायक अकेला ही होता है। अकेले में घर बैठे विनायक परिस्थिति का अनुचित लाभ उठाता है। अचानक कमरे का दरवाजा भीतर से बंद कर हीरा पर भेड़िए की तरह टूट पड़ता है। इस अचानक, अनपेक्षित घटना से हीरा हड़बड़ा जाती है और चीखते हुए कहती है। "देवरजी, ऐसा क्यों? क्यों ऐसा?" और काँपने लगती है लेकिन विनायक केले का कोमल डंठल मरोड़कर तोड़ने जैसी क्रूरता से उसे लूट लेता है, छीनता है, नोचता है। यह बात हीरा के लिए धड़ाम से खाई में गिरने जैसी थी। इस विश्वासघात से हीरा सुलग उठती है। हताश-निराश होकर अपनी बायीं हथेली को जोर से काट लेती है। हथेली से खून के फव्वारे छूटते हैं। इतना होने पर भी हीरा को अपने घाव का कारण घरवालों से कहते नहीं बनता।

उसी दिन विनायक पवार घर से चला जाता है। यह बात हीरा को ज्ञात होती है लेकिन हीरा के लिए तो उसकी सारी दुनिया तहस-नहस हो गयी है। वह अकेले में आँसू बहाती रहती है। 'आग लगे तेरी लड़ाई को' कहते हुए अपने पति के नाम पर रोती रहती है। अण्णाभाऊ ने एक सैनिक की धर्मपत्नी का चित्र जिस करुणा से प्रस्तुत किया है और उसके लिए प्रयुक्त किए गए शब्द भी ओस की बूँदों से भीगे हरे मैदानवत् करुणा से भर आए है। 'फकिरा' उपन्यास लिखते समय बगावत के भाव से सुलगी हुई उनकी लेखनी वहाँ शौर्य का झंडा फहराती है तो इधर हीरा जैसी एक अभागन महिला की व्यथा व्यक्त करते समय करुणा से गद्गद हो जाती है। ऐसे में ये शब्द किसी लेखक के अपने नहीं रहते। यह दुखभरी गाथा अपने पेट की बेटी अथवा पीठ पीछे की बहन की ही लगती है। ऐसी सार्वजनीनता किसी प्रतिभाशाली लेखक की लेखनी में ही होती है। व्याकुलता से अण्णाभाऊ का हृदय ही मानो सिसकियाँ ले रहा हो। अपने चरित्र से इस तरह का तादात्म्य मैंने केवल डॉ. राजेंद्रसिंह बेदी की 'लाजवंती' नामक कहानी में तीस साल पहले अनुभूत किया था।

देशसेवा की दौड़धूप में तितर-बितर दीन-दुखियारों का जीवन 'लाजवंती' में लिखते समय डॉ. बेदी का दिल भी इसी तरह भर आया है। देश का विभाजन होकर पाकिस्तान और भारत ऐसे दो टुकड़े हुए। जातीय हिंसाचार और लूटपाट से पंजाब और सिंध प्रांत खून से भीग गये थे। हिंदुओं ने मुसलमानों की लड़कियाँ भगाईं तो मुसलमानों ने हिंदू स्त्रियों को कलंकित किया था। बलात्कार और खून-मांस की

जरा-सी भी कीमत नहीं बची थी। बाघा बॉर्डर के पास एक सुंदरलाल नामक आदमी की लाजो नामक पत्नी का अपहरण हो गया था।

अण्णाभाऊ की मानसकन्या हीरा की जिंदगी को भस्मसात करनेवाला, बलात्कार के बाद का परीक्षा का प्रसंग आखिरकार आ ही जाता है। यह घटना हीरा के जीवन-मृत्यु की कसौटी है। उस कालरात्रि में वह बेचारी दीवार को पीठ सटा कर हताश दशा में बैठी है। उसके लंबे बाल घास के पूले की तरह बिखर गए हैं। उसका ससुर उन बालों को इकट्ठा कर, मजबूती से झोंटा पकड़कर हैवान बन खींचता है। उस क्षण तक भाई जैसे लगनेवाले उसके वे दोनों देवर हैवान-राक्षस जैसे उठ कर लातों-घूँसों से ऐसा पीटते हैं जैसे मानो किसी गोशाला में अड़ियल गाय को काबू में किया जाता हो। उससे नहीं हुए गुनाह को लेकर समूचे घर में एक ही आक्रोश, चिल्लाहट जारी है। "बोल, यह पेट में किसका है? रांड़, उधर लड़ाई पर गए पति को भुला कर ऐसा कुकर्म किया? हमारी इज्जत लुटा दी!"

उस रात वे तीनों लातों-मुक्कों-जूतों की बारिश से हीरा को कूट डालते हैं। यह कुटाई रात भर चलती है। हीरा का मुँह सूज जाता है। आँखों से खून चू आता है। वह बेहोश हो जाती है। उसके दाँत चिपक जाते हैं। उसके पेट में तीन माह का गर्भ है। वह उसी जगह पर लुढ़क जाती है। बूढ़ा ससुर चिल्लाता है, "मर गई रे...वो...।" एक देवर शेष लोगों को धीरज बँधाते हुए कहता है, "उसे लेकर आओ, तब तक मैं गढ़ा खोदता हूँ, हम उसे ग़ाड़ देंगे।"

काफी देर से मुँह पीटते बैठी बूढ़ी सास रेंगते हुए आगे आती है। उसके हाथ में लोहे का पलटा है। हीरा के मुँह में पलटा डाल कर चिपके हुए दाँत खोलती है। हीरा को हलका-सा होश आता है। वह पानी माँगती है। ससुरालवालों को लगता है, यह ढोंग कर रही है। इसलिए पानी नहीं देते, उसे तड़पाते हैं। पुन: उसे पीटना शुरू कर देते हैं। उसका एक देवर तो पहलवान ही था। वह तो उसे अपनी मुक्कियों की मार से पीट रहा था। जब आगे हीरा को कानों में खूँटी गाड़ने की भाषा सुनाई पड़ती है, तब वह पुन: अपनी हथेली जोरों से काटती है। खून निकल आता है, वह बेहोश हो जाती है और पुन: उस पर लातों-घूँसों-गालियों की बौछार शुरू हो जाती है।

आखिर मार खा-खा कर चमड़ी उधेड़ा हुआ उसका थका-माँदा शरीर धीमे सुर में दया की याचना करता है, "मुझे अब मत मारो, मैं चली जाती हूँ। गाँव की सीमा छोड़ कर ही चली जाऊँगी।" ससुर को उसके बाहर जाने की राह ठीक लगती है। धोती का एक गुच्छा बगल में लेकर, बिखरा हुआ जूड़ा बाँध कर, लंगड़ाती हुई

वह भोर-भोर सुबह गाँव को छोड़ देती है। वनवासी हीरा सबसे पहले मैके जाती है। उसकी दशा देख माँ रोती है, बाप दहाड़ें मार कर रोता है। लेकिन अन्य से दिन गए बेटी को यदि घर में रखा तो इज्जत चली जाएगी। इस समाज भय के अहसास से वे अपनी बेटी को नहीं रखते। माँ मैके की छाँव बेटी को नहीं दे पाती। इसलिए उसके दुखियारे पैर मौसी के यहाँ आश्रय खोजते हैं। लेकिन नाते-रिश्ते-सगे-खून के सभी दरवाजे और राहें उसे तो बंद ही मिलते हैं।

आखिरकार वह तुळजापुर चली जाती है। वहाँ के महारबाड़े में उसकी प्रस्तुति होती है, ऐसा अण्णाभाऊ ने लिखा है। अण्णाभाऊ अपनी कहानियों में कई बार कुछ स्थानों की योजना जानबूझकर करते हैं। हीरा की प्रसूति के लिए वे तुळजापुर का चुनाव करते हैं। क्योंकि युद्ध में लड़नेवाले वीर सैनिक पत्नी की समाज ने कैसी दुर्दशा कर डाली? उसके प्रति किए गए बुरे व्यवहार की बात माँ तुळजाभवानी को मालूम पड़े और उसके आशीर्वाद से, यह आयी हुई मुसीबत टले। दूसरी बात, उसकी प्रसूति महारबाड़े में बताई है। कारण कि क्रांतिवीर उमाजी नाईक, वासुदेव बळवंत फड़के, रंगो बापूजी जैसे कई देशभक्त स्वतंत्रता सेनानियों को उस काल में हाशिए बाहर के महार लोगों ने ही समय-समय पर आश्रय दिया था। स्वयं मुसीबत में जीवन-यापन करते हुए भी लीक-बाहर के ध्येय को प्राप्त करनेवालों को अपना मान कर उनकी रक्षा की। तो इसके विपरीत गाँव की मुख्यधारा के सरंजाम, जागीरदार, सरदार-अमीरों ने अंग्रेज सरकार से मिल कर चालाकी से इनाम प्राप्त किए, जागीरें हासिल कीं।

हीरा को अपने पति से मिल कर अपनी जिंदगी की हुई दुर्दशा–तेरे युद्ध में जाने के कारण हुई, यह बताना था। इसलिए ही वह अपनी बदनामी के कपड़े ओढ़ कर विपन्न अवस्था में जैसे-तैसे दिन काट रही थी।

डॉ. बेदी के 'लाजवंती' उपन्यास में विभाजन पश्चात् कुछ वर्षों बाद बाघा बॉर्डर के निकट साप्ताहिक हाट-बाज़ार लगने का वर्णन आया है। इस बाज़ार में दोनों देशों की भगायी हुई अभागन महिलाओं की अदला-बदली की जाती थी। यह बाज़ार खुल्लम-खुल्ला मानवता के लिए कलंक है। यहाँ व्यवहार के हिसाब-किताब किए जाते हैं। युवा महिला के बदले दोनों देशों से युवा महिलाओं की ही आपूर्ति हो। इसमें किसी बुढ़िया को घुसेड़ने की चालाकी नहीं चलेगी। मवेशी (पशु) बाज़ार में जिस तरह गाय-भैंसों को बेचते समय उसके दाँत और जबड़े की जाँच कर उम्र का अंदाजा लगाया जाता है ठीक इसी तरह दोनों देशों के पंच (दलाल) उस दुर्दैवी बाज़ार में महिलाओं को खड़ा कर उसके अंगों पर हाथ फेर कर वह स्त्री बूढ़ी है

या युवा का सही-सही अंदाजा लगा रहे थे। एक दिन सुंदरलाल को कोई कहता है, "बाज़ार में तेरी लाजो को लाया गया है।" लाजो को, भरी हुई सिसकियाँ पूछ रही थीं, "पाकिस्तान में विधर्मी पुरुष के यहाँ रह कर आने पर क्या मेरा पति मुझे वापिस लेगा? यह मेरा स्वागत कैसे करनेवाला है?"

सुंदरलाल को बाज़ार में काला मुसलमानी घूँघट निकाले, काजल से भरी आँखोंवाली लाजो दिखाई देती है। अनेक दुख तकलीफें सह कर कुछ युगों तक चल कर आए हुए देवता की तरह उसे सुंदरलाल का चेहरा दिखाई देता है। पराये कपड़े, उपेक्षित फालतू रंग उड़ जाता है लाजों की आँखों से बहनेवाले आँसुओं से वह व्यथित हो जाता है। पाकिस्तान की दूसरी गृहस्थी के बारे में, बीते दिनों के बारे में कुछ भी नहीं पूछता। वह भी मौन ही रहती है। वह केवल इतना ही पूछता है, "वो तुझे जादा मार-पीट तो नहीं करता था न?" तब वह 'गर्दन हिला कर' ऐसा कुछ न होने की गवाही देती है और वह बीते जीवन की ठनकती यादों की रजाई के नीचे इन दोनों का नया जीवन शुरू हो जाता है।

अण्णाभाऊ की हीरा भी गरीबी में कुढ़ते हुए लड़ाई खत्म होने की राह देख रही है। एक दिन उसके दुर्भाग्य का परदा नीचे आ जाता है। सुनहली किरणों जैसी उसे अपने पति की छाँव नज़र आती है। वह मन ही मन भयंकर डरी हुई है। अपने शरीर के घावों से भरे यौवन और गोद में बैठे हुए बच्चे को देख कर पति का बर्ताव कैसा होगा? इस भय से जम गई है। लेकिन उसे देखते ही हीरा का पति चुंबक की तरह खिंचा चला जाता है। पति के विश्वास से भरे गर्म आँसुओं से उसकी भुने पापड़-सी जली हुई दुनिया टूट जाती है। वह विश्वास से मिलने के पूर्व ही आराकान सेना अस्पताल से विनायक पवार का पत्र विश्वास को मिल जाता है। इस पत्र में विनायक पवार लिखता है, "मैंने भाभी के साथ पशुवत् बर्ताव किया, उसके शील को आग लगाई। मैं न जाने कैसे मानवता शून्य हो गया था।" अपने गुनाह की कबूली उसने इन शब्दों में की थी।

हीरा के गर्भ से दुर्घटनावश बढ़े हुए अंकुर को विश्वास शिंदे अपना ही मानता है। सुख की चार रातें बिता कर वह वापस युद्ध पर चला जाता है। प्रिय पाठकों, आगे का कथानक मूल उपन्यास से पढ़ कर देखिए। आज तक लड़ाई और फ़ौजी आदमी का जीवन, उसके बाल बच्चों की समस्याओं पर प्रकाश डालनेवाला लेखन बहुतायात मात्रा में भारतीय भाषाओं में लिखा गया है। लेकिन अण्णा के समकक्ष ऐसी मर्मस्पर्शी दिल दहलानेवाली कहानी मैंने कहीं पढ़ी हो इसकी मुझे याद नहीं है।

जीवन में कई विश्वासघातकी, दगाबाज, दुष्ट आदमी मिलते हैं। झूठा लिबास पहन कर अपने इर्दगिर्द दुश्मन रात-दिन घूमते रहते हैं। लेखक को अपनी जिंदगी में किसी भी साहित्य रचना न पढ़े हुए उलटे कलेजेवाले ह्रदय हीन, दगाबाज़ पात्र और अकल्पित अनुभव भी मिलते रहते हैं। इस कारण इंद्रियाँ भोथरी हो जाती हैं। सहज ह्रदय को छूनेवाले, दाहक अनुभव के दिन अब नहीं रहे। लेकिन जब मैं अण्णाभाऊ की 'हीरा' कहानी पढ़ रहा था तब किसी छोटे बालकवत् अनायास रो पड़ा था। अण्णा के शब्द-प्रभुत्व का अलौकिक अनुभव मुझे प्रस्तुत कहानी पढ़ते समय हुआ।

'हीरा' नामक कहानी एक फ़ौजी सैनिक की अभागन पत्नी की विदारक कथा है। स्त्रीत्व की अलौकिकता पर विचार प्रवृत्त करनेवाली 'हीरा' कहानी के लेखन की प्रेरणा के बारे में चर्चा करते समय मुझसे शकुंतलाबाई ने कहा, "ठीक ऐसी ही घटना हमारे अण्णा के मित्र के जीवन में घटित हुई थी।" अण्णाभाऊ मूल हीरा को पहचानते थे। उसके हिस्से आई मानसिक और शारीरिक पीड़ा और दुर्दशा को वे महसूस कर चुके थे। अण्णा जैसे सह्रदयी लेखक द्वारा उस बेचारी का सारा जीवन यथार्थ के खरोंच के साथ कागज़ पर उतर आया है।

अण्णाभाऊ के साहित्य में आर्थिक प्रवंचना के कारण त्रस्त स्त्रियों का जीवन है। उन्होंने आज से साठ साल पहले ही चित्रित की हुई 'बरबाद्या कंजारी' की प्रिय, सर्वांग सुंदर निल्ली और उसका बाप बरबाद्या हो अथवा 'माकडीचा माळ' की दुर्गा और उसका पिता व्यंकप्पा हो–इन घुमंतू परिवारों ने महाराष्ट्र के पठार की जटिल जाति-पंचायत व्यवस्था के खिलाफ अपने सामर्थ्य से आवाज बुलंद की थी। आज भी इस अन्यायी जूए से इन घुमंतुओं का छुटकारा नहीं हुआ। आज भी अनेक मामले कोर्ट में पड़े हुए हैं। इससे यह स्पष्ट होता है कि अण्णाभाऊ साठ-सत्तर सालों से भी पहले स्त्री-दुख और उसके भविष्य के प्रति कितनी गहराई से सोचते थे।

अण्णा के स्त्री चरित्रों के अंकन की परिधि अंतहीन और दायराविहीन है।

सुलगता आँचल

धर्म, जाति-पांति और पौरुष की दादागिरी के कंटकाकीर्ण और शोषण की चिकनाई से सना हुआ स्त्री-जगत् कई मोड़ों से यात्रा करता हुआ नजर आता है। इनमें 'माकड़ी के पठार' पर स्थित पाल में रहनेवाली दुर्गा से लेकर मुंबई की हाईक्लास सोसाइटी में भूख के लिए देह बेचनेवाली गरीब सोना तक और कपड़ा मिल के त्रासन विभाग में काम करनेवाली चंदन जैसी अनेक स्त्रियाँ हैं। तितली के पंखों से उड़नेवाली लेकिन उसी क्षण पेट में बबूल के काँटों का गुच्छा लेकर जीवन जीनेवाली बरबाद्या कंजार-भाट की, लोहे टीन के चद्दर से बनी झोंपड़ी में रहनेवाली, सबसे अलग-थलग निल्ली भी है। तो दूसरी ओर खदान-मजदूरों की अँधियारी बस्ती में अपने शराब के ठेले पर ईसा-मसीह की तसबीर के सामने मोमबत्ती जला कर शराब बेचनेवाली ईसाई मेरी भी है। तो तीसरी ओर कमसिन लड़के से रिश्ता बना कर (दूसरा विवाह कर) उसके नाम के मंगलसूत्र को जी-जान से चाहनेवाली मुसलमान फातिमा भी है। काले गुड़ से शराब बनाने के लिए लगाई गई भट्ठी की तरह उसने अपनी गृहस्थी की भी भट्ठी लगा ली है।

अण्णाभाऊ द्वारा प्रस्तुत स्त्री-चरित्रों का विश्व असीम है। उनकी ऐसी जीती-जागती मानसकन्याओं की संख्या अल्प न होकर बयालीस के आसपास है। इसमें उनके उपन्यासों और विशेषत: कहानियों में प्रस्तुत स्त्री-चरित्र निम्नानुसार हैं–

सोना–चित्रा

चित्रा–चित्रा

मालन–मास्तर (धुंध)

रोहिणी–फुलपाखरू (तितली)

तुळसा–चिखलातील कमळ (कीचड़ में कमल)

सीता–कीचड़ में कमल

आवडी–आवडी
मंगला–वारणेच्या खोऱ्यात (वारणा की उपत्यकाओं में)
मीनाक्षी–गुलाम
रम्मी–रम्मी
रंगू–अलगुज
रोजी–आघात
दुर्गा–माकड़ी का पठार
मेरी–वारणा का बाघ
सोना–वारणा का बाघ
निल्ली–बरबाद्या कंजारी
कोकिला–कोकिला (कोयल)
पिला–नज़र
सोना–सोनवाड़ी की सोना
बिलवरी–बिलवरी
फुला–निखारा (अंगारा)
आबी–आबी
मंजुळा–खुळंवाड़ी
मैना–मुंबई की लावणी
डोळे–गीता
अक्कू–चोरों की संगत
विठा – जिव्हाळा (आत्मीयता)
गोजा–तमाशा
नवता–तमाशा
मीरा–मीरा
येसू–फरारी
चंदा–चंदा
गुल–गुल
भूत–भूतों की संगत
लता–आग
फातिमा–काळू

इसके अलावा 'गंगू' (वेड वारं), 'पागल हवाएँ', 'आवडी की बहन– सारजाक्का' ऐसे कई दोयम दर्जे के स्त्री चरित्र भी हैं।

अण्णा की उपर्युक्त नायिकाओं में मैंने कहानी साहित्य में प्रस्तुत स्त्री-चरित्रों को भी समाहित किया है। क्योंकि केवल दस-बीस पृष्ठों की कहानी की परिधि में ही नहीं तो कभी-कभार महज दस-बारह पंक्तियों के छोटे से परिच्छेद में भी वे एकाध विचक्षण और अपूर्व स्त्री चरित्र पेश करते हैं। जिसमें उस स्त्री के जीवन का स्वतंत्र, परिपूर्ण जीवन पट खोल कर रखने की क्षमता होती है।

प्रस्तुत लेखकीय दुनिया के सभी नर अर्थात् पुरुष अन्यायी और अत्याचारी ही हैं, ऐसा कदापि नहीं है। इस तरह की इकतरफा अथवा आक्रामक भूमिका अण्णा कभी भी लेते हुए नज़र नहीं आते। अन्य पुरुष की कामवासना की कोई स्त्री यदि शिकार हुई है इस कारण वह हमेशा अपवित्र ही है या अछूत हुई है (भ्रष्ट हुई) की राक्षसी प्रवृत्ति से अण्णा के पात्र जीवनयापन नहीं करते। अपितु 'फरारी' का शिवा अपनी अत्याचारग्रस्त पत्नी को और उसको नए पति द्वारा हुए बच्चे को भी अपना लेता है। समाज द्वारा कभी जाति-धर्म के नाम पर, तो कभी खानदान की इज्जत के नाम पर अहंकार भरी, झूठी बनावटी प्रवृत्ति के कारण बहू-बेटियों पर अत्याचारों, अन्यायों से अण्णाभाऊ का मन बार-बार झुलस गया है।

अँधियारे में डूबे खेत में स्थित 'गुन्हालघर' (कोल्हू) अर्थात् गुड़ बनाने के कारखाने में पुतला नामक गरीब लड़की इंतजार करते हुए बैठी है। कड़ाह उतरने पर अँजुली भर ताजा गुड़ खाने के लिए मिलेगा, इस उम्मीद से वह बैठी हुई है। जब अँधियारे में वह गाँव की ओर लौटती है तो जंगल की राह पर उसका शील लूट लिया जाता है। महज गुड़ के एक टुकड़े के लिए उस बेचारी को कौमार्य भंग की कीमत अदा करनी पड़ती है, लेकिन जब इस अत्याचार की गंभीर बात गाँव के दत्ताजी पाटील के कानों पर पड़ती है तब वह पुतला पर बलात्कार करनेवाले गुंडे नेवरा नांगरे को पकड़ कर लाता है और गाँववालों के सम्मुख इन दोनों की शादी करा देता है। (गुन्हाल)

अपनी गरीबी में और मुसीबतों में भी अपने जीवनमूल्यों की ऊँचाई बढ़ानेवाले दुनिया से अलग-थलग पात्र अण्णा ने अपने साहित्य में निर्माण किए हैं।

एक ओर अपनी बूढ़ी, विकलांग बहन की लड़कियों को बाजार में बेचनेवाला 'चित्रा' उपन्यास का दुष्ट मामा है। तो दूसरी ओर उसी समय 'खुळंवाड़ी' कहानी में रास्ते पर मिली एक अनाथ लड़की को अपनी पेट की बच्ची जैसा पालन-पोषण करनेवाला पिलाजी नामक बाप भी यहाँ है। मंजुला जब सयानी होती है तब उस

अनाथ बेटी पर पिलाजी का ममत्व दूसरे छोर तक चला जाता है और मंजुला की इज्जत पर हाथ डालनेवाले इनामदार का दायाँ हाथ हँसिए से तोड़ डालता है। इस गुनाह के कारण पिलाजी को पुलिस हथकड़ियाँ पहना कर गिरफ्तार कर लेती है। ऐसी दशा में भी वह ग्रामवासियों को कहता है, "तुलसीद्वादशी के लगन मुहूरत पर बैण्डबाजे के साथ, धूमधाम से मंजुला की शादी कर देना।"

शरदबाबू स्वतंत्रता पूर्व काल में नौकरी के लिए म्याँमार के रंगून शहर में रहते थे। उनके किराए के घर की निचली मंजिल पर एक परिवार रहता था। परिवार का मुखिया कारखाने में मिस्तरी का काम करनेवाला एक विवाह योग्य कन्या का शराबी बाप था। पैसों के लोभ से अपनी प्यारी बिटिया का विवाह एक अति वृद्ध व्यक्ति से करने के लिए तैयार हो जाता है। तब भय से काँपती वह लड़की शरदबाबू के पास आती है और, "मुझे बचा लो..." चीखते हुए उनके पैरों पर लोटने लगती है। परंतु लड़की के बाप ने विधुर बुड्ढे से खूब पैसे ऐंठे हुए हैं। इसलिए वह एक भी शब्द सुनने को राजी नहीं है। इस स्थिति में शरदबाबू लड़की की भलाई के लिए हठ पकड़ लेते हैं।

तब वह शराबी बाप शरदबाबू को चुनौती देते हुए कहता है, "यदि तुम्हें मेरी बेटी के प्रति इतनी ही दया है तो फिर तुम स्वयं उससे विवाह क्यों नहीं कर लेते?" परिणामत: इस महान लेखक ने त्रस्त बेटी के प्राण बचाने हेतु स्वयं ही उससे शादी कर ली। दुर्भाग्य से प्लेग की बीमारी में वह मर जाती है। नाटकीयतापूर्ण रीति से अपने जीवन में मिली इस जीवनसाथी का चित्र शरदबाबू ने अपने साहित्य में अमर कर दिया है। यही है वह उनकी 'हिरण्यमयी'।

मराठी उपन्यास साहित्य का बढ़िया लेखाजोखा नरहर कुरूंदकर ने 'धार आणि काठ' (धारा और किनारा) नामक ग्रंथ में प्रस्तुत किया है। मराठी समीक्षा जगत् में नरहर कुरूंदकर विवेचक दृष्टिवाले आदर्श आलोचक के रूप में प्रख्यात हैं। उनका यह सुंदर ग्रंथ 1971 में प्रकाशित हुआ है। उन्होंने इस ग्रंथ में 'शरद साहित्य' शीर्षक से एक दीर्घ लेख, अध्यायनुमा समाहित किया है। शायद तब के (तत्कालीन) और भविष्यकालीन मराठी उपन्यासकारों की नज़रों में शरद साहित्य का शिखर ज्ञात हो, उनका उद्‌देश्य रहा हो।

कुरूंदकर अपने लेख में शरदचंद्र द्वारा लिखित स्तरीय स्त्री-चरित्रों के नियत बल स्थान बतलाते हैं। इसके अलावा शरद बाबू के प्रत्येक स्त्री-पात्र के जीवन में चल रही अतिशय वेदनाकारी यात्रा का रहस्य भी खोजने का प्रयास करते वे नज़र आते हैं।

अण्णाभाऊ के नाम का कुरूंदकर जैसे ज्येष्ठ-श्रेष्ठ आलोचक ने अपने ग्रंथ में उल्लेख तक नहीं किया है। जबकि अण्णाभाऊ का नाम कम्युनिस्ट आंदोलन, लाल बावटा पथक और संयुक्त महाराष्ट्र की लड़ाई के निमित्त से समूचे महाराष्ट्र में फैला था। दूसरे, उनके द्वारा लिखित 'फकिरा' उपन्यास को सर्वोत्तम साहित्य का पुरस्कार भी प्राप्त हुआ था। लेकिन फिर भी अण्णाभाऊ के नाम का उल्लेख न होने का क्या भला कारण हो सकता है?

अण्णाभाऊ द्वारा लिखित 'आबी' कहानी पढ़ते समय मुंशी प्रेमचंद की 'घासवाली' कहानी की मुलिया नायिका का स्मरण हो आता है। उत्तर दिशा की ओर के एक गाँव में घास की गठरियाँ ढोने वाली वह, हिरन की तरह बड़ी आँखोंवाली, गेहुँए रंग की अद्वितीय सौंदर्य की अप्सरा ने एक चमार के घर जन्म लिया था और उसके इस रूप पर फिदा हुए धनी उसके पैरों तले अपना कलेजा बिछाने को तैयार थे। एक दिन मुलिया जंगल में घास काटने जाती है। उसे देख कर चैनसिंह नामक जागीरदार अपने घोड़े से नीचे उतरता है। जो उस खेत का मालिक है। मुलिया के रूप से घायल चैनसिंह उसके सामने लाचार-बेबस होकर खड़ा रहता है। कहता है, "बस तेरी दया चाहता हूँ।" और उसके सामने झुक जाता है। तब मुलिया अपने हाथों का हंसिया ऊपर उठा कर प्रति प्रश्न करती है, "इसी तरह मेरा मर्द तुम्हारी पत्नी के सामने बेबस होकर प्रेम की भीख माँगने लगा तो, तुम क्या करोगे? उसकी गर्दन उड़ा दोगे न?" तुम्हें क्या लगता है, मैं चमार की बेटी हूँ, इसलिए मुझमें खून नहीं? थोड़े-से पैसे, धन का लालच देकर मुझ गरीब को शरीर के नीचे दबाने की भाषा करते हो? इस पर चैनसिंह व्याकुल होकर कहता है, "मैं तो तुम्हारे चरणों पर सिर रखने को तैयार हूँ।"

स्वाभिमानी मुलिया चैनसिंह को कहती है, "तुम्हारे जैसे बड़े-बड़े धनी लोगों के घरों में इज्जत की क्या दुर्गत है, यह मुझे अच्छी तरह से ज्ञात है। तुम्हारे महलों में पूजापाठ करनेवाले पुजारी-पण्डा, पानी भरनेवाले कहार-भिश्ती, घर काम करनेवाले गरीब नौकर और क्या काम करते हैं? तुम्हारे जैसे बड़ों की लुगाइयों से उनका क्या चक्कर चलता है–की भी मुझे पूरी जानकारी है। इधर तुम किसी चमार की बेटी के लिए लार टपकाते हो और उधर तुम्हारे बड़े घरों में हमारे पुरुष मौज करते हैं। कुल मिलाकर लेना-देना बराबर।" इसी घटना में मुलिया उस जागीरदार को धमका कर कहती है, "ध्यान रखो, मेरा मर्द केवल मुझ पर ही जी-जान से प्रेम करता है। दूसरी औरतों की ओर वह कभी आँख उठा कर भी नहीं देखेगा। ऐसा मैं सुंदर हूँ इसलिए नहीं, यदि मैं काली-कलूटी होती तब भी वह मुझ पर ऐसा ही और उतना ही प्रेम

करता। यदि कल किसी ने मेरी दोनों आँखें फोड़ डालीं और मैं अंधी हो गयी, तब भी वह मुझसे ऐसी ही मोहब्बत करेगा।"

मुलिया के इस ओजस्वी उत्तर से चैनसिंह का नशा काफूर हो जाता है और आगे चलकर वह अच्छा इन्सान बन जाता है–ऐसा प्रेमचंदजी ने अपनी कहानी में दिखाया है। अर्थात् चैनसिंह का हृदय परिवर्तन 'काव्यन्याय' (पोएटिक जस्टिस) ही माना जाएगा। क्योंकि वास्तव में ऐसा कुछ नहीं होता। लेकिन मुलिया का दमकता व्यक्तित्व जो प्रेमचंद ने प्रस्तुत किया है वह अद्‌भुत है। इसी तरह की स्वाभिमानी, ओजस्वी नायिकाएँ अण्णाभाऊ ने भी अपनी कहानियों द्वारा माँ-मराठी भाषा को अर्पित की हैं।

'बरबाद्या कंजारी' की निल्ली नामक, छरहरे बदन की लड़की यौवन में कदम रख रही है। वह दिखने में बिल्लोरी आईने की तरह बेदाग-रूपसी है। दल्लाराम नामक कंजारी के बेटे से अर्थात् सैदा जाति में ही उसका विवाह तय होता है। जातिगत रुढ़ि के अनुसार वधू के पिता को विवाह में दहेज देना पड़ता है। इस रुढ़ि के अनुसार उस समय की बड़ी धनराशि बरबाद्या गिनवा लेता है लेकिन निल्ली को मिला पति सैद्या बहुत ही दुबला-पतला, जले मुँहवाला और निठल्ला होता है।

वास्तव में निल्ली का विवाह धोखाधड़ी का ही एक प्रकार था। कारण सैद्या जिस बीमारी के कारण अंदर ही अंदर दुबला हो रहा था वह उस समय की सबसे भयंकर बीमारी राजयक्ष्मा (टी.बी.) है। परिणामत: बेदाग सौंदर्यवती निल्ली छह माह में ही रंडकी (विधवा) हो जाती है। अब आगे की जीवनयात्रा उसके लिए महाभयंकर है। क्योंकि जाति-रिवाज अनुसार पति के मर जाने पर उसी घर में सास-ससुर की सेवा करते हुए बहू को मरने तक वहीं दिन गुजारने पड़ते थे।

लेकिन निल्ली की जवानी उसे परेशान करने लगती है। भविष्य की चिंता की आग में वह जल चुकी है। अपनी भावनाओं पर अंगारे रख कर और कितने साल बिताने पड़ेंगे? इसी दरमियान सामने पाल में रहनेवाले हैद्‌र्या की नज़र उस पर पड़ती है। एक दिन घनी अँधेरी रात में निल्ली गायब हो जाती है। इस कारण निल्ली का बाप और ससुर में बड़ा झगड़ा शुरू हो जाता है।

तत्कालीन मुंबई के उपनगर माटुंगा में स्थित लेबर कैम्प के पास खड़ी अस्थायी झोंपड़ियों के सामने पूछताछ शुरू होती है। न्याय करने के लिए घुमंतू समाज के बड़े पंच इकट्ठा होते हैं। जातिगत नियमानुसार बेटी ससुराल में न रहने के गुनाह का अधिकारी बाप बरबाद्या को माना जाता है। इस गुनाह की सजा के रूप में बरबाद्या

का एक कान काटा जाता है। कोई चमकती-दमकती मछली नज़र को घायल कर चली जाए इसी लालित्य से अत्यल्प शब्दों में अण्णा निल्ली के दर्शन कराते हैं। इसके अलावा जातिगत पंचायतें और रूढ़ियों के अँधियारे काले डूह की ओर भी पाठकों का ध्यान सफलतापूर्वक आकर्षित करते हैं। बूढ़े ससुर की दयारूपी छत के नीचे तिलचट्टेवत् जीवन जीना निल्ली के लिए असंभव है। इसी कारण वह अपने बाप और जाति-व्यवस्था को चाबुक की फटकार लगाते हुए बगावत कर चली जाती है।

अण्णाभाऊ के लीक से हट कर लेकिन मजबूती से यथार्थ से जुड़ी कहानियों में एक ऐसा ही अंगार फुला नामक नायिका का है। फुला का बाप इकतारे पर भजन गाता है। भावनाशील है। वह अपनी बेटी का विवाह समय पर न कर पा सकने से विवश है। अपने इस दुख को भुलाने के लिए वह अपनी सायंकाल राम-नाम, भजन-संकीर्तन में बिताता है। उसकी बेटी फुला पर पाटील का बेटा गुंग्या बिल्ली जैसे ताक लगाए बैठा है। एक शाम अँधियारी राह में वह फुला से मिलता है, इज्जत लूटने का प्रयास करता है तब फुला उसकी गुंडागर्दी को हवा में उड़ा देती है।

फुला के बूढ़े बाप विठोबा पर अचानक आफत आ जाती है। पुलिस छापा मारती है। विठोबा के इकतारे से चार तोला गांजा पुलिस को मिलता है। जिस पांडुरंग के नाम के स्मरण में फुला का बाप मग्न था, उस भगवान ने विठोबा के साथ ऐसा नहीं करना चाहिए था। इस झूठे षड्यंत्र के सदमे से विठोबा अंतर्बाह्य टूट-बिखर जाता है। इस सदमे के कारण वह पंद्रह दिनों के भीतर इस दुनिया को छोड़ देता है।

अपने गरीब बाप को अकारण इस दुनिया से उठा लिए जाने के कारण उत्पन्न दुख से फुला अंगारे की तरह धधक उठती है। गुंग्या रात में अपने खेत में स्थित घर में सोया हुआ देख घर की सांकल बाहर से लगा लेती है और घर के पड़ोस में पड़े घास के गठ्ठर पर धधकते अंगारों से भरा मिट्टी का लोटा उड़ेल देती है। थोड़ी ही देर में अपने खेत-घर के साथ गुंग्या उन जंगली हवाओं में आग के चकराकर घेरे में जल कर खाक हो जाता है।

इसी तरह की कहानी 'सोनवडी की सोना' की है। अन्याय के खिलाफ जूझने की यह कहानी है। एक ओर अपने पति की जगमग करती हुई निष्ठा देख कर सोना चौधियां जाती है। दूसरी ओर उसी समय गाँव के चिंटू द्वारा की गयी प्रतारणा से सुलग उठती है। उसकी शराब की बोतल में चूहे मारने की दवा डालती है और कुल मिलाकर क्या सोना, क्या फुला जो भी कोई उनकी गरीबी का मजाक उड़ाएगा,

इज्जत लूटने का प्रयास करेगा तब ये वन कन्याएँ नागिन से भी भयावह रूप धारण कर लेती हैं।

'जिव्हाळा' (ममता) कहानी की सुंदर नायिका विठा है। लड़की के हाथ पीले करने की चिंता से व्याकुल उसका गरीब बाप है। ऐसी स्थिति में भी सामने से एक रिश्ता अपने आप चली आता है। हमें दहेज के रूप में तांबे का एक लाल पैसा भी नहीं चाहिए, आगंतुक मेहमान शुरू में ही कह डालते हैं। हाँ, हमारे बेटे की पत्नी का दो साल पहले ही देहांत हो चुका है और उससे हुआ तीन साल का बच्चा घर पर ही है। यह सुनकर विठा के पिता का रक्तचाप बढ़ जाता है। लेकिन साहसी विठा एक नयी सोच लेकर खड़ी होती है, "यदि सभी लड़कियों ने, उसे एक लड़का है–यह जान कर शादी के लिए मना किया तो उस बेचारे छोटे बच्चे को माँ कैसे भला मिलेगी? विठा के इस निर्णय से मेहमान ही नहीं तो उसके माँ-बाप भी अवाक् हो जाते हैं।

उधर मेरा बाप मेरे लिए माँ को लाने गया है, इस कल्पना से तीन साल का बाबू खुशी से पगला जाता है। मुझे आज माँ मिलनेवाली है, इस कल्पना में वह हवा में तैरते रहता है। जब बैलगाड़ी दरवाजे के सामने आकर रुक जाती है तब बाबू आई गं...ऐसी कारुणिक पुकार लगा कर दौड़ आता है। यह सुनते ही विठा बैलगाड़ी से कूद कर उस छोटे बाबू को सीने से लगा लेती है। शादी के बाद की पहली रात में पति के बदले अपनी सौतन के बच्चे को सीने से लगाने में अपने आपको खुशनसीब समझती है।

'जिव्हाळा' कहानी की तरह ही देवर के बेटे को अपना स्वयं का बेटा मान कर शरदबाबू की बिंदू उसे अपने हृदय की ऊष्मा प्रदान करती है। बच्चे के लिए आकुल-व्याकुल होती है। (बिंदूर छोले अर्थात् बिंदू का बच्चा) इन दोनों महिलाओं की मूस और कूस एक समान है। जो प्रभाव शरदचंद्र चटर्जी एक लघु उपन्यास से उत्पन्न करते हैं, ठीक ऐसी ही धवलता कुछ इने-गिने पृष्ठों में समाहित कहानियों में अण्णा के चरित्रों को प्राप्त हुई है।

विवाह योग्य उम्र की लड़कियों की समस्याओं से, उनके जले हुए भावविश्व से अण्णा कई बार व्यथित हुए हैं। इसी के साथ-साथ वे दहेज और रीति-रिवाजों के बोझ तले दबे वधू-पिता के संग भी व्याकुल हुए हैं।

अण्णाभाऊ की मानसकन्याएँ मेहनतकश, दलित समाज की अथवा ग्रामीण अंचल की बहू-बेटियाँ होती हैं। छोटी-छोटी अपेक्षाएँ और छोटे-से सपने देखनेवाली

इसी वर्ग की अण्णा द्वारा चित्रित आबी नामक स्त्री एक अतिशय गठीली और बागी नायिका है।

आबी के यौवन का सूर्योदय होते ही गाँव की आँखें खुली की खुली रह गयी थीं। अस्मानी नीले रंग का लुगड़ा (साड़ी), प्याज के पत्तों जैसी उसकी हरी कंचुकी, अनार-से रेशमी रंग के उसके कंकण, रूप को और अधिक बढ़ाते हैं। चमकीली, धवल दंत-पंक्तियाँ, मोहक शरीर, क्षीण कमर और चप्पल, उड़ती हुई नज़र ऐसी उसकी जन्मजात सौंदर्य निशानियाँ थीं। उसका उजियारा रंग, तीखी नाक, बड़ी आँखें, चमकीले दाँत यह सब देख कर सुप्रसिद्ध समाज सेवक और चित्रकार भाई माधवराव बागल को आबी का यह रूप एक आभिजात्य पोर्ट्रेट लगता है।[1]

बकाजी नामक एक जंगली युवक चूल्हे में (बांगड़ा) मछली जलने की तरह आबी के लिए तड़पता है, जलता है। उसे गलियारे में रोकता है, उसे छेड़ता है। अकारण यह पीड़ा बढ़े नहीं इसलिए आबी बड़े-बूढ़ों के पास उसकी शिकायत करती है। पंचायत लगती है, तब बक्या जोतिबा देवता की सीढ़ी पर चढ़ कर शपथपूर्वक कहता है, मैंने ऐसा कुछ नहीं किया। बक्या मूल रूप से हृदय विहीन युवक है—ऐसा गाँव में कहा जाता था। वह आबी को पाने के लिए पगला-सा जाता है। अपना खेत छोड़ कर दिन-दिन भर आबी के घर के इर्दगिर्द चक्कर काटता रहता है।

इसी दरमियान एक जगह आबी का रिश्ता तय होता है। रिश्ते के लिए गाँव में आए मेहमान ज्योतिबा के प्रांगण में आते हैं। तब दुष्ट और नीच बक्या उनके कानों में जहर उड़ेलता है और शपथपूर्वक कहता है, दो माह आबी किसी और से गर्भवती हुई थी।

हकनाक बदनाम हुई आबी बिना ब्याह की घर पर ही रहती है। वह लता की तरह मुरझा जाती है। उसका जीने का उत्साह ही खत्म हो जाता है। एक लाजवंती, कंटीली नागफनी में बदल जाती है। उसने अपने ब्याह की उम्मीद ही छोड़ दी है।

कुछ महीनों बाद वृक्ष को प्रस्फुटित नव-पल्लवत् आबी के जीवन में भी एक दिन नया रिश्ता आता है। होनेवाला पति अधिक उम्रवाला और दिखने में भी सड़ा-गला (जैसा-तैसा) होता है लेकिन लड़की की जात को बिना ब्याह के घर में रखना घरवालों के लिए बड़ी मुसीबत होती है। निकट के रिश्तेदार भी सलाह देते हैं, अब और अधिक गहराई में मत जाइए। घर बैठे आया रिश्ता मत छोड़िए और शादी हो जाती है।

शादी के बाद आबी जब ससुराल जाने के लिए निकलती है तब उसके आँसू नहीं थमते। जिसकी आशा उसने त्याग दी थी, वह जीवन उसे अब मिलनेवाला था।

इसलिए हरे-भरे खेत, गाँव और आसपास के लता-पेड़ों से बिदा लेते समय वह बहुत भाव-विव्हल होती है। उसकी ससुराल में जैसे-तैसे पहली रात बीतती है और दूसरे दिन ही पुलिस ससुराल को घेर लेती है। एक डाके में पति की सहभागिता होने के कारण पुलिस उसे गिरफ्तार कर लेती है।

इस धोखाघड़ी से आबी घायल पंछीवत बहुत तड़पती है, मैके लौट आती है, खूब रोती है। अपने माँ-बाप को दोषी ठहराते हुए आबी के सात्विक गुस्से से होंठ थरथराते हैं, "मुझे चोर के पल्ले बाँध दिया आपने।"

एक साल बाद आबी के जीवन को रेगिस्तान में परिवर्तित करनेवाला बक्या वन की राह मिल कर कहता है, "इस पखवाड़े में मेरी शादी है और मेरा आग्रह है, तुझे जरूर आना है।"

दूसरी ओर, आबी का पति जमानत पर रिहा होता है। तुरंत वह आबी के मैके आता है और अधिकारपूर्वक कहता है, "चल, अब!" अचानक आबी उसके मुँह पर बोल देती है, "मुझे चोर के घर नहीं जाना है। मैं चकमक (गारगोटी) नहीं हूँ, मैं तो हीरा हूँ।"

जेल की हवा खाकर आया हुआ उसका पति उसे अपने घर ले जाने के लिए अड़ जाता है। तब आबी चोर के साथ गृहस्थी करने को नकार देती है और उसी के सामने बड़े साहस के साथ अपनी ललाट का सिंदूर पोंछ डालती है। घायल पति उसे धमकाता है, "तू ऐसे कैसे नहीं आएगी। झोंटा पकड़ कर ले जाऊँगा।" ऐसा हठ करता है। मानिनी आबी घर से निकल जाती है। गाँव पिछवाड़े की जंगल-झाड़ियों में बाघिन की तरह रात-बेरात अकेली ही रहती है। कभी-कभार आधी रात को पिछवाड़े से घर आती है। माँ से लिपट कर खूब रोती है।

ससुराल में डट कर बैठा आबी का पति रात में उसका पीछा करते हुए जंगल जा पहुँचता है। अपनी पौरुषी ताकत के बल पर उसे पकड़ने का प्रयास करता है। आबी उसके हाथों से छिटक जाती है। एक पत्थर भिनभिनाते हुए आता है और उसके घुटने की कटोरी को तोड़ डालता है। दूसरा पत्थर उसकी पसलियों में धँस जाता है। आबी की इस पत्थरबाजी से पति घायल होकर जगह पर ही औंधा गिर जाता है, पूरी तरह से विकलांग हो जाता है।

आबी की जिंदगी को तहस-नहस करनेवाला जोतिबा की सीढ़ियों का वह पत्थर पाटानुमा (चौकी) ही है। जिस सीढ़ी पर खड़े रह कर बक्या भगवान को गवाह रख कर आबी की जिंदगी ध्वस्त कर देता है। रात में वही पत्थर आबी अपने सिर पर

लेती है और अँधेरे में बक्या के घर पहुँचती है और निशाना साधकर बक्या के सिर पर वह पत्थर पटकती है और पीछे मुड़ कर भी नहीं देखती।

गाँव में हल्ला मचता है कि भगवान की सीढ़ी बक्या के सिर पर घूमी। उसने ईश्वर को साक्षी रखकर झूठी गवाही दी। इसलिए ईश्वर गुस्सा हुआ और रात में उठ कर वह सीढ़ी का पत्थर बक्या के सिर पर जा गिरा।

उसके जीवन को तहस-नहस करनेवाली प्रवृत्ति को ही आबी ने समूल उखाड़ फेंका। ईश्वर द्वारा नकारा गया न्याय उसने अपने हाथों से प्राप्त किया। अन्याय की गर्त में सड़ रही भारतीय स्त्री को समय आने पर अपने न्याय्य अधिकारों के लिए बारंबार दुर्गा का रूप धारण करना ही पड़ता है कि गवाह अण्णाभाऊ का यह चरित्र आबी है।

स्त्री का तात्पर्य गिरी हुई, झुकी हुई, सहनशील, कोमल, आज्ञापालन करनेवाली कठपुतली नहीं है। समय आने पर वह ताराराणी, येसूबाई, सावित्री की उत्तराधिकारी हो जाती है। हम अपने पुरुष के लिए बहुत तकलीफें सहेंगी, उसके लिए अपने प्राण दे देंगी लेकिन वह भी अपनी अर्धांगिनी को सम्मान दें, ऐसा उन्हें भी लगता है। इसी कारण 'अहंकार' उपन्यास की नायिका अवंतिका अपने पति के बारे में कहती है, "यदि वह राम नहीं है तो मैं क्यों भला सीता का स्वांग रचूँ?" ऐसा ठनक के साथ बोलती है।[2] अण्णा की मानसकन्याएँ जितनी शूर एवं साहसी है, उतनी ही ममतामयी और दयालु भी है। 'नज़र' कहानी की पिला उत्तम नामक अपने हमाल मित्र की चिंता से बीमार हो जाती है और इस बीमारी में वह अपनी सुंदर आँखें गँवा देती है।

जिस तरह शरदचंद्र अपने निजी जीवन में समस्याग्रस्त अनेक बहू-बेटियों की मदद के लिए तैयार रहते थे। उसी तरह अण्णाभाऊ भी अपने निजी जीवन में कई महिलाओं की मदद के लिए तरसते रहते थे। परिवार द्वारा नकारे गए नव-परिणित दंपतियों को उन्होंने अपने चिरागनगर की छोटी झोंपड़ी में ममता की शीतल छाँव प्रदान की थी। वाटेगाँव की मिट्टी में और परिसर क्षेत्र की कई असामान्य स्त्रियों को उन्होंने देखा था। कलाकार की जिज्ञासा से उनके संदर्भ में जानकारी भी इकट्ठा की थी।

वाटेगाँव में सत्तर साल पहले सारजाबाई चव्हाण नामक एक बहादुर महिला थी। वे अपने नौ गज के लुगड़े को सँभालते हुए सहजता से छलांग लगाकर घोड़े पर सवार हो जाती थी। अपने खेत की ओर कभी-कभार बाजार जाते समय वे जोरों से घोड़ा दौड़ाती थी। दौड़ के कारण उनके घोड़े पसीने से लथपथ दिखाई देते थे। इसी तरह गावडे परिवार में 'पारू' नामक एक मर्दानी ढंग से

रहनेवाली सोज्ज्वल लेकिन साहसी स्त्री भी थी। जिन्हें गावडे की पारूबाई के नाम से लोग पहचानते थे।[3]

इस तरह अनेक बहादुर और निडर महिलाओं को अण्णा ने अपने गाँव के पंचकोसों में और वारणा की कछार में देखा था। इन बहादुर महिलाओं के मोरपंखी पल्लू का तांबई, सुनहला वर्क अण्णाभाऊ ने अपने कहानी जगत् में स्थायी रूप से अमर कर डाला है।

संदर्भ

1. 'दलितों के प्रतिनिधि साहित्यकार–अण्णाभाऊ'–माधवराव बागल, पृ. 5, 'सुगावा' अण्णाभाऊ विशेषांक–1977
2. 'अहंकार'–अण्णाभाऊ लिखित उपन्यास, पृ. 34
3. श्री नांगरे, प्राचार्य, एम.आर. पाटील, बाबा भाऊ आदि गाँववासियों से साक्षात्कार–नवंबर 2020

दुख डूह की जलपर्णी

1969 के 'मराठवाड़ा' दीपावली अंक में वरिष्ठ दलित कहानीकार बाबुराव बागुल द्वारा अण्णा का बड़प्पन बताते समय मन की एक बेचैनी भी प्रकट की, "अण्णाभाऊ की कविताओं पर तमाशा का जो प्रभाव था वही उनकी कहानियों में भी दिखाई देता है। दलितों को महान कहानीकार और उनकी कहानियाँ भी अनायास मिल गयी थीं। फिर भी अण्णाभाऊ की कहानियों में अछूतों की कहानियाँ अल्प मात्रा में मिलती हैं। उनके उपन्यास बड़े अनुपात में मराठा वर्ग और अमीर किसानों के वातावरण में घटित होते गए।" मुझे बाबुरावजी का यह कथन एक तरह से अण्णाभाऊ का किया गया गौरव का एक अंग ही लगता है।

पाठक यदि बारीकी से देखें तो अण्णाभाऊ ने मराठा किसानों पर अथवा जाति पर अपवादात्मक ही कहानियाँ लिखी हैं लेकिन उनकी बेधक दृष्टि अमीर और गरीब-मराठा परिवारों के पौरुषी अहंकार से त्रस्त, पुरुषों के साथ विकास के अवसर नाकारी गयी स्त्रियों पर अधिक है। अनेक बड़े घरों में, बाड़ों में, चूल्हे-चौके में काम करनेवाली अपनी गृहलक्ष्मी की चूड़ियों की मामूली खनक भी बाहर की बैठक में न आने पाए, ऐसा पुरुषों का सख्त नियम ही था। गरीबों की बहू-बेटियों को तो गुड़ के एक खांड (टुकड़े) के लिए गलियारे में अपनी इज्जत गँवाने की नौबत आ जाती थी।[1] दहेज, शादी-ब्याह का खर्च आदि व्याधियों से वधू-पिता पहले ही जर्जर हो चुका था। मराठा समाज की किसी लड़की को प्रेम करने के अपराध पर उसकी गर्दन पर कुल्हाड़ी का फाल चलता था। यही सजा उसका काम तमाम कर देती। अपनी प्यारी बिटिया की क्रूर हत्या सगे भाई या जन्मदाता पिता द्वारा ही प्राय: होती थी।

'इरेनं गाढव खाल्लं' में तुका मांग अपनी पढ़ी-लिखी पत्नी को पशु की तरह पीटता है। "अरे...रुक, गलती से उसकी जान चली जाएगी", कहते हुए उसका दोस्त डराता है तब गुर्राते हुए वह कहता है, "मरने दो उसे, मैंने भैंस खरीदी और

बीमारी से मर गयी, ऐसा मान लूँगा, कह लूँगा।" कुल मिलाकर चाहे मराठा समाज हो या दलित समाज, दोनों में साठ-सत्तर साल पहले बहू-बेटियों का जीवन बड़ा ही भयावह था।

अण्णा की कहानियों का परिवेश या पृष्ठभूमि गाँव-देहात की हो या जंगल-वन-अंचल की हो अथवा भीड़-भरी मुंबई की हो अथवा झोंपड़-पट्टी की हो, सभी जगह महिला के भाव-जगत् पर बरसाए गए कँटीले डण्डे सब ओर एक जैसे ही थे, ऐसा उन्हें दिखाई देता है।

'मीरा' कहानी का पात्र सखाराम ढेकणा मुंबई के मजदूर इलाके में ही रहता था। दूसरों की तुलना में उसके पास थोड़ा-बहुत पैसा और रूप दोनों ही थे। वह ढलती उम्रवाला एक मुंबईकर था। वह अपने हनुमंत नामक साले के लिए गरीब परंतु सुंदर मीरा की माँग रखता है।

लड़की का भला हो इसलिए उसका बाप थोड़ा-बहुत दहेज भी देता है। नए संसार के सपने सँजोये मीरा अपने मुंबई के घर ससुराल रहने आती है। तब उस पर एक के बाद एक आघात होते हैं। उसे धोखे से हनुमंत नामक लड़का पल्लू से बाँध दिया होता है। हनुमंत सखाराम का साला, जो एक नामर्द, तुतलाते बोलनेवाला, गंदा और बेकाम आदमी था। अभागन मीरा के गले में बाँधा पत्थर ही था। मजदूर बस्ती की वह आठ फीट की खोली, वहीं सट-सटकर रहनेवाले, आड़े-तिरछे सोनेवाले पंद्रह-सोलह लोग ऐसा वह दमघोंटू माहौल था।

सुबह तीन-साढ़े तीन बजे से ही मीरा चूल्हे-चौके के कोल्हू में जुट जाती। अन्य स्त्री-पुरुष उसके पति की ओर देखे ऐसा उसके पति के पास कुछ नहीं था। फिर भी वह अपने पिता के नाम और इज्जत की भय से सब कुछ सहती रहती है। छोटी-छोटी बातों पर सास और ननद मीरा की किसी चोर की तरह बेरहम पिटाई करती। हाँ, कभी-कभार ससुर जैसा लगनेवाला सखाराम उसका पक्ष लेता था। उसके रेगिस्तानी जीवन में यह बात सहानुभूति का छिड़काव-सी लगती।

मीरा की बदनसीबी के भोग जारी थे। एक रात अँधेरे में उसके शरीर पर खुरदरी-पुरुषी उँगलियों का स्पर्श होता है। वह चौंक कर जाग कर चिल्लाती है, "अभी के अभी दिया जलाओ...उसके बिस्तर में सखाराम घुस आया था। ऐसी शादी को रचाकर उसने मीरा के गले में पति का अड़गोड़ा बाँध दिया। विवाह के झूठे पिंजरे में सखाराम ने उसे फांस लिया था।" यह सारा खेल पूर्वनियोजित षड्यंत्र ही था, यह बात मीरा की समझ में आती है।

अब तो मीरा के इर्दगिर्द गरीब पिता, दुष्ट सास-ननद, निकम्मा पति–चारों ओर से घेरा पड़ गया था। उसकी दुनिया तहस-नहस हो चुकी थी। एक दोपहर

वह अपने शरीर पर केरोसिन उड़ेल कर अपने सुंदर शरीर को माचिस की तीली लगा देती है। बिना चूँ-चपट किए चुपचाप आँखें बंद कर आग में जल जाती है। हमेशा परिस्थितियों से चार हाथ करनेवाली अण्णा की नायिकाएँ, बाघ के नाक पर घूँसा जड़नेवाली बहादुर लड़कियाँ, लेकिन यहाँ पर परिस्थिति के आगे पूरी तरह से हतबल, विवश मीरा को जीने के लिए कुछ भी शेष नहीं बचा था। इसलिए इस आधुनिक मीरा को विषपान न कर आग में जल कर जीवन खत्म करना पड़ा।

ससुराल-मैके की खिंचातानी में झूलनेवाली 'चंदा'[2] का चरित्र बेटी का विवाह और उस बहाने पिता सहित समूचे घर-बार के भाग्य में आनेवाली बाधाओं–के दुष्ट काल का द्योतन कराता है। नक्षत्र समान सुंदर कन्या का विवाह बिना दहेज के नहीं होता है। किसी देवता पर जी लगाने जैसा पिता अपनी छोटी-सी लाड़ली बेटी पर जान छिड़कता है पर जब वह शादी की उम्र में आ जाती है तब उसे देखते ही दहेज की राशि की कल्पना से उसके हृदय पर दुख का पहाड़ टूट पड़ता है।

आज भी स्त्रियों के प्रश्न अनिर्णित ही हैं। पचास-साठ साल पहले तो बेटी को जन्म देना ही माँ-बाप का गुनाह माना जाता था। अपना छोड़ो, पर बेटी के पल्ले सुख के चार दिन आएँ इसलिए बेचारा बेटी का बाप उसकी शादी के लिए कुछ भी करने के लिए तैयार हो जाता है। इसी तरह का कुशापा नामक बांध-पीड़ित बाप मुझे वरसगाँव के जंगल में मिला था। एक देहात में सुबह नर्म धूप में गाँव के छोटे-से मंदिर के बरामदे में वह बैठा था। बबूल के काले तने-जैसी उसकी पीठ, उस पर नाखूनों के निशानों की नक्काशी थी। कुशापा ने अपनी बेटी के दहेज की रकम को जमा करने के लिए जिंदा बाघ से कुश्ती की थी। यह बात मुझे बतायी गयी थी। इस घटना को मैंने अपने 'झाडाझडती' उपन्यास में चित्रित किया है।

दहेज, शादी-ब्याह का खर्चा, लेन-देन और अपनी बेटी के भविष्य की चिंता से माँ-बाप को जीते जी आयी मौत की यातनाएँ कई भारतीय लेखकों की रचनाओं में अनेक बार प्रस्तुत हुई हैं। उपन्यास सम्राट मुंशी प्रेमचंद की 'निर्मला' को दहेज की समस्या के कारण जिंदगी की बड़ी कीमत चुकानी पड़ी थी। युवा बेटियों की ऐसी मूल समस्याओं से अण्णा काफी व्यथित हुए हैं।

"कलेजे को आँच लगते ही उसकी सुंदर आँखों से बरसात होने लगी। वह चंदा, जिसके पैरों तले रास्ता दौड़ता है, बवंडर-सी कणेगाँव अर्थात् अपने ससुराल जा रही थी।"

अण्णाभाऊ की 'चंदा' नामक कहानी में बारह साल पूर्व उसके ससुराल की राह पर घटित एक भयावह घटना–चंदा का बाप बालू मोहिते अपने बेटी की बारात लेकर कणेगाँव जा रहा था। कणेगाँव के अमीर पाण्डु पाटील के बेटे से चंदा का

ब्याह तय हुआ था। ब्याह के दस हजार रुपये की रकम उस जमाने में किसी भी पिता के लिए पहाड़वत् ही थी।

अपनी बेटी के भविष्य हेतु बालू मोहिते अपने घर-बार को दुख की खाई में धकेलता है। अपनी काली-माँ उर्फ खेत साहूकार के कब्जे में देकर दहेज की रकम जमा करता है। लेकिन उस गरीब किसान की मानो काल ही परीक्षा लेता है। तत्कालीन असुविधाएँ, वन-जंगल में पगडंडियों का डरावना रास्ता, उस सूनी-बंजर धरती पर चंदा की बारात पर अचानक मुसीबत का पहाड़ टूट पड़ता है। लुटेरे बड़ी क्रूरता से मार-पीट कर बारात को लूट लेते हैं। इसमें खून का पानी कर, जमा की गयी दहेज की राशि भी लूट ली जाती है।

दहेज की आमदनी न होगी तो वर-पिता पाण्डु किसी को एक शब्द भी बोलने नहीं देगा, शादी टूट जाएगी, दुनिया की रीत बड़ी भयावह थी। यदि बेटी के पैर टूट गए होते तो दवा-दारू से ठीक कर सकते हैं लेकिन टूटी हुई शादी को उस जमाने में भगवान के लिए भी पुन: जुड़ाना असंभव ही था। फलत: घटना के बाद वहीं रोना शुरू हो जाता है। परंतु रो कर भी अब क्या फायदा? बेटी के सिर पर जब तक अक्षत नहीं पड़ते तब तक मुँह बंद रखे। क्योंकि बंद मुट्ठी सवा लाख की। लगन हो जाने पर ही दहेज की रकम लूट ली गयी है, ऐसा कहना। अन्यथा बिना शादी के ही मण्डप से लौटना पड़ेगा। लड़की की जिंदगी रेगिस्तान हो जाएगी। ऐसी डरावनी सलाह मित्र, बालू को देते हैं।

ब्याह हो जाता है, लड़की के ससुर को मंडुए में ही संदेह होता है। मेहमान को क्यों साँप सूँघ गया है? वह चुप क्यों है? तब बेटी का बाप बताता है कि रास्ते में हमें लुटेरों ने लूट लिया और रोने लगता है। बेटी के ससुर के पैरों पर अपनी पगड़ी रख देता है और दहेज की रकम देने का वचन भी देता है। "मैं, वचन को कलंक नहीं लगने दूंगा। मैं जीव को नरक में नहीं जाने दूँगा। मुझे केवल समय दीजिए।"

अपने साथ बहुत बड़ा धोखा हुआ है, ऐसा सोच पाण्डु पाटील उग्र हो जाता है। फटकारते हुए कहता है, "जैसे आए थे, वैसे ही लड़की को वापिस ले जाओ, जब रकम दोगे, तभी उसे ससुराल भेजना। मैं बारह साल राह देखूँगा। बिना दहेज के मैं उसे घर की एक सीढ़ी भी चढ़ने नहीं दूँगा।"

लड़की के माथे पर बँधा मऊर मुकुट खुल गया। चंदा एक दिन भी ससुराल नहीं रही। रोते-रोते ही बाप बेटी को लेकर उसी कँटीली राह से लौट आया। पुन: दहेज

की राशि इकट्ठा करना एक साधारण स्थिति के किसान के लिए असंभव ही था। इस दरमियान कई साल बीत जाते हैं। लड़की की उम्र बढ़ती है। उम्र के साथ खूबसूरती भी शीशे की तरह चमक उठती है। लेकिन दहेज की दुष्ट रकम को दया नहीं आती, कलेजा नहीं पसीजता। ऐसे ही आठ-दस साल बीत जाते हैं। उधर ससुर पाण्डु के भी बुरे दिन शुरू हो जाते हैं। एक दिन गुणशील चंदा ससुराल और मैका दोनों पाटों को सँभालने की हिम्मत से स्वयं ससुराल जाने के लिए निकलती है। उसके साथ 'मुराळी' (संगी) के रूप में छोटा भाई उत्तम भी होता है।

उसी बंजर भूमि पर अकल्पित मुसीबतों की बेर-बबूल की कँटीली झाड़ियों में उसका आँचल पुन: फट जाता है। जैसे-तैसे जी बचा कर वह ससुराल पहुँचती है। ससुराल का माहौल पूरी तरह से बदल चुका होता है। अब तक स्वार्थी, अड़ियल के रूप में ज्ञात ससुर अपनी बहू को दरवाजे पर देख कर गद्गद हो जाता है। बोल पड़ता है, "मुझ दुबले के यहाँ गंगा आ गयी।" बहू का स्वागत करता है। ऐसी खूबसूरत, गुणवान, संस्कारी बहू को ससुराल से दूर रखने के लिए उपस्थित लोग ससुर को ताना देते हैं।

लेकिन समय बदल गया होता है। चिऊँटी से छूटा जीवन, बढ़ती आयु, पति हणमा का बुरा बर्ताव इन सारी बातों के कारण उसकी थाली में तकदीर ने क्या परोस दिया है! इस कँटीले मोड़ को और भयावह वास्तव को पाठकों को मूल रूप से ही पढ़ना चाहिए। बहुत बड़ी दहेज की माँग, दहेज की लालसा के कारण गृहस्थी के टूटते धागे, रिश्तों में खिंचाव, झूठा अहंकार, घर की लक्ष्मी के साथ कम-से-कम मानव जैसा भी बर्ताव न करना आदि के कारण कई गुत्थियाँ निर्माण हुई हैं।

ससुराल की दहलीज पर कदम रखने के कुछ देर बाद एक भयंकर घटना चंदा के कानों में पड़ती है। हनुमंत को कुछ लोगों ने पीट-पीटकर मार दिया था। कारण उसने किसी स्त्री का बलात्कार किया था। हनुमंत के कर्म की विपरीत सजा चंदा के हिस्से आती है। नारी जाति की इस समस्या से गाँव-गाँव में बिखरी गृहस्थी के ढेर दृष्टिगोचर होंगे। दहेज की रकम के लालच में पाण्डु अपनी चाँद-सी संस्कारी बहू को गँवा बैठता है और अपने पेट के बेटे हणमा को भी खो देता है। दुखों का यह बोझ ढोने में ही बेवजह जीवन की बर्बादी हो जाती है। निरंतर स्त्री-जाति की समस्याओं के अंगार सुलगाते हुए अण्णा द्वारा अपनी समर्थ कलम से दिए गए दाग अमिट हैं। अण्णा की कलम की जलन बड़ी चटकीली है।

अण्णा के कथा-सागर को अनुभूत करने के लिए पाठक शरदचंद्र के साथ-साथ प्रेमचंद की कथा-सरिता की परिक्रमा अवश्य करें। उनके द्वारा उठाए गए स्त्री प्रश्न

और अण्णा के स्त्री-जगत् के भाव-विश्व से फूटनेवाले झरने भी एक जैसे ही हैं–की प्रतीति पाठकों को अवश्य होगी।

अपने पर हुए अन्याय और अत्याचार मुखरित हों इसलिए संभवत: अपनी कैफियत सुनाने के लिए अण्णा को अपने जीवन में ये पीड़ित स्त्रियाँ मिलती गयीं। अण्णा ने स्त्री-जीवन के अनंत-विभिन्न रंग और रीतियाँ दर्शायी हैं। जिनमें आबी, फुला (निखारा), सोना जैसी उनकी जुझारू, ओजस्वी मानस कन्याएँ हैं। छोटी माता के कारण दृष्टिहीन हुई पिला जैसी अपनी लाड़ली बहन को सँभालना भाई-भाभी को बोझवत् लगता है (नज़र)। इनमें व्यवहारी, अविचारी और व्यभिचारी हौसा जैसी आगाऊ स्त्रियाँ भी हैं (लख्या बारपटा)। यहाँ शामा नामक किसी भिखारन को किसन नामक युवक गरीबी के घूरे से उठा कर मानव बस्ती में ले आता है। शामा का रूप खुलता है, अब कहीं जाकर सुख-चैन के चार दिन आते हैं। इतने में ही उसकी माँ गोपिका शामा के लिए एक अमीर के पीछे दौड़ती है। फलत: गुस्से से आग-बबूला किसन अमानवीय हो जाता है। किसी पशु जैसे क्रोध के दौर में अपने दाँतों से शामा का नाक कुतर देता है। उसको कुरूप बना देता है। किसन को जेल होती है लेकिन शामा किसन को अपने आँचल की छाँव देती है। एक तरह से मूर्तिकार अपनी बनायी हुई मूर्ति को तोड़ता है और पुन: उसके प्रेम में दीवाना होकर टूटी मूर्ति को जोड़ कर सजीव बनाने का प्रयास करता है (क्रौर्य)।

अण्णाभाऊ की इस दुनिया में भाषिक दंगों से उछले कोलाहल के डर से चूहे जैसी उछलनेवाली कांता और अवंता है। (आधुनिक अश्वत्थामा) रहने की सुविधा अपर्याप्त होने की गलती से दुर्घटनावश भाई से ही शरीर संबंध घटित हो जाने से तालाब में जीवन समाप्त करनेवाली सुभद्रा और लीला भी हैं (प्रायश्चित्त)।

अन्याय पीड़ित स्त्री-जाति को हर हालात में न्याय प्राप्त होना ही चाहिए ऐसी अण्णाभाऊ की खुली भूमिका थी। 'अबू' नामक कहानी में कालगाव के पाटील का लड़का एक गरीब परिवार की पुतला नामक लड़की पर बलात्कार करता है, जो पड़ोस के बेलंवाड़ी गाँव की बेटी है। उस गाँव के लोग बलात्कारी लड़के के पिता से मिलते हैं और चुपचाप पुतला से शादी कर लेने का आग्रह करते हैं। इस बात को अमीरी के कारण उद्दंड बाप साफ मना कर देता है। तब बेलंवडी के गाँववाले अपने गाँव में ब्याही गयी कालगाव की नौ लड़कियों को घर से बाहर निकाल कर मैके भेज देते हैं। बेलंवाड़ी के लोग कालगाव पर सामाजिक दबाव बनाते हैं और अंत में अन्यायी गाँव को न्याय्य भूमिका अपनानी पड़ती है।[3]

अण्णा की कहानी 'भूतो की संगत' की नायिका वास्तव में उन्हें 1941 के दरमियान मिलती है। यह भेंट वारणा नदी की उपत्यकाओं में अपने मेहमान के यहाँ अण्णा गए थे तब होती है।

इसी दरमियान उनके साथ घटित 'भूतों की संगत' का अनुभव होता है।

वारणा नदी के उस पार विशाल पन्हालगढ़ की दिखाई देनेवाली वह काली आकृति, वह लुभावनी चाँदनी, चाँदनी के प्रकाश में सातव गाँव के टीन से बने घर चमचमाते दिखाई दे रहे थे। उस अकेली-दुकेली राह पर याद आनेवाली भूतों की बातें, इसी में, जंगल में डरावनी आवाजों में चिल्लानेवाले उल्लू, भैंसे, डूह के पार अचानक सिर पर मँडराता अशुभ का संकेत देनेवाला टिटहरियों का झुंड।

ऐसी धुंधभरी वह अपरात्री, वे पीछे मुड़ कर देखते हैं, तब उन्हें एक पेड़ का तना पीछा कर रहा है–का अहसास होता है। इस कारण उस भयावह, बंजर स्थान पर डर कर वे दुबककर, घबराहट से जल्दी-जल्दी चल रहे थे, दौड़ रहे थे। पेड़ का वह तना भी उनके पीछे-पीछे उसी गति से उनका पीछा कर रहा था। पीछे लगी हुई वह काली आकृति जब निकट आती है तब ज्ञात होता है कि यह किसी पेड़ का तना न होकर कोई जीवित स्त्री है।

तब उस बंजर रास्ते से दौड़नेवाली, मुसीबत की मारी स्त्री शरीर को भी किसी का साथ चाहिए था। एक युवा सुंदर स्त्री की सामाजिक रीति-रिवाजों ने क्या दशा कर डाली–को अण्णाभाऊ के शब्दों में ही पढ़िए–

"चाँद के उजियारे में मुझे उसका मुँह साफ दिखाई देने लगा। वह लगभग सोलह-सत्रह वर्ष की, गोरे रंग की, मझोले कद की सुंदर स्त्री थी। वह पसीने से लथपथ थी। उसके नाक का लौंग और गर्दन पर पसीने की बूँदें दोनों एक जैसे चमक रहे थे। उसने अपने बायें हाथ से साड़ी की चुन्नर पकड़ रखी थी और दाएँ हाथ में पेट के पास एक गठरी पकड़ रखी थी। वह थक चुकी थी। लुहार की धौंकनी की तरह हाँफ रही थी। साँस-उसाँस से उसका सीना ऊपर-नीचे हो रहा था। खाई-कपारी से रोज दौड़नेवाले मुझ जैसे आदमी के साथ लगभग दो मील दौड़ी थी। हाँफने के कारण वह बोल नहीं पा रही थी। वह अपने सीने में इकट्ठी हवा एकदम छोड़ देती और मुझसे बोलने का प्रयास करती। सूखे होंठों पर बीच-बीच में जीभ घूमा कर उन्हें गीला करती थी।"

उस पठार (जंगल) का अनामिक भूत अपने कलेजे में भरा दुख का डूह खाली कर रहा था। विवाह से पहले वह बेचारी मनुष्य थी। सयानी हुई तो घर-बार को बोझ

हो गयी। उसके विवाह की चिंता से ग्रस्त पिताजी हमेशा कहते थे, "लड़की का अर्थ सड़ा-गला परचून, इसलिए उसे घर में रखना ठीक नहीं। लड़की जिस घर में ब्याही है, वहीं मरना चाहिए।" कुछ ही महीनों के भीतर उसका विवाह तय हुआ। वह ससुराल गई। उसके ससुराल आते ही पहले ही माह में छूत की बीमारी से बैल मर गया। दूसरे माह में भैंस मर गई। नई बहू सफेद पैरों वाली अपशकुनी है, यह पुष्ट होते गया। उससे विवाह के लिए जिस साहूकार से ऋण लिया था उसे तीसरे महीने तक लौटाना संभव नहीं हुआ। परिणामतः साहूकार का खेत पर कब्जा हो गया। कर्जा चुकाने के लिए पति को किसी दूसरे के यहाँ नौकरी करनी पड़ी। इस तरह बैल, भैंस, खेत, पति को घर से बाहर करनेवाली यह बहू अपशकुनी बनी। सास तो खुल्लम-खुल्ला चिल्लाने लगी, "मेरे घर में भूत घुस गया रे...भू...त..."

आगे चल कर उस बहू की दशा दुर्दशा में बदल गई। सास समझना-समझौते के लिए राजी नहीं। वह बेचारी खेत-खलिहान, नहर की ओर घुमंतू की तरह घूमने लगी। सिर के बाल अस्त-व्यस्त हो गए। गुत्थियाँ हो गईं। बालों को न तेल, न कंघी, न चोटी, ऐसे लावारिस बालों पर जूँएँ और लीखों ने कब्जा कर लिया। सिर की खुजली बढ़ गई। बालों को काटना जरूरी हो गया। उसे जैसे-तैसे कैंची मिलती है। अपने सुंदर बाल काटने से पहले एक बार पति से अनुमति ले लेनी चाहिए, ऐसा उसे लगता है। सास से छुप कर, चोरी से वह अपने पति से मिलती है, अपना सिर दिखाती है। अपनी कुछ माह पहले बनी, मुस्कुराती पत्नी की यह दशा देख जोर-जोर से पति रोने लगता है।

आत्महत्या कर हमेशा के लिए छुटकारा पाने के विचार उसके मन में उत्पन्न होते हैं, लेकिन इस पाप से समाज में बदनामी होगी इस भय से रोते-कुढ़ते दिन धकियाते रहती है। इलाज भी नहीं बचते। तो दूसरी ओर नौकरी करनेवाले पति से मिलना भी कठिन हो जाता है। वह पूर्णतया निराधार हो जाती है और आखिरकार मानव-जंगल में स्वयं भूत बन जाती है। मेरे ही तकदीर में ऐसा क्यों लिखा है? यह दुख और भोग क्यों आए हैं? कारण पिता से जानना चाहती है। इसलिए रात में अपने मैके की ओर निकल पड़ी थी और रास्ते में अण्णा मिलते हैं। अण्णा पूछते हैं, "मतलब तुम भूत नहीं हो?" तब वह अपने ललाट पर हाथ मार कर कहती है, “नहीं जी! मनुष्य को जब चारों ओर से सताया जाए, परेशान किया जाए, तो वह चिढ़ कर भूत हो जाता है।”

अण्णाभाऊ के कथा जगत् की यह एक मात्र नायिका है जिसका उन्होंने नामकरण नहीं किया। यह अनामिका है। ऐसे ही अनाम, बिना नाम की रख कर

उन्होंने कलात्मक औचित्य साधा है। वे उसे किसी जाति या धर्म की चौखट में नहीं रखना चाहते, कारण उसके भाग्य में आए ये भोग, गरीबी की गाँठें और झोली में पड़े बेर-बबूल के कँटीले पौधे जैसा विपरीत जीवन किसी भी जाति-धर्म की स्त्री के नसीब में आ सकता है।

करुणा से भरे इस क्षेत्र को अण्णा बड़े ही अपनत्व और कारुण्य से प्रस्तुत करते हैं। स्त्री-दुख के गहरे डूह तक वे पाठकों को ले जाते हैं। उस डूह पर लहरें उठती हैं लेकिन उनके पेट में वे पीड़ित, अभागी, कुछ-कुछ अड़ियल, शरारती रंगों की मछलियों का अंदाजा बाँधना बड़ा कठिन होता है। उनके दुख-दर्द विलक्षण हैं। ऐसे काले, गहरे डूह की गहराई नापना भी पाठकों की क्षमता से बाहर हो जाता है। इसलिए इसमें कितनी छलांगें मारें, कितना डूबें, कितने गोते खाएँ यह कहना, जानना मुश्किल है।

संदर्भ

1. अण्णाभाऊ के 'गुन्हाल'–कहानी संकलन की शीर्षक कहानी
2. 'फरारी'–अण्णाभाऊ साठे
3. अण्णाभाऊ साठे–'युगांतर', 27 जुलाई 1958

उपन्यास और जीवन की नायिकाएँ

'वारणेच्या खोऱ्यात' (वारणा की घाटी) में उपन्यास की नायिका 'मंगला', 'संघर्ष' की 'सुलभा' और 'आवडी', 'चित्रा' की 'चित्रा' या 'सोना' ये सभी नायिकाएँ पश्चिमी महाराष्ट्र के तथाकथित खानदानी, कुलीन मराठा परिवार से संबंधित हैं।

ये नायिकाएँ जागीरदारी वर्ग की खानदानी, कुलीन, यहाँ की भाषा में छियानवें मराठा कुलवाली*, अपने कुल पर गर्व करनेवाली, गाँव की पाटील की या इनामदारी प्राप्त, ऐशोआरामी, जमींदार परिवार की हैं। इनके सारे पुरुष-चरित्र अपने सामाजिक सम्मानजनक स्थान को लेकर बहुत जागरूक, सतर्क और अभिमानी हैं। विशेषत: अपने घर-परिवार की बहू-बेटियों के प्रति उनके हृदय में अपार ममत्व अवश्य है लेकिन खानदान की इज्जत और आबरू, अपनी जाति की श्रेष्ठता की परिकल्पना को लेकर चरम अभिमानी और अहंकारी भी हैं। इसलिए वे अपने नाम और तथाकथित इज्जत की प्रतिष्ठा पर कोई धब्बा न लगे इसलिए कड़ी निगरानी रखे हुए हैं।

यदि किसी ऐसे खानदानी परिवार की लड़की रीति-रिवाजों के खिलाफ जा रही हो तो वे किसी भी हद को पार करने में कोई संकोच नहीं करते। फिर वह चाहे अपनी संतान हो या अपना सहोदर हो, उनका कुल्हाड़ी या हँसिया जैसे हथियार से निर्दयतापूर्वक कत्ल करने के लिए भी वे उतारू हो जाते हैं। अपनी जाति की प्रतिष्ठा, कुल के अभिमान के रक्षणार्थ किया जानेवाला कत्ल या अघोर हिंसा उन्हें अपने जाति के प्रति अभिमान का ही एक अंग लगता है।

भागदौड़ भरे जीवन की यात्रा में अण्णाभाऊ जैसे लेखक की कई बार अपने उपन्यासों की नायिकाएँ और उपनायिकाओं से मुलाकात हुई है। 'चित्रा' उपन्यास

***96 कुलवाले मराठा**–महाराष्ट्र के मराठा समाज में जो उपजातियाँ हैं; उनमें से यह एक खुद को अधिक विशुद्ध मानते हैं।

के कथा-बीज के बारे में वे उपन्यास की प्रस्तावना में ही कहते हैं कि "मैंने तो केवल एक युवती के जीवन धागों को इकट्ठा कर उस युवती के जीवन की चुनिंदा घटनाओं को पिरो कर सूत्र-रूपी माला गूँथी है। बस, इतना ही मेरा योगदान है।" अण्णा के जीवन सफर में विविध रूपों में उन्हें कई स्त्रियाँ मिलती हैं। कइयों के जीवन के ताने-बाने, सुख-दुख के प्रसंग उनसे उन्हें ज्ञात भी होते हैं। सालों-साल इन यादों को मन रूपी शीशी में इत्रवत् यत्नपूर्वक सँजो कर रखते हैं। वे अपने मन में अंकुरित बीज को उचित समय पर पल्लवित-पुष्पित करते हैं और वह बेल बन कर कुंज का रूप धारण कर लेती है।

'वारणेच्या खोऱ्यात' उपन्यास की 'मंगला' का चरित्र भी अण्णा ने यथार्थ में स्थित एक विद्रोही-बागी लड़की के जीवन से लिया है। इस उपन्यास का आरंभिक लेखन 1948 में ही हो गया था। तात्पर्य यह कि स्वतंत्रता की भोर के केवल एक साल में ही उपन्यास का लेखन पूर्ण हो गया था। लेखन से पूर्व 1942 के सातारा की ओर के वे प्रखर, मोहित करनेवाले दिन स्वयं अण्णा ने अनुभूत किए थे। क्रांतिसिंह नाना पाटील और उनकी पत्री (समांतर सरकार) सरकार, सातारा की ओर उन दिनों आए हुए साने गुरुजी, अच्युतराव पटवर्धन, अरुणा आसफअली के दौरे से संपन्न यह धधकता काल उनकी दृष्टि के सामने ही था।

समांतर सरकार के लिए लिखे गए क्रांति गीतों की रचना ग.दि.माडगूळकर और शाहिर निकम ने की थी। वे दिन देशप्रेम और क्रांति के विचारों से भरे हुए थे। इतना ही नहीं अंग्रेज शासन के खिलाफ छिड़ी जंग को अण्णा ने न केवल अपनी आँखों देखा बल्कि स्वयं शामिल भी हुए हैं। मराठी के सुपरिचित उपन्यासकार ना.सी. फड़के ने अपने 'झंझावात' उपन्यास के क्रांतिकारी नायक का चरित्र जी.डी. लाड के जीवन से ही लिया है, इस बात को उन्होंने उपन्यास की प्रस्तावना में स्वीकारा है। 1942 के आंदोलन में शामिल होने की पूरी कहानी मैंने फड़के जी को सुनाई थी, ऐसा मुझे (विश्वास पाटील) स्वयं जी.डी.बापू ने कहा था।

आज 'झंझावात' और 'वारणेच्या खोऱ्यात' ये दोनों रचनाएँ हमें पुनः पढ़नी चाहिए। इसमें इनका दूसरा उपन्यास अधिक रसपूर्ण और ताजगीभरा लगेगा। किसी विषय से अधिक लेखक की आत्मा और विषय के साथ तादात्म्य अधिक महत्त्वपूर्ण होता है।

'मंगला' पके हुए गेहूँ के रंगवाली है। काफी रूपसी और झरने की तरह कलकल करती-सी है। उसके निखरे हुए रूप को देख कर पिता बड़े प्यार से कहते हैं, "यह तो मेरी बाघ है।" मंगला का विवाह राजाराम नामक खानदानी युवक से तय

है। लेकिन विवाह के दिन ही पांडु की पत्नी अर्थात् राजाराम की माँ का स्वर्गवास हो जाता है। रीति अनुसार मंगला का विवाह तीन साल के लिए रुक जाता है।

मंगला के पड़ोसी गाँव चिखलवाड़ी में नागोजी नामक जंगली युवक रहता है। यह युवक अंग्रेजों के खिलाफ अर्थात् विरोधी ही है। कुछ महीनों की जेल की हवा खाने के बाद उसके भीतर का स्वार्थी इन्सान जाग जाता है। अपनी जमीनें और साहूकारी बचाने के लिए वह अंग्रेजों से समझौता कर लेता है। अंग्रेजों से माफी माँग कर उनका एजेंट (दलाल) बन कर गाँव लौट आता है। सातारा जिले के क्षेत्र में धधकती क्रांति की आग को अंग्रेजों को येनकेन प्रकारेण ठण्डा करना ही था। अंग्रेज सरकार नागोजी की सहायता हेतु पंजाबी पुलिस की पलटन देती है। उसके गाँव में सेना का छोटा पड़ाव ही लग जाता है। सेना और पुलिस की सहायता से नागोजी क्रांतिकारियों को कुचलने का देश विघातक कार्य आरंभ कर देता है।

मंगला का ब्याह नागोजी से हो ऐसा हठ भाई हंबीर करता है लेकिन अन्याय के विरुद्ध सुलगनेवाला मंगला का मन नागोजी जैसे लंपट और अंग्रेजपरस्त इन्सान का प्रस्ताव स्वीकारने के लिए राजी नहीं है। इसी समय गाँव के जंगल में नदी की ओर हिंदूराव नामक युवा क्रांतिकारियों की टोली घूम रही थी। एक ओर अंग्रेजों की ठुड्डी पर घूँसा मारनेवाले और दूसरी ओर गरीब किसानों को ठगनेवाले साहूकारों के दस्तावेज जलानेवाले हिंदूराव की ओर मंगला का आकर्षित होना सहज-स्वाभाविक ही था।

मंगला का भाई नागोजी पारंपरिक अमीरी पर खुश है। पाँच घोड़े दौड़ते हुए थक जाएँ इतनी लंबी-चौड़ी खेती-बाड़ी, पगहा (पशुघर) में बँधे दो सौ पशु, आठ-दस नौकर, गाँव के बीचोबीच तराशे गए पत्थरों से बनाया गया चौपहला बाड़ा, ऐसा उसका सामंती जीवन और रिश्तेदारी। जो बीते शतक की गाँव-गाँव में स्थित जागीरदारी और जुल्म ढहानेवाले सामंतशाही का प्रतीक ही है। लेकिन ऐसे तकिए नीचे के साँपों को कुचलने के लिए हिंदूराव बड़ा ही तत्पर है।

मंगला के पिता कृष्णाजी को अपनी संतानें–हंबीर और मंगला–दोनों ही आँखों के तारे हैं। "संगीन के बल पर हमें राम-राज्य का निर्माण करना है...कोई किसी का मालिक नहीं है और न कोई किसी का नौकर रहेगा। इसी हेतु हमने बगावत की है।" ऐसी ध्येयवादी युवक हिंदूराव की भूमिका है। मंगला नदी-किनारे, खेत-खलिहानों में क्रांतिकारियों के लिए घर का भोजन बड़े ही साहस के साथ ले जाती है। मंगला हिंदूराव को चाहने लगती है। हिंदूराव अपने क्रांतिकारी मित्र के द्वारा रीति-रिवाज

के अनुसार विवाह का प्रस्ताव भेजता है। तब उसका भाई हंबीर कहता है, "बागी, चोर से मैं कदापि बहन का विवाह नहीं होने दूंगा। विवाह के प्रस्ताव का वह विरोध करता है।"

जब प्रत्यक्ष में क्रांतिकारी हिंदूराव और मंगला दोनों के सिर पर अक्षता डालने का अवसर आता है तब विवाह मंडप के इर्द-गिर्द लोडेड संगीनधारी सिपाहियों की कड़ी निगरानी होती है। यह शुभ विवाह क्रांतिकारी जी.डी.लाड और विजयाबाई का विवाह, जो बयालीस के दहकते दिनों में हुआ था। इन दोनों ने विवाह के समय अपने हाथ के पंजे चीर कर एक दूजे के ललाट पर खून का तिलक लगाया था। मैंने स्वयं विजयाबाई के हाथों बना भोजन दो-तीन बार किया है। मैं बड़ा सौभाग्यशाली हूँ।

अपनी बहन का विवाह एक बागी क्रांतिकारी से हो गया है की चुगली करने वह दौड़ते-दौड़ते नागोजी के बाड़े में जाता है। तब नागोजी चिढ़ कर कहता है, "आते समय तुमने अपनी बहन का सिंदूर क्यों नहीं पोंछा?" और नागोजी चुगली सुन कर पंजाबी सेना दल और गाँव-गुंडों की पूरी ताकत के साथ रात में ही मंगला के खेत में बने मकान को घेर लेता है। दुर्भाग्य से इस समय हिंदूराव के सहकारी किसी कार्यवश पड़ोस के गाँव जा चुके होते हैं। अकेला हिंदूराव ही घर पर उपस्थित है।

उस अँधियारी रात में अकेले किला बचाने की तरह हिंदूराव और मंगला रात भर लड़ते-प्रतिकार करते रहते हैं। ऐसी मंगला, जिसका हल्दी का रंग भी नहीं छूटा क्रांति का खूनी रंग खेलती है। ढहती दीवारों से उड़नेवाली मिट्टी की धूल मुँह-नाक में चली जाती है। तब हिंदूराव मंगला से अनुरोधपूर्ण आग्रह करता है, "उनके हाथों लग कर मरने से तो अच्छा है तुम ही मुझे गोली मार दो।" इस पर मंगला कहती है, "पीछे रह कर जनम भर कुढ़ते रहने से मैं भी तुम्हारे साथ मरूँगी।" ऐसी बलिदानवाली ओजपूर्ण भाषा अनायास मंगला की जबान पर आ जाती है।

आखिरकार सुबह होती है। दौड़ कर अंदर आनेवाले भाई हंबीर को मंगला और हिंदूराव के शव ही हाथ लगते हैं। अण्णाभाऊ का यह पहला प्रकाशित उपन्यास है लेकिन यहाँ पर नौसिखिए की एक भी निशानी दिखाई नहीं देती। अंग्रेज सरकार से संघर्ष और क्रांति की ज्वाला में उपन्यास भड़कीला होने की संभावना अधिक थी लेकिन अण्णा ने यह वास्तववादी रचना अपनी धारा प्रवाह शैली और वारणा किनारे की सुंदर मोहक भाषा में प्रस्तुत की है। जिसमें कलात्मकता के भी दर्शन होते हैं। वन-जंगल की मदहोश पार्श्वभूमि पर किसी, पश्चिमी सिनेमा-सी तीव्र गति से लगातार कहानी आगे बढ़ती है।

'वैजयंता' उपन्यास में वैजयंता तमाशा में काम करनेवाली युवा स्त्री-कलाकार की कहानी अण्णा ने प्रस्तुत की है। 1959 में उपन्यास प्रकाशित हुआ और केवल दो वर्षों के भीतर ही सिनेमा के रूप में, सुनहले पर्दे पर आ गया। 'वैजयंता' सिनेमा के दिग्दर्शक सुप्रसिद्ध मराठी अभिनेता गजानन जहागीरदार थे। नायिका की भूमिका तत्कालीन मराठी लोकप्रिय अभिनेत्री जयश्री गडकर ने अदा की। गीत रचना ग.दी. माडगूळकर की थी और गीतों को संगीत दिया वसंत पवार नामक अवालिया संगीतकार ने। इस सिनेमा में आशा भोसले द्वारा गायी गयी लावणी "तुम्हीं माझे बाजीराव" (तुम ही हो मेरे बाजीराव) बहुत लोकप्रिय हुई। कुल मिलाकर वैजयंता सिनेमा का काफी बोलबाला हुआ।

तमाशा कलाकार गजरा की बेटी वैजयंता है। जो सुभग-सुंदर, मोहक युवती है। जिसे पढ़-लिख कर बड़ा बनना था, माँ की तरह पैरों में घुँघरू नहीं बाँधने थे।

मजबूरन वैजयंता को कला के इस बाज़ार में आना पड़ा। बाबालाल जैसे अमीर ठेकेदार उसको शैया-संगिनी बनाने के लिए उतावले हैं। वैजयंता का कहना है, "मेरी कला में यदि कोई खामी हो, कसूर हो, तो जनता भले ही मुझे फाँसी पर लटकाये परंतु मैं पैसे के लिए किसी को अपने पास फटकने नहीं दूँगी।" यह ओजभरा कथन बताता है कि तत्व और सत्व के बल पर ही खड़ा होना जरूरी है।

आखिरकार बाबालाल उसे हासिल करने के लिए पागलवत् दीवाना हो जाता है। "मैं वैजयंता के कारण बरबाद हुआ" ऐसा भी कहता है। यह सुन वैजयंता उसे मुँह पर ही महा हलकट कह कर धिक्कारती है। "मैं गरीब माँ की बेटी हूँ, इसलिए हर रोज तुम्हारी शैया मुझे सजानी पड़ेगी, ऐसी तुम्हारी बुरी, दुस्साहसी इच्छा मुझे कभी भी स्वीकार्य नहीं है। ऐसी इच्छा के चलते ही तुम इन्सान से उठ कर जानवरों की जमात में शामिल हो चुके हो।" चाहे जिस राह से हो वैजयंता को हथियाने का निश्चय कर आया हुआ बाबालाल उसके गुस्सैल-अनोखे रूप को देख कर निढ़ाल हो जाता है और कहता है, "मैं जीने की रीत ही समझ नहीं पाया वैजयंता।" इन शब्दों में उसकी असफलता और पराजय ही झलकती है।

अण्णाभाऊ के 'वैजयंता' उपन्यास की नायिका तमाशा कला पर आधारित मराठी उपन्यास जगत् की प्रथम नायिका वैजयंता है। वह चित्ताकर्षक है और विद्रोही भी है। इस उपन्यास का फार्मूला (रसायन) काफी पठनीय है। लेकिन वैजयंता फहराते पल्लू पर आभिजात्यता की चाँदनी फैलनी चाहिए थी पर वह दिखाई नहीं देती। प्रस्तुत पुस्तक के लेखक को भी यही लगता है, कि ऐसा ही होना चाहिए

था। पारंपरिक, संगीत प्रधान मराठी तमाशा, तमाशा के प्राण-नृत्य और देहाती गँवार विनोद, तो अण्णा के रग-रग में बसे हुए थे।

इस पृष्ठभूमि पर "वैजयंतारूपी पान का बीड़ा गहरा रँगना चाहिए था, ऐसा मुझे लगता है। यह पान का बीड़ा न रँगने के कारणों को मराठी की कवयित्री आचार्य अत्रे की बेटी शिरीष पै ने सही पकड़ा है।" वैजयंता उपन्यास की रचना केवल ऊबड़-खाबड़ अथवा सावधानी से की हुई नहीं लगती। जबकि 'फकिरा' उपन्यास का कथानक और चरित्र-चित्रण मूल रूप से भव्य, विशाल और रोमहर्षक है। इसलिए 'वैजयंता' जैसे उपन्यास की रचना योजनाबद्ध और सायास तरीके से होनी चाहिए थी।[1] क्योंकि तमाशा जैसे विषय पर लिखते समय अण्णा की लेखनी बहुत ही सुंदर तरिके से नर्तन करती है। यह बात उन्होंने कई बार सच कर दिखाई है। तमाशा के मंच (बोर्ड) पर आयी पहली रूपवती स्त्री पट्ठे बापूराव की सहेली "पवला हिवरगावकरीन' है। अण्णा ने पवला नामक जो कहानी लिखी है, उसमें पवला एक गाँव में अनायास आ जाती है।...महज इतना ही संदर्भ यह कहानी अपने पाठकों को देती है। परंतु इस बहाने अण्णा नामक शब्दों के जादूगर कुछ पंक्तियों में ही ऐसा वर्णन करते हैं कि केतकी की गंध से संपूर्ण बगीचा मानो सजीव कर देते हों। पाठकों की उत्सुकता को न खींचते हुए उनके ही शब्दों में पढ़िए–

"जैसे बगीचे में पकी हुई पीली निंबोरी होती है, वैसी पट्ठे बापू को पवली शोभा देती है।" (जशी बागेत दिसे लिंबोळी पिवळी। तशी पट्ठे बापूला शोभे पवळी।) यह पंक्ति उस जमाने में कइयों की जबान पर चढ़ी हुई थी। उसकी जवानी की मेहराब किरकिर आवाज़ कर रही थी। वह जब हँसती तो चाँदनी खिल जाती। जब वह गुस्सा होती तो दावानल भभक उठता, जब वह गाने लगती, तो मरा हुआ भी जी उठता। उसकी देह का हर अंग रत्न की तरह जगमगा रहा था। उसने अनंत लोगों के हृदयों पर कब्जा कर लिया था।

पवला की गाड़ी देखते ही हलगी, कड़कड़ाहट के सुर में बज उठी। आकाश काँपने लगा और चोट खायी नागिन जैसे पिटारे से फन निकालकर खड़ी हो जाती है, ठीक वैसे ही उसने सर्र..s..s...से सामने का परदा हटा दिया।

'तमाशा' नामक एक छोटी कहानी में भी अण्णा कुछ और ही रंग भर देते हैं। इस कहानी में 'बापू' नामक लोककलाकार को तमाशा (रंगबाजी) का बहुत शौक था। अत: वह अपना तमाशा का फड़ निर्माण करे इसके लिए गाँव का पाटील उसकी प्रशंसा करते हुए कहता है, "अजी! हम तो पाटील, हमारे घर में दाना-पानी है,

तो तुम्हारे घर में गीत-गाना है, घर में गाने का धन है फिर भी तुम ऐसे आँखें मूँद कर क्यों बैठे हो?"

"आबा...ss...तुम्हारे दाने तो मसलकर खाए जा सकते हैं लेकिन मेरे गाने को पीसने के लिए मेरे पास चक्की नहीं है।"[2]

ऐसे अल्प शब्दों में ही अण्णा तमाशा के अर्थ नीति की सीधी नस ही पकड़ लेते हैं।

अण्णा द्वारा लिखित 'आग' उपन्यास 1962 में प्रकाशित हुआ। उच्च-मध्य वर्गीय रावसाहब की शीला और लता नामक दो लड़कियाँ थीं, जो विवाह के उम्र की हो गयी थीं। इस उपन्यास में अनंत के लिए खाना पकानेवाली एक गरीब मुक्ता नामक युवती का आगमन होता है। परिस्थिति के कारण मुक्ता मानसिक और शारीरिक दृष्टि से पीड़िता है। कोई छोटा-मोटा काम कर दो जून की रोटी मिले इतनी ही उसे अपेक्षा है। जीर्ण-शीर्ण पुराने कपड़ों में बड़ी हुई मुक्ता के हाथों में बिजली-सी चपलता है। महज तीन घण्टों में ही उस खूबसूरत, चपल, विनम्र और मेहनती लड़की ने अनंत के घर का रंग-रूप बदल दिया।

मुक्ता का चरित्र पढ़ते समय मुझे शरदबाबू के 'चरित्रहीन' उपन्यास का स्मरण हो आया। इस उपन्यास में सावित्री नामक छात्रावास में नौकरानी का काम करनेवाली नायिका है। जो मुक्ता जैसी ही सेवा, त्याग और समझदारी की मूरत है। जिस तरह मुक्ता अनंत से प्रेम करती है उसी तरह सावित्री भी सतीश नामक युवक से अतिशय प्रेम करती है। स्वयं के वनवास की परवाह किए बिना, प्रिय के लिए मोमबत्ती-सी पिघल रही है।

'आग' उपन्यास में अनंत और शीला एक-दूसरे से जी-जान से प्रेम करते हैं लेकिन यह प्रेम शब्दों में प्रकट नहीं होता, अव्यक्त ही रहता है।

प्रस्तुत उपन्यास में नायिका शीला से दोयम चरित्र मुक्ता का है जो अधिक प्रभावपूर्ण और उत्कट है। मुक्ता परित्यक्ता है, ऐसी दशा में वह दूसरों के यहाँ कपड़े धोना, बर्तन माँजना, खाना बना कर जीवनयापन करते रहती है।

गरीबी के दलदल में फँसी मुझ जैसी अभागन स्त्री की ओर कोई ऐसी आत्मीयता से देखेगा ऐसा विचार कभी मुक्ता ने नहीं किया था। इसलिए उसके मन में अनंत के लिए आत्मसमर्पण का भाव है। वह खुल्लमखुल्ला कृष्णा नदी को साक्षी मान कर अनंत से कहती है, "मैं तुम्हें छोड़ कर कभी भी, कहीं भी नहीं जाऊँगी। तुम शीला से विवाह कर लो।" वह दोनों की आजीवन सेवा करने को तैयार है।

सच में तो शादी-ब्याह के मामले में मुखिया-पुरुषों का वर्चस्व, नारी-मन की होनेवाली घुटन, बहन की गृहस्थी बनी रहे इसलिए दूसरी लड़की से मन के खिलाफ विवाह कर दी गयी कुर्बानी आदि खानदानी परिवार की नारियों की घुटन की मुक्ति के लिए छटपटाहट के कारण उपन्यास का पूर्वार्थ रोमहर्षक हुआ है।

परंतु 'आग' उपन्यास का नायक अनंत का चरित्र ठीक ढंग से प्रस्तुत नहीं हो पाया है। वह हारा हुआ लगता है। वह पेशे से लेखक है लेकिन क्या लिखता है? दिशा विहीन व्यक्ति की तरह क्यों भटक रहा है? उसके लिए जीवन का बलिदान देने को तैयार, हमेशा एकनिष्ठ मुक्ता उसे क्यों नहीं दिखाई देती? प्रेमभाव से ओत-प्रोत दो-दो युवतियाँ नदी-सी अनंत के इर्द-गिर्द क्यों चक्कर काट रही हैं? अनंत नामक ऐसा दुर्बल नायक तो नर्मदा के चिकने पत्थरवत् भाव-शून्य ही है। इसे तो रीढ़ की हड्डी ही नहीं है।

'आग' उपन्यास का पूर्वार्ध लयबद्ध, कोमल और रस-आपूरित है। लेकिन सागर यात्रा को निकले अच्छे जहाज का पत्थर से टकराने जैसी स्थिति है। ऐसा रीढ़-विहीन नायक अनंत का निर्माण हुआ है। अर्थात् लेखन-शिल्प में हलका-सा फोकस बदलते ही बड़े-बड़े शब्दों के बाजीगर भी चकरा जाते हैं। इसे हम साहित्यिक दुर्घटना कह सकते हैं।

मेरा (विश्वास पाटील द्वारा लिखित) 'चंद्रमुखी' उपन्यास कई पाठकों को पसंद आता है। वह तमाशा शौक से भरी दुनिया, मेरा सूक्ष्म निरीक्षण होने पर भी प्रत्यक्ष लिखते समय मैं चरित्रों को सुसंगठित करने के बजाय लावणी गीत और उनकी तर्ज के पीछे ही भटकते रहा। परिणामत: मेरे लेखन का फोकस ही बदल गया। वैसे आज भी यह उपन्यास काफी लोकप्रिय है लेकिन मैंने सर्जक के रूप में पर्याप्त ध्यान नहीं दिया, इस कारण 'चंद्रमुखी' ने मुझे हमेशा के लिए दुखी कर दिया है।

'चिखलातील कमळ' (कीचड़ में खिला कमल) उपन्यास अण्णा ने देवदासी प्रथा पर प्रहार करते हुए लिखा है। मुरली (देवदासी-ऐसी लड़की जो ईश्वर से विवाह करवा कर छोड़ दी जाती है), 'जागती' (खंडोबा के उपासक), 'वाघ्या' (खंडोबा को अर्पित लड़का) तथा देव-विवाह की प्रथा को लेकर अण्णाभाऊ के पास खासा जानकारी थी। वाघ्या-मुरळी के दुख-दर्द से वे परिचित थे। 'तुळसा' नामक एक सुंदर देवदासी मुरार पाटील से विवाह करती है। लड़की मुरली अर्थात् देवदासी होने पर भी पिता और भाइयों द्वारा अच्छा बर्ताव उससे किया जाता है। खानदानी पाटील घराने को आधार बना कर ही इस विषय पर अण्णा ने लिखा है। लेकिन दुर्भाग्य से

देवदासी और वाघ्या बनने की रीति का और मुरली-जोगतीण के करुणा पूर्ण जीवन का जो पूजा-घर में नंदादीप की तरह जल रही है–को प्रतिभावान लेखक ने विस्मृत कर दिया। परिणामत: एक आभिजात्य रचना उनके हाथों से फिसल गयी। कारण फोकस बदला और सब कुछ बदल गया। इससे लेखक का बड़ा नुकसान हुआ।

समाज के निम्नतम स्तर से, गाँव की ओर के वन-जंगल से और शहरी झोंपड़-पट्टियों से आयी स्त्रियाँ अण्णा के साहित्य की नायिकाएँ बनीं। उनकी ओर देखने का अण्णा का नज़रिया बेटी के बाप जैसा या अनुजवत् रहा है। उनकी यह भूमिका साहित्य में कई जगहों पर रेखांकित होती है।

महाराष्ट्र के बहुजन समाज के युवकों की तथा घिरी हुई स्त्रियों की दुनिया की मराठी साहित्य ने उपेक्षा ही की थी। अपवादात्मक रूप से म.भा.भोसले द्वारा लिखित 'उघड्या जगात' (खुली दुनिया) उपन्यास, जो सत्तर साल पहले लिखा गया है, आज भी पठनीय लगता है। इसके अलावा कुछ उल्लेखनीय प्रयास हुए हैं लेकिन सामंती और कुल-शील के अभिमान रूपी पत्थरों के नीचे बहुजन समाज की जिन अगणित कलियों का दम घुट रहा था उनकी साँस को खोलनेवाले अण्णा ही हैं, इसमें कोई शक नहीं।

कहानी-उपन्यास द्वारा अनगिनत स्त्रियों के दुख-दर्द को वाणी देनेवाले अण्णा, उनके न्यायोचित अधिकारों के लिए लड़नेवाले और उन पर होनेवाले अन्याय से पसीजनेवाले अण्णा! इस महान लेखक का निजी जीवन भी लोकोत्तर दो नारियों ने भर दिया है। अण्णा लेखक बनें, उनका चहुओर नाम हो, उनकी चिरंतन कीर्ति हो ऐसा उनकी पत्नी जयवंताबाई का मानना था। इसलिए जब भी उनका कोई नया उपन्यास प्रकाशित होनेवाला होता तब चिरागनगर के उस छोटे से झोंपड़े में दशहरा-दिवाली-सी खुशियों का ज्वार आ जाता।

किसी शाम अण्णा अपनी खोली की ओर हँसते-हँसते आते हुए दिखाई देते तो जयवंताबाई तुरंत जान जाती कि "आज घर में नई मानसकन्या का आगमन हो रहा है।" जब अण्णा अपने सीने से लगाए नए उपन्यास की ताजा कॉपी मुस्कुराते हुए उनके हाथों में देते और कहते, "जयवंताबाई अपनी बेटी को पूजा घर में भगवान के पास रखो।" इसके बाद वे नई पुस्तक की मन से पूजा भी करती। अण्णा भी इसमें शामिल होते।

जब अण्णा की 'चंदन' नामक आभिजात्य रचना प्रकाशित हुई तब चित्रकार दीनानाथ दलाल की तूलिका से उपन्यास का मुखपृष्ठ चित्रित किया गया था।

यह उपन्यास अण्णा ने अपनी लाड़ली बेटी शकुंतला को अर्पित किया है। मुझे शकुंतलाबाई द्वारा ही यह मुखपृष्ठ मिला है। इस पर 20/06/1962 तारीख के साथ अण्णा के हस्ताक्षर हैं। सौभाग्य से एक पाठक के रूप में विश्व के श्रेष्ठतम उपन्यास जो कुछ मैंने पढ़े हैं अथवा उपन्यासकार के रूप में मेरे हिस्से जो थोड़ी-बहुत कीर्ति हुई है, इस पुण्यकर्म के बल पर मैं स्पष्ट रूप से कहता हूँ कि "जिस काल में अण्णा की 'चंदन' तथा 'माकडीचा माळ' उपन्यास प्रकाशित हुए, उन उपन्यासों की ऊँचाई और योगदान को समझने की क्षमता मराठी समीक्षा के पास नहीं थी। वैसे दुनिया के साहित्य क्षेत्र के व्यवहार में ऐसी बातें कई बार घटित होती ही हैं।"

भारतीय साहित्य में दलित-अछूतों की समस्या पर आधारित पहले महत्त्वपूर्ण उपन्यास के रूप में मुल्कराज आनंद द्वारा लिखित 'द अनटचेबल' का उल्लेख किया जाता है। जब यह उपन्यास प्रकाशित हुआ, उसी दरमियान इंग्लैंड के उन्नीस प्रकाशकों ने इसे नकारा था, लेकिन जब 'पैसेज टू इंडिया' नामक विख्यात उपन्यासकार ई.एम.फास्टर ने उपन्यास का महत्त्व बतानेवाली प्रस्तावना लिखी तब उसका मूल्य अनेक लोगों की समझ में आया। वैसे तो जोसेफ कोंड्रेड का 'दि हार्ट ऑफ डार्कनेस' नामक उपन्यास उन्नीसवी सदी के अंत में प्रकाशित हुआ, जिसे आलोचकों को समझने में लगभग चालीस साल लगे और 1940 में लोगों को उसका महत्त्व ज्ञात हुआ। आज तो यह रचना एक किंवदंती बन गयी है।

कोंडाबाई और जयवंताबाई में अनायास ही एक समझ विकसित हुई थी। इन दोनों को बाहर के कई लोगों द्वारा एक-दूसरे के खिलाफ भड़काने का प्रयास किया गया लेकिन ये दोनों ही अण्णा के जीवन में अपना महत्त्व और उनके जीवन कार्य को समझ गई थीं। इस कारण दोनों में कभी सीधे तू-तू-मैं-मैं कभी भी नहीं हुई। परिणामत: अण्णाभाऊ के उपन्यासों की नायिकाओं पर विचार करते समय मुझे उनके जीवनरूपी उपन्यास को खंगालना आवश्यक लगता है। अण्णाभाऊ के समूचे जीवन को व्यापनेवाली इन दोनों जीवन-नायिकाओं पर विचार करना अवश्यंभावी है।

जयवंताबाई के बारे में थोड़ी-बहुत जानकारी अण्णाभाऊ के चहेताओं को है। इसके विपरीत कोंडाबाई के मैके के नाम को जानने का कुछ भी प्रयास अध्येताओं ने नहीं किया। कोंडाबाई अनपढ़ थी लेकिन ओजस्वी, दृढ़-निश्चयी थी। अत: मैंने अण्णा की इन सशक्त नायिकाओं की खोज करने का प्रयास किया है।

कोंडाबाई अण्णाभाऊ की पहली पत्नी है। स्वभाव से सहज, मधुर और सरल होने से वे अपने गाँव में काफी लोकप्रिय थीं। सब की चहेती थीं। नाक की सीध में

चलनेवाली थीं। अनावश्यक रूप से किसी में दखलंदाजी करना उनका स्वभाव नहीं था। "उस माई ने अपनी नाक की अनी तक आया पल्लू कभी हटने नहीं दिया।"[3] अण्णाभाऊ जैसा ही उनका रंग साँवला-काला पर तेजस्वी था। चम्पाकली-सी खड़ी नाक, बोलती बड़ी-बड़ी आँखें, इस कारण वे साँवली होने पर भी दस स्त्रियों में अलग-विशिष्ट दिखाई देती थीं।

जब भी अण्णाभाऊ गाँव आते तब घर पर कोंडाबाई के साथ अच्छी तरह से रम जाते। दरवाजे के पासवाले नीम के तले प्रतिदिन प्रेमपूर्वक अण्णा को नहलाना उनका चहेता कार्यक्रम था। गरम पानी का लोटा भर-भर कर अण्णाभाऊ के सिर पर उड़ेलती तब ऐसा लगता कोई माँ अपने छोटे बच्चे को नहला रही हो। माँ के ममत्व से वह अण्णा का काम करती। फिर ये दोनों जोड़े से इर्द-गिर्द के बाज़ार की ओर जाते। वे बड़े शौक से बैलगाड़ी करते अथवा उस जमाने की सर्विस मोटर से जाते। उनका यह जाना कभी शिराळा होता तो कभी इस्लामपुर या कऱ्हाड।"[4]

अण्णाभाऊ अपनी मानसकन्याओं का चित्रण पिता या भाई के ममत्व से करते। इसी अहसास से वे अपनी लेखकीय भूमिका का निर्वहन करते थे। कारण उनकी ममता महज साहित्य क्षेत्र तक सीमित नहीं थी। अपने प्रत्यक्ष जीवन में भी वे कई बहू-बेटियों के पीछे खड़े रहे हैं। उनके ही गाँव के एक पहलवान (कुश्तीगीर) किशन साठे सांगली के अखाड़े में वर्जिश करते थे। ऐसे में वे सांगलबाड़ी की रुक्मिणी नामक युवती से प्रेम कर बैठे। दोनों ने घर-परिवार के विरोध के बावजूद भी विवाह किया। जब किसन पहलवान रुक्मिणीबाई को लेकर अण्णा के मुंबई के चिरागनगर के घर आए तब अण्णाभाऊ ने ही इस प्रेमी युगल का पक्ष लिया, सहायता की।

आगे चल कर रुक्मिणी साठे अण्णाभाऊ के गाँव–वाटेगाँव–में रहने आयी तब उस उपकार को स्मरण कर अण्णाभाऊ की पत्नी कोंडाबाई की आजीवन देखभाल करती रही। हाल ही में जब मैं वाटेगाँव गया था तब उम्र के सत्तर साल पार करनेवाली रुक्मिणीबाई मुझसे मिली और उन्हीं के मुख से मुझे कोंडाबाई के संबंध में कई संस्मरण सुनने को मिले। अण्णाभाऊ को पहले शाहिर के रूप में और बाद में लेखक रूप में आय अति अल्प ही मिलती थी। उन्हें अपने पति की आर्थिक स्थिति का एहसास था। उनकी अपनी कोई खेतीबाड़ी नहीं थी। इसलिए वे दूसरों के खेतों में निराई-बुवाई जैसे काम दिहाड़ी पर करती थीं। वह बहुत ही स्वाभिमानी स्वभाव की थीं। साथ ही अत्यधिक शांत और संयमी भी थीं। घर में कितनी ही आर्थिक खींचतान क्यों न हो, वे हमेशा हँसमुख ही रहती थी।"[5]

गर्मियों के दिनों में मूँगफली तोड़कर उसके दाने अर्थात् बीज निकाले जाते हैं। इस काम के लिए दिन भर मेहनत कर उस माई को केवल चार आने ही (पच्चीस पैसे) मजदूरी के रूप में मिलते थे। कोंडाबाई को शहरी जीवन कतई पसंद नहीं था। इसलिए उनका मुंबई में मन नहीं लगता था। लेकिन अण्णाभाऊ ही कभी-कभार गाँव आ जाते। घर-खर्चे के लिए वे अपनी धर्मपत्नी कोंडाबाई को थोड़ी-सी रकम देते थे। आगे जब अण्णाभाऊ का नाम होने लगा, कीर्ति के चलते जब अण्णाभाऊ मुंबई से गाँव आते तो उनके इर्द-गिर्द लोगों का जमावड़ा इकट्ठा होता। फलत: कोंडाबाई के हिस्से में अण्णाभाऊ के गाँव आने पर भी समय मिलना ही मुश्किल हो जाता।

किसी लेखक या रचनाकार के जीवन से नियति-दैव भी अजीबोगरीब खेल खेलता है। अण्णाभाऊ ने अपने उपन्यास-कहानियों में स्त्रियों के हिस्से में आए अनेक अघटित एवं अपूर्व प्रसंग वर्णित किए हैं। कोंडाबाई तो उनकी जीवन नायिका थीं। लेकिन उनके हिस्से में आए वे आखिरी दिन अण्णा की किसी दर्दनाक कहानी अथवा उपन्यास के किसी अध्याय की तरह दुख की बाँसुरी बजाते आए थे।

अण्णा स्मृतिशेष हुए नौ साल बीत चुके थे। कोंडाबाई अपने वाटेगाँव के छोटे से एक पलिया घर में चूल्हे के निकट बैठी थीं। उनके साथ बूढ़ी माँ भी थी। बाहर तूफानी हवाएँ चल रही थीं। माँ-बेटी दोनों चूल्हे के पास थीं। अचानक बिजली की कड़कड़ाहट हुई। बादल फटने-जैसी कानफाड़ू आवाज गूँजी। एक विलक्षण कँपानेवाली थरथराहट और कुछ ही पलों में अचानक प्रकाश का बड़ा गोला घर की छत फाड़ कर नीचे गिरा, चिंगारियों की बारिश हुई, क्या हुआ है? यह जानने से पूर्व ही कोंडाबाई के शरीर पर आसमानी बिजली का रक्तिम रंग का गोला गिर पड़ा और अगले ही क्षण उनके प्राण हरण कर चकाचौंध भरी जगमगाहट के साथ आकाश में लुप्त हो गया। वृद्ध माँ गजराबाई के सामने ही बेटी कोंडाबाई के प्राणपखेरू उड़ गए। ग्रामपंचायत के रजिस्टर में दर्ज की गई यह तारीख थी 28 मई 1978।

लोग चीखते-चिल्लाते दौड़कर आए। कोंडाबाई का झुलसा हुआ शरीर चद्दर में लपेटा गया। डॉ.बने के अस्पताल की ओर लोग कोंडाबाई को लेकर दौड़े। इस भीड़ में आँखों देखी गवाह के रूप में रुक्मिणी किसन साठे भी थीं।[6] लेकिन अस्पताल पहुँचने से पहले ही सब कुछ समाप्त हो चुका था। एक निगर्वी-निरभिमानी तथा अजातशत्रु कोंडाबाई के आकस्मिक निधन से समूचा गाँव सदमे में आ गया। गाँव के सभी छोटे-बड़े लोगों को बड़ा अफसोस हुआ।

संक्षेप में कहा जाए तो अण्णाभाऊ के स्मृतिशेष होने पर कोंडाबाई के हिस्से में जो मौत आयी वह भी अण्णा के किसी उपन्यास में वर्णित जगमगाता, रोमांचक और दुखद अध्याय स्वयं विधाता ने ही लिख रखा था।

संदर्भ

1. 'अण्णाभाऊ के दो चित्ताकर्षक उपन्यास', शिरीष पै 'नवयुग', 15 नवंबर 1959
2. 'गुन्हाल', कहानी संकलन की कहानी 'तमाशा', पृ. 87-88, 1963
3. बाबाभाऊ पाटील से साक्षात्कार, वाटेगाँव, नवंबर, 2020
4. वही–बाबाभाऊ पाटील से साक्षात्कार, वाटेगाँव, नवंबर, 2020
5. एम.आर. पाटील से साक्षात्कार, वाटेगाँव, नवंबर, 2020
6. रुक्मिणी किसन साठे से साक्षात्कार, 13 दिसंबर 2020

बहू-बेटियों के आँसुओं से भीगा उत्तरीय

"अब रोने से क्या फायदा बेटा? बर्तन बदला जा सकता है, लेकिन पति को बदला नहीं जा सकता।" दुख से बौखलाया दीवानी आवडी का पिता उसे अपने गले से लगाते हुए समझाता है। इसी समय आवडी का उद्धत, बेशर्म भाई नागू यह कहते हुए अहसास करा देता है, "तेरे सुख से अधिक घराने की इज्जत बड़ी है, यह सोच कर ससुराल में सुख से रह।"

यही वह पंक्ति है जिसके द्वारा अण्णाभाऊ एक पंक्ति में ही हजारों गरीब नारियों का सुख, कैसे दुख में परिवर्तित हो जाता है, बता देते हैं। उधर, "चिता पर चढ़ने की तरह आवडी ससुराल चली जाती है।"

1961 में प्रथम संस्करण से प्रकाशित अपने उपन्यास 'आवडी' की प्रस्तावना में अण्णाभाऊ लिखते हैं, "यथार्थ और कल्पना का समन्वय कैसे साधा जाए? ...मेरे लोग मुझे (इस दुनिया में) कहीं न कहीं मिले हुए हैं। उनका जीना, उनका मरना, मुझे ज्ञात है। मैं तो केवल कल्पना द्वारा उनके सूत्र जोड़ता हूँ, बस इतना ही...।"

अण्णाभाऊ का 'आवडी' (प्रिय) उपन्यास देखते ही देखते कई स्त्रियों के दुख से भरा हुआ मिट्टी का बड़ा मटका ही लगता है। प्रस्तुत उपन्यास की केंद्रीय कल्पना हमारे वारणा घाटी में सचमुच घटित एक सत्य घटना है। प्रस्तावना में लेखक लिखते हैं, "जब आवडी की क्रूर हत्या के दो दिनों के भीतर पुलिसवालों ने उसका ताजा शव खोद कर बाहर निकाला था, तब उत्खनन के गवाह के रूप में स्वयं अण्णाभाऊ वहाँ स्थित जामुन के पेड़ों के झुरमुट के पास खड़े थे।" उसी स्थान पर आवडी का प्रेमी-पति धनाजी रोते हुए खड़ा था। इस संदर्भ में अण्णाभाऊ लिखते हैं, "भारी-भरकम शरीरवाला धनाजी बगल में साड़ी-चोली लिए रो रहा था। जब उसे आवडी की एक चेपली (चप्पल) मिली तो वह छोटे बच्चे जैसा बिलख-बिलख कर रोने लगा।"

स्वतंत्रता के पश्चात छत्रपति शाहू महाराज, महात्मा फुले और कर्मवीर भाऊराव पाटील की कृपा से महाराष्ट्र के बहुजन समाज में शिक्षा का बड़े पैमाने पर प्रचार-प्रसार हुआ। इससे नई अच्छी नौकरियाँ, शिक्षा संस्थान, शक्कर मिलें आदि उद्योग भी बहुजन समाज–विशेषकर–मराठा (पाटील) समाज के स्वामित्व में आए। तुलना में नई शिक्षा का घर की लड़कियों को विशेष लाभ नहीं होता था। इसके विपरीत लड़की छठी-सातवीं कक्षा में गयी, किशोरावस्था में आयी कि उसे शादी के बाज़ार में खपाने की ओर ही अधिक रुझान था। लेकिन ये लड़कियाँ पोषक, वन-जंगल की हवा और पानी से संपोषित बाघों की बेटियाँ थीं। हम भी भाईवत् बड़ी हो ऐसा उन्हें लगता था। लेकिन घर के बीचवाले (रसोईघर के और बैठक के मध्य का कमरा) हिस्से में रेंगनेवाले कदम बड़ी हिम्मत से अगले बैठक की ओर बढ़ाने का वह समय था।

अण्णा ने जिस अहसास से, सफाई से, पागल पिता के व्याकुल हृदय की गवाही रूप में 'आवडी' को प्रस्तुत किया है, वह अपने आप में बेजोड़ है। यहाँ उनकी शब्द प्रभुता दिखाई देती है।

उपन्यास की शुरुआत अण्णाभाऊ अगाथा ख्रिस्ती के किसी गूढ़ कथा की शैली में करते हैं। पुणे के निकट यरवदा की जेल में नागू चौगुले नामक कैदी बारह सालों से कारागार में है। आज उसकी सजा खत्म हो रही है। जेल की एक दराज में बारह साल पूर्व जमा किए गए लेकिन आज पीली काई जम चुके कपड़ों में पंजी (धोती), कमीज और उत्तरीय (पटका) थे। इन कपड़ों पर मिट्टी के दाग थे। कारण उस समय का वह सुप्रसिद्घ मल्ल था और जीती हुई कुश्तियों के कारण कपड़ों पर दाग लगे थे। जब वह जेल से बाहर निकलता है तब सामने के चबूतरे पर शिकार हेतु ताक लगाए बाघ-सा एक उग्र चेहरे का आदमी घात लगाए बैठा हुआ होता है। उसे देखते ही कैद से छूटा नागू डर जाता है। पल भर के लिए उसे ऐसा लगता है कि जेल में था, वहीं ठीक था।

इसके बाद शुरू होता है पुणे से पीछा करना। गाँव की ओर जानेवाली एस.टी. बस से पीछा करना। अगाथा ख्रिस्ती की शैली से शुरू हुई यह कहानी हिंदी के प्रेमचंद अथवा फणीश्वरनाथ रेणु की मानवीयता से ओतप्रोत तराई-सिवान से सच्चाई की मेंड़ से आगे बढ़ती जाती है। अपनी अनुज बहन की बेछूट हत्या करनेवाले उस नराधम के लिए अब समाज में कोई स्थान नहीं बचा है।

तांदुळवाड़ी में रहनेवाला, किसी जमाने में मशहूर मल्ल नागू चौगुले था। वह कुश्तीगीरी में प्रवीण था। मैदान में सफलता के प्राविण्य हेतु समय-समय पर प्रशंसा

में गाँव में उसके जुलूस भी निकाले गए थे। उसकी अनुजा बहन आवडी है। जो अठारह साल की है। नैन-नक्श से सुंदर, यौवन से पूर्ण, मानो लता ही हो। उसके चेहरे की हँसी कभी लुप्त नहीं होती थी। हँसमुख उसका चेहरा था। जब वह घर में हँसती तो पिता को लगता घर में किसी ने अँजुली भर रत्नों की बरसात कर दी हो। पिता का अपनी कन्या से गहरा प्रेम। उसे अपनी बेटी के लिए बढ़िया से बढ़िया दूल्हा ढूँढ़ना है। दूल्हे के व्यक्तित्व में तिल मात्र की कोई कसर न हो। अच्छे दूल्हे के लिए वह अकरी (चावल की बुवाई करने के लिए प्रयुक्त लकड़ी का औजार) से पैसा बोने के लिए भी राजी है।

प्रबल चरित्र, श्रेष्ठ कथानक, निर्दोष एवं जीवन के कौतूहल से भरी जीवन दृष्टि यदि हो तो उपन्यासकार रेशम के धागों को बल देने के लिए उद्यत होता है। सतर्क रहता है। आपको ज्ञात होगा ही कि अण्णाभाऊ नाट्य रचना के उपरान्त उपन्यास लेखन की ओर अग्रसर हुए थे। अत: 'आवडी' जैसे चहेते, प्रिय विषय की गठीली संरचना न हुई होती तो अचरज ही होता।

अपनी छोटी बहन अपने से अधिक गुणवान, सुंदर और सबकी आँखों का तारा है, सभी की चहेती है, इस बात को लेकर नागू चौगुले के खून में जहर सुप्तावस्था में ही छिपा था इसे उपन्यासकार आरंभ में ही अपने पाठकों को बतला देते हैं। इसी स्थान पर बोरगाँव में रामोशीबाड़े के धनाजी नामक युवा कुश्तीगीर से मुलाकात लेखक चतुराई से कराते हैं। धनाजी भरपूर ऊँचा-पूरा, गठीले बदन का और शेर की-सी चपलतावाला मल्ल था। "उसका बल भी जब्बर और खेलना भी झक्कास था।"

मेले के बहाने नागू के गाँव धनाजी आया हुआ है। शुरुआत में ही नागू से मिलने के लिए उसके घर आता है। यहीं पर आवडी को पहली बार देखता है परंतु घर आए धनाजी को नागू टालने का प्रयास करता है। वैसे तो नागूजी धनाजी से श्रेष्ठ श्रेणी का बड़ा पहलवान है। जब धनाजी को कुश्ती के मैदान में घुमाया जाता है तब बेवजह अपने से कम गुट में खेलनेवाले धनाजी से कुश्ती लड़ने की इच्छा व्यक्त करता है। जान-बूझ कर खुराफात करने तक ही वह रुकता नहीं बल्कि धीरे से धनाजी को अपनी पसलियाँ सँभालने की सलाह भी दे देता है। तब धनाजी जवाब देता है, मेरी पसलियाँ फौलाद की हैं।

कुश्ती रंगते जाती है, धनाजी के आक्रामक दाँवपेंच के आगे नागू जैसा बलवान पहलवान बौना सिद्ध होता है। माहिर लोग नागू का अपमान न हो इसलिए कुश्ती

अनिर्णीत अवस्था में ही छोड़ देते हैं और मैदान के सारे इनाम धनाजी लूट लेता है। अपनी नाक कट गयी यह मान नागू मन ही मन जलता रहता है।

परिवार में सबसे सुंदर, अच्छे स्वभाववाली आवडी के लिए वर की तलाश जल्दी में शुरू हो जाती है। बोरगाँव के भगवंतराव के लड़के का रिश्ता आता है। लड़का गोरा-चिट्टा, युवा और बेहद खूबसूरत होता है। उसके घर की अमीरी और आधे सगवार (शिवार) जमीन का मालिकाना हक आवडी के माता-पिता को लगता है, दूल्हे के रूप में राजकुमार ही मिल गया है। उन्हें बड़ी खुशी होती है। बड़े ही ठाठ-बाट से और अमीरी से विवाह संपन्न होता है।

आवडी खानदानी और अमीर ससुराल देख कर अभिभूत हो जाती है। इतने खूबसूरत पति से मिलने की कल्पना से ही उसके हृदय की धड़कन बढ़ जाती है। इस बात् को लेकर लेखक अण्णा लिखते हैं, "उसके शरीर में चींटी चलने-सी सरसराहट होती है।" लेकिन वास्तव में आवडी के साथ बड़ा भारी धोखा हुआ है। उसके पति उत्तम को बीच-बीच में मिरगी के दौरे आते थे। तिस पर भी एक और धक्कादायक बात यह थी कि इस दशा में वह गुस्से में जो भी चीज हाथ में आती थी, उसे जोर से दे मारता, फेंक देता या तोड़ देता। ऐसी अवस्था में एक बार उसने बैलगाड़ी का जूआ भी तोड़ डाला था। उसके ऐसे पागलपन के बारे में सास आवडी को सब कुछ बता देती है। सासू-माँ के मुँह से यह सब सुन आवडी के कलेजे के टुकड़े-टुकड़े हो जाते हैं।

सासू-माँ का अपने बेटे की बीमारी के बारे में यह सब कुछ कहना, उनके ही शब्दों में कहना हो तो, "अपनी बहू को लाज-शर्म छोड़ कर कहने जैसा है।" इसके बाद सास-बहू में खींचातानी शुरू होती है। सास ऐसी स्थिति में उसे सावधान रहने की बात कह कर आगाह करती है। यह सुन आवडी विलाप करते हुए कहती है, "मैं कितने दिन सावधान रहूँ? हर रोज डर की तलवार गर्दन पर रख कर तुम्हारे बेटे की शैया कैसे सजाऊँ? ऐसी खतरनाक स्थिति में तुम्हारे लड़के की वासना शांत करने के लिए क्या मैं पशु हूँ? आपने क्यों मुझे धोखा दिया?"

इस पर सास ने दिया जवाब आवडी के लिए बड़ा सदमा ही था। सास अपनी बात को जोर देकर कहती है, "किसी को धोखा देने का सवाल ही नहीं उठता। हमने तुम्हारे भाई को इस विवाह से पहले ही सारी बातें बता दी थीं।" अपने भाई के इस अमानवीय, घातक कट्यार के घाव से आवडी की नींद काफूर हो जाती है। तो दूसरी ओर अपनी बहू के गर्भ में पोते का बीज अंकुरित हो इस उम्मीद से सास कुढ़ रही है, जल रही है।

सुखी संसार नामक ब्याह-मंडप को ही आग लग गयी थी। आवडी का गुनाह तो भी क्या था? उलटे उसमें कोई कमी नहीं थी। सौ स्त्रियों में भी वह उभर कर दिखती थी। उसे ईश्वरीय सौंदर्य का वरदान मिला था। मैके में गरीबी की हवा का एक झोंका भी नहीं था। अपने जमाई के लिए अकरी से पैसा बोने का शौक पिता को था। इतनी सारी बातें आवडी के अनुकूल थीं। लेकिन उसके भाग्य में दुख ही लिखा होने के कारण वह बाहर-भीतर से काँप उठती है। आवडी का बेचारा बाप और माँ दोनों ही मजबूर हैं।

पिशाच दशा में उन मिरगी के फेन में शृंगार घटित हो और अपनी वंश बेल बढ़े–ऐसी सास की दुर्दम्य इच्छा है। अपनी इस इच्छापूर्ति के लिए कोई भी खतरा मोल लेने के लिए वह तैयार है। सास को आवडी जैसी गुणवान बहू के भविष्य की कदापि चिंता नहीं है। सौभाग्य वश जिससे ब्याह हुआ है वह उत्तमराव बीमारी से पीड़ित होने के बावजूद भी, विचार करनेवाला है। उत्तमराव खिन्न दशा में पत्नी आवडी को समझाते हुए कहता है, "तुम माँ (आई) का मत सुनो। मेरी इच्छा है, मेरे हाथों तुम न मरो।" इसलिए वह उसके संग सहवास टालता है।

एक ओर अपने द्वारा दूसरों की बेटी व्यर्थ ही न मारी जाए इस भय से व्याकुल, बीमार फिर भी बड़े दिलवाला पति। दूसरी ओर जान-बूझकर अपनी बहन को मौत के मुँह में धकेलनेवाला सगा भाई। एक ही माँ के पेट से जन्मे हुए को भी ऐसे जालिम मत्सर की बाधा हो? आवडी को अपने सद्गुण की इतनी भयावह सजा मिले? बहन को अपने रहते घर से निष्कासित करने की ईर्ष्या तो छिपा हुआ मत्सर ही है। जो घर के आँगन में, युद्ध भूमि पर या असेंबली के प्रांगण में बोए हुए भू-सुरंग (जमीन के नीचे खोद कर बनायी हुई नाली, जिसमें बारूद बिछा कर विस्फोट किया जाता है) की तरह होती है। भू-सुरंग बोनेवाला हमेशा ही साफ, अनजान होने का बढ़िया नाटक करता है। आवडी को अपना दुख और घुटन का ज्ञान है।

मानव स्वभाव के ताने-बाने प्रस्तुत करते समय जैसे तैरने में माहिर गहरे कुएँ में उतरता है वैसे ही अण्णा के भीतर का कलाकार दूसरे लेखकों की तुलना में और अधिक चार सीढ़ियाँ नीचे उतरता है। उनके द्वारा चित्रित नारी-विश्व पर अन्याय करनेवाले अमीर, ताकतवर पुरुष काफी सड़े-गले मनवाले संकीर्ण और दुष्ट मनोवृत्ति के हैं। तो उसी समय दुर्बल, पंगु, हतबल और व्याधिग्रस्त पुरुष काफी उदार और भलमनसाहत प्रवृत्ति के हैं। यह बात आवडी के प्रियकर धनाजी के साथ-साथ अण्णा के कई उपन्यास कहानियों में प्रस्तुत हुई है। जब 'चित्रा' उपन्यास का

दुष्ट मामा अपनी गरीब बहन की खूबसूरत बेटी को एक रोगजर्जर के गले में बांध देता है तब वह दुर्बल जर्जर रोगी तिलमिलाकर कहता है, "इतनी सुंदर पत्नी मुझ गरीब को क्या करना है?"

रोज अपने बाड़े के ऊपरी मंजिल के शयन कक्ष में आवडी जाती है। लेकिन उसके मन की घुटन, छटपटाहट, दूसरे कमरे में रात बितानेवाला उसका पति और आवडी के हिस्से में आया हुआ रोज का रोना, कुढ़ते हुए रातें बिताना, ये चिता पर जलनेवत् रातें हैं। संयोगवश पहले मिला हुआ धनाजी नामक उम्दा पहलवान इसी गाँव का है, इस बात का उसे पता चलता है। कासार (चूड़ीवाला) गली में धनाजी अचानक मिलता है। वह आवडी से हँस कर पूछता है–

"कैसी हो?, सब ठीक है न?"

"ऊँ हूँ....न....ही!"

"क्यों? क्या हुआ?"

"मेरे साथ दगा हुआ।"

"किसने किया?"

"कसाई ने। अर्थात मेरे सगे भाई नागू ने।"

आगे चलकर धनाजी काम के सिलसिले में खेत की ओर मिलता है। कई बार मौका मिल कर भी उसने कभी इसका भेड़िए जैसा लाभ नहीं उठाया। इससे आवडी और धनाजी की ओर आकृष्ट होती है, धनाजी की अच्छाई उसे भाने लगती है। आवडी के मन की घुटन, अनिश्चितता और अँधेरे की खाई में डूबा उसका भविष्य, अपने ही लोगों द्वारा किया गया विश्वासघात। ये सारी बातें उसे और असहाय करती हैं।

'रांगड़ा' (मर्दानगी संपन्न) धनाजी की दयार्द्रता, स्नेह आवडी को लुभाता है। वह उस पर मोहित होती है। "पुरुष हो तो ऐसा, धैर्य भी ऐसा ही हो, स्पर्श भी ऐसा ही हो। पतवार जिस ओर ले जाती है वैसी ही वह धनाजी के साथ चली जाती है।" धनाजी जाति से रामोशी (गुनहगार, पिछड़ी मानी जानेवाली जाति का) निडर, मजबूत और निर्भीक। गाँव के उच्च वर्णीय चौगुले और पाटील जो अपने आप को रामोशी से ऊँची जातिवाले मानते हैं।

एक दिन सुबह-सुबह आवडी सबके सामने रामोशी के बाड़े में चली जाती है तो उधर गाँव में बम-विस्फोट जैसी निर्मित होती है। लोगबाग दबी आवाज में कहते हैं, "आवडी रामोशी के घर में घुस गयी।"

फिर क्या! गाँव की दो बिरादरियों में, दो जातियों में खुला संघर्ष जारी हो जाता है। बहू भाग गयी, आबरू लुट गयी, कहते हुए सास दरवाजे से टकराती है। दोनों समूहों के हाथों में हथियार आ जाते हैं। संगीनों में बारूद भरा जाता है। पाटील पत्नी (पाटलीण) रामोशी के घर में चली गयी यह उन्हें अपनी जाति पर कलंक लगता है, तो उधर रामोशी कुनबे को जांबाज और बहादुर होने का गर्व उत्पन्न होता है। कुछ लोग बोल पड़ते हैं, "क्या भगवंतराव को यह बात पता नहीं थी? उसने अपना खोटा सिक्का चलाया और सुंदर बहू को घर ले आया। पति का पागलपन देख कर पत्नी भाग गयी।" वाद-विवाद बढ़ता है और पंचायत बुलायी जाती है।

निडर धनाजी मूल झगड़े की बात को लेकर गाँववालों के सामने जी तोड़कर कहता है, "जो स्त्री दौलत के ढेर को ठोकर मार कर मुझ जैसे गरीब के घर चली आयी है वह मेरे लिए देवता है। आप सौ-दो सौ लोग इकट्ठा होकर मुझ पर हमला करने आए तो भी चलेगा, मुझे गोली मार दे तो भी मैं कुछ नहीं बोलूँगा। मैं उसकी गर्दन पर अपनी गर्दन रख कर मरने के लिए तैयार हूँ।"

अण्णा ने अपने लेखन में जात-पांत से परे जाकर बड़े दूर का विचार हमेशा किया है। तत्कालीन समाज (अर्थात् 1967-68 में भी) ऊँच-नीचता की कल्पनाएँ इतनी विचित्र थीं कि आवडी जैसी उच्च बहुजन समाज की स्त्री अपने से निम्न जाति के मनुष्य का हाथ पकड़े यह बात समाज स्वीकारने को तैयार नहीं था। भले ही उस पर अन्याय हुआ है, यह स्वीकारते हुए भी उसका यह बर्ताव किसी को पसंद नहीं आया। यह बात किसी को नहीं भायी। प्रस्तुत उपन्यास पर "टिळा लावते मी रक्ताचा" (तिलक करती हूँ मैं खून का) नाम से मराठी में सिनेमा आया तब भी जात-पांत का विचार करनेवाले लोगों को सिनेमा के पर्दे पर जयश्री गड़कर जिसने आवडी की भूमिका निभायी थी–का रामोशी के घर चले जाना उचित नहीं लगा।"[1]

दिन जाते हैं, माह भी बीत जाते हैं, समय के चलते संघर्ष की धूल भी नीचे बैठ जाती है। आवडी एक बच्चे को जन्म देती है। अपने जीवन को नर्क बनानेवाले, मटियामेट करनेवाले अपने सगे भाई की विपरीत बुद्धि से आवडी परिचित थी। लेकिन भारतीय स्त्रियों के लिए मैका ही ईश्वर के घर की स्वर्ण-दहलीज जैसा ही होता है। काफी माह बीत जाने पर आवडी को मैके की याद में हिचकियाँ आती हैं। छत पर बेल में जिस तरह कद्दू (फल) अटक जाते हैं, वैसे ही स्त्री-मन की गुत्थी मैके के प्यार के जाल में अटकी हुई होती है।

उपन्यास के सभी अध्याय लिखते समय अण्णा करुणा के गहरे कुएँ में जिस आत्मीयता से उतरते हैं, वहाँ उनका कोमल मन, भावों की गहराई, सुकुमार्य आदि

गुणों के कारण यह अंग्रेजी या हिंदी में उसी समय अनूदित होता तो मेरा विश्वास है कि अमृता प्रीतम और इंदिरा गोस्वामी जैसी भारतीय स्तर की लेखिकाएँ भी गद्गद होकर आँसुओं से भीग जाती।

भोली-भाली आवडी को अपने सारे भाई-बहन, माता-पिता, मैके के घर के सामने का आँगन, पिछवाड़ा, पूजा घर, वहाँ की ममता का स्मरण हो आता है। एक दिन अचानक नांदगाँव में ब्याही गयी सारजा नामक उसकी बड़ी बहन आवडी के ससुराल अर्थात् रामोशी बाड़े में आती है। इतने सालों बाद अपने मैके से कोई आया है इस बात से ही आवडी बावली हो जाती है। वह कहती है, "दिए की तरह मेरा मन जलता है दीदी! अक्का मैं मन की कसक किसे बताऊँ?" अक्का के गले में पड़ कर वह हाथ जोड़ कर कहती है, "बस, केवल एक बार, एक ही बार मुझे आई-आबा से मिला दो। मैं बुरी हूँ तो भी मैं उन्हें दूर से ही देखूँगी।"

धनाजी के बार-बार मना करने के बावजूद आवडी की बड़ी बहन सारजा अक्का उसे अपने गाँव ले जाती है। ये दिन भी बदल जाएंगे, ऐसे बुजुर्गों के बड़प्पन अधिकार से कहती है। ऊपर से ऐसा भी कहती है, अपने मन में मैके पर गुस्सा मत रख। "अरे! माता-पिता का गुस्सा तो दूध-घी का उफान है।" इस तरह सिसकियाँ और विश्वास की भाषा बोल कर मैके का प्रेम उड़ेलती है।

और अण्णा ऐसा भय-डर युक्त जीवन नाट्य खड़ा करते हुए उस संघर्ष के लिए ऐसा ही करुण मुहूर्त खोजते हैं। यह दिन बासी गौरी-पूजन (गौरी पूजन का दूसरा दिन) था। अपने मृत ससुर को जंगल में नैवेद्य* दिखाने के लिए सारजा अक्का निकलती है। उसके साथ आवडी भी होती है। पहाड़ी के निकट, दूर पठार पर नैवेद्य चढ़ाने के आकर्षण से पागलवत् दौड़ती रहती है।

सारजा एक आम के पेड़ के नीचे रुकती है। नैवेद्य नीचे रखती है। कपूर जलाती है और माथा टेक कर प्रणाम करती है।

उसी क्षण आम की छाया से नागू झट् से आगे आता है। उसके हाथ में स्थित कुल्हाड़ी का फाल चमकता है।

...नागू को सामने देखते ही आवडी भय से डर गयी। थरथर काँपने लगी...तभी सारजा ने धड़धड़ाते आगे आते हुए कहा, "नागू! इसे छोड़ मत। वह रामोशी मेरा घर-बार जला कर राख कर देगा।"

"दादा! मत मारो मुझे। मैं पाँव पड़ती हूँ। मैं एक छोटे बच्चे की माँ हूँ...।"

***नैवेद्य**–भोग का प्रसाद।

...आवडी ने मिट्टी में मुँह धँसा कर "बा...SS...ला...SS..." ऐसी दहाड़ लगाई आवडी ने आँखें बंद कीं और "धनाजी...SS..." ऐसे पति के नाम से चीख लगाई। उसी पल नागू की कुल्हाड़ी उसकी गर्दन पर गिरी। एक ही वार में आवडी शांत हो गयी। खून के फव्वारे निकले। काली जमीन और अधिक काली हो गयी।

कोई डाकिन लाल फूलों से लदे गवरफूल का लाल पौधा निर्दयता से उखाड़ फेंक दे ऐसा कर्म (करणी) बड़ी बहन ने किया था। अपनी छोटी बहन को बहलाकर और फुसलाकर नैवेद्य देने के नाम से उस दुष्ट जंगल में अक्का ही खींच लायी थी। जब आवडी कहती है, मेरे बच्चे के लिए तो मत मारो मुझे। बहन-भाई के पैरों पड़ दया की याचना करती है तब सारजा अक्का के मुँह से सामंती जहर फूट पड़ता है। "सोने की थाली को लात से ठुकराया। पति अच्छा नहीं था, तो उसे छोड़ देती और मैके आ जाती। किसी निम्न जाति (कम जाति) के आदमी के घर में घुस कर क्या प्राप्त किया?"

अण्णा द्वारा प्रस्तुत इस कहानी में धधकते और दहकते यथार्थ की गंध है। आदमी के खून से भीगे कपड़ों को वैसे ही रखने पर जैसी सड़ियल बदबू आती है ठीक ऐसी ही बेचैन करनेवाली यह कहानी है। इस उपन्यास पर व्यावसायिकता की राह पर जानेवाला 'टिळा लावते मी रक्ताचा' मराठी सिनेमा बना। इस सिनेमा में स्त्री-गीत जगदीश खेबूड़कर ने बड़े ही एकरूपता से लिखे हैं।

"रूणझुणत्या पाखरा, जा रे माझ्या माहेरा...,
आली गौराई अंगणी, तिला लिंबलोण करा,
मला माहेरी पाठवा, मला माऊली भेटवा,
माझ्या आईच्या पंखात, मला मिळू दे उबारा..."

अर्थात् हे रूणझुण पखेरू, मेरे मैके जा, वहाँ आँगन में गौराई उर्फ पार्वती आयी है। उसकी नीबू-नमक से नज़र उतारो, मुझे अपने मैके जाने दो। मुझे मेरी माँ से मिलवा दो। मेरी माँ की गोदरूपी पंखों में माँ के ममत्व की ऊष्मा मुझे मिलने दो।

गाँव-देहात की बहू-बेटियों की रौंदी गयी भावनाओं को अण्णा ने प्रस्फुटित कर घुटन को बाहर निकालने की राह प्रदान कर दी है। वे किसी आवडी नामक स्त्री की बात नहीं कह रहे हैं तो सोना और चित्रा ('चित्रा' उपन्यास), सुलभा ('संघर्ष'), मुक्ता और चिला ('आग'), मंगला ('वारणेच्या खोऱ्यात'), गीता ('डोळे'), पिला ('नज़र') आदि कितनी ही स्त्रियों के जीर्ण-वस्त्र के अभागेपन की ऐंठन को अण्णाभाऊ अपनी लेखनी द्वारा पिता की ममता से प्रस्तुत करते हैं।

अण्णाभाऊ द्वारा प्रस्तुत वारणा और कृष्णा नदी की उपत्याकाओं में घटित बहू-बेटियों की ये कहानियाँ कइयों को भड़कीली और बाजारू साहित्यवत् लगती हैं। लेकिन उस मिट्टी की सच्चाई और चिकनी तलछट मिट्टी के (पोत) ढंग की उन्हें कल्पना नहीं है। वारणा नदी पर चांदोली में जब बाँध बना हुआ नहीं था तब बारिश के दिनों में नदी में अनेक बार बाढ़ जाती थी। बरसात का मौसम उन दिनों एक तरह से प्रतिशोध लेने का ही मौका होता था। बाढ़ के लाल पानी में पुरानी लकड़ियों के साथ फूले हुए शव भी तैरते-बहते नज़र आते थे। जिनमें पुरुषों से अधिक स्त्रियों के शव ही होते थे। ये बातें मैंने अपने बचपन में अपनी आँखों से देखी हैं।

यह 1968-69 साल की बात होगी। वारणा की उपत्यकाओं में शाम के बाद भय का साम्राज्य फैल जाता था। उन दिनों कोकरूड में पुलिस चौकी भी नहीं थी। बिळाशी में एक मकान के दरवाजे पर 'पुलिस आउट पोस्ट' की तख्ती दीवार पर लगा कर एक बूढ़ा हवलदार रंग उड़ी पुरानी चादर ओढ कर खाँसते बैठता नज़र आता था। बिळाशी में मैं अपनी ननिहाल में जब माँ के साथ बस में चढ़ा तब मैंने बस में दो-तीन माह का बच्चा लिए एक गोरी-सुंदर स्त्री बैठी हुई देखी। उसके गले में बहुत सारे गहने थे। नाक में लंबोतरी रत्नवाली नथ थी। कानों में महँगे झुमके दिखाई दे रहे थे। उसके साथ एक छैला-जैसा दिखनेवाला उसी की उम्र का देवर तथा साथ में वैसे ही सशक्त मित्र थे। यह सब देख कर मुझे लगा कि ये लोग अपने ही क्षेत्र के (देशवासी) (तब हमारी भाषा में पावला दर्रे के पार वाले सांगली जिले के इस्लामपुर तहसील के लोग) होंगे। अपने देवर के साथ मैके से ससुराल जानेवाली स्त्री को जबरदस्ती इस ओर लाया गया है, ऐसा हमें प्रतीत हो रहा था।

बिळाशी से कोकरूड तक कुल मिलाकर एक स्टॉपेज की दूरी थी जो मुश्किल से दस मिनट का सफर था। बस खुलते समय अँधेरा हो गया था। गाड़ी ने गति ली तो वह बच्चेवाली स्त्री डर कर खिड़की से बाहर अँधेरे की ओर देखने लगी। बस में भीड़ नहीं थी। वह स्त्री बहुत व्याकुल दिखाई दे रही थी। यह गाड़ी रात में मुकाम (ठहरने के लिए) के लिए पेटलोण को जानेवाली थी। ज्यों ही कोकरूड पास आया त्यों ही उस स्त्री का धैर्य छूट गया। वह रोते हुए चीखने-चिल्लाने लगी, "मुझे इनके साथ आगे मत जाने दो, मुझे बचा लो।"

उसकी चीख-चिल्लाहट से बस के यात्री उसकी मदद के लिए हो हल्ला कर शोर मचाने लगे।

इसी बीच मेरी माँ बोल पड़ी, "यदि तुम चाहो तो चलो बाई, आज की रात हमारे घर बिता लो।" यह कहते हुए माँ ने घबराकर अन्य सहयात्रियों से व्याकुल होकर कहा, "अरे बाबानु! मुझे तो कुछ अच्छे लच्छन नहीं दिखाई दे रहे। इस बच्ची को सहारा दीजिए।" यह सुन शेष लोग बीच-बचाव में शामिल हो गए। यह देखकर उसका मजबूत शरीरवाला, किशोर-सा दिखनेवाला देवर लोगों पर उखड़ गया और बोला, "ये हमारी भाभी है। हमारे घरेलू-निजी मामले में किसी को दखलंदाजी करने की कोई जरूरत नहीं है।" उसके दोस्त भी यात्रियों को डाँटने लगे, धौंस दिखाने लगे। हम कोकरूड आने पर बस से नीचे उतर गए। बसवाले को तो आगे जाने की हड़बड़ी थी। जैसे-तैसे वह बस गाँव के बाहर आधा-पौन किलोमीटर अँधेरा काटते हुए शायद बढ़ी होगी। वे सब लोग उसी सुनसान रास्ते पर उतर गए ऐसा मुझे बाद में पता चला।

दूसरे दिन सुबह चारों ओर शोर-शराबा मच गया। कल जो बस में स्त्री मिली थी, रात के अँधियारे में उसका और उस छोटे बच्चे का कत्ल किया गया। शिराळा से पुलिसवाले पहुँचने तक यह खबर समूचे गाँव में फैल गयी थी। गाँव के लड़कों के साथ मैं भी वहाँ दौड़ते गया। आज जहाँ पेट्रोल पंप है, वहीं वर्तमान के जनरल अस्पताल के सामने की ओर एक छोटी धारावाला नाला बहता था। पड़ोस में ही नागफनी का टापू था। इसी स्थान पर उस अनामिका को मार डाला गया था। उसके गले के स्वर्ण-आभूषण गायब थे। लेकिन हड़बड़ी में कानों के गहने नोचते समय कान की लौ फट जाने से वह सूजी हुई लग रही थी। सुंदर नाक भी भयावह लग रही थी।

यह सारी बात विस्तार से लिखने का कारण यह है कि वारणा की उपत्यकाओं के अड़ोस-पड़ोस की दीन-दुखियारी स्त्रियों के दुख अण्णाभाऊ ने अपने सशक्त शब्दों द्वारा प्रस्तुत किए हैं। ये तत्कालीन गाँव-गाँव की स्त्रियों की वेदनाएँ थीं, आक्रोश था। पुरुषी धौंस के सिलबट्टे के नीचे उस जमाने में हमेशा और सहज-सस्ते भाव से पीसी गयी नारी दुख की यह कारुणिक कैफियत ही है।

लेकिन अब वारणा की उपत्यकाओं में स्त्रियों के संदर्भ में कुछ अच्छे दिन आ गए हैं लेकिन फिर भी उस मिट्टी के स्त्री-दुखों की अत्याचारी नहरें पूर्ण रीति से खत्म नहीं हुई हैं। अभी हाल ही के तीन साल पहले की बात है। एक संपन्न, सुस्वभावी बाजार पेठ के मुसलमान व्यक्ति के घर में मांस-मटन बिक्री की बड़ी दुकान। आँखों की पुतलीवत् जतन की हुई उसकी सलोनी लड़की जो शायद

ग्यारहवीं या बारहवीं कक्षा में होगी। लड़की गाँव के एक इनामदार लड़के के प्रेम में है, यह बात पिता को ज्ञात होती है तथा गवाह के रूप में उसकी स्कूल बैग में एक चिट्ठी भी मिलती है।

तब उस बाप ने ऐन भरे बाजार में, एक दोपहर में बकरा काटने की धारदार छुरी अपने हाथों में ली और दुकान के दरवाज़े पर ही अपनी बेटी का एक ही वार में मस्तक काटकर दुकान के सामने टाँक दिया। यह दृश्य उस लड़की की माँ, छोटे भाई-बहन और बाजार के अनेक लोग अविचलित होकर अपनी खुली आँखों से देख रहे थे। उस सुकुमार लड़की के काटे गए अवयव कुछ क्षण जगह पर ही फड़फड़ा रहे थे और उधर वह कातिल बाप अपने खून से सने हाथ पोंछते हुए बहुत बड़ी मर्दानगी दिखाई है, ऐसे ठाठ में पैदल ही पुलिस स्टेशन की ओर चला गया।

दो दिनों के भीतर लड़की के प्रेमी ने भी पुराने किले की दीवार से छलांग लगा कर अपना जीवन समाप्त कर दिया।

कृष्णा-वारणा नदी किनारे के बहुजन समाज की स्त्रियों का दुख-दर्द-व्यथा-पीड़ा की बात कोई नयी नहीं है। अण्णा ने अपने साहित्य में इसकी एक धारावाहिक मालिका ही प्रस्तुत की है। ऐसा महान लेखक उनके दुखरूपी घुटन का, बहे हुए खून का और सूखते हुए आँसुओं का गवाह बना है। इसी बात का मुझे बड़ा अचरज होता है। प्रगतिशील और साठोत्तरी साहित्य के ढोल पीटनेवाले, बहुजन समाज के हम लेखकों को अण्णा की इस उत्कटता और मानवीयता की करुणा का धागा क्यों नहीं मिला?

अण्णाभाऊ अपने परिवेश में संभ्रांत वर्ग द्वारा हमेशा उपेक्षित ही रहे। प्रशंसा का एक शब्द भी उन्हें नहीं मिला और न ही उनके गले में सम्मान का हार डाला गया। "मैं जब संयुक्त महाराष्ट्र के आंदोलन के समय 'काले गाँव' गया था, हमारे गाँव की ओर से वहाँ की विशाल सभा में अण्णा के गले में प्रशंसा का हार डाला गया था।" यह बात वाटेगाँव निवासी बयानवे साल के स्वतंत्रता सेनानी बाबासाहेब पाटील और बाबाभाऊ मुझसे कह रहे थे।[2]

"मुझे गौरव, सम्मान, बड़प्पन कदापि नहीं चाहिए। मैं इसके लिए लिखता ही नहीं। मेरे कलेजे को छेद हो रहे हैं। उन्हें भरने का प्रयास मैं अपनी लेखनी से कर रहा हूँ। मेरे अंत:करण की छटपटाहट कोई समझ नहीं रहा है।"[3] ऐसी प्रामाणिक स्वीकृति अण्णाभाऊ इन शब्दों में दे रहे हैं। अण्णाभाऊ नामक द्रष्टा साहित्यकार लगातार लिखता ही रहा। उनका समूचा लेखन बहू-बेटियों की आँसुओं से भीग गया है।

हम प्रगतिशील अथवा उच्च-विद्याविभूषित साहित्यकार होने पर भी गाँव-सीमा बाहर के रामबांस के कँटीले बन लाँघकर उन भूखी बस्तियों से कभी गुजरे ही नहीं। दलितों के दुख-दर्द को किसी बंसीधर के पार जाकर कभी महसूस ही नहीं किया। लेकिन अण्णाभाऊ जैसा लेखक उन कँटीले, वंचित जगत् के एक लेखक के रूप में उठ कर खड़ा होता है और न केवल मराठी साहित्य का ही अपितु विश्व-साहित्य का पहरेदार बन कर बहुजन समाज और सामंती महलों में मसली गयी-पीसी गयी अभागन स्त्रियाँ-बहू-बेटियों की ऐसी विशाल, व्यापक दुख गंगा को प्रवाहित करता है। यह बात ही बड़ी विस्मयकारी और उतनी ही धवल भी है। अण्णाभाऊ तो दुख-गंगा को अवतरित करनेवाले भगीरथ ही हैं।

संदर्भ

1. श्री अशोक वसंत पेंटर से बातचीत, 13 दिसंबर 2020
2. बाबासाहेब पाटील से साक्षात्कार, वाटेगाँव, 5 अक्तूबर 2020
3. 'हे सूर अलगुजाचे' दिनकर साठे, पृ. 37

दलित और श्रमिकों की वेदना का विस्फोट

"दलितों के जीवन की आत्मा संघर्ष है!

जीवन जीने की उनकी लड़ाई मौत को चुनौती देते हुए निरंतर जारी है।

यह जीवन की लड़ाई आंदोलन से प्रकट होती है। लेखक को इस आंदोलन के महत्त्व को ध्यान में रखना चाहिए।

समाज की परत दर परत दलितों द्वारा व्याप्त है।

धरती शेषनाग के सिर पर स्थिर खड़ी न होकर दलितों की हथेली पर खड़ी है।"

अण्णाभाऊ ने मार्च 1958 में जिस संघर्ष को दलितों की आत्मा घोषित किया, वही संघर्ष उन्होंने अपने लेखन का स्थायी भाव मान कर जीवन पर्यंत हृदय से सटा कर रखा।

अण्णाभाऊ ने लूटपाट, डकैती को लेकर जो कुछ पाँच-छह कहानियाँ लिखी होंगी, वह सामान्य राहजनी या बलात्कार तथा लूटपाट की चटखारे वाली, भड़कीली घटनाएँ नहीं थीं। फकिरा ने अंग्रेजों के खजाने लूटे थे, वे गरीब, दरिद्री, अकालपीड़ित दलितों के भूखे पेट का गड्ढा भरने के लिए ही थे। यही बात उनके 'वारणेचा वाघ' (वारणा का बाघ) के रूप में ख्यात सत्याप्पा भोसले करते हुए नज़र आता है। एक दलित, विधवा बाढ़ की सूखी, कँटीली लकड़ियाँ जमा करने के निमित्त से आती है, तब गाँव का जमींदार चौगुले पशुवत् पीटते हुए उसे रौंदता है। तब उस गरीब स्त्री की दुर्दशा करनेवाले नर-पशु जमींदार की सत्याप्पा द्वारा हत्या की जाती है और यही बात उसके विद्रोह का मुख्य कारण बन जाती है।

'बंडवाला' (बागी) में तात्या माँग की जमीन गाँव का इनामदार हडप लेता है। अपने अस्सी बीघे की जमीन का टुकड़ा, अपनी काली माई हासिल करने के लिए तात्या विद्रोह करता है, जेल जाता है और पशुवत् जीवन अपनाता है। कठोर-सख्त पाषाण के पेट में डाभ जैसा मीठा पानी हो वैसे ही फकिरा का हृदय भी अबलाओं

के प्रति करुणा और ममता से ओतप्रोत है। भेडस गाँव का सरकारी खजाना लूटने के लिए फकिरा जब रघू बामन के गाँव में प्रविष्ट होता है तब उसके सामने रघू की पत्नी, भाभी और दो युवा लड़कियाँ आती हैं। रघू की डरी हुई पत्नी हाथ जोड़ कर प्रार्थना करती है और कहती है, "इस बाड़े को पूरी तरह से धोकर ले जाओ लेकिन मेरी इन दो लड़कियों का ब्याह अभी बाकी है, उनके लिए मैं आँचल फैलाकर भीख माँगती हूँ।" तब फकिरा उसे 'माई' कहकर ढाढस बँधाते हुए कहता है, "माई! मैं खजाना ले जाऊँगा, तुम्हें नोचने के लिए नहीं आया हूँ।"

डाकुओं के हृदय में बसी चमचमाती नीतिमत्ता और गरीबों तथा स्त्रियों के प्रति आदरभाव 'माहेरची वाट' (मैके की राह) कहानी में भी दृष्टिगोचर होता है। यहाँ तो जंगल की पगडंडी से जा रही, मैके से लौट आ रही स्त्री की इज्जत लूटनेवाले गणा नामक डाकू को उसका दोस्त गोविंद सीधे गोली मार देता है।

अण्णाभाऊ की कहानियाँ और उपन्यासों के चोर-डाकू नायक पेट के लिए जूझते नज़र आते हैं। उनका विद्रोह दीन-दुखियारी, गरीब बहू-बेटियों की रक्षा करने अथवा सामान्य किसानों की फसल पर चलनेवाला गधों का हल रोकने के लिए ही होता है। यह बात कई बार अधोरेखित हो चुकी है।

'विठू महार' नामक कहानी बाबासाहेब आंबेडकर के धर्मपरिवर्तन से पूर्व लगभग दो साल पहले 'युगांतर' में प्रकाशित हुई थी।[1] नए बंधन मुक्त भारत की समाज रचना कैसी होनेवाली है? क्या वह जाति-धर्म रूपी अजगर के मुँह में वैसी ही फँसी रहेगी? या नई मुक्ति को अपनाएगी? यह मुख्य प्रश्न प्रस्तुत कहानी में उपस्थित किया गया है। दूसरे, इस कहानी की पृष्ठभूमि मराठवाड़ा तरफ की रजाकार के आंदोलन के समय की है।

'विठू महार' कहानी में हासन पाटील गाँव का पाटील है। उसे तीन पत्नियाँ और बारह-पंद्रह संतानें हैं। इतने बड़े कुनबे को वह सँभालता है। वह तत्कालीन हैदराबाद के शोषक रियासत रजाकारों का नमक खानेवाला है। ग्रामसभा में सामने गाँववाले और पड़ोस के पेड़ के नीचे महार लोग बैठे हैं। गाँव के चबूतरे पर हनुमान की बड़ी मूर्ति है जो पत्थर से बनी है। कंधे पर गदा धारण की है और आकाश की ओर उड़ान भरनेवाली मुद्रा में है। हासन पाटील हुक्म देता है कि, "इस तरह की लड़ाकू मुद्रावाली मूर्ति चबूतरे पर इससे आगे नहीं चलेगी, इसके बदले आप विनम्र, करुणामय, दास मारुती की मूर्ति यहाँ लगाएँ।" हासन, महार लोगों को मंदिर में बुलाता है। गाँव के अन्य लोग पाटील की इस बात का विरोध करते हैं, तब हासन,

महार-समाज बंधुओं के पास चल कर जाता है, तब उसे विठू महार के पैरों में नया-कोरा जूतों का जोड़ा दिखाई देता है। विठू के पैरों में पहने हुए इन जूतों को निकाल कर अलग जगह रखने की सख्ती बरतता है। नया, अच्छा परिधान अछूतों द्वारा करने का कोई अधिकार उन्हें नहीं है, ऐसा सभी के मन पर अंकित करना चाहता है।

विठू का सिर चकरा जाता है। वह अपने घर जाकर दहाड़ें मार-मार कर रोता है। इस भयंकर, सबके सम्मुख हुए अपमान से उस समूचे महारवाड़े में रात एक भी चूल्हा नहीं जला और न ही दिया जलाया गया। आगे चलकर शोषक रज़ाकार खत्म हो गया और अपना जनानखाना लेकर हासन पाटील भी गाँव छोड़ पलायन कर गया। गाँव के पाटील का पद रिक्त हुआ। इस पद के लिए विठू ने तहसील में जाकर आवेदन दिया।

एक महार पाटील बन कर कोतवाली बैठेगा, यह बात सोच कर गाँववाले हड़बड़ा गए। गाँव में उलटापुलटा हुआ। महार को पाटील पद पर कभी नहीं बैठने देंगे ऐसा सब लोग शोर करते हैं तब नाथा लोहार खड़े होकर पंढरपुर के विट्ठल का संदर्भ देते हुए गरजता है, यदि विट्ठल भगवान महार हो सकते हैं तो महार पाटील क्यों नहीं? विठू बड़ी हिम्मत से पाटील का पद प्राप्त करता है। सनद लेकर बाजेगाजे के साथ घर लौटता है और पैरों में नए जूते पहन कर नया कारोबार चलाने के लिए कोतवाली की ओर निकलता है।

प्रस्तुत कहानी में अण्णा तत्कालीन जाति प्रणाली की भँडोली (उतरण नीचे बड़ा बरतन, ऊपर क्रमश: छोटा होता हुआ शंकु के आकार का) और इसे भेदनेवाला नया विचार, उसकी विराटता अवतरित हुई है। इस कहानी का श्वास और लक्ष्य बहुत बड़ा है।

अण्णाभाऊ ने यह बात कभी नहीं छुपायी कि मेरे लेखन की प्रेरणा मार्क्सवादी, वामपंथी, प्रगतिवादी विचारधारा रही है। 1959 की 'युगांतर' पत्रिका में 'हवं ते लिहितो' (जो चाहिए वही लिखता हूँ) आलेख में उन्होंने स्पष्ट रूप से कह दिया है, "हमारी लड़ाई कभी रुकनेवाली नहीं है। जब तक इस दुनिया में एक भी व्यक्ति भूखा है, तब तक हमारी लड़ाई जारी ही रहेगी।" ऐसा एल्गार 'वारणेच्या खोऱ्यात' (वारणा की उपत्यका में) अण्णा के पहले उपन्यास का नायक हिंदूराव है। अण्णा संघर्षशील मार्क्सवाद के समर्थक थे। उनके अर्थात् 'फकिरा' के घर में पारंपरिक पूजाघर में शिवाजी राजा की ओर से प्राप्त तलवार की पूजा की जाती थी–ऐसा स्वयं अण्णा ने दर्ज कर रखा है।

पँवाड़ा का धर्म ही किसी व्यक्ति या विचारधारा का खुला समर्थन करना होता है। फलत: अण्णा ने अपनी शाहिरी रचनाओं में मार्क्सवाद का जो जय-जयकार किया था वह उस माध्यम की दृष्टि से उचित ही था। लेकिन वे अपने उपन्यास-कहानियों में कभी भी, किसी राजनीतिक पार्टी या विचारधारा का प्रचारकी रूप आने नहीं देते। वे तो मुंशी प्रेमचंद की तरह मानव को ही अपने साहित्य का केंद्र मानते हैं। आम आदमी और उसकी पीड़ा, वेदना, विवंचना की संगत अण्णा ने अंत तक नहीं छोड़ी।

अण्णाभाऊ का स्वभाव खुले संघर्ष का था। इसलिए अहिंसा अथवा गांधीजी की नरमाई उनके व्यक्तित्व में आना संभव ही नहीं था। उलटे 1942 के समय सातारा की मिट्टी के क्रांतिसिंह नाना पाटील, जी.डी. पाटील, नागनाथ अण्णा, बर्डे गुरुजी, बाबुजी पाटणकर आदि द्वारा किए गए समांतर सरकार के संघर्ष की ओर वे अधिक आकर्षित हुए थे। इस समांतर सरकार के दिनों का 'घुमंतू छावनी' का संदर्भ उनके प्रथम उपन्यास 'वारणेच्या खोऱ्यात' में आता है।

"उन सबकी पोशाकें, बोलचाल, बर्ताव में अधिकांशत: शिवाजीकालीन समानता नज़र आ रही थी। उन्होंने मराठों के मर्दानगी का अनुकरण किया था। इसी के साथ उनके पास आधुनिक हथियार भी थे। हम जो कर रहे हैं, वह न्यायोचित है, अपने बहुजन समाज हेतु अपने शोषित किसानों के हित में ही हम कर रहे हैं। इस बात का पूर्ण समाधान उनके चेहरे पर दिखाई दे रहा था। इसी के साथ कृषक जनता की गरीबी को लेकर और जनता का असीम शोषण करनेवाले वर्ग के प्रति उनके हृदय में द्वेष धधक रहा था। एक आदमी के पास हजारों एकड़ जमीन का होना और उसका बिना कुछ किए बैठ कर खाना और उनकी जमीन पर अत्यधिक परिश्रम कर हड्डियाँ गलानेवालों का भूखा रहना उन्हें कतई मंजूर नहीं था।"

प्रस्तुत उपन्यास का नायक हिंदूराव आगे कहता है, "जिन मुट्ठीभर लोगों के हाथों में समूची जमीन है, वे मालिक हैं, 'कोटमाफ' (खुले बदनवाले) लोगों का अपना कुछ भी नहीं है...इसलिए हमें रामराज्य का निर्माण करना है। गाँव का सारा कारोबार गाँव ही करेगा। यहाँ राव (अमीरों का) का कुछ भी नहीं चलेगा। अमीर-गरीब का भेद ही नहीं होगा। न कोई किसी का मालिक होगा और न कोई किसी का नौकर। इसलिए तो हमनें विद्रोह किया है। हमारी लड़ाई कभी भी रुकनेवाली नहीं है। जब तक दुनिया में एक भी आदमी भूखा होगा तब तक हमारी यह लड़ाई जारी रहेगी।"[2]

अण्णा ने आगे चलकर डॉ. आंबेडकर के विचारों का समर्थन किया। इसका तात्पर्य यह नहीं कि उन्होंने साम्यवादी विचारधारा का त्याग कर दिया। लेकिन 1962 के चीन युद्ध के बाद कम्युनिस्ट पार्टी में राष्ट्रीय स्तर पर फूट पड़ी। इससे वे काफी दुखी थे। ऐसा उनके नजदीकी सहयोगी कहते हैं।

डॉ. बाबासाहेब के महाड के 'चवदार तळे' के आंदोलन में उनके साथ कॉमरेड आर.बी. मोरे नामक अग्रणी कार्यकर्ता कार्य कर रहे थे। आगे चलकर उन्होंने कम्युनिस्ट पार्टी को अपनाया लेकिन डॉ. आंबेडकर से उनका आत्मीय रिश्ता पूर्ववत् बना रहा। सच तो आनेवाले समय में मार्क्सवाद और आंबेडकरवाद अण्णा के जीवन की दो शक्तिशाली भुजाएँ बनीं। उन्होंने इन दोनों विचारधाराओं को जी-जान से अपनाया।

डॉ. बाबासाहेब का नेतृत्व और उनका कार्य सूर्य के समान ओजस्वी और प्रखर है। जैसे धूप (सूर्य किरणें) शरीर पर लेने से कई बीमारियाँ मिट जाती है, वैसे ही बाबासाहेब के विचारों की आँच से कई सामाजिक बीमारियाँ जल गयी, खत्म हो गयीं। हजारों साल मानव द्वारा और ईश्वर द्वारा किए गए अन्याय से पीड़ित एक विशाल जनसमूह के विकास के रास्ते खुल गए। दीन-दुखियारे लोगों के अन्याय खिलाफ लड़ने और उस पर छलांग लगाने की प्रचंड शक्ति निर्मित हुई।

डॉ. बाबासाहेब आंबेडकर ने 14 अक्तूबर 1956 को नागपुर में बौद्ध धर्म की दीक्षा ली। उन्होंने हिंदू धर्म का त्याग किया। महाराष्ट्र के सामाजिक जीवन में बड़ा आमूलचूल परिवर्तन हुआ। हिंदू धर्म से एक बहुत बड़ा पद-दलित वर्ग बाहर निकल गया। इतना ही नहीं उन्होंने पक्के विचारों की नींव पर, सोच-समझकर बौद्ध धर्म को स्वीकार किया था।

समाज में इतना बड़ा परिवर्तन और युग (मन्वंतर) घटित होगा तो इसकी गहराई से अण्णाभाऊ जैसा जन्मजात साहित्यकार दखल नहीं करेगा, ऐसा कैसे हो सकता है? धर्मांतरण के पश्चात् महज दो सालों में अण्णा की जो कहानियाँ 'युगांतर' में प्रकाशित हुई हैं, उनके प्रकाशन की तारीख से ही यह बात किसी के भी ध्यान में आ सकती है। 'सापळा' (पिंजड़ा), 20 अक्तूबर 1957, 'बुद्धाची शपथ' (बुद्ध की सौगंध), 9 नवंबर 1958, 'सोन्याचा मणी' (स्वर्णमणि), 2 जून 1957, 'उपकाराची फेड' (प्रत्युपकार), 23 फरवरी 1958, इसके अलावा धर्मांतरण के दो साल पहले 24 अक्तूबर 1954 को 'युगांतर' में प्रकाशित 'विठू महार' कहानी। इन सभी तारीखों द्वारा उस काली अछूतता, डॉ. आंबेडकर और दलित प्रगति की नई दिशाएँ आदि विचारों से अण्णा जैसे लेखक किस तरह प्रभावित हुए थे, यह समझा जा सकता है।

अण्णाभाऊ के योगदान पर डॉ. रावसाहेब कसबे ने लिखा है, "जब मराठी साहित्यकार और उसके क्रांतिकारी मोड़ का इतिहास लिखा जाएगा तब अण्णाभाऊ के साहित्य को नज़रअंदाज नहीं किया जा सकेगा। यह महापुरुष महाराष्ट्र जीवन में सर्वव्यापी है। वे हमें एक नयी दृष्टि और सोच प्रदान कर गए हैं। मानो उन्हें यह दुनिया ही बदलनी थी। पुराने मनुष्य और संस्कृति को उन्हें परिवर्तित करना था। इसके बदले नयी दुनिया का निर्माण उन्हें करना था। अण्णा मार्क्स के साथ ही बाबासाहेब आंबेडकर को भी अपना प्रेरणास्त्रोत, आदर्श मानते थे। उनके जीवन की यह एक नयी दिशा थी। अण्णा जब कहते थे, "जग बदल, घालुन घाव! सांगून गेले मला भीमराव" अर्थात् इस दुनिया पर प्रहार कर बदलना है, ऐसा मुझे भीमराव आंबेडकर कह गए हैं, ऐसा जब होगा तब नए संगम का दृश्य आँखों के सामने खड़ा होगा।"[3]

दलित कहानियाँ और उपन्यास का विकास मराठी में सच्चे अर्थों में 1970 के दशक के आखिर में हुआ है, ऐसा समीक्षक मानते हैं लेकिन अण्णाभाऊ द्वारा उपर्युक्त तारीखों को प्रकाशित दलित कहानियों पर सोच-समझकर विचार करना ही पड़ेगा।

'सोन्याचा मणी' (स्वर्णमणि) कहानी के द्वारा वे अंतिम संस्कार पर परंपरागत भ्रामक कल्पनाएँ आम-गरीब और दलित समाज में भी कैसी बनी हुई हैं–बात को प्रस्तुत करते हैं। इस कहानी में वे महारबाड़े की 'बना' नामक बुढ़िया की कहानी कहते हैं।

चिड़िया की तरह अनाज का दाना-दाना इकट्ठा कर बना अपनी संतानों का लालन-पालन करती है। लेकिन जैसे उगता सूरज अस्त होता है वैसे ही उस पर घात वार आ जाता है। संक्रामक बीमारी में उसके दोनों कमाऊ बेटों की मौत हो जाती है। संसार की बेल सूख जाती है। बहुएँ भी मैके चली जाती हैं। एक ओर तो गरीब गृहस्थी की गाड़ी चरमरा कर टूट गयी फिर भी बना द्वारा किए जानेवाले गाँव के काम रुके नहीं। यदि गाँव में कोई मर गया तो उसके रिश्तेदार-बिरादरीवालों को गाँव-गाँव खबर पहुँचानी होती। इसके अलावा गाँव में आनेवाले सरकारी अधिकारियों की खातिरदारी भी करनी पड़ती। तो किसी की तेरहवीं के लिए लकड़ियाँ तोड़ती। इस तरह के गाँव के काम करते हुए बना थक जाती है, परेशान हो जाती है। इसलिए वह गाँव को छोड़कर मुंबई के परेल में अपनी बेटी के यहाँ आ जाती है।

परेल की चाल में भी उसने जी-जान से अपने पास सोने के मणि को सँभालकर रखा है। अपनी मृत्युपरांत रिश्तेदारों में चली आयी रीति के अनुसार यह सोने का मणि अपने मुख में डाले, केवल इतनी ही उसकी इच्छा है।

इसी कहानी में अण्णा डॉ.बाबासाहेब आंबेडकर के महानिर्वाण की खबर सुन कर दीन-दुखियारों व अछूतों की दुनिया कैसे क्षत-विक्षत हो जाती है, इसका अत्यंत अनुभूत-वास्तविक वर्णन करते हैं।

"...और बाबासाहेब के महानिर्वाण-महाप्रयाण की भयावह खबर उस बस्ती पर बिजली की तरह गिरी। बस्ती में पल-भर में ही हायतौबा मच गयी। हजारों कण्ठों से रोने की चीखें निकलीं। दलितों का नेता, उनका उद्धारकर्ता उन्हें छोड़कर गया। इस महा दुख की काली छाया प्रत्येक घर पर छा गयी थी। प्रत्येक का गला रुद्ध हो गया था। आँखों से आँसू ढल रहे थे। फिर एक बार अपना संसार उजड़ गया, ऐसा बना को लगा। छाती पीट-पीट कर वह रोने लगी, छोटे बच्चे रो रहे थे, युवा रो रहे थे, सभी रो रहे थे।"

कारण "नासिक के राम का रथ रोको" ऐसी गर्जना अब नहीं सुनाई देगी। "अछूत के रूप में जन्म लिया है लेकिन अछूत के रूप में हम मरेंगे नहीं।" ऐसी भीष्म प्रतिज्ञा करनेवाला जोश अब नहीं दिखाई देगा और भरी धूप में महाड़ में 'चवदार तालाब' पर सत्याग्रह करने हेतु सबसे आगे चलनेवाले धीर-गंभीर कदम के चिह्न अब अंकित नहीं होंगे।

"अछूतपन यदि नष्ट करना हो तो केवल अछूतों के प्रयास से ही होगा।" ऐसी सीख देकर करोड़ों हृदय में आशा की ज्योत जलानेवाला महान दिपक ही बुझ गया था।"[4]

"चींटियों को चीनी डालनेवाले और मनुष्य को बिना पानी मारनेवाले लोग दंभी हैं। उनकी संगत न करें।" बाबासाहेब के ऐसे प्रभावशाली विचार बना के हृदय पर अंकित हो गए थे।

इसी दरमियान संयुक्त महाराष्ट्र निर्माण के लिए सभी दलित इस समिति से एकता स्थापित करें, ऐसा संदेश बाबासाहेब ने अपने अनुयायियों को दिया था। दलित बस्तियाँ कार्यक्षम हो गयी थीं। चुनाव फंड जमा करने के लिए कार्यकर्ता गली-गलियारे घूम रहे थे। इस वृद्धा ने भी बाबासाहेब का आदेश हृदय में बसा लिया था। इसलिए वह समिति के उम्मीदवारों की चुनावी जीत देखने के लिए लालायित हो गयी थी। यह क्षण देखने के लिए मेरे लिए मृत्यु थोड़ी देर रुके ऐसे बना को लगने लगा था।

चुनाव फंड लेने के लिए कार्यकर्ता बना के दरवाजे पर आते हैं। बना को अपने पास जतन से रखे सोने के मणि की निरर्थकता का एहसास होता है और वह स्वर्णमणि अपने महान नेता की स्वप्नपूर्ति हेतु कार्यकर्ता के पास दे देती है।

"'वळण' (मोड़) कहानी में महारवाड़ा और मांगबाड़ा में आधे फलांग की दूरी थी और ये दोनो बाड़े गाँव से बहिष्कृत कर दिए गए थे।" इन दो वाक्यों में ही अण्णाभाऊ तत्कालीन सामाजिक भँडोली को अपनी आँखों के सामने खड़ी कर देते हैं। तत्कालीन महारबाड़े की चिमाबाई नामक बूढ़ी-भोली स्त्री की कहानी प्रस्तुत करते हैं। चिमा को जब माँगबाड़े की दिशा में चक्कर काटते, भिनभिनाते कौवों का झुंड दिखाई देता है तब वह अपनी चील की नज़र से पीछा करते हुए मन-ही-मन कहती है, "मांगों ने शायद कुछ तो मारा है, ऐसा लगता है।"

उन दिनों पशुओं का मांस न खाने का कड़ा नियम महारबाड़े ने अपने पर लगा लिया था। प्रगति और परिवर्तन की ओर बढ़ाया गया अगला कदम था। लेकिन अभी भी मांगबाड़े में भैंसे मारे जाते थे।

और चिमा चोरी-छिपे माँगबाड़े की ओर दौड़ पड़ती है। मांस भक्षण का नियम अनुपालन न करने के जुर्म में उसने साल में तीन बार जुर्माना भरा था। चिमाबाई के कारण ही गाँव के महार और माँग समाज में बड़ी लड़ाई होती है।

जब चिमाबाई को अपनी मृत्यु बिल्कुल नजदीक अर्थात् दहलीज तक आने का एहसास होता है तो वह स्वयं अपनी जमीन बेच देती है। इसमें से आधी रकम अपने दवा-दारू के लिए रख शेष रकम अपनी बिरादरी को दे डालती है। इससे पूर्व अपनी बस्ती से लड़ाई-झगड़ा करनेवाली चिमा अपनी जमीन बिक्री की आधी लेकिन भरपूर रकम बिरादरी को देकर कहती है, "ये आप अच्छे काम के लिए खर्च करें अथवा गरीब बच्चों में बाँट डालें। हाथ जोड़कर मैं कहती हूँ जो हुआ उसे भूल जाएँ।" नए युग का स्वीकार करते समय बड़े-बूढ़े लोगों की मानसिक खींचतान होती है। फिर भी समाज के गतिशील आमूलचूल परिवर्तन की गवाह चिमा जैसे चरित्र अण्णा पूरी कलात्मकता की ताकत के साथ उपस्थित करते हैं।

भूतादि चमत्कार पर अण्णाभाऊ ने नई कहानियाँ लिखी हैं। लेकिन अण्णाभाऊ की लेखनी ने भूत-प्रेत की दकियानूसी कल्पनाओं को कभी स्थान नहीं दिया। अपितु परिवर्तन की भाषा को ही उन्होंने अपनाया। 'तीन भाकरी' (तीन रोटियाँ) एक रात की यह बात वे बैलगाड़ी से सफर करते हुए प्रस्तुत करते हैं। इन दो बैलों में से एक का नाम 'अंग्रेज' और दूसरे का नाम 'गांधी' रखते हैं। यह नामकरण उनके कल्पनाचातुर्य

को प्रस्तुत करता है। शायद अंग्रेज गए और गांधी आए फिर भी दोनों व्यवस्थाओं की बैलगाड़ी के पहिये से होनेवाली यात्रा सुखद नहीं है। सामान्य मनुष्य को यह बैलगाड़ी के गंतव्य के निकट नहीं ले जा सकती। शायद यही उन्हें कहना होगा।

'सुलतान' नामक कहानी भूख से हुए पागल आत्मा की पीड़ादायक कैफ़ियत है। अपने रिक्त पेट की चिंता की लड़ाई वह प्रतिदिन लड़ता है। अमरावती की जेल में लेखक से मिला एक सामान्य कैदी। "बीस साल तक यह पेट भरने के लिए मैंने जी-तोड़ मेहनत की। परंतु मुझे पेट भर खाने के लिए ही नहीं मिला। मैं अब यहीं भिड़ंत करूंगा।" ऐसा उसका आक्रोश है।

चार आदमियों का खाना उस अकेले को अपर्याप्त था। इसी पेटूपन के कारण एक होटल से उसे भगाया जाता है। सुलतान नामक व्यक्ति जो इस कहानी का नायक है, रेल की पटरी पर आत्महत्या का प्रयास करता है। यह गुनाह उसे जेल में डाल देता है। वह खुशी-खुशी जेल भी जाता है लेकिन यहाँ भी पेट की भूख की आग और जीवन भर का दुख उसका पीछा नहीं छोड़ते।

मानव के हाड़-मांस को चीरनेवाली भूख नामक एक सर्वव्यापी चिंता है। भूख से पीड़ित जर्जर लोग, भूख मिटाने की खातिर दर-दर भटकनेवाले कई लोग अण्णाभाऊ को सचमुच में मिले हैं। " 'भोमक्या' और 'सुलतान' ये जीवित हाड़-मांस के लोग उन्हें जेल की बैरक में साथीदार के रूप में मिले थे। इन दोनों के साथ ही अण्णा के कार्ड पर कत्ल करना, डाका डालना जैसे भयानक आरोप दर्ज किए गए थे।"[5]

'भोमक्या' नामक व्यक्ति एक ठिगना, नाटा, मोटे शरीरवाला, छोटी गर्दनवाला और पतले पैरोंवाला, बेढंगी चाल का था। उसका बड़ा पेट नगारे-सा दिखता था और मेंढ़की जैसा थुलथुल हिलता था। भोमक्या जब खड़ा रहता तब कद्दू पर छोटी सूखी लकड़ी खोंसी गयी है ऐसा दिखाई देता। माथे पर बालों की भारी-भरकम जटाएँ, लम्बी ऊँची टोपी, कमर में केवल लंगोट, थुलथुल शरीर के कारण चलते समय वह थरथराता-सा दिखाई देता। पेट खाली होने पर खिन्न दिखाई देता। यदि पेट का हौज पूर्ण भर गया तो वह बेसुरी आवाज़ में खुशी से गुनगुनाता। वैसे उसकी आवाज़ पागल बाघ के गुर्राहट जैसी लगती।

अण्णाभाऊ की लेखनी मुंबई की उज्जड़ गंदी बस्ती में तिलमिलानेवाले जबड़े ही नहीं देखती, बरसात के दिनों में गाँव के वंचित, प्रताड़ित लोगों के बुझे हुए चूल्हे भी देखती है और पाठकों को व्याकुल कर देती है। 'पिसाळलेला मनुष्य' (पागल मनुष्य) नामक कहानी मन को द्रवित करनेवाली कहानी है। तीस साल की उम्रवाला

भिवा रामोशी मालेवाड़ी गाँव का पहरेदार है। चौड़ी छाती, रोबीला चेहरा और अक्कड़बाज मूँछोंवाला यह आदमी कुल्हाड़ी की ढाई हाथ लंबी मूठ लेकर बड़ी ईमानदारी से गाँव की रखवाली करता है।

गाँव के धन की ईमानदारी से रक्षा करनेवाले भिवा रामोशी पर चोर होने की बुरी आफत आ पड़ती है। यह किसलिए? तो भूख की चपेट में आकर अपने पालने में पड़े बच्चे के प्राण न जाएँ इसलिए। 'व्हिक्टर ह्यूगो' नामक विश्वविख्यात फ्रेंच उपन्यासकार के उपन्यास 'ला मिज़रेबल' का नायक जॉ-पॉल जॉ है। उसे अपनी बहन के सात भूखे बच्चों के प्राण बचाने हैं। इसलिए वह केवल पाव की (डबलरोटी की) एक लादी* चुराता है। फलस्वरूप उसे पाँच साल जेल की सजा होती है।

भिवा रामोशी ने अपना सब कुछ गँवाया होता है। पैतृक खेती, साहूकार के यहाँ गिरवी है। टोकरी में एक भी दाना नहीं। हालात ने उसे बिल्कुल ही कंगाल (नंगा) बना दिया है। इसी में पत्नी खतरे का संकेत देते हुए कहती है, "कुछ तो करो, नहीं तो बच्चा भूख से मर जाएगा।"

पेट का बच्चा मर जाएगा इस भय से घबराया भिवा गाँव में स्थित दुकानदारों की आरज़ू, मिन्नतें करता है लेकिन सताये गए, लूटे गए मनुष्य के लिए तो व्यवस्था के दरवाजे हमेशा बंद ही होते हैं।

छोटे बच्चे को गँवा देने के भय से पहले से ही भूख के मारे बेहाल परेशान भिवा पागल हो जाता है। रात के अँधेरे में कछारी भूमि के जंगल में भूत की तरह घुस जाता है और मकई के कोमल भुट्टे चुरा लाता है। उन्हें पका कर जैसे-तैसे पेट भरने का प्रयास करता है। वहीं के पाटील का पुष्ट भेड़ उठा लाता है। रात में ही उसकी चमड़ी उधेड़ कर मांस को चूल्हे पर पकाता हैं। इसी तरह किराने-परचून की दुकान की लकड़ी की तख्यियाँ उखाड़कर वहाँ से चावल चुरा लाता है।

पेट की भूख के लिए भिवा ने चोरी की थी। इसी गुनाह के लिए वह आखिर में जेल जाता है

भाग्य के आघात उसका पीछा छोड़ने के लिए तैयार नहीं हैं। बाहर हैजे की संक्रामक बीमारी फैलती है और कुत्ते-बिल्ली जैसे आदमी मरते हैं।

इस संक्रामक बीमारी की खबर भिवा के कानों में आती हैं। बाहर उसकी पत्नी और बच्चे हैजे की बीमारी से तड़प रहे हैं। इधर जेल में सड़ रहे भिवा को चाहे जैसे भी हो जमानत पर छूट कर घर जाना बहुत जरूरी था। कोर्ट में न्यायाधीश के सामने

***पाव की लादी**–Loaf of Bread

वह दुख से टूट जाता है। न्यायदेवता के पैरों पर अनुनय-विनय व्याकुलता से कर अपनी कर्म-कहानी कहता है। न्यायाधीश इस कहानी का विपरीत अर्थ निकाल कर कैदी पागल हो गया है, तय कर उसे जमानत भी नहीं मिलती।

पुलिस की पहरेदारी में भिवा को पुन: जेल की ओर ले जाते समय वह पुलिस की बंदूक छीन लेता है और प्रतियोगिता में हिस्सा लेनेवाले बैल की तरह वायुवेग से दौड़ पड़ता है। वह अपने प्रियजनों को मिलना चाहता है। उधर उसकी बीमार पत्नी और छोटा बच्चा मर कर मिट्टी में दब चुके थे। उन्हें मिलने के लिए उत्सुक पागल हुआ भिवा जमीन से लाशें उकेर कर बाहर निकालता है। मिट्टी से सने उनके मुँह धोता है। अतीव दुख से स्वयं अपने मुँह को ही पीट लेता है। "तुम दोनों मुझे पीछे छोड़ कर चले गए। अब मैं क्यों जिऊँ? एक भेड़ के लिए मेरी घर-गृहस्थी की राख हो गयी। अब तो मैं प्रेतवत् पागल हो गया हूँ।" और देखते ही देखते सचमुच में घूमता-फिरता मनुष्य प्रेतवत् पगला जाता है, पशु बन जाता है।

एक पाव की लादी के लिए पैरिस के जॉ-पाल ने पाँच सालों की सजा भुगती थी। इधर आधी रोटी के लिए अण्णा का भिवा समूचे घर-बार सहित इस जन्म से उठ जाता है। पशु की तरह पगला जाता है। सच में पेट की भूख इतनी जानलेवा हो जाती है?

'थडग्यातील हाडं' (कब्र की हड्डियाँ) नामक अण्णा द्वारा लिखित कहानी कुछ अध्येता ऐतिहासिक विरासत की कहानी ऐसा सीधा-सरल वर्गीकरण कर बैठते हैं। मेरी दृष्टि से यह गलत है। गाँव के समूह जीवन की यह कहानी भूख के केंद्र के इर्द-गिर्द घूमती है। थडगा-थडे अर्थात् कब्र गाँव की कोतवाली के सम्मुख एक पुरानी पक्की फर्श की कब्र है। उसके इर्द-गिर्द गाँव इकट्ठा हुआ है। कब्र के पाषाण में रहनेवाला कोई पूर्व का थडगुबा नामक देव है। आज उसका सालाना भंडारा है।

एक के बाद एक पंगतें उठ रही हैं। लेकिन वंचित-प्रताड़ितों की अँजुली और चबूतरा रिक्त ही रहता है। कारण उच्चवर्णीय की पंगतें खतम होने का नाम ही नहीं लेतीं। इसलिए हाशिए बाहर के अछूत लोगों के मुँह से चिंताजनक झुंझलाहट फूट पड़ती है। "ये भड़ुए पूरी खीर समाप्त कर देंगे। खा जायेंगे।"[6]

भोजन की आशा से जम कर बैठे समूह में गाँव का राणूजी रामोशी नामक बूढ़ा भी शामिल था। राणूजी की भरी-पूरी मूँछें, चौड़ा-कठोर चेहरा, सिर पर सफेद बाल; इससे उसका मुँह बाघ के जबड़े जैसा दिखाई देता है। शरीर पर कांजी किया कड़क

कुर्ता (गुळची) और सिर पर ऐंठनभरी पगड़ी ऐसा पुराने, तराशे गए पत्थरों से बनी पक्की परकोटे की दीवार-सा वह आदमी।

सहज बोलते-बोलते राणूबा उस कब्र के संबंध में सच्चा आख्यान कर डालता है। कुछ पीढ़ियों पहले मल्लया धनगर नामक विद्रोही की गाँव पर मुसीबत आन पड़ी थी। उसने जंगल से ही गाँववालों को फिरौती की बड़ी रकम देने का संदेशा भेज दिया था। यदि तय समय पर फिरौती के पैसे जमा नहीं हुए तो संपूर्ण गाँव जला कर राख कर दूँगा, ऐसी धौंस भी उसने दी थी।

गाँव के अमीर बनिये-दुकानदार इस संदेश से घबरा जाते हैं और चंदा इकट्ठा कर फिरौती की रकम जमा करने का तय करते हैं। लेकिन महार-माँग समवेत सभी दलितों के शरीर पर पहनने के लिए पर्याप्त कपड़े ही नहीं थे। ऐसे में वे फिरौती की रकम कैसे जमा करेंगे? इसलिए जो भी विद्रोही सामने आएगा उससे लड़ा जाएगा, चाहे लड़ते हुए जान ही चली जाए, ऐसी वीरतापूर्ण भाषा सभी बोलने लगते हैं।

फिरौती की रकम न मिलने के कारण गुस्से से आगबबूला हुआ मल्लया एक रात गाँव पर सशस्त्र डाका डालने के लिए आ जाता है। मल्लया को गाँववाले गाँव में आने देते हैं और अचानक गोल घेरा बना कर सब मिलजुल कर उन डकैतों को बहुत पीटते हैं। गाँव के लिए लड़ कर रायनाक नामक महार सिर पर कुल्हाड़ी पड़ने से शहीद हो जाता है। गाँव के लिए शहीद होने के कारण गाँव के मध्य, कोतवाली के निकट रायनाक की बड़ी श्रद्धा-भक्ति से गाँव अंत्येष्टि करता है। रायनाक की याद के लिए पक्के फर्शवाली पत्थरों की बड़ी कब्र अर्थात् स्मारक बाँधा जाता है। इसमें उसकी हड्डियाँ (अस्थियाँ) संरक्षित की जाती हैं। तब का गाँव पाटील बड़े गौरव से उस पर 'गाँव के लिए शहीद होनेवाला मर्द' ऐसे पत्थर पर अंकित कर वह पत्थर लगा देता है।

समय के साथ रायनाक की यह शौर्यगाथा और बलिदान भुला दिया जाता है। तथा गौरवपूर्ण उल्लेखवाला पत्थर भी उखड़ जाता है। बंदूक की गोली कौन रखता है? रोटी (पोळी) किसे मिलती है? ऐसा सनातन प्रश्न अण्णाभाऊ की लेखनी प्रस्तुत करती है।

अत्यंत इने-गिने शब्दों में संक्षिप्त शैली में और आभिजात्य रूप में अण्णाभाऊ भूख-प्यास की चिंता से त्रस्त समूह की कहानी लिख कर एक विदारक सत्य का सच्चा स्मारक पाठकों के सामने साक्षात् कर देते हैं।

अण्णाभाऊ साठे नामक यायावर के अनुभव का दायरा बहुत बड़ा था। परिधि बहुत व्यापक है इसलिए उनकी शब्द योजना सहज अपनी बाँहों में लेना आसान नहीं है।

एक ओर गाँव की ओर के जंगल-पठार से लेकर महानगरीय गंदी बस्ती तक के जीवन के समस्त भोग पीठ और पेट पर निशान बने गुलामी के कोड़े और पेट के भीतर बिलखनेवाली भूख इन सारी बातों पर इस लेखक ने भरपूर लेखन किया है। अण्णा द्वारा लिखित श्रेष्ठ-सशक्त कहानियों की संख्या एक सौ सत्तर से अधिक है। इनमें से कम-से-कम तीस-पैंतीस कहानियाँ ऐसी है जो श्रेष्ठ गुणसंपन्न, आभिजात्य हैं। ये वैश्विक साहित्य की रत्नमाला में भी अपनी अंगभूत संपन्नता से दमक उठेंगी।

अत्यंत प्रतिकूल स्थिति में भी उन्होंने भरपूर और भन्नाट (रोचक-Amazing) लिखा। बीते शतक के तीसरे-चौथे और पाँचवें दशक के कुछ मराठी लेखक गर्दन पर पत्थर का टुकड़ा (खड़ा) रख कर सालोसाल लिखते ही रहें। लेकिन अन्य लेखकों जैसा एकाग्रता परिपुष्ट परिवेश अण्णा के हिस्से में आना संभव ही नहीं था।

सांताक्रुज हवाई अड्डे की ओर जानेवाली सड़क चिरागनगर के ऊपर से ही जाती थी। इसलिए हर पाँच मिनट में आसमान फटने-सी घरघराहट कानों पर पड़ती। पास में ही पत्थरों की खदानें थीं। जहाँ रात-दिन पत्थरों को तोड़नेवाली मशीनें चलने की कर्णकर्कश आवाजें कानों पर पड़तीं। इसी मध्य खदान के सुरंग से उछला पत्थर कब सिर पर जा गिरेगा यह डर भी सतत बना रहता। वहाँ रहनेवाले लोगों के मकान की दीवारें भी कच्ची गोबर-मिट्टी की थीं। चिंदियों का संसार बनानेवाला लेखक टाट से मोटे कपड़ों का घर बना कर रहता था। उसका सारा जीवन ही खुले में पाल (तंबू) बना कर बैठे पिंडारीवत् था।

फिर भी जनसामान्यों में, फिर चाहे वह टैक्सी ड्राइवर, लिफ्टवाला, क्लर्क, चपरासी इतना ही नहीं तो बर्तन माँजनेवाली बाइयों तक अण्णाभाऊ साठे की लोकप्रियता पहुँच चुकी थी और आज भी वह ज्यों-की-त्यों बरकरार है। अण्णा के लेखन का, किसी भी रचना का, कोई भी परिच्छेद ले लीजिए, आपको एहसास होगा, सहज, सरल, आशय संपन्न मराठी आज भी झरने-सी ताजी लगती है। अण्णाभाऊ का साहित्य बिकता है इसलिए उनके कुछ प्रकाशकों ने उन्हें खूब बेचा है। अपवाद रूप में मैजिस्टिक प्रकाशन और वा.वि.भट के अभिनव प्रकाशन ने उनके साहित्य को आकर्षक और अच्छे ढंग से प्रकाशित किया। कुछ पुस्तकों के बढ़िया मुखपृष्ठ दीनानाथ दलाल और अनंत सालकर जैसे ज्येष्ठ-श्रेष्ठ चित्रकारों ने बनाए थे। लेकिन अन्य प्रकाशकों ने उनके उपन्यासों को उत्तेजक, भड़कीले, भद्दे मुखपृष्ठ से सजाया और इतना ही नहीं तो रद्दी कचरे जैसे कागज़ का इस्तेमाल किया। परिणामत: अच्छा पाठक अण्णाभाऊ के साहित्य से परे (दूर) ही रहा। इस सच्चाई को नकारा नहीं जा सकता।

संदर्भ

1. 'विठू महार'–अण्णाभाऊ साठे, 'युगांतर'–24 अक्तूबर 1954
2. 'वारणेच्या खोऱ्यात'–अण्णाभाऊ साठे, पृ. 67, 74, 75, 1951
3. 'अण्णाभाऊ–भारतीय क्रांतीचे प्रतिभाशाली भाष्यकार'–डॉ. रावसाहेब कसबे–साठे, संदर्भ ग्रंथ, संपादक आसाराम गायकवाड़।
4. 'युगांतर में प्रकाशित अण्णाभाऊ साठे का साहित्य', संपादक प्रा. अशोक चोसाळकर और प्रा. रणवीर शिंदे, स्वर्णमणि पुनर्मुद्रण, पृ. 152
5. 'बरबाद्या कंजारी' प्रस्तावना, 1957
6. 'दलित साहित्य : वेदना और विद्रोह', भालचंद्र फड़के, पृ. 209, 1977

एलोरा गुफा का शिल्प 'माकड़ी का पठार'

कालगाव के विशाल फोंडा पठार पर फ़सल कटनी के अवसर पर आए घुमंतू भिखारियों के कई अस्थायी पाल (टेंट) देखकर ऐसा लगता था मानो किसी महावृक्ष पर पंछियों का समूह उतर आया हो।

इस पठार पर डवरी (जोगियों की एक जमात), डोंबारी (मदारी), बंदरवाले, दरवेशी, सँपेरे, तुरेवाले, गुँसाई, जादूटोनावाले, नंदी बैलवाले, शिकलगार, ऐसी कई घुमंतू जातियाँ आई थीं। फसल कटनी के समय साल भर की कमाई की आशा से ये लोग आए हुए थे। साधारणतया 1969-70 तक महाराष्ट्र के किसी भी सुख-संपन्न गाँव के पठार पर ऐसी बस्तियाँ दिखलाई देती थीं। इस श्रेष्ठ उपन्यास के शब्दाभिधान पढ़ते समय तत्कालीन रंग-बिरंगे कपड़ोंवाली, गोरी-चिट्टी बनजारा, लमाण और कुछ काले मिट्टी ढेले जैसे लोगों की भीड़ भी दृष्टिगोचर होती थी। इसी के साथ घोड़ियाँ, गधे, मुर्गियाँ और सूअरों का शोरगुल मुझे आज भी स्मरण में है।

1980 के दशक में दया पवार का 'बलुतं', प्र.ई.सोनकांबले का 'आठवणींचे पक्षी' (यादों के पंछी) प्रकाशित हुए। इसके पश्चात लक्ष्मण माने का 'उपरा' (उपेक्षित), लक्ष्मण गायकवाड़ का 'उचल्या' (उठाईगीर), शरणकुमार लिंबाले की 'अक्करमाशी' (अक्करमाशी), इनका हिंदी अनुवाद डॉ. सूर्यनारायण रणसुभे ने किया है। इसके अलावा पार्थ पोलके का 'आभरान', किशोर शांताबाई काळे का 'कोल्हाट्याचं पोर' (छोरा कोल्हाटी का) प्रकाशित होने से मध्यवर्गीय इकसाँचा जिंदगी की राह से गुजरनेवाले मराठी साहित्य जगत् में सनसनी फैल गयी।

लेकिन इससे पूर्व लगभग सत्रह साल पहले ही जनवरी 1963 में प्रकाशित अण्णाभाऊ लिखित 'माकडीचा माळ' (माकड़ी का पठार) उपन्यास में भारतीय साहित्य जगत में सचमुच में उपेक्षित बाहरी, घुमंतू जीवन की अभिव्यक्ति हो चुकी थी। यह जबरदस्त उपन्यास केशवराव कोठावळे, मैजिस्टिक प्रकाशन, मुंबई द्वारा

प्रकाशित हुआ। ज्येष्ठ और श्रेष्ठ चित्रकार दीनानाथ दलाल की तूलिका से इसका बढ़िया मुखपृष्ठ भी बनाया गया। लेकिन दुर्भाग्य यह कि, मराठी साहित्य की इस बेजोड़ रचना की ओर आलोचकों का ध्यान ही नहीं गया। आज भी यह उपेक्षित ही है।

इरस्कॉइन काल्डवेल का 'टोबेको रोड', एरिक मारिया रेमार्क का 'ऑल क्वाइट ऑन द वेस्टर्न फ्रंट' नामक जर्मन उपन्यास, स्टाइनबेक का 'द ग्रेप्स ऑफ राथ', गुंथरग्रास का 'द टीन रूफ' जैसे वैश्विक स्तर पर विभिन्न भाषाओं और अलग-अलग समय पर प्रकाशित पिछले शतक के श्रेष्ठ उपन्यास अपने अनूठे कथानक और उपन्यासकार की अद्‌भुत प्रतिभा के कारण कालजयी साहित्य के शिखर बन गए। इसी परंपरा में अण्णा का 'माकड़ी का पठार' उपन्यास मराठी साहित्य की एलोरा की 'कैलास गुफा' है। यह बात मैं पूरी जिम्मेदारी के साथ लिख रहा हूँ।

'माकड़ी का पठार' की शुरुआत मनमोहक, प्यारे, रसभरे शब्दों में हुई है। लेकिन यह उपन्यास कँटीले यथार्थ और घुमंतुओं के लीक के बाहर के जीवन की राह पर चलनेवाला है। शुरुआत में ही यह रचना मन में पैठ जाती है। सम्मोहित कर देती है। घुमंतुओं की दुनिया का, उनकी फटी गूदड़ी के आड़े-खड़े चिंदियों का, आपसी संघर्ष का, मनुष्य और पशु के बीच का, साथ ही प्रकृति पर पागल प्रेम का अनुभूत दर्शन कराती है। उपन्यासकार के रूप में अण्णा का योगदान अनूठा है। यह चित्रण सिर से पैर तक कँपानेवाला, झिंझोड़नेवाला है। इससे पूर्व और तदनंतर भी घुमंतुओं के जीवन का कच्चा चिट्ठा खोलनेवाला उपन्यास मराठी या किसी अन्य भारतीय भाषाओं में प्रस्तुत हुआ दिखाई नहीं देता।

ओड़िया के गोपीनाथ महंती, कान्हुचरण महंती इन भाइयों ने घुमंतू और आदिवासी जीवन की गाँठें अपने उपन्यास एवं कहानियों में सफलतापूर्वक खोल दी हैं। विशेषकर गोपीनाथ बाबू का 'परजा', 'माटीमटाल' तो कान्हुबाबू का 'शिक्षा' (सजा) उपन्यास को मैंने अंग्रेजी और हिंदी अनुवादों के माध्यम से पढ़ा है। विक्रमदास द्वारा किया हुआ 'परजा' उपन्यास का अंग्रेजी अनुवाद पढ़ कर मैं इतना प्रभावित हुआ कि मैंने ग्रंथाली की 'रुचि' नामक पत्रिका में पच्चीस साल पहले इस पर एक लेख भी प्रकाशित किया था। 'माकड़ी का पठार' के पुन: पठन के बाद मैंने गोपीनाथ बाबू का 'परजा' उपन्यास भी फिर से पढ़ा।

ओड़िया के कातापुरा वन क्षेत्र में 'परजा' नामक आदिवासी जनजाति के जीवन का लेखाजोखा प्रस्तुत करनेवाला उपन्यास है, जो 'माकड़ी के पठार' के पूर्व

अर्थात् 1948 में प्रकाशित हुआ है। साल-दर-साल आदिवासियों को अपने षड्यंत्र में फाँसनेवाले और सहज रूप से काश्तकारों को साहूकारों का जोरजबर्दस्ती से बेगार बनानेवाली यहाँ की अयोग्य, मूर्ख अर्थव्यवस्था 'परजा' उपन्यास का मुख्य कथानक है। उपन्यास का नायक सुक्रु और उसकी माडिया तथा टिपरी नामक संतानें अपने ही जमीन के टुकड़े पर साहूकार के गुलाम बन कर श्रम करते हैं। जी-तोड़ मेहनत करते हैं। उसकी प्यारी बिटिया जिल्ली को दुर्भाग्य से ऐसा अवसर आता है कि उसे साहूकार की रखैल बन कर जीवनयापन करना पड़ता है। ऐसे बेबस जीवन का कारुणिक चित्र यहाँ प्रस्तुत हुआ है। मलयालम में तकषी शिवशंकर पिल्लै के उपन्यास 'चेमीन' तथा 'मछुआरे' 1958 में आए। समुद्र और समुद्र के साथ जीनेवाले मछुआरे प्रस्तुत उपन्यास का विषय है। इस उपन्यास का भी विचार हमें अलग संदर्भ में करना पड़ेगा।

उन डेढ़ सौ दशकों में प्रकाशित राष्ट्रीय स्तर के कहानी साहित्य का यदि विचार करें तो 'माकड़ी का पठार' जैसी घुमंतुओं की ऐसी मनोहारी बुआई भारतीय साहित्य में दिखाई नहीं देती। जंगल, झाड़-झंखाड़ की गोद में पले-बढ़े, खेले हुए लोगों की कहानियाँ अन्य भाषाओं में भी लिखी गयीं लेकिन संबद्ध लेखक अपना प्रचारकी रूप छिपाने में असफल ही रहे। इस पृष्ठभूमि पर मुझे अण्णा की खालिस सफलता एक साहित्यकार की दृष्टि से बहुत बड़ी लगती है।

कालगाव के फोंडा पठार पर उतरे हुए घुमंतू जनजातियों के लोग एक-दूसरे से अलगावपूर्वक, कट कर बर्ताव करते हैं। उनके जीवनयापन और जीने की पद्धति और रीति भी भिन्न-भिन्न है। उनके देवी-देवता अलग-थलग, पाल (टेंट) के सामने फहरानेवाली पताकाएँ भी अलग-अलग रंग और आकार की थीं लेकिन फसल के तैयार होने का समय, पेट के भूख की आँच ही उन्हें इस पठार पर एक साथ रहने के लिए मजबूर करनेवाली सच्ची देवता थी।

ये घुमंतू जीव अपने-अपने ढोर-मवेशी के साथ तथा अपने साथियों के साथ एक-दूसरे से एक फसल की कटनी से लेकर अगली कटनी तक अर्थात् साल भर बाद ही मिलते हैं। प्रेम से एक-दूसरे को बाँहों में भर लेते हैं, गले लगते हैं। इनमें यंकू बंदरवाला, सैदू रीछवाला, सक्या बंदरवाला, डवरी (जोगियों की एक जमात), बालू मदारी जैसे कई अनुभवी लोग हैं। यंकू की फटेहाल गृहस्थी की गाँठें बाँधनेवाली उसकी पत्नी की मौत हाल ही में हुई थी। उसके साथ बिना माँ की सुंदर छरहरी दिखनेवाली दुर्गा नामक ग्यारह साल की लड़की है, उस पर सभी को तरस आता है।

यंकू के पास गंग्या नामक बंदर है, उसी से यंकू का पेट भरता है। छोटे आधा सेर के माप जितना दिखाई देनेवाला बंदर अच्छी तरह से मनुष्यों में हिल-मिल गया था। वह इधर-से-उधर छलाँगें लगाता है। दुर्गा के बिखरे बालों में से जुँएँ बीन कर खा जाता है। कुल मिलाकर अनेक घुमंतुओं के आगमन से उस पठार का भाग्य ही खुल गया है। इन हठी, जंगली पखेरुओं के हिस्से आए दुखभोग का, सुख के और चिंताओं के अभावों का, मिट्टी और जंगल पेड़ों से मधुर रिश्तों का, ऐसा लहलहाता, ताजा बिम्बात्मक और मदहोश करनेवाला चित्रण अण्णा ने किया है। यह इतना आकर्षक और सुंदर है कि उसे मूलत: अण्णाभाऊ के शब्दों में पढ़ने का लोभ संवरण नहीं होता–

"सावन में चमत्कार घटित हुआ। कछारी धरती नए रंग से सज गयी। हरे रंग का मुलम्मा चढ़ गया। धरती माँ सुख की साँसें लेने लगी। सिवान लहलहाया। फसलें डोलने लगीं, चक्कर काटने लगीं, यहाँ-वहाँ शाक-भाजी दिखाई देने लगी, भरपूर पानी, भरपूर जलाऊ लकड़ियाँ, इससे भिखारी बड़े ही सुखी हुए। ये खड़ी फसलें देखकर भगवान को हाथ जोड़ कर नमन कर रहे थे। फसल लोगों की, सिवान लोगों का लेकिन आनंद इन्हें हो रहा था। दुनिया सुखी तो हम सुखी–की विश्वव्यापक आत्मीयता दिखाई दे रही थी। भाद्रपद में बरसात ने अपना हाथ खींच लिया। बारिश मिट्टी में मोती उगा कर चली गयी, भिखारी खुश हुए। वे सब नये जोश और उमंग से काम पर जुट गए। डवरी, मदारी, दरवेशी, सँपेरे, तुर्रेवाले, जादूवाले, गुँसाई, बहेलिए, नंदीवाले, बंदरवाले सब एकदम तैयार हो गए। रीछवाले रीछ नचाने लगें, यंकू अपने बंदर को लेकर गली-गलियारे घूमने लगा। सैदू दरवेशी अपने रीछ को नचाने लगा और "रीछ से बड़ी दरवेशी की उछलकूद बड़ी" कहावत यथार्थ होने लगी। बालू मदारी अपनी युवा लड़कियों का काफिला लेकर तमाशा की मंडली तैयार कर रहा था। सँपेरे साँप के खेल दिखा रहे थे। जादूगर जादुई चमत्कार दिखाकर लोगों की आँखों के सामने चकाचौंध उत्पन्न कर रहे थे। बंदरवालों ने अपनी पेट की जिम्मेदारी बंदर के सिर पर डाल दी थी। रावण की लंका जलानेवाला यह जीव उसके हुक्म की तामील कर रहा था। 'नाचो' कहते ही नाच रहा था और किसानों के सामने सिर झुका कर भीख माँग रहा था।

यंकू शारीरिक दृष्टि से बलवान था। चौड़ा चेहरा, चौड़ी गर्दन, घनी मरोड़ी हुई मूँछें, गोल कमीज, माथे पर बड़ा साफा, हाथों में लंबी लाठी और कंधे पर गंग्या बंदर ऐसे उसके ठाट-बाट थे।

सैदू दरवेशी पक्का गंजेड़ी के रूप में ख्यात था। लोडेड संगीन की तरह उसकी चिलम हमेशा भरी हुई होती थी। उसे साथ लेकर घूमता। बांकी मूँछें, शेर के आयालवत बड़ी दाढ़ी, घनी भँवें, रोज घर-घर के सामने रीछ से कुश्ती खेल कर उसका शरीर गठीला हो गया था। आवाज़ में फौलाद-सी खनक थी। गुस्सैल होने से सभी भिखारी उससे डरते थे।

बालू मदारी रंगीला आदमी था, तोंद आगे आयी हुई थी। देह थुल-थुल, वर्ण काला, चेहरा चमकीला, चौड़ी ललाट जो तालू तक पहुँच गयी थी। कमर में करधनी, उस पर लंगोट, सिर पर लहरिया साफा, ऐसा उसका वेश था।

परबती डवरी जैसा नाम वैसा था। अर्थात् पहाड़ जैसा था। लोग उसे पाऱ्या कह कर पुकारते थे। वह कंगलों की बस्ती में कुबेर था। लेकिन बड़ा ही गुस्सैल था। वह रोज शराब पीता था। इसलिए उसका नाम लेना भी बड़ा पाप था। उसने पाँच शिकारी कुत्ते पाल रखे थे। नाबदा और आबदा ये उसकी दो बीबियाँ थीं। रत्न, मोती, स्फटिक, कुंकुम, मोम, काली मंगलपोत (माला) का व्यवसाय वे करती थीं। पाऱ्या घर में शराब की भट्ठी लगाता था। पहली धारा की शराब पेट भर पी कर दिन भर पड़ा रहता। उसकी चार युवा खूबसूरत लड़कियाँ शराब के कनस्तर गाँव-गाँव पहुँचा कर पैसा कमाती थीं। काफी दूर-दूर से लोग शराब पीने के लिए परबती के घर आते थे और शराब पी कर जाते थे।

ऐसे ये सारे लोग उस पठार पर जीवन-यापन कर रहे थे। उनमें बड़ी जिजीविषा थी। इस दुनिया में उनका मालिकाना हक का कुछ भी नहीं था। लेकिन इस चराचर जगत पर उनका प्रेम था। सभी दिशाओं से लोग आते, यहाँ आकर रहते। कुल मिलाकर इस वीरान पठार पर जीवन खुशी से अलमस्त था।

उन घनी झाड़ियों में चोर, कातिल, लुटेरे, डाकुओं का बारहों महीने जमावड़ा रहता था। वे चोर रात में गाँव लूटते, कत्ल करते, स्त्रियों को भगा ले जाते और पठार के जंगल में छलांग लगा देते। आज क्या हुआ? उस पठार पर कत्ल हुआ! किसी की बेटी भगाई गयी! किसी का कंकाल मिला! ऐसी खबरें प्रति दिन भभक उठतीं। इन खबरों को सुन कर कालगाव के बच्चे-स्त्रियाँ भयभीत होते। हर चार-आठ दिन में इस पठार पर ऐसा कुछ तो भयावह और विपरीत घटित होता ही रहता था। परिणामत: इस पठार को लोग 'भूतों का पठार' कहते थे।

ऐसा वह समस्त चराचर जगत एक-दूजे से घुलमिल कर एकरूप हो गया था। मानव से एकरूप होनेवाले बंदर और बंदरों की प्रीति में अटके मनुष्य। जैसे किसान

के लिए दुधारू गाय अनमोल होती है, उसी तरह सँपेरों को अपना साँप प्राण प्यारा होता है। कारण उसी के बलबूते वह अपनी गृहस्थी की गाड़ी आगे खींच पाता है।"

ऐसे अनुभूत चित्रात्मक वर्णनों को पढ़ते समय अण्णा की भाषा का, उसके रंग-रूप का महकता दवना दमक रहा था। केतकी का गुच्छा फूट कर खुशबू मानो बरस रही हो।

दिन डूब रहा था, सूरज की सुनहरी किरणें धरती पर फैल रही थीं। शीतल हवा बह रही थी। पठार पर स्थित पाल हवा से डगमगा रहे थे। विभिन्न देवस्थान के आगे स्थित पताकाएँ फड़फड़ा रही थीं।

लोग घर की ओर लौट रहे थे। सभी दिशाओं से लोग आ रहे थे। कई भीख माँग कर आ रहे थे, तो कोई शिकार कर आ रहे थे। खरगोश, नेवला, लोमड़ी, बिल्ली, बंदर जो भी हाथ आया उसे मार कर पेट भरने का उनका विचार था। अपने-अपने लोगों को पहचान कर कुत्ते उनके पास जाकर नाच रहे थे। कुछ आनंद से भौंक रहे थे। बच्चे चिल्ला रहे थे। बीच में एकाध गधा रेंक कर समूचा पठार सिर पर ले रहा था। चारों ओर आनंद और खुशी का माहौल था।

बालू मदारी अपने सिर का साफा पीछे खिसका कर अपने पैरों के बीच ढोलक लेकर आँखें मींच कर उसे पीट रहा था।

पाऱ्या शराब पी कर बड़बड़ा रहा था। अपनी लड़कियों को गालियाँ दे रहा था और उसकी लड़कियाँ शराब बेच कर आए पैसे गिन रही थीं। सैदू आज मोरनी मारकर लाया था। उसका सूप जल्दी बना दें, सकीना के पीछे तकादा कर रहा था। गाँजे के लंबे-लंबे कश लेते हुए लगातार चूल्हे की ओर देख रहा था।

यंकू के पाल के सामने दुर्गा खड़ी थी। वह अपने पिता के आने की राह देख रही थी। मनोहारी नाक-मुंहवाली दुर्गा आज उदास लग रही थी।

थोड़ी देर बाद यंकू आया। उसके कंधे पर गंग्या बंदर बड़ी शान से बैठा था। पिता को देखते ही दुर्गा खुश हुई, दौड़ते आयी और यंकू से लिपट गई। यंकू ने गंग्या को नीचे उतारा और दुर्गा को कंधे पर बिठा लिया। यह बात गंग्या को नहीं भाई। उसने झट् से छलांग लगायी और दुर्गा के कंधे पर जा बैठा। यंकू के कंधे पर दुर्गा, दुर्गा के कंधे पर गंग्या, ऐसी भँडोली लेकर यंकू अपने पाल की ओर चल पड़ा। यह देख कर बालू ढोलक अलग रख कर घोड़े-सा हिनहिनाता भयावह हँसा।

यंकू ने झोली फैलाई, लोटा पानी से भरा, दुर्गा को गोद में लेकर रोटी खाने लगा। कई घरों की रोटियाँ, चटनियाँ, अचार, सालन, खर्डा ऐसे एक-एक पदार्थ

दुर्गा चटखारे लेकर खाने लगी थी। यंकू की दी हुई रोटी गंग्या बंदर ने एकदम मुँह में भर ली और धीरे-धीरे चबा कर खाने लगा।

अचानक हिकम्या सँपेरे का नया नाग पिटारे से निकल कर दौड़ पड़ा। यह देख हिकम्या की लड़की चिल्लाई, "बाप्पा...SS...साँप भाग गया!" यह सुन हिकम्या उठा और साँप के पीछे भागा लेकिन साँप उसके हाथों में नहीं आया। वह नाग भागते हुए सीधे यंकू के पाल में घुस गया। उसे देख दुर्गा चीखी, "साँप...SS...बाबा"!

गंग्या ने चौंक कर छलाँग लगाई, दूसरी ओर यंकू ने काठी के एक फटकारे में उस साँप को मार डाला। तभी साँप का पीछा करता हिकम्या सँपेरा वहाँ आ पहुँचा। साँप को मरा हुआ देख उसका खून खौल उठा। उसने जोर से आवाज लगायी, "दौड़ो, दौड़ो, मेरा साँप मार डाला!" कोई दुधारू गाय मार डाले ठीक वैसी ही उसने दहाड़ लगायी। "सँपेरो भाइयो! दौड़ो, मेरा देवतातुल्य नाग इस बंदरवाले ने मार डाला, क्या करूँ, अब मैं?"

यह सुन सँपेरे चिढ़ उठे। लाठियाँ लेकर यंकू के पाल की ओर दौड़ते आए।

इस घुमंतू समूह का समूचा जीना-मरना उनसे जुड़ा हुआ अण्णा जैसा सच्चा कलाकार ही प्रस्तुत कर सकता है। इन घुमंतुओं के जीवन का लघुतम साधारण विभाज्य उर्फ लसावि ही मानो उन्होंने प्रस्तुत कर दिया हो। वे आगे लिखते हैं, "सूर्योदय होते ही उस बस्ती को भूख और शिकार केवल इतना ही ज्ञात है। शिकार कर शाम को 'खारटवणी' [मांस-मटन का पतला, नमकीन सूप] बनाना। वहाँ हर कोई अपने पालतू पशु-पंछी पर अपार प्रेम करते हैं। इसलिए शराब पी कर बेहोश हुआ पाऱ्या डवरी अपने कुत्ते की स्तुति करता है, "मेरा ये कुत्ता नहीं बाघ है बाघ!" उनके आपसी झगड़े और हमले बेलगाम और होश गँवानेवाले हैं। इसलिए शराबी पाऱ्या को यंकू बंदरवाला चने के होले छीलने-सा पीट रहा था। नीचे गिरा हुआ पाऱ्या मछलीवत् छटपटा रहा था।" पठार पर स्थित घुमंतू और भिखारियों का झगड़ा ठेठ गाँव की पंचायत की कोतवाली पर चला जाता है। उनकी आपसी तनातनी देख गाँव का नाथा पाटील खीझ उठता है। हिकम्या सँपेरा पाटील के पास शिकायत करता है, "इस यंक्या ने मेरे साँप को मार डाला, अब मैं भूखों मर रहा हूँ! क्या खाऊँ?" इस पर पाऱ्या डवरी रुँधी आवाज़ में फरियाद करता है, "मेरा कुत्ता तो देवता समान था।" उनकी आपसी धधकनेवाली बैर की आग भी बहुत दाहक थी। पाऱ्या डवरी यंकू बंदरवाले को सीधे-सीधे चुनौती (धमकी) देता है, "बेटे! सावधान रहना, एक दिन मैं तेरे टुकड़े-टुकड़े कर डालूँगा। तेरी लड़की को भगा ले जाऊँगा। उसे मुंबई में बेच दूँगा, वेश्या बना डालूंगा।"

पाँच कुत्तों का मालिक पान्या डवरी बहुत ही धूर्त और चालबाज था। बड़ा क्रूर भी था। उसके पास दिमाग, कलेजा, इन्सानियत इन तीनों में से कुछ भी नहीं था।

भिखारी आते समय वाटेश्वर के बगीचे में घुस कर एक बड़े बंदर को मार डालते हैं। उसे पका कर निगल जाते हैं। इनके द्वारा महापाप हुआ है ऐसी शिकायत पाटील के पास की जाती है। उन्हें गुनहगारवत एक पंक्ति में पाटील के सामने खड़ा किया जाता है। पाटील पूछता है, "मारुती, राम का कौन है?"

"बंदररूपी मारुती का अवतार है, सरकार!"

बूढ़ा गुसाईं हलकी आवाज में जवाब देता है।

"फिर उस मारुती बंदर को काट कर खाने वाले तुम लोग मानव हो या रावण की औलाद?"

"बंदर खाने का वरदान हमें राम ने ही दिया है, सरकार!"

"मारुती काट कर खा जाओ, कहनेवाला राम कहाँ हैं?" पाटील पूछता है।

इस प्रश्न पर काँपनेवाला बूढ़ा गुसाईं पेट पर हाथ मार कर कहता है, "बंदर खा ऐसा वर देनेवाला राम ही हमारा पेट है। पेट भरता नहीं इसलिए तो गुनाह होता है, सरकार!"

पेट रूपी ईश्वर के लिए पाप की पूजा करनेवाले मनुष्यों की यह दाहक दुनिया और उनका यथार्थ अण्णा मानवता के नाते बड़ी आत्मीयता से प्रस्तुत करते हैं।

"वन-जंगल में बंदर, नेवला आदि फटर-फटर अलाव पर भून कर स्वादिष्ट जंगली चूहे खा कर पेट का गढ़ा भरनेवाले ये घुमंतू जीव जंगली हवा में और अँधियारी खाई में सोए-सोए वे अपने पाल में विचलित होते हैं, कराहते हैं, बड़बड़ाते हैं। कल क्या भीख माँगी जाए? इस चिंता में नींद में ही तिलमिलाते हैं।"

उनके भूखे पेट की तड़पन देख कर प्रकृति के कलेजे में भी टीस उठती है। उन बेचारों का उफनता दुख देख कर आकाश में भी कलौंस छा जाती है। तारे मलीन हो जाते हैं, बेताल के स्थान के निकटवाले बरगद पर उल्लू घूमते हैं।

यहाँ के वनों-पेड़ों के पत्तों, पशु-पंछियों समवेत सामान्य घुमंतू जीवों की दुर्गति पर अण्णा नामक महान शब्द-प्रभु का हृदय दया और करुणा से आप्लावित हो जाता है। पेड़ की डाल से अभी-अभी निकाले गए शहद के छत्ते-से जैसा शहद टपकते रहता है उसी तरह इस श्रेष्ठ और अद्‌भुत उपन्यास का लेखन करते समय अण्णा निरंतर भावों से गद्‌गद हैं, इसका एहसास हमें अवश्य होता है।

"बस्ती के पास झाड़ियों में बालू मदारी का गधा मरा हुआ पड़ा था। उसका मोटा चमड़ा कौओं की चोंच से कट-टूट नहीं रहा था।" यहाँ अण्णा घुमंतुओं के

बेधक जीवन का यथार्थ अपनी लेखनी की ताकत से हमारी आँखों के सामने प्रत्यक्ष कर देते हैं। इस तरह का वर्णन वैश्विक साहित्य में मिलना मुश्किल है। "उस मरे हुए गधे की बोटी नोचने के इरादे से दस-बारह गिद्ध इकट्ठे हुए लेकिन वे उस लाश से दूरी बनाकर खड़े थे। वे बार-बार आसमान की ओर देख रहे थे। बीच-बीच में पंखों को फड़फड़ाकर उन्हें साफ कर चीत्कार कर रहे थे।" यहाँ अण्णाभाऊ जो प्रस्तुत कर रहे हैं, वह मानव की हीं नहीं तो दुष्ट गिद्धों की दुनिया की भी रूढ़ि-संकेतों का अनुपालन करनेवाली थी।

"वे गिद्ध किसी के आगमन की उत्सुकता से राह देख रहे थे। इसी समय उस मरे हुए गधे की पूँछ के नीचे भिखारियों के लड़कों ने फाँस डाल रखा है। उसे रख कर वे चुपचाप एक ओर छिप कर बैठे हैं। जिस तरह मधुमक्खियों के छत्ते में आदर-सम्मान की पात्र रानी मक्खी होती है, उसी तरह गिद्धों की दुनिया में उनका 'राजगिद्ध' नामक राजा होता है। मृत जानवर के शरीर पर पहली चोंच गड़ाने का उसका सम्मान होता है।" यहाँ पर प्रकृति की नाड़ी पर उँगली रखनेवाली अण्णा की कलम उन गिद्धों के राजा का आगमन और उसे हथियाने के लिए भिखारियों के बच्चों द्वारा डाले गए फाँस का बहुत ही सुंदर और अतुलनीय वर्णन करती है, इसे मूल पढ़ना चाहिए।

"एक काला धब्बा अति वेग से जमीन की ओर बढ़ रहा था। उसकी गति निरंतर बढ़ते ही जा रही थी। साथ ही उसका आकार भी बढ़ रहा था। तीरवत् वह धब्बा नीचे आ रहा था। इसे देख सारे बच्चे दुबक रहे थे, छिप रहे थे, हर्ष से हँस रहे थे। उन्हें इतना आनंद आया कि वे एक-दूसरे को चिढ़ा भी रहे थे।

वह धब्बा पल-दर-पल नीचे आ रहा था और उसका आकार भी बढ़ रहा था। आकाश से पत्थर गिरने जैसा वह धरती की ओर आ रहा था। यह सब क्या हो रहा है, इस सोच से नाथा पाटील उत्सुक था। उसने साफा निकाल कर बगल में दबा लिया और मुँह को 'आ...ss...' की तरह खोल कर आसमान निहारने लगा।

थोड़ी देर में करकराहट की ध्वनि उत्पन्न हुई और एक विशाल गिद्ध उस मृत गधे के पास उतरा। अपने पंख समेट कर जैसे ही वह उतरा कौवे पंख फैला कर तत्काल भाग गए। उपस्थित गिद्धों ने उसे प्रणाम किया। तदनन्तर डोलते-डोलते आगे आ कर मृत गधे को देखा। जो खूनवत् लाल दिखाई दे रहा था। उसे कंधे के निकट पंख नहीं दिखाई दे रहे थे, इसलिए वह जाकिट पहने हुए अमीर-सा लग रहा था। अचानक वह नाचने लगा और आगे बढ़ा, गधे को निरखा, एक ललकार लगाई, यह सुनते ही अन्य गिद्ध खुश हो गए। अपने पंखों को फड़फड़ाकर खुशी जाहिर की।

फिर वह नया आया हुआ राजगिद्ध आगे की ओर खिसका। चारों ओर नज़र घुमाई, गधे के पीछे जाकर पुन: बारीकी से निरीक्षण किया और सड़ाक से गधे की पूँछ के नीचे अपनी बाँकी, तीखी चोंच गड़ा दी। कंधे तक वह गधे में घुस गया और पुन: पीछे हटा। तभी सारे गिद्ध आगे आए लेकिन इसी समय राज-गिद्ध पर मुसीबत आ गई। चोंच और गर्दन बाहर निकालते समय उसकी गर्दन लड़कों द्वारा लगाए गए फाँस में फँस गई। उसने जोर का झटका दिया लेकिन गर्दन बाहर निकलने के बजाये और अधिक धँस गई। वह विशाल राज-गिद्ध छटपटाने लगा, करुण चीत्कार करने लगा।

तभी लड़के वहाँ दौड़ कर आए। लाठी से उस गिद्ध को चकनाचूर कर दिया। देखते ही देखते वह मर गया। वे उस मरे हुए गिद्ध को लेकर खुशी से हँसते-खेलते नाले में उतर कर पठार की ओर भाग गए।"

मनुष्य की दुनिया के स्वर्ण-सिंहासन पर आरूढ़ राजा से भी अधिक उस राज-गिद्ध का शानदार और ठाठदार वर्णन अण्णा ने बहुत ही रोचक तथा उत्कंठावर्धक ढंग से किया है। और महत्त्वपूर्ण बात यह कि गधे की पूँछ की ओर से पेट में घुस कर उसके कलेजे की मधुर बोटी तक पहुँचनेवाले अण्णा का यह वर्णन अलौकिक लेखन-क्षमता और गहरी निरीक्षण-दृष्टि का परिणाम ही मानना चाहिए।

"उस बस्ती का पाऱ्या डवरी करेले-सा कड़वा खल पुरुष है। वह स्वयं अपना अच्छा नहीं कर पाता और दूसरों का अच्छा उससे देखा नहीं जाता। ऐसे स्वभाव का एक क्षुद्र जीव है। लेकिन उसका बुरापन व्यंकू बंदरवाला सही रूप से जानता है। अपनी कोमल-कमसिन लड़की को साथ लेकर घूमते समय वह मानो कलेजे में नुकीली सुई गड़ा कर ही जी रहा है।

सिर की चिकनी हजामत किए हुए गुलब्या के दामाद के सिर पर जब चाँद का प्रकाश चमकता है तब उस सिर का आकार धूप में चमचमाते तांबे के लोटे जैसा दिखाई देता है। जब पूरब से चाँद ऊँपर चढ़ता है तब अँधेरा पिघल जाता है, पठार चाँदनी में चमचमाता है। पालों को नया आकार मिल जाता है।"

प्रस्तुत उपन्यास में अण्णा अपनी तूलिका से यहाँ की प्रकृति का जीता-जागता वर्णन कर देते हैं। काव्य भाषा होते हुए भी यथार्थ की आग बुझने नहीं देते। इसके विपरीत जंगली पेड़ की पुरानी गाँठोंवाले तने दीर्घकाल तक जलते रहते हैं। इन लोगों का बुझा-बुझा-सा जीवन और पीड़ा के भोग को लेखक प्रस्तुत करता रहता है।

यंकू के मत से दुर्गा नामक अपनी जवान लड़की बड़ी जटिल समस्या है। यह लड़की रूपी तलवार गर्दन पर रख कर इस पठार पर और मैं कितने दिन रहूँ? ऐसा

यंकू बंदरवाले को लगता है। पान्या डवरी जैसे नीच, हलकट आदमी से दुश्मनी लेकर अपने पाल को और लड़की को सँभालना नामुमकिन है। पत्नी पहले ही चल बसी। इसके बाद गरीबी के कारण अपने कामधेनु समान दोनों गधे बेच कर खाए। आफत के इस कठिन समय बाबू मदारी उसे अपना एक गधा उधार देता है, तब कहीं जाकर जीने की उम्मीद से साँस खुलती है।

विपरीत बुद्धिवाला पान्या भी भाग्य के आघात से बच नहीं पाता। यंकू की लड़की को भगाकर जनम भर याद रखेगा ऐसा प्रतिशोध लेने की उसकी दुष्ट बुद्धि अपने प्रतिशोध के लिए वह 'गल्या-बल्या' जैसे डाकुओं को न्यौता देता है। घने अँधेरे का लाभ उठा कर बड़ी कठिनाई से यंकू वहाँ से खिसक पाता है। इधर गल्या-बल्या पान्या की चार मुर्गियाँ और शराब पी कर उसकी युवा लड़कियों को उठा लेता है। रोकनेवाले पान्या को हथियार से लंगड़ा कर डालता है।

उधार लिए गधे की पीठ पर अपनी दुर्गा नामक लड़की और गंग्या नामक बंदर को लेकर यंकू इस पठार से उस पठार तक सफर करते रहता है। पीठ पीछे सुबह, सिर पर दुपहर और सामने शाम लेकर उसकी भागदौड़ जारी ही है।

इसी बीच और इसी तरह सात साल बीत जाते हैं। यंकू की ग्यारह साल की बेटी दुर्गा सत्रह साल की हो जाती है। उसके यौवन का रसीला वर्णन करते समय अण्णा की कलम शिखर को छू लेती है। वर्णन का प्रारंभ रुटीन, पुराने, बाजारू भड़कीले ढंग से शुरू होता है। "लेकिन कोई यात्री अचानक पगडंडी छोड़ कर मेंड़ के उस पार, भीतर, खुशबूदार फूलों के बाग में छलांग लगा लेता है, उस महकते बन में स्वयं पखेरूवत् अपना आपा खो जाता है।" ऐसी शब्दों की जादूगरी की धूम अण्णा मचाते हैं।

"दुर्गा अठारहवें साल में प्रविष्ट हुई। उसका चेहरा दमकने लगा। गदराई छाती, पुष्ट उरोज, बड़ी-बड़ी आँखों में नई चमक झलकने लगी। नज़रें चंचल हुई। गेहुँआ रंग, रूपमती, अनोखी दुर्गा अपने पुराने-फटे कपड़ों में भी सुंदरी दिखने लगी। उसके छोटे-छोटे कपड़ों में देह समा नहीं पा रहा था। उसकी हर हलचल में सम्मोहकता बह रही थी। वह धनुष्य की कमान की तरह मुड़ने लगी। जब वह हँसती तो ऐसा लगता, किसी ने चट्टान पर अंजुरी भर रुपये उड़ेल दिये हों। जब वह बोलती तो सारंगी के तार छिड़ने का अहसास होता। (ऐसी वह) टूटे-फूटे, पारद उड़े-आईने में अपना चेहरा देख कर स्वयं ही खुश हो उठती थी। उसे अपनी सुंदरता पर गर्व होने लगा था।"

अण्णाभाऊ ऐसे वर्णनों द्वारा पाठकों के हृदय को झंकृत कर देते हैं।

यंकू के साथ गधे पर बैठ घूमनेवाली दुर्गा, जो गठीली और पुष्ट शरीरवाली थी। उसका यह ठाठ यात्रियों की नज़र में भी पड़ता था। यंकू की लड़की दुर्गा को यंकू की पत्नी समझ कर रास्ते में मिली एक बुढ़िया व्यंग्य भरे शब्दों में उसे कोसती है, "मनुष्य को जो शोभा कारक होगा, वही उसने पहनना चाहिए, जितना पचेगा, उतना ही खाना चाहिए परंतु तुम्हें तो इतना भी समझ में नहीं आया। तूने इतनी सुंदर युवती को पत्नी बना कर गलती की है, अरे बाबा! हाथी नियंत्रण में रह सकता है लेकिन ऐसी युवा पत्नी तो हाथी से भी बड़ी खराब, नियंत्रणशून्य होती है। यह पत्नी तुम्हारे बूते के बाहर की है।" यह सुन दुर्गा इस आजी को कहती है, "ये मेरा पति नहीं, पिता है।" और हँस पड़ती है।

गधे पर दुर्गा, उसके पीछे चिपक कर बैठा गंग्या बंदर और गंग्या के पीठ को मजबूती से पकड़कर बैठी उसकी रंगी बंदरिया, ऐसे लावलश्कर के साथ यंकू की यात्रा जारी है। सात वर्षों के दीर्घ अंतराल के बाद यंकू उसी इलाके में पुन: लौटता है। वह जंगल से गुजरनेवाली नदी को लाँघ रहा था तब उसे पाऱ्या डवरी का परिवार पुन: मिल जाता है। गल्या-बल्या नामक डाकुओं ने उसकी टांग तोड़ देने से पाऱ्या बैसाखी के सहारे चलता है लेकिन उसके शत्रुता की ऐंठन थोड़ी भी कम नहीं हुई है। इसलिए जहरीली भाषा में कहता है, चींटी को भी अपना पेशाब बाढ़ की तरह लगता है।

उस भरी हुई बहती नदी को पार करते समय किनारे पर खड़ी जवान दुर्गा दिखाई देती है। तब तो उसकी जबान अनियंत्रित होकर जीभ पर काँटे उग आते हैं। वह वहाँ से खिसक जाता है। अच्छे कपड़े का थान निपजा है। केवल दिखावा। इस नगीने को अभी काँटा नहीं चुभा है। यंकू पाऱ्या के पुनर्मिलन से काँप जाता है। पाऱ्या अपने इर्द-गिर्द और आग लगाएगा। इस बात का उसे विश्वास हो जाता है।

राधानगरी के वन-परिसर में रहनेवाले विलासराव नामक इनामदार को दुष्ट पाऱ्या नींद से उठा कर बिठाता है। दुर्गा जैसे जंगली पखेरू को तो तुमने ही हजम करना चाहिए, यह बात उसके सिर में भर देता है। इनामदार का वह पुराने गढ़े हुए पत्थरों का बाड़ा, उस बाड़े में तिलचट्टेवत् रहनेवाला विलासराव और उसकी अस्सी साल की बूढ़ी-अंधी माँ। वैश्विक साहित्य की खोज करने पर भी ऐसे प्रतिभावान शब्दप्रभू-शब्दसम्राट के निशान और उसकी समानता के किरण पाठकों को अचंभित कर देते हैं।

स्त्रियों के मानसिक और शारीरिक शोषण का चित्र उपस्थित करनेवाला 'टेस ऑफ द डर्बर विल' नामक उपन्यास थॉमस हार्डी ने 1891 में लिखा। विक्टोरियन युग के इस उपन्यास में इंग्लैंड के ग्रामीण क्षेत्र के साथ-साथ मेहनतकश किसान और गड़रियों की दुनिया भी हार्डी ने बड़ी ताकत के साथ चित्रित की है। वहाँ के इतिहास पूर्व दफन पहाड़ियों की पृष्ठभूमि पर 'टेस' नामक देहाती कन्या की दर्दभरी दास्तान बिजली-सी चमक उठती है। जब टेस नामक गरीब परिवार की बेटी टैट्रीज गाँव में पहुँचती है तब उसे मिला हुआ अलेक डर्बर विल नामक सामंती युवक इस विलासराव जैसा ही जहरीली नज़रवाला है। अपनी वासना के जाल में टेस को खिंचने का प्रयास वह करता है। तब उनका खेतों में स्थित मकान और अंधी सामंती बुढ़िया, टैटरिज गाँव के उस बाड़े का माहौल और यहाँ इन इनामदार का बाड़ा, मगरूरी, वह शोषण और अंधापन इन सब में अद्‌भुत समानता मुझे महसूस हुई है। अर्थात् यह प्रतिभा के शिखरस्थ शब्द प्रभुओं की हुंकार में सहज-स्वाभाविक रूप से आयी हुई समानता है और कुछ नहीं।

सड़े हुए काँटे जैसा दुष्ट प्रवृत्तिवाला पाऱ्या इनामदार के दिमाग में जहर बो देता है। इसी बाड़े में विलासराव की अंधी माँ की देखभाल करने दुर्गा जाती है। एक दोपहर में विलासराव दुर्गा पर जबर्दस्ती करने का प्रयास करता है। पैसेवाले की इस अचानक धृष्टता के कारण गरीब दुर्गा की हालत विकलांगवत् हो जाती है। नकार, प्रतिकार या पलायन इन तीनों में से उसे उस समय कुछ नहीं सूझता लेकिन अचानक गंग्या बंदर दुर्गा की सहायता के लिए वहाँ दौड़े आता है।

इनामदार ने कहीं लड़की को कलंकित तो नहीं किया इस भय से यंकू बंदरवाला परेशान है। क्योंकि अपनी जाति की रूढ़ि-परंपरा के अनुसार जूठी पत्तल को घर में लेने का रिवाज़ नहीं है। "स्त्री यह चेमिन उपन्यास की कुरूतम्मा जैसी मछुआरे की लड़की हो या 'परजा' की जिल्ली हो ; जंगल में, बन में और रामायण में और आज के दामायण में भी चरित्र की ठेकेदारी केवल स्त्रियों के पास ही है। 'चेमिन' में तो मछुआरों की स्त्रियों को कठोरतापूर्वक चरित्र का अनुपालन करना चाहिए, अन्यथा समुद्र देवता का भयंकर कोप होता है और फिर मछुआरे की नाव को और मछुआरे को भी निगल लेती है–ऐसा वर्णन प्रस्तुत हुआ है। इसी तरह की रीति बंदरवालों की दुनिया में भी है। स्त्री की गलती से नहीं तो किसी दूसरे ने अन्यायपूर्वक उसे कलंकित किया तो भी उसके सिर पर पत्थर डाल कर उसे मार डालने का कठोर नियम था। इस नियम के चलते यदि इनामदार ने ऐसा अपराध किया हो तो अपने

पेट की इकलौती बेटी को मुझे मार डालना पड़ेगा। इस सोच मात्र से यंकू बुरी तरह काँप गया। लेकिन जब उसे ज्ञात होता है कि वह पवित्र है तो उसे गले लगा कर दहाड़ें मार कर रोता है। गाँव बाहरवाले सूखे नाले में बाप-बेटी दोनों खूब रो लेते हैं।

आगे चलकर दुर्गा की पवित्रता की पड़ताल करने के लिए यंकू के बिरादरीवालों की अर्थात् जात-पंचायत आयोजित होती है। बंदरवालों के इस 'जातकाशी' के लिए पठार पर अलग-अलग गाँवों से अड़ियल, गुस्सैल, बुढ़ऊ पंच के रूप में इकट्ठे होते हैं। लड़की का बाप और ससुर दोनों ओर से शब्दों की गोलाबारी जारी होती है। शोर बढ़ता है। अपनी बहू की पवित्रता तय करने के लिए ससुर एक भयावह कसौटी सुझाता है। "उसने (बहू ने) खौलते तेल में डाला हुआ सिक्का निकाल कर बताये। यदि हाथ जला तो वह पापी, यदि नहीं जला तो तुलसीदलवत् पवित्र मानी जाएगी।"

ऐसे चरम के अवसर पर अण्णा की कलम अब तक चुप बैठे उसके भरतार उर्फ पति का मुँह खुलवाती है। "वह सोने के टुकड़े जैसी अपनी गुणवान इस्तुरी की रक्षा करने जात-पंचायत से भिड़ता है, और कहता है, दुर्गा का पाप सिद्ध करने के लिए मेरा बाप ही खौलते तेल से सिक्का निकाले, यदि इनका हाथ जल गया, तो दुर्गा ने पाप नहीं किया है और यदि हाथ नहीं जला तो दुर्गा पापी है, भ्रष्ट है।"

अपना बेटा अपनी तरकीब मेरे ही गले में डाल रहा है, यह देख उसका पिता बौखला गया।

फसल कटनी का मौसम खत्म हो गया। चूहों ने अपने बिल में चुराया हुआ अनाज इकट्ठा किया हुआ है। उनका बिल तोड़ कर भिखारी ही चूहों को भिखारी कर डालते हैं अर्थात् बिल में से सारा अनाज निकाल लेते हैं। इसी समय पठार के पाल में रहनेवाली किसी भिखारी की सुंदर लड़की हाथों नहीं लगी इस दुख से उस क्षेत्र के सामंती मवाली (टगे) और धनिक जल-भुन जाते हैं।

सचमुच में शिराळा (नामक गाँव) पहले के पेटलोंड गाँव तक (यह सुंदर गाँव चांदोली बांध के जलाशय में हमेशा के लिए डूब गया है।) घूमनेवाला यंक्या जैसा एक बंदरवाला था। उसकी फटी झोली में चाँदनी जैसी (चंद्रकला-सी) सचमुच की दुर्गा थी–यह बात हमारे उस क्षेत्र के बड़े-बूढ़े कहते हैं। पठारवाली उस सुंदरी के लिए अमीरों ने हिरनी-सा पीछा किया था। लेकिन यंक्या ने अपनी लड़की तथा इज्जत बचाने के लिए सफलतापूर्वक संघर्ष किया था। अण्णा ने यथार्थ की यह चंद्रकला को ही प्रस्तुत नहीं किया, तो उसके साथ-साथ घुमंतू जनजाति के दुख-दर्दों का दस्तावेज ही प्रस्तुत कर दिया है। यह है उनका सचमुच का अनमोल योगदान।

सामंती धनिकों के मस्तिष्क में दुर्गा को हथियाने के लालच की मेंढकी कर्कश आवाजें निकालती है। कुछ जंगली, उज्जड़, मवाली नदी के पनघट पर गूदड़ी ओढ़ झपट्टा मारते हैं और दुर्गा को इनामदार के बाड़े में लाकर बंद कर देते हैं।

आगे उपन्यास के अंतिम पड़ाव में धनिकों का पीछा शुरू हो जाता है। येमू और उसकी स्त्री दुर्गा और धनिकों की आँख मिचौली शुरू होती है। स्थान है–सह्याद्रि की खाइयाँ और दर्रे, नदियों के किनारे। समय है रात-बेरात का अबूझ समय। अण्णा की कलम केवल भागदौड़ या मारपीट (फाइटिंग) हिंसावर्णन में ही बहकती नहीं, उलटे यहं भागदौड़, यह लुक-छिपी और प्रकृति की गोद का ऐसा फुदकना सब कुछ अद्भुत श्रेष्ठ, क्लासिकता ही लिए हुए है।

उपन्यासकार सूर्योदय का वर्णन चित्रित करता है–

"सुबह की सुनहली किरणें पहाड़ी पर फैली हैं। ओस में भीगे फूल अभी-अभी नहाए बालक-से दिखाई दे रहे हैं। सह्याद्रि नींद से जाग गया। पंछी डाल-डाल पर चहकते सुर में गाने लगे।

दुर्गा ने आँखें खोलीं, उसने देखा निकट ही येमू बैठा है। नहाकर आते समय उसने दो मुरगावी (वॉटर हेन) मारकर लाए थे। अलाव जला कर उन्हें भूनते बैठा था। मुरगावी उस आग में भूनी जा रही थी, यह देख दुर्गा हलकी-सी मुस्कुरायी...।"

अनमोल रत्न हो या मोती, अलौकिक नारी सौंदर्य हो–इन पर सामंती धनिकों, सेठ-साहूकारों की नज़र टिकी रहती है। जो भी कोई बेशकीमती, मूल्यवान होगा उसे लूटने के लिए ये लक्ष्मीपुत्र खुले या छिप कर डाका डालने को तत्पर रहते हैं। इसके लिए वे कैंप बनाते हैं, कंपनियाँ खोलते हैं। इस लूट-खसोटवाली प्रवृत्ति की धज्जियाँ उड़ानेवाला 'द पर्ल' नामक एक सुंदर उपन्यास जॉन स्टाइन बेक नामक सुप्रसिद्ध अमेरिकन उपन्यासकार ने लिखा है। 'द ग्रेप्स ऑफ राथ' और 'ईस्ट ऑफ ईडन' जैसे उपन्यास भी उन्होंने लिखे हैं।

स्टाइनबेक के 'द पर्ल' उपन्यास में समुद्र किनारे मछलियाँ मारनेवाला किनो नामक एक सामान्य मछुआरा होता है। एक सुबह मछलियाँ पकड़ते समय करोड़ों के मूल्यवाला एक रत्न उसे मिलता है। इस रत्न को हासिल करने के लिए गुंडे-मवाली और धनवानों की टोलियाँ उसका पीछा करती हैं। तब जंगल में होनेवाली उसकी दुर्गत, उसका भूखों मरना आदि का जो वर्णन है ठीक इसी तरह का पीछा करते समय का वर्णन 'माकड़ी के पठार' के अंतिम हिस्से में अण्णा ने प्रस्तुत किया है। ऊँचा प्रतिभा संपन्न लेखक उन गरीब लोगों का विपन्न जीवन प्रस्तुत करते समय

अड़ोस-पड़ोस की प्रकृति को भी कैसे समेट लेता है, उसे वाणी प्रदान करता है, मनुष्य के भीतर की हिंसक प्रवृत्ति को भी गवाही के रूप में उस वन-जंगल से, पेड़ पत्तों-से, काँटे-पत्थर में से कैसे ढूँढ लेता है—के दर्शन हमें 'माकड़ी के पठार' में होते हैं। इस लेखन का स्तर और बुनावट स्टाइन बेक की आभिजात्य शैली से एक कण भी कम नहीं अर्थात् दोनों की शैलियाँ प्रौढ़ और उच्च हैं। इन दोनों उपन्यासों को पढ़ने के उपरांत मुझे दुनिया के महाद्वीपों का फासला मिटने जैसा लगा। भिन्न-भिन्न महाव्दिपों के साहित्य की यह फूलोंवाली घाटियाँ मुझे दीवाना बना देती हैं।

इसी तरह के वे जंगल-वन, वही भयावह पीछा, ठीक वैसी ही जीने-मरने की ईर्ष्याभरी कहानी, ठीक वैसा ही मधुरिम दुधिया वन।

दुर्गा की नज़र हरी-भरी, घनी झाड़ियों पर से सामने के पठार को भौचक होकर देख रही थी। आकाश में एक लाल रंग का बादल रेंग रहा था। उस बादल के नीचे पंछी मछली की तरह गोता लगाने का खेल, खेल रहे थे। दुर्गा टकटकी लगाये पंछियों का यह खेल देख रही थी। पड़ोस में सागोना (धावडा) बव, माकड़ी (एक वनस्पति), जामुन, पांगिरा और देवकलक के वृक्ष डोल रहे थे।

दुर्गा सुध-बुध खो कर तल्लीनता से यह दृश्य देख रही थी। निकट येमू बैठा था लेकिन वह उसे भी भूल गयी थी। मानव कर्म में खोट होती है। हम पानी भरने जाएँ, रंगराव हमें भगा ले जाएँ, कमरे में बंद कर दें, जबर्दस्ती इज्जत लूटने का प्रयास करें। मैं तो ठहरी गरीब की बेटी। मुझे नोचने के लिए सब कुछ घटित हुआ—इन विचारों से उसका कलेजा कठोर हो गया।

अचानक दो 'ससेमोरांग्या'* नामक पंछी आकाश से नीचे उतरे। उन्होंने गांजणी (नामक घास) में दुबक कर बैठे एक खरगोश पर झपट्टा मारा, तो वह खरगोश जान की बाजी लगा कर तीर-सा दौड़ने लगा।

खरगोश दौड़ रहा था। रबड़ के गेंद की तरह उछल रहा था और तूणीर से तीर झटाझट छोड़ने जैसे वे ससेमोरांग्या खरगोश पर झपट्टा मार रहे थे।

आखिरकार एक ससेमोरांगी ने अपने मजबूत नाखूनों में खरगोश को जकड़ा और गगन में छलांग लगायी। उनकी लड़ाई तो खत्म हो चुकी थी लेकिन खरगोश फिर भी छटपटा रहा था। खरगोश बीच में ही नाखूनों के शिकंजे से छूटा और जमीन की ओर आने लगा तभी अचानक येमू ने फटाक् से एक बाण छोड़ा और उसी बाण से वह खरगोश और ससेमोरांगी मृत होकर नीचे गिर पड़े।

---

*Bonelli's Eagale (ससेमोरांगी)

अण्णाभाऊ का यह आकर्षक उपन्यास समझने के लिए यदि पाठकों के पास वनों के संबंध में ज्ञान होगा तो दूध में शक्कर ही है। जिसने भी गांजणी के घास की खुशबू सूँघी है अथवा देवकलकी के समूह से रात में बहनेवाली हवा का आनंद लिया हो वही इस जंगल-बन के असली आनंद को महसूस कर सकेगा। ससेमोरांगी का बड़ा जहरीला दुर्गुण यह है कि वह झपट्टा मार कर खरगोश जैसे जीवों की आँखें फोड़ देती है। उन्हें अंधा बनाकर झपट्टे से उसे उठा कर ले जाते हैं। दुनिया के सामंती और अमीरी व्यवस्था के प्रतीक के रूप में सहज ही जैसे अलगुजा-बाँसुरी छेड़ी जाए ठीक उसी तरह अण्णा हमारे सामने ससेमोरांगी को उपस्थित कर देते हैं।

सिनेमा के दृश्यों की गति बढ़ाने के लिए तथा उनमें अधिक उभार लाने के लिए पार्श्वसंगीत के रूप में दर्दीला सारंगी का सुर, तो कभी प्रसंगानुरूप वायलिन जैसे सैकड़ों बाजों की वर्षा शुरू हो जाती है, ठीक इसी तरह प्रसंगानुकूल अण्णा के शब्द, प्रतीक तथा बिंब भी झटपट बदलते रहते हैं। पेड़ करकर करते चरमराते हैं। वातावरण में भयावह अँधेरा छा जाता है। चंद्रोदय होता है। तब ऐसा लगता है, जैसे रेत में पानी छुप जाता है, वैसे अँधेरा छुप गया है। अँधेरा मानो जगह-जगह के पेड़ों के तनों से लिपट गया हो।

बीच में ही इस भागमभाग के परिपार्श्व में उस घसियारे वन में उन वन पखेरुओं के हिस्से में कुछ सुखभरे पल भी आते हैं। वन-मिट्टी में सोए येमू की ओर उसकी दुर्गा "जैसे घास के ढेर को आग लगे" की तरह निकट आती है। खिसकती है और बीच में ही अँधेरे में काली छायाएँ भी खिसकती है। दुष्ट चरित्र पशु को काबिज करने की तरह आगे बढ़ते हैं तभी येमू के धनुष से सर्र से बाण छूटता है। चीखें सुनाई देती हैं। रात गदगदाती हैं, लड़खड़ाती है, थर्राती है। राव्या नामक कोई दुष्ट, कगार से भैंसे की तरह नीचे गिर पड़ता है। उसका गला बेसुरा घरघराते रहता है।

तारे थक कर मद्धिम हो चुके हैं। चाँद अस्त की ओर (पश्चिम में) उतर रहा था। उसकी तिरछी किरणें वारणा नदी के विशाल जल में जगमगाती हैं। उस चाँद का प्रतिबिंब नदी के पानी में डुबकी लगा रहा था।

किसी लेखन तकनीक के अनुसार अण्णा ने प्रस्तुत लेखन नहीं किया है। गमले में बढ़ाया गया पौधा और जंगल में किसी बंजर भूमि में जड़ जमा कर अपने आप बड़ा हुआ महावृक्ष इन दोनों में मूलत: फर्क होता है। 'माकड़ी का पठार' उपन्यास का साहित्यिक फैलाव उक्त महावृक्षनुमा ही है। यह श्रेष्ठ रचना बन गयी है। विधा के रूढ़ अर्थ में इसका कोई नायक नहीं है। यंकू को हम मुख्य पुरुष चरित्र कह

सकते हैं। उपन्यास की नायिका दुर्गा है। नायक की भूमिका दुर्गा का पिता यंकू भी निबाह नहीं पाता। समूचा पठार ही नहीं तो यहाँ की प्रकृति ही सबका पिता है। कुल मिलाकर उपन्यास का नायक प्रकृति ही है। प्रस्तुत रचना में लेखक ने घुमंतू यायावरों के कंगाल जीवन का गहराई से लेखाजोखा प्रस्तुत किया है, जो बिम्बधर्मी है। समाजविज्ञान (सोशियालॉजी) की दृष्टि से भी आत्रे के उपन्यास 'गावगाडा' (गाँवप्रबंधन) की तरह ही महत्त्वपूर्ण है।

ओड़िया उपन्यासकार गोपीनाथ महंती के 'दादीबुद्धा' (1945), 'परजा' (1948) तथा 'अमृतसंतान' (1947) उपन्यासों की त्रिवेणी ओड़िया के आदिवासियों के जीवन पर आधृत है लेकिन उनके जंगली द्वीप के आदिवासियों की लड़ाई अपने लघुतर जमीन का टुकड़ा बचाने के लिए है। 'चेमिन' में मछुआरों का वंश परंपरागत, मालिकाना हकवाला समुद्र किनारा है। वे अपनी जमीन के लिए या पानी पर अधिकार पाने के लिए हक की लड़ाई लड़े लेकिन 'माकड़ी का पठार' पर स्थित घुमंतुओं के पैरों तले, पाल के लिए उनकी कभी जमीन अपनी नहीं थी। एक बित्ता भर जमीन पर भी उनका मालिकाना अधिकार नहीं है फिर भी सिर पर स्थित आकाश अपने ही बाप का है और बह रही हवा पर भी अपना हुकुम चलता है, इस मस्ती में प्रकृति के ये बच्चे खुशी से जी रहे हैं। इस उपन्यास में आदि से अंत तक कँटीले यथार्थ की चुभन में कलात्मकता का छलछल करता निर्झर बहता हुआ दिखाई देता है।

सुदूर अमेरिका के एक प्रांत में जंगल के नदी किनारे घटित 'द पर्ल' तथा भारत के अण्णा लिखित 'माकड़ी का पठार' दोनों में जब मैं समान बातें ढूँढ़ने लगा तो मुझे बड़ा आश्चर्य हुआ। बुझते-ढलते चाँदनी-तारा से लेकर ओस से भीगे घास तक की जंगल की दुनिया दोनों उपन्यास अपने आगोश में समेट लेते हैं। इनमें प्रस्तुत गरीबों का जीवन, धनिकों द्वारा किया जानेवाला पीछा, जंगली लोमड़ियों के आरी जैसे दाँत, लकड़बग्घा जैसा मजबूत जबड़ा, जीवन की सुंदरता और शोषण, लबारी, अन्याय, हिंसा मनुष्य-पशुओं का अंतरंग और बाहरी रंग, बढ़िया ढंग से दोनों रचनाएँ पेश करती हैं।

महाराष्ट्र के येवला की प्रख्यात पैठणी (साड़ी) जैसी जरी की महीन नक्काशी और रेशम का सरसर दोनों कलाकृतियों की बुनावट में कुलीनता के साथ प्रस्तुत हुई है। मानवता की ऊष्मा है लेकिन 'माकड़ी का पठार' उपन्यास के आरंभिक तीस-चालीस पृष्ठों में घुमंतू जनजातियों के जीने-मरने, हर्ष-खेद, उनके प्रकृति के

ताने-बाने के जो विराट-विशाल चित्र अण्णा ने प्रस्तुत किए हैं, वे महाकाव्यरूपी पैठणी के जरी की कलाबत्तूवाले पल्लू-से है। उपन्यास का अगला-यात्रा-पड़ाव भी उतना ही प्रभावात्मक और अनुभूत है। मेरे मत से यह समाजविज्ञान की दृष्टि से जीवंत दस्तावेज है।

'माकड़ी का पठार' की सशक्त नायिका दुर्गा है। उसका शील बचाए रखने के लिए उसका बाप यंकू बंदरवाला आखिरी साँस तक लड़ता है। छीना-झपटी में बैरी शत्रु के द्वारा वह मारा जाता है। जब मुर्दा गाड़ने (दफन) के लिए गढ़ा खोदा जाता है तब उसका लाड़ला बंदर पेड़ से नीचे छलांग लगा देता है और अपने मालिक के लिए प्राण दे देता है। गरीब, गुणवान बेटी के भविष्य हेतु उसका पिता मौत को गले लगा लेता है।

'चेमिन' की नायिका कुरूतम्मा है। उसके पति को समुद्र में बहुत बड़ी मछली (देवमासा) मिलती है। वह इतनी विशाल होती है कि उसे पानी से बाहर खींचते नहीं बनता, न ही हाथों से छोड़ते बनता है। आखिरकार क्रुद्ध, क्षुब्ध समुद्र कुरूतम्मा, उसका प्रेमी, पति तथा बड़ी मछली (देवमासा) चारों जीवों को निगल लेता है। उनके शव किनारे पर गीली रेत में पड़े दिखाई देते हैं। बेगारी की दासता से मुक्ति पाने के लिए 'परजा' की नायिका जिल्ली भी शोषण करनेवाले साहूकारशाही के खिलाफ संघर्ष करते हुए जीवन बिताती है।

'माकड़ी का पठार' की दुर्गा, उसका पिता यंकू, उनके गधे, कुत्ते, लंगड़ी घोड़ी...इन सब घुमंतुओं की समूची दुनिया ही इस क्रूर काल ने निगल ली है लेकिन अण्णा अपनी जबर्दस्त प्रतिभा शक्ति के बल पर 'गांजणी' के घासवत् यह खुशबूदार, दमकता-महकता 'माकड़ी का पठार' हमारे लिए छोड़ कर गए हैं।

जनवरी 1963 में मुंबई के मैजेस्टिक प्रकाशन के मालिक केशवराव कोठावले जैसे जेष्ठ प्रकाशक ने यह अनमोल रचना प्रकाश में लायी लेकिन मराठी आलोचना ने इसकी ओर से पूर्णतया आँखें मूँद लीं। 'माकड़ी का पठार', 'फकिरा' जैसी स्तरीय, प्रथम क्रमांक की रचनाएँ लिखनेवाले इस लेखक ने जॉन स्टाइन बेक के प्रदेश में या उस मिट्टी में यदि जन्म लिया होता तो...।

धनविकृति से प्रभावित कहानियाँ

मत्सर जैसा जहर नहीं। कड़े-कठिन सागोन लकड़ी के पेट में भी भौंरे छेद कर घुस जाते हैं। दीमक से जहाँ पेड़ और बाड़े भी चरमराकर टूट जाते हैं वहाँ मानव मात्र की क्या बिसात है? अण्णा द्वारा लिखित 'दुर्दैवी' (अभागी) नामक कहानी में अंकित मजबूत देहवाला सयाजीराव इनामदार। गाँव का एक कुलीन, अमीर धनिक। उसकी उग्र, भरपूर कत्थई मूँछें, रोबीला व्यक्तित्व, लेखक शुरुआत में ही पेश कर देते हैं। लेकिन सयाजी का एक पाँव घुटने तक टूटा हुआ है। इसलिए वह लकड़ी के पाँव के सहारे जीवनयापन कर रहा है।

सयाजी का सब कुछ अच्छा चल रहा था। खासी खेती-बाड़ी, शेर जैसे दो लड़के और सुंदर बहुएँ। दुर्भाग्य से ऐन जवानी में ही सयाजी की पत्नी का स्वर्गवास हो चुका था। अपने लाड़ले बेटों को सौतेली माँ की दुष्टता सहनी न पड़े ऐसा विचार भलमनसाहत मन का सयाजीराव करता है और विधुर दशा में ही अपना जीवन बिता देता है। उसका इतना अच्छा चल रहा है कि गाँव के बाला चौगुले और उसकी पत्नी के पेट में ईर्ष्या-डाह की मरोड़ आती है।

बाल्या चौगुले की पत्नी सयाजी की बहुओं से मुलाकात करती है। उनका विश्वास संपादन करती है और धीरे-से संदेह की तीली जला कर आग लगाती है। "बेटियो! जरा सँभल कर रहना। तुम्हारा ससुर घर में अकेला ही रहता है। सास को गुजरे बीस साल हो गए। ससुर का स्वभाव थोड़ा रंगीला है। तुम अपनी इज्जत-आबरू सँभालो!" दूसरी ओर स्वयं बाल्या चौगुले नामक सड़ियल आम गाँव में जहर फैलाता है।

"सयाजी इनामदार भारी वाहियात है। रँगीला है। नई-नवेली, सुंदर बहुओं को कब से मसल चुका है। लड़के बेचारे भोले हैं। उन्हें बाप की करतूत का कुछ पता नहीं है।"

संदेह का जहर फैलाने का कारण यह कि सयाजी की संपत्ति के सामने मैं बहुत क्षुद्र हूँ ऐसी हीनपरक अपराधभावना बाल्या चौगुले के मन में पैठी हुई थी। उसने अपनी नागिनवत् जीभ से गाँव भर गरल उगाला। परिणामत: घर में संशयरूपी जहरीला नाग घुस गया। घर में गलतफहमी मच गयी। बाप ने ही हमारी पत्नियों को कलंकित कर दिया, इस संशय से दोनों लड़के भड़क गए। अपने जन्मदाता पिता पर ही लाठी-कुल्हाड़ी से वार किए और सयाजी को अपना पैर गँवाना पड़ा। अपने बेटों के खिलाफ पुलिस शिकायत करना भी उसके तत्व के अनुकूल नहीं था। भाग्य में आया कड़वा घूँट पचा कर अभी भी हिम्मत से बचा हुआ है।

एक दिन जंगल में घनी बरसात होती है। बालू चौगुले की युवा लड़की बारिश में भीग जाती है। अपने भीगे हुए बदन से, अँधियारे में सयाजी के खेत में बने मकान के भीतर जाती है। उसका यौवन और सौंदर्य गदराया हुआ है। ऐसे एकांत स्थान पर यदि सयाजी उस पर झपटे तो रोकनेवाला भी कोई नहीं है। लेकिन सयाजी का मन ही उसकी गर्दन पकड़ कर जगह से उठने नहीं देता। धुरंधर, प्रतिष्ठित और अन्याय-पीड़ित सयाजी नामक बूढ़ा अपने मन को जताते हुए कहता है, "मुझे प्रतिशोध लेना है, पर वह मेरी प्रतिष्ठा के अनुरूप ही होगा।"

अण्णा ने अपने जीवन में कई परिसर, वहाँ के चित्र-विचित्र लोग देखे हैं, उन्हें अनुभूत किया है। संपत्ति, प्रतिशोध, बदला, मानवता का अभाव, मनुष्य का विकृत हृदय, विकारों से भरी दुनिया, उन्होंने बचपन से ही अनुभूत की है। इस दृष्टि से उनके जीवन में घटित एक घटना बहुत कुछ कह जाती है। जिसने लेखक के रूप में मानव जीवन के अजीबोगरीब रंग और कटु जहर उन्हें कोमल उम्र में ही बता दिए थे।

एक बार एक दुबला-पतला, छरहरे बदन का लेकिन गिरगिट जैसे उदास चेहरेवाला आदमी उन्हें मिला। तब वे शायद दस-एक साल के थे। वह आदमी पश्चिम महाराष्ट्र सातारा जिले के कराड़ की ओर का था। उसे वाटेगाँव के पिछवाड़े के तीन-चार पहाड़ लाँघ कर पश्चिम में वारणा के किनारे जाना था। हत्तीगाँव में उसका कोई जरूरी काम था। इसलिए उसे वन-जंगल की राह पर कोई वाटेगाँववाला साथ चाहिए था। पंद्रह-सोलह साल का सखाराम नामक अण्णा का मित्र उसने साथ लिया तो सखाराम ने भी अण्णा को अपने साथ आने के लिए मजबूर किया। वे तीनों जंगल की कंटकाकीर्ण पगडंडी और पहाड़-खाइयाँ पार करते हुए आगे बढ़े। यह चलने की रपट लगभग पच्चीस किलोमीटर की होगी।

उस मेहमान को अपनी पत्नी को मैके से लेकर वापस लौटना था। इस काम के लिए अण्णा और सखाराम को नगद पैसे के रूप में इनाम भी मिलनेवाला था।

वे तीनों डेढ़ दिन की यात्रा करते हैं। अँधियारा होते-होते हत्तीगाँव के निकट एक पहाड़ी डगर आ पहुँचते हैं। यहाँ से उस कऱ्हाडवाले मेहमान की ससुराल नज़र आती है। ससुर का वह पुराना बाड़ा, उसमें बँधी हुई भैंसें और बैलों का बड़ा बाड़ा, खेती काम के लिए फैला हुआ भारी सामान-असबाब। यात्रा के अंत में वास्तविक बात प्रकट होती है। उस मेहमान की पत्नी उसके साथ ससुराल आने के लिए राजी नहीं थी। कारण पति अर्थात् इस मेहमान को कोई बीमारी थी। बीमारी की बात तो बाद में पता चली। ससुराल में जाने की बात से उस मेहमान और साले की (पत्नी का भाई) मारपीट भी होती है, जिसमें मेहमान की अच्छी ठुकाई होती है। इस सारे अपमान का, गुस्से का बदला लेने के लिए मेहमान आया है। वह अण्णा और सखाराम को उकसाते हुए कहता है, "बाड़े में स्थित पशुओं के साथ मेरी ससुराल, घर-बार को धीरे से आग लगा कर जला दो। जलाकर सभी को मार डालो।"

विकृत स्वभाववाले उस मेहमान का प्रस्ताव अण्णा और सखाराम ने ठुकरा दिया। ऐसा बुरा, भयावह पाप कर्म हम नहीं करेंगे, ऐसा अण्णा ने कहा। गिरगिट जैसे मुँहवाले जो भूखा प्रतीत होता था उस मेहमान का कलेजा भी उसके जैसा ही विपरीत था। वाटेगाँवकर मुझे अपेक्षित सहायता अर्थात् आगजनी का काम नहीं करेंगे तो उन्हें एक धेला भी नहीं दूँगा, ऐसा झमेला खड़ा किया। यह सुन चिढ़े हुए अण्णा ने बाँस की एक फटकार भी उसे दे डाली। पैसे के लोभ में दूसरे के दुधारू पशुओं से भरापूरा बाड़ा (गोठा), पशुओं का घास-चारा और सुखपूर्वक रहनेवाले घर को आग लगाने के लिए साफ मना किया। अपनी मेहनत का पैसा अधिकारपूर्वक लिया और दोनों वहाँ से लौट आए।

गिरगिट जैसा बेढब दिखाई देनेवाला यह मेहमान विकारग्रसित था। उसने अपनी पत्नी से स्वयं की बीमारी छुपायी थी, उसे धोखा दिया था। पर जब वह अपने साथ रहने के लिए तैयार नहीं है तब क्रोध और प्रतिशोध का भाव मनुष्य को सीमा पार कर ले जाता है। आदमी को मनुष्य-पशु से भरेपूरे अपनी ससुराल नामक गोकुल को ही आग लगा कर भस्मीभूत करना था। लोभ और संपत्ति की लालसा मनुष्य को इतना नीचे गिरा देती है–को अण्णा ने अपनी कोमल उम्र में ही अनुभूत कर लिया था।

मनुष्य का मन द्वेष, मत्सर, प्रतिशोध, असूया, जलन आदि अनेक विकारों से सड़ा हुआ है। शरीर के घाव भर जाते हैं लेकिन किसी के मन में सुलगी हुई

आग, द्वेष का दीमक कभी नष्ट नहीं होता। शराब, शबाब और हुस्न इन तीन भयंकर विकारों के इर्द-गिर्द दुनिया घूमती रहती है। इन गुण-अवगुणों के इर्द-गिर्द घूमनेवाली वैश्विक साहित्य की अनेक रचनाएँ सामने आयी हैं। सुप्रसिद्ध नाटककार शेक्सपियर के 'ऑथेलो' नाटक के तीसरे अंक के टेम्प्टेशन का दृश्य इसका बहुत बड़ा उदाहरण है। डेस्टीमोना जैसी अपनी अति सुंदर, गुणशील युवा पत्नी का गला दबाकर ऑथेलो हत्या कर देता है। उसके बदचलन होने के संशय का भूत ही इस सूरमा के समूचे जीवन को तबाह कर देता है। शेक्सपियर का ही 'द मर्चेंट ऑफ वेनिस' का शायलॉक तो दूसरे के हृदय के निकट का दो पौंड मांस की माँग करता है।

अण्णाभाऊ के कई उपन्यास-कहानियों में प्रस्तुत दुर्गुण का दंश कई स्थानों पर प्रकट होते दिखाई देता है। जिसमें 'मंगला' और 'आवडी' जैसी गुणवान बहनों के जीवन की बरबादी उसके सगे भाई ही करते हैं।

मनुष्य का सड़ियलपन और विकृति अण्णाभाऊ के उपन्यासों से कहीं अधिक कहानियों में प्रस्तुत हुए हैं। ऐसे दुष्ट प्रवृत्ति के बदमाश अण्णा को अपने जीवन में 'जेल की सलाखों के पीछे' अधिक मिले हैं। तराशे हुए पत्थर के सिलबट्टे जैसे आकारवाला तात्या तेली उन्हें जेल में ही मिला था। जाति का तेली, तेल निकालनेवत् भाई का ही लुगदा कर वह जेल पहुँच गया था। वैसे तात्या पहले सेना में था। आराकान की लड़ाई में युद्धरत था। गाँव की मिट्टी का आकर्षण उसे पुन: गाँव ले आता है, तब गाँव में रहनेवाला उसका भाई मल्लू उसे उसका हिस्सा देने के लिए राजी नहीं होता। मल्लू उस आधे गिरे मलबेवाले बाड़े में भूत जैसा अकेला ही रहता था।

ऐसा मल्लू अपने भाई का हिस्सा देने के लिए साफ मना कर देता है। यह सुन तात्या का सैनिकी खून खौल उठता है। उसके सिर में तोपों की गड़गड़ाहट शुरू हो जाती है। वह मल्लू जैसे दुबले-पतले सींकिया पहलवान भाई को मार डालता है। उसकी लाश को बाड़े में ही गाड़ देता है लेकिन तात्या की खोपड़ी में बेचैनी की आग जलती ही रहती है। वह सुखपूर्वक जीवन जी नहीं पाता। "तात्या, तुमने मुझे मार कर क्या पाया रे? मैं तो पहले ही मरा हुआ था!" ऐसा फूट-फूट कर रोनेवाला मल्लू रात-दिन उसकी आँखों के सामने खड़ा हुआ नज़र आता है। खपरैल घर के ऊपरवाली पाँख में जैसे नाग खेल रहा हो ठीक वैसे ही उसके मस्तिष्क में पाप बिलबिलाने लगता है। यह घटना उसका पीछा छोड़ने के लिए कतई तैयार नहीं है

और इसी बेचैनी से परेशान तात्या कोतवाली की ओर दौड़ते आता है और मैंने ही मेरे भाई की हत्या की है ऐसी लिखित स्वीकारोक्ति देता है। तब कहीं जाकर उसका मन शांत होता है।

'चालतं मढं' (चलती हुई लाश) कहानी में एक नि:संतान बुढ़िया की जायदाद हथियाने के लिए गाँव के दो मवाली गुटों में कैसी झड़प होती है–का चित्रण प्रस्तुत हुआ है। समय आने पर धन के लिए आदमी की और मुर्दों की जगहें भी किस तरह आपस में बदली जाती हैं? इन दोनों गुटों के चंगुल में फँसी उस बुढ़िया का गरीब जीव बचाने के लिए 'डरी हुई गिलहरी' की तरह दौड़ते रहता है। इसका मर्मस्पर्शी अंकन अण्णाभाऊ ने 'चालतं मढं' में किया है।

अण्णाभाऊ के ये चरित्र अपने जीवन के साँचे से आए हैं। वैसे उन्होंने उनके रंग-ढंग और गंध-समवेत विकार-विलास के साथ पेश किए हैं। इस कारण साठ-सत्तर सालों पहले लिखी गयी ये सारी कहानियाँ, उनके भीतर का आवेग, सच्ची मानवीय प्रवृत्ति के दर्शन कराती हैं। ये सारी कहानियाँ पढ़ते समय उतनी ही लयपूर्ण और साँसों की धड़कनवत् सच्ची लगती हैं। यहाँ खींचतान कर मनोविश्लेषण के सैद्धांतिक ढोल नहीं बजाने पड़ते। जिस तरह जंगल के साथ हवा भी आती है उसी तरह ये तन-मनवाले जीवित लोग और उनकी भुक्तभोगी कथा और व्यथा है।

अण्णाभाऊ की यह समूची दुनिया, इसमें स्थित अनेक मनुष्यों और घटित प्रसंग भी रोजमर्रा जीवन की लीकवाले नहीं थे। इनमें से तो कई नमूने विवेकशून्य अथवा भोथरे दिमाग के कुछ छँटे हुए बदमाश, कुछ हटी और उद्दंड-उजड्ड है। आपराधिक प्रवृत्ति तो कई हैं। गरीबी, भूख, सामाजिक निकम्मेपन से बाधित हैं ये। अण्णा का यह कथा जगत् दलितों पर होनेवाले अन्याय-अत्याचार के खिलाफ दुर्दम्य साहस के साथ खड़ा रहता है। यह धर्म, रीति-रिवाज और पुंसत्ताक प्रवृत्ति के सिलबट्टे के नीचे कुचली स्त्री-जीवन को खोल कर दिखा देती है। इन दीन-दुबली महिलाओं के न्याय अधिकार के लिए भी उनकी लेखनी संवेदना के साथ उठ खड़ी होती है।

श्रमिकों का साहित्यकार

अण्णाभाऊ ने जयवंताबाई के साथ बसायी गृहस्थी निरंतर आर्थिक खींचतानभरी ही रही। घुटने के दर्द की तरह गरीबी की यह बीमारी जन्मजात ही लगी थी। पत्नी शिशुगृह-सेविका, अस्पताल की दोयम परिचारिका (नर्स) जैसे शारीरिक मेहनत के काम करती थी। इसलिए यथातथा ही आय मिलती थी। लेकिन जब तक अण्णाभाऊ और जयवंता साथ रहते थे, तब उन दो दशकों की अवधी में उन्होंने अण्णा को कहीं भी नौकरी-चाकरी नहीं करने दी। एक स्थान पर अण्णाभाऊ ने लिखा है, "मैं कपड़ा मिल के साँचे से उठ कर लेखन की मेज पर आ गया हूँ।"

अपने जीवन के लगभग चौबीस साल अण्णाभाऊ ने अपने आपको साहित्य-लेखन-कार्य में डुबो लिया था। वे दरवाजे के निकट लताकुंज के नीचे बैठ कर निरंतर लिखते रहते थे। सच में यही समय अण्णाभाऊ की प्रतिभा स्फूर्ति का समय रहा है। 'चंदन', 'चित्रा', 'फकिरा', 'माकड़ी का पठार' जैसे एक से बढ़ कर एक बढ़िया उपन्यास यहीं लिखे गए तो 'बरबाद्या कंजारी', 'खुलंवाड़ी', 'गुऱ्हाल' ('कोल्हू'-गुड़ बनाने का स्थान), 'नवती' (नया) जैसी आधुनिक कहानियों से संपृक्त संकलन भी इसी चिरागनगर की लताकुंज के नीचे लिखा गया।

इर्द-गिर्द की कठिनाइयाँ रूपी लताएँ, कुलीन प्रतिभाशाली कलाकार को जकड़े नहीं रख सकतीं। अण्णाभाऊ ने अपने मन का आवेग कागज़ पर उतार ही लिया है। फिर चाहे पत्राचाल की भयावह बारिश हो या चिरागनगर की ही नहीं तो घाटकोपर का पश्चिमी क्षेत्र हो, यहाँ तो घुटनों तक पानी भर जाता था। शुरू में चिरागनगर में बिजली के खंभे भी गड़े हुए नहीं थे। इसलिए बिजली नहीं थी। बिजली नहीं तो पंखे कैसे चलेंगे। इसलिए अण्णाभाऊ ने लालटेन की रोशनी में और घासलेट की चिमनी की मंद-मंद रोशनी में लिखा, खूब लिखा। यह साहित्य साधना किसी कुर्सी पर बैठ कर नहीं हुई, तो राशन के कनस्तर पर तह की हुई गूदड़ी रख, उस पर बैठ

कर साहित्य तप-साधना की। अण्णा के मत से "मुझे इस कनस्तर ने लेखन में खूब साथ दिया।"

स्थितियों से पिलपिली हुई कई महिलाएँ, पुरुष, मजदूर, जोगते (यल्लमादेवी के भक्त), कंजारी (शराब बनानेवाले) इन श्रमिकों का कुंभ मेला उनके इर्द-गिर्द ही बसा हुआ था। ये जीते-जागते चरित्र अण्णाभाऊ को यहीं हमेशा मिलने आते थे। जिनमें चिरागनगर के भूत और आज़ादनगर के उठाईगीर भी होते थे। अण्णा अपने इर्द-गिर्द के परिवेश में रहनेवाले गरीब, मेहनतकशों के जीवन से तादात्म्य हो गए थे। शाम को जब मजदूर काम से घर पर लौटते तो थोड़ी देर विश्राम के लिए अण्णाभाऊ के पास रुकते। पड़ोस की झोंपड़ियों के कतार से लेझिम की गूँज जब अण्णा के कानों पर पड़ती तो बड़े खुश होते, प्रफुल्लित होते। हाथ में स्थित पेन रख देते और सीधे उस लेझिम-दल में जाकर लेझिम खेलने लगते। यदि कभी अण्णाभाऊ के हाथों हलगी (चर्मवाद्य) आ जाती तो कड़ाके के सुर उसमें से निकालते। लेझिम खेलनेवाले लोग हलगी की आवाज़ में अपनी खुशी भरी आवाज़ मिला देते और जोर से खेलते। वे मोर जैसी चाल भी ले लेते थे क्योंकि अण्णाभाऊ की बराबरी वाला ऐसा जबरदस्त हलगी-वादक उन्होंने कभी देखा नहीं था। अण्णाभाऊ कभी भजनी-मंडल में शामिल हो जाते तो कभी गरीब बस्ती के किसी मुर्दे को श्मशान ले जाते समय यदि कोई कंधा देनेवाला कम हो तो अण्णा स्वयं दौड़ कर यह दायित्व निभाते।

अण्णाभाऊ का शब्द भंडार अर्थ और रचना दोनों ही दृष्टियों से अद्वितीय था। प्रसाद, माधुर्य, ओज गुण तथा बिंबधर्मी शब्दों के वे सम्राट थे। लेकिन उनकी लिखावट सुंदर नहीं थी। गिचमिच लिखावट में वे लिखते थे। छापाखाना में अक्षरों के कीले जमाने से पहले किसी को तो भी एक मुद्रण कॉपी बनानी पड़ती। अण्णाभाऊ के अक्षर अच्छे न होने के कारण यह काम अण्णाभाऊ की लाड़ली बेटियाँ शकुंतला और शांता करतीं। अण्णाभाऊ की प्रतिभा की ऊँचाई और गहराई बड़ी व्यापक थी। इसलिए वे लेखन में एक बार लीन हो जाते तो घण्टों निरंतर बैठे-बैठे लिखते ही रहते। लेखन के लिए उन्होंने दुकानदार की बहियों जैसी लंबी-लंबी कॉपियाँ ले रखी थीं। एक बार उन्होंने अपने एक दोस्त से शर्त लगायी, केवल बाईस दिनों में 'वैजयंता' उपन्यास लिख दिया।

अण्णाभाऊ की पहली पत्नी कोंडाबाई वाटेगाँव छोड़ कर मुंबई की ओर अधिक गयी ही नहीं। मुंबई जाने की उनकी मानसिकता भी नहीं थी। इसलिए अण्णाभाऊ के

जीवन का खालीपन जयवंताबाई ने भरा। उनके ही संग में अण्णाभाऊ की प्रारंभिक, साहित्यिक बहार आयी और उत्तमोत्तम रचनाएँ इस टीन की झोंपड़ी में प्रसूत हुईं।

आगे चलकर दुर्भाग्यवश अण्णा शराब के अधीन हो गए। जैसा कि उनके भाई ने अपने चरित्र ग्रंथ में लिखा है, "पहले अण्णा शराब की एक बूँद को भी छूते नहीं थे इतना ही नहीं तो शराब पीने वाले आदमी को अपने दरवाजे पर खड़ा ही नहीं करते थे।" यह कहते हुए उन्होंने घाटकोपर की बस्ती का एक करुण प्रसंग प्रस्तुत किया है। उस रात धू-धू बारिश हो रही थी। इतने में पानी में से किसी के चलने की छपाक...SS...छप आवाज आयी...। स्वयं अण्णाभाऊ ही उस पानी में से छपक-छपक कीचड़ उड़ाते आ रहे थे...। अपने एक हाथ से उन्होंने पाजामा समेट कर पकड़ा था। दूसरा हाथ सिर पर था। पैरों में कोल्हापुरी जरी काम की चप्पलें थीं। यह कोल्हापुरी चप्पल सोवियत रूस की धरती पर जाकर आयी हुई थी...अब अण्णा आगे जाएँगे, यह सोच कर मैंने आवाज़ दी, "अजी अण्णा! तुमने अपनी यह क्या दशा बना ली है?"...तब अण्णाभाऊ बोले, "नहीं रे बाबा! मैं पीता नहीं हूँ लेकिन लोगों ने मुझे पिला दी। मैं तो लुट गया...शंकर, मैं शराब पीता हूँ, वह इसलिए कि मुझ पर आयी मुसीबत टल जाए, नहीं तो यह घटना मैं भूल जाऊँ इसलिए...! मैंने कहीं चोरी नहीं की...मैंने किसी से कर्जा भी नहीं लिया। जो कुछ है वह और ही है। मुझसे कहते नहीं बनता...मैं तो अपने महाराष्ट्र की ताकत पर ही इंद्रपुरी जैसा रूस घूम कर आया हूँ...।"[1]

अण्णाभाऊ का समूचा जीवन अतिशय तकलीफ में बीता। आर्थिक स्थिति हमेशा जैसे-तैसे ही थी। 1966 के आसपास मराठी के सुप्रसिद्ध कवि सावलाराम ठाणे नगरपालिका के अध्यक्ष (नगराध्यक्ष) बने। उन्होंने शंकर साठे को वॉचमन की सरकारी नौकरी प्रदान की। सिनेमा के सुनहले अपघातों से बचे हुए अण्णा शेष सब कुछ छोड़ कर निरंतर लिखते ही रहे।

अण्णाभाऊ के शराब पीने को लेकर जो शंकरभाऊ ने लिखा है उसे झूठा मानने का कोई कारण नहीं। कारण अण्णाभाऊ के समूचे जीवन भर और उनके स्मृतिशेष होने के बाद भी शंकर साठे ने अण्णा पर अपार प्रेम किया है। मुझे इसका अहसास शंकर भाऊ से की हुई दो मुलाकातों में हुआ। मराठी के दलित लेखक दया पवार से हुई बातचीत में "चिरागनगर का घर हमने छोड़ा और इसी दरमियान अण्णा का और हमारा स्थायी बिछोह हो गया। ऐसा स्वयं जयवंताबाई ने कहा है।"[2]

अण्णाभाऊ के आखरी पर्व को लेकर उनके रिश्तेदारों में दो गुट हैं। इनमें से एक वाटेगाँव की ओर के कुछ लोगों का मानना है जयवंताबाई ने अण्णाभाऊ को

लूट लिया। कोंडाबाई का एक भतीजा श्री शहाजी थोरात, जब मैं जिलाधिकारी था, तब मुंबई के दफ्तर आकर हमेशा मिलते थे। शहाजीराव अण्णाभाऊ को जी-जान से चाहते थे। उनके ही प्रयासों के कारण कोंडाबाई का छायाचित्र, जो एक मात्र है, प्राप्त हुआ। उन्होंने 'माझी मैना' (मेरी मैना) नामक अण्णा और कोंडाबाई के जीवन पर आधृत 89 पृष्ठों का एक नाटक लिखा है।[3] यह नाटक उनके भाई ता.धो. थोरात (कार्वेकर) ने लिखा है। इस नाटक का संकेत कोंडाबाई के त्याग की ओर है। इसमें जयवंताबाई के प्रति का रोष भी अप्रकट नहीं रहता। वह भी दिखाई देता है।

मुझे इन दोनों गुटों में स्थित संघर्ष दुर्भाग्यपूर्ण और अनुचित लगता है। अण्णाभाऊ ने यह बात कभी नहीं छुपाई कि वाटेगाँव में मेरी पहली पत्नी रहती है। दूसरे, यह बात स्वयं जयवंताबाई भी अच्छी तरह से जानती थी। फिर भी उन्होंने अण्णाभाऊ को दिल से चाहा और स्वयं वरण भी किया। उनकी लड़कियों को भी अण्णाभाऊ अपने पिता ही लगते। जयवंताबाई अपने अत्यल्प वेतन से प्रति माह वाटेगाँव को मनीऑर्डर भेजती थीं। यह भी बात उतनी ही सच है।

1947-48 के मध्य अण्णाभाऊ जयवंताबाई को पहली बार वाटेगाँव ले जाने की बात वे कहती हैं। तब अण्णाभाऊ की पहली पत्नी कोंडाबाई मिलनसार, अजातशत्रु गृहिणी के रूप में वाटेगाँव में सबको प्रिय थी। बाहर उस पार के गाँव में भी उनकी कीर्ति फैली थी। इसलिए अण्णाभाऊ द्वारा जयवंताबाई को वाटेगाँव लाना अधिकतर लोगों को उचित नहीं लगा। ऊपर से जयवंताबाई काफी सलीके से रहती थीं। उन्हें देख पड़ोसियों ने कहा, "कुना वान्या-बामनाची बाई गावात घेऊन आलेत अण्णा" (अर्थात् किसी बनिये-बामन की लुगाई अण्णा गाँव लेकर आये हैं) ऐसा हो-हल्ला मचाया।

1949 के बाद अण्णाभाऊ ने अपना अधिकतर समय लेखन में बिताया था। वे निरंतर दिन-दिन भर, तो कभी-कभी रात में भी लगन जगी तो समूची रात वे लिखते रहते। खाली समय में वे चिरागनगर के लोकजीवन में सहभागी होकर आनंद लेते। अण्णाभाऊ को चिरागनगर में लेझिम का, हलगी बजाने और गतका खेल खेलने का भारी शौक था। किसी छोटे बच्चे जैसा उन्हें पतंग उड़ाना भी बड़ा भाता था। वे एकाध ऊँची जगह जाकर बैठते, माँजा (पतंग का डोर) पकड़ते और आकाश में पतंग उड़ाते। जयवंताबाई को अण्णाभाऊ से यदि कुछ काम होता और जब वे दिखाई नहीं देते तब जयवंताबाई ऊँची लहरानेवाली पतंग की निशानी से उन्हें खोज लेती। तब घाटकोपर के इस ओर अधिक इमारतें नहीं थीं।

"कई बार कोई अच्छी कहानी लिख लेने पर अण्णा माँ को बड़ी रुचि से पढ़ कर सुनाते। उन्हें विशेष किसी किस्म के कागज़ों पर ही लिखना है, ऐसा शौक नहीं था। नौकरी से घर आते समय माँ छोटी एक्सरसाइज कॉपियाँ बड़े हर्ष से ले आतीं और अण्णा घण्टों उन कॉपियों में लिखते रहते। इस तरह हमने कुछ चौबीस साल चिरागनगर में व्यतीत किये हैं।"[4] ऐसा अण्णाभाऊ की लड़की शांताबाई दोडके ने मुझे साक्षात्कार के समय बताया।

उन दिनों अण्णाभाऊ के काफी नजदीकी मित्र के रूप में शैलेंद्र थे। वे माटुंगा के रेलवे क्वार्टर में एक रेल कर्मचारी के रूप में रहते थे। उनकी यह खोली (कमरा) बहुत ही सँकरी थी। सच तो यह है कि शैलेंद्र अण्णा के मित्र बनने से पहले वे हमारे किसन खवळे के करीबी मित्र थे।

'इप्टा' के सभी लेखक और कलाकारों में अण्णाभाऊ लोकप्रिय थे। सभी लोग उन पर, 'अरे अण्णा, अरे अण्णा' बोलते हुए जान छिड़कते थे। हिंदी के कवि प्रेम धवन, अभिनेता बलराज साहनी, दिग्दर्शक बिमल रॉय इन सबसे उनकी करीबी पहचान थी। 1964 के दरमियान हिंदी कहानीकार कमलेश्वर भी वहाँ अण्णाभाऊ को मिलने कई बार जाते थे। खार स्थित शैलेंद्र के नए बंगले में सुबोध मोरे की बहन और शांता-शकुंतला ऐसी लड़कियाँ भी कई बार जाती थीं। शैलेंद्र की पत्नी का नाम शकुंतला होने से शकुंतलाबाई और उन लड़कियों में अच्छी जमती थी। इसके अलावा बलराज साहनी की पहली पत्नी दमयंती और दूसरी पत्नी संतोष मधोक इन दोनों से भी अण्णाभाऊ के परिवार में काफी आत्मीयता थी।

स्वतंत्रता के पश्चात् अण्णाभाऊ ने अपने साथ पूरे परिवारवालों को भी कम्युनिस्ट पार्टी के लक्ष्य-नीति में लगा डाला था। कॉमरेड बी.टी. रणदिवे ने तब प्रधानमंत्री पंडित जवाहरलाल नेहरू के खिलाफ सीधी 'लाइन' पकड़ ली थी। उनके मत से नेहरू अमेरिका और ब्रिटेन के विशेष चहेते या उनके पिट्ठू थे। कम्युनिस्ट लोगों ने तब आज़ादी प्राप्त करने के श्रेय का अंगरखा पहने, कांग्रेस के खिलाफ बेहिचक भूमिका अपनायी थी। अपनी भूमिका का प्रचार-प्रसार करने के लिए उन्होंने कलापथक, सम्मेलन, निदर्शन से जनजागृति करने का मार्ग अपनाया था। 1949 को परेल में निकले हुए वामपंथियों के मोर्चे पर पुलिसवालों ने बेतहाशा लाठीचार्ज किया था। इसमें अण्णा, गव्हाणकर, अमर शेख शामिल हुए थे। इसमें शामिल होने के लिए स्कूटर से बलराज साहनी अपनी पत्नी के साथ वहाँ आ धमके।"[5]

इस मोर्चे में जयवंताबाई अपनी बेटी शांता के साथ बड़े जोश-खरोश के साथ सहभागी हुई, कॉमरेड आर.बी. मोरे की पत्नी सीताबाई मोरे तथा पार्वतीबाई भोर,

अहल्या रांगणेरकर, विमल भोसले आदि रणवीरांगनाओं की पीठ को पुलिसवालों ने संगीनें लगायीं। इनके साथ ही जयवंता और शांता माँ-बेटी भी मुंबई की ऑर्थर रोड जेल में कैद हो गयीं।

शाहिर गव्हाणकर के शरीर पर पानी के फव्वारें छोड़कर उन्हें भीगी हुई स्थिति में ही पुलिसवाले जेल में घसीट कर ले गए। मुंबई के सात रस्ता चाल से अमर शेख को पकड़ा। उन छह माह की अवधी में चिरागनगर का गढ़ अण्णा और शकुंतला इन दोनों ने सँभाला। ऑर्थर रोड जेल के परिसर में आम के पेड़ पर लगे कच्चे आम देख कर नलिनी गव्हाणकर के मुँह में पानी भर आया। इस पर शांताबाई अपनी साड़ी खोंस कर आम की डाल पर चढ़ गयी। इस हड़बड़ी में वह पेड़ से नीचे गिर गयीं और उनके पाँव को प्लास्टर बाँधना पड़ा। कई दिनों तक वे सेंट जॉर्ज अस्पताल में एडमिट थीं।

कारावास के काल में अण्णाभाऊ प्राय: अपनी लाड़ली पत्नी को मिलने जाते थे। तब उनके हाथों में खाने का टिफिन हिचकोले लिए होता था। इसी मुलाकात के समय लेखन के कई विषय उनके मस्तिष्क में कुलबुलाने लगे थे। कारावास के उन दिनों में स्वास्थ्य की चिंता पार्वतीबाई काफी करती थी, ऐसा शांताबाई ने मुझे कृतज्ञतापूर्वक बताया था।[6]

ऑर्थर रोड की जेल में ऊँचे पूरे, हँसमुख, तेजस्वी व्यक्तित्ववाले बलराज साहनी के दर्शन सभी के लिए सुखकारक सिद्ध होते थे। इसी दरमियान मुंबई के 'रूपतारा' स्टूडिओ में के. आसिफ दिग्दर्शित हिंदी सिनेमा 'हलचल' की शूटिंग चल रही थी। 'हलचल' की नायिका नर्गिस थीं। नायक के रूप में दो लोग थे–एक दिलीप कुमार, दूसरे बलराज साहनी। के.आसिफ ने बड़ी सिफारिश लगा कर विशेष अनुमति प्राप्त की। बलराजजी को जेल से बाहर आकर शूटिंग में शामिल होने के लिए अनुमति मिली थी। लेकिन जब वे शूटिंग के लिए जेल से बाहर निकलते तो प्रति दिन पुलिस बलराजजी से गहन पूछताछ करती। क्योंकि उन्हें कम्युनिस्टों पर भरोसा-विश्वास नहीं था।

अण्णाभाऊ द्वारा टिफिन में लाया गया भोजन जो सातारा-पद्धति का होता था, बलराजजी को खूब भाता था। विशेषतया लाल मिर्च का तीखा खर्डा (चटनी-ठेचा) खाते वक्त उनकी पंजाबी सूरत लाल हो जाती थी। बाद में इप्टा या अन्य समय जब भी अण्णाभाऊ उनसे मिलते तो बलराज बड़े प्यार से प्रशंसापूर्वक कहते, "अण्णा! मेरे भाई! मैंने तो तेरा नमक खाया है।"

उस जेल में माटुंगा में रहनेवाले कविवर शैलेंद्र, कॉमरेड किसन खवले, उनके मित्र, शंकर-जयकिशन संगीतकार की इस जोड़ी (युगल) के शंकर ये सब लोग उन राजकीय कैदियों को मिलने बड़े उत्साह से आते थे।

संदर्भ

1. 'मेरा भाई : अण्णा'–शंकर भाऊ साठे, पृ. 175 से 178
2. दया पवार द्वारा लिया हुआ जयवंताबाई का साक्षात्कार, 'जीवन-संघर्ष : अण्णा और जयवंताबाई का'–सुबोध मोरे।
3. 'मेरी मैना' (नाटक)–ता.धो. थोरात।
4. शांताबाई दोडके से साक्षात्कार, 15 नवंबर 2020
5. 'मेरी फिल्मी कथा', बलराज साहनी।
6. शांताबाई से साक्षात्कार, 15 नवंबर 2020

संयुक्त महाराष्ट्र का आंदोलन

शुरुआत में अण्णाभाऊ पर कम्युनिस्ट होने का गहरा ठप्पा लगा हुआ था। इस कारण साहित्यिक दायरे की प्रतिष्ठित पत्रिकाओं में उनकी कहानियों को अघोषित मनाही (बंदी) थी। ऐसे समय में कवि श्रीकृष्ण पोवले ने अपनी 'अलका' नामक मासिक पत्रिका में अग्रक्रम से उन्हें प्रकाशित किया।[1] अण्णाभाऊ के लिए 'मौज' और 'पॉप्युलर' जैसे प्रकाशन हाथी दाँतों की मीनारोंवत् कोसों मील दूर थे। आगे भी दूर ही रहे।

1950 के आसपास मोरारजी देसाई की ओर से कम्युनिस्ट पार्टी पर प्रतिबंध का सिलबट्टा चलाया गया तब वामपंथी विचारधारा के कई तेजस्वी कार्यकर्ताओं को द्वेष बुद्धि से गिरफ्तार किया गया। उनमें से कई भूमिगत (छुपे हुए) हुए। तब शांताबाई को ऑर्थर रोड की जेल में रखा गया था और शकुंतलाबाई ससुराल में थीं। इस दरमियान जयवंताबाई चिरागनगर के घर में अकेली ही रहती थीं। वे भूमिगत कार्यकर्ताओं से मिलती रहती थीं। रात के अँधियारे में जयवंताबाई बड़े साहस के साथ टिफिन भी पहुँचाती थीं। तब अण्णा घाटकोपर की पहाड़ी में वेश बदल कर रहते थे। कई बार पुलिस घर आकर अण्णाभाऊ के बारे में पूछताछ करती और जयवंताबाई को तकलीफ देती। मुंबई के अपने पार्टी कार्यकर्ता जो छोटे-बड़े थे– को किन यातनाओं-तकलिफों से गुजरना पड़ा इसका अहसास कॉमरेड उषाताई डांगे को था। इसलिए वे चुपचाप अपने कार्यकर्ताओं को घाटकोपर तक भेज कर जयवंताबाई की सहायता करती थीं। कभी किसी रात में अण्णा जंगल से अचानक घर आ धमकते। ऐसे समय भी निरंतर लेखन ही मानो अण्णा की साँस बन गया था। ऐसी हालात में भी वे रात में लिखने बैठ जाते। जयवंताबाई दरवाजे पर चद्दर

***मौज-पॉप्युलर**–मराठी की अत्यंत प्रतिष्ठित प्रकाशन संस्थाएँ।

लटकाकर ओट तैयार करती, जिससे घर से दिए का उजियारा बाहर नहीं आता था। अण्णा कई बार तो चोरी-छिपे बैटरी के उजियारे में भी लिखते रहते थे।

"एक बार मैं और मेरे पति अजित सपताल दादर जाने के लिए लोकल में सवार हुए थे तब सिर पर केशरी रंग का साफा बाँधे, मलिन-सी कमीज और धोती पहने, घनी मूँछोंवाला एक व्यक्ति अचानक हमारे सामने आकर बैठ गया। मैं काफी देर तक उसे पहचानने की कोशिश करती रही। तब कहीं जाकर मेरी समझ में आया ये तो हमारे अण्णा ही हैं।"[2]

घर में आर्थिक तंगी थी। अण्णाभाऊ दिन भर लिखते रहते। उनकी आय अतिशय अल्प थी और घर में खानेवाले चार मुँह थे। जयवंताबाई की परिचारिका वाली नौकरी थी, पर उन दिनों उन्हें बहुत ही कम वेतन मिलता था। इसलिए जयवंताबाई ने ही एक बार शांता से पूछा, "शांता, क्या तुम काम पर जा सकोगी?"

शांताबाई को 'डूफर इंटरनैशनल कंपनी' में नौकरी लगी। वहाँ उन्होंने 1952 से 1992 तक अर्थात् निरंतर चालीस साल नौकरी की। हिंदी सिनेमा की अभिनेत्री दीना पाठक के पति उस कंपनी में चीफ केमिस्ट पद पर कार्यरत थे। इसलिए उनके कारण उन्हें तत्काल नौकरी मिलना संभव हुआ।

शांताबाई एक कॉमरेड की लड़की है, यह बात कंपनी में सभी को ज्ञात हो गयी थी। इसलिए नौकरी पर रखते समय उनसे हँसते-हँसते कहा गया, यहाँ यूनियन नहीं चलेगी, गेट मीटिंग भी नहीं होगी।

बीच-बीच में कोंडाबाई मुंबई आती थीं लेकिन वे अपनी बहन के यहाँ रुकती। कंपनी में प्रति माह केवल साठ रुपये वेतन मिलता था। उनमें से पचास रुपये मेरे हाथों आते। अण्णाभाऊ का तकादा रहता, "कोंडी को पैसे भेजो, जाईबाई को पैसे भेजो।" बचे हुए पैसे मैं उनके ही हाथों सौंप देती। नौकरी में मेरा काफी समय बीत जाता, काम के आठ घण्टे और आने-जाने के चार घण्टे, ऐसे में मुझे किसी तरह का संतोष नहीं मिल रहा था। हम घाटकोपर पोस्ट ऑफिस हर माह जाते और यहीं से दो मनीऑर्डर करते–एक कोंडाबाई को, दूसरी, अण्णा की बहन को।"[3]

15 अगस्त 1947 को भारत को स्वतंत्रता मिली। यह स्वतंत्रता अण्णाभाऊ को मंजूर नहीं थी। अत: इसी दिन अण्णाभाऊ ने कलेक्टरेट पर मोर्चा निकाला था और "ये आज़ादी झूठी है, देश की जनता भूखी है।" ऐसे नारे लगाए थे–ऐसा कुछ आज के अध्येताओं ने लिखा है, लेकिन इस बात का कोई प्रमाण या साक्ष्य नहीं है।

अण्णाभाऊ का समूचा जीवन व्यवस्था के विरुद्ध लड़ाई का ही एक अंग बन गया था। स्वतंत्रता पूर्व और इसके पश्चात भी वामपंथी विचारधारा का दाय उन्हें

प्राप्त था और इसलिए अण्णाभाऊ ने कभी पार्टी का त्याग नहीं किया था। परंतु 'आज़ादी झूठी है' इस प्रकार की नारेबाजी करने का प्रसंग भी कभी घटित नहीं हुआ था। जिलाधीश (कलेक्टर) दफ्तर पर मोर्चा ले जाने की घटनाएँ महाराष्ट्र में 1972 के अकाल उपरांत ही शुरू हुईं। 1947 में मुंबई के फोर्ट इलाके में 'ओल्ड कस्टम हाउस' की बिल्डिंग में संपूर्ण मुंबई के लिए एक मात्र जिलाधीश दफ्तर था। अब दो हो गए हैं। तात्पर्य यह कि 15 अगस्त 1947 के संदर्भ जाँचने पर ऐसा स्पष्ट होता है कि इस दिन कलेक्टरेट कार्यालय पर ऐसा कोई मोर्चा आया ही नहीं था।

भारतीय स्वतंत्रता आंदोलन तथा भारत की अखंडता के बारे में अण्णा, अमर शेख और शाहिर गव्हाणकर इन तीनों के मन में बहुत आस्था थी और प्रेम था। विशेष रूप से अण्णाभाऊ के शाहिरी वाङ्मय में गण, पँवाड़े और गीतों पर विचार करें तो यह दिखाई देता है कि उन्होंने स्वतंत्रता की लड़ाई में सामाजिक आंदोलन और संत परंपरा के महान व्यक्तियों का अपने ओजस्वी काव्य में कई बार गौरवपूर्ण उल्लेख किया है।

जिस दिन स्वतंत्रता मिली थी उस दिन अण्णाभाऊ और अमर शेख दोनों भी पूरे दिन मुंबई में ही थे। इस दिन शिवाजी पार्क पर शाहिर अमर शेख का गीतों का कार्यक्रम था। तो उसी रात फोर्ट में अण्णाभाऊ अपनी शांता और शकुंतला नामक बेटियों को बिजली की रोशनाई (लाइटिंग) और सजावट दिखाने के लिए गए थे। इंडिया गेट की कमान तथा ताज होटल और आसपास की सभी इमारतों पर जगमगाते बल्ब देखकर अण्णाभाऊ की उँगली पकड़ कर चलनेवाली शकुंतला ने इस बाबत पूछा, तब अण्णा ने समझाते हुए कहा, "बाल! अपने देश को स्वतंत्रता मिली है। इसका आनन्द सारी जनता मना रही है। इस कारण मुंबई में सभी ओर तुम्हें ऐसी सजावट, रोशनाई की जगमगाहट की शोभा दिखाई देगी।"

1949 से अण्णाभाऊ को मराठवाड़ा की ओर के कई मित्र और अनुयायी प्राप्त हुए। इसलिए वे मराठावाड़ा में कई बार जाते थे।

1953 के मुंबई में इप्टा द्वारा आयोजित संयुक्त महाराष्ट्र लोकनाट्य सम्मेलन, जो 14 से 18 जनवरी में हुआ था। पहले दो दिन दादर के विभिन्न छोटे सभागारों में संगोष्ठियाँ संपन्न हुईं। सम्मेलन की सफलता के लिए अण्णाभाऊ, अमर, गव्हाणकर, शाहिर करीम, भगवान ताडे और भीका पाटील (खानदेश), बाळ पाटस्कर (दौंड) ने काफी परिश्रम किए। इस सम्मेलन में मराठी रंगमंच, साहित्य एवं नृत्य, गायन आदि क्षेत्र के अनेक गण्यमान्य व्यक्ति बड़े पैमाने पर उपस्थित थे।

लब्धप्रतिष्ठ इतिहासकार महामहोपाध्याय दत्तो वामन पोतदार, आलोचक प्राध्यापक न.र. फाटक, सुप्रसिद्ध गायिका सुंदराबाई, हिंदी गायिका गीता बाली, हिंदी गीतकार शैलेंद्र, प्रेम धवन, मास्टर दत्ताराम, सुप्रसिद्ध अभिनेता केशवराव दाते, मामा वरेरकर आदि ने अपनी उपस्थिति से आयोजन को गरिमा प्रदान की।

प्रस्तुत सम्मेलन में अण्णाभाऊ ने 'तमाशा' विषय पर उत्तम रीति से अपने विचारों को प्रस्तुत किया था। आखिर के दो दिनों में मुंबई की आम जनता के लिए कामगार मैदान पर सांस्कृतिक कार्यक्रम का आयोजन किया गया। प्रत्येक दिन पंद्रह हजार से अधिक दर्शक इसमें उपस्थित रहते थे। लावणी, पँवाड़े, भरतनाट्यम्, वारली लोकनृत्य, शाहिरी कविता आदि अनेक विधाएँ प्रस्तुत की गयीं। भाऊ बापू मांग नारायणगाँवकर ने अपना 'तम्बाकू का फार्स' पेश कर दर्शकों को खूब हँसाया।

सम्मेलन का महत्त्वपूर्ण वैशिष्ट्य यह रहा कि मुंबई में रहनेवाले मिल-मजदूरों की चाल में स्थान समस्या पर आधारित 'तिरसठ नंबर की खोली' नामक लोकनाट्य लोगों को काफी पसंद आया था। प्रस्तुत लोकप्रिय नाट्य का लेखन अण्णाभाऊ और नामदेव व्हटकर ने मिल कर किया, तो मंच प्रस्तुति इप्टा ने की थी। प्रस्तुति के लिए अण्णा ने मुंबई स्थित मिल-मजदूरों में से ही कलाकार-अभिनेता ढूँढ़े। स्थान की कमी से उत्पन्न जगह की तंगी को रात-दिन रहनेवाले मजदूर अभिनेताओं ने अपने रोजमर्रा के जीवन को अभिनय द्वारा प्रस्तुत किया था। परिणामत: दोनों दिन यह प्रस्तुति काफी लोकप्रिय रही।

स्वतंत्रता संग्राम की पृष्ठभूमि पर सांस्कृतिक क्षेत्र में प्रगतिशील लेखक संघ और इप्टा (इंडियन पीपल्स थिएटर असोसिएशन) इन दो उदारमतवादी आंदोलनों ने अपना स्वतंत्र स्थान निर्माण कर लिया था। विशेषकर प्रेम धवन, के.ए. अब्बास, सागर सरहद्दी, दीना पाठक, ए.के. हंगल, कैफ़ी आज़मी ऐसे अनेक प्रतिष्ठित लेखक-कलाकार और कवि के कारण यह आंदोलन काफी चर्चित रहा। पृथ्वीराज कपूर भी एक इप्टा के अध्यक्ष रहे थे। इस आंदोलन में अण्णाभाऊ ने इप्टा के निर्माण से ही बड़ी रुचि ली थी। चार से नौ फरवरी 1949 को इलाहाबाद (प्रयागराज) में इप्टा का अखिल भारतीय अधिवेशन आयोजित हुआ। संपूर्ण देश से परिषद के अध्यक्ष मंडल पर तीन बड़े अध्येताओं को चुना गया था। वे इस प्रकार थे–इलाहाबाद विश्वविद्यालय के प्रोफेसर पी.सी. गुप्ता, अण्णाभाऊ और बिहार के लोककवि दशरथलाल। इस परिषद में यह तय किया गया कि मजदूर और किसानों के आंदोलन संघर्ष को समर्थन दिया जाए। आगे चलकर भारत के अनेक राज्यों में

इप्टा के अधिवेशनों पर पाबंदी लगायी गयी। इसी वर्ष अण्णाभाऊ की 'मेरी दीवाली' शीर्षक कहानी भी प्रकाशित हुई।

1949 की दहलीज पर ही सत्रह-अठारह वर्षों तक निरंतर अध्ययन-पठन और संघर्षशील आंदोलन से जुड़े रहने के कारण अण्णा विद्वानों की पंक्ति में पहुँच गए। इस कारण कई फॉरैन रिटर्न लोगों के इस सांस्कृतिक संगठन के अध्यक्ष मंडल पर तकनीकी दृष्टि से अनपढ़ लेकिन गहन अध्ययनशीलता के कारण बने विद्वान अण्णाभाऊ थे। दलित वर्ग से आए इस आदमी को इतने बड़े पद तक जाना संभव हुआ।

गौरव की बात तो यह कि 'इप्टा' के राष्ट्रीय परिषद हेतु भारत के सभी राज्यों की ओर से प्रतिनिधियों द्वारा नयी कार्यकारिणी के लिए चुनाव हुए तब इप्टा के अध्यक्ष के रूप में अण्णाभाऊ साठे को चुना गया था। उपाध्यक्ष के रूप में दिल्ली के श्यामलाल और बंगाल के नरहरि कविराज चुने गए थे। 23 दिसंबर 1957 से 1 जनवरी 1958 को दिल्ली में एक राष्ट्रीय परिषद का आयोजन किया गया था। इप्टा की कई परिषदों में अण्णाभाऊ द्वारा दिए गए भाषण हमेशा चर्चित रहे। इनमें से 'शांति और जननाट्य' भाषण विशेष उल्लेखनीय रहा। इस भाषण में उन्होंने कहा, "नाटक मनुष्य के अस्तित्व का एक अभिन्न अंग है।" राष्ट्र के वर्ग संघर्ष और सांस्कृतिक आमूलचूल परिवर्तन का जायजा लेते हुए रणभूमि और रंगभूमि दोनों परंपराओं का एक सूत्र बहुत ही महत्त्वपूर्ण है। अण्णाभाऊ कहते हैं, "अपनी मातृभूमि पर अनंत लड़ाइयाँ हुई हैं। कई युद्धपिपासुओं के कारण यह भूमि उध्वस्त हो गयी है। इसलिए देश किसी भी छोर से प्रगति नहीं कर पाया। जमीनें तहस-नहस हो गयीं, जनता गरीब हुई और अज्ञान में तेजी से वृद्धि हुई।"

इसी भाषण में अण्णा कला के बारे में व्याख्या प्रस्तुत करते हुए कहते हैं, "जब अर्थव्यवस्थारूपी सूर्य परिवर्तित होता है, उसी समय उस दिशा में जानेवाली कला भी परिवर्तित होती है।"

मराठी लोककला और बंगाली लोकपरंपरा का संक्षिप्त लेखा-जोखा प्रस्तुत करते समय वे कला के बदलाव को लेकर औरंगजेब को भी याद करते हैं। "(औरंगजेब के मत से) कला को इतने गहरे गढ़े में गाड़ दो कि कला पुन: अपना सिर ऊपर धरती पर उठा न पाए।" यह बात इतिहास में औरंगजेब ने कही थी लेकिन आज वर्तमान में नए औरंगजेब जन्म ले रहे हैं। विश्व जनता के साथ-साथ भारतीय जनता के सामने एक खतरा मँडरा रहा है। अपने देश की महत्त्वपूर्ण जरूरत शांति

है...यदि तीसरा विश्वयुद्ध हुआ तो कोई भी नहीं बचेगा। भविष्य के युद्ध में यदि कुछ शेष बचा तो पूर्ववत होने में हजारों साल बीतने की काफी संभावना है। मानव अपनी मानवता खो देगा। हम लोग नई संस्कृति के मंदिर के निर्माण का प्रयास कर रहे हैं, वह सब मटियामेट हो जाएगा...जनता, नाटक और शांति का त्रिवेणी संगम हमें बनाये रखना ही होगा।

"सुंदर, विशाल इमारतें, मंदिर और मसजिदें, पत्थर पर उकेरी गुफाएँ और ग्रंथ यदि ये सब समाप्त हो जायें तो जिंदा आदमी की चमड़ी उधेड़ कर उसे भेंट रूप में भेजना, आँख की पुतली बाहर निकालना, जीवित आदमी को जमीन में गाड़ देना, जनानखाना महिलाओं और लड़कियों से भर देना आदि अमानवीय प्रणाली शुरू हुई थी। बादशाह अल्लातश ने पाटलीपुत्र शहर पर हमला कर बड़े पैमाने पर मारकाट की। इस राक्षसी युद्ध में लगभग सभी पुरुष खत्म हो जाने के कारण महिलाएँ ही पुरुषों के सब काम करने लगीं। उन्होंने खेतों में हल चलाया, हाथों में धुनष बाण लेकर रक्षा की, तब सारी महिलाएँ गुट बना कर रहती थीं।" ऐसा गर्गाचार्य ने युगपुराण में लिखा है।

प्राचीन काल में विद्या के मैके के रूप में ख्यात नालंदा विद्यापीठ (विश्वविद्यालय) बख्तियार खिलजी ने लूटा और जला दिया। अपनी सेना के लिए भोजन पकाने हेतु इंधन के रूप में बढ़िया से बढ़िया किताबें भट्ठी में झोंक दीं। विद्या के लिए समर्पित गुरु और विद्या प्राप्त करनेवाले शिष्यों की हत्याएँ कर डालीं। यदि हम एशिया महाद्वीप का विचार करें तो हमें ज्ञात होगा कि चंगेज़खान ने अपने घोड़ों के बिस्तर बनाने के लिए सुप्रसिद्ध ग्रंथ फाड़ डाले।"

प्रोफेसर रमेशचंद्र पाटकर द्वारा लिखित 'इप्टा' पर तैयार पुस्तिका 'नवयुग' और तत्कालीन पत्र-पत्रिकाओं की फाइलें और 'इंडियन लिटरेचर' पत्रिका के अंक साथ ही 'इप्टा' के प्रतिवेदन आदि देखे जायें तो इस आंदोलन में अण्णा का कार्यकाल काफी महत्त्वपूर्ण और अग्रणी है। परंतु दुर्भाग्य की बात यह कि मराठी अध्येताओं ने इसकी कोई खोजखबर नहीं ली।

मराठवाड़ा क्षेत्र के लातूर जिले के रेणापुर स्थित कॉमरेड खुपसे के यहाँ अण्णाभाऊ का काफी आना-जाना था। विशेषकर इस क्षेत्र के लोग 1953 में संपन्न हुए 'संयुक्त महाराष्ट्र लोकनाट्य परिषद' में उपस्थित थे। शायद इसी प्रभाव के कारण अण्णा ने उक्त वर्ष अपने जीवन के पूरे तीन माह लातूर जिले के अहमदपुर तहसील की धसवाड़ी में बिताये। उन दिनों धसवाड़ी के शंकरराव कांबले और सीताराम कांबले, खंडाळी के अप्पाराव कांबले, व्यंकटराव और नानासाहेब देशमुख

आदि का कलापथक आंदोलन की एक सक्रिय संस्था थी। इसमें चंदाताई फुलारी नामक श्रेष्ठ महिला कलाकार भी थीं। कलापथक द्वारा निर्मित 'अकलेची गोष्ट' (अकल की कहानी), 'माझी मुंबई' (मेरी मुंबई) दोनों वगनाट्यों की रिहर्सल स्वयं अण्णाभाऊ ने ली थी।

निमित्त भले ही कलापथक का रहा हो लेकिन अण्णाभाऊ के हृदय का जागृत लेखक यहाँ भी कतई चुप नहीं बैठा। रज़ाकार के अत्याचारी शासन की पृष्ठभूमि पर संक्रमक दशा के एक गाँव का चित्रण अण्णाभाऊ ने 'विठू महार' कहानी में प्रस्तुत किया है। अत्यंत प्रौढ़ और अनुभूत कहानी उन्हें धसवाड़ी के मुकाम में सूझी और अगले ही साल अर्थात् 1954 में प्रकाशित हुई। इसके अलावा मराठवाड़ा और रज़ाकार के संघर्षमय दिनों पर 'गनिम' जैसी कई कहानियाँ उनके द्वारा लिखी गयीं।

1955 का साल अण्णाभाऊ के लिए काफी खुशनुमा था। इस समय सुप्रसिद्ध उर्दू लेखक एवं दिग्दर्शक श्री के. ए. अब्बास के 'परदेसी' नामक हिंदी सिनेमा की शूटिंग अंधेरी के आशा स्टूडियो में शुरू हुई थी जो इंडो-रूस के सहयोग से निर्मित हो रहा था। पंद्रहवीं सदी में अफनसी निकीतन नामक एक रूसी यात्री भारत आता है। यहाँ एक मराठी युवती चंपा से प्रेम करने लगता है। इस तरह की मधुर रसवाली कहानी रूसी यात्रा वर्णन पर आधारित थी। अफनसी की भूमिका जेष्ठ रूसी अभिनेता ओल्गस्टेज़नोव अदा कर रहे थे तो चंपा की भूमिका हिंदी की सुप्रसिद्ध अभिनेत्री नर्गिस कर रही थीं।

अफनसी निकितन की जीवन कथा रूस में काफी चर्चित थी। उनके यात्रा वर्णन में तत्कालीन दक्षिण भारत और महाराष्ट्र के पठार के लोकजीवन के चित्ताकर्षक दर्शन हमें होते हैं। यह यात्रा वर्णन रूस में काफी लोकप्रिय रहा है लेकिन निकितन की वापसी यात्रा में मृत्यु हो जाती है और वे रूस की भूमि पर लौट नहीं पाते। लेकिन वे साहित्य द्वारा अमर हो गए हैं। कुल मिलाकर रूसी अभिनेताओं के लिए ये बातें भावात्मक रूप से जुड़ी थीं। सिनेमा में मराठीपन लिए हुए महाराष्ट्र का सही यथावत् चित्रण हो, ऐसा आग्रह सिनेमा के रूसी दिग्दर्शक वासिली प्रोमिन और भारतीय दिग्दर्शक श्री अब्बास और नायक की भूमिका अदा करनेवाला जेष्ठ कलाकार स्टेज़नोव का था।

के. ए. अब्बास का बचपन पंजाब और दिल्ली में व्यतीत हुआ। इसलिए उन्हें मराठी ग्रामीण जीवन की गहन जानकारी नहीं थी। इधर चंपा की भूमिका निभानेवाली नर्गिस इस बात के लिए आग्रही थीं कि वे इस सिनेमा में मराठी लड़की दिखें। ऐसे में अब्बास को अपने पुराने मित्र अण्णा की अनायास याद हो आयी।

इससे पूर्व अर्थात् बीस साल पहले कॉमरेड किसन खवले अपने मित्र और संगीतकार शंकर के साथ कई बार नर्गिस की माँ जद्दनबाई के मुंबईवाले घर जाते थे। तब कई बार अण्णाभाऊ भी जद्दनबाई के घर साहित्यिक विनोद की महफिल में अपनी उपस्थिति दर्ज कराते। आगे शैलेंद्र मुंबई आ गए तब तो यह दोस्ताना परवान पर चढ़ा। इन दिनों नर्गिस बहुत छोटी थीं। इसलिए अण्णाभाऊ उन्हें पहचानते थे और अब तो 'परदेसी' की शूटिंग के कारण ये रिश्ता पुन: जुड़ गया।

तब कई महीनों तक शूटिंग चलती थी। 'परदेसी' सिनेमा की शूटिंग के निमित्त से अण्णाभाऊ सिनेमा कलाकारों के युनिट के साथ कोलकाता, चेन्नई, मुंबई तक घूमते रहे। सही मराठी पहनावा कैसा होना चाहिए–की जानकारी–अण्णा अन्य कलाकारों को देते थे। साथ ही मराठी पद्धति की नौ गज़वाली साड़ी कैसे पहनना है–का प्रत्यक्ष डेमो उस साड़ी को स्वयं पहन कर अण्णा दिखा देते थे। उनकी इस कला पर नर्गिस फ़िदा होकर कहतीं, "आप भी बड़े जादूगर हो अण्णाजी।" अण्णा का दोपहर का भोजन बलराज साहनी और नर्गिस के साथ ही होता था। नर्गिस बड़ी प्रशंसा के सुर में कहती, "हमारे अण्णा भाई!"–यह बात शंकरराव किनागी ने कई बार कही है। इस सिनेमा के कारण अण्णा और गव्हाणकर काफी दिनों तक व्यस्त थे। तब मुंबई की मीठी नदी में साफ-सुथरा पानी बहता था। इस नदी के किनारे 'परदेसी' सिनेमा की शूटिंग चलती थी। आज तो मीठी नदी गंदी बस्तियों ने निगल डाली है।

सच्चा आनंद तो 'परदेसी' सिनेमा के गीत रचते समय आया। हिंदी के वरिष्ठ संगीत-निर्देशक अनिल बिस्वास सिनेमा के संगीतकार थे। उन्हें रूसी यात्रियों के सामने मराठी ज्ञानेश्वर बने बलराज साहनी पँवाड़ा गाकर सुनाते हैं और अपने महाराष्ट्र की मेहमाननवाजी, महाराष्ट्र की मिट्टी की महिमा सुनाते हैं–यह सिनेमा में उन्हें बताना था। प्रेम धवन ने इस प्रसंग पर सुंदर गीत भी लिखा था–

"ये हिन्दुस्थान है प्यारे,
हमारी शान है प्यारे..."

इस गीत के लिए अनिलदा पँवाड़े की धुन चाहते थे। इसलिए उन्होंने मुंबई के मोहन स्टूडियो में अण्णा और गव्हाणकर को बुला लिया। अण्णाभाऊ ने 'महाराष्ट्र की परंपरा' नामक पँवाड़ा ओजपूर्ण शैली में गाया। इसी की धुन संगीतकार अनिलदा, और गायक मन्नाडे ने ली। रेकॉर्डिंग बढ़िया हुई।[4] अण्णा द्वारा निकाली गयी तर्ज भी अनिलदा को बहुत अच्छी लगी।

सिनेमा के पर्दे पर यह सदाबहार गीत बलराज साहनी के हाथों में डफ (चंग) लेकर प्रस्तुत हुआ है। रेकॉर्डिंग और पर्दे पर गव्हाणकर बड़े जोश से ढोलक

बजाते नज़र आते हैं। बलराज के साथ इस गीत की (झील लेते) लकेर लेते समय गव्हाणकर और अण्णाभाऊ दिखाई देते हैं। आज भी यह सिनेमा देखते समय चंपा बनी नर्गिस और उसके माता-पिता की भूमिका अदा करनेवाले अचला सचदेव और मनमोहन कृष्ण की अदाकारी, सिनेमा का मराठीपन लिए हुए सेटिंग, आउटडोर शूटिंग देख कर हमें अहसास होता है कि अण्णा और अब्बास ने सिनेमा में जान फूँक दी। ये सभी दिन अण्णा की दृष्टि से अपने हिंदी-उर्दू कलाकार-लेखकों के साथ बीते हुए कितने खुशनुमा दिन थे!

1955 में संयुक्त महाराष्ट्र की माँग हेतु माहौल गरमाने लगा। 18 नवंबर 1955 के दिन सेनापति बापट के नेतृत्व में मुंबई के कोर्ट क्षेत्र में विशाल जुलूस निकला। मराठी के वैभव और महाराष्ट्र की माँग के लिए ट्राम, बस, रेल भर-भर कर हजारों लोग मंत्रालय की ओर निकल पड़े। मानो कोई बांध टूट कर चारों ओर पानी ही पानी दिखाई दे तद्वत् दो-ढाई लाख लोग सड़क पर उतर आए। तत्कालीन फ्लोरा फाउटन (आज का हुतात्मा चौक) पर मोरारजी देसाई की सरकार की पुलिस ने जुलूस को रोक लिया। उस दिन प्रदर्शनकारियों पर बड़ी निर्दयता से लाठीचार्ज हुआ। आँसू गैस के गोले छोड़े गए।

मुंबई राज्य के तत्कालीन मुख्यमंत्री मोरारजी देसाई ने जानबूझ कर बाबूलाल शाह नामक पुलिस अधिकारी के हाथों कानून और सुव्यवस्था की जिम्मेदारी देकर आंदोलन को जबर्दस्ती से कुचलने की शुरुआत की। इस पर तुक्का यह कि 20 नवंबर को मोरारजीभाई और स.का. पाटील ने जाबूझकर सभा आयोजित कर 'यावच्चन्द्रदिवाकरौ' अर्थात् जब तक चाँद-सूरज है तब तक मुंबई महाराष्ट्र को नहीं मिलेगी, ऐसी कै की।

मराठी लोगों के विपरीत रहनेवाले स. का. पाटील ने कहा, "शासन करने की हम मराठी लोगों में पात्रता (क्षमता) नहीं है। ऐसी बकवास कानों पर पड़ते ही दर्शकों में हो-हल्ला मचा और जनता ने अपने पैरों की चप्पलों-जूतों की बारिश शुरू की। तब बचते-बचाते मुख्यमंत्री मोरारजी और सदोबा पाटील पुलिस की सहायता से वहाँ से भाग गए।

दूसरे दिन 21 नवंबर को मुंबई के विधान भवन में तीन राज्य निर्माण योजना (मुंबई, महाराष्ट्र, गुजरात) का प्रस्ताव रखा जाना था। जनता बुरी तरह से भड़क गयी थी। उसी दिन संयुक्त महाराष्ट्र की मांग को लेकर बेलगाँव और कारवार (कर्नाटक) से हजारों प्रदर्शनकारी मुंबई आ धमके थे। त्रि-राज्य निर्माण का कड़ा विरोध करने

के लिए उस दिन लाक्षणिक हड़ताल की गयी। जनता बुरी तरह क्षुब्ध थी, बेकाबू थी। तत्कालीन मुंबई रोज सुबह जगानेवाले साठ-एक कपड़ा मिलों के भोंपू बिना मजदूरों के बज रहे थे। उधर दो लाख कपड़ा मिल मजदूरों में से किसी ने भी मिल गेट के अंदर कदम नहीं रखा था।"[5]

मुंबई की प्रत्येक चाल-चाल से, उपनगरों से, क्षुब्ध, क्रुद्ध जनता 'महाराष्ट्र, संयुक्त महाराष्ट्र' ऐसे चिल्लाते हुए नारे देकर हाथों में झंडे लेकर कोर्ट की ओर दौड़ रही थी। विधान भवन को घेर कर उसका कामकाज बंद करने की ठान ली थी। तत्कालीन मंत्रालय और विधान भवन मुंबई के कुलाबा इलाके के रीगल टॉकीज के पासवाली मुंबई महासंचालक के विशाल इमारत और परिसर में था। 21 नवंबर के जुलूस में सामान्य मध्यवर्गीय स्त्रियाँ, अनपढ़-मजदूर स्त्रियाँ, स्कूल के बच्चों की भरमार थी। चाहे लाशों का अंबार लगे। हम रुकेंगे नहीं, आगे ही बढ़ेंगे और विधान भवन से टकरायेंगे–ऐसा निर्धार जनता का था। प्रशासन ने फ्लोरा फाउंटेन पर पुलिस की सख्त दीवार खड़ी कर दी। प्रदर्शनकारियों के सीने से संगीनें लगा कर उन्हें रोके रखा।

यहीं पर ढाई लाख से भी अधिक जनता का महासागर इकट्ठा हो गया। इसी में दोपहर की छुट्टी हो गयी। फोर्ट के दफ्तरों से कर्मचारी बाहर निकले। गर्म-जोशी से भरी जनता पीछे हटने को तैयार नहीं। इसलिए आँसू गैस चलाया गया, लाठीचार्ज शुरू हुआ, पुलिस की संगीनों से गोलियाँ बरसने लगीं। स्वयं डी.सी.पी. बाबूलाल शाह ने लाठी की बौछारें शुरू कीं। लोगों के सिर फूटे। तीन सौ लोग घायल होकर रास्ते पर गिर पड़े। 21 नवंबर के दिन पंद्रह लोग मारे गए। उनके शरीर में डमडम की गोलियाँ धँस गयीं। (इस गोली का जानलेवा गुण यह है कि जब छर्रे किसी के शरीर में घुस जाएँ तो उनका और ब्लास्ट (स्फोट) होकर मानव शरीर की चिंदियाँ उड जाती हैं।)

महाराष्ट्र निर्माण के स्वप्नपूर्ति हेतु अपना जीवन अर्पित करनेवाले ये पहले पंद्रह शहीद (हुतात्मा) हैं। इन्हीं के नाम पर फ्लोरा फाउंटेन को 'हुतात्मा चौक' कहते हैं।

मुंबई में पुन: हिंसाचार शुरू हुआ, दो बसे, एक पुलिस चौकी को आग लगा दी गई। कुछ लोगों ने पुलिस के हाथों से बंदूकें छीनने की भी कोशिश की। ऐसे में हाथों में केशरी झंडा लेकर आगे लपकनेवाले फणसवाड़ी के एक कोमल, मासूम छात्र सीताराम पवार पर पुलिसवालों ने गोलियाँ चला दीं। गोलियों से छलनी हुए हालात में 'महाराष्ट्र...मेरा महाराष्ट्र... ' की गर्जना करते हुए उसने खून की उल्टी की और वह नीचे गिर पड़ा। लेकिन उसने अपने हाथों में कस कर पकड़ा हुआ झंडा छोड़ा नहीं।

चारों ओर से घेर कर असेंबली की ओर आनेवाली ढाई लाख की भीड़ से मुकाबला करना असंभव है–का अहसास मोरारजी को हुआ। इसलिए जनता के क्रोध को कम करने तथा भय और मुसीबत को टालने के लिए मोरारजी ने महासभा को अनुमति प्रदान की। अनुमति का संदेश लेकर असेंबली से साथी एस. एम. जोशी, भरूचा और अमृत देसाई आए। उन्होंने प्रदर्शनकारियों को शांति बनाए रखने का आवाहन किया। इस विशाल भीड़ को चौपाटी की दिशा में मोड़ा। शाम के समय वहाँ विशाल, अटल निर्णयवाली सभा संपन्न हुई।[6]

सभा होने पर अण्णाभाऊ और शाहिर अमर शेख दौड़ते हुए पड़ोसवाली फणसवाड़ी में गये। उस समय संयुक्त महाराष्ट्र के लिए अपना बलिदान देनेवाले युवा छात्र सीताराम पवार का शव उसकी चाल के दरवाजे पर लाया गया था। अण्णाभाऊ और अमर शेख ने भावुक दशा में शव के दर्शन किए। उस समय अण्णाभाऊ का भावभीना चेहरा अमर शेख ने देखा था। इसलिए चिंता के सुर में वे बोले, "भाई अण्णा! तुम आज घाटकोपर मत जाओ, यहीं उस पार भाऊसाहेब राऊत के यहाँ रहो अथवा इधर गव्हाणकर के घर रुक जाओ। मुझे तुम काफी थके हुए से लग रहे हो।"

सपने में बात करनेवाले व्यक्तिवत् अण्णाभाऊ बोल पड़े, "अमर! तू आज मुझे यहीं कहीं रुकवाने के चक्कर में मत पड़। अरे! मेरे सिर में ही डमडम की गोलियाँ घुस गयी हैं।" रात में श्मशान बना हुआ फ्लोरा फाउंटेन का परिसर देखते हुए अण्णा तूफान की तरह पीछे लौट आए।[7] जीवन की उस भयावह रात में अण्णा के मस्तिष्क में एक मैना ने कुहराम मचा दिया था। वह प्रतीक रूप में ऊपरी तौर पर भले ही मैना नज़र आती हो लेकिन वस्तुत: वह तो प्रत्यक्ष महालक्ष्मी ही थी! यही बात अण्णा के मस्तिष्क में उमड़-घुमड़ रही थी।

ट्राम, टैक्सी जो भी साधन मिला उसी से अण्णाभाऊ घाटकोपर पहुँचे। रात बारह बजे का समय था। चिरागनगर के गलियारों में भीतर आते ही अण्णा ने पुकारना शुरू किया। "शिवा...ओ महादू...उठो रे, ढोलक उठाओ, हाथों में मंजीरा लो और तत्काल इन हथियारों से लैस होकर बाहर निकलो।" अण्णा की झोंपड़ी से सट कर ही उनके सह-कलाकार लकेर देनेवालों की (झीलकरी) झोंपड़ियाँ थीं। अपने पुण्यात्मा पिता की स्मृतियों को जगाते हुए शकुंतला मुझसे कह रही थी, "उस रात द्वार खड़े अण्णा के चेहरे को लेकर मैं क्या बोलूँ! आँखें लाल भड़कीली, किसी चक्रवात से टकरानेवाली जलती मशालवत् दिखाई दे रही थीं।"[8]

फिर उसी आधी रात को अपनी झोंपड़ी के सामनेवाले लताकुंज में अण्णा ने रात भर अंगार-से जलते शब्दों की और उछाल लेते सुरों की आराधना की। सुबह भोर तक यह शब्द-आराधन जारी था। आगे चलकर संयुक्त महाराष्ट्र आंदोलन का हथियार बनीं एक रणलावणी उस क्रांतिकारी कवि के मुख से प्रस्फुटित हो रही थी–

"माझी मैना गावावर राहिली,
माझ्या जीवाची होतिया काहिली।"

अर्थात् मेरी मैना गाँव में ही रह गयी, उसके लिए मेरे प्राण तड़प रहे हैं।

अण्णाभाऊ समूची रात खाली पेट महज दो घूँट चाय पर ही थे। उनके हाथों का चंग कड़कड़ाहट कर रहा था। शिवा की उँगलियाँ ढोलक पर नर्तन कर रही थीं। गहराती रात थरथरा रही थी और देखते ही देखते भोर हुई, अँधेरा छँटा।

सूर्योदय होने तक अण्णाभाऊ ने इस रण लावणी के दो जबरदस्त चरण लिख डाले।

"मैना माझी हसून बोलायची। मंद चालायची।
सुगंधी केतकी। सतेज कांती रेखीव भुवया।
कमान जणू इंद्रधनुची। हिरकणी हिऱ्याची।"

मैना के ग्रामबाला कदकाठी और उसकी भोलीभाली प्रीति का वर्णन करनेवाली शुरुआती काफी पंक्तियाँ अण्णा ने उसी रात लिख डाली थी–अर्थात् मेरी मैना मुझसे हँस कर बातें करती, मंद-मंथर गति से चलती मानो महकता केवड़ा हो। तेजपूर्ण कांति, कोरी हुई भँवें मानो इंद्रधनुष की कमान हो। वह हीरे की हिरकणी-सी लगती।

आदि वर्णन करते हुए गाँव के लोगों से बिदा ली। इस अर्थ की पंक्तियाँ और "यह मुंबई यंत्र-तंत्र और पसीने के मंत्र की" आदि उसी रात उन्होंने लिखा। सुर-ताल के साथ तर्ज लगायी थी। लेकिन अगली कुछ पंक्तियाँ लिखते समय अण्णा आग की लपटों से लिपट गए। इस अवस्था में उन्होंने लिखा–

"त्याच दरम्यान चळवळ उठली संयुक्त महाराष्ट्राची,
बेळगाँव, कारवार, निपाणी, गोव्यासह एका भाषिक राज्याची,
चकाकली संगीन अन्यायाची। फौज उठली बिनिवरची
कामगारांची। शेतकऱ्यांची! मध्यमवर्गीयांची।
उठला मराठी देश..ऽऽ..। आला मैदानी त्वेष। वैरी करण्या नामशेष।
गोळी डमडमची छातीवर साहिली..ऽऽ.. माझी मैना गावाकड़ राहिली।
...सांगे अण्णाभाऊ साठे। घरं बुडणार गर्वाची,

मी-तू पणाची। जुलूमाची।
निकुंबळीला कत्तल झाली इंद्रजिताची।
चौदा चौकड्याचं राज्य रावणाचं। लंका जळली त्याची
तीच गत होणार कलियुगी ह्या जुलूमशहांची।
उचला रे उचला...तिरडी स.का.पाटील आणि मोरारजीची
ही साक्ष आहे शाहिराच्या गरम रक्ताची!
कशी पळवाल वैऱ्यांनों..ss...गाय वासराची
बुडाली पृथ्वी, घडला प्रलय तरी मुंबई होणार महाराष्ट्राची!
झालं फाउंटेनला जंग। तिथं बांधूनी चंग। आला मैदानी रंग।
धार सीताराम बाळाच्या रक्ताची म्या पाहिली...ss...
माझ्या जिवाची होतीया काहिली!"

अर्थात् इसी दरमियान संयुक्त महाराष्ट्र का आंदोलन खड़ा हुआ। बेलगाँव (बेळगावी), कारवार, निपाणी, गोवा मिलाकर एक भाषिक अर्थात् मराठी भाषिक राज्य निर्माण करने के लिए यह आंदोलन था। इस आंदोलन पर अन्याय की संगीनें चमक उठीं। अग्रभाग की सेना ने मोर्चा सँभाला। मजदूर, किसान, मध्यवर्गीय, मराठी माणूस का देश जाग उठा। जोश से मैदान पर वह खड़ा हुआ। उसने प्रण लिया, बैरी को नेस्तनाबूद करना है। प्रदर्शनकारियों के सीने पर डमडम की गोलियाँ चलायी गयीं और उन्हें सहनी पड़ीं। मेरी मैना गाँव ही रह गयी। अण्णा कहते हैं गर्व का घर खाली, मैं-तू और जुल्म भी नष्ट हो जाएगा। इंद्रजीत (रावण का बेटा) भी मारा गया। चौदह चौकड़ियों का राज्य सोने की लंका का अधिपति रावण होने पर भी लंका जल गयी। ऐसी ही दुर्गत कलयुग में जुल्म ढहानेवाले लोगों की होगी। उठाओ...रे... ss...उठाओ...ss...अरथी स. का. पाटील और मोरारजी की। यह गवाही शाहिर के गर्म खून की है। बैरियों कैसे भगाओगे गाय-बछड़े को। चाहे प्रलय हो या धरती डूबे, मुंबई महाराष्ट्र की ही होगी। फ्लोरा फाउंटेन पर जंग छिड़ी है। वहाँ लोगों ने प्रण लेकर, हाथों में चंग लेकर मैदान में रंग भर दिया। सीताराम नामक बेटे का खून बहते मैंने देखा है, मेरे हृदय में आग धधक रही है।

बलिदान और शहीदों की महत्ता प्रकट करनेवाली ये पंक्तियाँ करुणा के आँसू रूपी ओस से भीगी हैं।

रात भर चंग (डफ), हलगी, ढोलक, मंजीरा, इकतारा के सुर बज रहे थे। अण्णा ने अपने मस्तिष्क में धँसी बंदूक की गोलियों के घावों को शब्दों की मशालों से दाग दिया। तब कहीं जाकर उन्हें राहत महसूस हुई।

महज कुछ दिनों के भीतर ही अण्णाभाऊ की रण लावणी के शब्द कपूर की तरह जल उठे और महाराष्ट्र के चांदा से बांदा तक (संपूर्ण महाराष्ट्र में) फैल गए। प्रदर्शनकारियों के हाथों का हथियार बन गए। फिर आगे आंदोलन में मोड़ आया। घटित घटनाओं को देख कर अण्णा ने प्रस्तुत लावणी के शब्दगठन में कुछ सुधार किए। अपने क्रांतिकारी, सुलगते अंगार जैसे शब्दों की माला वे घुमाते-बदलते रहे।

संयुक्त महाराष्ट्र का सपना पूर्णत: साकार नहीं हुआ। बेलगाँव, कारवार, भालकी, बिदर, डांग क्षेत्र महाराष्ट्र को नहीं मिला। इस अभाव जन्य मानसिक छटपटाहट को अण्णा ने इन पंक्तियों में मुखरित किया है–

"महाराष्ट्र ने गुढी उभारली विजयाची।
दाखवली रीत पाठ भिंतीला लावून लढण्याची।
परी तगमग थांबली नाही माझ्या अंतरीची।
गावाकड़ मैना माझी। भेट नाही तिची।
तीच गत झाली या खंडित महाराष्ट्राची।
बेळगाँव, कारवार, डांग, उंबरगावावर मालकी दुजांची। धोंड खंडणीची।
कमाल दंडेलीची। चीड बेकीची। गरज एकीची।
म्हणून विनवणी आहे। शिवशक्तिला शाहिरीची '
आता वळू नका। रणी पळू नका। कुणी चळू नका।
बिनी मारायची अजुन राहिली। माझ्या जीवाची होतीया काहिली।"

अर्थात् महाराष्ट्र ने विजय की पताका फहरायी। दीवार से पीठ सटा कर अपने हक के लिए लड़ने की रीत जग को बतायी। विजय पा लेने पर भी मेरे अंतस की छटपटाहट खत्म नहीं हुई। गाँव की ओर मेरी मैना है। मेरी उससे मुलाकात भी नहीं हुई। ऐसी ही रिक्तता बोध की गति खंडित महाराष्ट्र को (पाकर) हुई। बेलगाँव, कारवार, डांग, उंबरगाँव, क्षेत्र पर दूसरों का अधिकार है। हमारी राह का रोड़ा यह फिरौती है। जुल्म, जबर्दस्ती की कमाल है, मुझे चिढ़ है इस फूट की, जबकि आज जरूरत है एकता की। इसलिए मेरी बिनती है शिवशक्ति को, इस शाहिर की। अब पीछे मुड़कर नहीं देखना है। रण-मैदान छोड़ कर भागना नहीं, न कोई विचलित हो। अभी हमें और इस मोर्चे को सँभालना है। मेरे प्राण आग से जल रहे हैं।

आगे इस तरह का परिवर्तन 1962 के आम चुनाओं तक होता रहा।

'बिनी मारायची अजुन राहिली' अर्थात् संपूर्ण जीत के लिए और आगे हमें मोर्चा सँभालना है। इस पंक्ति के कारण कुछ अध्येता ऐसा निष्कर्ष बताते हैं कि अण्णा

ने यही लावणी 1960 के बाद लिखी। यह निष्कर्ष गलत है। अण्णा पर अन्याय करनेवाला है। क्योंकि प्रस्तुत लावणी के कुछ अंतरे कालानुरूप बदलते गए। फिर भी यह रचना संयुक्त महाराष्ट्र आंदोलन का एक महत्त्वपूर्ण हथियार हो चुकी थी। जिसका जन्म फ्लोरा फाउंटेन के रक्तपात की धधकती पृष्ठभूमि पर 21 नवंबर 1955 की रात में हुआ था और दो महीने के भीतर शाहिर अमर शेख के बादलों-सी कड़कवाले अर्थात् मेघ कंठी सुर में पहली बार 16 जनवरी 1956 को मुंबई के शिवाजी पार्क पर जनता ने सुना और इसके बाद तो यह रचना संपूर्ण महाराष्ट्र के गाँव-गाँव में पहुँच गयी।

जब दिल्ली में जानेवाले मोर्चे के लिए मुंबई की महिला नेता और कार्यकर्त्रिओं से भरा पंजाब मेल का डिब्बा देश की राजधानी की ओर जा रहा था तब उस डिब्बे में क्रांतिसिंह नाना पाटील की माताजी विठाबाई और उनकी मौसी ने अपने ओजस्वी सुर में 'माझी मैना गावावर राहिली' लावणी गायी और उसकी लकेर (झील) कॉमरेड अहिल्या रांगणेकर और कॉमरेड तारा रेड्डी ने ली थी। इस घटना का उल्लेख आचार्य अत्रे की बेटी मीना देशपांडे ने अपनी किताब 'हुतात्मा' में किया है।[9] यही किस्सा मैंने अत्रेजी की बेटी शिरीष पै के मुँह से सुना है।

क्रांतिसिंह का पोता कॉमरेड सुभाष पाटील ने बताया कि वह मौसी अर्थात् कोहिनूर मिल की मजदूर चाल में रहनेवाली तथा सभी भूमिगत छुपे हुए कार्यकर्ताओं की मौसीजी अर्थात् सुंदराबाई जाधव थी। साथ ही इस परिषद में नाना पाटील की बेटी हौसाबाई भी उपस्थित थीं ऐसा मुझसे कहा। कुछ सालों पहले कॉमरेड डॉक्टर आर. बी. मोरे के साथ सुंदराबाई जाधव नामक माउली से मिलने का सौभाग्य मुझे मिला। वे वृद्धावस्था में भी जोशीली और पके नीबू-सी पीली-ओजस्वी कांति लिए मुझे नज़र आयीं। मैंने सोचा इन्हें किसी की नज़र नहीं लगी है। संयुक्त महाराष्ट्र के लिए यह संघर्ष अण्णाभाऊ, आचार्य अत्रे, ग. त्र्यं. माडखोलकर जैसे साहित्यकारों के लिए, साथ ही अमर शेख, गव्हाणकर, आत्माराम पाटील, शाहिर करीम, प्रताप आदि मराठी मिट्टी के बुलंद आवाज़वाले शाहिरों के लिए अपने जीवन का दहकता-धधकता अध्याय ही था। मोरारजी देसाई और पंडित नेहरू को महाराष्ट्र की शान मुंबई शहर को महाराष्ट्र से तोड़ कर सुदूर अंडमान-निकोबारवत् केंद्रशासित प्रदेश घोषित कर मुंबई को केंद्रीय सत्ता के हाथों का एक झुनझुना बनाना था।

त्रिराज्य निर्माण परिकल्पना मात्र से डॉ. बाबासाहेब आंबेडकर जैसे महापुरुष भी प्रक्षुब्ध हो उठे थे। उन्होंने तो एक मई 1956 को राज्यसभा में सभी को सख्त धौंस दी कि "मुंबई शहर के लिए मैं महाराष्ट्रीय लोगों से कंधे-से-कंधा मिला कर

लड़ूँगा, ऐसा मैं सरकार से स्पष्ट रूप से कहना चाहता हूँ।" उसी समय उन्होंने कहा, मुंबई में आधुनिक उद्योग-व्यवसाय की नींव देश के अन्य क्षेत्र के गुजराती अथवा अन्य व्यापारियों ने नहीं रखी। यह नींव अंग्रेज व्यापारी और उद्योगपतियों ने रखी है। इसकी भी याद सभी को दिला दी। संविधान के इस शिल्पकार ने भाषिक आधार पर राज्य निर्माण करने में किसी तरह का कोई खतरा नहीं है, यह बात भी उन्होंने राज्य सभा में स्पष्ट रूप से कह दी।

दिन-प्रति दिन संयुक्त महाराष्ट्र की माँग बलवती होती गयी। रणभूमि पर सटासट चलनेवाली तलवारों जैसे शाहिरों के चंग कड़कड़ाहट के सुर में बज रहे थे। शाहिर आत्माराम पाटील ने तो सत्ताधारियों को ललकारते हुए लिखा–

"संयुक्त महाराष्ट्र उगवतो सरकार।
खुशाल कोंबडं दाबून धरा।"

अर्थात् तुम मुर्गे को चाहे जितना अँधेरे में छिपा लो लेकिन संयुक्त महाराष्ट्र की सुबह की बाँग जरूर सुनाई देगी।

1956 के मुंबई राज्य विधानसभा चुनाव संयुक्त महाराष्ट्र के मसले पर ही काफी चर्चित रहे। कांग्रेस विरोधी सभी राजनीतिक दलों द्वारा एकत्र होकर निर्माण की गयी संयुक्त महाराष्ट्र समिति सत्ताधारी कांग्रेस से कड़ा मुकाबला कर रही थी। समिति प्रचार की जिम्मेदारी तत्कालीन सर्वाधिक ताकतवर वक्ताओं के साथ ही शाहिर अमर शेख, अण्णा और गव्हाणकर पर आ गयी। समिति के प्रचारार्थ इन दोनों कलापथकों ने तूफान मचा दिया।

आंदोलन के उन दिनों इन दोनों कलापथकों के प्रचार के तूफानी आघात से सत्ताधारी कांग्रेस पार्टी हड़बड़ा गयी और पार्टी ने कविवर ग. दि. माडगूळकर को मैदान में उतारा। माडगूळकर ने "डांग्या खोकला झाला ग बाई, यंदा समिति जगत नाही" अर्थात् कुक्कुर खाँसी हो गयी, अब तो समिति नहीं बचेगी, ऐसा पैरोडी गीत जारी किया लेकिन अण्णाभाऊ ने इस पर जवाब देते हुए लिखा, "अरे वाघाला नखं, गरूडाला पंख, तशी मुंबई मराठी माणसाला" अर्थात् अरे भाई, जैसे बाघ को नाखून, गरुड़ को डैने, वैसी मुंबई मराठी आदमी की। तो अमर शेख के मुख से निकले, "जागा मराठा, जमाना बदलेगा" सुर ने झंझावात खड़ा कर दिया, जिसके आगे माडगूळकर का प्रचार काफी बौना साबित हुआ।

संयुक्त महाराष्ट्र का संघर्ष धधकता ही रहा। संयुक्त महाराष्ट्र समिति की कार्यकारिणी ने और सीमा-संघर्ष समिति ने 18 दिसंबर को दिल्ली स्थित संसद पर मोर्चा ले जाने का निर्णय लिया। इस संदर्भ में आचार्य अत्रे, 'दिल्ली में औरंगजेब

के वारिस' शीर्षक के लेख में लिखते हैं, "दिल्लीश्वर नेहरू ने औरंगजेब की गंदली आँखों से तथा कलुषित हृदय से महाराष्ट्र की ओर देखना तय नहीं किया होता तो महाराष्ट्र को इस जमाने में दिल्ली पर धावा बोलने का कोई कारण ही बचा नहीं होता।"[10]

तब महाराष्ट्र के सभी शाहिरों ने अपने पहाड़ी गीतों से दिल्ली में धूम मचाने की ठान ली लेकिन दिल्लीवालों के मन को झंकृत करने के लिए उनकी ठेठ हिंदी-हिंदुस्तानी भाषा की लय और सुरावट की जरूरत थी। इस बात को लेकर दादर में शाहिरी मंथन हुआ तब अण्णा ने अपने मुँह में दबायी हुई जलती बीड़ी को निकाल कर बुझाया और हँसते हुए कहा, "चलो! समस्या हल हो गयी।"

उस रात काफी देर से अण्णाभाऊ अपने साथ गव्हाणकर, अमर शेख और शाहिर जाधव को लेकर मुंबई के उपनगर खार की ओर चल पड़े। फोन पर पहले ही हुई बात के अनुसार कविवर शैलेंद्र ने रात के साढ़े-ग्यारह बजे के उपरांत ही अण्णा को घर आने का संदेश दिया था। 1949 के हिंदी सिनेमा 'बरसात' से लेकर आगे, 'आवारा', 'श्री चार सौ बीस', 'चोरी-चोरी', 'यहूदी', 'मधुमति', 'सीमा', 'अनाड़ी' आदि अनेक सफल सिनेमाओं के गीत शैलेंद्र ने लिखे। सिने-गीत के इतिहास में शैलेंद्र युग शुरू हुआ। दिन भर कहीं-न-कहीं रेकॉर्डिंग स्टूडियो में वे व्यस्त होते थे। इस कारण उनसे देर रात में मुलाकात तय की गयी।

अपने संघर्ष के गर्दिश के दिनों के मित्र शैलेंद्र ने तुरंत मिलने के कारण के बारे में अण्णाभाऊ से पूछा। इस पर अण्णा संक्षेप में संयुक्त महाराष्ट्र आंदोलन, दिल्ली से टकराना और नेहरू से कही जानेवाली बात-ऐसा थीम (विषय) बताया। यह सुन शैलेंद्र मंद-मंद मुस्कुराये। किसी प्रांत की जनता के स्वाभिमान को ठेस लगने पर कैसी मतवाली होकर गरजती है—इस बात का अनुभव स्वयं शैलेंद्र को था। अपने शुरुआती दिनों में शैलेन्द्र ने 'जलता है पंजाब' नामक जबर्दस्त, प्रभावशाली कविता लिखी थी। इसी रचना के कारण वे कवि सम्मेलन के मंच पर सर्र...ss...से छा गए।

शैलेंद्र के निकट अण्णाभाऊ और अमर शेख हठपूर्वक बैठ गए। "भैया! ऐसा कुछ बढ़िया और जबर्दस्त लिख दो ताकि समूची दिल्ली नागिन-सी डोलने लगे।" तब मायूस होकर शैलेंद्र बोले, "अरे अण्णा! आपने मुझे पहले क्यूँ नहीं बताया? हिंदी गीत तो जरूर बन कर तैयार हो जाएगा परंतु उसका दिल, चाहत, मकसद मराठी में ही रहनेवाला है। यदि आप अपने साथ ढोलक और डफली लेकर आते तो बात बन जाती।" इस पर अण्णा ने हँस कर कहा, "अरे भैया! बात तो अभी भी बननी है। आते बखत मैं टैक्सी में संगीत के साथ रूपी हथियार लेकर आया हूँ।"

इसके बाद शाहिर जाधव और गव्हाणकर ने टैक्सी की डिक्की में पड़े संगीत के आयुध उर्फ हथियार बाहर निकाले। गव्हाणकर तो ढोलक के जादूगर थे। उनका सानी रखनेवाला कोई नहीं था। अण्णा ने अपने हाथों में 'हाथखंडी' (हाथ में पकड़कर बजायी जानेवाली) हलगी ली, तो अमर शेख के हाथों में चंग गूँजने लगा। एक ओर गीतकार शैलेंद्र लिखते रहे और दूसरी ओर शाहिर शेख ने उनके बंगले में ही सीधा सुर पकड़ा।

"जागा मराठा....
आम जमाना बदलेगा,
उठा है तो तूफान,
वह आखिर बंबई लेकर दम लेगा।।
आएंगी मुश्किलें हजार,
पर हम भी लाचार नहीं,
दो कौड़ी के मोल मराठा,
बिकने को तैयार नहीं,
इस भारत का इतिहास,
आज से एक नयी करवट लेगा,
जागा मराठा...
आम जमाना बदलेगा..."[11]

18 दिसंबर को सत्याग्रहियों की सेना दिल्ली स्टेशन पर उतरी। अपने खर्चे से काफी दूर, हजारों किलोमीटर जाना था। इसलिए अधिकतम पाँच सौ प्रदर्शनकारी जैसे-तैसे दिल्ली आ पायेंगे, ऐसी तत्कालीन नेताओं को उम्मीद थी लेकिन प्रत्यक्ष में ढाई हज़ार लोगों की फौज दिल्ली आयी। महाराष्ट्र की माँग को मनवाने के लिए लोगों ने कांग्रेस का प्रखर विरोध किया। जनता 1956 के चुनाव में उन्नीस लोकसभा सदस्य (सांसद) तथा एक सौ दो विधायक संयुक्त महाराष्ट्र समिति के टिकट पर चुन कर दिए थे। ये सारे लोकप्रतिनिधि और चौवन नगर सेवक (पार्षद) और एक सौ पाँच महिलाएँ ऐसी भारी-भरकम पलटन थी।

चार-चार प्रदर्शनकारियों का गुट बना कर मोर्चा आगे बढ़ा। जिसकी लंबाई दो किलोमीटर से अधिक थी। कनाट सर्कल के रास्ते से मोर्चा दोपहर साढ़े बारह बजे के आसपास संसद भवन के निकट पहुँचा। मोर्चा के अग्रणी छत्रपति शिवाजी महाराज, लोकमान्य तिलक, वासुदेव बलवंत फड़के के चित्रवाले फलक लेकर

बड़े ठाठ से चल रहे थे। प्र. के. अत्रे, उद्धवराव पाटील, दाजिबा देसाई, कॉमरेड नाना पाटील, कॉमरेड एस. ए. डांगे, बैरिस्टर नाथ पै सब लोग बड़े तैश और जोश में आगे बढ़ रहे थे। इनमें सातारा के कऱ्हाड तथा कोल्हापुर की ओर के केशरी साफा पहने और उस पर तुर्रा बनाये सत्याग्रहियों ने लोगों का ध्यान आकर्षित कर लिया था। दिल्ली की ठिठुरनभरी ठण्ड में भी कई स्त्रियों ने अपने दूधमुँहे बच्चों को भी अपने साथ लिया था।

अण्णाभाऊ, अमर शेख और शाहिर गव्हाणकर इस मोर्चे में बड़े रोब से गा रहे थे। गर्जना कर रहे थे। मानो इसी दिन के लिए उन्होंने जन्म लिया हो। शाहिर अमर शेख की जुबान से शैलेंद्र लिखित पंक्तियाँ 'जागा मराठा, आम जमाना बदलेगा' जलते पलीते-सी बाहर निकल रही थीं। मोर्चे के आगे तथा पीछे पुलिस की कड़ी निगरानी और डर उत्पन्न करनेवाली लंबी-काली पुलिसगाड़ियों की कतार चल रही थी।

संसद में प्रविष्ट होनेवाला मोर्चा पुलिस द्वारा दरवाजे पर ही रोक लिया गया और प्रदर्शनकारियों ने संसद को अर्धगोल में घेर लिया। जबर्दस्त नारेबाजी और पहाड़ी सूर में पँवाड़ों की पेशकश निरंतर जारी थी। अमर शेख के हाथों में चंग था, तो अण्णा के हाथों में इकतारा (तुनतुना) था।

अग्रणी तीनों शाहिरों के साथ शाहिर आत्माराम पाटील, शाहिर गजानन बेणी, शाहिर जैनू शेख, केशर जगताप ऐसे सभी थे। शाहिरों की वह विशाल गर्जना, ललकारें, माँ-मराठी के आँचल से प्रस्फुटित पंक्तियाँ, ओवी, वह धुन और कड़कता चंग ऐसा बेहोशीभरा वातावरण देखने के लिए दिल्ली में पंजाबी और हरियाणवी लोगों ने भीड़ की।[12]

लोकसभा और राज्यसभा में मुंबई, मैसूर (वर्तमान का कर्नाटक) राज्यों के सीमा प्रश्न तथा संयुक्त महाराष्ट्र की माँग हेतु सांसद, कॉमरेड डांगे, बैरिस्टर नाथ पै और भूपेश गुप्ता ने स्थगन प्रस्ताव रखा। राज्यसभा के अध्यक्ष डॉ. राधाकृष्णन ने इसे खारिज किया और विरोधी सांसद सभा त्याग कर प्रदर्शनकारियों में सम्मिलित हुए। रात के सात बजे के बाद हड्डीतोड़ उत्तर की ठण्ड सत्याग्रहियों को तकलीफदेह होने लगी। फिर भी कोई पीछे हटने को तैयार नहीं था। आखिर में काफी मिन्नतवारी कर, हाथ-पाँव जोड़ कर स्त्रियों को आश्रय स्थल पर जाने के लिए मजबूर किया गया।"[13]

ओजस्वी शाहिरों ने तो वह दिल्ली की ठिठुरती पूरी रात जोशभरे पहाड़ी सुरवाले गीत एवं पँवाड़ों के जलते पलीतों के प्रकाश में जाग कर बिताना तय किया था।

प्रदर्शनकारियों के सिरहाने रात भर अलाव जल रहे थे। किसी ने कुत्सित शब्दों में कहा, "तुम मराठे इसी तरह पानीपत की ठण्ड में मर गए थे।" ऐसी याद दिला रहे थे। इस पर प्रदर्शनकारियों ने गर्व से कहा, "इस बार हम विजेता का झण्डा छीनने ही यहाँ आए हैं।" उस ठिठुरती रात में बच्चों-महिलाओं को ओढ़ने के लिए पर्याप्त रजाइयाँ नहीं थीं। ऐसे में उषाताई डांगे ने अपने दिल्ली स्थित (सरकारी) बंगले के कीमती परदे छीन कर उतरवा लिए। उन परदों की लपेट में कुछ लोगों को नींद आयी।

लोकसभा के द्वार पर हजारों नर-नारी अधभूखी अवस्था में तीस घण्टों तक डट कर बैठे थे (धरना दे कर बैठे थे) लेकिन (तत्कालीन प्रधानमंत्री) पंडित जवाहरलाल नेहरू ने उनकी ओर आ कर देखा भी नहीं और न ही उनके बारे में पूछताछ की। इधर रात भर 'जागा मराठा' गीत के साथ-साथ शाहिर अमर शेख ने–

"जनतेच्या सत्तेची ज्योत जागती,
गर्जा संयुक्त महाराष्ट्र भारती।"

(अर्थात् जनता के शासन की लौ जलनेवाली है। ललकार लगाओ संयुक्त महाराष्ट्र भारती की)

का स्वर भी निरंतर जारी रखा था।

शाहिरों ने दिल्ली का माहौल ऐसा मंत्रमुग्ध कर दिया था कि आखिरकार आचार्य अत्रे गद्गद हो गए। उनकी आँखों से बहती अश्रुधाराओं को पोंछते हुए वे बोले, "अरे बाबा!..ss...क्यों भला तुमने गलत समय पर जन्म लिया? अरे दिल्ली की सड़कों पर पिछले तीस घण्टों से माँ मराठी का जो जागरण-गोंधल किया है इसे देखने तो साक्षात् शिवाजी महाराज ही यहाँ होने चाहिए थे। उन्होंने उस अज्ञानदास को दिए, वैसे सेर-सेर वजन के सोने के कंगन तुम्हारी कलाई में पहनाकर तुम्हारा गौरव-सम्मान किया होता।"

मुंबई के मसले पर 'माझी मुंबई' अर्थात् 'मुंबई किसकी' इस वगनाट्य (तमाशा का अंगभूत नाटक) से समूचा महाराष्ट्र ही धधक उठा। किसी गाँव में इस वगनाट्य का मंचन लगते ही उस गाँव में गुढी-पताकाएँ बाँध कर, कमानें सजा कर (प्रवेशद्वार) अण्णाभाऊ के कलापथक का स्वागत किया जाता। आम आदमी की भाषा में वे मुंबई को घेरे हुए पूँजीपति और राजनेताओं के षड्यंत्र की पोल खोलते।

उन दिनों में घटित एक भावपूर्ण घटना आज भी कइयों की स्मृति में है। इस घटना का स्मरण मुझे सोपान सुडे ने कराया। एक बार कऱ्हाड के निकटवाले

इक्कीस किसान वहाँ से ठेठ मुंबई तक पैदल चल कर आए, कारण उनके पास किराए के पैसे नहीं थे। उन्होंने प्रदर्शन में सहभागिता ली। यह बात जब समिति के नेताओं को ज्ञात हुई तब वे आश्चर्यचकित हो गए। उन गरीब किसानों के भव्य-दिव्य साहस को देख कर अत्रे ने उन्हें कड़े शब्दों में डाँटा और कहा, "इस समस्या के लिए इतनी दूर पैदल चल कर आने की क्या आवश्यकता थी?" तब उन किसानों ने जो जवाब दिया, उसे सुन कर सभी गद्गद हो गए। जवाब था, "साहब यदि हम नहीं आयेंगे तो कौन भला आएगा। वो मोरारजी अपनी मुंबई दूसरों की झोली में डालने चला है, ऐसे में हमें अपने गाँव में कैसे भला सुख की नींद आएगी?" यह सारा परिणाम और प्रभाव अण्णा और अमर शेख के तूफानी प्रचार का था। एक ही समय इन दोनों के कला-पथकों ने 'माझी मुंबई' का मंचन अनेक स्थानों पर कर समूचे महाराष्ट्र को झिंझोड़ दिया। जनमानस पर पड़े इस प्रभाव को देख कर तत्कालीन मुख्यमंत्री मोरारजी देसाई ने सरकारी आदेश देकर पाबंदी लगा दी थी।

आखिरकार 106 हुतात्माओं के बलिदान से तथा अनेक शाहिर, लेखक, कवियों के त्याग से हाथों में क्या लगा?

देशभक्ति और महाराष्ट्र प्रेम से मुग्ध विजय प्राप्ति से खुश हुए संयुक्त महाराष्ट्रवादी आंदोलक लापरवाह थे। उधर सत्ता का सिंहासन हथियानेवाले उनकी तुलना में काफी होशियार और जन्मजात चालाक और घाघ थे। उन्होंने अंततोगत्वा जनता की जबर्दस्त माँग के सामने विवश होकर महाराष्ट्र राज्य निर्माण की माँग को स्वीकृत किया। लेकिन यह माँग करते समय उन्होंने महाराष्ट्र निर्माण में सहायक हुतात्माओं के खून एवं किसानों-मजदूरों के संघर्ष से यह मांग पूर्ण हुई–का नामोनिशान ही मिटा दिया।

श्रेय छीनने की मानसिकता के कारण राज्यकर्ता-सत्ताधीशों के हित में अपने अनुकूल नया इतिहास लोगों के मानस पर अंकित करने की चाह ने वास्तविकता से परे एक नयी बात फैलायी। जैसे, किसी स्वर्ग में रहनेवाले देवता ने नेहरू को उदार मन से यश का (भारतीय स्वतंत्रता) कुंभ सौंपा था, वैसे ही पंडित नेहरू ने भी यह मंगल कलश (महाराष्ट्र राज्य निर्माण) फूलों की टोकरी में रख कर धीरे से यशवंतरावजी के हाथों सौंपा–यही इतिहास उन्हें महाराष्ट्र के सामने खड़ा करना था।

महाराष्ट्र राज्य और मराठी भाषा संवर्धनार्थ जो जूझे, उनके त्याग और स्मृति पर भी उन्होंने पानी फेरने का निश्चय कर लिया था। इसलिए दिल्ली में भले ही फरवरी

1960 की शुरुआत में महाराष्ट्र राज्य निर्माण का निर्णय मन-ही-मन कर लिया था, फिर भी छोटी-छोटी बातों के लिए अड़ंगे डाले गए। तब शिव जयंती नजदीक आ रही था। इसलिए शिवजयंती के पावन पर्व के ही दिन महाराष्ट्र राज्य निर्माण का मुहूरत साधा जाए, जिससे प्रतिवर्ष 'शिवजयंती' और 'महाराष्ट्र दिन' दोनों एक ही दिन बड़े आनंद से मनाया जा सके। ऐसी अपेक्षा जनता ने व्यक्त की थी। लेकिन यह आनंद लोगों को सत्ताधारियों द्वारा प्राप्त होने देना नहीं था। इसलिए नेहरूजी ने शिवजयंती के बजाय 1 अप्रैल को महाराष्ट्र दिन का मुहूरत तय कर सभी कार्यालयों को सूचित भी कर दिया।

कॉमरेड डांगे की पंडित जवाहरलालजी से निजी स्तर पर घनी और पुरानी दोस्ती थी, संभवतया 1924-25 से। डांगे तत्काल हवाई जहाज से दिल्ली गए। तीन मूर्ति भवन पर अकेले में नेहरूजी से मुलाकात की और धीमी आवाज में कहा, "एक अप्रैल के आपके मुहूरत ने हमें मूर्ख बनाने की खुशी और आनंद आपके निकटवर्तीय साथियों को अवश्य होगी लेकिन जवाहरजी आपके इस निर्णय से आपकी इमेज महाराष्ट्रीयन लोगों के मन में खलनायक-की-सी चिरकाल तक बनी रहेगी।" डांगे द्वारा कही गयी बात के पीछे का इंगित नेहरूजी के तत्काल ध्यान में आया और उन्होंने संयुक्त महाराष्ट्रवादी नेताओं से सलाह-मशविरा कर 1 मई 1960 को महाराष्ट्र दिन बनाने का तय किया। इसी दिन को जागतिक मजदूर दिवस के रूप में मनाया जाता है।

महाराष्ट्र राज्य निर्माण की माँग को स्वीकार करते समय राज्य का नाम 'महाराष्ट्र' न रख कर 'मुंबई राज्य' किया जाए, ऐसा नामकरण भी दिल्ली-पति सत्ताधीशों ने तय कर लिया था। इस नाम को लेकर नेहरूजी को बुरा न लगे इसलिए (यशवंतराव) चव्हाण साहब ने मुंबई ब्रैकेट में (महाराष्ट्र) ऐसा नाम सुझाया ताकि नेहरू और महाराष्ट्र की जनता नाराज़ न हो। इस नामकरण सलाह को लेकर आचार्य अत्रे ने खिल्ली उड़ाते हुए कहा, "गाय के पेट में बछड़ा या बछड़े के पेट में गाय" (अर्थात् मुंबई महाराष्ट्र में या महाराष्ट्र मुंबई में) कई उठापटक होने के बाद 'महाराष्ट्र' नाम का प्रदेश दिल्लीवालों ने बड़े उदारतापूर्वक मन से महाराष्ट्र की झोली में डालने का पुण्यकर्म किया।[14]

संदर्भ

1. 'अण्णाभाऊ समग्र वाङ्मय'–संपादक रमेश बागवे, श्रीपाल कांबले, पृ.155
2. शकुंतला सपताल, 'जीवन संघर्ष : अण्णा और जयवंताबाई का'–संपादक सुबोध मोरे, पृ. 22-23
3. शांताबाई दोडके से साक्षात्कार, 15 नवंबर 2020
4. 'ये सुर अलगुज के' (बाँसुरी के)–दिनकर साठे।
5. 'महाराष्ट्र का महामंथन'–लालजी पेंडसे, पृ. 198 और अन्य।
6. 'ऐसी झुंज महाराष्ट्र की'–गौरव ग्रंथ–कॉमरेड विजय गणाचार्य तथा 'मराठा' और 'नवयुग' की फाइलें।
7. शाहिर आत्माराम पाटील–शाहिर बलवंत जाधव से साक्षात्कार–2014
8. सौ. शकुंतला सपताल से साक्षात्कार–13 दिसंबर 2020
9. 'हुतात्मा'–मीना देशपांडे, मैजिस्टिक प्रकाशन।
10. 'दिल्ली में औरंगजेब के वारिस'–आचार्य अत्रे, 'नवयुग'–दिसंबर 1958
11. शाहिर जाधव से साक्षात्कार, मार्च 2018 एवं 'ऐसी झुंज महाराष्ट्र की', संपादक विजय गणाचार्य, पृ. 85
12. 'दिल्ली में औरंगजेब के वारिस'–आचार्य अत्रे एवं पत्रकार मधुकर भावे से साक्षात्कार के अलावा महाराष्ट्र का महामंथन–लालजी पेंडसे।
13. 'अत्रे की बेटी'–कवयित्री शिरीष पै से साक्षात्कार–2014
14. 'संयुक्त महाराष्ट्र के महारथी', माधव गड़करी एवं दैनिक मराठा और 'नवयुग' की तत्कालीन फाइलें।

रूस का निमंत्रण

वाटेगाँव से कल्याण एवं मुंबई का कुल मिलाकर दो सौ अठारह मीलों का भयंकर, वेदनादायक सफर जब अण्णाभाऊ ने किया था, तब वे अपने संपूर्ण परिवार के साथ दिक्कतें-मुसीबतों को रौंदते हुए मुंबई की ओर चल रहे थे। तब एक दिन मैं भारतीय साहित्य के प्रतिनिधि के रूप में रूस जाऊँगा, ऐसा उन्होंने सपने में भी सोचा नहीं था। इस कारण 1960 में जब वे 'इंडो-सोवियत कल्चर सोसायटी' के निमंत्रण पर रूस जाने निकले तब उन्हें अपने आप पर ही बड़ा अचंभा हो रहा था।

इससे पूर्व पैरिस में आयोजित 'वैश्विक शांति परिषद' में शामिल होने के लिए अण्णाभाऊ को निमंत्रण मिला था। श्री बलराज साहनी ने तो हवाई जहाज के टिकट भी बना लिए थे–ऐसा अण्णाभाऊ ने लिखा है। लेकिन उन पर सरकार तथा पुलिस की कड़ी नज़र थी। ऐन वक्त पर पासपोर्ट न मिलने के कारण अण्णाभाऊ के पास हवाई टिकट होने के बावजूद यह यात्रा उन्हें रद्द करनी पड़ी थी।[1]

अपने आरंभिक बेरोजगारी के गर्दिश के दिनों में कविवर शैलेंद्र ने अण्णाभाऊ के साथ उसल*-पाव खा कर दिन काटे थे। अब अण्णा जैसा अपना जिगरी यार रूस को जा रहा है, यह सोच शैलेंद्र बड़े खुश हुए थे वे अपने साथ अण्णा को लेकर बांद्रा के मशहूर टेलर की दुकान पर गए और उनके लिए उन्होंने एड़ी तक लंबा ओवर कोट सिलवा दिया।[2]

हमेशा की तरह अण्णाभाऊ के पास विदेश यात्रा के लिए एक टका भी नहीं था। लेकिन उनके चाहनेवालों और मित्र-परिवारवालों ने इस कठिनाई से उन्हें उबार लिया। उन पर अभिनंदन की बारिश हो रही थी लेकिन वास्तविक कठिनाई दूसरी ही निर्माण हुई। अण्णा के निरागस मन को हवाई यात्रा के बारे में सोचकर ही डर लगता

***उसल**–अंकुरित मोंठ, मूँग की सब्जी।

था। उनके चिरागनगर स्थित घर के पिछवाड़े गंदी झोंपड़ियों के निकट ही मुंबई का हवाई अड्डा था। आकाश में उड़नेवाले विमान कई बार बिल्कुल नीचे से उनके घर की टीन की छत पर से घरघराते जाते। तब इस आवाज से घबरा कर वे अपनी आँखें बंद कर लेते। इतना ही नहीं तो उन्हें बादल की गाज से भी डर लगता, ऐसा अण्णा की पत्नी जयवंताबाई बता रही थीं।[3]

रूस यात्रा के समय बलराज साहनी और अन्य मित्रों ने उन्हें अधिकार वाणी में डाँटते हुए कहा, "अरे अण्णाजी! इसमें डरने की क्या बात है? आप तो कभी अंग्रेजी सियासत से भी नहीं डरते थे।" इसी समय जयवंताबाई ने अण्णा को धीरे-से कहा, "आप विद्रोही 'फकिरा' के वारिस हो। ऐसे मामूली उड़नखटोले से डरोगे तो कैसे होगा?" आखिरकार अण्णा ने अपना मन दृढ़ किया।

अण्णाभाऊ के व्यक्तित्व में कुछ बातें अजीबोगरीब थीं। एक ओर अण्णा बादल की गाज और विमान की आवाज़ से डरते थे, तो दूसरी ओर वे वारणा नदी किनारे के अथवा सह्याद्रि के जंगलों में जिंदा नाग पकड़ते। प्राय: नाग का मुँह उनकी मुट्ठी में होता और वह नाग बड़े मजे से अण्णा की कलाई में गजरे की तरह लिपटा रहता।

अण्णा की पोशाक (पहनावा) उनके स्वभाव जैसा ही सादगीयुक्त निर्मल होता था। शरीर पर साफ, चमकदार नेहरू कुर्ता (झब्बा) और पाजामा (लेंगा), कहीं भी जाते तो पैरों में सुंदर फुंदेवाली कोल्हापुरी चप्पलें आवश्यक होती थीं। इसलिए उनके कुछ करीबी मित्र कोल्हापुर से आते समय गुड़ से बनी हुई ताजी शिरणी (प्रसाद) और नई कोरी चप्पलें अवश्य लाते थे।

अण्णा का रूस जाना निश्चित होते ही उनके कम्युनिस्ट साथियों ने पूरी तैयारी की। इस काम में सबसे आगे बलराज साहनी थे। गव्हाणकर ने पासपोर्ट का काम किया। उन दिनों विदेश यात्रा के पूर्व बांह में पीड़ा देनेवाला एक विशेष रोग प्रतिकारक इंजेक्शन लेना पड़ता था। अण्णा ने सारी तैयारी पूर्ण की और लेनिन क्रांति, मार्क्सवादी विचारधारा और मजदूर शासक, राज्य-रूस के कल्पना जगत् में रमनेवाले अण्णा बड़े उत्साह के साथ रूस यात्रा के लिए तैयार हो गए।

मुंबई से दिल्ली हवाई जहाज से जाने के लिए रात ग्यारह बजे अण्णा हवाई अड्डे पर आए। रूस जानेवाला हवाई जहाज उन्हें दिल्ली से लेना था। प्रतिनिधि मंडल के अन्य सदस्य दिल्ली में ही इकट्ठा होनेवाले थे। घर से निकलते समय अण्णा की हालत घबराहटभरी हो गयी थी। वे परम मातृभक्त थे। उन्हें अपनी

माँ वालुबाई की याद आने लगी। इसलिए गव्हाणकर द्वारा चित्रित उनकी माँ का छायाचित्र उन्होंने पूजा घर में रखा हुआ था। जब तक मैं रूस से लौट कर न आऊँ तब तक माँ के चित्र के सामने निरांजन-दिया निरंतर जलता रहे, ऐसा उन्होंने अपनी लड़कियों से चेतावनी देते हुए कहा। यह नित्य क्रम आगे शांता और शकुंतला नामक दोनों बहनों ने अण्णा के लौटने तक जारी रखा था।[4]

सुबह पाँच बजे दिल्ली के पालम हवाई अड्डे पर अण्णाभाऊ को लिवाने के लिए कॉमरेड एस.ए. डांगे की मोटर तैयार ही थी। "उन दिनों हम जब भी दिल्ली जाते थे तब हमारे नाना (दादाजी अण्णा/आजोबा अण्णा) को लिवाने के लिए डांगेजी की मोटर लेकर उनका बाबूराव नामक ड्राइवर हवाई अड्डे पर या दिल्ली रेलवे स्टेशन पर हमारी बाट जोहते रहता।"[5] उन दिनों कॉमरेड डांगे जी का ऐसा आग्रह होता कि जब भी अण्णा दिल्ली आयें हमारे ही बंगले में रुकें–यह बात उनके नाती संजय सपताल बताते हैं।

उन दिनों डांगे साहब अखिल भारतीय कम्युनिस्ट पार्टी के अध्यक्ष थे। अण्णाभाऊ और अमर शेख जब भी दिल्ली आते तो उनके लिए वे अपनी मोटर कार और दिल्ली भ्रमण हेतु अपना कोई जानकार कार्यकर्ता उन दोनों के साथ अवश्य देते।

सूर्योदय पूर्व अण्णाभाऊ डांगे साहब के बंगले पर पहुँचे। उषाताई डांगे ने माँ की ममता से अण्णा की पीठ पर हाथ फेरा। अण्णाभाऊ की पीठ पर हाथ फिरानेवाले केवल दो लोग थे–ये दोनों अण्णा को माँ जैसा प्रेम करते थे। इनमें से एक का नाम उषाताई डांगे (श्रीपाद डांगे की धर्मपत्नी) दूसरी, आचार्य पी. के. अत्रे की धर्मपत्नी सुधाताई अत्रे थीं। इन दोनों घरों में अधिकारपूर्वक रात-बेरात जाने के लिए अण्णा को कोई रोक-टोक नहीं थी।

कॉमरेड श्रीपाद अमृत डांगे और अण्णाभाऊ के रिश्ते की गहराई कुछ अलग ही थी। अण्णाभाऊ की कविता-शाहिरी पर डांगे न केवल खुश थे अपितु फिदा ही थे। वे अण्णाभाऊ के शाहिरी कर्तृत्व को लेकर लोगों को कई बार कहते, "स्तालिनग्राड का संघर्ष मजदूर वर्ग के खून का संघर्ष था। इसलिए वह एक मजदूर पुत्र को प्रेरणा दे गया, शिवाजी काल में पँवाड़ा तलवार जैसा तेज धारवाला हथियार था। यही बात कम्युनिस्ट पार्टी को अण्णा, अमर और गव्हाणकर इन तीनों से मिली है। इसलिए पार्टी को इन पर नाज है।"

कई बार अण्णाभाऊ जब डांगे के घर जाते तो डांगे साहब गंभीरता का नकाब पहन कर जानबूझ कर पूछते, "कौन हो आप? अण्णाभाऊ ही न!" और दूसरे ही

क्षण गंभीरता का लबादा उतार कर अपने स्वाँग पर स्वयं ही हँसते। सीधे अण्णा को अपनी बाँहों में भर लेते और उनकी पीठ को बडे प्यार से थपथपाते। इस बात को लेकर अण्णा ने लिखा है (ऐसा जब भी होता), "तब मेरा कलेजा पहाड़ जैसा बड़ा हो जाता।"[6]

अण्णाभाऊ डांगे के दिल्लीवाले घर पर सूट-बूट-कोट पहनकर तैयार हुए तो उनके कोट को कॉमरेड डांगे ने ब्रश से साफ किया। डांगे को ऐसा करते देख अण्णा बहुत भावुक हुए। "जिन हाथों ने मजदूरों की कई पीढ़ियाँ बनायीं और जुझाईं, वे हाथ मेरी पीठ पर फिरते ही मेरा कलेजा पहाड़-वत् हो गया था।"[7] अण्णा 'चितौड़ की रानी' नामक हवाई जहाज से रूस गए।

जब अण्णाभाऊ हवाई जहाज में बैठे तो ओवरकोट पहनना भूल गए लेकिन जब उन्होंने यह सुना कि यह हवाई जहाज चालीस हजार फीट की ऊँचाई पर उड़ रहा है और इसकी रफ्तार प्रति घण्टा साढ़े-आठ सौ किलोमीटर है, तो वे बहुत खुश हुए। जिस तरह शरीर से झरझर बुखार उतर जाए, वैसे ही हवाई जहाज में बैठने की घबराहट उनके दिमाग से खत्म हो गयी। जब सफर में उनसे पूछा गया कि रूस में आप क्या देखना पसंद करेंगे? तब कइयों ने वहाँ के विशाल, भव्य प्रासाद, सुंदरता, अमीरी देखने की इच्छा प्रकट की। लेकिन अण्णाभाऊ ने कहा, "मुझे तो रूस के फुटपाथ देखने हैं।" अर्थात् अण्णा को यह जानना था कि रूस के नगरों में 'फुटपाथ का सम्राट' अर्थात् वहाँ का मेहनतकश आदमी किस तरह रहता है।

रूस में उनकी मुलाकात प्राध्यापक ततियाना कातेनिया नामक विदुषी महिला से हुई जो आचार्य अत्रे को अपना गुरु मानती थीं। इसके अलावा वे रूसी-मराठी शब्दकोश भी निर्माण कर रही थीं। अण्णाभाऊ ने लेनिनग्राड में रूसी क्रांति की निशानियाँ देखीं। 'नेवा' नामक नदी के पास उपस्थित युद्धकालीन स्मारक भी वे देख कर आए। उनके साथ कॉमरेड बारनिकोव नामक दुभाषिया सहायक के रूप में थे। मास्को में उत्साह से दौड़ते नागरिक और प्रगतिशील रूसी आदमी को देख कर अण्णा गद्गद हो गए।

वहाँ की एक संगोष्ठी में उन्होंने कहा, "मैं छत्रपति शिवाजी महाराज की महाराष्ट्र भूमि से आया हूँ।" मास्को के रूसी प्रतिनिधियों के सामने उन्होंने मराठी में व्याख्यान दिया। इसका अनुवाद करनेवाले रूसी दुभाषिए वहाँ थे ही। भारत की लोकसभा में ज्ञानोबा-तुकोबा की भाषा में (मराठी में) पहली बार गर्जना करनेवाले क्रांतिसिंह नाना पाटील का आदर्श अण्णाभाऊ के समक्ष जो था। इसी यात्रा में रूसी

भाषा में छत्रपति शिवाजी महाराज का चरित्र लिखनेवाले प्रोफेसर एब्गेनी चेलीशेव नामक अध्येता से भी उनकी भेंट हुई। रूस में शिक्षा की मानो नदी ही बह रही हो–का अहसास उन्हें हुआ। इस यात्रा में उन्होंने अज़रबेज़ान सुप्रीम सोवियत अध्यक्ष से भी भेंट की। वे ताशकंद से उजबेकिस्तान भी गए। जो पहले रेगिस्तानी, काफी पिछड़ा और अप्रगत प्रदेश था। वहाँ स्त्रियों को नकाब में ही रहना पड़ता था। लेकिन अब वहाँ खूब प्रगति हो गयी है। वहाँ की स्त्रियाँ अब नकाब नहीं पहनतीं। अण्णाभाऊ को एक भी नकाबपोश महिला दिखाई नहीं दी, इससे अण्णाभाऊ बहुत खुश हुए।

अण्णाभाऊ को ताशकंद में 'दिलाराम' नामक भव्य रूसी नाटक देखने को मिला। वहाँ की आधुनिक रंगभूमि देख उन्हें बहुत खुशी हुई। 'दिलाराम' नाटक में एक गरीब लड़की एक गुणवान चित्रकार से प्रेम करती है। लेकिन जब राजा उस लड़की को देखता है तो उसे जबर्दस्ती अपने कब्जे में लेकर, विवाह कर महलों की रानी बनाता है। लेकिन वह प्रेमिका अपने चित्रकार प्रियतम को खोजती रहती है। आखिरकार उस चित्रकार को राजा साँकल में जकड़ लेता है लेकिन वे दोनों उस शहर से भाग जाने में सफल होते हैं। आखिर में रेत के भयावह तूफान की चपेट में आकर वे दोनों मर जाते हैं। ये सारे दृश्य तकनीकी दृष्टि से प्रगत, रूसी रंगमंच पर दर्शकों के सामने प्रस्तुत किए गए थे। ऐसी यह ट्रेजिक प्रेम-कहानी देख कर अण्णा बहुत प्रभावित हुए थे।

कुल मिलाकर 'मेरी रूस यात्रा' अण्णा का लघुतम आकारवाला लेकिन पाठकों को प्रसन्न करनेवाला यात्रा वर्णन है। प्रस्तुत सफर का पर्यवेक्षण उन्होंने स्वतंत्र रूप से 'सपने के अठारह दिन' नामक लेख में किया है, जो तत्कालिन 'नवयुग' नामक पत्र में प्रकाशित हुआ था।[8] अण्णाभाऊ की सुंदर कलकल करते झरने-सी आकर्षक और उत्कट शैली के कारण यह यात्रा वर्णन रोचक और पठनीय हो गया है। कहानी, उपन्यास, ओज गुणवाले पँवाड़े, आधुनिक लावणी इन सभी विधाओं में मराठी भाषा सम्राट के रूप में अण्णा दिखाई देते हैं। इस भाषा प्रभुता और वाग्विलास के कारण अण्णा ने साहित्य की विभिन्न विधाओं में सफल मुसाफिरी की है।

संदर्भ

1. श्रीमती शकुंतला सपताल से साक्षात्कार, 12 दिसंबर, 2020
2. श्रीमती शकुंतला सपताल से साक्षात्कार, 20 दिसंबर, 2020, तत्कालीन चित्रपट नियंत्रक दिलीप कुमार के सहयोगी रामभाऊ किनगी से वार्तालाप।

3. शांताबाई से चर्चा एवं 'अस्मिता दर्श' दीपावली अंक-1969
4. 'मेरी रूस यात्रा', अण्णाभाऊ साठे, पृ. 7
5. संजय सपताल से साक्षात्कार, 4 दिसंबर 2020
6. अण्णाभाऊ का कॉमरेड डांगे पर लेख 'युगांतर' पुनमुर्द्रण, 12 अक्तूबर 1969, पृ. 22
7. 'मेरी रूस यात्रा', अण्णाभाऊ साठे, पृ. 5
8. 'सपने के अठारह दिन', अण्णाभाऊ साठे, 'नवयुग', 20 नवंबर 1960

'फकिरा' सिनेमा निर्माण और दोस्ती का टूटना

1961 में अण्णा लिखित 'फकिरा' को महाराष्ट्र सरकार का सर्वोत्कृष्ट उपन्यास सम्मान प्राप्त हुआ। आज तक इस रचना को बहुत अच्छी सफलता और कीर्ति मिली तथा बोलबाला भी हुआ। ऐसी चर्चित रचना पर सिनेमा का निर्माण होना चाहिए ऐसा अनेक लोगों को लग रहा था। अण्णाभाऊ के पहले उपन्यास 'वारणेच्या खोऱ्यात' (वारणा की उपत्यकाओं में) से ही गव्हाणकर उनके निकटतम मित्र थे। अण्णाभाऊ की रचनाओं के वे ही पहले पाठक होते थे। उन्हें भी 'फकिरा' उपन्यास ने अत्यधिक प्रभावित किया था। उपन्यास की चाहत से उत्पन्न पागलपन में ही ढाढस कर और एक नया पागलपन करने हेतु उठाया गया वह यह कि गव्हाणकर ने स्वयं ही 'फकिरा' पर फिल्म निर्माण का निर्णय लिया। गव्हाणकर अच्छे शाहिर होने के साथ-साथ बढ़िया छाया-चित्रकार (सिनेमेटोग्राफर) भी थे। इस तरह उन्होंने ही 'फकिरा' फिल्म निर्माण के सूत्र अपने हाथों लिए। गव्हाणकर ने अपने कुछ मित्रों के साथ अण्णा को भी इस फिल्म निर्माण का निर्माता और भागीदार बनाया।

1960 की दहलीज पर खड़े 'फकिरा' की लोकप्रियता बहुजन समाज में जंगली दवणा जैसी सुगंध तेजी से फैलती गयी। महाराष्ट्र के तत्कालीन मुख्यमंत्री यशवंतराव चव्हाण ने मुंबई से कऱ्हाड अपनी एम्बेसडर कार के सफर में समूचा 'फकिरा' उपन्यास पढ़ लिया। इसके बाद तत्कालीन राजनीति की सच्ची संस्कृति के अनुरूप महाराष्ट्र के प्रथम मुख्यमंत्री चव्हाण साहब ने अण्णाभाऊ को अभिनन्दन पत्र भी भेजा था।

तत्कालीन समाज में साक्षरता अत्यल्प थी। इस कारण 'फकिरा' का विषय और आशय आम लोगों तक पहुँचाने के लिए यदि इस पर फिल्म बनती है, तो सोने पर सुहागा होगा ऐसा सबका मत था। गव्हाणकर और अमर शेख ने आर्थिक मसले को सामने रखा, तब यशवंतराव चव्हाणजी ने वचन दिया कि वे फिल्म

फाइनेंस कार्पोरेशन से बात करेंगे। वादे के अनुसार उन्होंने अपना वादा पूरा किया। परिणामस्वरूप फिल्म निर्माण के लिए कार्पोरेशन ने प्रारंभ में पैंसठ हजार के कर्जे को मंजूरी दी।

श्री कुमार चंद्रशेखर काफी लंबे समय तक वी. शांताराम अर्थात् बापू के दिग्दर्शक सहयोगी थे। 'नवरंग', 'झनक-झनक पायल बाजे', 'दो आँखें बारह हाथ' आदि सिनेमा निर्माण के समय उन्होंने अपने दिन वी. शांतारामजी के पास ही गुजारे थे। उन दिनों श्री कुमार साहब राजकमल स्टूडियो से थोड़े अलग हो गए थे। इसके अलावा वे अपने युवा पुत्र की अकस्मात मृत्यु के कारण दुखी भी थे। कुल मिलाकर सिनेमा क्षेत्र के एक दीर्घानुभवी व्यक्तित्व के नाते दिग्दर्शक के रूप में गव्हाणकर ने उनका चुनाव किया था।

सचमुच में सिनेमा के नायक की अर्थात् 'फकिरा' की भूमिका अण्णाजी मैं ही निभाऊँगा, ऐसा आग्रह बलराज साहनी का था। लेकिन सिनेमा के व्यावसायिक गणित के अनुसार कोई भारी-भरकम देहवाला, बलवान मराठी अभिनेता ही नायक हो ऐसा आग्रह कइयों का था। उस जमाने में महाराष्ट्र में 'सी क्लास स्क्रीन' (अर्थात् तंबू (टेंट) के सिनेमा-टुरिंग टॉकीज) की संख्या तीन हजार तीन सौ थी। इसलिए सिनेमा वितरकों का आग्रह सूर्यकांत या चंद्रकांत मांडरे के लिए था और इस तरह नायक के रूप में सूर्यकांत मांडरे का चयन किया गया। वैसे देखा जाए तो 'दो बीघा जमीन' जैसे सिनेमा में अलग और हट कर भूमिका निभाने वाले बलराज साहनी यदि इस सिनेमा में झलकते तो...? तो कदाचित राष्ट्रीय स्तर पर एक बढ़िया सामाजिक सिनेमा प्रदेय के रूप में सभी की तकदीर खुल जाती लेकिन ऐसा होना नहीं था। अण्णाभाऊ के तकदीर में मानो जीते जी वनवास और मरणोपरांत महान कीर्ति छठी माता (बेमाता) ने ललाट पर ही लिख दिया था।

'फकिरा' की माँ-राधाई की भूमिका में तत्कालीन चरित्र अभिनेत्री सुलोचनाजी थी। तो गाँव की इज्जत के लिए अपना सिर अर्पित करनेवाले राणोजी अर्थात् फकिरा के पिता की भूमिका हिंदी के वरिष्ठ कलाकार श्री जयराज ने अदा की थी। फकिरा की पत्नी की भूमिका वंदना विटणकर ने निभायी थी और कठोर, स्वाभिमानी, दलितपरस्त विष्णुपंत कुलकर्णी की अक्खड़बाज भूमिका जेष्ठ अभिनेता नाना पळशीकर के हिस्से आयी। स्वयं अण्णा ने सावळा मांग की भूमिका अदा की थी।

अण्णाभाऊ और गव्हाणकर को रुपहली सिनेमा दुनिया के लोग धोखा न दें इसलिए इन दोनों के मित्र बलराज साहनी और के.ए. अब्बास निरंतर ध्यान रखे

हुए थे। बलराज साहनी तो प्रमुख भूमिका न मिलने का दुख तुरंत भूल गए। इप्टा के सारे लोग अण्णा को निजी रूप से बहुत चाहते थे। अत: अण्णाभाऊ को साथ लेकर स्वयं बलराज साहनी ने इस काम के लिए श्री राज कपूर से भेंट की और कहा, "राजजी! ये है हमारे अण्णाजी, इस वतन (महाराष्ट्र) के बहुत बड़े साहित्यकार हैं।" इन शब्दों में अण्णा का परिचय कराया। प्रगतिशील लेखक संघ और इप्टा के कारण पृथ्वीराज कपूर के इन सब लोगों से अच्छे घरेलू संबंध थे। फलत: राज कपूर ने टेक्नीशियन (तकनीकी विशेषज्ञ) दिलवाने में खासा सहयोग किया। इस कारण कैमरामैन के रूप में आर. के. स्टूडियो के श्री रामचंद्र 'फकिरा' के यूनिट में शामिल हुए।

प्रस्तुत सिनेमा का इनडोअर शूटिंग अंधेरी के आशा स्टूडियो में संपन्न हुआ तो आउट डोअर शूटिंग काफी दिनों तक सातारा की ओर चला। सज्जनगढ़ की तलहटी में परली गाँव के पास उरमोडी नदी बहती है। यहीं पर वाटेगाँव और कासेगाँव के नदी-किनारे शूटिंग किया गया। इसके अलावा सातारा शहर में से सुरंग द्वारा जो रास्ता सज्जनगढ़ की ओर जाता है, उस सुरंग के पार एक खुला मैदान था। वहाँ पर उपन्यास के अंग्रेजों की छावनीवाला नेर्ला का पठार बनाया गया। इसमें अंग्रेजकालीन प्रांत साहब की भूमिका हिंदी के प्रसिद्ध अभिनेता 'बूटपॉलिश' सिनेमा के फेमस चाचा डेविड ने अदा की थी।

शूटिंग के लिए जयराज अपनी लंबी चमचमाती वेनगार्ड मोटर से आते तो पंढरीनाथ जूकर जैसे सुप्रसिद्ध रंगवेशभूषाकार (मेकअपमन) उस जमाने में सातारा से अपनी अम्बेसडर गाड़ी लेकर आते। शूटिंग के कारण शकुंतलाबाई भी कई बार अण्णा के साथ यहाँ आती थीं। उनका छोटा बेटा संजय बाल कलाकार की भूमिका अदा कर रहा था। कुल मिलाकर 'फकिरा' के शूटिंग के शुरुआती दिन बहुत सुखद, सुहावने और आह्लाददायक थे।

'फकिरा' की शूटिंग के समय अण्णाभाऊ सातारा के 'रजताद्री' नामक उडुपी होटल में रुके थे। अण्णा जैसे गँवई आदमी को बकरे का स्वादिष्ट मांस (मटन), जवार या बाजरे की रोटी और मुट्ठी में समाए इतना बड़ा प्याज, ऐसा गाँववाला भोजन ही हमेशा पसंद था। इसलिए कई दिनों तक 'रजताद्री' होटल का फीका, नीरस भोजन उन्हें रास नहीं आ रहा था। इसी दरमियान मातंग समाज के एक स्वतंत्रता सेनानी और नेता बाजीराव चव्हाण सातारा में रहते थे। वहाँ की नगरपरिषद की राजनीति में उनका बड़ा धाक और रौब था। अण्णा की शाहिरी और लेखकीय गुण के कारण वे उनके भक्त ही बन गए थे।

अण्णाभाऊ के होटल के खाने से उत्पन्न स्थिति को देखकर शूटिंग के बाद बाजीराव चव्हाण प्रति दिनरात को अपने घर आग्रहपूर्वक भोजन के लिए ले जाने लगे। उनके साथ अण्णा के भाई शंकरभाऊ, सिनेमा में फकिरा के भाई का अर्थात् सहदेव का काम करनेवाला उनका नाती संजय और अन्य तीन-चार लोग–कुल मिलाकर आठ-दस लोग भोजन के लिए जाते थे। अण्णाभाऊ को चाहनेवाले उनके समाज बंधु चव्हाण मेहमाननवाजी में कोई खामी नहीं रखते थे। इतना ही नहीं तो अपने समाज का अण्णाभाऊ जैसा आदमी इतनी ऊँचाई पर पहुँचा–इस बात का उन्हें गर्व था। भोजन परोसने के लिए चव्हाण की युवा लड़की अरुणा आगे रहती थी। अण्णाभाऊ को इस प्यारी लड़की में अपनी बहू दिखाई देने लगी और बहुत जल्द अरुणा का ब्याह अण्णाभाऊ के एकमात्र बेटे मधुकर के साथ तय हुआ।

मधुकर के विवाह हेतु सातारा में ही एक मंदिर के सामने बढ़िया शामियाना बनाया गया। अण्णाभाऊ ने उस विवाह शामियाने में (मंडप में) लाल और हँसिया (खुरपा) के चिह्नवाले झुंबर (लटकन) (झिरमिल्या) लगवा ली। मैं कम्युनिस्ट विचारधारा का कार्यकर्ता हूँ। ये शादी के मंडप में भी उभरकर दिखे, इस तरह की उन्होंने सजावट की थी। इस विवाह में अण्णाभाऊ ने अपने कम्युनिस्ट पार्टी के मित्रों के साथ कई लेखकों, कलाकारों को विशेष आग्रहपूर्वक पुणे-मुंबई से सातारा बुलाया था। स्वयं आचार्य अत्रे अपनी बड़ी विदेशी गाड़ी लेकर सातारा आए थे। तब उनके साथ युवा पत्रकार और सहयोगी मधुकर भावे भी आए थे। कॉमरेड पाटकर, जी. एल. रेड्डी ऐसे कई वाम विचारधारा के नेता अपने घर की शादी मानकर सातारा पहुँचे थे।

भोजन में बूंदी के लड्डू, झुणका भाकर (बेसन और जवार या बाजरे की रोटी) आदि पकवान रखे थे। परिवार में नई बहू आने की खुशी में कोंडाबाई और जयवंताबाई दोनों वाटेगाँव में कुछ दिन एक साथ रहीं। दोनों को जी-जान से चाहनेवाले अण्णा के लिए वे दिन बड़े सुखद थे। अण्णाभाऊ ने दोनों पत्नियों के साथ पन्हालगढ़ (पन्हाळा), गिरजवड का जोतिबा और शिराळा के मच्छिंद्रनाथ जैसी अनेक ऐतिहासिक और धार्मिक स्थानों की यात्रा की। इसी बीच शकुंतलाबाई की छोटी बेटी पप्पू के लिए कोंडाबाई ने हरे रंग का धारवाड़ी खण (चोली के लिए पर्याप्त कपड़े का टुकड़ा) का सुंदर काँच से जड़ा कलाबत्तू का घोणचा (कड़ीवाला ओढ़ने का कपड़ा) सिलवा लिया।

मुंबईवाली नाती को कोंडाबाई गोद में लेकर पूरे गाँव में घुमाने ले जाती।

अपने सुनहले बचपन की अनमोल याद के रूप में पप्पू अर्थात् नंदिनी पवार ने वह घोणचा अभी तक जतन कर रखा है। अपने नाना की वाटेगाँव मुंबई और जयपुर निवास की यादें स्मरण करते हुए उनकी आँखें अनायास ही खुशी के आँसुओं से छलक आती हैं। बेटा मधुकर की गृहस्थी की गाड़ी पटरी पर चलने लगे, यह अण्णाभाऊ का सपना था। बहू का स्वभाव तो उन्हें बेहद पसंद था। लेकिन सपनों के झूले पर झूलनेवाले अण्णा को जल्द ही यथार्थ से सामना करना पड़ा। दुर्भाग्य से वह विवाह टिक नहीं पाया। यह विवाह बना रहे इसलिए अण्णा के मित्र अमर शेख ने सातारा जाकर काफी कोशिशें की लेकिन बिगड़ी बात सँवर नहीं पायी।[1] इस घटना से सर्वाधिक दुखी दो लोग थे–एक वर-पिता (अण्णा) और दूसरे वधू-पिता (चव्हाण साहब)।

बेटे के खंडित, बिखरे विवाह के घाव ने अण्णाभाऊ का आखिर तक पीछा नहीं छोड़ा। अण्णा के पुत्र चि. मधुकर को जब मैं स्वयं कॉलेज में था तब कोल्हापुर के प्रकाशक चंद्रकांत शेटे के यहाँ कई बार मिल चुका हूँ। मधुकर का स्वभाव गऊ-सा गरीब और नर्म-दिल था। वह हार्मोनियम, बेंजो-बुलबुलतरंग, घाटी-घुमके वाद्य बजाने में प्रवीण था। लेखक के नाते विभिन्न प्रवृत्ति के चरित्रों को न्याय दिया, उन्हें अमर किया लेकिन अपने इकलौते बेटे को ठीक से सँवार न पाने का दुख और अफसोस अण्णाभाऊ को हमेशा ही रहा।

संयुक्त महाराष्ट्र के लक्ष्य को लेकर महाराष्ट्र एकीकरण समिति ने 1956 के विधानसभा चुनाव को प्रतिष्ठा का मुद्दा बनाया था। अहमदनगर जिले की पूरी ग्यारह सीटें जीत कर कांग्रेस पार्टी का धुआँ उड़ाने का निश्चय किया गया था। तब अहमदनगर जिले में डॉ. श्रीराम रानडे नामक एक प्रभावशाली व्यक्तित्व था। उनके हाथ को यश था। बीमार को ठीक करने की शक्ति उनके पास थी। रानडे के घर लक्ष्मी और लोकप्रियता दोनों एक साथ पानी भरती थीं। डॉ. रानडे बड़े सरदार की तरह विशाल बाड़े में रहते थे और कांग्रेस के असीम भक्त थे। उनकी पत्नी कमलाबाई का बचपन कानपुर में बीता था लेकिन वे वामपंथी विचारधारा से प्रभावित और महाराष्ट्र से प्रेम के कारण महाराष्ट्र एकीकरण समिति की दृढ़ समर्थक और नेता थीं।

नगर का चुनावी गढ़ जीतने की जिम्मेदारी समिति ने कमलाबाई को सौंपी। वे स्वयं नगर से चुनाव लड़ रही थीं। उन्होंने शाहिर अण्णाभाऊ और अमर शेख को साथ लेकर संपूर्ण अहमदनगर जिले को धुनक दिया। उनके इस प्रयास से ग्यारह में से दस स्थानों पर कांग्रेस को पराजित कर कमलाबाई अण्णा और अमर शेख

ने विजयश्री हासिल की। दुर्भाग्य से कुछ थोड़े मतों से स्वयं कमलाबाई हार गयी। कमलाबाई के खिलाफ कांग्रेस के बाळासाहेब भारदे ही एक मात्र जीत कर आए।

आगे चलकर 'फकिरा' सिनेमा के निर्माण के समय अण्णाभाऊ और शाहिर गव्हाणकर आर्थिक कठिनाई का सामना कर रहे हैं, इस बात का पता डॉ. रानडे दंपति को चला तब डॉ. श्रीराम रानडे और कमलाबाई ने आगे आकर सहायता की।

'फकिरा' सिनेमा में बीसवीं सदी का शुरुआती समय जो उपन्यास का महत्त्वपूर्ण काल था–को यथार्थ रूप में पर्दे पर दिखाना आवश्यक था। कथानक में दृढ़-निश्चयी विष्णुपंत कुलकर्णी का बाड़ा, शंकरराव पाटील का बाड़ा और रियासतकालीन विशाल कोतवाली पर्दे पर दिखाना जरूरी था। तब आउटडोर शूटिंग के समय कमलाबाई रानडे पहाड़वत् उनके पीछे खड़ी रहीं।

डॉ. रानडे ने अपनी प्रयोग में आनेवाली स्टेशन वैगन गाड़ी कुछ दिनों के लिए अण्णा और गव्हाणकर के कब्जे में दी। एक बार अहमदनगर के पास ही अकोळनेर गाँव में एक विशाल पुराने बाड़े में रात्रि शूटिंग शुरू थी। ऐन शूटिंग के समय माथे पर मांग-रामोशी जैसे लपेटा बड़ा साफ़ा, हाथ में फरसा-कुल्हाड़ी लिए, धोती पहने अधनंगे बदन का डकैत अचानक छलांग लगा कर दौड़ते आया तब आधे अँधियारे में शूटिंग देखनेवाले बच्चे चीख पड़े। वहाँ पड़ोस में शकुंतलाबाई के पास बैठा छोटा संजय भी डर गया। माहौल गंभीर हुआ लेकिन थोड़ी ही देर में हँसी के फव्वारे छूट पड़े।

खतरनाक, साँवले रामोशी (डकैत) की भूमिका में वहाँ स्वयं अण्णाभाऊ ही प्रकट हुए थे। उनके इस रूप को देख कर 'फकिरा' की भूमिका करनेवाले सूर्यकांत मांडरे ने तो उन्हें बाँहों में ही भर लिया। हँसते हुए, सबके सामने उन्होंने स्वीकार किया कि "अण्णाजी! आपने तो मुझे पूरा ढांक ही दिया।" (आप तो मुझ पर छा गए।)

अण्णा स्वयं उत्तम अभिनेता होने के कारण उन्होंने यह भूमिका बढ़िया ढंग से निभायी। 'फकिरा' रिलीज होने पर अण्णाभाऊ की यह भूमिका अभिनेता के रूप में काफी लोकप्रिय हुई। हमारे सिनेमा में भी अण्णा काम करें, ऐसा विशेष आग्रह मराठी के तत्कालीन सुप्रसिद्ध दिग्दर्शक अनंत माने और दिनकर द. पाटील ने किया। तब अण्णा ने कहा, "मैं कलमवीर हूँ, कुल्हाड़ीवीर नहीं हूँ।" कह कर सिनेमा में काम करना टाल दिया।

प्रस्तुत सिनेमा की शूटिंग हेतु नगर जिले के अकोले तहसील में कुछ पुराने मकान, बाड़े और कोतवाली का भी उपयोग किया गया। इसी के साथ नासिक में

पंचवटी के निकट एक अमराई में 'माकडा-माकडा चिडलास का!' (बंदर-बंदर चिढ़े क्यों!) गीत का शूटिंग भी किया गया।

बाधाओं को पार करते-करते सिनेमा का शूटिंग अच्छे-से हो गया लेकिन एक साझेदार (भागीदार) ने बचावात्मक प्रस्ताव रखा। 'फकिरा' सिनेमा हमारे मन के माफिक (बॉक्स ऑफिस पर) चलनेवाला नहीं है। इसलिए हम पहले ही यह सिनेमा फायनान्स कंपनी को बेच कर झंझट से मुक्त हो जायें। दूसरे, बाजार से उठाए गए कर्जे यदि समय पर नहीं लौटा पाएँ तो हमें जेल जाने की नौबत आएगी ऐसा डर भी बताया। इसलिए घबराकर, हड़बड़ी में सिनेमा फायनान्स कार्पोरेशन को बेच दिया गया।

1961-62 के समय ब्लैक-व्हाइट सिनेमा का बजट तब ढाई लाख के ऊपर बताया गया। जबकि उस समय मराठी सिनेमा के लिए इतना बड़ा बजट संभव ही नहीं था। आगे दस साल बाद 1971 में शाहिर दादा कोंडके ने 'सोंगाड्या' सिनेमा केवल 80 से 90 हजार में किया। इतना ही नहीं तो 1975-76 के समय अर्थात् 'फकिरा' के पंद्रह साल बाद रेडिज द्वारा बनाया गया सिनेमा 'बायांनों नवरे सांभाळा' (औरतो...पति को सँभलो) जो बड़े स्टार कास्टवाला और रंगीन था, महज तीन लाख में बना। इस तुलना में ब्लैक एंड व्हाइट फकिरा का दर्शित खर्चा ढाई लाख का तो दिन-दहाड़े किसी के द्वारा डाला गया डाका ही था। परिणामत: बेवजह दूरियों के अंगारे पर गव्हाणकर और अण्णा की घनी मैत्री पापड़वत् भुन गयी।

मैं (लेखक) कॉलेज में पढ़ता था तब मराठी के कवि और सिनेमा गीतकार जगदीश खेबूडकर के 'देवघर' नामक सिनेमा के कारण उस कवि के जीवन की दुर्दशा को मैंने अपनी आँखों से देखा था। सिनेमा निर्माण के कर्जरूपी पत्थर के नीचे जैसे कोई फूल रौंदा जाए, इसी तरह मराठी कवि के हालात अजीब हो गए थे। फिर भी उसी साहस के साथ उस दगाबाज़ समय का उन्होंने मुकाबला किया। हमारे मित्र चंद्रकुमार नलगे ने 'अंगाई' (लोरी) नामक उत्तम सिनेमा तैयार किया। स्वयं शिक्षक रह चुके साहित्यकार का यह साहस असाधारण था। कोल्हापुर क्षेत्र में यह सिनेमा बारिश की सततधार की तरह चला। वितरक मालामाल हो गए लेकिन कागजातों पर उन्होंने नलगे को घाटा दिखाया। फलत: यह कर्जा चुकाने में ही इस भले लेखक का आधा जीवन खत्म हुआ, यह बात मुझे मालूम है।

बजट बढ़ा-चढ़ाकर (फुलाकर) लूटनेवाले रुपहली नगरी के गारदी (लुटेरे) चले गए। गव्हाणकर भी टूट गए। "सिनेमा बनाना हमारा कोई धंधा नहीं था लेकिन

उस उपन्यास पर तथा इससे अधिक मेरे लेखक मित्र के प्रेम की खातिर मैं इस झंझट में पड़ा। इसमें मेरी क्या गलती थी?" ऐसा बड़ा दुखी होकर गव्हाणकर बताते। कुल मिलाकर यह सारा समय ही बाएँ झण्डे तले लड़नेवाले उन कलाकार मित्रों के लिए बड़ी विवंचना और मानसिक प्रवंचना का रहा।

'फकिरा' सिनेमा के निर्माण के दिनों अण्णाभाऊ और गव्हाणकर के जीवन का सही मायने में तूफानी समय था। यह सिनेमा बढ़िया बने इसलिए स्वयं अण्णाभाऊ दिन-दिन भर सेट पर कुर्सी डाल कर निगरानी करते बैठते तो दूसरी ओर शाहिर गव्हाणकर सिर पर सफेद टोपी या सफेद गमछा बाँध कर शूटिंग के समय सीधे कलाकारों की भीड़ में घुस जाते। कैमरा ऑन होने पर वहीं उस भीड़ में एक गाँववाले बन कर बैठ जाते। इस तरह भीड़ पर नियंत्रण रखते थे।

इसी दरमियान अण्णाभाऊ को कुछ महीनों तक अपनी प्यारी चहेती कलम को भी एक ओर रखना पड़ा था। इससे पूर्व संपूर्ण दशक भर में दीपावली अंकों के पहली श्रेणी के ज्येष्ठ-श्रेष्ठ लेखकों में अण्णा हमेशा अग्रणी रहते थे लेकिन सिनेमा बनाने के चक्कर में, काम की अधिकता के कारण 1962 के दीपावली अंकों में उनकी गैरहाजिरी का पाठकों को अवश्य अहसास हुआ।

मई 1963 में 'फकिरा' सिनेमा का प्रदर्शन तय किया गया। अण्णाभाऊ के लिए तो यह जीवन का सर्वाधिक भावोत्कट पल था। यथार्थ के फकिरा माँग के पीछे पहाड़वत् खड़े वाटेगाँव के विष्णुपंत कुलकर्णी को अण्णाभाऊ भूले नहीं थे। गांधी हत्या के काल में उनका घर (बाड़ा) जल गया। विष्णुपंत के लड़कों ने वाटेगाँव छोड़ दिया। फिर भी अण्णा उन्हें स्वयं ढूंढ़ते हुए कोल्हापुर गए। कोल्हापुर के शुक्रवार पेठ में निवास करनेवाले विष्णुपंत के लड़के नरहरपंत से मिले। 'फकिरा' के प्रथम शो में सपरिवार उपस्थित रहने का निमंत्रण अण्णा ने दिया। तथा सिनेमा के प्रदर्शक द्वारा कोल्हापुर में प्रथम शो के लिए समुचित प्रबंध किया। इसके बाद ही अण्णा कोल्हापुर से मुंबई लौट आए।

'फकिरा' सिनेमा के पहले (प्रीमियर) शो का आयोजन मुंबई के हिंदमाता थिएटर में बड़े ठाठ से आयोजित किया गया। इसमें बलराज साहनी, के.ए.अब्बास, इफ्तेकार, सत्येन कप्पू, सपरिवार दीना पाठक आदि इप्टा और वामपंथी आंदोलन के काफी लोग उपस्थित थे। 'अपने अण्णा की पिक्चर' ऐसा सभी से बड़े प्रशंसा से कहनेवाले शैलेंद्र, कैफ़ी आज़मी तथा इंदीवर इन अपने साथियों के साथ उपस्थित थे।

'फकिरा' में नाना पळशीकर, सुलोचना, वंदना विटणकर, बलराज, डेविड, सूर्यकांत ऐसे बढ़िया अभिनेता थे। सिनेमा का दिग्दर्शन चंद्रशेखर ने किया और

उन्होंने महाराष्ट्र में कई स्थानों पर जाकर बढ़िया लोकेशन चुन कर शूटिंग पूर्ण की। अस्सी साल पूर्व डोंबिवली काफी छोटा गाँव था। निकट की गोग्रासवाड़ी तो बहुत ही छोटी थी। वहाँ की सैकड़ों गायों के साथ 'प्रभात' ने अपने 'गोपालकृष्ण' सिनेमा का शूटिंग काफी दिनों के परिश्रम से पूरा किया था। इस सिनेमा के बाद आउट डोअर शूटिंग के लिए इतना भारी-भरकम परिश्रम केवल 'फकिरा' सिनेमा के लिए ही हुआ था।

शूटिंग की तुलना में संगीत पक्ष बहुत कमजोर था। तत्कालीन उदीयमान संगीतकार राम वढावकर अपना सिक्का जमा नहीं पाएँ। इसलिए ग. दि. माडगूळकर ने भी इस सिनेमा में सामान्य गीत रचना की। फिर भी उसमें "वास पावसाचा आला, फुलारली माती" (अर्थात् बरसात की गंध आयी तो मिट्टी पुलकित हुई) एक ठीकठाक गीत में भी उन्होंने लिखा, "माऊलीच्या दुधापरि आले मृगाचे तृषार" (अर्थात् माँ की दुग्धधारावत् मृग की बौछार आयी) इस गीत में समूचा जीवन रस प्रयुक्त हुआ था। अण्णाभाऊ के 'वैजयंता' उपन्यास पर निर्मित सिनेमा के समय वसंत पवार जैसे तेज तर्रार संगीतकार थे, तब ग. दि. माडगूळकर ने "तुम्ही माझे बाजीराव" (तुम ही हो मेरे बाजीराव), "अष्टमीच्या त्या अर्ध्या रात्री तुझी-माझी जमली प्रीति" (अष्टमी की आधी रात तुम्हारी और मेरी प्रीत जुड़ी एक साथ), "सप्रेम नमस्कार विनंती विशेष", "रागा-रागानं गेला निघून, काय करू तुम्हा मागं जगुनं" (गुस्से के क्रोध में खफा होकर तुम चले गए, अब जी कर क्या करूँ भला?) ऐसे एक से बढ़ कर एक बढ़िया, बहारदार और कड़क गीत रचना की थी, जो उस जमाने में काफी चर्चित भी रही। हाँ, 'फकिरा' का संगीत बिल्कुल स्वादहीन था।

प्रस्तुत सिनेमा के रेकॉर्डिंग में भी काफी त्रुटियाँ थीं। इसके चलते रसभंग हो जाता था। ताड़देव के एक रेकॉर्डिंग स्टूडियो ने तो रेकॉर्डिंग में काफी हानि पहुँचायी। ऐसा होने पर भी सी क्लास टुरिंग टॉकीज का धंधा बढ़िया रहा। इस आधार पर हम कह सकते हैं फकिरा अच्छा चला। लेकिन रुपहली दुनिया के डाकुओं ने तो बजट तीन गुना-चार गुना कर डाला था। परिणामत: सिनेमा से होनेवाले लाभ की दशा ऐसी हुई, मानो जैसे राजा हरिश्चंद्र डोम के यहाँ श्मशान में नौकर बन जाते हैं अर्थात् राजा फकीर हो गया। अथवा हम कह सकते हैं कि तल में छेदवाले मटके में चाहे जितना पानी डालो मटका भरने का नाम नहीं लेता।

कुल देखा जाए तो अण्णा के आठ-दस उपन्यासों पर मराठी में सिनेमा बनाये गए थे। किसी लेखक के हिस्से में सिनेमा के कथा लेखन की इतनी बड़ी संख्या

आए यह बड़ी बात होने पर भी केवल दो-तीन सिनेमा को यदि छोड़ दिया जाए तो अन्य दिग्दर्शक गुणवत्ता (क्वालिटी) सँभाल नहीं पाये। गजानन जागिरदार द्वारा दिग्दर्शित 'वैजयंता', वसंत पेंटर दिग्दर्शित 'वारणेचा वाघ' ये दो सिनेमा तकनीकी स्तर पर बढ़िया थे। महाराष्ट्र फिल्म कंपनी के बाबुराव पेंटर के भतीजे वसंतराव थे। वसंत पेंटर बढ़िया फ्रेमिंग में माहिर थे। 'वारणेचा वाघ' में उनका कार्य बेजोड़ है। तो श्री जगदीश खेबूडकर ने पटकथा, संवाद, गीतों में अण्णाभाऊ की वामपंथी विचारधारा का लाल रंग बनाये रखा।

"माझ्या वारणामाईत, लाल रगताचा रंग,
तिच्या पाण्यानं पोसली मर्दुमकी।"

(अर्थात् मेरी वारणा माई में लाल खून का रंग है, उसके पानी से मर्दानगी संपोषित हुई है।)

प्रस्तुत सिनेमा के लिए पेंटर द्वारा की गयी पात्र योजना भी आकर्षक और बहारदार थी। सत्तू भोसले को गोली दागनेवाला भानजा (माणिकराज), उसकी हरिजन माँ की प्रभावक भूमिका करनेवाली वत्सला देशमुख, मेरी की भूमिका अदा करनेवाली वर्षा, सत्तू की बहन का रोल अदा करनेवाली, ममतामयी चेहरेवाली चित्रा, गूँगे लोहार की भूमिका करनेवाला बर्ची बहादुर, ऐसा चुनाव तो नज़र लगने जैसा सुंदर था। इसमें भी सत्तू के प्रेम में डूबी ग्रामकन्या की भूमिका (सोना) अदा करनेवाली नवागत सुशीला।

इस संदर्भ में बोलते समय वसंतराव के बेटे अशोक पेंटर ने मुझे बताया कि, "हिरोइन की खोज करनेवाले मेरे पिताजी को मुंबई के एक स्टूडियो में एक नयी, भावभरी आँखोंवाली लड़की दिखाई दी, जो मामूली मराठी भी नहीं समझ रही थी। सबका विरोध सह कर वसंतराव ने उस सुशीला नामक नई लड़की को कैमेरे के सामने खड़ा किया और उसने भी भूमिका को सही न्याय दिया।"[2]

इसी सुशीला उर्फ सोना पर पेंटर ने "आज गालात खुदूखुदू हसले बाई हसले" (आज मैं मन-ही-मन हँसी, बाई हँसी) ऐसा सुंदर गीत चित्रित किया जो यू ट्यूब पर भी उपलब्ध है। इस गीत की तर्ज संगीतकार राम कदम ने बढ़िया बाँधी है। यह गीत मुख्यतया ढोल के ताल पर रचा गया है। असम के बिहू लोकगीत के ढंग का यह गीत है।

आभिजात्य कलम का सर्वोत्तम निर्माण 'फकिरा' उपन्यास को कहा जा सकता है। तो 'वारणेचा वाघ' का लेखन हड़बड़ी में निपटाया गया–का अहसास हमें होता है।

लेकिन इस पर बने सिनेमा की बात तो कुछ और ही है। वसंत पेंटर की फ्रेम (चित्र-चौकट) और नाटकीय प्रसंग बहुत रोचक है। वसंत शिंदे का कैमरा, वत्सला देशमुख, सूर्यकांत, बर्ची बहादुर, राजशेखर का प्रभावशाली अभिनय के कारण सिनेमा आज भी दर्शकों को बाँधे रखता है। उन दिनों देशभक्ति विषयक सिनेमा आज की तरह कैश क्रॉप (नगदी फसल) नहीं थे अपितु खिल्ली उड़ाने का विषय था। ऐसी दशा में आर्थिक कठिनाइयों से जूझते हुए श्री वसंत पेंटर ने बढ़िया सिनेमा दर्शकों को दिया।

दिग्दर्शक अनंत माने ने मराठी लेखकों की रचनाओं को अमर किया। ऐसा कहा जाता है, जो सच भी है। श्री गो. गं. पारखी, व्यंकटेश माडगुलकर–'सांगत ऐका' (सुनो! कहती हूँ), मधुसूदन कालेलकर-जयश्री गड़कर और राजा गोसावी अभिनीत–'अवघाचि संसार' (यही दुनिया है), पंडित महादेवशास्त्री जोशी की रचना–'मानिनी' (मानी), रणजीत देसाई–'सवाल माझा ऐका' (मेरा सवाल सुनो) आदि साहित्य पर आधारित रचनाओं को अनंत माने ने चार चाँद लगा दिए थे लेकिन अण्णाभाऊ की 'माकडीचा माळ' (माकड़ी का पठार) उपन्यास पर आधारित 'डोंगर ची मैना' (पहाड़ की मैना) नामक सिनेमा अतिशय बाजारू बना, जबकि इसका पटकथा लेखन शंकर पाटील ने किया है। सिनेमा देखने पर ऐसा लगता है मानो उन्हें कथानक का मूल्य समझ में ही नहीं आया।

वसंत पेंटर द्वारा बनाया गया अण्णाभाऊ के 'आवडी' उपन्यास पर आधारित ''टिळा लावते मी रक्ताचा' (तिलक लगाती हूँ मैं खून का) नामक सिनेमा काफी चला। इस सिनेमा में राम कदम नामक संगीतकार द्वारा लगाई गयी तर्ज 'जरा जपून शिपनं खेळा भाऊजी!' नामक लावणी और उससे भी अधिक 'रूणझुणत्या पाखरा जा रे माझ्या माहेरा!' यह जगदीश खेबूडकर का गीत अमर हो गया। कुल मिलाकर अण्णाभाऊ के साहित्य को वसंत पवार (वैजयंता), राम कदम (वारणेचा वाघ), 'टिळा लावते मी रक्ताचा, विश्वनाथ मोरे अशी ही 'सातान्याची तऱ्हा' (अलगुज उपन्यास पर आधारित), इन संगीतकारों ने बढ़िया साथ और तर्ज प्रदान की हैं।

संदर्भ

1. मधुकर भावे साक्षात्कार, अक्तूबर 2020
2. अशोक पेंटर से साक्षात्कार, 13 दिसंबर 2020

अभी ना जाओ छोड़कर...

जो लोग अण्णाभाऊ की मुँह पर प्रशंसा करते थे, वे उन्हें अपने लगते थे। परंतु वे पीठ पीछे उनकी बदनामी करने से बाज नहीं आते थे। कारण यह था कि हमारे जैसा झोंपड़ी में रहनेवाला अण्णा एक दिन उठ कर विदेश को रूस–हवाई जहाज से चला जाता है, इस बात की जलन उनके कुछ नजदीकी लोगों को होने लगी थी। "ये अण्णा कैसे प्रगति करता है, हम भी देख लेंगे।" ऐसा कह कर ये लोग और अधिक शत्रुता बरतने लगे।

अण्णाभाऊ कहानी-उपन्यासों के पात्रों को जीवन के रंग से भर कर पेश करते थे, अपने कथानक के खलनायक और खल-पात्र की प्रत्येक टेढ़ी चाल के खतरनाक पैंतरे उपस्थित करते। लेकिन अपने निजी जीवन में वे मूल रूप से किसी निश्छल बालक की तरह सीधे-सादे-सरल थे। मीठी-मीठी बातें करनेवाले अपनी जुबान रूपी मीठी-छुरी बेहिचक अण्णा की गर्दन पर चला देते थे। ऐसे लोगों को अण्णाभाऊ पहचान नहीं पाये। उन्हें नशे की लत लगे, विशेषकर शराब की लत बढ़े ऐसी कोशिश ये लोग मौन रूप से निरंतर करते थे। इस बात को उनके कई चहेताओं ने देखा है।

म्हाडा के अल्प आयवाले गुट में लॉटरी निकलने से शांताबाई को गोरेगाँव में घर मिला। इस काम के लिए हाउसिंग बोर्ड के कार्यालय में स्वयं शाहिर अमर शेख गए थे। वहाँ जाकर सबको कहा, "मेरी बेटी का काम अग्र क्रम से करें।" शांताबाई को मिले हुए गोरेगाँव के घर में बहन शकुंतला और उसके पति अजित सपताल 1964 में ही रहने चले गए थे। आगे लगभग दो साल तक जयवंताबाई और अण्णाभाऊ गोरेगाँव में अपनी बेटी के यहाँ आते-जाते थे। शकुंतला की छोटी बेटी नंदिनी घर में सभी की लाड़ली थी और अण्णाभाऊ तथा जयवंता के लिए तो हृदय का टुकड़ा ही थी। जब भी इनको नंदिनी की याद आती तब दोनों तत्काल उससे मिलने गोरेगाँव की ओर चल पड़ते।

गोरेगाँव की ओर जाते समय वे अंधेरी पश्चिम की ओर मुड़ कर जाते थे। कारण वहाँ के एक पारसी बाबा की आवारा बेकरी का बच्चों का प्रिय खाऊ (मिठाई आदि) लिए बिना उन्हें चैन नहीं मिलता था। "अण्णा टैक्सी से नीचे उतरकर भागदौड़ करते हुए उस बेकरीवाले के यहाँ पहुँचते। खास कर हमारी नंदिनी के लिए नानखटाई, बढ़िया केक, खारे (नमकीन) बिस्कुट लेते समय उनका उत्साह देखने लायक था। वैसे तो स्वयं दादा (अण्णा को भी) अच्छा खाने-पीने का काफी शौक था।"[1]

अजित सपताल (अण्णाभाऊ के दामाद) सांगली जिले के इस्लामपुर निवासी युवा इंजिनीयर। अण्णाभाऊ की बेटी शकुंतलाबाई से उनका विवाह हुआ था। कलाप्रिय स्वभाववाले दामाद अजितराव अण्णा के बड़े लाड़ले थे। शायद इसलिए उन्होंने अपना उपन्यास 'वारणेचा वाघ' उन्हें समर्पित किया था। वे बिरला कंपनी में इंजिनीयर थे। 1965 में उनका स्थानांतरण जयपुर हुआ। उसी साल जुलाई-अगस्त में अण्णाभाऊ और जयवंताबाई एक माह रहने के लिए जयपुर की ओर रवाना हुए।

जयपुर जाने के एक दिन पहले अण्णाभाऊ खार स्थित कविवर शैलेंद्र के यहाँ मिलने जानबूझकर गए। उन्हें ज्ञात हुआ था कि अपने मित्र शैलेंद्र को किसी मुसीबत ने घेर लिया है। कविवर शैलेंद्र, जो सदाबहार, मधुर, भावोत्कट, मोहक, आकर्षक गीतों से समूचे देश पर छा जानेवाले थे, ऐसे कवि की दशा, बढ़ते हुए कर्जे से चिंताजनक और गंभीर होने की बात की उन्हें जानकारी मिली थी।

सुप्रसिद्ध हिंदी आंचलिक कहानीकार फणीश्वरनाथ रेणु की कहानी 'मारे गए गुलफाम' को पढ़कर शैलेंद्र बहुत प्रभावित हुए। इस अभिभूतता की रौ में उन्होंने 'तीसरी कसम' सिनेमा निर्माण का सपना देखा। इस स्वप्न पूर्ति के लिए शैलेंद्र ने अपने आपको झोंक दिया। सिनेमा की कहानी शैलेंद्र से सुनकर मित्र राज कपूर ने दोस्ती का फर्ज़ निभाया और एक रुपया भी मानदेय न लेते हुए 'तीसरी कसम' सिनेमा में उन्होंने नायक की भूमिका अदा की। नायिका के रूप में वहीदा रहमान थीं। सिनेमा के गीत बड़े ही मोहक और लोकप्रिय थे। दिग्दर्शन बासू भट्टाचार्य का और संगीत शंकर जयकिशन का था। कुल मिलाकर सिनेमा का निर्माण मूल्य (प्रॉडक्शन कास्ट) बहुत ही मजबूत (स्ट्रांग) था। लेकिन सिनेमा व्यवसाय के लुटेरे-डाकू और सहायक के रूप में आए लेकिन प्रबंधन अपने हाथों में लेकर लूट-खसोट करनेवाले निकट के रिश्तेदारों से फालतू खर्चा होते गया। दिन-प्रतिदिन बढ़नेवाले कर्जे के बोझतले शैलेंद्र नामक संवेदनशील कवि पीसा जा रहा था।

इस रुपहली दुनिया की मुसीबत से त्रस्त अपने मित्र को मानसिक संबल देना अण्णाभाऊ को बहुत आवश्यक लगा। अण्णा स्वयं इस बात के भुक्तभोगी थे। कारण 'फकिरा' सिनेमा के दिनों में अण्णा और गव्हाणकर की दोस्ती कर्ज के बोझतले निचोड़ी गयी थी। प्रत्यक्ष मुलाकात के समय शैलेंद्र की चिंताग्रस्त देहबोली देख कर अण्णा को गहरा सदमा लगा। अण्णाभाऊ ने शैलेन्द्र को धैर्य से काम लेने और हर हालात में अपने स्वास्थ्य का खयाल रखने की सलाह दी। अण्णाभाऊ जब लौटने लगे तब उनका हाथ अपने हाथों में लेकर शैलेंद्र ने कारुणिक, भावपूर्ण शब्दों में कहा–

"खुदा के पास जाना है,
ना हाथी है, ना घोड़ा है,
वहाँ तो पैदल ही जाना है...।"

शैलेंद्र के भर्राए हुए स्वर की ये पंक्तियाँ अण्णाभाऊ के कानों में गूँजती रही। ऐसी हालत में अण्णा वहाँ से निकल पड़े। जब अण्णाभाऊ जयपुर की यात्रा में थे तब उनके मानस को बौखलायी हुई मधुमक्खी के दंश-सी चुभन महसूस हो रही थी।

इसके बाद भी सिनेमा की दुनिया के कई लोग जब अण्णाभाऊ से मिलने आते और कहते, "अण्णा आपकी कहानी और हमारी पूँजी (लागत)" ऐसा आकर्षक प्रस्ताव रखते तब अण्णा उन्हें दूर से भगाते हुए हाथ जोड़ कर कहते, "अरे बाबा! तुम्हें कहानी चाहिए तो ले जाइए लेकिन मुझे उस राह पर मत घसीटो।" यह याद श्रीमती शकुंतला सपताल मुझे बता रही थी।

जिस भी शहर में अण्णाभाऊ पहुँचते वहाँ उनके आगमन की महक सभी मराठी जनों में फैल जाती। कारण मराठी बोलनेवाले आम आदमियों में उनका बड़ा पाठक वर्ग था। जब अण्णाभाऊ जयपुर में थे तब केंद्रीय मंत्री श्री यशवंतराव चव्हाण दो दिन की भेंट हेतु जयपुर आए। जब चव्हाण साहब को राजभवन के कर्मचारियों द्वारा ज्ञात हुआ कि अण्णा जयपुर में ही हैं तो उन्होंने तुरंत अण्णा के लिवाने मोटर भेज दी। फिर तो अगले दो रातों में कृष्णा-कोयना की यादों की बहार राजभवन में आ गयी।

एक अगस्त 1965 को अण्णा की पैंतालीसवीं सालगिरह थी। इस दिन अण्णाभाऊ के दामाद ने बड़े राजसी ठाठ-बाट से कार्यक्रम का आयोजन किया। अपने ससुर बहुत बड़े लेखक होने का अजितराव को गर्व था। इस कारण उन्होंने अपने बिरला कंपनी के सभी कर्मचारी और अधिकारियों को इस कार्यक्रम में निमंत्रित किया। विशेष यह कि पहले तो उनका क्वार्टर सुमेरगढ़ के रियासतदार राजा

के राजवाड़े का हिस्सा था। बड़े-बड़े दो एम्लीफायर किराए से लाकर कलाप्रिय दामाद ने ससुर की सालगिरह में बड़ी रौनक भर दी थी। दूसरे, अण्णा अपने रहने के दरमियान ऊँट, मोर आदि राजस्थानी पशु-पक्षियों के संग रममाण हो गए थे। यह समय अण्णा के परिवार के लिए सुख-समृद्धि का समय था–ऐसा संजय कहते हैं।[2]

अण्णाभाऊ ने अपनी राजस्थान की मनोहारी यात्रा में नवीन उपन्यास 'मयुरा' के लेखन का प्रारंभ किया था। अण्णाभाऊ जयपुर से लौट आए और कुछ ही महीनों के भीतर 'तीसरी कसम' सिनेमा रिलीज होने से पूर्व ही शैलेंद्र का दुखद निधन हुआ। समाचार मिलते ही अण्णाभाऊ और शंकरभाऊ ये दोनों भाई तुरंत शैलेंद्र के परिवार वालों से मिलने गए।

शैलेंद्र की मौत की खबरवाला वह दिन बेतहाशा परेशान करनेवाला दिन था। उस दिन बिना खाए-पिए वे अपने घर के निकट सावंतवाड़ी में चले गए और किसी घायल पंछीवत् वहाँ के नारियल-सुपारी के पेड़ों में बेचैनी से दिन भर घूमते रहे।

माटुंगा के लेबर कैम्प के उन दिनों शैलेंद्र और अण्णाभाऊ ने अपनी गरीबी के पल (गर्दिश के दिन) साथ-साथ बिताए थे। शैलेंद्र का जन्म पाकिस्तान के पेशावर में एक चमार परिवार में हुआ था। आगे उनके जीवन में उन्हें अभूतपूर्व सफलता मिली लेकिन जब भी समय मिलता वे अण्णाभाऊ के यहाँ चिरागनगर जानबूझकर आते। अण्णाभाऊ की झोंपड़ी के बाहर के लता मंडप में बैठ कर दोनों दिन-दिन भर बातचीत और चर्चा करते। यहाँ बैठकर शैलेंद्र ने कुछ सुप्रसिद्ध गीतों की रचना भी की है, यह बात अण्णाभाऊ की बेटियों ने मुझे बतायी।

जयवंताबाई और अण्णा का वैवाहिक जीवन 1966 तक सब कुछ बढ़िया था, ऐसा दिखाई दे रहा था।

लेकिन इन दोनों के जीवन को नज़र लग गयी। अण्णा और जयवंताबाई में दूरियाँ बढ़ने का मुख्य कारण था, अण्णाभाऊ की इच्छा के खिलाफ उनकी बेटी शांताबाई ने गव्हाणकर के कलापथक में काम किया और उन्हें जानबूझकर दुख दिया–ऐसा कहते हुए शंकरभाऊ तो सीधा आरोप लगाते हैं कि "जिस औरत ने अण्णा के साथ बीस-इक्कीस साल तक गृहस्थ जीवन बिताया, वह औरत अण्णा से दूर चली गयी। इसमें गलती जयवंताबाई की ही है। कारण, जिस कलापथक में अण्णा नहीं है उसमें अपनी लड़की को भेजा और अण्णा को क्या लगेगा इस बारे में बिल्कुल नहीं सोचा।[3] अण्णाभाऊ के कुछ चहेते कलापथक वाले इस बात को प्राय: तूल देते हैं। शांताबाई पर किए गए इन आरोपों को लेकर मैंने ठेठ उनसे ही बात की,

तो 88 साल की शांताबाई ने साफ-साफ शब्दों में कहा, "जी हाँ, मैं गव्हाणकर के कलापथक के दौरे पर गयी थी। इस बात पर ही तो अण्णा गुस्सा हो गए। लेकिन यह भी तो देखिए, मैं मूलत: अभिनेत्री या नटी नहीं थी। पहले 'लाल बावटा' कलापथक में उषा उध्वरिषे काम करती थीं। उन्हें अचानक मुंबई छोड़ कर इंदौर जाना पड़ा। उस समय अण्णा और गव्हाणकर को भी किसी नजदीकी और आर्थिक दृष्टि से सुलभ स्त्री-कलाकार की जरूरत थी और उध्वरिषे बाई के बाद दूसरी कोई मिली नहीं। इसलिए उन सबने मेरी काफी मिन्नतें कीं।

तत्कालीन कलापथक कम्युनिस्ट पार्टी के प्रचार का काम करता था। उनके ध्येय और आदर्श से प्रभावित होकर मैं कलापथक में शामिल हुई। उन दिनों मैं नौकरी भी कर रही थी। आर्थिक दृष्टि से नौकरी छोड़ना संभव नहीं था। फिर भी मैंने घर और कलापथक दोनों के लिए 15-20 साल काफी भागदौड़ की। दूसरे, गव्हाणकर काका मेरे लिए कोई पराये थे? इससे पहले बीस सालों तक उनके और अण्णा के परिवार ने सुख-दुख, सर्दी-गर्मी एक साथ ही तो व्यतीत किए थे। मैं तो गव्हाणकर का कार्यक्रम बंद न हो, अन्य कलाकारों का चूल्हा बुझे नहीं इस उद्‌देश्य से उनकी पार्टी के साथ एक कलाकार के नाते गयी थी। इसमें मेरा क्या दोष है?"[4]

आखिरकार दूरियाँ बढ़ती गयीं। घर बिखर गया। एक छत के नीचे रहनेवाले लोग दैववश अलग हो गए। जब बहुजन समाज के लोग किसी ऊँचे पद पर पहुँचते हैं तो कई समस्याएँ मुँह बाये खड़ी हो जाती हैं। इसमें भी यदि किसी को मीडिया द्वारा प्रसिद्धि मिलती हो तो वह अपने आप ही काफी अमीर हो गया है, ऐसा गाँववालों को लगने लगता है। इसके अलावा अण्णाभाऊ का कॉमरेड एस.ए. डांगे (अध्यक्ष, अखिल भारतीय कम्युनिस्ट पार्टी), आचार्य पी. के. अत्रे (मराठी के नामचीन साहित्यकार और पत्रकार) जैसे महाराष्ट्र के बड़े लोगों से उनका करीबी रिश्ता था। अण्णाभाऊ के प्रगति के इस चढ़ते ग्राफ से उनके रिश्तेदारों में से कइयों को क्षोभ और दुख हो रहा था। किसी की प्रगतिजन्य असूया और जलन तो करीबी लोगों को ही होती है, अन्यों को उससे कुछ लेना-देना नहीं होता।

ज्येष्ठ दलित साहित्यकार दया पवार और शाहिर अमर शेख से लेकर कइयों ने कहा है, "अण्णा के लिए प्रारंभिक दौर में जयवंताबाई ने काफी जी-तोड़ मेहनत की। शारीरिक मेहनत के कई छोटे-बड़े काम कर गृहस्थी की गाड़ी को चलाए रखा। उन दिनों जयवंताबाई ने अण्णा को कोई काम इसलिए नहीं करने दिया ताकि वे लेखन के लिए अधिक समय दे सकें। आगे दूरियाँ आयीं, परिवार अलग हो गए। इस संदर्भ में शांताबाई कहती है, अण्णा की सोहबत में बुरे लोग आने लगे, जिसके

चलते अच्छे लोग उनसे दूर जाने लगे। हम भी धीरे-धीरे अण्णा से दूर होते गए। अण्णा यश के शिखर पर पहुँचे लेकिन यह सफलता किसके कारण मिली? हमारी माँ के कारण ही न?"

गृहस्थी में आपसी दूरियाँ बनने के लिए कोई छोटी घटना या बात भी काफी होती है। इसमें गलतफहमी, संदेह, अविश्वास की झलक दिखाई देते ही इर्द-गिर्द के धूर्त और चालाक लोग उसे और हवा देते हैं। अण्णा और जयवंताबाई की राहें अलग होने के पीछे अण्णा की इच्छा के विरुद्ध शांताबाई का गव्हाणकर के कलापथक में जाना यही एकमात्र महत्त्वपूर्ण कारण नहीं था। सच तो ये बात थी कि ये दोनों बीस-बीस साल सुखपूर्वक वैवाहिक जीवन कैसे बिता रहे हैं? इस बात का विषाद और दुख कइयों को था। इसलिए जो होना था, वही हुआ।

अलग होने का वह दिन दोनों ही के लिए अंदर-बाहर से हिला देनेवाला था। किसी तराशे हुए मजबूत पत्थरों से बने बाड़े की दीवार पर कोई पंछी आकर बैठता है और उसकी चोंच से गिरा एक बीज भी उस पत्थर की दरार में जड़ें पकड़ लेता है और बड़ा पेड़ बन जाता है। अण्णा और जयवंताबाई ने अपने-अपने जीवन का दो दशकों से भी अधिक समय एक साथ बिताया था। उनके गृहस्थ जीवन में एक रौब था, एक नजाकत थी। जयवंताबाई अण्णा को "अहो अण्णा..." ऐसे प्रेम की मधुरता से उन्हें बुलाती। तो अण्णा भी बड़े प्रेम से कहते, "सुनती हो! जयवंताबाई!" इस प्रेम में एक विशेष अदब और मान होता था।

बोझिल मन, आँसू भरे नयनों से जयवंताबाई अण्णाभाऊ के घर से जा रही थी, तब उनका सामान-असबाब से लदा ट्रक अण्णा के कुछ गुंडे गाँववालों ने और कुछ रिश्तेदारों ने रोक लिया। उनका मानना था, यह बाई अण्णा को लूट कर जा रही है, ऐसा उनका सुर था। इनमें से तो कइयों को जयवंताबाई अच्छी तरह से पहचानती थी। घर-गली से बाहर निकलते समय उनका मन छटपटा रहा था।

"अण्णा, मैं जा रही हूँ!" ऐसा कहते हुए उनके कदम कुछ पल के लिए रुक गए। ठण्डी आह भरती हुई वे बोलीं, "लेकिन अण्णा तुम्हारे बिना जीना मुश्किल होगा, क्योंकि बाईस-तेईस साल तुम्हारे सौथ बीत गये।"

"जयवंताबाई आपको क्या चाहिए!" अण्णाभाऊ का मन भी वियोग की कल्पना से भर आया।

जयवंताबाई झट से आगे आयी। अण्णा की मेज पर रखे सफेद-दुधिया रंग के मैक्सिम गोर्की के पुतले को बड़े प्यार से उठाया। अपने पल्लू से पोंछ कर गले लगाया। उनके इस पुतले को चुनने की बात को देख कर अण्णा ऐसी हालत में भी

गद्गद हो गए। जयवंताबाई ने हौले-से कहा, "इस मूर्ति को देखते हुए अपने लेखन की दुनिया आपने बनायी। अब मैं आगे इसकी ओर देख कर मूर्ति में छिपी तुम्हारी यादों के सहारे शेष जीवन जैसे-तैसे जिऊँगी।"

जयवंताबाई अपने पेट में दुख का पहाड़ पचाने का प्रयास करते हुए चिरागनगर से बाहर निकली। पीछे अण्णाभाऊ अकेले रह गए। बाहर उनका ट्रक रोकने के लिए कोई नहीं था। कारण अण्णा ने बाहर के लोगों को संदेशा भिजवा दिया था। "बिना वजह होशियारी मत करो। जाओ, अपने-अपने घर चले जाओ।"

जयवंताबाई गोरेगाँव रहने चली गयी। इसके बाद कुछ माह के लिए चिरागनगर में अण्णा के साथ रहने कोंडाबाई आयी। लेकिन गाँव-देहात के परिवेश में बढ़ी कोंडाबाई का मन मुंबई में नहीं लगा, इसलिए वे पुन: वाटेगाँव चली गयी। उनके साथ अण्णाभाऊ का बेटा मधुकर भी चला गया और अण्णाभाऊ की अवस्था उस चाल में बिल्कुल एकाकी हो गयी। पड़ोस में ही अण्णाभाऊ के कलापथक के लोग और वाटेगाँव के कई परिवार और उनके वंशज रहते थे। लेकिन किसी के पास जाकर कुछ याचना करना, मदद माँगना अण्णाभाऊ का स्वभाव नहीं था। दूसरे, वे काफी मानी-स्वाभिमानी भी थे। कुल मिलाकर अण्णाभाऊ एकाकी हो गए।

अण्णा की शराब पीने की लत को लेकर कई लोग अण्णाभाऊ को दोष देते हैं। लेकिन अण्णाभाऊ उनके छोटे भाई शंकर भाऊ के पास पछतावे के सुर में बोले थे, "अब तक मैंने अपने कहानी-उपन्यासों में दुख-दर्द को अभिव्यक्त किया और अन्याय से जूझनेवाले विद्रोही लोग पेश किए पर आज मैं दुर्बल हो गया हूँ। मेरे लिए अब इस मुंबई में रहना कठिन हो गया है। अब कहीं दूर जाकर रहने की मेरी इच्छा है लेकिन कहाँ जाएँ यह समझ में नहीं आता।" अण्णाभाऊ के इस पछतावे भरे दुख के पीछे का गहरा अर्थ जान लेना जरूरी है। अपने बचपन के मित्र दिनकर साठे से वे बड़ी निश्छलता से कहते हैं, "मेरा तो कलेजा फट रहा है रे भाऊ!" तब इस कलेजे को फाड़नेवाले छेद कौन हैं और कौन हैं वे ठण्डे, अन्यायी, दुष्ट प्रवृत्तियोंवाले। यह भी गहराई से जाँचना चाहिए।

शुरुआत से ही मराठी विद्वानों ने अण्णाभाऊ को अपने साहित्य की निर्मल गंगा में प्रविष्ट ही नहीं होने दिया। उनकी मृत्यु के बाद भी, विगत पचास सालों में उनकी श्रेष्ठतम रचनाओं को किसी ने भी ठीक से नहीं पढ़ा और न ही उनकी आलोचना की गयी। आम आदमी ने तो हमेशा ही अण्णाभाऊ का साहित्य महकते फूलों की डलिया-सा अपने हाथों ले रखा है। तत्कालीन मराठी जाननेवाले महाराष्ट्र के ही नहीं तो, महाराष्ट्र बाहर के भी अनगिनत पाठक अण्णाभाऊ के समर्थक थे।

एक ओर मात्र एक पुस्तक लिख कर लोकमान्यता और मान-सम्मान का कलश धारण करनेवाले साहित्यकारों की संख्या भारत की तेईस भाषाओं में क्या कम है? दूसरी ओर अण्णाभाऊ जैसे शब्द सम्राट ने अपनी प्रतिभा के बल पर साहित्य का पहाड़ (हिमालय) ही खड़ा कर दिया। उनके द्वारा लिखित 'लेनिनग्राड का पँवाड़ा', 'पंजाब का दंगा', 'तेलंगणा का पँवाड़ा', 1940 के दशक में लिखित व्यापक शाहिरी काव्य पढ़े तो भी इस व्यक्ति की इतिहास की समझ और अन्तरराष्ट्रीय संबंधों की जानकारी कितनी गहरी थी इसकी प्रतीति हुए बिना नहीं रहती। जर्मनी के दूसरे विश्वयुद्ध में रूडाल्फ हेस जैसे तूफानी नेता का चित्र अपने पँवाड़े के महज दो चरणों में रसिकों की आँखों के सामने उपस्थित कर देते हैं। ऐसे डेढ़ दिन की पाठशाला का अनुभव लेनेवाले इस अपनढ़ की अपूर्व पढ़ाई और साहित्य का अहसास, कम-से-कम मराठी के हर किसी को समझ लेना चाहिए।

अण्णाभाऊ ने मराठी तमाशा अथवा लोकनाट्य में भी क्रांतिकारी परिवर्तन लाया। दूसरे बाजीराव पेशवा के समय से शुरू हुआ आधुनिक तमाशा और लावणी की प्रस्तुति 1945 तक जारी थी। मराठी लावणी श्रृंगार रस में नख-शिख डूब चुकी थी। 1942 में भाऊ फक्कड़, 1945 में शाहिर पठ्ठे बापूराव, 1957 में भाऊ माँग नारायणगाँवकर और 1967 में बापूसाहब नारायणगाँवकर का स्वर्गवास हुआ।

पेशवेकाल से किसान समाज और आगे चलकर मुंबई के कपड़ा मिल मजदूरों द्वारा बचाया हुआ मराठी तमाशा एक तरह से सस्ता, बाजारू, थोड़ा ग्राम्य श्रृंगारिक और थोड़ा अश्लीलता की ओर झुकनेवाला मनोरंजन का प्रकार था। ऐसे तमाशा के वगनाट्य विषय पौराणिक, ऐतिहासिक अथवा विनोदी रजवाड़ी ढंगनुमा होते थे। तमाशा की इस पारंपरिक नाट्य-संहिता में (लेखन में) अण्णा ने पहली बार सामान्य आदमी को सतानेवाली रोजमर्रा की समस्याएँ और प्रश्न उठाये। इन्हें प्रभावशाली ढंग से प्रस्तुत कर 'तमाशा' नामक लोकनाट्य कला में युगांतरकारी परिवर्तन किया।

इस दृष्टि से उनके कुछ वगनाट्य बहुत मूल्यवान हैं। 'अकलेची गोष्ट' में अण्णाभाऊ ने किसान वर्ग की अपरिमित हानि करनेवाले साहूकारशाही पर कुठाराघात किया है। साहूकार मेहनती किसान को कभी भी कर्ज के पाश से बाहर पड़ने नहीं देता। ब्याज की रकम उसने किसान को कभी नहीं बतायी और किसान वर्ग भी ब्याज के बारे में बिना पूछताछ किए रकम चुकाते रहा। ऐसी देशा में किसान अपनी बुद्धि से कर्ज के पाश से कैसे मुक्त हो सकते हैं–यह राह 'अकलेची गोष्ट' में प्रस्तुत की गयी है। इस नाटक के कारण हम भी अपनी बुद्धि का प्रयोग कर सकते हैं,

ऐसा विश्वास मेहनतकश वर्ग में आया। इसके अलावा 'शेटजीचे इलेक्शन' (सेठ का चुनाव), 'देशभक्त घोटाले', 'लोकमंत्र्याचा दौरा' (लोकमंत्री का दौरा) आदि वर्गों द्वारा राजनीतिक भ्रष्टाचार पर पहली बार अण्णा ने जोरदार हमला किया। 'मुंबई कोणाची' (मुंबई किसकी), 'मूक मिरवणूक' (मौन जुलूस) इन दो महत्त्वपूर्ण लोकनाट्य लेखन की चर्चा मैंने अन्यत्र की है।

उस जमाने में अण्णाभाऊ आज जैसे दलित वर्ग में भी मशहूर नहीं थे। आज तो कालानुरूप वे केवल मातंग समाज के ही नहीं तो दलित समाज के बहुत बड़े वर्ग के मसीहा बन गए हैं। गाँव-गाँव में उनके पुतले खड़े हैं। लेकिन उन दिनों हालात बड़े कठिन थे। उनका उपनाम 'साठे' होना बहुत बड़ा झमेला था। कारण 'साठे' उपनाम के कुलीन ब्राह्मण लोग महाराष्ट्र में असंख्य है। उसमें भी "अपनी जाति का आदमी इतनी सारी पुस्तकें क्यों भला लिखेगा? वह तो बामन ही होगा।" ऐसा मत उनके समाजबांधवों का था।[5] अण्णाभाऊ की मौत के दो-चार साल बाद कविवर नामदेव ढसाळ, कहानीकार वामन होवाळ आदि ने उनकी जयंती, स्मृतिदिवस मुंबई में मनाना शुरू किया और तब से अण्णा को थोड़ा-बहुत न्याय मिलना शुरू हुआ।

जिस चिरागनगर में चाकू, लाठियाँ चलतीं, मारपीट, शराब के अड्डे और गाँजे के ठेले होते थे वहीं पर एक साधारण आदमी अपने दरवाजे के निकट बैठ कर निरंतर बीस-बाईस सालों तक लिखते हुए दिखाई देता था। फलत: अण्णाभाऊ को लेकर अड़ोस-पड़ोस की बस्तियों में बहुत आदर-भाव था। विशेषकर छोटे-छोटे बच्चे-लोगों में वे 'बाबा' नाम से लोकप्रिय थे।

अण्णाभाऊ जैसा प्रतिभाशाली कलाकार लेखक और अपनी गरीबी में भी उनकी देखभाल करनेवाली पत्नी जयवंताबाई जैसी कलाप्रेमी स्त्री का भावजगत् भी जानना आवश्यक है। जिन दुख-दर्दों, विवंचना-प्रवंचनाओं में ऐसे कलाकार साथ आते हैं, जीवन जीते हैं, उसके पीछे का जीवन सत्य (जीने का राज) तीसरा आदमी समझ ही नहीं पाएगा। चिरागनगर की उस गरीबी में ठीक ढंग से बनायी हुई अपनी गृहस्थी, जो बीस-बाईस सालों की हो गयी थी–वह न टूटे ऐसा दोनों को भी लगता था। इस स्थिति पर जब मैं विचार करता हूँ तो मुझे पारंपरिक लोकनाट्य में गायी जानेवाली भैरवी का स्मरण हो आता है–

संगती जन्माचा, विसावा जीवाचा,
सुखी ठेव देवा माझा, धनी कुंकवाचा,
जळो, जळो, जळो त्यांचे पोट त्यांनीच केली ताटातुट,

सांगत होते नका दूर जाउ,
आपण सारे येथेचि राहु!
विसरूनी गेला बाई शब्द हा मनाचा...

अर्थात् मेरे जीवन का साथी जहाँ मेरे मन को विश्राम मिलता है, उसे, हे भगवान सुखी रखना। वह मेरा कुंकुम का स्वामी है। जले, जल जाए उनका पेट जिन्होंने हमें अलग किया। कह रही थीं दूर मत जाना, हमें छोड़ न जाना। हम सभी लोग यहीं रहेंगे। मेरे मन के ये शब्द वह भूल गया...।

इस कोमलकांत ताने-बाने में सच किस ओर था, किसकी गलती थी? ऐसे सवाल यहाँ फिजूल होते हैं। पट्ठे बापूराव सही या लक्ष्मीबाई अथवा पवला का क्या सच था? आचार्य अत्रे का सच सही था या सुधाताई अथवा वनमालाबाई की गलती थी? बालगंधर्व या गोहराबाई में से सच कौन? गलती किसकी? पारो की या चंद्रमुखी की? क्या देवदास ही रास्ता भटक गया था? ऐसे सारे सवालों के जवाब कभी मिलते ही नहीं हैं।

जो कुछ है, वह है। लेकिन जयवंताबाई अपने बोझिल मन से चिरागनगर से चली गयी। उसके बाद कोंडाबाई आयी लेकिन गाँव की याद के कारण वह भी चली गयी। कोई राजमहल रिक्त हो जाए और उन विशाल कमरों में कोई सम्राट अकेला कंगाल-फकिरा जैसा घूमते रहे, वैसी स्थिति अण्णा की आखिर के कुछ महीनों में दिखाई देती है।

शहाजी साठे के पिता शिवबा साठे हैं। शिवबा जीवन भर अण्णाभाऊ के कलापथक में सूरकरी (सुरतिया) के रूप में काम करता था। अण्णाभाऊ की उस मुश्किल घड़ी में विवंचना-प्रवंचना की दशा में एकाकी रहनेवाले अण्णाभाऊ की देखभाल चिरागनगर के लड़के करते थे। इनमें से ही एक शहाजी साठे हैं। तबकी यादें बताते समय वे अपने वाटेगाँव स्थित छोटे मकान में बहुत भाव-विह्वल हो जाते हैं। वे मुझे बताते हैं, उन दिनों बाबा का अपने लिए खाना लाने के लिए बाहर होटल या भोजनालय में जाने का मन नहीं करता तो वे सीधे भूखे रह जाते। सच तो यह है कि अण्णाभाऊ के खाने-पीने की कोई ठीक से व्यवस्था ही नहीं थी। ऐसे में कई बार शहाजी ने अपनी हाफ पैंट की जेब में रोटियाँ लाकर अण्णाभाऊ को चुपचाप दी हैं।

शहाजी की स्मृतियों के अनुसार अण्णाभाऊ उर्फ बाबा तब बिल्कुल अनाथवत् रहते थे। उनके घर में या उनके पास कुछ चीजें भी नहीं बची थीं। एक अच्छा टेबल और कुर्सी के स्थान पर राशन के खाली कनस्तर रखे थे। कमरे के एक कोने

में मिट्टी का घड़ा रखा था। पानी पीने के लिए एक जर्मन सिल्वर का बर्तन था। कमरे में कई बार चूहों द्वारा मिट्टी उकेरी हुई होती। इस तरह एकाकी भूतवत् जीवन अण्णा बिता रहे थे। जिसकी लेखनी से 'चिरागनगर के भूत' शब्दों में सजीव हुए थे।

पास में ही 'मास्टर क्लीनर्स' नामक लाड्री उर्फ धोबी की दुकान थी। वहाँ शहाजी अण्णाभाऊ की कमीज-पाजामा धोने के लिए देता था। लाड्री का उधार बढ़ रहा था। इस बात को लेकर अण्णाभाऊ को बहुत बुरा लगता था। लेकिन भाग्य से लाड्री का मालिक अण्णाभाऊ के उपन्यासों के पाठक और लेखन का चहेता था। इस कारण उधारी का तकाजा नहीं करता था। परंतु महाराष्ट्र इलेक्ट्रिसिटी बोर्ड के नियम बड़े सख्त थे। एक दिन उन्होंने अण्णाभाऊ के घर की बिजली काट दी।

इसके बाद तो अण्णा के घर में संध्या की किरणें लुप्त हो जाने पर अपना काला मुँह लिए अँधेरा प्रविष्ट हो जाता और अण्णाभाऊ के हाथों का पेन रुक जाता। आगे-आगे तो कमरे में झूलते बिजली के तार (वायर) देख कर अण्णाभाऊ को काफी मानसिक क्षोभ होता। अतिशय शुरुआती दिनों में जैसे अण्णा रॉकेल की चिमनी में लेखन करते थे, वैसा तो अब संभव नहीं था। अपनी इस विपरीत दशा में भी इस महान लेखक ने एक उपाय खोज निकाला। अँधियारी रात में वे हार्मोनियम बजाते बैठते। उन सप्त सुरो के द्वारा वे अपने दुख को प्रकट कर देते थे। मानसिक पीड़ा अभिव्यक्त होकर उन्हें कुछ हलकी-सी राहत मिलती।

संदर्भ

1. संजय सपताल से बातचीत, 10 नवंबर 2020
2. संजय सपताल से बातचीत, 2 दिसंबर 2020
3. 'मेरा भाई अण्णाभाऊ', पृ.196
4. शांताबाई दोडके से साक्षात्कार, 20 नवंबर 2020
5. सोपान खुडे से साक्षात्कार, अक्तूबर 2020

महान लेखक का महानिर्वाण

मन को पीड़ा देनेवाली, क्लेशदायी और दुख की घड़ी में किसी प्रतिभाशाली कलाकार का अपनी कला से तादात्म्य बनाये रखना बहुत कठिन होता है। लेकिन ऐसी स्थिति और व्यवस्था द्वारा प्रताड़ित उस कंटकाकीर्ण पर्व में अण्णाभाऊ के द्वारा अपनी मौत के एक साल पहले अर्थात् 1968 में 'आघात' नामक उपन्यास लिखा गया, जो उनकी श्रेष्ठतम रचनाओं में से एक है। इसी समय उन्होंने 'वारणेचा वाघ' (वारणा का बाघ) रचना भी सृजित की। 'आघात' उपन्यास में मुंबई की झोंपड़-पट्टी के घिनौने जीवन की दुर्दशा और उसमें रहनेवाले सड़े-गले असूया-पीड़ित और मत्सर से भरी मानव-दुनिया को अण्णा ने पूरी क्षमता और ताकत से प्रस्तुत किया है।

आज की तरह प्रसार-माध्यम या मीडिया की भरमार और दादागिरी का वह समय नहीं था। इस कारण अण्णाभाऊ के जीवन में आया अकेलापन, उनके बुरे हालात आदि बातों की भनक किसी को नहीं लगी थी। इतना ही नहीं तो मुंबई में रहनेवाले उनके मित्रों को भी इस बात को लेकर कुछ भी मालूम नहीं था।

'मूर्ति' के अनंतर अण्णाभाऊ ने 'सरनौबत' उपन्यास लेखन प्रारंभ किया। ना. स. इनामदार का 'झेप' (छलांग) और सर वॉल्टर स्कॉट का 'आयनवो' उपन्यास के मराठी अनुवाद पढ़ कर अण्णा बहुत प्रभावित हुए थे। उन्होंने हिंदवी स्वराज्य के सरसेनापति प्रतापराव गुर्जर के जीवन से संबद्ध एक विशालकाय ऐतिहासिक उपन्यास लिखने का निश्चय किया था। उनके मन-मस्तिष्क में कथानक छाया हुआ था। कई बार वाटेगाँव जाने पर मित्रों की महफिल में प्रस्तावित उपन्यास के कई प्रसंगों का रोमहर्षक कथन भी वे करते थे।

"प्रतापराव के जीवन पर आधारित उपन्यास का कोई अध्याय अण्णाभाऊ ऐसी ताकत से प्रस्तुत करते, जिसे सुनते हुए हमारा सिर चकरा जाता। खून खौल उठता। पल भर के लिए तो ऐसा लगता हम सभी प्रतापराव के ही सहयोगी हैं।

घोड़े पर पालान (खोगीर) लाद कर उसके संग दौड़ते जा रहे हैं। उनका यह वर्णन अद्भुत और अद्वितीय था।" इस प्रसंग को याद करते हुए आज बाबाभाऊ कहते हैं, 'अग्निदिव्य' नाम से जो मैटर (मजकूर) प्रकाशित हुआ है, वह तो प्रतापराव पर आधारित प्रस्तावित उपन्यास का कच्चा लेखन है। अण्णा के मस्तिष्क में अवस्थित यदि यह उपन्यास लिखा गया होता तो आग लग जाती, आग।"[1]

अण्णाभाऊ के हृदय का एक कोना वाटेगाँव, वारणा परिसर और सह्याद्रि के संपन्न प्राकृतिक छटा की यादों से भरा हुआ रहता। इसलिए जब भी उन्हें वाटेगाँव जाने का अवसर मिलता वे मन-ही-मन बड़े आनंदित हो जाते। अपने गाँव की ओर जाते समय उन्होंने अपने पूरे जीवन में जानबूझकर एक आदत लगा ली थी। मुंबई से जाते समय जितने छुट्टे पैसे (चिल्लर) इकट्ठा किए जा सकते हैं, वे अधिकतम करते। उनकी जेबें उन छुट्टे पैसों से लबालब भरी रहती। गाँव आने पर अपनी बस्ती और गाँव के ग़रीब-दुखियारों को पैसे खुले हाथों से बाँट देते। इन पैसों से कई लोग तो मुर्गे के सालन की पार्टी करते। बढ़िया भोजन करते।

कोंडुबाई अण्णा को कई बार टोकती, "मुंबई से आते बखत खीसे भर-भर कर पैसे लेकर आते हो और यहाँ पूरे गाँव में कच्चे-बच्चों को बाँटते फिरते हो, यह किसलिए?"

"कोंडु, अरे ये अपने गाँव के हाशिए के बाहर रहनेवाले लोग हैं। ये कच्चे-बच्चे लोग प्राय: आधे भूखे रह कर दिन बिताते हैं। लेकिन जब वे ऐसा कुछ पेट भर स्वादिष्ट मसालों का गर्मागर्म खाते हैं, तब उनके खुशी से दमकते चेहरे देख कर मेरा हृदय भर आता है। इस आनंद का मोल पैसों में नहीं किया जा सकता, कोंडुबाई!"

जेब में जितने पैसे हैं उन्हें बाँटते रहना, अण्णाभाऊ का यह शौक अजीबोगरीब था। कभी-कभार मुंबई लौटने के लिए भी जेब में पैसे नहीं रह पाते थे। सब कुछ भुलाकर वे पैसे बाँटते रहते थे। इसलिए लौटने का किराया वे जंगले गुरुजी या बाबू भाऊ जैसे मित्रों से उधार ले लेते।

इसी दरमियान अण्णाभाऊ ने अपनी आत्मकथा लिखने का संकल्प भी लिया था। मात्र डेढ़ पन्ना ही लिखी थी। उनके लेखन के बारे में उनके प्रकाशक राजा साठे लिखते हैं, "अपनी आत्मकथा के लिए उन्होंने 'मौत से जीवन की ओर' शीर्षक सुनिश्चित किया था। मानव की ऐसी मृत्यु हो जैसे जर्मनी के मार्शल रोमेल की हुई, यह उनका मानना था, जिसे उन्होंने डेढ़ पृष्ठों में दर्ज किया है। पहले अध्याय के लिए उन्होंने 'वाटेगाँव से मुंबई' शीर्षक तय किया था। दुर्भाग्यवश आत्मकथा लिखी ही नहीं गयी।"

उन्हें तो अभी काफी जीवन जीना था और काफी लिखना भी था। लेखन को लेकर न जाने कितने ही संकल्प अण्णा के अधूरे ही रहे। 'चाबुक' (कोडा) नामक निश्छल प्रेम कहानी उन्हें लिखनी थी। 'कोयनेच्या कुशीतून' (कोयना की कोख से) नामक कहानी में उन्हें ध्वस्त मानवी जीवन की कर्मकथा प्रस्तुत करनी थी। जातीयवादी लोगों को मुँहतोड़ जवाब देने के इरादे से उन्हें 'आम्ही कोण?' (हम कौन हैं?) नामक उपन्यास भी उन्हें पाठकों को समर्पित करना था।

अण्णाभाऊ ने चिरागनगर के धुआँधार बरसते पानी में छोटे भाई शंकरभाऊ से अर्द्ध-बेहोशी हालत में करुण स्वर में कहा था, "मेरा दुख तुम नहीं जान सकोगे?" इसके पीछे गहरा अर्थ छुपा हुआ था। समाजवाद के नाम पर जातिवाद की जहरीली बेल दिन-प्रतिदिन फैलती ही जा रही थी। इस बात का उन्हें दुख था। इस अहसास से यह महान लेखक मन-ही-मन हैरान होते हुए, कुढ़ते रहता।

बाबासाहेब अम्बेडकर ने संविधान बनाकर जन-साधारण को बहुत सारे अधिकार प्रदान किए लेकिन इसके बाद भी जातिवाद का खात्मा नहीं हुआ। वे जाति के मुद्दे को लेकर सीधे शंकराचार्य से भी सवाल करते हैं, "महज जाति के कारण मनुष्य के मानवीय हक छीन लेने का आपको क्या अधिकार है? कौन हैं आप? जातिवाद मुझ जैसे का पीछा छोड़ने के लिए तैयार नहीं है, जब मेरे जैसे की यह हालत है, तो जनसाधारण का क्या होता होगा?"[2]

अपने द्वारा 'कृष्णाकाठ' (कृष्ण किनारा) नामक नया उपन्यास लिखकर पूर्ण हुआ है, इसका स्पष्ट उल्लेख अण्णाभाऊ ने 'रत्ना' उपन्यास की प्रस्तावना में किया है? पूर्ण हुए इस उपन्यास की पाण्डुलिपि कहाँ गयी? या आगे क्या हुआ, इस बात की जानकारी दुर्भाग्य से किसी को नहीं है।

कुल मिलाकर देखा जाए तो अण्णा जैसे महान, अजातशत्रु लेखक के हृदय को चिंता, उद्वेग की दीमक लग चुकी थी। एक पिछड़ी जाति के आदमी होने के कारण जीवन में उन्हें कई बार नकारा गया था। उनके प्रचारनुमा साहित्य, खून-डाके की मनोरंजक कहानियाँ लिखनेवाला एक लोकप्रिय लेखक–जैसी गालियाँ देने का कुटिल कारस्थान कइयों ने आजीवन चलाया। कमलेश्वर, ख्वाजा अहमद अब्बास जैसे महान लेखकों ने उनके कहानी साहित्य की ऊँचाई को भाँप कर बड़े सम्मान के साथ सलाम किया। लेकिन इस तरह की उनकी परले दर्जे की शब्द-सामग्री की ओर से मराठी विद्वानों ने आँखें मूँद लीं। काफी अनुपात में और श्रेष्ठतम रचनाओं के पहाड़ खड़े करने के बाद भी अपने हक का श्रेय-कीर्ति नहीं मिल पा रही है

और इतना ही नहीं तो यह सब कुछ जानबूझकर नकारा जा रहा है ऐसी दुष्टता भरी नीचता को देखकर अण्णाभाऊ जैसा श्रेष्ठ कलाकार भीतर ही भीतर टूट रहा था।[3]

1967 के अक्तूबर-नवंबर में सेंट जॉर्ज अस्पताल में भर्ती होने पर अण्णाभाऊ ने अपनी बीमारी का उल्लेख 'अग्निदिव्य' नामक उपन्यास की प्रस्तावना में किया है।[4] अण्णाभाऊ लिखते हैं, "मेरी जीवन ज्योतिं तूफान में डगमगा रही थी। मेरी जीभ निर्जीव हो गयी थी...शाहिर अमर शेख की आँखें आँसू बहा रही थीं। मेरा साला, भगत रो रहा था। सभी ने मेरे जीने की उम्मीद छोड़ दी थी।"[5] अण्णाभाऊ की बीमारी की यह बात आचार्य अत्रे ने अपने 'मराठा' नामक दैनिक समाचारपत्र में प्रकाशित की थी। इस खबर को पढ़ कर अण्णाभाऊ के चहेते और रसिक पाठकों को काफी अफसोस हुआ। उन दिनों अस्पताल में पल भर के लिए तो हालात और गंभीर हो गए थे। कुल मिलाकर अण्णाभाऊ मौत के जबड़े से बचकर लौट आए थे। तब उन्हें एक ओर 'अग्निदिव्य' उपन्यास का अधूरा रहा लेखन लिखने के लिए बेचैन कर रहा था।

अण्णाभाऊ की बीमारी के समय उनके प्रकाशक श्री खोपकर और श्री साळवी ने बहुत मदद की। अण्णा को स्वास्थ्य लाभ मिलते ही वे दोनों अण्णा को पुणे लेकर आए और पुणे के स्वागत लॉज में रखा। यहाँ अण्णाभाऊ ने 'अग्निदिव्य' उपन्यास का लेखन पूर्ण किया और 'अलगुज' उपन्यास पर आधारित सिनेमा का अनुबंध भी पूर्ण किया।

अण्णाभाऊ जब अपनी बीमारी से पूर्णतया स्वस्थ हुए तो 1968 के फरवरी माह में वे जलगाँव में ही रहे। उनके पिता के मित्र साधु साठे के बेटे दिनकर साठे जलगाँव के बिक्रीकर विभाग में अधिकारी थे। बड़े आग्रह के साथ उन्होंने अण्णा को जलगाँव बुला लिया था। वे अण्णाभाऊ को जलगाँव लेकर चले गए थे।"[6]

पूर्व की बीमारी के बाद अण्णाभाऊ के जीवन में बदलाव आने लगे थे। अण्णा चाहे जयपुर हों अथवा सुदूर रूस की भूमि पर हों, उन बीस-पच्चीस सालों में अपनी कलम को वे कभी नहीं भूले। लेकिन इन दिनों उनकी लेखनी मौन हो गयी, रुक-सी गयी ऐसा प्रतीत होता है। वे दिनकर साठे से कहते, "मेरे कलेजे के छेद भरने का प्रयास मैंने अपनी लेखनी द्वारा किया। लेकिन मेरे अंत:करण की छटपटाहट किसी को भी क्यों नहीं समझ में आती है?"

निराशा की काली छाया में जीनेवाले अण्णाभाऊ को अचानक चेतना के कोमल किरण दिखाई देने लगते। तब उत्साह और जोश में वे बोलते, "तांदुळवाड़ी के निकट

का (वारणा किनारा) और बोरगाँव के तट वाला (कृष्णा नदी का किनारा) संपूर्ण प्रकृति को मुझे अपने शब्दों में प्रस्तुत करना है।" इन दिनों अण्णाभाऊ की कलम बीच-बीच में अवरुद्ध हो जाती पर उनकी लेखन की प्यास अभी मिटी नहीं थी। उन्हें तो और भी बहुत कुछ लिखना था।

अपने वीररसवाले, ओजस्वी कवित्तों और तड़ाखेबाज पँवाड़ों से समाज को संजीवनी प्रदान करनेवाले अण्णाभाऊ और अमर शेख जैसे शाहिर और कवियों का दुख कुछ और ही था। उन्होंने संयुक्त महाराष्ट्र समिति के जुझारू उम्मीदवार के रूप में कई युवा नेताओं का जोरदार प्रचार किया था। रात-रात भर गला फाड़ कर वे हृदयाघात की सीमा तक असाधारण मेहनत करते रहे। उनमें से तो कई युवा विधायक के रूप में चुनाव भी जीते। परंतु अल्प समय में ही वे सत्ता के चरागाह में लुप्त हो गए। तब दल-बदल कानून न होने से सत्ताप्राप्ति के अंगूर खाने के लिए खेत चारों ओर से खुला ही था।

संयुक्त महाराष्ट्र निर्माण के बाद यशवंतराव चव्हाण साहब ने विरोधी कम्युनिस्ट और शेतकरी कामगार पक्ष (शेकाप) के कई विधायकों को अपनी ओर अर्थात् कांग्रेस में खींच लिया। उनकी जोड़ गुणा की राजनीति सफल हुई। तो दूसरी ओर महाराष्ट्र के अनेक प्रभावशाली, तेजस्वी नेताओं की अपनी जीवननिष्ठा के मूल्यों के चलते हानि हुई।

जमाना परिवर्तित हो रहा था। संयुक्त महाराष्ट्र के ऊँचे-भव्य लक्ष्य के लिए लड़नेवाले, संघर्ष करनेवाले जुझारू क्रांतिकारी शाहिरों और युवाओं की उपेक्षा की जा रही थी। सत्ता की बैसाखी के बिना जीवन जीना कठिन हो रहा था। इतना ही नहीं तो अण्णा की जी-जान से प्रिय कम्युनिस्ट पार्टी में भी विभाजन हो गया था, वह टूट-फूट गयी थी।

1967 के अंत में कोयना परिसर में भूचाल आया। इसमें अनेक घर क्षत-विक्षत हो गए। घरों के मुआवजे के रूप में लाखों रुपये गाँव-गाँव में बाँटे गए। अण्णाभाऊ के वाटेगाँव स्थित घर को भी भूचाल से दीवारों में दरारें आ गयी थीं। उनके गिरे हुए घर का सही मायने में 'पंचनामा' किया गया। जानबूझकर उनके घर का मुआवजा केवल चालीस रुपये तय कर अण्णा के साथ अमानवीय क्रूर मजाक किया गया।[7]

अण्णा के सगे भाई शंकरभाऊ ने स्वयं ही दर्ज किया है कि तत्कालीन सत्ताधीश वर्ग ने अण्णाभाऊ और उनके परिवार को कम्युनिस्ट पार्टी से संबद्ध होने के कारण सोच-समझकर उनके साथ क्रूरतापूर्वक अमानवीय बर्ताव किया। मुआवजे के रूप में मात्र चालीस रुपये के द्वारा उनकी मानहानि, उनके प्रति तुच्छता और उपेक्षा की

कहानी खत्म नहीं होती अपितु अण्णा के परिवारवालों से हमें वोट नहीं मिलेंगे, "इस डर से महज दो वोटों के लिए इन लोगों ने उनके नाम मतदाता सूची से हटा दिए।" यह बात शंकरभाऊ साठे ने अपनी पुस्तक के पृष्ठ 129 पर स्पष्ट रूप से लिखी है। समाज की ओर से तथा विशेषकर 1968 के सत्ताधारी वर्ग का उनके साथ किया गया निंदनीय, निर्दयी, क्रूर बर्ताव के कारण अण्णाभाऊ उन दिनों काफी गुस्से में थे।

अहमदनगर जिले के श्रीगोंदा चुनाव क्षेत्र से चुने गए और समाजकल्याण मंत्री बने हुए श्री बाबूराव भारस्कर अण्णाभाऊ के साहित्य को बड़े चाहनेवाले और भक्त थे। वे अण्णा को असीम रूप से चाहते थे। अण्णाभाऊ उनके जातिभाई भी थे। जब बाबुराव विद्यार्थी थे तब अहमदनगर के एक छात्रावास में रहते थे। अण्णाभाऊ के कलापथक का जब दौरा होता तब वह वहाँ रुकता। उन दिनों छात्र बाबुराव एक बार अण्णाभाऊ के साथ दौरे पर गए हुए थे। हर रोज कार्यक्रम खत्म होने पर अर्थात् रात्रि के बारह बजने के बाद गाँव से इकट्ठी की गई ज्वार-बाजरे की रोटी, प्याज, मिर्चों की चटनी अपने कलाकारों के साथ अण्णाभाऊ खाते। कई बार तो बासी खाना भी बड़े चाव से अच्छा मान कर खा लेते। यह बात स्वयं छात्र बाबुराव ने देखी थी।"[8]

आगे संयोग से ये बाबुराव ही महाराष्ट्र राज्य के समाजकल्याण विभाग के मंत्री बने। जब कार्यकर्ताओं ने अण्णाभाऊ की आर्थिक विपन्न दशा के बारे में उन्हें कहा तो भारस्कर साहब हिल गए और फिर उन्होंने अपने चहेते लेखक के लिए अपने सरकारी मंत्री पद का वजन प्रयोग करना तय किया। अण्णाभाऊ को अच्छा मानदेय देना तय किया। लेकिन कई वरिष्ठ अधिकारी उनके इस प्रस्ताव को मंजूर करने के लिए राजी नहीं थे। "साहब, बेवजह आप आड़े मत आइए। कोई बड़ी परीक्षा पास कर तुम लोग मंत्रालय में बड़े अधिकारी बन कर अधिकारपूर्वक हमारे सिर पर धौंस जमाते हो। लेकिन तुम्हें क्या पता? अमर शेख, अण्णाभाऊ और आचार्य अत्रे जैसे लेखक-कलाकार हमारी भाषा को बचाए रखने के लिए किस प्रकार सत्ताधीशों से जूझे?" बाबुराव मंजूरी के लिए उस बैठक में मानो युद्ध ही कर रहे थे लेकिन वहाँ उपस्थित एक तमिल अधिकारी पत्थर दिल निकला। इस पर तुक्का यह कि वह सीनियर था और बाबुराव ठहरे जूनियर मंत्री।

संयोग से उक्त बैठक में शाहिर अमर शेख भी उपस्थित थे। निराश नज़रों से बाबुराव ने हलके-से अमर शेख की ओर देखा। अमर शेख तत्काल उसी बैठक में अपने कानों पर हाथ रख उठ खड़े हुए और अपनी पहाड़ी आवाज में अण्णाभाऊ लिखित लावणी, "माझी मैना गावावर राहिली" भरपूर जोश-खरोश में गाना शुरू कर दिया। इससे आधा मंत्रालय हिल गया। उन अंगारे-सी शब्दों की जलन की आँच

उन अधिकारियों की समझ में आयी, तो पत्थर भी पसीज गया। साहब ने वहीं पर मानदेय को मंजूर करते हुए हस्ताक्षर कर डाले।

अण्णाभाऊ को गोरेगाँव में ही हाउसिंग बोर्ड का एक छोटा-सा, सुंदर ब्लॉक मंजूर किया गया। साथ ही उन्हें प्रति माह तीन सौ रुपये सरकारी मानदेय मंजूर हुए। 1968 में यह रकम काफी बड़ी थी। सौभाग्य से भारस्कर के प्रयासों से अण्णा का यह काम भी हो गया।

घाटकोपर में अपना प्यारा चिरागनगर और वहाँ रहनेवाले अपने लोगों को छोड़ कर जाने के लिए अण्णाभाऊ का मन राजी नहीं था। भारस्कर साहब ने भी प्रयास किया कि घाटकोपर या पूर्वी उपनगर में अण्णा को घर दिया जाए। लेकिन उस समय वहाँ म्हाड़ा के मकान उपलब्ध नहीं थे। "मैं अपने नए कमरे में, घर में रहने के लिए गोरेगाँव जानेवाला हूँ। लेकिन मुझसे यह पुराना मकान छोड़ा नहीं जाता। मैं इसे इसलिए नहीं छोड़ना चाहता कि मेरे जीवन के बाईस-तेईस साल यहाँ बीते है।" ऐसा अण्णाभाऊ कह रहे थे।[9] अपने जीवन में मिले हुए लोग, उनसे बने हुए रिश्ते, वहाँ का परिसर, जिन राहों पर चला वे वन-जंगल के रास्ते, राहगीरों को छाँव देनेवाले पेड़ ऐसे समूचे चराचर जगत् की माया में उलझे अण्णाभाऊ सच्चे हृदय के कलाकार थे। उनका जीवन पर लबालब प्रेम था।

शांताबाई को जो घर गोरेगाँव में मिला था उसमें जयवंताबाई रहती थीं। उनके इस घर से अण्णाभाऊ को प्राप्त हुआ हाउसिंग बोर्ड के घर की दूरी आधा फलांग भी नहीं थी। अण्णा और जयवंताबाई को इस बात का अहसास था कि हम दोनों पास-पास ही रहते हैं। लेकिन पहले कौन? किसके पास जाए? इस मान के चलते ऐसा होता था कि, कई बार काम के सिलसिले में दोनों एक-दूसरे के घर के सामने से जल्दी-जल्दी गुजरते। एक-दूसरे को देखते, नज़र से नज़र टकराती, चोरी-चोरी आँखों की पुतलियों की हलचल होती (वे एक-दूसरे को कनखियों से देखते) पर कदम रुकते नहीं थे।

एक-दूसरे से घने-गहरे प्रेम से निर्माण होनेवाला अहंकार अंधा होता है। कारण उसे आँखें नहीं होतीं। इसलिए उन दोनों के, उन तनाव के दिनों में समय तो अपनी चिउंटी से खिसकता जा रहा है–का बिल्कुल भी अहसास दोनों को नहीं हुआ।

1969 के बारिश के दिन, कलौंस मुँह से आए, मराठी साहित्य और संस्कृति की दृष्टि से यह काल बरबादी का है। महाराष्ट्र के लाड़ले आचार्य अत्रे का 13 जून 1969 को स्वर्गवास हुआ। उनकी मृत्यु की खबर अण्णाभाऊ के कानों पर

पड़ते ही अण्णा को गहरा सदमा लगा। अगले ही माह अर्थात् 18 जुलाई 1969 को अण्णाभाऊ भी काल-कवलित हो गए। अगले ही कुछ महीनों बाद अर्थात् तीसरे माह 29 अगस्त 1969 को पुणे-सोलापुर राष्ट्रीय महामार्ग पर पुणे जिले के इंदापुर के निकट शाहिर अमर शेख मोटर-दुर्घटना में चल बसे। संपूर्ण मुंबई और महाराष्ट्र में चेतना जगानेवाले संयुक्त महाराष्ट्र के ये सिपाही जाने से मानो इस युग का ही अंत हो गया।

हाँ, अण्णाभाऊ के निधन को लेकर कुछ मित्रों ने गलत और झूठी कहानियाँ तथा दिशाहीन रिपोर्ताज लिख रखे हैं, जो बहुत गलत और बेवजह गलतफहमी निर्माण करनेवाले हैं। रूस का महान लेखन मैक्सिम गोर्की अण्णा के आदर्श थे। इस अपने चहेते रूसी लेखक की एक याद अण्णाभाऊ ने दिनकर साठे को बताई थी कि, "गोर्की का अंत बड़ी भयावह स्थिति में हुआ। एक दिन गोर्की अपनी ही झोंपड़ी में एकाकी मृतावस्था में पाए गए। लेकिन लोगों को पता चला कि उनका स्वर्गवास तीन दिन पहले ही हो चुका था।"[10]

एक लेखक महोदय ने हड़बड़ी में अण्णा के बारे में अपनी पुस्तक में लिख डाला कि, "अण्णाभाऊ का मृतदेह गोरेगाँव की एक झोंपड़ी में तीन दिनों तक लावारिस दशा में पड़ा था।" किसी ने लिखा कि "अण्णाभाऊ की डेड बॉडी मोटर में रखकर बलराज साहनी उसे सीधे वाटेगाँव ले गए।" सच तो ये सारी बातें कपोलकल्पित और दिशाहीन तथा सुनी-सुनायी हैं।

अण्णाभाऊ की मृत्यु के उपरांत अगले ही दिन अत्रेजी की बेटी शिरीष पै ने अण्णा के दुर्भाग्यपूर्ण मौत की सारी रपट दैनिक 'मराठा' के पहले ही पृष्ठ पर प्रकाशित की थी। जिसे मैंने ज्यों-का-त्यों पुस्तक के परिशिष्ट में प्रस्तुत किया है। इसके अलावा दो दिन बाद ही सात रस्ता की शिरीन टॉकीज के निकट अण्णाभाऊ को श्रद्धांजलि समर्पित करने की जो शोकसभा हुई थी वह अमर शेख के घर के निकट थी। तथा उसके फोटो और रपट भी मेरे पास उपलब्ध हैं। इस सभा में सर्वश्री बलराज साहनी, शाहिर साबळे, बाबुराव बागुल, प्र. श्री नेरूरकर, वा.वि. भट तथा कई कम्युनिस्ट नेता भी उपस्थित थे। इसलिए मेरे मत से अध्येताओं ने सत्य जानकर ही लिखना चाहिए।

अण्णाभाऊ की अंतिम यात्रा के समय मंत्री बाबुराव भारस्कर अपने पैसे से पुष्कचक्र लेकर गोरेगाँव की ओर दौड़ते आए थे। इस अंतिम यात्रा में ज्येष्ठ दलित लेखक दया पवार, कविवर नारायण सुर्वे, प्रकाशक, वा. वि. भट, प्र. सी. नेरूरकर,

वामन होवाळ आदि कई महत्त्वपूर्ण लोग थे। इसके अलावा दलित पैंथर के एक संस्थापक और लेखक अर्जुन डांगळे, कॉमरेड सुबोध मोरे, रविप्रकाश कुलकर्णी आदि प्रत्यक्षदर्शी गवाह भी आज जीवित हैं। इसलिए गलत बातों पर विश्वास करना अनुचित है।

13 जून 1969 को हुई अत्रे की मौत के बाद अण्णाभाऊ काफी संवेदनशील और भावुक हो गए थे। गोरेगाँव के नए मकान में उनका मन नहीं लगता था। अकेलेपन से वे संत्रस्त थे। शायद पहले किए गए संघर्ष और जीवन भर किए समर-प्रसंग उन्हें निरंतर याद आते लेकिन कुछ लोगों द्वारा प्राप्त जानकारी के अनुसार प्राय: अण्णा टैक्सी कर शिवाजी पार्क आते थे। रात में यही टैक्सी उस संयुक्त महाराष्ट्र में चर्चित सुप्रसिद्ध रणभूमि के चारों ओर चक्कर काटती रहती। कई बार अण्णाभाऊ किसी कोने में, अँधियारे में टैक्सी रोक कर खड़े रहते। आचार्य अत्रे के भवन की ओर देखते हुए लगातार आँसू बहाते रहते।

वहाँ के कई टैक्सीवाले सातारा क्षेत्र की ओर के थे। वे लोग अण्णाभाऊ को नाम से जानते भी थे। क्योंकि अण्णाभाऊ उधर के ही थे। अण्णाभाऊ को देखते ही उनके इर्द-गिर्द इकट्ठे हो जाते। संयुक्त महाराष्ट्रं के लिए प्राणों की बाजी लगा कर आचार्य अत्रे ने संघर्ष किया लेकिन उनकी मौत के बाद महाराष्ट्र शासन ने उनकी उपेक्षा की। इस बात का अण्णा को गहरा दुख था। रात में शिवाजी पार्क के आसपास घुमंतू जैसे भटकनेवाले अण्णा सातारा तरफ के कुली, टैक्सीवाले आदि के साथ अपने मन की भड़ास निकालते हुए बतियाते।

"मेरा बड़ा भाई चला गया रे! अरे कितना बड़ा था वह आदमी? साढ़े पाँच-छह फीट की ऊँचाईवाला, तब मेरे हाथों में इकतारा था और मेरे दूसरे भाई अमर शेख के हाथों कड़कता चंग, दिल्ली के उस जुलूस (मोर्चा) में हमारे बड़े भाई अत्रे सह्याद्रि की कठोर-काली चट्टानवत् धीरे-धीरे आगे जा रहे थे। दुनिया में सबको भाई है लेकिन हमें ऐसा दूसरा भाई कभी नहीं मिलेगा। क्योंकि हमारा भाई अपनी (महाराष्ट्र) माँ से पहाड़ जैसा प्यार करते थे। अब तो भाई गया। अब तो हमारी मराठी भाषा नामक माँ पूर्ण रूपेण अनाथ हो गयी रे! देखो यह क्या हुआ?"

तब बीच में ही किसी ने कहा, "अण्णा, जो हो गया, सो हो गया। अब भुला दो।" यह सुन अण्णाभाऊ उछलकर बोले, "भूल जाऊँ? कैसे भुला दूँ? उस लड़ाई को? अभी तो महज नौ-दस साल ही हुए हैं और इतने में ही भूल गए? आपको तो केवल कुर्सी से ही चिपकना है? मंत्रालय के सत्ताधीश इन बातों को कैसे भला भुला

देते हैं? अपनी भाषा, इतिहास, कला के बारे में तुम्हें क्या मालूम है? केवल साम, दाम, दंड, भेद की नीति; चाहे जो भी रास्ता मिले, चाहे जैसे भी हो चुन कर आने की कला के अलावा तुम्हें भगवान ने दूसरी अकल कहाँ दी है?"

अण्णाभाऊ के 'आवडी' उपन्यास पर आधारित ''टिळा लावते मी रक्ताचा'शीर्षकवाला सिनेमा अगले दिन प्रदर्शित होना था। पूर्व रात्रि सिनेमा प्रदर्शित होने के कारण भोजन की दावत (पार्टी) थी। वहाँ अण्णा जाकर आए थे। अण्णा को गोरेगाँव आए, मुश्किल से चार माह बीते थे। परसों ही मैंने चिरागनगर में सुनी तथा उस समय को देखनेवाले एक बूढ़े की आवाज मेरे कानों में चुभ रही है। देखो न! जीवन भर अण्णाभाऊ चिरागनगर में हमारे साथ गर्मी-बरसात में रहे। यहाँ से वहाँ जाने को केवल जैसे-तैसे चार महीने ही बीते है और सब का नामोनिशान मिट गया।

सच देखा जाए तो नवीन, सुख-सुविधा युक्त जगह अण्णा को रास नहीं आयी। विवंचनाएँ तो काफी थीं। समस्याएँ भी कई थीं। जातीयता के जहरीले नाग को कुचलने के लिए (आम्ही कोण?) नामक उपन्यास अण्णाभाऊ को लिखना था। बेटे मधुकर की भी चिंता थी। जिस कम्युनिस्ट पार्टी के लिए अण्णाभाऊ ने अपना समूचा जीवन समर्पित किया था, उस पार्टी के टूटने का उन्हें गहरा दुख था। अत्रे के चले जाने का सदमा था।

वे सवाल, वो चिंताएँ उस पागल जीव का पीछा छोड़नेवाली नहीं थीं। कारण अण्णाभाऊ तो जनमानस के लेखक थे। जीवन के भाष्यकार थे और यही सच है।

18 जुलाई की दोपहर एक बज कर दस मिनट पर उम्र के उनचासवें साल में हृदयाघात से अण्णा ने इस दुनिया से विदा ली।

18 जुलाई 1969, काफी देर रात अण्णाभाऊ के मौत की खबर अमर शेख तक पहुँची। मोतीलाल नगर में अण्णा का शव देखकर अमर शेख अपने शोक को रोक नहीं पाये और वे दहाड़े मार कर रोने लगे। "मेरा अण्णा चला गया रे!" ऐसी पुकार लगाने लगे। अण्णा के घर से फर्लांग भर की दूरी पर स्थित अपनी बेटी के यहाँ रहनेवाली जयवंताबाई को अण्णाभाऊ की बीमारी की और मौत की खबर देने की तकलीफ किसी ने नहीं की। संजय सपताल ने यह खबर पहली बार रेडियो पर सुनी और वह दौड़ कर अपनी नानी जयवंताबाई के यहाँ गए।

यह खबर उन सबके लिए दहलानेवाली थी। इसी बीच अण्णाभाऊ के अंतिम दर्शन के लिए भीड़ को चीरते हुए जयवंताबाई और उनकी बेटियाँ शांता और शकुंतला आगे खिसकने का प्रयास कर रही थीं। वहाँ का वातावरण देखकर जयवंताबाई स्तब्ध खड़ी रही। क्योंकि भीड़ ने उनकी राह रोक ली थी। "मुझे देखते

ही वहाँ की औरतों ने गाली-गलौज शुरू की। उनके कहने का मतलब यह था, जिंदगी भर हमने अण्णा को लूटा अब सरकारी मानदेय और पुस्तकों की रॉयल्टी के मतलब से वे यहाँ दौड़ कर आयी है।[11] ऐसा खेद जयवंताबाई ने प्रकट किया है। जयवंताबाई और उनकी बेटियों को अण्णाभाऊ के कुछ रिश्तेदार धकेलते हुए रोकने का प्रयास कर रहे थे। जब यह बात अमर शेख की समझ में आयी तब वे चिल्ला कर बोले, "मेरी बहन...जयवंता को अण्णा के आखिरी दर्शन लेने दो। सच में उसने अण्णा के लिए कितना त्याग किया है, यह मैं जानता हूँ।"

अमर शेख द्वारा डाँटने से रिश्तेदारों की बोलती बंद हो गयी और शवयात्रा ओशिवरा गाँव की श्मशान भूमि पर ले जाई गयी, जहाँ लेखक, कवि, दलित और कम्युनिस्ट कार्यकर्ता मिलाकर लगभग साढ़े तीन सौ लोग थे। उस समय मीडिया की इतनी प्रगति नहीं हुई थी। लोगों के यहाँ तो फोन भी नहीं होते थे। इसलिए दूसरों के घरों से यह खबर काफी देर से समाचार-पत्रों के पास गयी। इन सारी बातों के कारण श्मशान में उपस्थित भीड़ बहुत कम ही थी।

शाहिर अमर शेख ने अपनी घुटी हुई साँस और बहते आँसू रोककर चिता को अग्नि दाग देकर अपने दोस्त का अंतिम लाल सलाम दिया।

संदर्भ

1. बाबा भाऊ से बातचीत, वाटेगाँव, 5 नवंबर 2020
2. अण्णाभाऊ समग्र वाङ्मय खण्ड–1, बागवे, श्रीपाल कांबले, पृ.160
3. अण्णाभाऊ समग्र वाङ्मय खण्ड-1, पृ.162
4. पुनर्मुद्रण–अण्णाभाऊ समग्र वाङ्मय, पृ.139
5. 'अग्निदिव्य'–प्रस्तावना।
6. हे सूर अलगुजाचे–दिनकर साठे।
7. मेरा भाई अण्णाभाऊ–शंकर साठे, सुगावा प्रकाशन।
8. सबके लोकशाहिर–अण्णाभाऊ–बा.म. भारस्कर, 'लोकराज्य', अण्णाभाऊ विशेषांक-1993
9. हे सूर अलगुजाचे–दिनकर साठे।
10. जीवन संघर्ष–अण्णाभाऊ और जयवंताबाई का–सुबोध मोरे, पृ. 11
11. हे सूर अलगुजाचे–दिनकर साठे।

अण्णाभाऊ की उपेक्षा : सोची-समझी साजिश

अण्णाभाऊ की साहित्यिक महत्ता प्रकट करते समय उनके साथ सोच-समझकर प्रताड़ना के हिस्से को यथासंभव नज़रअंदाज कर दिया जाए, ऐसा मुझे शुरुआती लेखन के बाद महसूस हुआ। फलत: मेरे मन में उफनता गुस्सा और क्षोभ को दबाकर मैं इस अध्याय को जितना संभव हो उतने संतुलित, नर्म या कोमल शब्दों में आपके सामने प्रस्तुत करने का प्रयास कर रहा हूँ।

समूची वास्तविकता या यथार्थता की गहन जाँच-पड़ताल करने के उपरांत तल की गहराई में क्या बचता है? कौन-सी दाहक बात प्रकट होती है? यह निष्कर्ष सामने आता है कि अण्णा नामक एक जीनियस, प्रतिभावान, शब्द सम्राट की उनके जीवन में और जीवन के बाद भी विगत अर्ध शताब्दी में मराठी आलोचकों ने आँखें मूँदकर गहन उपेक्षा की है, इसमें रत्तीभर भी संदेह नहीं है।

यह तो एक तरह से सीधे-सीधे साहित्यद्रोह का ही एक प्रकार है। किसी गाँव का आदमी इतना भरपूर, समृद्ध, संपन्न, सर्वसमावेशी, हृदयबेधक और गहन विचारोत्तेजक भी लिखता है लेकिन आलोचकों ने उनके इस योगदान को, महत्त्व को, पूर्णरूपेण अनदेखा कर स्वैर, सूत्रबद्ध प्रताड़ना करने का, निंदाजनक कार्य किया है। ऐसा व्यवहार भारत की तेईस भाषाओं में किसी लेखक के साथ कभी नहीं किया गया है। दुर्भाग्य से मराठी लेखक अण्णाभाऊ के भाग्य में यह आया है।

मराठी आलोचना को अण्णाभाऊ के साहित्य में निश्चित कौन-से दोष दिखाई दिए?

अण्णाभाऊ केवल मनोरंजनवादी और लोकप्रिय लेखक हैं।

वे दलित और हाशिए बाहर के हैं। (इसका यह अर्थ निकलता है कि कोई दलित लेखक इतना बढ़िया और इतनी मात्रा में कैसे भला लिख सकता है!) फिर भी अण्णाभाऊ के दीवाने पाठक कई सालों से बहुत बड़ी संख्या में उन्हें क्यों भला

पढ़ रहे हैं? सच बात तो यह है कि उनकी लोकप्रियता और लेखन समृद्धि को देख कर आलोचकों को मिर्च लग रही है या उनका पेट दुख रहा है।

अण्णाभाऊ जिस काल में लिख रहे थे, वे जिस वाम विचारधारा के साँचे में ढले अर्थात् कम्युनिस्ट पार्टी के मंच से साहित्य में आए थे। उन दिनों अखिल भारतीय स्तर पर तमिल लेखक जयकांतन और बंगाली लेखिका महाश्वेता देवी ये दो बड़े दिग्गज साहित्यकार हुए हैं। दूसरे, ये दोनों अण्णाभाऊ की तरह कम्युनिस्ट पार्टी की ड्योढ़ी से आगे आए लेखक हैं। लेकिन उन्हें जो प्रशंसा, कीर्ति मिली उसका शतांश हिस्सा भी अण्णाभाऊ को नहीं मिला। जबकि अण्णाभाऊ ने इन दोनों से भी अधिक गहन, व्यापक और विस्तृत नवनवीन लेखन किया है। अण्णाभाऊ ने कई बार तो लीक से हट कर नवनवीन विषय और समृद्ध आशय साहित्य में प्रस्तुत किए हैं। इतना ही नहीं तो अखिल भारतीय स्तर पर साहित्य की नवनवीन धाराओं को प्रवाहित करने का श्रेय भी अण्णाभाऊ को ही जाता है। मेरे मत से निर्विवाद रूप से भारतीय महानगरीय साहित्य के जनक अण्णाभाऊ को माना जा सकता है। इसके अलावा भारतीय स्तर की लेखिकाएँ अमृता प्रीतम, इंदिरा गोस्वामी और कृष्णा सोबती से भी बढ़कर स्तरीय नारी जगत को, पूरी बारीकी के साथ, समस्याओं के मूल में जाकर उन्होंने प्रस्तुत किया है।

इतना होने पर भी मराठी साहित्य का इतिहास और कथालोचना की जो महत्त्वपूर्ण पुस्तकें हैं, उन सभी ने सोच-समझकर शुरुआत से ही अण्णाभाऊ जैसे समर्थ लेखक को कभी स्थान नहीं दिया।

इस तरह अण्णाभाऊ की घोर उपेक्षा और अक्षम्य तुच्छता का निष्ठुर तार जाने-अनजाने कैसा मजबूत होते गया और विगत पचहत्तर सालों में सोच-समझकर अण्णा के लेखन को प्रताड़ित करने की बात कैसे बलवती होती गयी, यह दुर्भाग्यपूर्ण और दाहक है–की प्रतीति हमें आज अवश्य होती है।

कम्युनिस्ट पार्टी की 'मशाल' और 'युगांतर' पत्रिकाएँ साठ के दशक से ही अण्णाभाऊ के साहित्य के बारे में जानकारी प्रदान कर रही थीं। अण्णाभाऊ का यह उपन्यास पोलिश भाषा में प्रकाशित हुआ। अण्णाभाऊ की कहानी रूसी भाषा में बहुत लोकप्रिय हुई। अण्णाभाऊ की सफलता के बारे में उपन्यासकार त्र्यं. वि. सरदेशमुख ने ही एक स्थान पर प्रशंसा की है।[1] नारायण सुर्वे ने अण्णा को "मराठी साहित्य का बॉयलर" कहा है। तो कइयों ने अण्णाभाऊ के बारे में अच्छा या बुरा न कुछ लिखना, न कुछ बोलना, ऐसी अपनी सुविधा का मार्ग अपनाया।

सौभाग्य से अण्णाभाऊ के उपन्यास 'फकिरा' की प्रस्तावना श्री वि. स. खांडेकर ने लिख कर अण्णाभाऊ के साहित्य की पहली ठोस (दखल) जानकारी दी। लेकिन यह भी बड़े संयोग से ही हुआ। अण्णाभाऊ वि. स. खांडेकर तक महज संयोग से पहुँचे। उन दिनों खांडेकर भाऊसाहब के रायटर के रूप में कोल्हापुर स्थित डॉ. एस. एस. भोसले काम करते थे। अण्णाभाऊ की शाहिरी (ओजस्वी काव्य) और उनकी लेखक के रूप में बनती पहचान और उनका निरभिमान, अच्छा स्वभाव के चलते दोनों में मैत्री हो गयी।

अण्णाभाऊ ने 'फकिरा' उपन्यास की पाण्डुलिपि की बहियाँ डॉ. भोसले को पढ़ने को दी थीं। उन दो सौ पृष्ठोंवाली तीन बहियों का क्या हुआ? इसकी पूछताछ करने अण्णा कोल्हापुर सर्विस मोटर से आए और कोल्हापुर के कावळा नाका पर उतर कर ऐन दोपहरी में जल्दी-जल्दी चलते राजारामपुरी पहुँचे। वहाँ ज्ञात हुआ कि डॉ. भोसले भाऊसाहब खांडेकर के घर हैं। उलटे पैरों वे भाऊसाहब के घर गए। अचानक भरी धूप में पसीने से डबडबाया चेहरा, सफेद-चमकीले पाजामा-कमीज पहने किसी कार्यकर्ता जैसे शख्स को देख कर भाऊसाहब ने भोसले से उनके बारे में पूछताछ की। तब भोसले ने कहा, ये अण्णाभाऊ साठे हैं। नाम सुनते ही खांडेकर को बेहद खुशी हुई। क्योंकि उन दिनों उन्होंने दीपावली अंकों में अण्णा की कुछ कहानियाँ पढ़ी हुई थीं। इसलिए खांडेकर ने अण्णाभाऊ की 'फकिरा' की पाण्डुलिपि बड़ी उत्सुकता से पढ़ने के लिए अपने पास रख ली।[2]

मराठी उपन्यास की तत्कालीन प्रचलित धारा में खांडेकरजी को 'फकिरा' के अलगपन का अहसास हुआ। विशेषकर दलितों द्वारा पेट की आग, भूख को बुझाने के लिए किया गया विद्रोह, मांगबाड़े में भूख और अकाल से छाया आक्रांत, ताकतवर चरित्रों के साथ उपन्यास की दाहक यथार्थता उन्हें खूब भायी और खांडेकर ने स्वयं ही 'फकिरा' के लिए मोहक आकर्षक और बढ़िया प्रस्तावना लिख दी। खांडेकर जैसे ज्येष्ठ लेखक द्वारा की गयी खुले दिल की प्रशंसा निश्चित ही अनुकरणीय थी।

पिछली पीढ़ी के ख्यात मराठी उपन्यासकार प्रो. ना. सी. फड़के की श्री जयवंत दळवी ने 'ललित' पत्रिका के लिए 1970 में साक्षात्कार लिया था। इस साक्षात्कार में प्रो. फड़के ने अपने प्रिय लेखकों में अण्णाभाऊ का उल्लेख किया है। इन सबका तात्पर्य यह है कि मराठी के श्री वि.स. खांडेकर, श्री त्र्यं. वि. सरदेशमुख और प्रो. ना. सी. फड़के इन उपन्यासकारत्रयी ने अण्णाभाऊ को बढ़िया, श्रेष्ठ लेखक माना है और उनके नाम का उल्लेख किया है। ऐसे में आगे क्या हुआ, जिसके चलते इनकी बात को स्वीकारा नहीं गया और प्रशंसा के बदले उपेक्षा ही मिली।

विश्वविद्यालयीन पाठ्यक्रम, साहित्य का इतिहास, अखिल भारतीय मराठी साहित्य सम्मेलन का अध्यक्षपद इन सबसे (इन सारे सम्मान) अण्णा वंचित क्यों रहे? (अपवाद के तौर पर अण्णाभाऊ के 'फकिरा' उपन्यास का शिवाजी विश्वविद्यालय, कोल्हापुर के एकाध पाठ्यक्रम में समावेश हुआ था लेकिन इसके पीछे छात्रों का आंदोलन था, तब कहीं जाकर मजबूरी में विश्वविद्यालय ने उसे पाठ्यक्रम में रखा था।) इन सारे प्रश्नों के उत्तर इतने सीधे-सहज नहीं हैं। बड़े साहित्यकार अपने आपको आलोचक का कोट पहनकर (घोषित कर) राष्ट्रीय स्तर पर मराठी साहित्य का नेतृत्व करते हैं। ऐसा करते समय जल-थल-काष्ठ और गगन में अर्थात् सभी जगह अपना विज्ञापन करते रहना, साहित्य के आँगन में क्षुब्ध करनेवाली स्वार्थपूर्ण गुटबाजी, अध्ययन मंडल और विश्वविद्यालयीन स्तर की साहित्यिक अधीनता तथा जातीयता इन सबके आघात का कोड़ा अण्णा जैसे ताकतवर साहित्यकार को निरंतर और समय-समय पर लगता रहा। इस बात के सशक्त, क्रमश: गवाह और सबूत मेरे पास हैं। लेकिन मुझे इस गंदे पानी में उतरना नहीं है।

प्रगतिशील और साठोत्तरी आलोचना ने महानगरीय उपन्यासकार के रूप में प्रवर्तन का स्थान और सम्मान अपने गुट के प्रिय रचनाकारों को दिया है लेकिन उस साहित्यिक धारा में अण्णाभाऊ का राष्ट्रीय स्तर पर 1946 से दिए गए ठोस योगदान को भुला दिया गया है। यहाँ तक कि उनके नाम का उल्लेख करने की मानवीयता भी इस वर्ग ने कभी नहीं दिखाई। जबकि महानगरीय जीवन-मृत्यु संबद्ध प्रश्नों को समूचे भारत में प्रथमत: अण्णाभाऊ की लेखनी ने उठाया था। रोटी, कपड़ा, मकान जैसी मूल जरूरतें, मॅर्च्युरी (शवागार), श्मशान भी तो अनिवार्य आवश्यकताएँ है लेकिन ध्वस्त महान गरीय व्यवस्था, गिरी हुई स्वास्थ्य सेवा, नारी देह का चोरी-छिपे व्यापार, बेरोजगारी जैसी मूल चिंताओं को अण्णा ने 1946 से ही मुखरित किया है। मुंबई की तत्कालीन अंग्रेज सरकार ने ही चेंबूर तथा वडाला की झुग्गी-झोंपड़ियाँ जलायी थीं। गरीबों को जुल्म-जबर्दस्ती से मुंबई के बाहर खदेड़ा। ऐसी अमानवीय, दाहक समस्या पर अण्णाभाऊ ने 'मूक मिरवणुक' (मौन जुलूस) शीर्षक का लोकनाट्य लिखा। इसमें मनोरंजन लेशमात्र भी नहीं है। यह तो भारतीय साहित्य की अभूतपूर्व घटना ही है लेकिन इस योगदान को मराठी आलोचना ने नि:शब्द होकर उपेक्षा के अनुल्लेख से मार दिया।

मराठी आलोचना ने अण्णाभाऊ के साहित्य की समीक्षा कर उनकी विशेषता, उनका अलगपन प्रस्तुत करने का प्रयास न के बराबर किया है। इस दृष्टि से

डॉ. बाबूराव गुरव ने बढ़िया और बुनियादी कार्य किया है। दलित कवि नामदेव ढसाळ ने आजीवन अण्णाभाऊ के श्रेष्ठ साहित्य पक्ष का ही समर्थन किया है। उन्होंने 'स्थापित' मराठी साहित्य आलोचना और उसका विरोध करनेवाले अस्थापित साहित्यालोचना ने भी, जिसमें दलित साहित्य आंदोलन की आलोचना करनेवाले भी समाहित हैं?...उन्होंने कभी भी अण्णाभाऊ की वर्गविहीन साहित्यिक अभिव्यक्ति को दिल से स्वीकार नहीं किया और न ही उसे सराहा।[3] ऐसी स्पष्ट कसक कई बार अभिव्यक्त हुई है। उनके साहित्य की पहचान किए बिना आदमी बड़ा भला था लेकिन उसके साहित्य सृजन को अमर, कालातीत साहित्य मूल्य नहीं था। ऐसी नुक्ताचीनी कुछ वरिष्ठ मराठी लेखकों ने की है।

हाल ही में अण्णाभाऊ के साहित्य की बढ़िया आलोचना करनेवाली स्वतंत्र पुस्तकें आयी हैं। इनके लेखक प्रा. यशवंत मनोहर, डॉ. नंदा तायवाडे तथा अन्य हैं।[4] परंतु तथाकथित मराठी साहित्य आलोचना ने अण्णाभाऊ का साहित्यिक परिषदों में तालियाँ पाने के लिए और आलोचना लेखन में उनके नाम का उल्लेख न करना ऐसी दोगली नीति जारी रखी है।

साहित्य अकादेमी द्वारा अण्णाभाऊ पर एक मोनोग्राफ प्रकाशित किया गया था। इसमें जिम्मेदार लोगों ने 'फकिरा' जैसी श्रेष्ठ रचना को एक अतिसाधारण, साहित्य-मूल्य विहीन बताने की कुटिल करतूत की है। यह सारी बात घृणास्पद है। मराठी आलोचना ने अण्णा के श्रेष्ठ साहित्यिक गुणों को स्वीकारा तो नहीं बल्कि उनकी पूर्ण उपेक्षा करने का गुनाह तो अवश्य ही किया है। विगत सत्तर सालों में अण्णाभाऊ की एक भी रचना भारतीय स्तर पर पहुँचाने या कम-से-कम उनके प्रदेय संबद्ध दो-चार पंक्तियों में दखल देने की बात भी किसी ने नहीं की। इस बात की पड़ताल हेतु मैंने भारतीय कहानी संकलनों को खंगाला है।

अभी-अभी सरकारी निर्देशानुसार कोई एकाध-दूसरी परिचय-पुस्तिका हड़बड़ी में लिखवायी होगी फिर भी अण्णाभाऊ के श्रेष्ठ साहित्यिक मूल्यों के तल तक जाने की गंभीरता किसी में दिखाई नहीं दी।

मैकमिलन प्रकाशन ने दलित साहित्य केंद्रित 'द पायजंड ब्रेड' नामक अर्जुन डांगले संपादित संकलन प्रकाशित किया है। इस अंग्रेजी संकलन में पहली बार अण्णाभाऊ की 'श्मशानातील सोनं' (श्मशान का सोना) नामक ताकतवर कहानी समाहित हुई है। इस कारण अनेक भाषाओं के युवकों ने तत्काल इस कहानी पर आधारित जननाट्य, नुक्कड़ नाटक और एकांकिका संपूर्ण देश में प्रस्तुत की है। इसकी काफी प्रशंसा भी हुई है।

मराठी उपन्यास के इतिहास की जो 'आस्वाद यात्रा' आयोजित की गयी और रसग्रहणपरक 'प्रदक्षिणा' की गयी उन सब में अण्णाभाऊ लिखित या अण्णाभाऊ के नाम का उल्लेख भी न हो ऐसी सावधानी बरती गयी। फलत: कथाकार अण्णाभाऊ साठे मराठी साहित्य इतिहास में नामोल्लेख मात्र से भी नहीं आ पाए। गलती से यदि एक पंक्ति में जब कोई उल्लेख करता है तो भी अण्णाभाऊ के प्रति उसका द्वेष भाव उभरकर आ जाता है। एक सुप्रसिद्ध साहित्यिक संस्था ने मराठी साहित्य का इतिहास अगली पीढ़ी के लिए लिख डाला, परंतु लिखते समय महानगरीय जीवन पर आधारित अण्णा का उपन्यास 'चंदन' को ग्रामीण उपन्यास (आंचलिक उपन्यास) ऐसा गलत बता कर चलता कर दिया। दूसरे, यह उपन्यास 1959 में प्रकाशित हुआ है, लेकिन उन्होंने इसका प्रकाशन वर्ष 1974 लिख डाला। सच तो यह है कि 'चंदन' के निमित्त पत्थर खदान में मिट्टी ढोनेवाली मेहनतकश, श्रमिक वर्ग की एक यथार्थपरक नायिका अण्णाभाऊ ने प्रस्तुत की है। उनकी यह भारतीय स्तर की 1960 साल के श्रेय को नकारने की निंदनीय और घृणित बात तो नहीं है न? ऐसी शंका मन में उपस्थित होती है। महानगरों को जकड़े बेछूट नागरीकरण (शहरीकरण) के कैंसर का निदान सर्वप्रथम भारतीय भाषा-साहित्य में 'चंदन', 'चित्रा' जैसे उपन्यासों में और अण्णाभाऊ की कई कहानियों में प्रस्तुत हुआ है। इस सच्चाई को ये लोग कैसे भला नकार सकते हैं?

यही बात 'माकडीचा माळ' (माकड़ी का पठार) उपन्यास को लेकर है। एक अधिकृत आलोचक को इस उपन्यास में केवल येमु और दुर्गा की प्रेम कहानी ही दिखाई दी है। जबकि इस बहुआयामी उपन्यास में प्रेमकथा तो एक अंश के रूप में अर्थात् कथानक के दस-पंद्रह प्रतिशत ही आयी है। कुल मिलाकर मराठी आलोचना को 'माकडीचा माळ' रचना आकलन से परे रही है। अण्णाभाऊ की शैली को लेकर चोर, लुटेरे, डाकुओं की कहानियाँ, भड़कीली वीर कथाएँ, बखर (ऐतिहासिक दस्तावेज) की भाषा ऐसे ठेठ आरोप किए गए है। जो उनकी रचनाओं के सामने टिक नहीं पाते।

साँप के खेल से पेट भरनेवाले सँपेरे के लिए तो साँप दुधारू गाय है। यहाँ घुमंतुओं, घुमक्कड़ लोगों के पेट का गड्ढा कैसे भरा जाए यह समस्या है। भूख मिटाने के लिए जंगल-वन के बन्दरों को मार-पकाकर भूख मिटाने में जीवन के राम को खोजने की नौबत उन पर आती है। एक ही वक्त जीवन की करुणा, कविता और वास्तविकता के घावों को पट्टी बाँध कर आगे खिसकनेवाले किसी

रूसी उपन्यासवत् रचना का लेखन हुआ है। (पाठको, आपको याद आता होगा, वह पास्तरनाक के 'डॉक्टर जिवागो' में चित्रित प्रकृति और यथार्थ, साथ ही दोस्तायवस्की के 'द इडियट' की करुणा और कविता) हरे घास के चरागाह में से लावे और मोरांगी उठ पड़े वैसे ही श्रेष्ठता के आँचल से उठनेवाली इस वन की रस माधुरी और कँटीला यथार्थ अद्‌भुत है।

कुल मिलाकर अण्णाभाऊ की लेखनी ने प्रस्तुत किया हुआ यह मानवीय भाव-भावनाओं का महान नाटक। जंगल के घास के साथ अपने आप खुशबू भी फैले और बहे ठीक वैसा ही उनकी लेखनी से झरते शब्दों के साथ अपने आप घुटनों के बल आनेवाला यह संज्ञा प्रवाह (स्ट्रीम ऑफ कॉन्शसनेस) पर यह महसूस कौन करता है? कौन देख पाएगा इसे? केवल आँखें मूँद कर भड़कीलापन, चटखारापन और लोकप्रियता के ठप्पे अण्णाभाऊ के नाम के आगे लगाने की नीति मराठी आलोचकों ने शुरुआत से ही अपना ली है।

जिज्ञासायुक्त पाठकों ने मुल्कराज आनंद का 'अनटचेबल' (1935) और 'कुली' (1936) ये अछूतों और शोषितों के दुख-दर्द को स्पर्श करनेवाले भारतीय स्तर के उपन्यास जानबूझकर अवश्य पढ़ने चाहिए। अण्णा द्वारा अपने भुक्तभोगी सुख-दुख से चित्रित यथार्थ की तुलनात्मक दृष्टि से उन्हें जरूर पड़ताल कर देखें। इसके बिना तो अण्णाभाऊ की श्रेष्ठता और महत्ता ध्यान में आएगी ही नहीं।

अण्णाभाऊ के समकालीन लेखक जयकांतन हैं। उनका जन्म 1934 के तमिलनाडु के अर्काट जिले में मंजाकुपम नामक गाँव में हुआ। वे उम्र की दृष्टि से अण्णाभाऊ से चौदह साल छोटे थे। 1946 में वे चेन्नई कम्युनिस्ट पार्टी के छापाखाने में मजदूर के रूप में दाखिल हुए। जयकांतन भी अण्णाभाऊ की तरह अनपढ़ थे। चेन्नई में आने पर उन्होंने स्वयंप्रेरणा से बहुआयामी पठन के बल पर अपने आपको साहित्यिक दृष्टि से समृद्ध किया। तीसरे, कॉमरेड डांगे और कॉमरेड बी.टी.रणदिवे आदि ने अण्णा के साहित्यिक गुणों को ढूँढ़कर उन्हें साहित्य सृजन के लिए प्रेरित किया। ठीक इसी तरह चेन्नई कम्युनिस्ट पार्टी के धुरंधर दंडपाणी जयकांतन को साहित्य सृजन के लिए प्रेरित किया।

संयोग की बात यह है कि अण्णा लिखित 'माझी दिवाळी' नामक कहानी 1949 में प्रकाशित हुई तो जयकांतन की 'सौबाक्यार्ती' नामक पहली कहानी 1953 में प्रकाशित हुई। साठ का दशक इन दोनों के लिए लेखन की दृष्टि से स्वर्णकाल था। जयकांतन का पहला कहानी संकलन 1954 में आया तो अण्णाभाऊ का पहला

कहानी संकलन 1958 में प्रकाशित हुआ। 'इरूलाईथेडी' (अँधियारे की खोज में) नामक कहानी ब्राह्मणत्व के अंतर्विरोध की खोज करती है। 'नानइन्नासयटूम' (कहो, मैं क्या कर सकता हूँ) नामक उपन्यास में धन के पीछे पड़े लालची आदमी की कहानी प्रस्तुत की है। स्त्री-पुरुष काम संबंधों की बेहिचक वास्तविकता प्रस्तुत करनेवाली उनकी कहानियों के कारण काफी विवाद भी हुए हैं। 'सुंदराकाण्डम' शीर्षक के उपन्यास में सामाजिक और आर्थिक बंधनों को नकार कर हिम्मत से मुकाबला करनेवाली नायिका उन्होंने खोजी है। उनकी यह रचना खूब चर्चित रही है। दाहक यथार्थ के दर्शन जयकांतन के लेखन द्वारा हमें होते हैं।

मराठी भाषा में अण्णा ने 'फकिरा' नामक जो कालजयी रचना प्रदान की उसका हर शब्द वेदना के कोल्हू (चरक) से नि:सृत हुआ है। उपन्यास लेखन समाप्त होते ही लगभग दो माह तक अण्णा ने बिस्तर पकड़ लिया था।[5] मेरे मत से 'फकिरा' के साथ ही 'माकड़ी का पठार' भी भारतीय भाषाओं में संभवतया पहला घुमंतू-घुमक्कड़ जातियों के जीवन-यापन का यथार्थवादी काव्यमय एल्गार था। 'रानगा', 'कोंबडीचोर', 'बरबाद्या कंजारी' जैसी कई कहानियाँ अण्णा ने सृजित कीं। अण्णाभाऊ की इनमें से कई कहानियों ने उर्दू कहानियों को भी पीछे छोड़ दिया है। अर्थात् अण्णाभाऊ की कहानियों की ऊँचाई उर्दू से भी अधिक है। दुर्भाग्यवश उस काल में अण्णाभाऊ के लेखन का मर्म जाननेवाले आलोचक और व्याख्याकार विवेचक उपलब्ध नहीं हुए थे और इस कारण मराठी का यह अग्रणी क्रांतदर्शी लेखक उपेक्षा के पर्दे के पीछे ही रहा।

उधर श्री दंडपाणी जयकांतन जैसे तमिल लेखक को जयमोहन और वेदासा गयाकुमार जैसे संपन्न और मर्मग्राही आलोचक प्राप्त हुए। उन्होंने अपनी आलोचना के द्वारा जयकांतन की जीवित अवस्था में ही उनकी कीर्ति का बड़प्पन समझकर उसे समूचे देश में फैलाने का ऐतिहासिक काम किया। परंतु अण्णाभाऊ को कुछ दलित आलोचकों को छोड़ कर उनके जीते जी और उसके बाद भी मर्मज्ञ व्याख्याकार आलोचक नहीं मिले।

महानगरीय साहित्य के संदर्भ में यदि बात करनी हो तो जयकांतन ने चेन्नई की झुग्गी-झोंपड़ियों को लेकर कुछ अच्छी कहानियाँ अवश्य लिखी हैं परंतु अण्णा ने जिस सूक्ष्म निरीक्षण दृष्टि से भारतीय साहित्य में सर्वप्रथम गंदी बस्तियों और झोंपड़-पट्टी के उदास-विदीर्ण यथार्थ को देखा है और अभिव्यक्त किया है वैसा लेखन

तत्कालीन किसी भी भारतीय भाषा के लेखक ने नहीं किया है। जिससे बेंगलुरु, कोलकाता, दिल्ली की झुग्गी-झोंपड़ियों से संबद्ध लेखन और वहाँ की समस्याएँ मूक ही रह गयीं।

महाश्वेता देवी का उपन्यास 'चोटी मुंडा और उसका तीर' की तुलना हमने संक्षेप में इससे पूर्व भी पढ़ी है। उनकी 'अरण्येर अधिकार', 'नमक' (मीठ), 'अग्निगर्भ' आदि रचनाओं और कहानियों का भी अवश्य अध्ययन किया जाना चाहिए। यदि अध्येता अण्णाभाऊ, जयकांतन और महाश्वेता देवी इस त्रयी का इकट्ठा अध्ययन करें तो समझ में आएगा कि अण्णाभाऊ का दायरा कितना विस्तृत, चौड़ा और गहरा था।

महाश्वेता देवी के साहित्य में तो कम्युनिस्ट विचारधारा का खुल्लमखुल्ला प्रचार कई स्थानों पर दिखाई देता है परंतु अण्णाभाऊ के साहित्य में ऐसा खुला प्रचार (प्रचारकी साहित्य) गलती से भी दिखाई नहीं देता। विशेषकर कहानी के शिल्प में अण्णाभाऊ ने अपने बहुआयामी पठन के कारण जो ऊँचाई प्राप्त की थी, उससे मैं अचंभित होता हूँ। कथ्य और तकनीक, भाषा और शिल्प सभी में अण्णा को महारत हासिल थी।

अण्णाभाऊ ने अपनी रचनाओं में चालीस-बयालीस स्त्रियों के चरित्र प्रस्तुत किए हैं। उनमें वंचित, दलित और उच्चवर्णीय मराठों की (सामंती छत के नीचे बंदिस्त) स्त्रियों की दुनिया जिस जोश और ममता से प्रस्तुत की गयी है उन दुर्बल, अबला स्त्रियों के दुख को वाणी प्रदान की है। उनका यह कार्य जयकांतन और महाश्वेता देवी से भी कई गुना और काफी दूर तक आगे पहुँचा हुआ था। 'इप्टा' के आंदोलन में भी अण्णाभाऊ से सात साल जूनियर महाश्वेता देवी थीं।

एक या डेढ़-दिन की शाला में गए, दलित वर्ग के एक अनपढ़ ने कई सालों तक जीवन की बाजी लगा कर कठिन परिश्रम से ज्ञान प्राप्त किया। यह ज्ञान इतना था कि उम्र के बाईसवें वर्ष में ख्वाजा अहमद अब्बास और वैज्ञानिक डॉ. होमी भाभा ने अण्णा की विद्वत्ता का सम्मान करते हुए 'इप्टा' के आदरणीय सदस्य के रूप में अपनी बराबरी का ओहदा दिया। ऐसे अण्णाभाऊ जैसे श्रेष्ठ जनवादी लेखक के हिस्से अत्युत्तम साहित्यिक योगदान के बाद भी मराठी ज्ञानी विद्वानों द्वारा निरंतर अवहेलना ही प्रदान की गयी। इस बात का गहरा दुख है।

तप्त लोहे की चद्दर (टीन) की छत की झोंपड़ी में तकरीबन बीस-बाईस सालों तक अनवरत लेखनी चलाकर अण्णा ने जो लेखन किया है, उनकी मराठी साहित्य

में बिल्कुल भी कीमत आँकी नहीं गयी। अखिल भारतीय मराठी साहित्य सम्मेलन के अध्यक्षपद के लिए भी मराठी साहित्यकारों ने अण्णाभाऊ के नाम का कभी गलती से भी विचार नहीं किया और न ही किसी ने उनका नाम उच्चार कर सुझाया भी। जब यवतमाल जिले के पुसद में यह सम्मेलन हुआ, तब हजारों पाठकों में साहस और संघर्ष की ऊर्जा भरनेवाला यह गरीब लेखक कड़ाके की ठिठुरती ठण्ड में पण्डाल बाहर खड़ा था।[6] हाँ, उस समय कॉमरेड डांगे द्वारा प्रदत्त ओवर कोट (लम्बा कोट) से ऊष्मा मिली। यह तो डांगे की ऊष्मा थी, उनके स्नेह की थी।

समय बदला। आज प्राय: कई गाँवों में चौक में स्थित अण्णा के पुतले खड़े हैं लेकिन ऐसे सच्चे संवेदनशील साहित्यकार को अपने संपूर्ण जीवन में गरीबी, प्रवंचना, उपहास और उपेक्षा की ठण्डी हवाओं में जीते-जी कई बार ठिठुरन से पुतले जैसा जम जाना पड़ा था। जीवन में अण्णाभाऊ को क्या मिला? और उनकी तरह वामधारा, कम्युनिस्ट विचारधारा से आए उनके समकालीन जयकांतन और महाश्वेता देवी को कौन सा यश प्राप्त हुआ?

इस सवाल पर हम सोचते हैं तो देखते हैं कि महाश्वेता देवी और जयकांतन दोनों के हिस्से में अखिल भारतीय स्तर का ज्ञानपीठ सम्मान और कई महत्त्वपूर्ण राष्ट्रीय स्तर के पुरस्कार और मान-सम्मान आए। ज्ञानपीठ पुरस्कार के हकदार निश्चित ही अण्णाभाऊ थे लेकिन गुटबाजी, मैत्री और स्वयंप्रचारी ब्राह्मणी मनोवृत्ति अपने आपको प्रगतिशील कहलानेवाली तथाकथित मराठी आलोचना ने भी अण्णा को ऐसा सम्मान दिलाने का तकनीकी समय कब का ही खो दिया है।

दुर्भाग्य से अण्णाभाऊ अंतर्मुख और नर्म स्वभाववाले थे। उनके आखिरी दिनों में अण्णाभाऊ की सेवा करनेवाले लड़के बताते हैं कि उन्होंने कभी भी किसी के भी बारे में, अति गुस्से में भी अशिष्ट, असभ्य शब्दों का उच्चारण तक नहीं किया। (गालियाँ तो दूर की बात)[7] उनके द्वारा लिखित झुग्गी-झोंपड़ियों से संबद्ध कहानी-उपन्यासों में भी कोई खराब शब्द दृष्टिगोचर नहीं होता। आज तो सभी राजनीतिक पार्टियों को वोट माँगने के लिए चुनावी पोस्टरों पर अण्णा का फोटो आवश्यक होता है। लेकिन भूचाल में 1968 में अण्णाभाऊ की मृत्यु के एक साल पहले अण्णाभाऊ का वाटेगाँव स्थित घर जब गिरा तब तत्कालीन सत्ताधीशों ने केवल चालीस रुपये मुआवजा देने का 'पंचनामा' किया। यह दाहक इतिहास उनके सगे भाई शंकर ने ही लिख रखा है।

आगे चलकर जब सत्ता की कुर्सी तक पहुँचने की कतई संभावना न होने पर

भी उत्तर प्रदेश के कांशीराम और मायावती तथा उनकी बहुजन समाजवादी पार्टी ने क्या किया? ज्ञात है? अण्णा के अलौकिक अद्भुत त्याग को नमन करते हुए कृतज्ञता स्वरूप वाटेगाँव में अण्णाभाऊ के वंशजों के लिए अण्णा के अनुरूप एक अत्यंत बढ़िया बंगला तैयार कर दिया। 'देने की दृष्टि' (दानत) और 'कृतज्ञतायापन' (ऋण स्वीकृति) इन दोनों शब्दों की गहराई को अन्य राज्य के (उत्तर प्रदेश के) लोगों ने दिखा दी। ऐसी मन की विशालता और बड़प्पन मराठी भाषिक महाराष्ट्रीयन लोगों को आज तक दिखाते नहीं आयी है। जबकि यहाँ के लोग हर समय छत्रपति शाहू, महात्मा जोतिबा फुले, डॉ. बाबासाहेब अम्बेडकर का नाम रटते हैं। इसे दुर्भाग्य नहीं तो और क्या कहें?

संयुक्त महाराष्ट्र के लिए दिल्ली में निकले जुलूस के समय वहाँ की सड़कों पर तथा रात में अलाव के पास बैठ कर अण्णाभाऊ, गव्हाणकर और अमर शेख अविरत तीस घण्टों तक महाराष्ट्र की अस्मिता के, महाराष्ट्राभिमान के गीत गा रहे थे। शैलेंद्र का गीत "दो कौड़ी के मोल, मराठा बिकने को तैयार नहीं।" गाकर मुकाबला किया था। आपको ज्ञात होगा कि दिल्ली की दिसंबर माह में कड़कती ठण्ड भरी रात में इन तीनों ने अपने प्राणों की बाजी लगा दी थी।

महाराष्ट्र के लिए मुंबई राजधानी के रूप में हासिल करना और मराठी भाषी लोगों के लिए स्वतंत्र राज्य प्राप्त करना यह बात नेहरू युग में तो पूर्ण असंभव थी। मोरारजी भाई के प्रभाव में रहनेवाले चाचा नेहरू ऐसा अलग स्वतंत्र राज्य मराठी लोगों को देने के लिए कतई तैयार नहीं थे। मोरारजी के गृह डिपार्टमेंट ने मुंबई की सड़कों पर एक सौ छह शहीदों का खून निर्दयतापूर्वक बहाया। इससे भी बड़ी दुर्भाग्य की बात यह है कि 1960 के फरवरी माह के अंत तक नेहरू मराठी भाषी लोगों के लिए होनेवाले नवीन राज्य के लिए महाराष्ट्र नाम अपनाने को राजी नहीं थे। इस बात के आज भी ढेरों सबूत उपलब्ध हैं। ऐसी विषम परिस्थिति में अण्णाभाऊ, आचार्य अत्रे, कॉमरेड डांगे, एस.एम. जोशी, प्रबोधनकार ठाकरे, क्रांतिसिंह नाना पाटील आदि द्वारा दृढ़तापूर्वक किया हुआ संघर्ष और परिश्रम अद्भुत ही था।

उन दिनों भी इस अद्भुत त्याग का बड़ा उपहास किया गया। सत्ताधारी कांग्रेस तथा ह. रा. महाजनी जैसे पत्रकार हुतात्मा स्मारक के निर्माण के विरोध में थे। महाजनी ने तो 'लोकसत्ता' में एक खुला लेख ही लिख डाला कि "यह हुतात्मा स्मारक है या कम्युनिस्ट पार्टी का कीर्तिस्तंभ?"[8] उन दिनों मुंबई महापालिका संयुक्त महाराष्ट्र समिति के पास नहीं होती और इस आंदोलन को लोकाभिमुख करनेवाले

डॉ. डांगे जैसा नेता नहीं होता तो यह हुतात्मा स्मारक कभी बनता ही नहीं। समिति ने बड़ी तीव्र गति से स्मारक का काम पूर्ण किया और आचार्य अत्रे तथा अहिल्या रांगणेकर के करकमलों से उसका उद्घाटन भी सही समय पर किया गया, यह बड़ा अच्छा हुआ।

अंततोगत्वा महाराष्ट्र नामक राज्य का मंगल अमृत कलश लेकर यशवंतरावजी चव्हाण आए। तब महाराष्ट्र दिवस को वरली के मैदान पर तथा शिवाजी पार्क पर उसी एक ही दिन लाखों की तादात में उपस्थित लोगों के सामने उत्साह-जोश से भरी उत्सव सभाएँ संपन्न हुईं। पंडित नेहरू और तत्कालीन कांग्रेस अध्यक्ष श्रीमती इंदिरा गांधी आदि अतिथियों के सम्मुख, वहीदा रहमान, उषा किरण जैसे कई कलाकार नाच रहे थे, तो दूसरी ओर दर्शकों की अंतिम कतार के बाद अँधियारे में शाहिर गव्हाणकर, अमर शेख, अण्णाभाऊ, आत्माराम पाटील आदि अनचिह्ने, अनदिखे उपेक्षित से अँधियारे में खड़े थे।

सही मायने में महाराष्ट्र महामंथन के लिए अपना खून-पसीना सींच कर इन हठी शब्दकारों ने संयुक्त महाराष्ट्र का निर्माण किया था। जंगल में बाघ को चीरते समय अथवा खरगोश को मारते समय अपने शरीर में घाव करने वाले और घायल होनेवाले दूसरे ही होते हैं। लेकिन 'जिसकी लाठी, उसकी भैंस' नीति अनुसार जिसके हाथों सत्ता उसके हाथों यश का झण्डा ही इतिहास होता है। सत्ताधारी तो राजनीतिक श्रेय का एक भी अवसर कभी नहीं छोड़ते। यही जग की रीति है। इसको जान लेने पर भी महाराष्ट्र राज्य निर्माण के जोश में सफलता लाने वाले जुझारुओं के हिस्से में सूखी माला का सम्मान भी न आने देना यह तो कृतघ्नता का चरम शिखर माना जाएगा।

तत्कालीन राजनीतिक पीढ़ी ने इन शहीदों, साहित्यकारों, वाम एवं समाजवादी कार्यकर्ताओं के ऋण इस मंगलदिन को भी नहीं माना, बात यहीं समाप्त नहीं होती। महाराष्ट्र राज्य निर्माण के अमृत महोत्सव के समारोह में भी किसी को भी उनका तिनके जितना भी स्मरण नहीं हुआ। मन में यथार्थ का काँटा चुभते रहता है। आज मंत्रालय की भोथरी दीवारों को अपने सच्चे बाप की याद ही नहीं है। याद की एक भी निशानी मंत्रालय परिसर में दृष्टिगोचर नहीं होती। मराठी भाषा दिन के उत्सव समारोह में भी मराठी का शब्दसम्राट विस्मृत ही रहता है।

इस पृष्ठभूमि पर सोचें तो ऐसा दिखाई देता है कि कोई भाग्यशाली के हिस्से सहज ही स्मारक, अकादमियाँ और कीर्तिस्तंभ आ जाते हैं।

13 जून 1969 को आचार्य अत्रे का स्वर्गवास हुआ। तत्कालीन राष्ट्रपति श्री राधाकृष्णन ने उनके परिजनों को भेजे शोकसंदेश में लिखा–'आचार्य अत्रे वॉज द राइटर एंड फायटर ऑफ़ महाराष्ट्र'। मराठी भाषा और महाराष्ट्र के लिए संघर्षशील इस साहित्य सम्राट के लिए तत्कालीन महाराष्ट्र सरकार ने साधारण मामूली सूखे फूलों का गुलदस्ता (बुके) भी नहीं भेजा। इस बात का गहरा सदमा अण्णा के हृदय को लगा था। "मेरी माँ के, माय मराठी के सौभाग्य के वास्ते लड़ने वाला मेरा भाई चला गया रे" इस दुख से वे वटवृक्ष के जैसे टूट गए।

कुल मिलाकर समाज, राजनीतिज्ञ और विशेषकर मराठी साहित्यकारों ने अण्णाभाऊ द्वारा जीवनभर की गई साहित्य सेवा और संघर्ष और लड़ाई की भयंकर उपेक्षा की। वह उनके कलेजे को बींध गई।

अंतर्मुख स्वभाववाले अण्णाभाऊ को अपना दुख जलप्रपातवत कहते नहीं बना। वरना उनचास की उम्र क्या मरने की उम्र होती है?

हाथों में गजरे की तरह नाग को लपेटकर बड़ी लापरवाही से वन-जंगल में घूमनेवाला महापुर या बाढ़ से उफनती वारणा-कृष्णा जैसी नदियों को तैर कर लाँघनेवाला, फसल को नुकसान पहुँचानेवाले क्रोधित वन सूअरों की गर्दन छाँट कर भाले को नोक पर लेकर जूझनेवाला बड़ा ही जीवट का यह आदमी था।

बाघ के नाक में नकेल डालने की हिम्मत रखनेवाला यह महापुरुष आगे भी कई सालों तक निश्चित रूप से जीवित रह सकता था। लेकिन समाज की ओर से, सत्ताधीशों की ओर से और जिस साहित्यधर्म की लीक पर अपना समूचा जीवन न्यौछावर कर दिया था उन साहित्यकारों की ओर से प्राप्त उपेक्षा के दीमक ने इस लौहपुरुष को भीतर से खोखला कर दिया और जंगल में कोई महावृक्ष अचानक चरमराकर गिर जाए ठीक वैसे ही अण्णा को उम्र के उनचासवें वर्ष में अकाल मृत्यु ने दबोच लिया। यह तो मराठी भाषा और महाराष्ट्र का दुर्भाग्य है।

आखिरकार यही दुर्भाग्यपूर्ण चित्र दिखाई देता है। अण्णा नामक प्रतिभाशाली, संवेदनशील लेखक ने मराठी माँ की समृद्धि और मराठी राज्य निर्माण हेतु, समृद्ध और संपन्न भविष्य के लिए सब कुछ दिया। परंतु बदले में हमने उन्हें क्या दिया?

इस धरती पर अनेक वीर पुरुष और महापुरुष बार-बार जन्म लेते हैं।

लेकिन यहाँ तो कृतज्ञता का अकाल है।

और यही इस भूमि की तकदीर है।

संदर्भ

1. परिवर्तन की राहें–त्र्यं.वि. सरदेशमुख, पृ. 53
2. डॉ. एस.एस. भोसले से बातचीत–औरंगाबाद–2004
3. अण्णाभाऊ–सब कुछ समष्टि के लिए–नामदेव ढसाळ–'सामना', 31 अगस्त 2000
4. प्रतिभाशाली साहित्यिक अण्णाभाऊ साठे–यशवंत मनोहर और 'दलित साहित्य के युगस्तंभ-अण्णाभाऊ साठे' और बाबूराव बागुल, डॉ. नंदा तायवाडे।
5. श्रीमती शकुंतला सपताल से साक्षात्कार–4 फरवरी 2021
6. हे सूर अलगुजाचे–दिनकर सहदेव साठे।
7. मोहन शिवबा साठे–चिरागनगर से साक्षात्कार–15-12-2020 और संजय सपताल से साक्षात्कार–30.11.2020
8. संयुक्त महाराष्ट्र के महारथी–माधव गडकरी

परिशिष्ट-1

अण्णाभाऊ के दुखद निधन को लेकर आचार्य अत्रे के दैनिक 'मराठा' में पहले ही पृष्ठ पर 19 जुलाई 1969 को प्रकाशित समाचार

महाराष्ट्र के सुप्रसिद्ध आंचलिक कहानी लेखक शाहिर अण्णाभाऊ साठे का दुखद निधन

मुंबई, शुक्रवार–अत्यंत शोक के साथ सूचित किया जाता है कि महाराष्ट्र के सुप्रसिद्ध आंचलिक कहानीकार शाहिर अण्णाभाऊ साठे का आज दुपहर एक बजकर दस मिनट पर उम्र के उनचासवें साल में हृदयगति रुक जाने से गोरेगाँव में दुखद निधन हुआ।

गोरेगाँव के सिद्धार्थ नगर में रात साढ़े-नौ बजे तक उनका पार्थिव अंतिम दर्शन के लिए रखा गया था। समाजकल्याण मंत्री भारस्कर, श्री हुमणे, शाहिर अमर शेख, रूस के सभी कर्मचारी और उनके कई शुभचिंतक, लेखक-मित्रों ने उनके घर जाकर परिवारवालों को ढ़ाढस बँधाया, धीरज दिया और अंतिम दर्शन किए।

अण्णाभाऊ के उपन्यास 'वैयजंता', 'फकिरा', 'टिळा लाविते मी रक्ताचा' इन पर आधारित सिनेमा का निर्माण किया गया था। 'टिळा लाविते मी रक्ताचा' सिनेमा तो मुंबई में आज ही प्रदर्शित हुआ है।

'फकिरा' सिनेमा में अण्णाभाऊ ने छोटी भूमिका भी अदा की थी। 'फकिरा' को पुरस्कार भी मिला था। 'टिळा लाविते मी रक्ताचा' सिनेमा उनके 'आवडी' उपन्यास पर आधारित है। पैंसठ में उन्होंने रूस का दौरा भी किया था। महाराष्ट्र शासन की ओर से उन्हें मानदेय दिया जाता था।

ओशिवरा श्मशानभूमि में रात को उनका अंतिम संस्कार किया गया। उस समय समाजकल्याण मंत्री भारस्कर, श्रीनिवास सरदेसाई, प्रभाकर वैद्य, शाहिर अमर शेख,

शाहिर साबळे, शाहिर आत्माराम पाटील, शाहिर मुणगेकर, श्री वामनराव भट, कवि नारायण सुर्वे, बाबूराव बागुल, प्र. श्री नेरूरकर, प्रल्हाद कुरणे, ओक आदि लोग उपस्थित थे।

शाहिर साबळे

श्री अण्णाभाऊ साठे के निधन पर अपनी संवेदना प्रकट करते हुए शाहिर साबळे ने कहा, "अन्तरराष्ट्रीय ख्याति प्राप्त कलाकार आज नहीं रहे। अपने साहित्य में उन्होंने (साहित्य के जरिए) गरीबों की आवाज़ बुलंद की।"

शाहिर अमर शेख

शाहिर अमर शेख तो उनके बारे में बोलते समय गद्गद हो गए। उन्होंने कहा, "समाजवाद निर्माण करने के लिए मुझे जूझना है। इसके लिए मुझे जीना होगा।" ऐसा अण्णाभाऊ मुझसे हमेशा कहते थे। उनका सपना अधूरा ही रहा। सपना पूरा होने के पहले ही वे चल बसे।

हिंदी लोकनाट्यकार हंगल, प्रा. प्र. श्री नेरूरकर, बाबूराव बागुल, अण्णाभाऊ के उपन्यासों के प्रकाशक श्री वा.वि.भट आदि ने भी श्रद्धांजलि अर्पित करते समय अपने विचार व्यक्त किए। अंतिम यात्रा में कॉ. कृष्णा देसाई, कॉ. कुरणे, कॉ. जी.एस. रेड्डी, शाहिर भास्कर मुणगेकर, राजा मयेकर, खेड़कर, कॉ. घुमे, सोवियत एंबेसी के मराठी विभाग के श्री कार्लेकर, रंगनाथ कुलकर्णी, सुखेंदू घोष, मुंबई मराठी पत्रकार संघ की ओर से प्रफुल्लकुमार मोकाशी, श्रीकृष्ण पोवले, भगवान थोरात आदि कई लोग उपस्थित थे।

'दैनिक मराठा' की ओर से श्री मनोहर बोर्डेकर ने अण्णाभाऊ के पार्थिव को पुष्पहार अर्पण किया।

परिशिष्ट-2

अण्णाभाऊ की श्रेष्ठ चुनिंदा कहानियाँ

1. बरबाद्या कंजारी
2. विठू महार
3. पिसाळलेला माणूस (पगलाया आदमी)
4. प्रायश्चित्त
5. आबी
6. डोळे (आँखें)
7. थडग्यातील हाडं (कब्र की हड्डियाँ)
8. श्मशानातील सोनं (श्मशान का सोना)
9. आधुनिक अश्वत्थामा
10. सूड (बदला)
11. भुताची संगत (भूत की सोहबत)
12. फरारी (फरार)
13. जखम (जख्म)
14. कोंबडीचोर (मुर्गीचोर)
15. हीरा
16. नज़र
17. गलीम
18. सुलतान
19. भोमक्या
20. रानगा

21. रेडं झुंज (भैंसे की टक्कर)
22. काळू
23. सोन्याचा मणी (स्वर्णमणि)
24. अब्रु (आबरू)
25. गंगा आणि गोदा (गंगा और गोदा)
26. रामाची सीता (राम की सीता)
27. चंदा
28. खिंडीतला गाव (दर्रे का गाँव)
29. संकट
30. चोरांची संगत (चोरों का साथ)
31. सापळा (पिंजरा)
32. मी कधीच विसरणार नाही (मैं कभी नहीं भूलूंगा)
33. बंडवाला (विद्रोही)
34. निखारा (अंगार)
35. मीरा
36. इरेनं गाढव खाल्लं (इरा ने गधा खाया)
37. गुल
38. बिलवरी
39. मंजुळा
40. चिल्ली
41. जिव्हाळा (आत्मीयता)
42. कोकिळा (कोयल)
43. विष्णुपंत कुलकर्णी

अनुवादकीय दास्ताँ

मराठी के लब्ध प्रतिष्ठित लेखक श्री विश्वास पाटील जी (आई.ए.एस.) द्वारा मराठी में 'अण्णाभाऊंची दर्दभरी दास्ताँ' का हिंदी अनुवाद पाठकों के सामने प्रस्तुत है। इसमें अण्णाभाऊ साठे जो मराठी के कई आयामों का प्रवर्तन करनेवाले कथाकार हैं, जैसे महानगरीय समस्याएँ, उच्चवर्णीय तथा निम्नवर्गीय महिलाओं की समस्याएँ, लोक कलाकारों की समस्याएँ आदि। कई विदेशी भाषाओं में उनका साहित्य अनूदित हुआ है फिर भी मराठी समीक्षकों ने उनके नाम का उल्लेख न करने की मानो सौगंध ली हो इसके कारणों को अनुसंधानीय दृष्टि से तथ्यों के साथ खोजने का प्रयास श्री विश्वास पाटील ने प्रस्तुत ग्रंथ में किया है। अण्णाभाऊ साठे के कहानी-उपन्यासों पर कई सिनेमा बने जो लोकप्रिय सिद्ध हुए। अण्णाभाऊ वीर रस के कुशल शाहिर भी थे। संयुक्त महाराष्ट्र आंदोलन में समूचे महाराष्ट्र में चेतना जगाई। दिल्ली की सड़कों पर उनकी शाहिरी ओजपूर्ण पँवाड़ा ने हलचल मचा दी। इन सबका क्रमबद्ध लेखा-जोखा प्रस्तुत ग्रंथ में पेश हुआ है।

अण्णाभाऊ इप्टा के संस्थापक सदस्य थे। कविवर शैलेन्द्र, गव्हाणकर, शाहिर अमर शेख, ए. के. हंगल, के. ए. अब्बास, कमलेश्वर, राज कपूर से संबद्ध यादें अण्णा के परिजन, पत्नी, बेटियाँ, बेटा, भाई, वाटेगाँव के ग्रामवासी से वार्तालाप, बातचीत, साक्षात्कार, प्रकाशित लेख द्वारा कथन को यथार्थपरक, प्रत्यक्ष और जीवंत तथा रोमहर्षक बनाया गया है।

कॉमरेड डांगे अण्णाभाऊ से पुत्रवत स्नेह करते थे। अण्णा दलित माँग समाज से संबद्ध थे। वे कम्युनिस्ट आंदोलन से प्रत्यक्षरूप से जुड़े थे। फिर भी उनका साहित्य न किसी वाद का प्रचार करनेवाला न किसी विमर्श के चौखट में आबद्ध था। मानवीय करुणा, समानतामूलक, समाज उनके साहित्य का लक्ष्य रहा है। इस बात का अहसास हमें होता है।

अण्णा का गाँव 'वाटेगाँव'

वाटेगाँव में अण्णा का जन्म हुआ। अण्णा के जन्म समय वाटेगाँव कुरूंदवाड (वर्तमान कोल्हापुर जिला) के पटवर्धन रियासत के अधीन था। भालचंद्रराव अण्णासाहब रियासत के प्रमुख थे। तदनन्तर सातारा जिले और वर्तमान में सांगली जिले में वाटेगाँव है। वाळवा तहसील में पेठ की वायव्य दिशा में इस्लामपुर से पौने दस मील पर, राष्ट्रीय महामार्ग 4 पर वाटेगाँव अवस्थित है।

वाटेगाँव का भूगोल भी विशिष्ट है। गाँव के बीचोबीच भोगावती नदी बहती है जिससे वाटेगाँव दो हिस्सों में विभाजित हो गया है। अंग्रेजों ने बाज़ार बसाया है। वाटेगाँव के पश्चिम में शिराळा पेठ, दक्षिण में सुसल और राजाराम बापू शक्कर मील है। 'फकिरा' और 'माकड़ी का पठार' में यहाँ का वातावरण चित्रित हुआ है।

वाटेगाँव में अठारह पगड़ प्रकार की जातियाँ रहती हैं। अण्णा के साहित्य कैनवास पर इनका अंकन हुआ है। जैसे–मांग, महार, चमार, रामोशी, भील, कोली, माली, साली (बुनकर), गुरव, मराठा, बंदरवाला, डवरी (जोगी), मदारी, कैकाडी, मुसलमान, नाई, गोंधली, सुतार, लुहार, बेलदार, ब्राह्मण, इसाई, तेली, सँपेरा, नंदीवाला, गुंसाई, कंजारी, जंगम, फासे पारधी (बहेलिया) वडार, कोल्हाटी, हटकर, खावटी धनगर, चित्रकर्ता, वेश्या, फकीर का अंकन हुआ है। इनमें से कई जातियाँ तो मराठी साहित्य में पहली बार प्रस्तुत हुई हैं।

वाटेगाँव में दो-ढाई दर्जन देवी-देवता हैं। इनमें से कई अण्णाभाऊ के साहित्य में दृष्टिगोचर होते हैं। महादेव, मरि माँ, भैरोबा, खंडोबा, म्हसोबा, अंबाबाई, बहिरी जनाई, ताई, विठोबा, यमाई, जोतिबा आदि। वाटेगाँव में अण्णाभाऊ साठे के घर निकट ताई बाई का मंदिर है।

मांग-मातंग समाज

बहुत सारे विद्वान माँग और मातंग को एक ही मानते हैं। जलजंब मातंग समाज का प्रथम पुरुष है। अण्णाभाऊ साठे मांग समाज से आते हैं। मांग एक हिन्दू अछूत जाति है। महाराष्ट्र में मांग, कर्नाटक में मांदिगा, गुजरात में मांगेल नाम से यह जाति जानी जाती है। प्रा.शरद गायकवाड़ के ग्रंथ 'मातंग समाज : साहित्य आणि संस्कृति' में तीन उपजाति और कुल के आधार पर 47 उपजातियाँ मानी हैं। डॉ. प्रभाकर मांडे ने 24 जातियाँ बताई हैं।

बाले बुरूड, चपकसंद, उळूर, देलूर, उकुलवास, वाजंत्री, ढोर, घड़शा, होलार, जिनगर, जिराईत, मोची, नाड़े, परिट, शिवते, तेलंगी, टोकर फोड़े, झारे,

मुसलमान, मांग आदि। मांग समाज की उपजातियों का उल्लेख किया जा सकता है।

मांग समाज का कोई निश्चित व्यवसाय नहीं है। रस्सी गूँथना, रस्से से इतर चीजें बनाना, हलगी, डफ आदि बाजे बजाना, चोरी करना, ढोर डंगर के बाल साफ करना, अपराधी को फांसी देना आदि परंपरा से चले आए कुछ व्यवसाय हैं। लोक मनोरंजन का 'तमाशा' मंचन भी इसी समाज के पास है।

लोकविश्वास के अनुसार मांग मरि माँ का पुजारी है। मराठी में 'पटकी' नाम से पुकारे जानेवाली बीमारी को अंग्रेजी में कॉलरा तो हिंदी में हैजा कहते हैं। इस बीमारी से व्यक्ति झटपट मर जाता है इसलिए इसे 'पटकी' कहते हैं। हैजे की बीमारी से मारने वाली मरि माँ को मांग बैलगाड़ी में डालकर गाँव की सीमा के बाहर ले जाकर गाँव को बीमारी से बचाते थे। ये लोग अपने ऊपर बीमारी लेते थे।

मांग समाज में प्राय: ऐसा देखा जाता है कि मांग बच्चा पोतराज बनता है। स्त्री वेश में पुरुष पोतराज देवी (कड़क लक्ष्मी) का भक्त होता है। गले में कौड़ियों की माला, देवी का फोटो और सिर पर देवी का मंदिर (लकड़ी से बना हुआ) होता है। वह अपने पर कोड़ा बरसाता है, भीख माँगता है, या फिर अपने शरीर को दांतों से काटकर खून बहाता है। लड़का पोतराज तो लड़की देवदासी बनती है। यलम्मा, खंडोबा को अर्पित (किसी को संतान न हो तो जो पहली संतान होगी उसे खंडोबा, यलम्मा को समर्पित करने की मनौती मानी जाती है। लड़का हुआ तो वाघ्या और लड़की मुरली के नाम से जानी जाती है।) कुल मिलाकर उनका जीवन पराश्रित, भीख मांगकर जीने का हो जाता है। इस तरह अशिक्षा, गरीबी और अंधविश्वास में डूबा हुआ यह समाज था। महाराष्ट्र में ग्रहण पर मांग स्त्रियाँ 'दे दान, छुटे गिरान' (दान दो ग्रहण छुड़ाओ) की पुकार लगाकर मांगती है तो अमावस के दिन 'आवस परोस' (अंधेरा परोसो) की पुकार लगाकर मांगती है।

महार व्यक्ति जब एक-दूसरे से मिलता है 'तो जोहार' कहता है। मांग लोगों में 'आदेश' शब्द प्रचलित है।

1871 के क्रिमिनल ट्राइब एक्ट के अनुसार मांग एक आपराधिक जाति घोषित हुई। आपराधिक बस्ती कानून 1808 में आया। कंटीले तारों की फेंस (बाड़) में इन्हें रहने को मजबूर होना पड़ा था। स्थानांतरण के लिए दोनों गाँवों के मुखिया की अनुमति आवश्यक थी। बिना अनुमति के स्थानांतर किए जाने पर तीन साल का कारावास और पाँच सौ रुपये जुर्माना था।

मांग, बेरड, राजपूत भामटा, टकारी भामटा, बावरी, भट, पाशा, भील छप्परबंद, कोली, लमाण बंजारा, मारवाड़ी बावरी, मीणा-उधिया, पावरी, रामोशी, तडवी,

वड़ार, बागड़ी, वाघारी आदि आपराधिक जातियाँ हैं। कम्युनिस्ट पार्टी ने इन जातियों के लिए मुक्ति संघर्ष किया।

अण्णाभाऊ को मांग होने के कारण जेल जाना पड़ा (कैदी नं.113)। 1952 में ये जातियाँ मुक्त हुईं। अण्णा ने बहिष्कृत, अछूत, दलित समाज पर भी लिखा है। अण्णाभाऊ के साहित्य में 'ब्रोकन मैन' अर्थात् 'टूटा आदमी', 'फेसलेस मैन' (चेहराविहीन) को पहचान दी गई है। नायक-नायिका, जुझारू प्रश्नकर्ता और कर्तृत्ववान के रूप में प्रस्तुत हुए हैं।

अण्णाभाऊ की साहित्य प्रेरणा

जाति व्यवस्था जन्य दर्द की गहरी छाप उनके साहित्य पर दिखाई देती है। अण्णाभाऊ 'युगांतर' में लिखते हैं, मुझे बनानेवाला मजदूर वर्ग है। मैं सांचा (लूम) छोड़कर साहित्य की ओर मुड़ा हूँ। लेखन ही मेरा धर्म और कर्म बन गया है।

जो मैंने देखा, अनुभूत किया, सुना वही मैंने लिखा है। इसी से 'फकिरा' उपन्यास का जन्म हुआ है।

मैंने आज तक जिनके बारे में लिखा है वे सब आज भी जिंदा हैं। जब मैं अपने गाँव जाता हूँ तब 'कोंबडी चोर' नायक से मुलाकात होती है। रिश्तेदार की तरह मुझसे पूछताछ करता है।

मुझे कभी भी कल्पना से प्रसूत लेखन की आवश्यकता महसूस नहीं हुई। अण्णाभाऊ क्रांतिसिंह नाना पाटील, हुतात्मा किसन आहेर, नागनाथ नायकवड़ी रामचन्द्र सकाराम पवार, जी.डी.बापू लाड, लाड गुरुजी, नाथाजी लाड, हौसाबाई लाड, निवृत्ती कुंभार, खाशाबा पवार, आत्माराम पवार, विष्णु बाला, कॉमरेड डांगे से प्रभावित रहे हैं। स्टालिनग्राड का पँवाड़ा, संयुक्त महाराष्ट्र मुक्ति आंदोलन में अण्णा, गव्हाणकर, अमर शेख का अवदान महत्त्वपूर्ण है।

भारतीय भाषाओं के साहित्य में ग्रामीण, महानगरीय, चाल में रहनेवाले लोग, उच्चवर्णीय, निम्नवर्गीय स्त्री, मजदूर, झुग्गी-झोंपड़ी, पहाड़ों में रहनेवालों की समस्याएँ अण्णाभाऊ के द्वारा मराठी भाषा में पहली बार विविध आयामों को छूनेवाली बातें प्रस्तुत हुई हैं। उन्होंने इन समस्याओं का समाधान प्रस्तुत करने का प्रयास किया है। परंतु दुर्भाग्य यह कि मराठी में अण्णाभाऊ अनजाने अनचीह्ने ही रहे। सोची-समझी साज़िश का वर्णन पर्दाफाश करते हुए प्रस्तुत हुआ है। विदेशों में अण्णा का साहित्य अनूदित होकर सराहना का हकदार बना। हिंदी में उनके साहित्य का अनुवाद नहीं हुआ। यही है अण्णाभाऊ की दर्दभरी दास्ताँ।

अण्णाभाऊ के कहानी-उपन्यासों पर मराठी में कई सिनेमा बने। वे काफी चले भी। अण्णाभाऊ लिखित पँवाड़े लोकप्रिय हुए, लोगों की जुबान पर चढे। पर उन्हें महाराष्ट्र में वह सम्मान नहीं मिला, जिसके वे हकदार थे।

मराठी के ख्यातनाम एवं प्रतिष्ठित लेखक श्री विश्वास पाटील (आई.ए.एस.) की पुस्तक 'अण्णाभाऊंची दर्दभरी दास्ताँ' का हिंदी अनुवाद करने का मुझे अवसर मिला। मराठीतर भाषी लोग, पाठक, अनुसंधाता, आलोचकों का ध्यान 'अण्णा साहित्य' की ओर जाएगा ऐसा मुझे विश्वास है। श्री विश्वासजी पाटील एवं श्री अरुण माहेश्वरी जी (वाणी प्रकाशन, दिल्ली) के प्रति हार्दिक कृतज्ञता व्यक्त करता हूँ।

श्रद्धेय अग्रज डॉ. सूर्यनारायण रणसुभे जी ने मार्गदर्शन एवं प्रूफ पठन का गुरुतर भार अपनी अस्वस्थता के बावजूद अपने कंधों पर लिया, मैं उनके स्नेह को आशीष-प्रसाद रूप में ग्रहण करता हूँ। श्री उत्तम कांबले जी का लेख 'कॉमरेड अण्णाभाऊ साठे' (साधना में प्रकाशित) ने मुझे दृष्टि और अण्णाभाऊ को समझने की कुंजी प्रदान की, मैं उनके प्रति हृदय से आभारी हूँ। श्री पांडुरंग आडमूळ, निवृत्त ग्रंथपाल, म.न.पा. ग्रंथालय, लातूर के प्रति आभार प्रकट करता हूँ कि उन्होंने श्री कांबले जी का यह लेख उपलब्ध कराया। वाणी प्रकाशन के सभी पदाधिकारियों के प्रति आभार प्रकट करता हूँ। श्री संदेश शर्मा ने टंकन कार्य अल्पसमय में निर्दोष प्रस्तुत किया। उनके प्रति आभार। पाठकों की प्रतिक्रियाएँ ही मेरी श्रमसाधना का फल है। मुझे इंतज़ार रहेगा।

प्रो. (डॉ.) सुरेश माहेश्वरी